本书配套资源

📁 **读者资源**

1. 每章"思考与练习"中的相关文章

为提高读者的写作技能，作者团队精心编写了每章的"思考与练习"，使读者结合理论知识的学习，能够进行有效的训练。"思考与练习"中的习题涉及大量优秀的文章，作者团队将其设计为训练题的同时，还可供读者反复研读，揣摩其写作技法。

2. 与写作相关的文件

我们还整理了读者在写作过程中必须遵守和了解的一些重要文件，一并放入了二维码中，供读者写作时查阅。

读者扫描右侧二维码，即可获取上述资源。
一书一码，相关资源仅供一人使用。

新编大学写作教程(第五版)
请刮开后扫描获取本书资源
本码2026年12月31日前有效

📁 **教师教学资源**

本教材配有教学课件，如任课老师需要，可扫描右边的二维码，关注北京大学出版社微信公众号"未名创新大学堂"（zyjy-pku）索取。

· 课件申请
· 样书申请
· 教学服务
· 编读往来

21世纪高等院校规划教材 | 北大版普通高等教育
公 共 课 系 列 | "十三五"规划教材
全国教育科学"十一五"规划2007年度教育部规划课题（课题批准文号：FIB070303）
中国写作学会2009—2014年度二等奖教材
大学写作原创体系教材 | 创意写作基础理论教材

新编大学写作教程
（第五版）

主　编　王锡渭
副主编　李华珍　叶良旋
　　　　廖万军　刘荣林

图书在版编目(CIP)数据

新编大学写作教程/王锡渭主编.—5版.—北京：北京大学出版社，2022.8
21世纪高等院校规划教材.公共课系列
ISBN 978-7-301-33144-6

Ⅰ.①新⋯　Ⅱ.①王⋯　Ⅲ.①汉语-写作-高等学校-教材　Ⅳ.①H15

中国版本图书馆CIP数据核字（2022）第112366号

书　　名	新编大学写作教程（第五版） XINBIAN DAXUE XIEZUO JIAOCHENG (DI-WU BAN)
著作责任者	王锡渭　主编
策划编辑	李　玥
责任编辑	李　玥
标准书号	ISBN 978-7-301-33144-6
出版发行	北京大学出版社
地　　址	北京市海淀区成府路205号　100871
网　　址	http://www.pup.cn　　新浪微博：@北京大学出版社
电子信箱	zyjy@pup.cn
电　　话	邮购部 010-62752015　发行部 010-62750672　编辑部 010-62704142
印刷者	天津中印联印务有限公司
经销者	新华书店
	787毫米×1092毫米　16开本　23印张　659千字 2008年7月第1版　2011年9月第2版　2013年9月第3版　2017年5月第4版 2022年8月第5版　2022年8月第1次印刷（总第22次印刷）
定　　价	64.00元

未经许可，不得以任何方式复制或抄袭本书之部分或全部内容。
版权所有，侵权必究
举报电话：010-62752024　电子信箱：fd@pup.pku.edu.cn
图书如有印装质量问题，请与出版部联系，电话：010-62766370

《新编大学写作教程》(第五版)编委会

主　编　王锡渭
副主编　李华珍　叶良旋　廖万军　刘荣林
参　编　(按姓氏笔画顺序排列)
　　　　王　畅　付为贵　杨先顺　李定乾
　　　　张　莹　张颖东　周文娟　房文玲
　　　　胡睿臻　郝学华　涂明求　黄悠纯
　　　　薛　璟

目　录

上编　原理论

第一章　绪论 ……………………………………………………………………… (2)
　　第一节　写作的含义 ……………………………………………………………… (4)
　　第二节　写作的规律 ……………………………………………………………… (10)
　　第三节　写作的特点 ……………………………………………………………… (32)
　　第四节　写作学、写作教材和写作课 …………………………………………… (38)
　　思考与练习一 ……………………………………………………………………… (41)

第二章　写作发现 ………………………………………………………………… (43)
　　第一节　写作发现概述 …………………………………………………………… (43)
　　第二节　写作发现的标准 ………………………………………………………… (46)
　　第三节　写作发现的条件 ………………………………………………………… (47)
　　第四节　写作发现方法 …………………………………………………………… (58)
　　第五节　写作发现能力的培养 …………………………………………………… (66)
　　思考与练习二 ……………………………………………………………………… (69)

第三章　构思 ……………………………………………………………………… (73)
　　第一节　构思概述 ………………………………………………………………… (73)
　　第二节　构思与思维 ……………………………………………………………… (77)
　　第三节　构思原则 ………………………………………………………………… (80)
　　第三节　构思内容 ………………………………………………………………… (86)
　　第五节　构思过程 ………………………………………………………………… (95)
　　第六节　构思方法 ………………………………………………………………… (100)
　　第七节　构思能力的培养 ………………………………………………………… (104)
　　思考与练习三 ……………………………………………………………………… (107)

第四章　表达 ……………………………………………………………………… (110)
　　第一节　表达概述 ………………………………………………………………… (110)
　　第二节　表达语言 ………………………………………………………………… (112)
　　第三节　表达过程 ………………………………………………………………… (114)
　　第四节　表达方式 ………………………………………………………………… (120)
　　第五节　表达要求 ………………………………………………………………… (138)
　　第六节　表达能力的培养 ………………………………………………………… (143)
　　思考与练习四 ……………………………………………………………………… (147)

下编 文体论

第五章 新闻文体 ……………………………………………………………（152）
- 第一节 消息 ……………………………………………………………（152）
- 第二节 通讯 ……………………………………………………………（163）
- 第三节 报告文学 ………………………………………………………（171）
- 思考与练习五 ……………………………………………………………（181）

第六章 文学文体 ……………………………………………………………（184）
- 第一节 散文 ……………………………………………………………（184）
- 第二节 小说 ……………………………………………………………（192）
- 第三节 诗歌 ……………………………………………………………（205）
- 第四节 戏剧文学 ………………………………………………………（214）
- 第五节 影视文学 ………………………………………………………（224）
- 思考与练习六 ……………………………………………………………（239）

第七章 应用文体 ……………………………………………………………（242）
- 第一节 公文 ……………………………………………………………（242）
- 第二节 总结 ……………………………………………………………（291）
- 第三节 求职信 …………………………………………………………（297）
- 思考与练习七 ……………………………………………………………（305）

第八章 理论文体 ……………………………………………………………（309）
- 第一节 社会评论 ………………………………………………………（309）
- 第二节 杂文 ……………………………………………………………（316）
- 第三节 文学评论 ………………………………………………………（325）
- 第四节 学术论文 ………………………………………………………（335）
- 思考与练习八 ……………………………………………………………（341）

附篇 广告文案 ………………………………………………………………（345）
- 第一节 广告文案概述 …………………………………………………（345）
- 第二节 广告文案写作 …………………………………………………（347）
- 思考与练习九 ……………………………………………………………（357）

后记 ……………………………………………………………………………（360）

上编

原理论

第一章 绪 论

【本章学习提要】
● 理论学习
（一）了解学会写作的意义和本教材"写作发现—构思—表达"体系。（二）领会写作的含义。（三）理解物我交融转化律，了解写作主客体之间的关系及其转化的过程；理解博而能一综合律，了解写作主体必须具备的素质、修养和能力，结合文例弄清文意的类型；理解法而无法通变律，了解"法"的内容和通变过程。

● 思考与练习
思考题：（二）（四）（六）；文章评析：（一）；作文：选作一篇。

表情达意、传递信息要用到写作。没有文字之时，原始先民结绳记事，有了文字，人们先后在龟甲兽骨、青铜器、简牍、缣帛、纸张或电子媒介等载体上记写事件、抒发情感、表述认识、发布政令。统观人类文明史，写作记载和促进了人类的精神文明和物质文明的发展。

人类社会离不开写作，个人学会写作也十分重要。进入不断产生新媒体、写作海量发生的网络时代，纸笔化写作和无纸化写作并行而又相互影响、渗透。随着一些网站交流平台的问世，携带手机或其他手持电子设备可以随时随地传递信息，写作十分便捷，全民写作时代已经来临。当代大学生一定要努力获得心手统一的文字功底，不能养成依赖互联网用鼠标"复制"＋"拼装"文本①，要舍此只会制作"地摊货"的弊习。无数事实证明，不论在哪个专业学习，写作能力强是在生存竞争中获胜的一个重要条件，会给生活、学习和工作带来许多便利。大学生具备良好的写作能力在毕业后能够为开展工作、评定职称或晋升职务提供一个乘风破浪的条件，进而实现生命与生存意义上的更高价值并受益终生。关于学生学会写作的重要意义，毛泽东早在1936年写给时任抗日红军大学校长林彪的信中就明确指出："如果学生一切课都学好了，但不能看书作文，那他们出校后的发展仍是很有限的。"②

无人不希望自己撰写文章③具有天机云锦的才能，那么如何学习才能达到较高的写作水准呢？美国艺术心理学家鲁道夫·阿恩海姆对艺术创作有如下研究：

艺术家与普通人相比，其真正的优越性就在于：他不仅能够得到丰富的经验，而且有能力通过某种特定的媒介去捕捉和体现这些经验的本质和意义，从而把它们变成一种可触知的东西。非艺术家则不然，他在自己敏锐的智慧结出的果实前不知所措，不能把它们凝结在一个完美的形式之中。他虽然能够清晰或模糊地表达自己的思想，但不能把自己的经验表达出来。一个人真正成为艺术家的那个时刻，也就是他能够为他亲身体验到的无形体的结构找到形状的时候。④

艺术家同一般人相比，前者不仅能够借助媒介深化经验的意义，把经验上升到本质的高度，而且

---

① "文本"是一个宽泛的概念，不同学科对其有不同的解释。从写作学的角度，我们认为已被作者以外的人解读过的文章称为作品，未被接受的单句、语段和文章都属于文本。——编者注
② 毛泽东．致林彪[M]//毛泽东书信选集．北京：人民出版社，1983：52.
③ 文章有广义和狭义之说。广义的文章是根据写作发现按一定的审美规范将文字有机组合成特定体式的文本，本书采用这种说法。——编者注
④ 阿恩海姆．艺术与视知觉[M]．滕守尧，朱疆源，译．北京：中国社会科学出版社，1984：228.

能够运用恰当的形式把它呈现出来；而后者看见一匹马大多仅为一匹马，挖掘不出经验的深刻含义，对经验的表达也找不到合适的形式。这里说的是艺术创作，借助文字表达的写作与其也很相似。比如，一位诗人同不会写诗的人在诗意的提炼和表达上存在一定差距。这个差距最主要的就是诗人内化了写诗规律，能够手随心意；而不会写诗的人仅知写诗的"皮毛"，下笔似描红，所写的东西缺少鲜活的诗歌神韵。这种情况在其他文体的写作中也同样存在。在许多人所处的客观环境相似的情况下，个别人能写出令人称奇的文章，而多数人却只能发表只言片语。这说明，精于写作的人能够巧妙地运用写作规律，而拙于表达的人对写作法则不熟悉，还在必然王国里摸索。他们之间最主要的差距表明：掌握写作规律是写作的关键要素。

有各种各样会写作的人，其中通过学习写作之法成为作家的大有人在；毋庸讳言，没有学习写作理论也能创作出彪炳千秋之作成为大家的也不乏其人。仔细研究后者的成功经验，不难发现，他们在创作前通过某种实践掌握了文章"应该怎样写"①。例如，关汉卿、莎士比亚对舞台演出和许多剧本十分熟悉，还能粉墨登场，一旦写作，实践中掌握的戏剧创作之法就以素养的面目出现并发挥作用。

掌握写作规律是牵住了写作的牛鼻子。然而，对大学生而言，只有经过系统的理论学习和习练，把它化为内部语言，形成写作时可以随心所欲提取的一套系统"内存"，才能称得上掌握了写作规律。为促使学生生成这种丰富的内部语言，提高写作技能，大学写作课在组织"第一课堂"的教学和推进"第二课堂"的写作活动中应该为学生开拓鉴赏文章的理论视野，提升良好的写作思维素养，培养能够应对社会各种写作需要的扎实的写作基本功。这三者教学的核心是：在中小学的语文课上对学生进行基础性写作训练之外引领他们进入真正意义上的高起点写作。

关于写作，歌德曾说：

艺术的真正生命正在于对个别特殊事物的掌握和描述……

到了描述个别特殊这个阶段，人们称为"写作"（Komposition）的工作也就开始了。②

歌德这段话的意思是说，认识事物的特殊本质，把其独特性表述出来的过程才称为真正意义上的写作。这里说的是文学创作，对其他文体的写作包括论文、公文写作也同样适用。作为一门课程，大学写作对学生的写作水平有较高要求，这个要求虽然不能以小说家、诗人、剧作家或理论家的水平为标准，但是要求学生写出的文章一定要有点创新，要有点特色，要像模像样。这个要求并不高。翻阅中外写作史不难发现，一些脍炙人口之作有不少是业余作者写的。例如，《诗经》的作者们都不是专业的，他们的作品被奉为了儒家经典，当时非职业写手写出了富有美学或文化符号学意义，在世界传播且经久不衰的作品并不少见。在现实生活中，随便浏览目前选刊，看到的篇章多为业余作者的作品。目光转向身边熟人，能够发现很多非职业写手也能写出一手好文章。这些写作现象不是特例，而是很普遍的。可是，绝大多数刚入学的大学生只要一落笔就很熟练地"化合"出有着包浆般的观点、古董性的材料、一模所铸的结构和模仿似的语言的"考场四不像"。改变大学生在写作中被取巧图便的意识掌控、坦然制作"考场新八股"的普遍写作现象，消除他们的高考作文后遗症，培养他们的健康写作心理，帮他们养成具有创新观念、掌握创新手法的优良写作素养，能够撰写出心手合一、具有一定新意的文章，这是本科写作课程标准的教学目标。

之所以确定这样的教学目标，还是因为美、英、法等国和我国有些新闻媒体在其网站和报纸的一些栏目中已经发布"写作机器人"或"机器人记者"制作的消息。甚至美国"机器人记者"的研发公司——叙述科学公司（Narrative Science）技术总监哈蒙德预言，未来十几年完全由写作机器

---

① 鲁迅有言："凡是已有定评的大作家，他的作品，全部就说明着'应该怎样写'。只是读者很不容易看出。"（《不应该那么写》）——编者注
② 伍蠡甫，胡经之.西方文艺理论名著选编：上[G].北京：北京大学出版社，2004：432—433.

人撰写的文章所占比例将达到90％以上①。可以预见,随着科学技术的发展,写作机器人的类型会越来越多,智能化程度也会越来越高,使用领域也会越来越广。推动其进程的是写作机器人可以替代人类的一部分写作的优势。写作机器人可以按照设定的算法程序,根据收集的信息建立数据库,从中寻找相互之间的关系和模板,然后自动生成一篇具有可传播性的文章,其优点是机器人写作这类文章比人的速度更快,且成本更低。当前,写作机器人除了在媒体立足,也开始涉足文学创作领域,今后写作机器人还将进入其他行业。社会上对机器人的写作是有需要的,对人的写作也是有需要的。凭借人设计的智能软件进行"采集清洗""计算分析""模板匹配"的机器人写作和反映人的本质力量对象化的创新性写作将是今后并行不悖的写作现象。用于告知一般信息的日常化、单一化、简单化和模式化的写作将由写作机器人承担,"白领机器人无法处理的那部分"②复杂的涉及创新性的写作将由人来完成,这很可能是以后社会需要的写作约定俗成的大致分工情况。而由人独自进行以情感人或说理深刻等具有独创性的写作则是人类具有著作权意义上的写作强项。为迎接写作机器人与人相伴时代的到来,根据写作机器人快速发展的趋势,确定上面表述的大学写作课程标准的教学目标是顺应了社会发展对大学生写作的要求。

据此,本书编委会依据教育部2019年12月16日公布的关于印发《普通高等学校教材管理办法》中的教材编写精神和大学新生在小学、中学阶段已经学习过一些写作理论,具有写出一般化文章技能的基础,结合大学生在校学习、毕业找工作和未来工作中的需要,遵循写作的本质是创新的铁律,使大学生学会创意写作,第四次修订了以"写作发现—构思—表达"为体系的《新编大学写作教程》。希望通过本书的系统理论学习和扎实有效的科学练笔,大学生的写作能力能够得到行之有效的提高,实现"直挂云帆济沧海"的人生理想。

第一节 写作的含义

一、写作含义的历史回顾

写作是什么?这是写作学研究的一个最基本的核心问题。释义写作概念,据管见所及,中国古代文论虽不乏写作过程的解说,对"写"和"作"分别作出过解释,但还没有直接对写作进行定义说明的文字。中华人民共和国成立后,一些高校汉语言文学专业先后开设了写作课,讲授写作课的教师开始注意研究"写作是什么"的问题。对此基本停留在"精神劳动""创造性的精神劳动"或"客观现实的反映"这些依据哲学观点推导出的浅层次的唯象理论的表述上。1978年以后,对"写作是什么"的研究逐渐深入,对于这个问题,一些高校的写作教材作出了解答。

由于写作现象的复杂性,写作学研究者对它的认识采用的观点和方法的不同,对"写作是什么"的解答也有不同的角度。在这个问题上,对写作的释义,有人从行为、能力和工具的维度陈述,有人从写作心理的平面切入,有人从写作行为的角度强调"制作",有人从写作内容的角度突出"创造性",有人从写作手段和写作过程的形式和本质的角度入手,有人从写作操作论和本体论的视角作出解说,有人根据美国当代文艺学家M. H. 艾布拉姆斯的"文艺四要素"学说和信息论观点进行诠释。这些学者从各自的研究角度对写作的界说是不无道理的。

二、写作的含义

弗洛伊德的精神分析学把人的心理分为意识、前意识和潜意识互为联系的三个层级。他的

---

① 李晖,高洪山."写作机器人"将如何影响媒体[J].秘书工作,2015(8):64.
② 莱文森.如果机器人有办公室:评《全球化机器人崛起》[N].参考消息,2019-03-21(12).

本我、自我和超我的人格结构理论虽被质疑,但在西方现代派文学创作尤其在意识流小说创作中却得到了广泛应用。也许是吸收了弗洛伊德的"冰山理论",日本当代作家村上春树把人的复杂的精神活动划分成四个层级,他认为在地上二层,人人都在一定的房间内生活,在"灵魂地下一层""储存着我们记忆的碎片。而不为大部分人所知的是,在更深处的'地下二层',还有着一间漆黑的屋子"①。要创作打动人心的作品,就要找到通往"灵魂的地下二层"的道路。村上春树的这个形象说法蕴含写作者创作选取灵魂深处的内容有层级的意思。

选择写作材料有层级,写作过程也有层级吗?

写作活动十分复杂,是一个流水无痕的整体,对其表述异常困难。为了表述方便,我们把写作活动这个一体化的动态系统看成相互联系、相互渗透和相互作用的四层次结构金字塔。其中,处在底层的是心理诉求要素群,由知觉、情感、注意和记忆等构成,是它萌生写作念头;在它之上是才智蕴蓄要素群,由素质、修养和能力构成,由它化解写作矛盾;位居第三层的是加工制作要素群,由"思维"与"写作发现""构思""表达"(以下简称"写作过程三环节")构成,是它纂组文章;居于顶层的是文意呈现要素群,由文意、材料、结构、表达方式和语言等构成,是它显现作者的思想或情感。一般来说,写作活动是在这个金字塔的自下而上和自上而下的"连续"和"离散"的矛盾协调转换中逐渐推进的。

构成写作活动的四层次结构金字塔具有临时性的特点。写作活动的这一规律被许多人的写作所证实。小说家刘庆邦在一次被采访时说:"有些记忆,不写的时候处在沉睡状态,一旦写了,就会被唤醒、被激发,从无效变成有效。"②他的写作体会表明:平时心理诉求要素群和才智蕴蓄要素群的各种要素散居在作者的前意识③之中,一旦作者心理诉求要素群因某种原因生成意念,形成主动(我要写)或被动(要我写)的表达欲望,就会召唤心理诉求要素群和才智蕴蓄要素群的相关要素进入意识,参与由"思维"与"写作过程三环节"组合的加工制作呈现文意诸要素的工作,于是这个写作的四层次结构的金字塔就应运生成并运作起来。当文章写成后,这个塔形结构便自行解体,相关要素又回到前意识之中。

写作的中心是制作文章。文章制作的"果"由文意呈现要素群构成,推动文章制作活动的"因"是心理诉求要素群、才智蕴蓄要素群和加工制作要素群的合力运作。这从"因"到"果"便是文章的生成过程。以文章制作过程为研究对象,通过对文章生成过程的因果关系的由表及里的分析、综合和概括,能够揭示写作规律,回答写作是什么。

从方法学的角度,结合结构主义方法和系统理论,对构成写作活动的四层次结构金字塔进行分析后不难发现,加工制作要素群是这座金字塔的上下贯通、相互协作的枢纽,整个结构以它为核心,它是文章制作的"车间",心理诉求要素群、才智蕴蓄要素群上传的写作要素在这里进行加工,制成文意呈现要素群的各个要素。针对加工制作要素群的运行环节,破解其各个环节同其他要素群协作运行的关系,加以科学的归纳和概括,能很好地揭示写作规律。

写作具有"创造性",是"制作",说到底是对价值性信息的转换、生成和表达。价值性信息是一种"写作发现"。这种发现是写作主体④从生活、学习或工作中在心理诉求要素群和才智蕴蓄要素群的相互作用下经过取舍和提炼的,写作发现只有进行从内容到形式的系统完型,即完美地呈现表达文意的各个要素,才能更好地传播,这系统完型的孕育离不开"构思"。构思完备,还要用语言表达出来。"文字符号的排列、组合与操作"属于言语行为,是"表达"。这些活动都与"思维"有着直接

---

① 村上春树. 每一个故事,都种在灵魂深处[J]. 莲见,译. 读者,2013(18):28.
② 眉豆. 刘庆邦:我慎终如始,只写小说[N]. 新华每日电讯,2020-11-06(14).
③ "前意识"概念的使用借鉴了认知心理学的观点。——编者注
④ 写作主体或写作者是就写作过程而言的,是写作行为人;作者是就写作结果而言的,是写出文章的人。——编者注

的关系。通观它们,可以发现:由"思维"为一方与"写作过程三环节"为另一方构成了相互联系的文章加工制作要素群。在表达欲望的推动下,这个要素群在心理诉求要素群和才智蕴蓄要素群的协作下运作起来,形成了文章制作的核心过程,这个过程的模式图如图1.1所示。

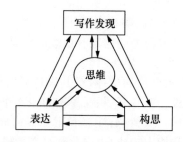

图1.1 文章制作核心过程模式图

这个图对文章制作过程作了哪些概括呢?

第一,它指出了文章制作是从写作主体思考写作发现开始的。

说到这个问题,请看:

真没想到关于《红楼梦》的文章,是这样地不好写!我把这部文学巨著,又从头翻了一遍,睡前饭后,或是做着其他事情的时候,脑子里总在不断地思索琢磨,也还挑不起一个下笔的头绪。……虽然自己平日和朋友在一起的时候,也曾随便举其一端,而兴高采烈地谈个没完,但是当自己要选个题目,来比较深入地抒写的时候,就感到自己真像进入大观园的刘姥姥,神眩心摇,应接不暇。①

这是冰心回忆撰写《〈红楼梦〉写作技巧一斑》时说的话,从中看出不写文章时可以围绕一个话题随心所欲地"神侃",一旦提笔写作就要考虑很多问题。这其中最重要的就是确定写作发现。当作家再次阅读《红楼梦》"不断地思索琢磨",从脂砚斋的评语中发现《红楼梦》有一种写作方法是"两山对峙"后,于是她围绕这个写作发现在1963年写出了很有见地的评论。

生活中人们有很多发现,在不同场合能够经常听到有人说"我发现……",这些发现绝大多数不能进入写作,只有把发现孕育成心理诉求点——确定为写作发现,写作才真正开始。这是因为选择了写作发现,写作者会思考其意义何在、价值大小和重要程度如何,并经过权衡,从中衡量出不一般的意义和分量,认为很有传播的必要,于是这个具有价值性信息的写作发现,就成了促使写作者写作的主要驱动力,作为写作个体的写作活动便开始了。例如,鲁迅创作《狂人日记》,他认为"在暴露家族制度和礼教的弊害,却比果戈理的忧愤深广"②,这种认识源于作家"偶翻《通鉴》,乃悟中国人尚是食人民族",他说,"此中发现,关系亦甚大""因此成篇"③。因为有了重大的写作发现,所以他动手创作。这个重大发现就成了《狂人日记》创作的开端。作家写作讲究"写作发现",初学写作者以模仿为主就不讲究写作发现吗?初学者学习写作离不开模仿,这种模仿一般是方法、角度、表达方式或语言上的学习,而在写作内容上要避免与模仿对象的雷同,在模仿中发现了价值性信息是促使初学者写作的一个原因。

第二,它揭示出文章制作活动在"思维"贯穿全过程中与"写作过程三环节"必须联动的规律。

写作中"思维"极为重要。具体来说,"思维"包括理论思维和意象思维。议论文的写作属于"理论思维"。"思维"对于议论文的写作其作用不言而喻,这里不作赘述。文学创作采用的主要

---

① 冰心.《红楼梦》写作技巧一斑[G]//吴重阳,肖汉栋,鲍秀芬.冰心论创作.上海:上海文艺出版社,1982:129.
② 鲁迅.《中国新文学大系》小说二集序[M]//且介亭杂文(二集).北京:人民文学出版社,1973:19.
③ 鲁迅.致许寿裳[M]//鲁迅全集:第九卷.北京:人民文学出版社,1958:285.

是"意象思维",就以最强调情感作用的诗歌写作而言,马克思说"愤怒出诗人"①,这强调的是"没有感情,就没有诗人,也没有诗"②。从创作诗歌需要情感的角度来说,"愤怒出诗人"是正确的,然而写诗,只有愤怒,没有思维,"不宜作诗,否则锋芒太露,能将'诗美'杀掉"③。文学写作,只有情感,没有"思维"的参与,是难以缀字成文的。写作,把发现确定为"写作发现"使用"思维","构思"依靠"思维","表达"运用"思维"。整个写作过程,"思维"贯穿始终,写作模式反映了"写作过程三环节"运行离不开"思维"的写作现实。

宏观上,文章制作的全部活动是为了把"写作发现"表达出来,这整个过程都是为了"写作发现"展开的。在具体写作中,"写作发现"引发"思维"考虑写作发现的内容,就在"思维"与"写作发现"互动的同时,"表达"参加进来,它协助"思维"在比照中肯定或否定最初的"写作发现",帮助"思维"思考"写作发现"的意义。一旦"写作发现"被确定,它就会朝着"构思"运行,这时的"构思"与"写作发现"就会互动起来,重点解决表达"写作发现"的内容和形式问题。其间,"表达"和"思维"加入进来,帮同"构思"选择组合材料和梳理思路。当经过这一番联动,表达的内容和形式确定之后,"表达"与"写作发现""构思"同"思维"又联动起来,在"写作发现"和"构思"导引下,最后以"表达"完结而结束写作。这是写作过程中"思维"与"写作过程三环节"的系统联动。这是文章制作的一条基本规律。以写作发现为中心的顺时针式写作是这样(写作发现→构思→表达),以写作发现为中心的逆时针式写作也是这样(写作发现→表达→构思)。例如,有人发现了一个感人的场面或情节,于是就描述它,在表述的过程中,他既要深层次地思考这个场面或情节的意义,又要考虑下一步如何行文。这种写作属于"表达"在"思维"参与下与"写作发现"和"构思"的联动。就是在这样的不断联动中,文章被撰写出来。

微观上,写作活动表现为对"构思"或"表达"涉及的一个写作之点的处理。处理它以"写作过程三环节"中的一个环节的活动为主,其他两个环节和"思维"也加入进来共同解决这个写作之点的问题。例如,修改词句是局部的表达行为,这似乎仅与表达思想或情感有关,可仔细分析就能发现,它是牵一发而动全身的整体联动。如诗歌写作中的琢字炼句,它同"思维"与"写作发现""构思"是密切相关的。例如,"春风又绿江南岸"中的"绿"字敲定前,诗人曾分别推敲"过""到""入"和"满"字。而最终选定的"绿"字④之所以被历代文人称道,是因为它既丰富了"写作发现"的内涵——通过"绿"字诗人描画出江南美景,抒写宋神宗召他进京的喜悦和离家的留恋之情,又在结构上突出了功成身退"欲'还'钟山的渴望,使结局更富情韵"⑤。修改后的这个"绿"字在结构上能起到如此作用,表明这个小小的局部改动与构思又连在了一起。修改一字,整首诗为之生辉,这是古人不自觉地运用思维与"写作过程三环节"联动成功的典型例证。

文章制作必须遵循思维与"写作过程三环节"联动的规律,然而在具体写作中,有时会出现不是思维与"写作过程三环节"的联动,而是思维与写作过程一两个环节局部"互动"的情况。例如,列夫·托尔斯泰的写作,他说:"我发现自己有一种插叙的恶习;而且正是这种习惯,而不是像我从前所想的,是思想丰富,常常妨碍我写作,逼得我离开书桌去沉思与我所写的内容全然不同的事情。这是要命的习惯。"⑥插叙属于"表达",在与"思维"的互动中,没有顾及"写作发现"和"构思",于是就出现了背离"写作发现"——节外生枝的赘疣。

---

① 马克思.致恩格斯(1851年8月25日)[M]//中共中央马克思恩格斯列宁斯大林著作编译局.马克思恩格斯全集:第48卷.北京:人民出版社,2007:367.
② 别林斯基.爱德华·古贝尔的诗[G]//列别金娜.别林斯基论文学.梁真,译.上海:新文艺出版社,1958:14.
③ 鲁迅.两地书·三二[M]//鲁迅全集:第9卷.北京:人民文学出版社,1958:79.
④ 洪迈.容斋随笔[M].上海:上海古籍出版社,1996:317.
⑤ 霍松林.历代好诗诠释[M].北京:中国社会科学出版社,2000:736.
⑥ 古典文艺理论译丛编辑委员会.古典文艺理论译丛:第一册[M].北京:人民文学出版社,1961:192.

写作千差万别,不同写作者的写作素质、修养和能力是不同的,即使是同一人两次写作也是不一样的,自然对思维与"写作过程三环节"的运用也不尽相同。思维与"写作过程三环节"联动得好,文章会写得漂亮,而文章有缺憾则是对它们运用不全的结果。初学者写作中的顾此失彼,就是对它们使用欠缺所致。

第三,它概括了写作加工和转换的动态过程。

文章制作不是直线式的精神生产过程,而是在写作思维活动的推动下,"写作发现""构思"和"表达"三者之间有反复、有循环,在螺旋往复中进行双向逆反、多重水平加工的过程。具体来说,就是写作主体面对客观世界或主观心灵的写作对象,有了写作发现,一般情况是围绕它进行构思。这就是"写作发现"向"构思"运动。在构思中发现这个"写作发现"有问题,或者有了更好的写作发现,写作主体就会围绕新的写作发现再次进行构思。"构思"向"表达"运行,通常情况表达是对构思内容进行表述,在表达中,可能有新的写作发现,这种发现可能是对写作发现的否定,也可能是对构思的否定,于是再从新的写作发现或构思开始,进行构思和表达。这是一种有了"写作发现"进行"构思""表达"的写作加工转化。例如,曹禺在谈到《雷雨》创作时指出:"写作中常发生非推翻原来结构不可的事情。写着写着把当初没想到的地方想清楚了,把人物心灵深处的东西挖出来了,情节再这么搞不行了,不像那个人了,结构非改动不可。"①这说的是在"表达"中对"写作发现"有了新的认识——"把当初没想到的地方想清楚了,把人物心灵深处的东西挖出来了",这是对以前的"写作发现"的否定。内容变动了,形式也要变动,"结构非改动不可",这是根据新的"写作发现"再次"构思"。写作就是在这样的加工转换的递进中越写越好的。

有了"写作发现",进行"构思""表达"的写作加工转换是这样;有了"写作发现",越过"构思",在直接"表达"中思考"写作发现"和"构思"的写作加工转换也是这样。后一种写作现象正是在"表达"同"写作发现"和"构思"进行方向相反的不断否定写作内容和形式的信息交换中,构筑了一个新的写作系统。这就是美国写作学家威廉·W.韦斯特所说的:"写作过程能帮助你把零乱的思想条理化,使你的想法经过提炼而清晰起来,并且进一步发展你的思想。"②写作中不论是运斤成风的高手,还是依葫芦画瓢的初学者,一般都会在不断否定或肯定写作内容和形式中写出文章。

在整个文章制作活动中,写作发现、构思和表达三者相互制约、相互作用,在不断变化、相互协调中力求和谐统一。这种螺旋式多重水平否定之否定的加工不论是业余的还是专业的写作者都概莫能外。

第四,它包含了写作有无明显构思阶段的两种现象。

何谓构思?构思是对写作发现从内容到形式的孕育过程,是从"写作发现"到"表达"过程中的一个重要阶段。然而写作是复杂的充满变数的活动。对此,莫言说:"作家的创作过程各有特色,我每本书的构思与灵感触发也都不尽相同。"③这说明各人的写作是不一样的,即使是同一个人,这一次写作是一种情况,下一次写作可能是另一种情况。因此,由"写作发现"到"表达"通向写作完形的途径和方法不是唯一的。由"写作发现"经"构思"到"表达"是一种按部就班、循序渐进的"构思写作"。这种"构思写作"有一个明显的相对独立的构思环节,处在这个环节上的构思我们称其为显性构思。

显性构思或表现为内部语言行为的"打腹稿",或表现为外部言语行为的列提纲。一般来说,短文写作常采用"打腹稿"的形式,鸿篇巨制撰写多选择列提纲的形式。例如,1937年诺贝尔文

---

① 曹禺.曹禺谈《雷雨》[J].王育生记录整理.人民戏剧,1979(3):44.
② 韦斯特.提高写作技能[M].章熊,章学谆,译.福州:福建教育出版社,1984:2.
③ 莫言.讲故事的人[J].当代作家评论,2013(1):8.

学奖获得者罗歇·马丁·杜加尔创作长篇小说《谛波父子》的构思采用的就是后一种。他说：

  1920年春天，我立意要写出《谛波父子》的详尽而准确的提纲，……为了达到这一目的，我把家里凡是能找到的桌子都放在一个房间里去。根据我的构思，打算描写谛波一家四十年左右的历史，并把这四十年清楚地分为十二或十三个时期。我自己反锁在室内，手执铅笔和卡片，从早到晚就像在棋盘上一样从一张桌子到另一张桌子来回走着。在把手中拿着的一张短记卡片放到相宜的抽屉去之前，我反复推敲，往往几十次地离开，然后又返回到同一张桌前。①

鸿篇巨作《谛波父子》就是对所选用的大量资料按照事物进程的客观逻辑和情感逻辑编排后写作的。

  文章制作核心过程模式图还概括了隐性构思的存在。隐性构思的表现是，写作者有了"写作发现"，跨越"构思"阶段，依据"写作发现"进行"表达"。这种"表达"，写作者既要受到"写作发现"的制约，又要根据"写作发现"思考下一步如何表达。"表达"与"写作发现"在相互作用中推进写作，促使写作者在行文中环环相扣地考虑"构思"，完善"构思"。在行文中不断生成和完善的"构思"又反转过来促进"写作发现"和"表达"的完善。这就是黑格尔所说的"心里的构思与作品的完成（或传达）是携手并进的"②。如果说"构思写作"中的"构思"在写作过程中以阶段的形式显形存在属于显性构思的话，那么，从"写作发现"到"表达"的过程中由"写作发现"和"表达"促使生成的隐形存在的构思就属于隐性构思。与"表达"相伴生成的隐性构思的写作现象也不少见，被鲁迅称为"划时代的纪念碑"的《铁流》的创作便属此类。在《铁流》创作前，绥拉菲摩维奇在莫斯科的一位叫索吉尔柯的朋友家里听到三位达曼军人讲述他们在黑海边上行军的真实经历，作家立即意识到它的价值——"群众的思想意识的改造"③，没有多加考虑，首先动笔叙述"整部作品的意义全部集中在这最后一个场面里"④的结尾，接着叙写开端，多次修改使首尾一致后，进行中间部分的写作。在这中间部分写作中，作家"时时刻刻反复思考安排小说的脉络"⑤，最后经过多次艰难的修改，小说付梓。作家在行文中"时时刻刻反复思考安排小说的脉络"，显然是伴随"表达"的隐性构思。

  另外，有些写作者执笔前对写作对象认识不清晰，想一句写一句，想一段写一段，写到无可再写时，就自然终止。然后，他们再对毛坯文本进行通篇阅读，边阅读边思考，理念或意念逐渐明晰而成为文意，接着围绕确定的文意进行材料和文字上的增删与段落、句子的前后调整等。这种在行文中推进构思进一步形成写作发现，再以写作发现为准绳对已有表述进行修改的写法也属于隐性构思。

  第五，它抽象的是写作语言的转换生成过程。

  在文章制作过程中，"表达"的内涵是言语活动。它包括内部言语行为和外部言语行为。我们知道，写作要解决的是把自己的写作发现传达给接收者的问题。这其中的关键就是能够把思维成果转化成为受众更易接受的语言。也就是在整个写作过程中经过多次调整，"表达"最终以外部言语的形式把"写作发现"表述出来。在这个过程中，"写作发现"是可塑性极强的"胚芽"，是高度浓缩的。在"写作发现"阶段，写作者的发现成果有的靠内部言语表述，有的靠外部言语记录。在"写作发现"和"构思"两者之间数次反复矛盾统一的运动中，高度浓缩的"写作发现"在"构思"中不断丰富着内容并选择合适的形式。这种构思活动主要以内部言语的形式出现，当写作者

---

① 罗歇·马丁·杜加尔. 回忆录[G]//王忠琪，等译. 中国社会科学院文学研究所文艺理论研究室编译小组. 法国作家论文学. 北京：生活·读书·新知三联书店，1984：216—217.
② 黑格尔. 美学：第一卷[M]. 朱光潜，译. 北京：商务印书馆，1979：363.
③ 绥拉菲摩维奇.《铁流》的创作经过[G]//张守慎，译. 舒聪. 中外作家谈创作：下. 太原：山西人民出版社，1980：382.
④ 同③，第113页.
⑤ 同③，第114页.

认为这种内部语言能够表达"写作发现"时,于是写作者使用的内部语言就要向外部语言的"表达"转化,这种转化就是行文过程。然而,把"写作发现"表述出来是复杂和多变的,其间,思维的多维性和表达的一维性,思维的快和表达的慢是充满矛盾的。同时,思维内容和词语表达并不是一一对应的,有时意会了不一定能够言传出来;有时构思好了,由内部语言向书面语言转化,但书写出来的同思考的会有一定的差距。以上种种矛盾经过写作者的努力,"构思"和"表达"在围绕"写作发现"的协调中,最终将得到不同程度的解决。

以上介绍的文章制作核心过程模式概括的只是抽象的普遍性,实际上写作活动更为复杂,不同写作者的写作有不同的表现。借用当代文艺理论家王元化的话来说,写作"有时它会呈现某种局部的交错进行的现象,有时它会形成某种表面上的反复深化过程"①。再者,在整个写作过程中,心理诉求要素群和才智蕴蓄要素群也参与其中,没有它们,文章制作无法进行,尤其是才智蕴蓄要素群,它对文章制作的每个环节都要进行观照,然后对其决断。作为一个整体,心理诉求要素群和才智蕴蓄要素群对写作活动所起的重要作用是显而易见的。从文章制作过程来看,它们是"无名英雄",而"写作过程三环节"和推动其运行的思维属于活动"要员"。因此,我们认为,在整个写作中"思维"与"写作过程三环节"相互作用,由它们构成了以"写作发现"为起点的文章制作过程。写作中思维与"写作过程三环节"应该在联动的相互协调中系统完善写作的内容和形式,然而在各人的写作中,思维与"写作过程三环节"的使用,可能是联动的,也可能是缺失的,"构思"可能是显性的,也可能是隐性的。由此得出如下的结论:从文章制作过程的角度来看,写作是写作者在心理诉求要素群和才智蕴蓄要素群参与文章制作的思维与"写作过程三环节"的不同运用中对写作发现从内容到形式不断扬弃的表达活动。

第二节　写作的规律②

一、写作规律的含义

"艺术自有其规律,不遵守这规律,就写不成好作品。"③别林斯基说的虽是文艺作品的创作,但对整个写作也是适用的。研究写作规律是为了更好地写作。

不论是自然的、社会的真实事物还是电子的虚拟事物,都有其生存的时间和空间,这种时空表现为事物存在的一定范围。围绕事物存在的这个特定范围进行研究,是准确揭示该事物规律的基本条件之一。探讨写作规律的内涵,我们将从概念使用范围的角度来考察。

写作活动充满矛盾,写作主体要解决自始至终存在的三大矛盾。

一是内容问题。它涉及材料的从无到有,从多到精;"写作发现"的从无到有,从肤浅到深刻等。写作中的这些内容属于观念的东西。马克思指出:"观念的东西不外是移入人的头脑并在人的头脑中改造过的物质的东西而已。"④物质的东西通过主体的改造转化为观念的东西涉及主体和客体的矛盾运动。写作的主、客体在矛盾运动中相互交融转化为文章内容是整个写作过程要解决的首要问题,它贯穿整个写作过程之中。

二是"多中选一"的问题,即写作者运用写作素质、修养和能力三者合一地解决写作上每次遇到的选用"一"的问题。写作前写作者具有一定的知识阅历,同时具有感知、记忆、思维和表达的

---

① 王元化.文心雕龙创作论[M].上海:上海古籍出版社,1979:189.
② 本节撰写参考了周姬昌.写作学高级教程[M].4版.武汉:武汉大学出版社,2009:17—43.——编者注
③ 别林斯基.一八四七年俄国文学之一瞥(1848)[M]//满涛,译.别林斯基选集:第二卷.3版.上海:时代出版社,1953:410.
④ 马克思.马克思恩格斯选集:第二卷[M].北京:人民出版社,1995:112.

能力,综合运用它们要解决写作环节上遇到的一系列"一"的问题。它们包括:一个确定为感知的写作客体,一个认知写作客体的角度,一个新颖的写作发现,一个适合写作内容的体裁,一个确切、醒目的标题,一个个能够体现写作发现内涵的合机材料,一个组装写作内容的恰当结构,每一个能准确地表达写作发现的文句,文句中选用的一个恰当的词语等。写作者的素质、修养和写作能力同每次遇到的写作所用的东西从量上比较是"多",而在写作中遇到的都是或大或小的一个个的具体问题,这一个个的具体问题就是"一"。写作处处会遇到"多"中选"一"的问题。

三是方法问题。方法是写作者认识和表达写作对象的方式、程序和手段,是写作者不断取得写作自由的武器。按照黑格尔的说法,"方法也就是工具,是主观方面的某个手段,主观方面通过这个手段和客观发生关系"[①]。被列宁摘抄的黑格尔的这番话表明,方法是联系主观和客观的中介,是主体变革客体的工具。运用方法学从主、客体的角度考察写作过程,不难发现,这个过程的运动要素是由写作主体、写作客体和写作方法构成的。没有方法,写作主体既无法认识写作客体,也不能表达写作客体。具体来说,离开了方法,写作主体进行"写作发现""构思"和"表达"是不可能的。因此,涉及对写作发现的确定,围绕它进行构思和表达的整个写作过程存在着方法问题。

以上三大问题在写作的每个阶段、每个环节、每个层面都不同程度地存在着,这些矛盾贯穿写作活动的始末。针对这三大问题探讨写作活动的规律,我们发现有三大规律,分别是"物我交融转化律""博而能一综合律"和"法而无法通变律",是它们从不同方面分别揭示了写作的主体、客体、载体或受体之间的必然联系。

二、写作规律的特性

世间万物都有自己的特性,同样,写作规律也有自己的特性。

(一)同一性

写作活动是充满矛盾的,是对立统一的。写作规律是对它的揭示。在写作活动中,"物"和"我"的矛盾,"物"和"我"的"化一";"博"和"一"的矛盾,"博"和"一"的综合;"法"和"无法"的矛盾,"法"和"无法"的通变,都是矛盾的统一。写作的三条规律揭示了写作的矛盾同一性的特点。

(二)客观性

写作规律是从写作活动中抽象出来的,具有客观性,它存在于写作实践活动之中。写作者可以认识它、利用它,但不能改变它,也不能创造、否定和消灭它。

(三)普遍性

不分性别,不分年龄,不分职业,只要写作,写作规律就会作用于所有写作者的整个写作活动之中,写作规律具有普遍性。中学生缺少生活材料,写作文很困难,这是在物我交融转化方面出现的问题。

三、写作规律的内容

(一)物我交融转化律

写诗作文发现可写之意和表述支撑它的材料,这二者作为写作内容是不可或缺的,探讨物我交融转化律是为了解决写作内容或缺或无的问题。

1. 含义

物我交融转化律是对物我交融之后,转化为写作内容的必然过程的揭示。

[①] 列宁.哲学笔记[M].2版.北京:人民出版社,1993:189.

这里的"物"指的是写作客体,具体是指进入写作主体认知视野的现象。它包括物质客体和经过加工的精神产品。"我"是写作主体,指的是有着自觉意识的写作者。

所谓"物我交融",是指写作客体与写作主体相互作用与有机融合。所谓"转化"是指经过物我交融,写作客体被写作主体"同化"或"顺应",写作主体获得了写作内容。

恩格斯指出:"一切观念都来自经验,都是现实的反映——正确的或歪曲的反映。"① 这句话表明作为观念的文章是现实的反映,这反映表现为文章中作者表达的意识。其内容是写作主体和写作客体相互作用的结果。1800多年以前,陆机就认为四时的变迁使写作者"慨投篇而援笔,聊宣之乎斯文"②。这说明,写作由客体引起,主体向客体运动而感兴,两者相互交融成为写作内容。这是普遍的写作现象。例如,丰子恺在1935年3月初的几天里,在写作之余坐在杭州西湖边上的长椅上休息,面对湖岸杨柳,觉得它美丽可爱,一时兴到,发现柳树高而能下,高而不忘本。这是依据杨柳枝条的"下垂"发掘的,是柳树的美引起散文家对它的多次"解读"而获取的。

2. 写作客体在写作中的功能

写作客体在写作中发挥的重要作用,这从表述内容的词语与写作客体存在着一定联系上也能够看得出来。例如,希腊文中的"字"的含义是"物",希伯来文中的"字"是"事"。在这方面,英国哲学家科林伍德在论述其他民族的经验只能用本民族的语言表述所产生词汇的类比含义时说:"我们没有专门表达这种东西③的一个词汇,因为我们没有这样一个东西。"④他的话说明词汇中不会出现没有现实事物的词语。词语如此,作品中的内容呢?请看杨万里的回答:

余少作有诗千余篇,至绍兴壬午七月皆焚之,大概江西体也。⑤

予之诗,始学江西诸君子,既又学后山五字律,既又学半山老人七字绝句,晚乃学绝句于唐人。学之愈力,作之愈寡……

……戊戌三朝时节,赐告,少公事,是日即作诗,忽若有寤,于是辞谢唐人及王、陈、江西诸君子,皆不敢学,而后欣如也。试令儿辈操笔,予口占数首,则浏浏焉无复前日之轧轧矣。自此,每过午,吏散庭空,即携一便面,步后园,登古城,采撷杞菊,攀翻花竹,万象毕来,献予诗材,盖麾之不去,前者未雠而后者已迫,涣然未觉作诗之难也。⑥

杨万里创作诗歌几十年,到51岁方才感悟到作诗只注意学习他人技巧,在选词、炼句、用韵方面功夫下得越大,诗作越少的原因。他领悟到了师法自然的重要,把35岁以前学习"江西诗体"辛辛苦苦制作的上千首诗歌付之一炬,走在自然万象中发现诗意的写作之路,写诗不再艰难。他诗歌写作前期失败,后期成功创作了4200多首诗歌,并自成一体——诚斋体,流传下来9本诗集的诗歌创作史启示我们,只注意技法而脱离写作客体的写作之路是一条死胡同。

(1) 触发写作者产生写作的动机和欲望的诱因

"大凡物不得其平则鸣","人之于言也亦然:有不得已者而后言","凡出乎口而为声者,其皆有弗平者乎!"⑦韩愈的这些话表明,从内心生发出来的语言有一定的外因,正是在这种外因的促使下产生了心理需要的表达。而"文辞之于言又其精"的书面表达也是如此。写作是一种心理活动。当写作主体认为这种活动是一种心理需求,需要表述出来的时候,它就生成了一种心理张

---

① 恩格斯.《反杜林论》的准备材料[M]//马克思恩格斯全集:第20卷.中共中央马克思恩格斯列宁斯大林著作编译局,译.北京:人民出版社,1971:661.
② 陆机.文赋[G]//郭绍虞.中国历代文论选:第一册.上海:上海古籍出版社,1979:170.
③ "这种东西"指翻译古希腊政教合一的"国家"这个词。——编者注
④ 科林伍德.艺术原理[M].王至元,陈华中,译.北京:中国社会科学出版社,1985:9.
⑤ 杨万里.诚斋《江湖集》序[M]//王琦珍.杨万里诗文集:中.南昌:江西人民出版社,2006:1262.
⑥ 同⑤,第1263页.
⑦ 童第德.韩愈文选[G].北京:人民文学出版社,1980:44.

力,驱动着写作活动的开展。这种心理需求有主动和被动之分,其产生均不是无缘无故的,皆是由写作客体引发的。例如,抗日战争爆发,关于这场战争,国民党内部有人的观点是"速胜论",有人的观点是"亡国论";在中国共产党内部有人轻视游击战争;在社会上,抗日战争未来如何,也是人们普遍关注的问题。毛泽东针对写作客体——这场战争,以及人们对战争的看法和疑问进行了研究,获得了不同于常人的写作发现,促成了著名的《论持久战》的问世。

(2) 从事精神劳动的对象和获取写作材料的源泉

① 从事精神劳动的对象。

任何劳动都有劳动对象,作为精神劳动的写作虽然是人脑的一种写作思维活动,但是如果没有思维对象,思维将无法进行。"没有被反映者,就不能有反映。"①写作客体是写作主体进行写作思维活动的对象。例如,社论的写作,是针对社会上出现的某一矛盾提出问题、分析问题和解决问题的,其写作思维过程是:是什么,为什么和应如何。没有了社会存在的这个某一矛盾,社论的写作就因无"的"而不能"开弓""放矢"。

② 获取写作材料的唯一源泉。

关于文学创作,诺贝尔文学奖获得者、法国作家弗朗索瓦·莫里亚克指出:"如果创作意味着凭空创造出东西来的话,那么他们所想出来的人物绝不是什么创造。我们所虚构的一些作品来源于现实的因素,我们是把我们对别人的观察所得和对自己本身的了解或多或少地结合起来。"②他的话表明文学创作的内容离不开现实。关于这一点明朝的叶昼认为《水浒传》之所以能世代相传,是因为作家创作中使用的材料不是杜撰的而是来自生活的,他说:

世上先有《水浒传》一部,然后施耐庵、罗贯中借笔墨拈出。若夫姓某名某,不过劈空捏造,以实其事耳。……若管营,若差拨,若董超,若薛霸,若富安,若陆谦,情状逼真,笑语欲活,非世上先有是事,即令文人面壁九年,呕血十石,亦何能至此哉!……此《水浒传》之所以与天地相终始也与?③

《水浒传》创作成功的因素是多方面的,而作品中的人物形象来自作者感知的生活则是一个非常重要的因素。

同写实有关的创作离不开感知的现实生活,那么刻画阎罗王、孙悟空或超人卡尔的形象就可以脱离现实生活吗? 对此,鲁迅是这样说的:

天才们无论怎样说大话,归根结蒂,还是不能凭空创造。描神画鬼,毫无对证,本可以专靠了神思,所谓"天马行空"似的挥写了,然而他们写出来的,也只不过是三只眼,长颈子,就是在常见的人体上,增加了眼睛一只,增长了颈子二三尺而已。这算什么本领? 这算什么创造?④

这说明描写天神、魔鬼或外星人的作品还是依据现实生活的元素创作的。

关于形象的塑造,鲁迅介绍创作经验时这样说:

所写的事迹,大抵有一点见过或听到过的缘由,但决不全用这事实,只是采取一端,加以改造,或生发开去,到足以几乎完全发表我的意思为止。人物的模特儿也一样,没有专用过一个人,往往嘴在浙江,脸在北京,衣服在山西,是一个拼凑起来的脚色。⑤

这段塑造人物形象的名言是形象的说法。"嘴""脸"和"衣服"是作家从熟悉生活原型形成的表象中分解出来的,然后对它们进行有机"化合",这种形象的塑造运用的是想象。文学作品的创作主

---

① 列宁.列宁选集:第2卷[M].3版.北京:人民出版社,1995:66.
② 莫里亚克.小说家及其笔下的人物[G]//王春元,钱中文.法国作家论文学.王忠琪等,译.北京:生活·读书·新知三联书店,1984:182.
③ 叶昼.《水浒传》一百回文字优劣[M]//陈曦钟,侯忠义,鲁玉川.水浒传会评本:上册.2版.北京:北京大学出版社,1987:26—27.
④ 鲁迅.且介亭杂文二集[M].北京:人民文学出版社,1973:3.
⑤ 鲁迅.我怎么做起小说来[M]//鲁迅全集:第4卷.北京:人民文学出版社,1996:509.

要依靠想象,想象的材料主要是表象,任何表象无一例外都是写作主体感知写作客体后形成的。

表象属于感性材料,写作不但需要这种材料,还需要理性材料。尤其是议论文的写作为了论证写作发现需要大量的理性材料。理性材料是写作者从别人制作的精神客体中获取的,它包括戏剧情节、小说人物形象、历史典故、公开发表的论文阐述的道理等,这些材料唯有阅读相关的纸质的文章或电子传媒物才能得到。

(3) 表达主观意向和情思的凭借和依托

写作发现是一种主观意向或情感,它们都是抽象的。从传播学的角度看,将文章内容的抽象化和具体化相比较,后者更容易为受众理解。具体化最重要的是借助写作客体把它表达出来。这就是清人刘大櫆所说的"理不可以直指也,故即物以明理;情不可以显出也,故即事以寓情"①。请看:

它纠缠着丁香,往上爬,爬,爬……终于把花挂上树梢。丁香被缠死了,砍作柴烧了。他倒在地上,喘着气,窥视着另一株树……②

诗人流沙河感受到社会上有人为了攀升,损人利己不择手段,甚至置人于死地。痛感这种人投机钻营的可恨、可恶和可惧,这种感受成了写作发现。为表达它,诗人在感知过的写作客体中选择了藤,对其攀缘进行描述,刻画它向上爬的"物性"形象,借助画面把写作发现生动形象地展现出来。

(4) 制约写作者精神劳动的一种圭臬

文章作为对写作客体的反映,反映得如何,评价的客观标准可能有许多条,而其中有一条便是不能违背写作客体的规律性,这是写作必须遵循的一条基本法则。写作客体有它的特点、结构和存在发展变化的规律,文章内容是写作者对它认知的能动反映。这就是存在决定意识。正是在这一点上,诗人李瑛说:"诗的最高规范是生活。"③而违背写作客体的规律性就成了贺拉斯讽刺的臆造——"如果画家作了这样一幅画像:上面有个美女的头,长在马颈子上,四肢是由各种动物的肢体拼凑起来的,四肢上又覆盖着各色羽毛,下面长着一条又黑又丑的鱼尾巴,朋友们,如果你们有缘看见这样一幅画,能不捧腹大笑吗?……有的书就像这样的画……是胡乱构成的。"④类似这样的写作内容是写作主体违背写作客体的自身规律杜撰的,受众感到虚假和不合逻辑。高明的作家都遵循写作客体的自身规律进行创作。列夫·托尔斯泰在1897年1月5日重读《复活》草稿中关于涅赫柳多夫决定娶卡秋莎,卡秋莎不念旧恶同意结婚,最后二人移居国外建立幸福家庭的几章后认为:"一切都虚假、杜撰、拙劣"⑤,最后修改成卡秋莎拒绝求婚,同政治犯西蒙松相爱。这种修改把不可能有的改成了生活中可能会有的情节,其合理性遵照了写作客体自身发展的逻辑。

3. 写作主体在写作中的主导作用

皮亚杰说:"客体首先只是通过主体的活动才能被认识的。"⑥写作客体同写作主体比较,写作客体处于被动地位,它虽然存在,但不会自动转化为写作主体所需要的写作内容。写作主体居于主导地位,反复认同写作客体,并"同化"或"顺应"它,写作客体才能被认知而成为写作内容。在现实生活中,许多事实证明了这一点。上海有一条肇嘉浜路,夜晚,路灯在日复一日、年复一年

---

① 刘大櫆. 论文偶记[G]//郭绍虞,罗根泽. 中国古典文学理论批评专著选辑. 北京:人民文学出版社,1959:12.
② 流沙河. 流沙河诗集[M]. 上海:上海文艺出版社,1982:100.
③ 李瑛. 诗选自序[J]. 读书,1981(4):81.
④ 贺拉斯. 诗艺[M]. 杨周翰,译. 北京:人民文学出版社,1962:137.
⑤ 贝奇柯夫. 托尔斯泰评传[M]. 吴均燮,译. 北京:人民文学出版社,1959:497.
⑥ 皮亚杰. 发生认识论原理[M]. 王宪钿,等译. 北京:商务印书馆,1981:93.

地亮着,许多人视而不见。看到它发出的橙黄色的光芒,非常温馨,王安忆在《雨,沙,沙,沙》中把它用到了深夜雨中雯雯坐在小伙子自行车上的环境里。这是作家注意观察写作客体获得的。写作是一种变革写作客体的活动,只有写作主体调动认知能力,主动把握写作客体,写作客体才有可能被认知而成为写作内容。

(1) 为写作实践活动确定方向和目标

宇宙包罗万象,方圆无限。写作主体因时间精力有限,知识和生活阅历有限,不可能也不必要对其进行全面反映。写作主体只能根据需要有选择地确定写作的方向和目标。小学生描写猫,就会观察猫的生活习性;老舍决定创作《骆驼祥子》,就在一段时间里观察车夫的生活。科研论文的写作也是确定了研究对象后进行的。面对多彩世界,写作主体确定了写作对象,就会在一段时间内集中精力,熟悉它、研究它,为写好文章做准备。

(2) 赋予写作客体以生命和灵魂

儿童"过家家","特征在于他们把无生命的事物拿到手里,和它们戏谈,好像它们和活的人一样"[①]。同这种白日梦相似,弗洛伊德认为作家写作也是做白日梦[②]。关于这种白日梦,高尔基说:

文学家的工作或许比一个专门学者,例如一个动物学家的工作更困难些。科学工作者研究公羊时,用不着想象自己也是一头公羊,但是文学家则不然,他虽慷慨,却必须想象自己是个吝啬鬼,他虽无私心,却必须觉得自己是个贪婪的守财奴,他虽意志薄弱,但却必须令人信服地描写出一个意志坚强的人。[③]

文学作品的写作是写作者对写作对象的情感表达,是写作者理解写作对象命运的形象展示和揣度写作对象七情六欲的描摹。由于对写作对象注入了情感,写作者"让一些物体成为具有生命的真事真物,并用以己度物的方式,使它们也有感觉和情欲"[④]。于是,在写作者的眼中,春风懂得惜别之苦,"不遣柳条青";客居他乡,壮志难酬,身不由己,十分悲哀,秋虫也会下泪;春之将尽草木感知,想方设法争奇斗艳。面对写作客体,写作主体在情感的推动下运用联想和想象,把不具有人的生命的事物赋予了人的意识。而许多写人的经典之作更是把人物描绘得形神兼备,呼之欲出。

(3) 努力完善对写作客体的认知

英国美学家乔治·科林伍德说:"表现情感和意识到情感之间有某种关系。"[⑤]对于写作,"表现情感"属于表达,"意识到情感"属于对情感的认知,是写作内容。他的话说明表达与认知有关。任何写作者都想把文章写好,而是否写好它的最基本的条件之一取决于写作主体对写作客体的认知如何。写作,不论是写作大家,还是初学者;不论是用辩证唯物论指导写作的行家,还是运用唯心论观点进行写作的高手,在成功动机这种内在动因的驱使下,无不企望运用自己的本质力量完善地认知写作客体。议论文观点的新颖深刻、小说人物形象刻画得丰满、戏剧情节设计得完美等,都与写作主体对写作客体认知得深刻和全面有关。这是有心理学依据的。20世纪20年代,德国格式塔心理学派有一个完形理论,该理论认为,人的神经系统遵循着一种"完形趋向律",即在一定条件下,尽可能地把事物趋向完善。写作者的写作心理也具有这个特点。同受众交流,表

---

① 维柯. 新科学[G]//伍蠡甫,蒋孔阳. 西方文论选:上卷. 上海:上海译文出版社,1979:536.
② 弗洛伊德. 弗洛伊德论美文选[M]. 张唤民,陈维奇,译. 上海:知识出版社,1987:28—38.
③ 高尔基. 论文学[M]. 孟昌,译. 北京:人民文学出版社,1978:317.
④ 同①,第534页.
⑤ 科林伍德. 艺术原理[M]. 王至元,陈华中,译. 北京:中国社会科学出版社,1985:116.

述写作内容"把最好的东西拿出来"①不留遗憾是写作者所望。写作者无一例外地尽其所能,在能够达到的认知水平内完善对写作客体的认知。当代人评论古代或近代人的作品,常言作者受历史或阶级的局限,内容上存在这种缺陷或那种错误等,这可能不无道理,然而就作者而言,当时的他对所表述的写作客体在认知上已经尽力了。他绝不会看出问题,故意写出有毛病的内容,除非文章写好后发现内容问题,出于某种不能违背的客观条件而无奈罢手。

4. 物我交融及其转化过程

皮亚杰认为:"知识在本原上既不是从客体发生的,也不是从主体发生的,而是从主体和各个客体之间的相互作用——最初便是纠缠得不可分——中发生的。"②同理,写作内容的获得也是在写作主体和写作客体之间连续不断相互渗透、相互融合的双向逆反的矛盾运动中发生的,其矛盾运动的结果便是柯勒律治诠释的"使外的变成内的,内的变成外的,自然变成思想,思想变成自然——这就是艺术中天才之秘奥"③。"外的变成内的""自然变成思想"属于对象主体化,"内的变成外的""思想变成自然"属于主体对象化。

(1) 对象主体化

"对象主体化"是获得写作内容的一种方式。

在物我交融转化中,写作主体是要或看、或听、或闻、或尝、或触的,只要运用了感觉器官写作主体就能把握写作客体吗?20世纪英国著名哲学家、思想家、诺贝尔文学奖获得者伯兰特·罗素说:"严格来说,看见东西的并不是眼睛;看见东西的是大脑或心灵,眼睛只是一件传递和改变光能的工具。"④罗素在这里讲的是视觉问题,举一反三,感知事物离不开感官,而真正认知事物还要依靠"大脑或心灵"。不同的人由于知识阅历和认识问题角度的不同,对待同一个写作客体认知的结果是不一样的。例如,如何看待"焚书坑儒",晚唐诗人章竭在《焚书坑》中讥讽了秦始皇,认为焚书坑儒意在"愚民",然而刘邦、项羽就非读书之人;南宋的萧立之在《咏秦》中认为民众是愚弄不了的;而明末清初的陈恭尹在《读秦纪》中则认为秦法虽严亦有疏漏之处。三位诗人从各自的角度得出了不同于他人的写作发现。同一写作客体被他们各自主体化了。在物我交融和转化过程中,写作主体总想在当时的心境中运用"记忆内存"进行相似性推理或想象,把握写作客体,获得写作内容。这种感悟是在写作主体掌握的一定知识和具有的一些经历的参与下,写作客体被主体化的,于是,被这样观照的写作客体就成了主体化了的客体。

这种"心理反应与镜子和其他消极反应的形式不同,乃是主观的,就是说,它不是消极的,不是毫无生气的,而是积极的,它的定义中包括人的生活、实践,它的特点在于,把客观的东西不断变化为主观的东西"⑤。写作客体是一种客观存在,有自己的结构,有无数个面和层次。写作主体对其观照,是运用素质、修养、能力对其把握的。这种把握是把写作客体纳入其认知范围之内,"依据自己的各个规定的总体来对待对象,同样也必须依据这个总体的每一个规定来考察对象"⑥的,因此,他所把握的已经不是对现实的写作客体的"复制""粘贴",而是带有他认知的特点,是"外化的自我意识"⑦,这就是对象的主体化。

(2) 主体对象化

主体对象化是获得写作内容的另一种方式。

---

① 毕淑敏. 男性的爱[G]//小说月报编辑部. 第10届百花奖获奖作品集. 天津:百花文艺出版社,2003:720.
② 皮亚杰. 皮亚杰的理论[G]//西方心理学家文选. 张述祖,等审校. 北京:人民教育出版社,1983:425.
③ 柯勒律治. 论诗和艺术[G]//伍蠡甫. 西方文论选:下. 上海:上海译文出版社,1979:520.
④ 罗素. 人类的知识:其范围和限度[M]. 张金言,译. 北京:商务印书馆,1983:46.
⑤ 列昂节夫. 活动·意识·个性[M]. 李沂,冀刚,徐世京,等译. 上海:上海译文出版社,1980:30.
⑥ 马克思. 1844年经济学哲学手稿[M]. 北京:人民出版社,1985:122.
⑦ 同⑥,第123页。

人有七情六欲,会戴着思想情感的"有色眼镜"观照写作客体,当对象和主体由对立关系变成统一关系时,可能会有不寻常的写作发现或得到很经典的写作材料。请看李白的《独坐敬亭山》:

众鸟高飞尽,孤云独去闲。相看两不厌,只有敬亭山。

敬亭山是无感知的,在李白眼中,它理解诗人的处境,知己般地陪伴着孤独幽愤的诗人。按照皮亚杰的说法,"对主体来说,客体只能是客体显示于主体的那个样子,而不能是别的什么"①。正是诗人超凡脱俗、怀才不遇和寂寞,才发现了敬亭山是他的知音。

这种写作行为被美学家称为移情现象。它是写作主体把握写作客体特征时,把自己"感"到审美对象里面去②,把外物拟人化或把自己的情感寄托于外物之上。这种将自己的意识(思想情感等)寄寓到写作客体之上,使"心灵的东西也借感性化而显现出来"③的写作现象就是主体对象化。其特征是将自我意识客观化,"设身处在事物的境地,把原来没有生命的东西看成有生命的东西,仿佛它也有感觉、思想、情感、意志和活动"④。这种写作现象很普遍:深得皇帝赏识名扬海内之人看见萤火虫认为它渴盼出名而炒作自己,惜别之人在"心折骨惊"中所见蜡烛是知别离而流眼泪的,都是写作主体以己度物,把自己的思想情感对象化的典型例证。

不论是对象的主体化,还是主体的对象化,这种主、客体相融中的变化,不是客体转化成了主体,客体就消失了,也不是主体转化成了客体,主体就不存在了,而是主客体"物我化一"后成了客体特征大或主体意识强的写作内容。

(二)博而能一综合律

探索博而能一综合律是要破解写作活动中遇到"多"和"一"的矛盾,通过"博"选择"一"而最终写出文章的问题。

1. 含义

对博而能一综合律的解释请看:

所谓"博而能一"是指写作主体既要具有为写作所必需的多方面的素质、修养和能力,又能够把这多方面的素质、修养和能力融会贯通,使之在不同范围内、不同条件下,形成一个有机整体。所谓"综合",是指写作主体对自身所具有的多方面的素质、修养和能力的归纳和集中、调动和支配,它既是博而能一的表现形式,又是博而能一的手段和方法。⑤

这一段表述把握了博而能一综合律的实质,释义很到位。

每个人在写作中都会遇到各种各样的矛盾,其间写作者都会调动素质、修养和能力加以解决。博而能一综合律揭示的是写作者综合运用素质、修养和能力化解写作过程中出现的各种矛盾最终写出文章的一般规律。

2. **博而能一的内容和表现**

(1)"博"的内容和表现

"我在写每一篇东西的时候,我都翻箱倒柜,把所有的储藏,只要能用的都使用上来,哪怕并不是用在文字上。"⑥这是小说家茹志鹃创作时的情况。写作会遇到五花八门和料想不到的问题,对可能遇到的问题如何解决它们,写作者有一个以往积累生成的应对系统。这个由素质、修养和能力组合一起解决写作问题的应对系统就是"博",无"博"则文章制作活动无法开展。以下

---

① 皮亚杰. 发生认识论原理[M]. 王宪钿,等译. 北京:商务印书馆,1981:95.
② 里普斯. 移情作用、内摹仿和器官感觉[G]//伍蠡甫. 现代西方文论选. 上海:上海译文出版社,1983:13.
③ 黑格尔. 美学:第一卷[M]. 2版. 朱光潜,译. 北京:商务印书馆,1979:49.
④ 朱光潜. 西方美学史[M]. 2版. 北京:人民文学出版社,1979:597.
⑤ 周姬昌. 写作学高级教程[M]. 4版. 武汉:武汉大学出版社,2009:28.
⑥ 茹志鹃. 漫谈我的创作经历[G]//文艺报编辑部编. 文学回忆与思考. 北京:人民文学出版社,1980:375.

陈述"博"的内容和表现。

① "博"的内容。

对于写作,古人强调"才、胆、学、识、力",这些都是写作主体表述写作发现必须具备的主观要素,由主观要素的综合构成了写作的"博"。写作的素质、修养和能力是其中的三要素,现分述如下。

A. 素质。

从心理学的角度来看,素质包括天赋和禀性,是物质要素。它们不等于能力和个性,但是发展能力和个性的前提。除此之外,素质还包括后天获得的心理素质、政治素质和文化素质。它们构成了写作主体的精神要素。

素质是写作主体在质的方面的物质要素和精神要素的总和。心理素质、政治素质和文化素质对写作产生的影响是"润物细无声"的。例如,《红楼梦》前八十回同后四十回在情节上有不少矛盾之处,其中,前者把宝玉拉出学堂,送进大观园;后者把他拉进学堂,让他日后中举。针对这些矛盾现象产生的原因,俞平伯指出,这同曹雪芹潦倒不堪、痛恶八股科考和利禄之人,高鹗高中进士、官居御史有着内在的联系,并指出高鹗补叙《红楼梦》的失败"不在于'才力不及',也不在于'不细心谨慎',实在因两人性格嗜好底差异"①。从这些评价可以看出作家在不知不觉中就把心理素质、政治素质和文化素质运用到了写作之中。这三种素质对写作的影响是渗透性的。下面对这三种素质逐一阐说。

a. 心理素质。常言道文如其人,布封也说:"风格才是人本身。"②这其中就含有心理素质影响人写作的意思。例如,启功先生生性活泼开朗、风趣幽默,自撰出令人阅读都会发出会心微笑的墓志铭是他的心理素质使然。心理素质是表现在写作主体身上经常的、稳定的、本质的个性心理特征,主要包括写作主体的气质、性格和兴趣。

• 气质。在心理素质中,相对稳定的个性特点就是气质,它对一个人的写作是在暗中起作用的。例如,郭沫若气质属于多血质,这种气质的特点是具有可塑性和外倾性,外部表现明显,情绪兴奋性高,活泼好动、热情,注意力和情感易于转移和变化。关于郭沫若的气质对其写作的影响,沈从文是这样评价的:

从五四以来,十年左右,以那大量的生产,翻译与创作,在创作中诗,与戏曲,与小说,几乎皆玩一角,而且玩得不坏……在艺术上的估价,郭沫若小说并不比目下许多青年人小说更完全更好……他不会节制。他的笔奔放到不能节制……所以看他的小说,在文字上我们得不到什么东西……郭沫若对于观察这两个字,是从不注意到的……他详细的写,却不正确的写……凡是他形容的地方都有那种失败处。③

根据沈从文的这些评论,纵观郭沫若从1927年到1976年粉碎"四人帮"几乎一生的文学创作,我们不难发现,郭沫若对写作客体的观察不仔细不深入,写作充满情感,兴趣广泛,尝试多种文体的写作而不专一,这与他多血质的气质是不无关系的。

• 性格。心理素质中性格是比较稳定的起核心作用的心理特征,如活泼、沉静、豪放、拘谨,刚强、懦弱等。性格影响人的日常言行,也如影随形地渗透在写作之中。

在这方面,杜甫总结自己的创作经验自认为性格孤僻,具有这种性格,他观察事物仔细,情感体验深刻,能够静下心来推敲字句,做到"语不惊人死不休"。杜甫诗歌创作的巨大成就不能不说

---

① 俞平伯. 红楼梦辨[M]. 北京:人民文学出版社,1973:60.
② 布封. 论风格[G]//石尔. 外国名作家创作经验谈. 潘文烜,译. 杭州:浙江人民出版社 1981:251.
③ 沈从文. 论郭沫若[G]//人民文学出版社编辑部. 中华文学评论百年精选. 北京:人民文学出版社,2003:167—171.

与他的内倾性性格有一定关系。

• 兴趣。在心理素质中人对事物特殊的认识倾向就是兴趣。它对写作的影响是巨大的。从写作史上看,有的人是诗人,有的人是小说家,有的人是散文家,有的人是戏剧家。翻开其写作史,就会发现他钟爱某一文体,这种兴趣成了他创作这种文体的一种内驱力。喜爱它,有的人从青年到老年孜孜以求,终生为之写作。有的人为写一篇文章,不惜花几年乃至几十年的时间。写作是很艰辛的,有了写作兴趣,难事也就不难了。兴趣使不少人写出好文章,兴趣也使不少人成了文学家。

b. 政治素质。俄国文艺批评家杜勃罗留波夫曾经说过:"一个有才能的艺术家的一切作品,不管它们如何多样不同,总可以在其中看出一种共通的东西,这个共通性显出了它们全体的特点,使得它们和其他作家的作品有所区别。用艺术的术语来说,这可以叫作艺术家的世界观……"①他在这里说的就是政治素质。政治素质主要是指人的道德观念和思想品质,它包括世界观、人生观、价值观、幸福观、节操观、责任感、义务感和荣誉感等,它对写作主体写什么、不写什么,对写作对象是肯定或是否定,起到非常重要的作用。晚唐诗人罗隐,本名罗横,十年不第作《谗书》,鲁迅说:"罗隐的《谗书》,几乎全部是抗争和愤激之谈。"②罗隐除了撰写小品文批判现实,还不断创作诗歌嘲讽时弊,这些写作内容除了客观原因之外,与他失意形成的政治素质也有一定的联系。

c. 文化素质。从一篇文章能看出作者的真实水平,这主要是通过阅读其文章,读者能从中衡量出作者文化素质的高低。文化素质是作者在家庭生活、学校教育和社会环境中获取的本民族和外来文明集合的一般知识。这种素质的高低决定文章内涵的厚重浅薄。有无这种素质,写作就有"文野之分,粗细之分,高低之分"③。精读《文心雕龙》,可知该著作引及作者 322 人,引及作品 436 部、篇,从中看出刘勰在历史、思想史、文学史等方面的渊博知识,在继承文化遗产方面的超一流水平。品味《红楼梦》,不难领悟到作家文章内涵的博大精深和超过一般人的文化素质。在《红楼梦》第三十四回,宝玉请晴雯送两条半新不旧的手帕给黛玉,黛玉体会出这无字绢子的意思来,不觉神痴心醉。这"神痴心醉"是黛玉超出常人独有的情爱体味,有更深一层的含义。请看冯梦龙编辑的手抄本《山歌》中的《素帕》④:

不写情词不写诗,一方素帕寄心知。心知拿了颠倒看,横也丝来竖也丝,这般心事有谁知!

恐怕只有阅读过这首诗的作家才有可能为才女描绘出如此真切的富有文采性的情感体验。作家对爱情信物一"送"一"感"的描写,写出了宝黛二人的心意相通和爱恋品位,这一箭双雕的描写实属曹雪芹文化底蕴深厚的神来之笔。

B. 修养。

提起修养,黄庭坚多次讲到写好诗歌须有修养的问题。他曾在一首诗中写道:

炊沙作糜终不饱,镂冰文章费工巧。
要须心地收汗马,孔孟行世日杲杲。

诗句的意思是,诗歌写作刻意于文采辞丽只能是徒劳工巧,一无所获;只有从根本上着手,致力于修养,才能收到好的效果。什么是修养?所谓修养就是经过锻炼和培养,在某一方面达到的水平。同写作有关的修养有生活修养、理论修养、语文修养和艺术修养等。下面对其分别介绍。

---

① 杜勃罗留波夫. 杜勃罗留波夫选集:第 1 卷[M]. 辛未艾,译. 上海:上海译文出版社,1983:271.
② 鲁迅. 小品文的危机[M]//鲁迅全集:第 4 卷. 北京:人民文学出版社,1981:571.
③ 毛泽东. 在延安文艺座谈会上的讲话[M]//毛泽东选集:第 3 卷.2 版. 北京:人民出版社,1991:860.
④ 冯梦龙. 山歌:卷 10[M]. 上海:生活书店,1937:212.

a. 生活修养。写作离不开生活修养。缺乏这种修养,创作可能是概念化的,可能是有漏洞的,也可能是内容虚假的。"初学写作的人,作品往往存在着直、露、近的毛病,其根源就是生活底子太薄。"①这说的是生活阅历浅给写作带来的负面影响,而生活修养深厚者写出的作品就可能鲜活生动而又符合生活逻辑,请看:

你向朱鸿兴的店堂里一坐:"喂(那时不叫同志)!来一碗××面。"跑堂的稍许一顿,跟着便大声叫喊:"来哉,××面一碗。"那跑堂的为什么要稍许一顿呢,他是在等待你吩咐吃法:硬面,烂面,宽汤,紧汤,拌面;重青(多放蒜叶),免青(不要放蒜叶),重油(多放点油),清淡点(少放油),重面轻浇(面多些,浇头少点),重浇轻面(浇头多,面少点),过桥——浇头不能盖在面碗上,要放在另外的一只盘子里,吃的时候用筷子搛过来,好像是通过一顶石拱桥才跑到你嘴里……如果是朱自冶向朱鸿兴的店堂里一坐,你就会听见那跑堂的喊出一连串的切口:"来哉,清炒虾仁一碗,要宽汤、重青、重浇要过桥,硬点!"②

这一段关于吃面条的前无古人的精彩描写不是从纸上得来的,而是作家同好友在苏州松鹤楼吃饭仔细观察,以及从一些在饭店当经理的朋友那里了解后的一种艺术表达。

b. 理论修养。柯勒律治曾说:"一个人,如果同时不是一个深沉的哲学家,他决不会是个伟大的诗人。"③这句话的内涵涉及理论水平与写作水平的关系问题。理论水平高,面对眼前事物能判断出它是否具有写作价值,能发掘习以为常之事的新颖、深刻内涵,理论修养的高低影响文章内容的深浅。

c. 语文修养。"胸无点墨,作不出文章。"④这说明写作需要语文修养。语文修养主要指的是具备的语文知识和词语的积累。遣词造句、谋篇布局和文章定体离不开它。例如,公文写作要做到语言的庄重性和准确性,需要从许多同义词中选用最贴切的词,这要靠词语的积累。朱光潜说:"单说语文研究一项,他必须有深厚的修养。他必须达到有话都可说出而且说得好的程度。"⑤赏析李煜的《相见欢·无言独上西楼》,贺铸的《鹧鸪天·重过阊门万事非》和李清照的《凤凰台上忆吹箫·香冷金猊》,不难发现,词人能把难以表达的情感抒写得真切自然且具有可摸可触的质感,而一般人只知道能意会不能言传,其实说到底是没有找到表达它的词语和技巧而已。

d. 艺术修养。写作需要艺术修养。懂一点绘画、雕塑、音乐、舞蹈的常识可以从艺术的角度对写作对象进行审美,对其表述更有美感。

然而没有艺术修养,写作会是一种什么情况?请看:

我的生活知识与艺术知识都太少,所以笔下枯涩。思想起来,好不伤心:音乐,不懂;绘画,不懂;芭蕾舞,不懂;对日常生活中不懂的事就更多了,没法在这儿报账。于是,形容个悦耳的声音,只能说"音乐似的"。什么音乐?不敢说具体了啊!万一说错了呢?⑥

缺少艺术修养影响对写作对象的描写,从老舍这段话里可以看出艺术修养还是多一点好。

C. 能力。

有了写作素质和修养就能写出文章吗?不一定。唐代的李善是著名的注释学家,他的《文选注》引书众多,在注释方面是一部学术水平极高、极具权威性和影响力的传世之作。这位饱

---

① 陆文夫. 同生活靠得更近点[M]//艺海入潜记. 上海:上海文艺出版社,1987:237.
② 陆文夫. 美食家[M]//陆文夫文集. 福州:海峡文艺出版社,1986:3—4.
③ 柯勒律治. 文学传记[G]//伍蠡甫. 西方文论选:下卷. 上海:上海译文出版社,1979:35.
④ 莱辛. 汉堡剧评[M]. 张黎,译. 上海:上海译文出版社,1981:482.
⑤ 朱光潜. 资禀与修养[M]//朱光潜美学文集:第2卷. 上海:上海文艺出版社,1982:252.
⑥ 老舍. 戏剧语言:在话剧、歌剧创作座谈会上的发言[G]//王行之. 老舍论剧. 北京:中国戏剧出版社,1981:15.

学之士应该说具有超出常人的素质和修养了,然而《新唐书》记载他"有雅行,淹贯古今,不能属辞,故人号'书簏'"①。这说明他在写作能力方面是有欠缺的。实践证明写作除了需要素质和修养外,还需要能力。写作能力是写作者写作才华的体现,没有它,素质和修养就缺少了一个转化和展现的依托。写作水平的高低来自写作能力的强弱,写作能力如果不足,撰写文章就会相当艰难。

人们的写作能力是有差别的,在获取写作内容方面有的人敏锐,有的人迟钝。在表达方面有的人倚马可待,有的人"含笔而腐毫"。"诗人和艺术家所以超过我们一般人者就在情感比较真挚,感觉比较敏锐,观察比较深刻,想象比较丰富。我们'见'不着的他们'见'得着,并且他们'见'得到就说得出。"②这里朱光潜道出了诗人、作家同一般人写作能力的差别。写作离不开写作能力,这种能力不同,写作活动的效率也不同。

关于写作能力,别林斯基说:"诗人能以诗的方式接受现实印象,并且能借助幻想的活动,在诗的形象中把那印象复制出来,——就是这种能力构成创作的才能。"③他的这段话提到的写作能力包括感受能力、思维能力和表达能力。写作能力除了这三者外,还有其他的智力要素。参与写作活动的既有智力要素,又有非智力要素。这两类要素的有机组合就构成了写作的能力结构。在这个结构中,集中注意力,运用素质和修养解决面临的写作问题的能力就属于写作能力中的智力要素;在写作中,某种能力被不知不觉地使用而不被注意就属于非智力要素。下面对构成写作能力的这两类要素作以探讨。

a. 写作能力中的智力要素。

• 感知能力。感知能力通常被称为观察能力,是指对客体的分辨能力。"人家没看清楚的地方,你看清楚了,那是你的本事。"④"这对创作来讲,是一件性命攸关的事情。"⑤这种能力强,一是有助于写作发现,二是有助于准确、生动地描写事物。孙犁说过这样的话:

艺术家的特异功能,不在于反映,而在于创造。不在于揭示众口之所称为美者、善者,是在能于事物隐微之处,人所经常见到而不注意之处,再现美、善。⑥

• 记忆能力。在识记的速度、准确性、巩固性和提取信息的速度、准确方面反映出来的程度就是记忆能力。通过这种能力,写作主体把感知的东西包括词汇储存在大脑里,建立起写作仓库,一旦写作需要,写作者就会从这个仓库里提取相关信息把它们有机地排列组合在一起,这就是写作活动。当代小说家刘庆邦说:"记忆力是作家的第一性。"⑦"创作是记忆活动所达到的这样一种紧张程度,此时记忆活动的迅速足以从知识和印象的蕴蓄中抽出最显著和最有代表性的事实、景象、细节,并把它们包括在最确切、鲜明、家喻户晓的言辞里。"⑧高尔基的这段话表明,写作是在记忆能力的参与下进行的。文学创作需要大量的表象,"善于记住形象的人总是不停地、随时随地地做着两件事。一是对形象的复习和描摹,二是对形象的理解和分析"⑨。

• 思维能力。思维能力是对写作的各种信息进行分析、综合、抽象和概括的能力。整个写作活动从某种意义上说就是思维活动。文学创作对形象的分解和综合,议论文写作对问题的分析

---

① 欧阳修,宋祁. 新唐书[M]. 北京:中华书局,1975:5754.
② 朱光潜. 谈美感教育[M]//朱光潜美学文集:第2卷. 上海:上海文艺出版社 1982:506.
③ 别列金娜. 别林斯基论文学[M]. 梁真,译. 上海:新文艺出版社,1958:14.
④ 陆文夫. 创作过程中的看想写[M]//艺海入潜记. 上海:上海文艺出版社,1987:37.
⑤ 陆文夫. 捕捉形象的能力[M]//艺海入潜记. 上海:上海文艺出版社,1987:136.
⑥ 孙犁. 谈美[M]//尺泽集. 天津:百花文艺出版社,1982:109.
⑦ 眉豆. 刘庆邦:我慎终如始,只写小说[N]. 新华每日电讯,2020-11-06(14).
⑧ 高尔基. 苏联的文学(1934年)[M]//论文学. 曹葆华,译. 北京:人民文学出版社 1978:124.
⑨ 陆文夫. 捕捉形象的能力[M]//艺海入潜记. 上海:上海文艺出版社,1987:137.

和概括等都是思维能力发挥的作用,写作能力在很大程度上是一种思维能力。

• 表达能力。在写作活动中,对内容进行言语表达的效果和程度就是言语表达能力。写作要把思考的成果外化出来,这种外化是经内部言语向外部言语转化的。这种转化十分不易。在这方面,创作《铁流》的作家绥拉菲摩维奇就说过:"我觉得,在脑子里一切都刻画得非常明晰、清楚:脸啊,动作啊,山啊,海啊,可是写到纸上,再一看,就不是那么一回事了。"①作家的话说明,对于思考的成果,把它表达出来其效果不一定令人满意。苏联作家革拉特珂夫在创作中就感到"最困难的是把形象传达到纸上去"②。能把意会言传出来需要得心应手的表达能力。写作能力归根到底表现为言语表达能力。只有借助这种能力才能有效地向受众传达情感、思想或意图。

b. 写作能力中的非智力要素。

• 写作技能。在写作中,通过反复练习形成的、处理写作信息巩固下来的,达到不留意而能迅速、准确和运用自如的行为方式就是写作技能。它包括言语技能、结构技能和书写技能。这些技能在写作运用时已经不被注意,达到了浑然不觉的程度,例如,常用字的书写和造句等不用再注意就能自然地写出来,这主要是多次练习形成的。写作技能是写作的基本功之一。

• 写作技巧。在多次写作中对写作方法的运用达到熟能生巧的地步,能够完美地表达写作内容就是写作技巧。它的形成过程首先是对写作方法的运用,多次运用,熟练了,达到娴熟巧用的水平就生成为技巧。品读欧·亨利的小说,就会发现他把对比技法运用到了炉火纯青的地步,升华为写作技巧。

• 情感。情感是人对现实的对象和现象是否适合人的需要和社会要求而产生的体验。它对写作思维活动产生一定的影响,良好的心境可以活跃思维,激越的情感抑制思维活动。法国浪漫主义女作家、文学批评家斯达尔夫人说:"一定程度的感情足以激发诗情,可是如果超过这个限度,感情就或把诗情拒之于门外。"③1994年春天,冰心就想写纪念甲午海战100周年的文章,舒乙见她,她说:"我要写一部大作品",并说,甲午海战的实况她知道得相当多,是她的父亲谢葆璋和父辈的那些海军将领朋友告诉她的。她父亲当时是"来远"号战舰的枪炮二副。每次提笔她便一边哭,一边说:"气死我了!气死我了!真可恨!真可恨!""那是一种真正的大哭,很吓人。双手捂着脸,号啕大哭,声泪俱下,荡气回肠,毫不掩饰,不管当着什么人,来势极猛,像火山爆发。"④国家的衰败、民族的耻辱、亲人的牺牲成了冰心挥之不去的痛楚。一提起甲午海战,她不能自已,影响了长篇小说《甲午战争》的创作,最终仅留下了哭得写不下去的连标点符号在内的219字(其中有泪痕的15个字看不清楚)的遗稿。

情感对思维内容也是有影响的。写作时由于感情的参与,写作者会自觉或不自觉地被它掌控,就会从积极或消极的方面提炼文意、选用材料。例如,《全唐诗》存有孟郊科考的7首诗,前6首诗抒写落第,在悲情下书写的意象是天明的月亮、丧侣猿的哀声和春天的叶上霜等,而《登科后》表述的则是春风得意、心花怒放、马蹄轻快。前后所写内容的冰炭不同正是诗人不同情感下的思维结果。

文学创作离不开情,它为文学作品的孕育注入灵魂和血液,情是文学作品的生命。在这方面,同在作品中运用叠字最具特色的是李清照的《声声慢·寻寻觅觅》和乔吉的《天净沙·即事》,前者表达了词人愁闷凄苦的心情和孤独难耐之感,整首词有一条忧郁怅惘的情感脉搏在跳动,它

---

① 绥拉菲摩维奇.《铁流》的创作经过[G]//舒聪.中外作家谈创作:下.张守慎,译.太原:山西人民出版社,1980:379.
② 革拉特珂夫.我怎样写作《土敏土》[G]//石尔.外国名作家创作经验谈.冰夷,译.杭州:浙江人民出版社,1981:117.
③ 斯达尔夫人.论文学[M].徐继曾,译.北京:人民文学出版社,1986:296.
④ 舒乙.梦和泪[G]//李朝全,凌玮清.世纪之爱:冰心.北京:团结出版社,1999:175—176.

以情动人;而后者唯美主义有余,生命律动不足,它缺少的是澎湃的诗情,则形同美术专业素描用的石膏像。

② 博的表现。

写作前,"博"表现为写作者有一个有意无意形成的处于自然状态的无序隐形的写作应对系统。从记事起,在生存环境中写作主体身之所历、目之所见越来越多,加上写作实践,逐渐形成了包括写作需要的由素质、修养和能力组合的应对系统。这个系统因人而在内容和质量上存在差异。平时不写作,这个系统处于松散的隐形状态,它的存在连写作主体自身都意识不到。

写作中,"博"表现为写作者的素质、修养和能力三者合一,共同参与对文章制作中遇到的每个问题的解决。在文章制作从"窈冥"到定稿的过程中,每个环节都存在矛盾,写作是不断解决矛盾的活动。每个矛盾的解决都需要写作者的素质、修养和能力的协力而为。虽然这三者在破解每个矛盾时运用的主次有所不同,但是它们依然协同解决写作者眼前遇到的写作问题。一篇文章的写作从内容到形式会遇到许多无法回避的问题,只有把它们一一解决了,写作者才能将脑中的写作思维成果外化为可视的文章。其间当遇到写作的一个问题时,写作的应对系统就会调动全部的素质、修养和能力合力化解它。例如,文章标题的制作,写作者要联想到它与内容包括同文意的关系,这蕴含思想性标题的拟制就有政治素质和理论修养参与其中。与此同时,写作者又要思考题目的准确、新颖和生动,考虑这些就要有文化素质、语文修养和表达能力的介入。任何写作者都企望自己的文章有一个过目不忘的好标题,拟制具有审美性的好题目是要花时间反复思考和多次修改的,这就要依靠心理素质和思维能力协同发挥作用了。总之,在解决每一个写作问题的过程中,"博"中的一个要素起"牵头"作用,其他要素也在同时协作共同解决这一问题。

写作后,"博"表现为能够在写作成品从内容到形式、从整体到部分窥见写作者多方面的真实水平。写作成品都是表达的文字,刘勰说:"夫缀文者情动而辞发,观文者披文以入情,沿波讨源,虽幽必显。"①通过阅读文字能够把握写作者的思想、情感脉搏,刘勰的话说的是阅读文学创作成品的情况,举一反三,阅读任何写作成品,都能看出写作者"博"的水平,因为写作成品是写作者尽其所能的载体。选拔机关工作人员,申论是考试科目之一,通过批阅试卷上考生对"概括内容""材料分析""制定对策"和"论证行文"的书写文字,阅卷者就能测查报考者的阅读理解能力、贯彻执行能力、解决问题能力和文字表达能力。留下传世之作的古人"世远莫见其面,觇文辄见其心"②,通过品评其文章,能够了解他的内心世界。同样,通过文章解读,能看出写作者的政治素质、文化底蕴和写作能力。例如,宋元之交诗人徐钧在组诗《史咏集》中,对在《资治通鉴》中记载的从周至唐1000多位历史人物赋诗1530首(据与徐钧同时代著名儒学家金履祥说有1530首,今存297首),对所写之人采用儒家观点品评,多有高卓之见。这种咏史的写作实践,在写作史上是前无古人的。作者若无广博的儒学史学素养、高深的文学修养和遣词造句的表达能力,是绝对没有如此多的作品的。

涉及写作的"博",朱光潜说:"每人所见到的世界都是他自己创造的。物的意蕴深浅与人的性分情趣深浅成正比例,深人所见于物者亦深,浅人所见于物者亦浅。诗人与常人的分别就在此。"③写作者的性分情趣深浅决定文学作品意蕴的深浅,任何文章都有文意深浅的问题,要把文章写得"深",写作者必须在素质、修养和能力上下功夫。

---

① 刘勰.知音[M]//祖保泉.文心雕龙解说.合肥:安徽教育出版社,1993:963.
② 同①.
③ 朱光潜.诗论[M]//朱光潜美学文集:第2卷.上海:上海文艺出版社,1982:55.

(2)"一"的内容和表现

① "一"在形式上的内容和表现。

A. 线索。

记叙类文章里有情节、场面和细节等,需要一个东西把它们贯穿起来。把文章中的各种材料、各个部分自始至终贯穿起来的单一成分和因素就是线索。它包括人物、事件、物件、时间和地点等。

B. 焦点。

叙事文章的"核心",是文章表述的关键部位。文学创作,作家们非常看重焦点。例如,列夫·托尔斯泰说:"艺术品里顶重要的东西,是它应该有一个焦点才成,就是说,应当有这样一个点:所有的光会齐在这一点上,或者从这一点上放射出去。这个焦点万不可以用话语完全表达出来。"[1]散文《第一次》[2]描述一个蹒跚学步的儿童从马路登上人行道的过程,其间其母亲的循循善诱、小姑娘的热情鼓励、老奶奶的疼爱有加和老爷爷富有睿智的赞扬都向着儿童迈步登上人行道聚合。这个儿童第一次的艰难举步就成了全文的焦点。

② "一"在内容上的表现。

文意是"一"在内容上的表现。关于"意"古人有很多论述,涉及选词、造句和谋篇。在篇章上古人认为"意"是诗文内容的核心。王夫之就曾说过:"无论诗歌与长行文字,俱以意为主。意犹帅也。无帅之兵,谓之乌合。"[3]根据古人强调诗文写作以意为主的观点,结合当代写作的实际情况,我们把文章内容的核心称为"文意"。它是文章的灵魂和统率,是整篇文章的中心,材料的选择、结构的采用和语言的运用都是为它服务的。

提起文意是文章内容的核心,有人会想到主题。"主题"一词出自希腊文,原为音乐术语,后传至德国。"主题"即乐曲中最为显著、最具特色的主旋律,它表现一个完整的音乐思想,是乐曲的核心,是乐曲发展的要素。"主题"在法语、英语中原意都为题目,引申义为题材。后来日本有人把这个词翻译过来,指的是构成作品的主要题材。我国使用的"主题"来自日语。目前文学艺术界和新闻界使用这个术语,有的是指作品的题材,有的是指作品的主题思想。

文体因表达目的和行文的不同,文意也随之变化而呈现出不同的形态,现将属于内容"一"的文意加以分类介绍。

A. 思想性文意。

a. 主题思想:是作者在作品中表达的贯穿全文的基本思想。作品涉及这个概念一般被称为主题思想。

b. 中心思想:议论文论证的核心,阐述的基本观点称为中心思想。

c. 主旨:行政公文和事务性应用文所表述的基本精神和行文目的。

B. 情感性文意。

20世纪80年代初期,高晓声对传统文艺学的主题思想说颇有微词,他说:"作家写小说,恰巧不是想用理性去教育读者,而是想用感情去影响读者、感动读者"[4]"所谓作品的主题思想,对于作家的创作工作来说是没有多大意义的"[5]"我写《陈奂生上城》……有所触发,有所感动,于是

---

[1] 童庆炳,马新国. 文艺理论学习参考资料新编:上[G]. 北京:北京师范大学出版社,2005:288.
[2] 孙继梓. 第一次[J]. 父母必读,1992(1):16.
[3] 戴鸿森. 姜斋诗话笺注[M]. 北京:人民文学出版社,1981:44.
[4] 高晓声. 且说陈奂生[M]//创作谈. 广州:花城出版社,1981:15.
[5] 同[4],第17页.

才写了它"①。这些陈说表明他创作《陈奂生上城》表达的中心不是主题思想而是情感。关于文学作品的中心为情感,闻一多早有"以情感为骨髓"的说法。② 涉及文意的情感性,列夫·托尔斯泰也说过:"要使一部作品写得动人,仅仅使它受到单一的思想的指导是不够的;它的全篇,还应该渗透着一种单一的情感。这正是我的《少年》所缺少的。"③ 以上三人虽言词各异,但表述的共同点含有"一"在内容表现的文学作品中有"情感性文意"之意。情感性文意是文章中心展现的道德感和价值感。例如,高晓声的《陈奂生上城》通过对"大包干"后吃得饱、穿得新的农民追求一种价值感和精神上的满足的过程描述,展现了"漏斗户主"直腰杆被尊重的自豪感。

C. 意趣性文意。

李贽(今人多认为是叶昼)在容与堂本《水浒》第五十三回总批道:"天下文章当以趣为第一。"④ 这强调得虽然有些过头,但是其作为写作的一个注意之点还是有一定道理的。文章写得幽默风趣,读之忍俊不禁,揭示的文意诙谐、有趣、饶有意味,更具有审美性。意趣性文意就是富有意味或情趣的文意,它有两种类型:

a. 情趣性文意。文章中表现出来的贯穿全文的具有审美性的情调趣味就是情趣性文意。请看一篇微型小说:

同在一个厂里,不管怎么说,我和她还是有那么一点意思。她虽然很大方,但毕竟是个少女;我呢,虽然是个男人,但毕竟很羞涩。所以,这点意思若明若暗的,长久地深藏在各人的心里。

关系不明朗,也就无法约会。她很聪明,我也不傻。于是,仿佛有意无意之间,我没事生事寻她,她无话找话问我,在一起的时间倒不少。

一天黄昏,我经过她家的门前,碰到她从外面归来,"到哪里去呀?"她问。

"找朋友,"我答。"男的?""女的!""谁?""你……你不认识……""那……能不能跟我介绍一下?""行,那就跟我走吧。"

在通往公园的江畔路上,我们史无前例地并肩而行。

"其实,我要找的就是你……"我虽然很羞涩,但毕竟是个男人。

"其实,我也早就知道了。"她垂下头,虽然很大方,但毕竟是个少女。⑤

如果从思想意义的角度概括这篇小说的主题思想恐怕类似于造句的词类误用。因为它描述的仅是一种微妙的男女初次建立恋爱关系欲说还休的情趣,阅之会心一笑,扯不上深文大义。

b. 理趣性文意。运用生动形象的语言阐释从自然或社会生活中悟出的哲理可以是严肃的,也可以是诙谐的,理趣性文意属于后者。它是既具有深刻的哲理性又充满审美趣味的文意。请看苏轼致好友彦正信中的佛偈:

若言琴上有琴声,放在匣中何不鸣?若言声在指头上,何不于君指上听?

佛词所写涉及匣、琴、手指与琴声的关系,用两个假设句和两个反问句留出了富含妙趣和多解的哲理空间,吸引品读者探究感悟。

以上探讨了文意的几种类型。写作时要格外重视文意,因为它的深浅是文章质量高低的最重要的一个因素。郑板桥在一封书信中这样说道:

作诗非难,命题为难。题高则诗高,题矮则诗矮,不可不慎也。少陵诗高绝千古,自不必言,

---

① 高晓声.且说陈奂生[M]//创作谈.广州:花城出版社,1981:17.
② 闻一多.致梁实秋(1922年11月26日)[Z]//闻立雕,闻铭,王克私.闻一多全集:第12卷.武汉:湖北人民出版社,1993:113.
③ 列夫·托尔斯泰日记选[G]//古典文艺理论译丛编辑委员会.古典文艺理论译丛:第一册.北京:人民文学出版社,1961:196.
④ 张建业.李贽全集注:第十九册 小说评语批语摘编(一)[M].北京:社会科学文献出版社,2010:105.
⑤ 郑明安.爱的和弦[N].武汉晚报,1985-11-06(03).

即其命题,已早据百尺楼上矣。①

他在这里所说的"命题"就是提炼文意,他认为杜甫诗歌写得好,很重要的是有"据百尺楼上"的"高题"。对此举一反三,只要写作,写作者就要调动写作的应对系统下功夫提炼正确、深刻、新颖的"高题"。

(3) 由"博"到"一"的综合过程

从写作的一个具体环节说,写作活动在每个环节都会遇到"多"和"一"的矛盾。"多"和"一"都与写作有关,包括内容和形式等。写作每次遇到的"多"是写作思维的对象有数种情况,而"一"是必须选择其中的一种。在每次遇到"多"和"一"的矛盾中,写作者写作的应对系统对"多"进行多层次、多角度的扫描和评定,从"多"中选"一",这是写作在每个环节遇到的"多"和"一"的矛盾的综合过程。在这个过程中被择优的"一"已经根据需要被"博"打造,成为文章的一个或大或小的构成要素。由这样一个个的"一"包括文意、标题、结构,甚至每一句话等便构成了文章的有机系统。

从写作的整个过程看,由"博"到"一"的综合过程根据王元化的研究②,它被刘勰概括为"三准"。"履端于始,则设情以位体;举正于中,则酌事以取类;归馀于终,则撮辞以举要。"③这第一准是"设情以位体",即"依据表达思想情感的需要确立文意、确定体制、安排结构"。第二准是"酌事以取类",即写文章要选择符合表达文意需要的材料。第三准是"撮辞以举要",即写文章要考虑选词恰当,表述得体④。

刘勰概括的"三准"就是写作过程从"博"到"一"的三个环节。根据这个理论,结合当代的写作实际,我们把这三个环节概括为以下三点。

① 为表达写作发现找到合适的体裁。

有了写作发现以后,写作者就要考虑适合表现它的体裁。在思考这个问题之前,写作者已经掌握了许多文体的特点,知道每种文体的审美规范,结合要表达的内容从许多体裁中选出一种,这个环节就是写作者根据情或意,为内容表达找到一个合适体裁的综合。申论的论证,题干上表述含有重要性、必要性和危害性等写作内容要求,考生在备考中熟悉了论证中政论文、策论文、评论文和启示文的写法,从中选出政论文进行写作,实际上就是为适合考试内容的要求寻找合适体裁的综合。

② 为表述写作发现选用最佳材料。

写作发现是来自写作者对材料分析概括的结果,为表述写作发现,写作主体必须对所掌握的各种材料进行加工整理。第一步是汇聚材料:按照表达文意的标准,运用发散法选取材料;第二步是归类材料:依据一定的逻辑梳理杂乱的材料;第三步是取舍材料:根据选材的典型、新颖原则,选用最优材料。在这方面,魏巍写作《谁是最可爱的人》一开始有二十多个故事,从中选出了五个故事,最后只用了三个材料从三个方面表达了主题思想就是范例。

上面概括的使用材料的综合是一种基本模式,如同一件"铸造模具"。实际上对材料进行从杂多到精新的综合十分复杂而且因人而异。如果初学写作者在选材时学习它、采用它,熟练并掌握它,进而内化为一种技能,写作水平会有一定提高。

③ 为突出写作发现组织精练语言。

写作语言是对思维内容的记录。对写作内容的思维是多向的,语言是杂多的。根据写作发

---

① 郑燮. 范县署中寄舍弟墨第五书[M]//朱桦. 历代名家书简. 广州:广东人民出版社,2004:320.
② 王元化. 文心雕龙创作论[M]. 上海:上海古籍出版社,1979:185—189.
③ 刘勰. 熔裁[M]//祖保泉. 文心雕龙解说. 合肥:安徽教育出版社,1993:622.
④ 参考了祖保泉. 文心雕龙解说[M]. 合肥:安徽教育出版社,1993:630—631.

现和选取的材料选用恰当的语言进行删繁就简的表述,就表现为语言从繁杂到精练这种由"博"到"一"的综合。北岛的《生活》仅有一个词——"网",可谓是最精练的诗歌了,可以推想,他在创作这首诗的时候,一定想得很多,其中包括很多意象,伴之而来的还有许多诗句,然而最终还是围绕写作发现从中选择了一个"网"字来表达。

为了表述的方便,我们把文章写作的综合过程粗略地"描画"成一幅由"博"到"一"的"流程图",实际上写作由"博"到"一"的综合过程像河流一样,是整体向前运动的,是难以划分的。在整个过程中,它有时直线前进,有时调转水头,有时顺势而下,有时逆折回川,尽管会有"九曲",但是终究会流向要到达的地方——写出文章。我们勾画的写作由"博"到"一"的综合过程仅如地图上的"河流走向图"而已。

(三)法而无法通变律

只要写作,就要使用方法,研究法而无法通变律是解决如何自觉采用方法把文章写得更好的问题。

1. 含义

法而无法通变律揭示的是作者自觉不自觉地学习、借鉴写作之法,并加以革新或创造,灵活运用于写作的一般规律。

这里说的"法"是写作的一般规律的下位概念,是指在写作过程的不同阶段起作用的特殊规律,是相对稳定的写作之法。而"无法"指的是把握了"法"的精髓之后的灵活运用。"通变"是指对写作之法的革新或创造。"法"是通变的基础,"无法"是通变的结果。[①]

2. "法"的内容和表现

(1) 文章体制

人类源远流长的写作活动产生了许多文体,它们都有自己的特点和结构形式,这些特点和结构形式构成了文章体制。文章样式就是文章体制,它对写作有一种相对的约定俗成性。在古文论里有不少关于"文章以体制为先"的论述,多人关注这个话题说明了文章体制的重要。

① 文章的间架结构。

结构是对内容的组织安排,形式上反映了事物的构成部分。

"在文学中,时间仿佛领着人朝前走,时间决定着人的审视。"[②]只要有故事情节,叙事作品就会有发生、发展、高潮和结局的组织构造,尽管有些变化,如采用倒叙、插叙和补叙等,但是按照时间顺序安排结构的这种基本格局却很难打破。这是因为情节是时间的一种存在方式,结构情节摆脱不了时间问题,任何事件都是在一定时间里发生的,涉及情节的文章内容在客观上具有时间先后的因果联系,违背它就有可能出现表述上的混乱。

议论文对内容的一般布局是提出问题、分析问题和解决问题。这种结构安排是人们认识事物的思维逻辑的反映,即"是什么""为什么"和"应如何"。议论文这样安排结构表述内容脉络清晰,符合人们认识问题的思维规律。

② 文体特点。

从写作史上看,经过作者的写作实践和读者好恶的选择,许多文体被相对固定下来。这种"相对固定"的内容之一就有文体特点。"夫文本同而末异,盖奏议宜雅,书论宜理,铭诔尚实,诗赋欲丽。"[③]曹丕在这里说的是文体在表述上的特点。写作某一文体,没有文体感——不按照这种文体的特点来行文,就写得不像这种文体。关于文学作品的写作,高尔基说:

---

① 释义"法而无法通变律"参考了周姬昌. 写作学高级教程[M]. 4版. 武汉:武汉大学出版社,2009:35。——编者注
② 什克洛夫斯基. 散文理论[M]. 南昌:百花洲文艺出版社,1994:296.
③ 曹丕. 典论·论文[G]//郭绍虞. 中国历代文论选:第一册. 上海:上海古籍出版社,1979:158.

作者的推测和见解,以赤裸裸的形式表现出来,总是价值不大的。我们要求作者把他头脑中所想到的东西描绘出来,而不是叙述出来。要把您的见解、您的观念具体体现出来,要用形象把它表现出来。①

这就是说,文学创作要用意象思维,表达的写作对象具有形象性。例如,描写一座破败的庙宇:

钟楼倒塌,殿宇崩摧。山门尽长仓苔,经阁都生碧藓。释迦佛芦芽穿膝,浑如在雪岭之时;观世音荆棘缠身,却似守香山之日。诸天坏损,怀中鸟雀营巢;帝释欹斜,口内蜘蛛结网。没头罗汉,这法身也受灾殃;折臂金刚,有神通如何施展。香积厨中藏兔穴,龙华台上印狐踪。②

文中没有寺庙破烂不堪的抽象话语,都是对景物的具体描绘,作品通过这样的形象刻画,一个破败庙宇的形象跃然纸上。

(2) 写作准则

写作准则是指在长期的写作实践活动中总结出来,用于规范写作的原则和要求。在这方面,列夫·托尔斯泰为自己的写作制定过《文学的规则》,其中就有"任何一部作品的宗旨应该是效益——道德""作品的主题必须是崇高的"③等。他的创作遵守着这些规则。关于写作准则,钱锺书也说过:"性情可以为诗,而非诗也。诗者,艺也。艺有规则禁忌。"④写作中遵循正确的写作准则,文章的内容和形式就不会出现问题。写作准则有以下六个方面。

① 写作指导思想先进科学。

不论是何人写作都自觉不自觉地受到一定的写作指导思想的支配,我们提倡写作坚持唯物辩证法,它是最先进、最科学,也是最有效的写作指导思想。一些人写文章观点的片面性、绝对化就是没有辩证地看问题导致的。而要写出好文章,运用唯物辩证法很重要。

② 文意提炼正确、深刻、新颖。

正确、深刻、新颖是文意提炼的写作准则。在这方面,有的人的议论文观点虽然正确,但是有一种出土文物的陈旧;有的人在博客上发表见解很是吸引眼球,可在正确方面出了问题;有的人写文章文意正确、新颖,揭示的却是知其然不知所以然的唯象之说。要避免立意出现以上问题,写作者在提炼文意时应注意正确、深刻和新颖的三者合一。

③ 材料选择表达文意、真实、典型、新颖。

表达文意、真实、典型和新颖是材料选择的写作准则。以这四者的统一为标准可以挑选出理想的材料。

④ 结构安排完整、连贯、严密。

完整、连贯和严密是结构安排的写作准则。这三者有机统一的结果:文章言之有序,文章结构天衣无缝。

⑤ 语言表达准确、生动、简洁、务去陈言。

准确、生动、简洁、务去陈言是语言表达的准则。行文符合这四点,是写作需要的语言。

⑥ 书写要求合乎规范、清楚好认、美观大方。

合乎规范、清楚好认、美观大方是写作的书写要求,这是从接受美学的角度提出的。文章符合书写准则,文面视觉漂亮,阅读舒服,为其传播提供了一个良好的条件。除了在校的学生,现在写作基本上都用电脑打字了,文面应该制作得更加美观。

---

① 高尔基. 文学书简:上卷[M]//曹葆华,渠建明,译. 北京:人民文学出版社,1962:476.
② 施耐庵,罗贯中. 水浒全传:上[M]. 上海:上海人民出版社,1975:73.
③ 列夫·托尔斯泰. 文学的规则[G]//山东师范大学中文系文艺理论教研室. 外国作家谈创作经验:下. 陈桑,译. 济南:山东人民出版社,1980:473.
④ 钱锺书. 谈艺录[M]. 北京:中华书局,1984:39—40.

（3）写作技法

写作技法属于写作方法，它是写景状物、叙事论理的具体之法，包括一般手法和辩证手法。写作技法来源于生活，在表述内容方面起作用。它是构成文体美的内在因素，通过它写作内容得以表达，写作意图得以实现。

3. "无法"的内容和表现

写作具有个体性、创造性，且每人每次写作具有不重复性。有人根据这些写作特点，依据鲁迅说过的话："现在市场上陈列的'小说作法''小说法则'之类，就是专掏这类青年的腰包的。然而，好像没有效。从'小说作法'学出来的作者，我们至今还没有听到过"[①]，断定"写作没有共同的方法"。被鲁迅否定的"小说作法"之类的书据作家茅盾和文章学家张寿康说，在中华人民共和国成立前也见到过，那种不负责任的、胡乱拼凑几条所谓秘诀，是骗人的[②]。而鲁迅联系自己读私塾的写作情境，对1926年由开明书店出版的夏丏尊、刘薰宇执笔揭示写作规律的《文章作法》则是肯定的。这说明写作之法是存在的，对此刘勰早就说过："文场笔苑，有术有门。"[③]这"术"和"门"就是指写作之法。我们所讲的"无法"指的不是没有写作之"法"，而是指"法"的变化和对"法"的灵活运用。

（1）文章体制的发展变化

① 间架结构。

"天下无百年不变之文章。"[④]清末民初博学多能的姚华曾说："夫文章体制，与时因革""文章应时而生，体各有当""故事际一变，则文成一体""说似诡谲，理实寻常"[⑤]。这里他论述的是文随时变的道理。随着社会生活的变化，写作者对新的写作领域的开拓，新的写作内容使结构发生了一些变化。例如，传统小说《红楼梦》《复活》等写人的行为，以讲故事为主，安排情节多是"发生、发展、高潮、结局"的格局。后来出现了心理小说，其中包括情绪小说和意识流小说等，它们淡化情节，在结构安排上不以情节为主而以心理活动为主。在这方面，英国当代作家 B. S. 约翰逊认为："生活是混乱的、易变的、任意的，它遗留下成千上万的解开来的头绪，参差不齐。"[⑥]"小说家不能用那样没法再用的形式来体现今日的现实"[⑦]，他重申当前现实变化迅速。"小说家也必须发展形式（通过发明或由其他手段借鉴、偷窃或修补），多多少少要令人满意地包括一个总在变化着的现实，他们自己的现实，而不是狄更斯的现实，或哈代的现实，甚至也不是詹姆斯·乔伊斯的现实。"[⑧]创作《不幸者》，他借鉴了法国新小说派第二代作家马克·萨波塔的不装订的盒装"扑克牌小说"，把材料完全按任意的状态交织在一起，没有时间顺序，写成27个部分，每部分4至8页不等，不装订，散放在一个盒子里，除首部和尾部被标明之外，其余25个部分的次序是任意的。这种写作内容的无序安排，表述的是人的意识活动的零乱无序。

② 文体特点。

写作作为一种运动由于作者和受众的共同推动，文体在不断发展变化着。例如，古代叙事写人的散文是写实的，而中华人民共和国成立"十七年"时期（1949—1966）出现了散文的虚构，如冰心的《小桔灯》、何为的《第二次考试》。在字数方面，以往的文艺性散文篇幅短小，而现在有不少

---

① 鲁迅. 不应该那么写[M]//且介亭杂文二集. 北京：人民文学出版社，1973：77.
② 王凯符，吴继路，张文田，等. 写作[M]. 北京：北京大学出版社，1983：2—5.
③ 刘勰. 文心雕龙·熔裁[M]//祖保泉. 文心雕龙解说. 合肥：安徽教育出版社，1993：865.
④ 袁中道. 花雪赋引[M]. 珂雪斋集：卷10. 上海：上海古籍出版社，1989：459.
⑤ 姚华. 曲海一勺[G]//郭绍虞，王文生. 中国历代文论选：第四册. 上海：上海古籍出版社，1980：406—407.
⑥ 崔道怡，朱伟，王青风，等. "冰山理论"：对话与潜对话：下册[M]. 北京：工人出版社，1987：670.
⑦ 同⑥，第673页。
⑧ 同⑥。

散文洋洋万言。随着社会和写作运动的不断发展,各种文体的特点也会随之发生变化。

(2) 写作准则的发展变化

前面提到的写作准则是知识更新周期长和互联网时代之前以纸质媒体传播为主的产物,是制作精品要求写作应该做的。进入20世纪70年代后期,物质文明和精神文明建设发生了巨大变化,尤其是互联网提供了大众自由写作和几乎是随意发表文本的平台。宽松的写作环境满足了大众的写作和发表的欲望,他们不再用视为"紧箍咒"的精品文章的写作准则限制自己的写作,尤其是电子文本的写作。不受限制的自由写作,使一些昔日奉若经典的写作准则被消解。例如,精炼含蓄是诗歌创作在语言上的一条金科玉律,而被网民关注一时被调侃为"梨花体""羊羔体"和"废话体"等诗歌创作的"突围者"把这条准则从幕前拉到了幕后,如表述同唐寅《一剪梅》中"行也思君,坐也思君"这8个字一样情感的诗歌被"稀释"成80多个字的口语。近年来,大量网民参与写作,其写作水平的参差不齐,写作目的的多种多样,对写作的不同要求,致使在高品位文本写作准则之外,写作准则已经呈现出多样性的特点。

(3) 写作技法的灵活运用

"言而当法。"①庄子的这句话含有言语表达应该符合写作之法的含义。在古文论中,许多论述都谈到了有法、无定法和活法问题。把这些论述归纳起来就是写作之法是存在的,应当灵活运用。文学创作刻画人物有一个"肖像描写",关于肖像描写,鲁迅提倡"画眼睛",他说:

要极省俭地画出一个人的特点,最好是画他的眼睛。我以为这话是极对的,倘若画了全副的头发,即使细得逼真,也毫无意思。我常在学学这一种方法,可惜学不好。②

"画眼睛"是鲁迅创作小说经常使用的,而在芥川龙之介的《鼻子》那里对禅智内供的刻画是鼻子,在茨威格的《一个女人一生中的二十四小时》那里描写的则是赌徒们的手。三位小说大师笔下同是肖像描写,可描写的对象不一样。"法"在这里因写作对象的不同而随之变化。元初的郝经说:"文有大法,无定法。观前人之法而自为之,而自立其法。彼为绮,我为锦;彼为榭,我为观;彼为舟,我为车;则其法不死,文自新而法无穷矣。"③写作之法是根据具体情况具体运用的。写作中一位写作者对它是一种用法,另一位写作者对它可能是另一种用法,"法"的运用是千变万化的。即使是同一位写作者运用同一种方法,也不会"胶柱鼓瑟"。比如,映衬在《红楼梦》里使用很多,刻画黛玉"质本洁来还洁去",描述潇湘馆前是"千百竿翠竹遮映",后院"有大株梨花",这是以景衬人。而刻画"才自清明志自高"的探春素喜阔朗则用的是以物衬人——极写她卧室里用品的"大"。同是写人,同是用映衬,前者是绘景,后者是写物。这就是对"法"的活用。

"法"的活用实际上是举一反三的使用。一种手法在一种文体里对表达写作对象很有用,根据情况如果适合可以把它巧妙地移植到另一种文体里。例如对比,在记叙文的写作中可以对比描写,在议论文的写作中可以对比论证,在说明文的写作中可以对比说明。

4. 法而无法的通变过程

从写作史的角度考察,初始"法"是没有的,写作实践有了"法",许多写作者采用这个"法"写作,"法"被创造性地活用,进而"法"被发展和创新,出现了更高的"无法",这个"无法"是被进一步革新创造的"法"。在写作运动中,这个被革新创造的"法"还会继续发展变化的。这就是"法"而"无法"的通变过程。例如,对比作为一种方法,在写作实践中被发现后,许多写作者都采用它写

---

① 曹础基.庄子浅释[M].2版.北京:中华书局,2000:419.
② 鲁迅.我怎样做起小说来[M]//南腔北调集.北京:人民文学出版社,1980:102.
③ 郝经.答友人论文法书[G]//羊列荣,刘明今.中国历代文论选新编:宋金元卷.上海:上海教育出版社,2007:233.

作,而欧·亨利创造性地把它革新为"突转"和"逆转",于是"突转"和"逆转"就成了新的写作技法,它们还将变化着。

从个体写作史的角度考察,法而无法的通变过程是由"模仿""化用"和"融合"三个环节构成的。下面对这三个环节分别作一介绍。

(1) 模仿

在写作中,以他人的文章为摹本,仿效其中突出的写作特点写出相类似文章的写作行为就是模仿。模仿在写作学上被称为仿写。初学写作,写作者没有写作之法的概念,写作无从下手,这是"无法"的阶段。面对一篇好文章跟它学习写作,写作者开始找出其中的写作之法,循法而写,进而掌握了这种写作之法,这是从"无法"到"有法"的过程。

模仿阶段是每个人都要经过的,很重要,不要轻视它。法国社会心理学家加布里埃尔·塔尔德早在100多年前就在《模仿律》一书中说过,模仿是最基本的社会现象①。写作也是如此,任何人的写作都起源于模仿,大作家的初始之作,绝不是"韩娥似的歌唱",而只是"婴儿般的咿呀学语"。这是因为,初学者对要采用的文体头脑空空,没有样式,不知如何下笔,而只要有个"葫芦",就可以比着画"瓢"了。模仿是学习,是无法向有法的迈进。在这方面歌德说过很中肯的话:

我们全都要从前辈和同辈学习到一些东西。就连最大的天才,如果想单凭他所特有的内在自我去对付一切,他也决不会有多大成就。可是有许多本来很高明的人却不懂这个道理。他们醉心于独创性这种空想,在昏暗中摸索,虚度了半生光阴。②

智者的话证明了模仿在写作中的作用。关于模仿,朱熹曾说:"前辈作文者,古人有名文字,皆模拟作一篇。故后有所作时,左右逢源。"③这话里有写作要多模仿的意思。模仿是需要的,可是要有方法。清代的袁枚在《随园诗话》里提出模仿要善学的主张。模仿善学就是对于优秀篇章,要吃透它的内容,把握它的方法,在写作中不是刻舟求剑地生搬硬套,而是理论联系实际地加以运用,这是模仿的关键。

(2) 化用

模仿是需要的,然而一味模仿不变通,写作就会失去自我,所写的将是运用别人的语言表达别人早已表达过的思想或情感。这就是清代的沈德潜所说的:"诗不学古,谓之野体。然泥古而不能通变,犹学书者但讲临摹,分寸不失,而己之神理不存也。"④通过借鉴提高自己的写作能力,这是模仿的目的。要在此基础上提高一步,就要在模仿中不断对别人的东西进行改造,把它变为有着自己特色的东西。根据表达需要,在方法上对他人文章中的可取之处进行改进并加以活用的写作行为就是化用。例如姜夔在《送〈朝天续集〉归诚斋时在金陵》中有想象奇特、造语新奇的诗句:"年年花月无闲日,处处山川怕见君。"诗人运用跨越式联想极言杨万里诗艺高超的威力。这精妙的诗句是有所本的。杜甫曾有"老去诗篇浑漫与,春来花鸟莫深愁",韩愈也写过"孟郊死葬北邙山,从此风云得暂闲"。两位诗人是从自然之物感受的反面吟诵诗人或因年老或因作古使得"花鸟失愁""风云得闲"的。而姜夔则从自然之物感受的正面赞颂诗人创作是"花月无闲,山川怕见"的。姜夔同杜、韩之诗在写作构思的联想方式上是相同的,只不过姜夔借鉴了杜、韩从反面着笔的方法,迁移出正面的表述,这属于写法的化用。化用是在借鉴基础上对"法"的灵活运用,许多作家阅读他人作品受到启发,以此作为引发点进行创作,写出了好作品。如鲁迅的《狂人日

---

① 塔尔德. 模仿律[M]. 何道宽,译. 北京:中国人民大学出版社,2008:37.
② 爱克曼辑录. 歌德谈话录[M]. 朱光潜,译. 北京:人民文学出版社,1978:246.
③ 黎靖德. 朱子语类:第八册[M]. 王兴贤,点校. 北京:中华书局,1986:3321.
④ 郭绍虞. 中国历代文论选:第四册[M]. 上海:上海古籍出版社,1980:415.

记》、柯岩的《周总理,您在哪里?》都是这方面的典型。①

化用的现象是多种多样的。从化用成果在一篇文章中所占比例来看,有的是通篇的,有的是局部的。从化用的文章构成要素来看,有的是内容,有的是形式。从化用的方式来看,有的是角度,有的是手法等。这一切都是对写作之"法"的化用。

关于化用,茅盾指出:

> 学习是融化了他所研究的甲乙丙丁等各家,然而他所写的作品非甲非乙非丙非丁……而亦似甲似乙似丙似丁。有才能的作家学习的结果就是如此。②

茅盾说的这种情况,就是不断学习、不断借鉴、不断化用写作之法达到的一种写作高度,这是写作能力在质的飞跃前的量的积累。

(3) 融合

关于融合,钱锺书说过:"有学而不能者矣,未有能而不学者也。大匠之巧,焉能不出于规矩哉。"③规矩是写作之"法","出于规矩"是"能者"学后博采众家之长创造的"无法"。融合是化用基础上的创新,是更高水平的"无法",是写作由必然王国进入了自然王国,是孙悟空取得真经成佛后没有了"紧箍咒"的自由。在这方面,茅盾指出:

> 天才的作家则更进一步,他从前代的名著中吸取了精华,变为他自己的血肉,他不但非甲非乙非丙非丁,并且也不似甲似乙似丙似丁,他是用他自己的天才把前人的精华凝练成新的只是他自己的东西了,他在人类智慧的积累上更加增了一层。④

茅盾在这里说的就是融合。在这方面陈与义、陆游、杨万里、鲁迅等都是典型。鲁迅对自己的写作要求很严格,在我们眼中,他的《狂人日记》是经典作品,而他认为《狂人日记》是"拙作"⑤,"很幼稚,而且太逼促,照艺术上说,是不应该的"⑥。经过不断的写作实践,他摆脱了外国作家的影响,技巧圆熟了,创作了具有自己特色的《肥皂》和《离婚》。在杂文写作方面,他熟知大量的中国古代文史哲作品,并且吸收了外国作品的营养,把文学创作的形象性和议论结合起来,把丰富的知识融入严谨的说理之中,在冷峻的剖析事理中又不乏幽默风趣,创造了别具一格的鲁迅杂文体。取众家之长,成一家之格,这就是融合。

第三节 写作的特点

写作有它自身的特点,把握了它的规律,学习写作,进步可能会快些。以下对写作特点加以探讨。

一、个体性

(一) 写作行为的个体化

文学作品的写作要突出个性,关于文学作品创作行为的个体化请看下面的文字:

有一次,沈从文与林斤澜聊写作,提起刘绍棠写景爱用"鸟语花香""桃红柳绿""大地回春""风和日丽"等词,沈从文直摇头,问:"刘绍棠呢?他看见的春天呢?他在哪里?"后来,有教育家

---

① 鲁迅创作《狂人日记》参阅了果戈理的同名小说,柯岩创作《周总理,您在哪里?》借鉴了王洪涛的《莉莉——写给在抗战中牺牲的小女儿》。——编者注
② 茅盾. 创作的准备[G]//叶子铭. 茅盾论创作. 上海:上海文艺出版社,1980:453.
③ 钱锺书. 谈艺录[M]. 北京:中华书局,1984:40.
④ 同②。
⑤ 鲁迅. 致许寿裳[M]//鲁迅全集:第11卷. 北京:人民文学出版社,1981:353.
⑥ 鲁迅. 对于《新潮》一部分的意见[M]//鲁迅全集:第7卷. 北京:人民文学出版社,1981:226.

自费出版散文集,向林斤澜索序。林以为其文章无个性,亦以此典故回敬,借沈从文口问道:"你呢?你在哪里?你的春天呢?你的感觉?你的个性在哪里?"①

在这里两位作家评论文学作品的一个共同点就是看它有没有一个"我"字。在这方面,别林斯基曾经说过:"一个诗人的一切作品无论在内容和形式上怎样分歧,还是有着共同的面貌,标志着仅仅为这些作品所共有的特色,因为他们都发自一个个性,发自一个统一而不可分割的'我'。"②巴金曾经回顾自己50年的创作指出:"我总是按照我的观察、我的理解,按照我所熟悉的人,按照我亲眼看见的人写出来。"③莫言也说他的创作是用"自己的方式,讲自己的故事"④。理论家和作家的表述虽然各异,但是其中的共同点却是文学写作离不开写作者的"我"。

写作是不同于物质生产的特殊的精神生产劳动。这种精神产品的生产虽然存在着协作的形式,像教材的合作编写、文学作品的集体创作,但是就是这种集体写作的形式,具体内容的写作还是要分头执笔,即必须落实到每个人的行文上。公文写作,起草者虽然为单位立言,从机关的角度行文而不代表自己,但是所写内容有深浅之分,语言表述有好差之别,从这一点上说,公文写作还是有我之所在的。

写作是一种个人能力发挥的活动。写作中考虑的立意、选材、结构、技法和语言问题只能通过写作者个人最终得以解决。旁人提出的写作建议,是否采纳的决定权最终还是要由写作者作出。

(二) 作者意识的差异性

24岁的马克思在批判普鲁士书报检查令对作者的写作风格的扼杀时说过一段十分精彩的话:"你们赞美大自然令人赏心悦目的千姿百态和无穷无尽的丰富宝藏,你们并不要求玫瑰花散发出和紫罗兰一样的芳香,但你们为什么却要求世界上最丰富的东西——精神只能有一种存在形式呢?"⑤从这段批判的话语中能够领悟到"精神"应是丰富多彩的含义。作为"精神"之一的文章,它是千姿百态的,其重要原因就是来自作者意识的差异性。

写作前,写作者在所处的生存环境中形成了他的精神世界,这精神世界属于"意识"。意识,有写作者的思想情感、知识经验、看问题的立场、观点和方法等。一旦写作,意识中的诸多要素就组合成了写作者的写作素质、修养和能力结构。社会生活的复杂性导致了人们精神世界的多样性。这种多样性的表现之一就是人们意识的差异性。面对写作对象,由于人们意识的差异性,写作素质、修养和能力的不同,在立意、选材和语言的运用等方面也存在着差别。请看唐诗中的"咏蝉三绝":

蝉

虞世南

垂緌饮清露,流响出疏桐。居高声自远,非是藉秋风。

在狱咏蝉

骆宾王

西陆蝉声唱,南冠客思侵。那堪玄鬓影,来对白头吟。
露重飞难进,风多响易沉。无人信高洁,谁为表予心。

---

① 陈熙涵. 犹为离人照落花——著名作家林斤澜去世[ED/OL]. (2009-04-14)[2020-10-25]. http://www.chinawriter.cn/2009/2009-04-13/70250.html.
② 别林斯基. 亚历山大·普希金的作品[G]//别列金娜. 别林斯基论文学. 梁真,译. 上海:新文艺出版社,1958:137.
③ 巴金. 观察人[M]//李小林,李国煣. 巴金论创作. 上海:上海文艺出版社,1982:537.
④ 莫言. 讲故事的人[M]//刘再复. 莫言了不起. 北京:东方出版社,2013:111.
⑤ 马克思. 评普鲁士最近的书报检查令[M]//中共中央马克思恩格斯列宁斯大林著作编译局. 马克思恩格斯全集:第1卷(上册). 北京:人民出版社,1995:111.

蝉

李商隐

本以高难饱,徒劳恨费声。五更疏欲断,一树碧无情。
薄宦梗犹泛,故园芜已平。烦君最相警,我亦举家清。

对这三首殊异的唐诗,清人施补华的评价是:"同一咏蝉,虞世南'居高声自远,非是藉秋风',是清华人语;骆宾王'露重飞难进,风多响易沉',是患难人语;李商隐'本以高难饱,徒劳恨费声',是牢骚人语。"①这个评价十分中肯,它是结合诗人所处环境形成的意识作出论断的。虞世南深受唐太宗器重,春风得意,身在高位,又是书法大家,不用炒作,佳名自会远播。有了显贵地位形成的意识,他见蝉饮"清露"、听蝉居高鸣,自然抒写出"居高声自远,非是藉秋风"的妙语了。而骆宾王身陷牢笼,在艰难环境中不能辩白自己,狱中产生的思想情感和着鸣蝉之声,吐露出"露重飞难进,风多响易沉"的心语。李商隐官小位卑,生活困苦。官场的失意、困顿的生活,他的心中自然会不时涌起哀怨之情。这郁闷在胸的情感在"高洁之蝉"的连声鸣叫之中,以"本以高难饱,徒劳恨费声"的心声宣泄出来。三首诗的不同来自三位诗人意识的不同。

二、创造性

(一)创造性是受众的要求

接受美学认为,完整的文学过程有两个阶段:第一个是由写作者到文本,即写作过程;第二个是由作品到读者,即接受过程。它们合在一起,构成了创作的"动力过程"。接受美学强调读者在写作活动中的作用是有一定道理的。受众的喜好与厌恶对写作者有一定的影响,有经验的写作者在写作中都会思考接受问题。

受众对写作有什么要求呢?

在接受过程中,受众是各种各样的,他们对写作的要求也是多种多样的。而在许多要求中无一例外首肯的是"创造性"。

在接受活动中,受众感兴趣的是新鲜性,这是一种普遍的接受心理。心理学家麦独孤研究了人类的主要本能和原始情绪之后认为"一切动物为了生存"都具有"好奇本能与惊奇情绪"。②这"好奇"人类也是具有的。在接受活动中"好奇"表现为寻新求异。寻新求异虽然有高雅和低俗、健康和不健康之别,但是受众要求写作内容、形式的新颖则是一致的。模仿、雷同之作,受众心理是排斥的。避免模仿、雷同,满足受众健康、高雅的接受心理要求,创造性的写作是一条重要途径。

(二)创造性是写作的本质

1922年12月15日,郭沫若从日本寄往家中的信中谈到了写新诗的原则,其中第5条是:"作一诗时,须要有个前无古人后无来者的心理。要使自家的诗之生命是一个新鲜的产物,具有永恒的不朽性。这么便是'创造'。"③"前无古人后无来者"的内涵是独有,独有就是既不重复别人又不重复自己,这就是创造性。同创造性不同,在写作中模仿和雷同是存在的。对于模仿,法国作家雨果说它"是艺术的灾祸","还是让我们别出心裁吧"。④对于雷同,鲁迅说:"诗歌小说虽有人说同是天才即不妨所见略同,所作相象,但我以为究竟也以独创为贵。"⑤从中外两位作家的话中

---

① 施补华.岘佣说诗[G]//清诗话:下册.上海:上海古籍出版社,1978:974.
② 麦独孤.人类的主要本能和原始情绪[G]//张述祖,等审校.西方心理学家文选.北京:人民教育出版社,1983:139.
③ 张澄寰.郭沫若论创作[M].上海:上海文艺出版社,1983:246.
④ 雨果.《短曲与民谣集》序[M]//雨果论文学.柳鸣九,译.上海:上海译文出版社,1980:90.
⑤ 鲁迅.不是信[M]//华盖集续编.北京:人民文学出版社,1973:37.

可以明显地看出写作中的模仿和雷同是被否定的,而创新性则是被肯定的。这是因为,模仿毕竟在写作中采用了别人的东西,雷同虽然有一种是无意的"撞车",但在内容或形式上同别人的文章有相仿的地方。真正的写作应该像雪莱所说:"我不敢妄图与我们当代最伟大的诗人们比高下。可是我也不愿追随任何前人的足迹。凡是他人独创性的语言风格或诗歌手法,我一概避免模仿,因为我认为,我自己的作品纵然一文不值,毕竟是我自己的作品。"①

1. 写作不是对写作对象有闻必录的记写

(1) 有闻必录是不可能的

自然现象和社会生活是丰富多彩的,就算是一种事物,作为一个系统也是很复杂的,任何伟大的作家也不能尽述它的一切。单是大学生食堂就餐的情景就多姿多彩。当观察一个就餐者的时候,没有进入眼帘的许多事情正在发生着。客观事物从纵的角度看既有形成的历史,又在不断发展着;从横的方面看,它同周围的事物存在着诸多联系。写作不可能对它不加选择地穷尽一切,而"靠单纯的模仿,艺术总不能和自然竞争,它和自然竞争,那就像一只小虫爬着去追大象"②。

(2) 有闻必录是不必要的

假如有人在写作上能够有闻必录也是不必要的。因为写作是主体对客体的创造性的能动反映,这种反映要表述的最主要的是写作发现,写作发现是写作的中心。为了表达它,要选择性地运用同它有直接关联的材料,把它们有机地合成一个整体,受众才能从中领悟到作者的写作发现;反之,不加选择地表述,这样的写作带来的是文章内容的杂乱,读之受众将不知所云。

(3) 有闻必录是违背写作本质的

写作如同炼金。凡是写作都要涉及材料的处理,处理材料最基本的是选取和舍弃。这就是法国作家夏多布里安所说的"挑选和隐藏"③。这是因为"本来存在的自然是不能模仿的;本来的自然含有许多不重要、不合适的东西,我们必须有所选择"④。这种工作是在大量的材料中舍弃同写作发现无关的,遴选与写作发现有关的,在此基础上选用最能说明写作发现的材料,这从多到少、再到精是写作材料的纯化过程。例如,记者在社会发生的大量事件之中按照所在通讯社的新闻传播原则,通过遮蔽和显现对新近发生的事件所作的报道就是例证之一。

被提纯的材料按照表达写作发现的需要,被组合或化合成一篇有机的文章,这篇文章的内容已经不是从现实中搬来的,而是经过了写作者不同程度的加工,这种加工既有主观性,又有客观性,是二者的有机统一。由于文体写作要求的不同,这种主、客观的统一有的是主观性强一些,有的是客观性强一些。前者如文学文体的创作,后者如议论文体、新闻文体、说明文体和应用文体的写作。然而,不论是哪一种文体写作,写作主体都对文中牵涉的写作客体按照自己的理解进行了或多或少的加工改造。"人的意识不仅反映客观世界,而且创造客观世界。"⑤例如,南宋诗人葛天民在国土沦丧时品尝梨子,这梨"甘酸尚带中原味";契诃夫笔下的狗,"在街上走着,为自己的罗圈腿害羞"⑥……这些都已经对原来的客观之物作了不同程度、不同方式的改造。文学创作,歌德说:"艺术要通过一种完整体向世界说话。但这种完整体不是他在自然中所能找到的,而

---

① 伍蠡甫.西方文论选:下[M].上海:上海译文出版社,1979:47—48.
② 黑格尔.美学:第1卷[M].朱光潜,译.北京:人民文学出版社,1979:51.
③ 古典文艺理论译丛编辑委员会.古典文艺理论译丛:第二册[M].北京:人民文学出版社,1961:101.
④ 歌德.诗与真[G]//伍蠡甫.西方文论选:上.上海:上海译文出版社,1979:446.
⑤ 列宁.哲学笔记[M].2版.北京:人民出版社,1993:182.
⑥ 契诃夫.契诃夫札记[M]//邻居集.汝龙,译.上海:上海译文出版社,1982:6.

是他自己心智的果实。"①这种"心智的果实"被苏珊·朗格称之为"艺术家创造出来的"②。非文学性文章写作,写作者表述的写作内容已经被沙里淘金般地提纯了,这也是一种创造。总之,写作是写作主体按照自己理解的客体对它进行了不同程度和方式的改造,这改造是写作的本质。

2. 写作是对写作发现的表达

写作应该写什么,诗人邵燕祥说:

> 每一首抒情诗应该是一个独创,提供出的新东西,既区别于过去和现在的别的诗人,也区别于作者的别的作品。
>
> 真正的诗人不重复前人,也不重复自己。
>
> 抒情诗总是要求着新的视角,新的感受,新的境界。③

获得诺贝尔文学奖的美国小说家海明威说:

> 对于一个真正的作家来说,每一本书都应该成为他继续探索那些尚未到达的领域的一个新起点。④

写作的"不重复"和"新"是主张写"独创"。每一本书都是一个新起点,内涵是创新。这里诗人和作家语中的潜台词是所写的要新颖。在这方面,何其芳更是把它上升到创作法则的高度,他说:"给予一些新的东西,这也可以说成了创作的原则之一了。"⑤

新颖就是写作者的写作发现。在古人看来,文章是"经国之大业,不朽之盛事"⑥。写作要有一定的价值,就必须表达自己的写作发现。从人类文明史的角度来看这个问题,就会发现,无数表达写作发现的文章或记录了自然科学的发现,或记载了社会科学的研究成果,或丰富了人们的精神生活,在传承人类文明方面起到了非常重要的作用。写作发现属于创新,社会发展需要写作的创新。

从写作实践方面来看,古今中外的作者写出自己独特发现的佳作俯拾即是。

据载李白到黄鹤楼,来了诗兴,正准备写诗,发现"眼前有景道不得,崔颢题诗在上头"⑦,认为自己要写的诗没有超过崔颢,只好作罢。到了金陵,李白作《登金陵凤凰台》,同崔颢下了一次"敌手棋"。

习近平指出:"创新是文艺的生命。"⑧创新是一切文章的写作之魂。创新是依附于写作发现的。写作发现是有别于他人写作的价值性信息,从内容到形式把这个信息表达出来,写他人所未写,这是创新的具体体现。

三、综合性

写作是一项复杂的活动,涉及文意的提炼、材料的选用、结构的安排和语言的使用,整个写作活动都与写作者的写作素质、修养和能力有关。

写作者在家庭、学校和社会环境中形成了他与写作有关的素质、修养和能力。当写作者在写作中遇到某一问题时,他的写作素质、修养和能力会拧成一股绳合力解决这个问题。一旦文章写出来,透过文字,读者能从中窥见作者的写作素质、修养和能力。请看高适的《咏史》:

---

① 爱克曼辑录. 歌德谈话录[M]. 北京:人民文学出版社,1978:137.
② 苏珊·朗格. 艺术问题[M]. 藤守尧,朱疆源,译. 北京:中国社会科学出版社,1983:76.
③ 《上海文学》编辑部. 百家诗会选编[G]. 上海:上海文艺出版社,1982:58.
④ 海明威. 在诺贝尔文学奖授奖仪式上的书面发言[G]//顾骧. 散文家喜爱的散文. 北京:北京十月文艺出版社,1997:284.
⑤ 何其芳. 何其芳文集:第四卷[M]. 北京:人民文学出版社,1983:56.
⑥ 曹丕. 典论·论文[G]//郭绍虞. 中国历代文论选:第一册. 上海:上海古籍出版社,1979:159.
⑦ 刘克庄. 后村诗话[M]. 北京:中华书局,1983:8.
⑧ 习近平. 在文艺工作座谈会上的讲话[N]. 人民日报,2015-10-15(02).

尚有绨袍赠，应怜范叔寒。不知天下士，犹作布衣看。

这首五绝抒写了诗人怀才不遇的感慨，嘲讽了须贾之类官员的平庸。从诗中选用范雎由布衣到秦相的史料和在写作上遵守的格律中不难看出诗人的文化素养，"尚"和"犹"的运用反映出诗人非常高超的表达能力。一首小诗透露出诗人的许多信息。

一篇文章能看出作者的写作素质、修养和能力，这是因为作者在所写的文章中把它们都毫无保留地使用了，这种使用是由"博"到"一"的综合。

写作者在文章写作前已经储备了与写作有关的素质、修养和能力，这其中包括掌握的一定量的词汇和材料、一些写作技能和理论知识等。它们组合在一起构成了写作的"博"。"博"是写作准备，不是目的，而是为了文章制作的"一"。写作尽管复杂，头绪多，但是毕竟是由一个个的环节构成的。写作中要解决的每个环节上的问题就是"一"。这个"一"可能是发掘的一个主题，可能是采用的一个结构，可能是选用的一个材料，也可能是锤炼的一个词语等。这其中任何的一个"一"的解决，都有写作者的写作素质、修养和能力的共同参与。请看下面的一段描述文字：

迎春姊妹等并宝玉上了那只，随后跟来。其余老嬷嬷众丫鬟俱沿河随行。宝玉道："这些破荷叶可恨，怎么还不叫人来拔去？"宝钗笑道："今年这几日，何曾饶了这园子闲了一闲，天天逛，那里还有叫人来收拾的功夫？"林黛玉道："我最不喜欢李义山的诗，只喜他这一句：'留得残荷听雨声。'偏你们又不留着残荷了。"宝玉道："果然好句，以后咱们别叫拔去了。"①

这一段文字最令读者击节的是恰到好处地引用了李商隐《宿骆氏亭寄怀崔雍崔衮》中的一句诗——"留得枯荷听雨声"。古代诗词写荷的名句很多，作者只有背记得多，才能从中挑选出最切合创作需要的。选用李商隐的诗句表明曹雪芹渊博的学识和高强的记忆能力参与了其中。选用的诗句同小说情节和描绘的环境浑然一体，林黛玉随口说出又极符合她的性格，这说明作家的生活素养、非凡的意象思维能力和表达能力从中起了作用。一句诗的选用是作家的写作素质、修养和能力综合运用的结果。

写作活动是一个个问题的解决过程，这个过程是"博"围绕着"一"的转化。文章中的"一"是"博"的结果，它是作者的写作素质、修养和能力的综合运用。

四、实践性

写作，是由"写"和"作"合成的。"写"在中古以前是抄写的意思，现在指的是书写。"作"是制作、造的意思。两个字合起来，顾名思义，写作就是抄写制作。抄写制作，就是要写。这个词里包含着实践性。正是在这一点上，古人强调在多读的基础上多写。例如，欧阳修说过的"世人患作文字少，又懒读书，每一篇出，即求过人，如此少有至者。疵病不必待人指摘，多作自能见之"②就是明证。舒乙回忆父亲老舍写作是"每天写"，"他自己给自己规定下定额，每天必须写多少字，完不成决不收工"③，停笔除非是病得很重。这笔耕不辍就是天天写。

写作中常有自己所写的同自己所想的有一定差距的现象。例如，马烽在"文化大革命"前创作过小说《我的第一个上级》和电影文学剧本《我们村里的年轻人》等广受赞誉的作品。在"文化大革命"中因受迫害无法动笔，粉碎"四人帮"之后，"提起笔来手生得很，东拉西扯，怎么也弄不成个样子。有时候连一些适当的词汇也找不到了。勉强成篇，自己翻阅不满意，请别人看了也摇头。于是只好推倒重来，三番五次修改"④。"文化大革命"十年不能写作，由生疏导致了行文困

---

① 曹雪芹,高鹗.红楼梦[M].启功,张俊等整理.北京:商务印书馆,2005:297.
② 苏东坡.记六一语[M]//萧屏东,校注.苏东坡笔记.长沙:湖南文艺出版社,1991:64.
③ 舒乙.生命在案头[J].读者,1994(5):4.
④ 马烽.三十年创作小结[G]//文艺报编辑部.文学回忆与思考.北京:人民文学出版社,1980:15.

难。这说明即使掌握了写作的十八般武艺,长期不动笔墨,会写也会逐渐"淡出"为不会写。写作是"用进废退"的。

写作是有方法的。要想表达得好,掌握写作方法很重要。对于写作者而言,写作方法是人人都想获得的。那么,写作方法是如何获得的呢?

写作有一个从"无法"到"有法"的过程。不论是初学者还是有经验的写作者,当学习一种新的写作方法时,他先是了解这种方法。这种了解或是学习这种方法的理论,或是研读含有这种方法的文章。接着就是按照自己对方法的理解,进行练习。掌握这种方法的关键,是通过练习形成写作者对这种方法概括的内部语言,只有如此才能真正掌握这种写作方法。关于这个问题,鲁迅说:"文章应该怎样做,我说不出来,因为自己的作文,是由于多看和练习,此外并无心得或方法的。"①在这里鲁迅说的"多看"是指阅读别人的作品,从中揣摩别人的好的写作方法,然后是"练习",练习多了就知道"文章应该怎样做了"。鲁迅的话表明,从"无法"到"有法"之"岸",实践是摆渡之舟。

第四节 写作学、写作教材和写作课

一、写作学

(一)写作学的含义

人类的写作活动,产生了无数优秀篇章。按照鲁迅的说法"凡是已有定评的大作家,他的作品,全部就说明着'应该怎样写'。只是读者很不容易看出,也就不能领悟"②。阅读了作品不知道作者是如何写作的情况并不少见,请看高尔基回忆他少年时阅读福楼拜小说的情景:

我记得,我在圣灵降临节这一天阅读福楼拜的《一颗纯朴的心》,黄昏时分,我坐在杂物室的屋顶上,我爬到那里去是为了避开那些节日里兴高采烈的人。我完全被这篇小说迷住了,好像聋子和瞎子一样,——我面前的喧嚣的春天的节日,被一个最普通的、没有任何功劳也没有任何过失的村妇——一个厨娘的身姿所遮掩了。很难明白,为什么一些我所熟悉的简单的话,被别人放到描写一个厨娘的"没有兴趣"的一生的小说里去以后,就这样使我激动呢?在这里隐藏着一种不可思议的魔术,我不是捏造,曾经有好几次,我像野人似的,机械地把书页对着光亮反复细看,仿佛想从字里行间找到猜透魔术的方法。③

对着光亮试图"找到猜透魔术的方法"——捉摸小说是如何撰写的,这说明写作是一个"谜"。

文章是如何写出来的,这是一个诱人的难解之谜。想要解决它,涉及一系列的问题。这其中有写作主体自身的问题,有写作主体同客体的关系问题,有写作主体在写作过程中构筑文章体系的问题,还有写作主体所写的文章与读者的关系问题等。由这些问题合成了复杂的写作现象。这种复杂性不仅表现在构成写作的要素多,而且表现在写作的因人而异上,还表现在写法的多变上。尽管如此,写作只要是一种现象,甚至是一种偶然现象,就内含着必然性,就有规律可循。

揭示事物规律就是人们常说的"透过现象看本质",方法是毛泽东阐述的分析事物的"由表及里"④,即:从事物现象的表层结构入手,分析它与相关系统结构的浅层结构、中层结构和深层结构的关系,揭示系统整体与部分、部分与部分以及各要素之间的必然联系。文章作为一个静态可

---

① 鲁迅.鲁迅全集:第13卷[M].北京:人民文学出版社,1981:162.
② 鲁迅.且介亭杂文二集[M].北京:人民文学出版社,1973:77.
③ 高尔基.论文学[M].孟昌,曹葆华,戈宝权,译.北京:人民文学出版社,1978:182-183.
④ 毛泽东.中国革命战争的战略问题[M]//毛泽东选集:第1卷.2版.北京:人民出版社,1991:180.

视的有机组合系统是有生成过程的,这个生成过程的金字塔结构系统由表层结构、浅层结构、中层结构和深层结构组成。其表层结构由文意呈现要素群构成,浅层结构由文章制作要素群构成,中层结构由才智蕴蓄要素群构成,深层结构由心理诉求要素群构成。在这个系统里,各要素群既有自身的横向联系,又同其他要素群有着纵向联系。它们的运动既有层次上的因果联系,又有各要素群要素之间多层次、多维度的交叉联系,由这些联系构成了写作的复杂现象。写作学就是要把这些联系揭示出来。通过对复杂的写作现象的结构、层次和要素之间关系的分析和综合,揭示出写作规律的系统科学理论就是写作学。

写作学包括写作思维学、写作心理学、写作语言学、写作技法学、写作文体学、写作文化学、中外写作史、写作美学、写作方法学和写作哲学等。它们构成了学科理论体系,从不同层面不同角度揭示写作规律。

(二)我国写作学的历史和现状[1]

在人类文明史中,写作是一项重要的活动。这种活动产生之后,研究它的学问也产生了。

上古时期舜提出"诗言志",是最早的诗歌写作论,被朱自清誉为诗论的开山纲领[2]。春秋战国时代,诸子散文有不少三言两语式的见解深刻的写作言论。而产生于同一时期[3]的《毛诗序》是涉及我国诗歌创作理论具有开创意义的第一篇专论。三国时期,曹丕写出了第一篇文章学论文——《典论·论文》。301年前后,陆机撰写出第一篇写作学论文——《文赋》。齐、梁之际,探讨写作规律体系完整严密的是刘勰,他写出了第一部体大思精的写作学专著《文心雕龙》。在他之后至近代的1400多年中,总结写作规律的论著包括诗话、词论的专著等相继问世。

在现代,1919年傅斯年撰写出论文《怎样做白话文》,终结了文言写作理论,完成了写作学从"传统"到"近代"的转变,奠定了白话"文章作法"的理论基础。1922年,陈望道编写了《作文法讲义》,开创了"作文法"研究的先河。1924年,叶圣陶编撰了写作知识的普及读物《作文论》,从内容到形式概括了文章写作的心理过程及其规律。1925年,梁启超著有《中学以上作文教学法》,论述了写作的基本原则、各类文章的写作方法和作文教授法三个方面的内容,提出了"多一点科学精神"观念上的"教给规矩"的作文教学主张,是写作教学的理论先声。1926年,夏丏尊和刘薰宇合著了《文章作法》,打造了一种"比较固定"的作文教本。1934年,叶圣陶与夏丏尊写出了《文心》,以故事的形式对文章进行了全方位的研究,比较系统地陈述了文章写作的理论知识。以上这些著作在社会上产生了很大影响,但它们以"体"(文体论)代"论"(基础理论)、有"学"(语法学、修辞学)无"道"(写作学理论)[4]。

中华人民共和国成立后,1951年朱德熙编写了《作文指导》,是中华人民共和国成立后出版的第一本写作教材,是文本写作学的雏形。1958年,何家槐编著了《作文基础知识讲话》为文本写作学搭建了一个框架。1960年,复旦大学中文系写作教研组集体编写的《写作基础知识》,是一部具有比较强的学术性和科学性的写作理论专著,是第一次将写作学从中学作文教学剥离出来,提升到高等教育层次的文科写作教学的专用教材。1964年,北京大学中文系编写了《写作知识》,初次建立了"原理+文体"的写作知识体系。1973年,山西师范学院中文系编写出《写作知识》,虽打上了"文化大革命"的烙印,但不失为一本指导写作具有操作性的教材,是那一时期在写作学建设方面具有过渡性质的代表性著作。1981年7月,中国写作学会会刊——《写作》正式提

---

[1] 编写"我国写作学的历史和现状"参考了王志彬.20世纪中国写作理论史[M].南京:南京大学出版社,2002。
[2] 朱自清.诗言志辨[M].北京:古籍出版社,1956:4.
[3] 詹看.《毛诗序》创作年代及作者之考证[D].上海:华东师范大学人文学院古籍研究所,2006:4.
[4] 万奇.20世纪中国写作理论概览[J].广播电视大学学报,1998(3):3—5.

出写作学概念。1983年,朱伯石主编的《写作概论》完善了"八大块"写作知识体系,是"以文为本"的集大成之作。1984年8月20日,时任全国政协主席的邓颖超为《写作》杂志题词"振兴写作学科,为四化建设服务",把写作作为一门学科看待。1985年,刘锡庆编纂出《基础写作学》,阐述了写作的"双重转化"理论,首次提出了写作行为的基本过程的观点。1986年,以朱伯石教授名义集中了22位武汉大学第一期写作助教班学员集体讨论提纲修撰的我国第一本《现代写作学》,虽瑕瑜互见,但从写作客体、主体、载体和受体方面全方位、多学科、多角度研究写作,打开了一扇从新视角用新方法研究写作学的"大门",被认为是新时期"革故鼎新"的写作学理论专著[①]。1986年至今,写作学研究不断深入,进入了一个蓬勃发展时期。

传统写作学主要以文章为研究对象,其理论框架是由"现代汉语+传统文艺理论"构成的,主要是静态的研究,概括的写作规律多是浅表性的写作本质,对规范写作起到了十分重要的作用。

现代写作学把生活、作者、文章和读者纳入研究范围之内,对写作现象既有静态的考察,又有动态的探究;既有对客体的分析,又有对主体的概括,体系相对完善。

从不完善到比较完善,从不系统到比较系统,力图科学地揭示写作活动的特点和规律,这是中国写作学由古老到焕发青春留下的研究轨迹。

二、写作教材

写作教材属于写作学,它表述的是被写作现象证明的写作规律,然而它不可能对写作规律进行全方位包罗万象的陈述,它只是根据课程标准从一种观念、一个视角观照写作现象,构筑一个有所取、有所不取的写作理论体系,不涉及写作学的方方面面,因此,它不能与写作学画等号。

写作教材应是指导一定对象学习的教科书,具有阐发相应写作理论的层级性。大学写作教材传授知识的对象是已经掌握主题、材料、语言、结构等写作原理和一些常用文体写作知识的大学生。适合大学生学习的写作教材,其内容传授的应为大学生在校学习、竞争上岗和职场需要的写作知识和技能。同中小学语文教材中涉及的最基本的写作基础知识所不同,大学写作教材应注重学生思维方式的训练和创新能力的培养,其目的使学生树立写作的创新理念,掌握撰写特色文章的思维能力和写作技巧。

写作教材应是对写作规律的科学揭示,具有学术理论的深刻性。写作现象十分复杂,写作教材不仅要指出某种写作现象的"是什么",而且更要揭示产生这种写作现象的"为什么"。这种揭示是对写作现象深层本质的抽象概括。学生明白了写作的深层本质,才有可能更自觉地从事写作活动。

写作教材应有效地指导学生写作,具有把写作知识转化为技能的可操作性。写作教材是教师用来指导学生学习写作的,最终是以提高学生写作能力为目的的。因此,建构深刻的理论性和工具性统一的理论体系,设计相应的配套练习,使学生通过理论知识的学习和训练,能够扎实有效地提高写作水平是检验一部写作教材优劣的最重要的依据之一。

三、写作课

写作是教育部规定的汉语言文学、汉语国际教育、中国少数民族语言文学和外国语言文学(包括各语种和翻译)等本科专业最重要的不足10门的核心课程之一[②],是培养学生专业核心能力的"饭碗课程"。学习这门课程,掌握写作知识和技能,使之成为一种特长,是一张通向高质量

[①] 杨荫浒,张恩普.中国现代文章写作理论发展概要[M].长春:吉林人民出版社,2002:171.
[②] 中华人民共和国教育部高等教育司.普通高等学校本科专业目录和专业介绍(2012)[M].北京:高等教育出版社,2012:86—117.

就业之门的"入场券",是一种工作后进一步提升发展空间的"助推器"。

依据课程标准,开设写作课要做到以下几点。

第一,传授写作学知识。掌握写作学理论知识对学习写作十分重要。鲁迅曾经回忆他在私塾里学习写作的情况,他说:

从前教我们作文的先生,并不传授什么《马氏文通》《文章作法》之流,一天到晚,只是读、做、读、做,做得不好,又读又做。他却说不出坏处在哪里,作文要怎样。一条暗胡同,以任你自己去摸索,走得通与否,大家听天由命。①

没有理论指导的写作实践,仅靠摸索,投入的精力大,花费的时间多,收效小,进步慢。学习写作学的理论知识,在写作实践中,可以去掉盲目性,增强自觉性,改掉不好的写作习惯。

第二,结合讲授的理论分析例文(例文见本书各章后的"思考与练习")。这样做既是为了增加学生的感性认识,使他们能够更精准地理解教师讲授的写作理论,又为他们提供了一个可以模仿的范本。

第三,对学生进行写作训练(训练内容见本书各章后的"思考与练习")。写作课属于智能课。这门课的讲授同理论课、知识课和鉴赏课是有区别的。例如,教师讲授诸如哲学、文学理论等理论课,只要学生听懂了教师的授课内容,经过复习掌握了该门课的理论就可以了。但是写作课则不然,这门课要通过写作训练培养学生的写作能力,从某种意义上说,写作课在一定程度上是方法技能课,是"授人以渔"的课。只有通过讲授理论并运用它对学生进行针对性的训练,学生才能将写作理论知识转化为写作技能。相反,想依靠背记写作知识来提高写作能力,这就成了被鲁迅讽刺的事情——"可以登广告,收学费,开一个三天包成文豪学校了"②。

思考与练习一

一、思考题

(一)什么是写作?

(二)郑谷改诗符合什么规律?为什么?

郑谷在袁州,齐己携诗诣之。有《早梅》诗云:"前村深雪里,昨夜数枝开。"谷曰:"'数枝'非早也,未若'一枝'。"齐己不觉下拜。自是士林以谷为"一字师"。③

早梅
齐己

万木冻欲折,孤根暖独回。前村深雪里,昨夜一枝开。

风递幽香出,禽窥素艳来。明年如应律,先发映春台。

(三)品读下面的描述,体味情感在写作中的作用。

那鼾声大约起于父亲着枕十秒钟之后。开始是比较平静的荡漾,有点像站在平原上,看江河从身边流过的感觉;后来分贝逐渐加大,觉得空气在微微颤动了;再后来便是声响如雷,风起云涌,一呼一吸之间仿佛楼板也共振起来。这时如果我也躺在小楼上我自己的床上的话,在恍惚之中,我就会享受到在大海的波峰浪谷之间行船的乐趣了。④

---

① 鲁迅. 做古文和做好人的秘诀——夜记之五[M]//二心集. 北京:人民文学出版社,1973:67.
② 鲁迅. 不应该那么写[M]//且介亭杂文二集. 北京:人民文学出版社,1973:77.
③ 魏庆之. 诗人玉屑:上[M]. 王仲闻,校点. 上海:古典文学出版社:1958:141.
④ 胡廷武. 听鼾[G]//祝勇.21世纪中国文学大系:2003散文. 沈阳:春风文艺出版社,2004:187.

（四）请阅读司王笙的《镜框里的风帆》，思考小说主旨属于何种文意，为什么？

外面的雨很大，是暑雨。

他望望天，脸上便漾起了浅浅的细纹：趁这天气，还是取出来？

……

（五）请结合写作理论谈谈自己写作从无法到有法的过程。

（六）范成大的《州桥》具有写作的创造性特点吗？为什么？

州桥
范成大

州桥南北是天街，父老年年等驾回。

忍泪失声询使者："几时真有六军来？"

二、文章评析

（一）请阅读贾平凹的《池塘》，运用"物我化一律"分析这篇散文。

那时候，我很幼小，正是天真烂漫的孩子，父亲在一次运动中死了，母亲却撇下我，出门走了别家。孤零零的我，就被祖母接到了乡下的老家。……

（二）请阅读黎干驹的《从事学术研究的五种境界》，分析这篇文章的写作发现、构思和表达。

国学大师王国维先生在《人间词话》中说过："古今之成大事业、大学问者，必经过三种之境界：'昨夜西风凋碧树。独上高楼，望尽天涯路。'此第一境也。……

……

三、作文（选作）

（一）请运用"主体对象化""对象主体化"作文。

写作内容："军训生活""校园之晨""食堂就餐""夕阳下的操场""寝室夜话""大学第一课"（六者选一）。

写作要求：①主题自定；②题目自拟；③文体自选；④字数不限。

（二）请以"_____与互联网"为题作文。

写作要求：①主题自定；②把题目补充完整；③字数不限。

（三）请阅读杨绛的《镜子》和莫小米的《读成勇士》，归纳两位作家各自的写作发现，概括她们写作的共同点，学习她们的写作方法，写出属于自己的写作发现，不少于600字。

照镜子可以照见自己的相貌。如果这人的脸是歪的，天天照镜子，看惯了，就不觉得歪了。……

（选自杨绛的《镜子》）

我遇见一位88岁的长者，祖上几代都是读书人。有人问他为什么读书，他的回答令我叹服："读书让人成为勇士。"……

（选自莫小米的《勇士》）

第二章 写作发现

【本章学习提要】

● 理论学习

（一）正确理解写作发现的含义，了解写作发现的类型；（二）了解写作发现的主客观条件；（三）熟练掌握写作发现方法。

● 思考与练习

思考题：（二）；小练习：（二）；文章评析：《一棵白菜的意外遭遇》；作文：选作一篇。

第一节 写作发现概述

一、写作发现的含义

何谓写作发现？

写作由众多要素组成，这些要素所起的作用有大有小，其中起关键作用的是文章制作的核心。关于这个问题，茹志鹃说：

> 我觉得一个最主要的东西，就是我要从这段生活中，从这些人物中，首先自己从这里面悟出一个道理来，悟出一种思想来。我悟出的东西是人家还没有悟出来的，……是属于我自己的东西。从一片大家共见的生活之中，要去挑出那种自己独到的见解，独到的领会，独到的领悟出来的一切道理。我觉得只有掌握了这个东西之后，（这个道理就是我要通过这个作品告诉人们一个什么东西），才能够把所有的材料、人物率领起来，否则的话，是一盘散沙。①

女作家在这里所说的能够"把所有的材料、人物率领起来"的是作品主旨。它是"自己独到的见解""是人家还没有悟出来的"，属于写作发现。

写作发现有何特性呢？

写作发现是新颖的。"发现"这个词的意思《现代汉语词典》（第7版）把它解释为"经过研究、探索等，看到或找到前人没有看到或找到的事物或规律"②。这种解释抓住了发现的实质。前人没有看到的事物，前人没有找到的规律，这对于写作而言是至关重要的。列夫·托尔斯泰在论述真正的艺术品时指出："只有传达出人们没有体验过的新的感情的艺术作品，才是真正的艺术作品。表达思想的作品，只有当它传达出新的概念和思想而并不重复已知的一切时，才能算是真正表达思想的作品。"③"新的感情""新的概念和思想""不重复已知"是独特的，列夫·托尔斯泰的话表明真正的作品表达的写作发现必须新颖。他创作的《战争与和平》就是如此。他说："我开始写一部关于过去历史的书。在描写时，我发现，这段历史的真相不仅是没有人知道，而且人们所知道的和所记载的完全与史实相反。"④作家要写的"历史的真相"是人们所不知道的，尽管它是历史，

---

① 茹志鹃.漫谈我的创作经历[G]//文艺报编辑部.文学回忆与思考.北京：人民文学出版社,1980:373.
② 中国社会科学院语言研究所词典编辑室.现代汉语词典[M].7版.北京：商务印书馆,2016:352.
③ 列夫·托尔斯泰.什么是艺术？[G]//伍蠡甫.西方文论选：下.上海：上海译文出版社,1979:434.
④ 古典文艺理论译丛编辑委员会.古典文艺理论译丛：第一册[M].北京：人民文学出版社,1961:212—213.

但是无人知道,把它作为写作发现依然是新颖的。写作要"作","作"是要创造,写作的创新性决定了写作发现必须是新颖的。

写作发现是有益的。这种有益包含以下三点。

第一,于己有益。写作具有个体性,写什么内容应该是自由的。然而,所写的"无恻隐之心""无羞恶之心""无辞让之心"或"无是非之心"[①]是有损于自己的。从对自己身心健康的角度来说,不是什么样的发现都能成为写作发现的,要写作必须对发现有所选择,所选中的发现最起码不应该是对自己的"冲动的惩罚"。一些研究资料表明,写作是一种通过语言的建构过程获得心理平衡的自我治疗方式。例如,为减轻压力、排遣痛苦、消除折磨,在新冠疫情肆虐下,印度许多不是作家、诗人的其他行业的人拿起笔,宣泄感情,发表了作品。[②] 相反,笔下所写心不坦然,就会打破心理和生理的平衡而心存负担,这对健康是有害的。

第二,于人有利。人们在生活中都会有自己的发现,这些发现五花八门,它们大体上有高下之分、善恶之别,其中有的不能成为写作发现。写作有各种目的,把自己的发现同他人交流是其中之一。倘若有这个目的,就不能不考虑对他人有无益处的问题了。写作是选择的艺术,从对他人有利的角度选择写作发现是有价值的。在这一点上,列夫·托尔斯泰说:"写作而没有目的,又不求有益于人,这在我是绝对做不到的。"[③]一些人认为,表达发现只要自己愉悦就行,殊不知"美底享乐的特殊性,即在那直接性,然而美底愉乐的根柢里,倘不伏着功用,那事物也就不见得美了"[④]。表达发现,满足自己的心理需要,若不示人,另当别论,然而只要传播,倘若于人不善,则发现就失去了美学价值。

第三,对社会有用。人们的发现多如繁星,而成为写作发现的从与社会有关的角度而言,无非同精神文明或物质文明有关。写作要对社会有用当然也涵盖了写作的核心内容——写作发现。这一条写作规律早被王充所揭示,他说:"为世用者,百篇无害;不为用者,一章无补。"[⑤]写作发现从大处说是于社会有益,这个有益就是为物质文明或精神文明建设添砖加瓦。例如,1978年5月11日,《光明日报》发表的《实践是检验真理的唯一标准》是作者对马克思主义关于"实践是检验真理的唯一标准"在新形势下富有针对性和现实性的"接着说",拉开了新时期思想解放的序幕,带来了真理标准的大讨论,对我国的改革开放产生了积极的推动作用。

以上分别探讨了写作发现的于己、于人、于社会有益的问题。这个问题中的三者只有其中的两者或三者相互联系、和谐统一,才能构成写作发现走向公共性不可或缺的条件。

写作是一种特别复杂的现象,就文意而言,人们的写作会出现各种情况。在被大众非议的文意表述中,一类情况是:有人采用"戏说""恶搞"手段,以己度人,编造"六指"信息;有人道听途说,颠倒黑白,杜撰混淆视听之语。这些虽然豁人耳目,但是同有益性是相悖的。而在另一类情况中,有人写文章理真意善但无新意,所表达的文旨不属于写作发现。这两类或被否定或被"差评"的写作现象启示我们,写作发现是新颖和有益的统一,二者缺一不可。根据这个道理,分析人们在内容上的发现可以得知,发现作为一种信息,有的有意义,有的无意义;有的可传播,有的不可传播。综上所述,写作发现是有意义可传播的价值性信息。

前面说的是对内容的写作发现,下面探讨形式上的写作发现。

在写作中,有时面对繁杂材料"剪不断理还乱",有时面对绝佳材料"疑此江头有佳句,为君寻

---

① 孟子.公孙丑上[M]//夏延章,唐满先,刘方元.四书今译.南昌:江西人民出版社,1996:360.
② 王逸.疫情下,印度人纷纷写书宣泄[N].环球时报,2020-11-03(05).
③ 古典文艺理论译丛编辑委员会.古典文艺理论译丛:第一册[M].北京:人民文学出版社,1961:194.
④ 鲁迅.《艺术论》译本序[M]//二心集.北京:人民文学出版社,1973:63.
⑤ 王充.论衡[M].陈蒲清,点校.长沙:岳麓书社,1991:452.

取却茫茫"。这些情况与没有找到写作手段①有关。写作很重要的一点就是有了内容后寻找适合表达它的手段,这就牵涉到形式问题了。当已有的形式都不适合对内容的表达时,写作者就会打破旧手段的桎梏,创造一种新的形式表达它。例如,词虽盛于宋朝,但在隋朝的民间唱词写手已经创作了长短句②,对他们来说,齐言诗歌束缚情感的表达,而长短交错的句式"能言诗之不能言"③,于是创造出诗歌的姊妹体——词。这便是当时民间词人在体制上的写作发现。

综合以上所说,我们认为,写作发现是可以传播的价值性信息或为表达内容寻找到的写作新手段。

二、写作发现的类型

写作发现丰富多彩,从不同的角度可以把它们划分为不同的类型。

(一)从发现内容的角度划分

1. 从发现内容的重要性的角度划分

写作发现的意义有大有小,因此它们有大小之别。请看统计学界著名专家美国人C.R.劳的论述:

最高水平的创造性是一种新思想和新理论的产生,这种新思想或新理论与任何已存在的结构有着本质的不同或是完全不一样,完全不能从已有的理论演绎而成。这种新思想或新理论可以比任何已知的理论解释更广泛的自然现象,另外一种不同水平的创造性是指在一个已存在法则范围内的新发现,但这种新发现在某个特殊的领域内具有巨大的意义。④

新理论或新思想的发现意义有的应用广泛,有的应用在特殊领域。前者理论意义特别重大,例如,马克思的剩余价值理论、爱因斯坦的"由于物质的存在,时空的几何学是非欧几里得的,而时空的非欧性质则在万有引力现象中表现出来"⑤都属于重大的写作发现。这类写作发现对社会科学或自然科学产生了重大影响,表述这样的发现能促进精神文明或物质文明建设。法布尔揭示萤火虫对蜗牛肉质实施液化处理,然后"吸食"的写作发现,相对而言,其意义要小一些。表达这类写作发现能丰富人们的精神生活。写作发现的意义虽然有大有小,但是只要有价值都可以成为文章写作的核心。

2. 从发现内容创新的层次性的角度划分

创新的程度有高有低,因此,写作发现有原创性和新意性之分。原创性是一种独创性,对此,诺贝尔物理学奖获得者汤川秀树说:

独创性究竟是什么呢?那就是,思考和提出迄今为止任何人都没有思考过的观点,发现任何人都没有注意到的事物和现象,制造出任何人都没有能够制造出来的新的产品等。⑥

汤川秀树对独创性的分类诠释,若写作主体遇到其中一种把它表达出来就属于原创性的写作发现。这种具有开创意义的写作发现就是原创性写作发现。

受别人写作发现的启迪,在此基础上的借鉴和化用的写作发现就属于新意性写作发现,学术论文写作的"接着说"就属此类。

3. 从发现的文意不同的角度划分

本书在第一章讲到的"博而能一综合律"的"'一'在内容上表现"为文意的三个类别便属于写

---

① "写作手段"是写作学领域使用的一个普遍概念,凡是涉及解决写作问题的措施都称之为写作手段。
② 词的产生时间采用了赵荣蔚的说法,文见周建忠. 中国古代文学史:上[M]. 南京:南京大学出版社,2005:477—478。
③ 王国维. 人间词话[M]. 徐调孚,注. 王幼安,校订. 北京:人民文学出版社,1960:126。
④ C.R.劳. 统计与真理:怎样运用偶然性[M]. 李竹渝,译. 北京:科学出版社,2004:16。
⑤ 霍伊尔,纳里卡. 当代天文学和物理学探索[M]. 何香涛,赵君亮,译. 北京:科学出版社,1989:360。
⑥ 汤川秀树. 人类的创造[M]. 那日苏,译. 石家庄:河北科学技术出版社,2002:106。

作发现的类型,这是按照发现的文意不同的角度划分的,在此不再赘述。

(二) 从发现写作手段的角度划分

无论做何事都要讲究方式、方法,写作也不例外。从提倡创新的角度说,写作是寻找空白点的艺术。当发现无人涉及的写作空白点,用新的手段填补它,下功夫就能写出初春柳芽般的文章。写作的新手段有以下两种。

1. 新角度

写作中思考写作客体的出发点就称之为写作角度,构思的立足点、行文的切入点指的都是写作角度。写作时会遇到写作客体被他人表述过了,再从其行文的立足点去表达很难超越的情况,然后换一个新角度观照这个写作对象,就有可能写出别开生面的文章。例如,古代诗歌有不少名篇吟咏的是同一题材,写得各有千秋,与作者发现新的突破口是分不开的。从新角度发掘写作对象的思想意义,就会有新的文意。"昭君出塞",唐朝以前就有不少人写过;到了唐朝,写它的诗也有70首之多。在这些诗中,有的从乡国之思的角度表述,有的从政治使命的角度抒写,有的从追求荣华生活的角度下笔,它们新意连篇,在写作史的景区中争奇斗艳。对老题材,避开他人已写的角度,采用新视角书写是非常机巧的写作手段。

2. 新手法

写作手法都是在表达写作对象中产生的,有相对的稳定性。根据表达写作对象的需要,可以适当选用。当有了很好的内容采用现有的写作手法无法表达时,就要根据它的特点有意识地创造适合表达它的手法,写作成功,文成法立,这新手法就属于手段的写作发现了。例如,梁启超为了宣传爱国救国的政治主张,达到"开民智"的启蒙目的,以写作为传播手段,在行文上完全采用文言文宣传效果不佳,又无语体文可借鉴的情况下,在王韬写作报章文体的基础上,破"古文义法"之冰,采用骈散结合的体例,选用古文、熟语结合外国语法,写出了言文参半的适应内容上的启蒙性和语言上的大众化的,介于文言文与语体文之间,具有向现代议论散文过渡性质的文章,这类文章被称为"新文体"。在"新文体"中,梁启超使用的语言表达手法就属于他的写作发现。

第二节 写作发现的标准

一、写作发现的客观标准

评判一篇文章是否有创见,是否有新意,实际是对该篇文章写作发现的评价。这种评价是有客观标准的。

(一) 公认性

常言道,人眼是秤。当文本进入接受过程成为作品后,它会在不同范围内和不同程度上引起人们的注意。正常情况是文章中的写作发现如果真正有价值,对它关注的人就会很多,反之就会很少,或者是"泥牛入海"。这种社会认可率就是公认性。例如,1953年4月25日,美国科学家沃森和克里克在《自然》上发表了题为《核酸的分子结构——脱氧核糖核酸的结构》的学术短论,提出了"该结构是由相互缠绕的双螺旋链构成并围绕中心轴旋转"[①]的观点,这篇短文被大量转载,其观点被许多人引用。由于这是划时代的发现,1962年,他们和英国科学家威尔金斯共同获得诺贝尔生理学或医学奖,得到科学界的公认。

---

① 沃森,克里克. 核酸的分子结构:脱氧核糖核酸的结构[J]. 朱玉贤,译. 北京大学学报(自然科学版),2002(S1):53.

(二) 时间性

对写作发现进行评价有许多不确定因素,这其中最主要的是环境或认知影响着对写作发现的正确评价。有的写作发现在当时公认性很高,可是到后来,就没有什么价值了。有的写作发现在当时不被人重视,可是经过岁月的打磨,后来却焕发出珍宝般的光辉,被社会公认。自然科学有这种现象,文学创作也有这种情况。例如,司汤达在《论〈红与黑〉》中称自己"描绘巴黎人的爱情可以说完全是一种创举,恐怕在什么书上也没见到过"。在这篇评论中他称自己"敢于描写巴黎的爱情。在他之前,还没有人做过这种尝试。同样,过去也没有人认真地描写过19世纪最初30年间压在法国人头上的历届政府所带来的社会风气"①。这是司汤达在《红与黑》中的写作发现,该作品于1830年出版,在当时并没有引起多少人的注意。他曾说过,1880年才会有人阅读他的作品,1935年他的发现才会被人理解。然而不到100年,《红与黑》以其深刻的思想和生动的表达赢得了世界声誉。时间不会说谎,它是最公正的评论家。在这方面,陆文夫表述得非常形象:"时间的激流会把真正的艺术品磨洗出光亮,而把那些名噪一时的东西付之东流。"②

二、写作发现的主观标准

对写作发现的评价采用客观标准应该说是最具公信力的,然而这是文章进入接受过程的评价,在文本制作之前关于写作发现标准的把握还得依靠写作者的主观标准。由于写作者写作的素质、修养和能力存在着差异,写作发现的主观标准因人而异。初学写作者对写作发现理解有偏差,会把别人文章中的写作发现拿来作为自己文章的核心。由于知识面狭窄,写作视野不开阔,有的写作者在文章中表述的写作发现虽然是自己的发现,但是由于没有涉猎与其有关的文章,他料想不到自己表达的写作发现别人早已表达过。写作高手,由于知识面宽和生活阅历广,对写作客体做过深层次的研究,又浏览过别人撰写的同一内容的文章,他对自己的写作发现有着很高的评价标准。

尽管写作的主观标准各不相同,但是最起码应把新颖性作为一个标准。如何做到新颖性呢?请看闻一多为了创作诗歌,1919年2月10日制订的读书计划:

近决志学诗,读诗自明、清以上,溯魏、汉、先秦。读别裁毕,读明诗综,次元诗选、宋诗选,次全唐诗,次八代诗选,期于二年内读毕。③

他计划所读之书几乎囊括了中国古代的诗歌,阅读如此之多的诗作,为自己的写作发现树立起一个参照的标杆。现在的检索工具和手段很多,查阅资料非常方便。自己有了发现,为避免"撞车"可以先"查新",登录互联网,运用搜索引擎输入关键词,比对电子文献,若无相同意思的表述,可再进入图书馆查阅纸质文献,如果查出自己的发现同别人有相同之处,就应毫不可惜地舍弃。

第三节 写作发现的条件

写作发现的条件有客观条件和主观条件。这两个条件不是截然分开的,而是密切联系、相辅相成的。客观条件与主观条件结合,通过主观条件,形成写作发现。

一、写作发现的客观条件

写作发现的客观条件主要是阅历、写作环境等。

---

① 古典文艺理论译丛编辑委员会.古典文艺理论译丛:第四册[M].北京:人民文学出版社,1962:181—183.
② 陆文夫.艺海入潜记[M].上海:上海文艺出版社,1987:92.
③ 闻黎明,侯菊坤.闻一多年谱长编[M].武汉:湖北人民出版社,1994:66.

（一）阅历与写作发现

1. 阅历的含义

阅历是指人的整体人生经历和现实生活动态经历，以及对这种经历的感受、理解和认识。

2. 阅历对写作发现的作用

阅历给主体提供全身心的观察体验、感受思维，产生主体所需要的各个方面的发现，其中包括写作发现。阅历是写作发现的前提和基础。阅历为写作发现提供线索和原材料，为写作发现提供构思灵感。

3. 从阅历中产生写作发现的过程

阅历包括宏观意义上的整体人生阅历和微观意义上的现实生活动态阅历，也就是人生的纵向坐标经历和横向坐标经历，由此产生纵向发现或横向发现。

（1）纵向坐标经历与写作发现

从宏观上来看，每个人都有自己独特的人生经历。人生就是一本书，人生阅历就是不断阅读人生这本书的过程，并在纵向的时间阶段过程中和横向的生活空间中，不断地产生发现。阅历不仅是生命的现实内容，也形成生命的精神内容。在这种发现过程中，由于不断地产生对人生的理解认识和感受，也产生写作发现。这种写作发现一般具体表现为对过去阅历有了一定时空距离之后的写作发现。

从时间角度说，当人们走过某种生活历程，回头去看的时候，便会有居高临下的感觉；从空间角度看，当人们从一个城市来到另一个城市，对故乡的一切，便会有了新的发现和认识。时间、空间的变换会产生写作发现。广义的人生的回顾，就意味着对人生的思考和发现。人人都有对童年的回忆，童年的一切在回忆中那么美好，然而在当时却全然不知，只感到时间太慢。有了时空距离，就等于有了坐标参照系，如同坐火车向窗外看，才感到它在飞驰。无论是哪一种回忆，你是否体会到时过境迁，心态与当时很不一样了呢？俗话说："时间改变一切。"回头去看的感觉，实际就蕴藏生活发现和写作发现。由于这样，历史也会以两种形态出现，一种是动态的当时的历史，另一种是回头去看的历史。两者很不相同，甚至相反。因为后者是以精神的形态去掌握现实的形态。后者由于心理距离发生了变化，会产生原先所没有的超脱感、清醒感、自由感，认识和答案也和当时很不一样。由于时空跨度大，往往这种写作发现更具人生哲理性。在这方面曹雪芹创作《红楼梦》、巴金撰述《家》和茹志鹃写作《百合花》都是典型例证。

现实社会生活中的人生经历和亲身感触，是写作发现的条件。阅历在前，发现在后，人生经历和对现实生活的体验是写作成功的重要因素。

（2）横向坐标经历与写作发现

微观上的人生经历是我们人生的横向坐标，指尚未形成整体前后联系的片段的每日每时的动态的日常生活。这种生活的产生更多的是客观机遇加上主观能动性的结果，比如，你每天能否办成一件事，遇到了什么人、什么事，选择上街还是在家等，不计其数的日常生活都是客观机遇加上主观能动性的结果。每一个人都有不同的客观机遇和不同的主观能动性，也就造成了多彩缤纷的各不相同的现实日常生活，相应地也会产生各不相同的写作发现。如果说，现实的日常生活内容主要是我们自我选择的结果，那么，对日常生活的写作发现，也更多在于主观的选择。比如，对生活的内容、角度、方向的发现选择，对生活的情趣、爱好选择以及对生活的美感选择等，都决定对生活的内容，其中包括生活的细节、生活的特征的写作发现。"文章合为时而著，歌诗合为事而作"①，应该说，这种"时"和"事"可以是宏观意义上的，也可以是微观意义上的，即每时每刻发

---

① 白居易．与元九书[G]//郭绍虞．中国历代文论选：第二册．上海：上海古籍出版社，1980：98．

生在每个人身边的具体的人和事。但它只是为"文章、歌诗"提供写作发现的条件和前提。因为每个人对每天的生活选择和写作发现是不同的,可以产生写作发现,也可以不产生写作发现。孙绍振说过:"虽然生活是文学的土壤,但是有了基础不等于有了文学,正等于有了土壤不等于有了花朵一样。并不是任何生活都能够转化为文学形象的。"①只有"那些震撼了作家心灵,影响了作家命运的生活,才最有可能化为形象,也就是当生活与作家的感情发生火一样的关系的时候,生活才进入了形象的熔炉"②。

由此,我们可以发现,情感感受是写作发现的重要条件。例如,鲁迅在《一件小事》中写了对人力车夫的发现,是由于他对人的灵魂价值有了情感上的触动和发现,这种触动和发现来自"生活与作家的感情发生火一样的关系",其价值可以比喻为从成吨的生活矿藏中提炼出的只有几克的黄金般的精华。鲁迅在《一件小事》中揭示的人的道德价值观问题,揭示的人的灵魂的价值及其与人的现实地位不成比例这一真理,直到今天,不仅在一般的交通事故中存在着,而且在生活的所有领域存在着。可以说,我们每个人在动态的现实生活中,不仅随时在进行多种方向和可能的抉择,而且也随时产生多种方向和可能的发现。生活中时时处处都有可写的东西,重要和关键的是需要我们去发现,像鲁迅那样去发现。

(二)写作环境与写作发现

1. 写作环境的含义

写作环境是指写作者进入写作过程的具体的主、客观环境条件。

从性质上分,写作环境包括硬环境和软环境。硬环境是指写作环境的客观方面的条件,包括社会环境、居住环境、人际环境等;软环境是指写作环境的主观方面的条件,是写作主体内环境,包括写作主体的动态活动、情绪心态状况、健康年龄状况等。

从空间上分,写作环境包括宏观环境和微观环境。宏观环境是指写作主体的整体环境,如社会环境、时代环境;微观环境是指写作主体周围的具体环境,如人际环境、生活居住环境、学习和写作的条件等。

2. 写作环境对写作发现的作用

宏观环境制约和影响写作发现。《礼记·乐记》指出:"是故治世之音,安以乐,其政和;乱世之音,怨以怒,其政乖;亡国之音,哀以思,其民困。声音之道,与政通矣。"③宏观的社会时代环境影响、制约写作的重要因素有战争与和平,动荡与稳定,以及言论和思考的自由开放程度等,这些都影响、制约写作成果和写作人才的产生,以及写作的内容方向。例如,在社会矛盾冲突比较激烈、社会动荡十分严重的情况下,往往会产生更多的时代的思想者,产生更多的写作发现,往往会出现百花齐放、百家争鸣的情形,如我国的春秋战国时代。从客观条件来说,这是由于社会有迫切寻找现实出路和精神出路的需要;从主观条件来说,这是因为写作人才的产生往往有一种群体效应,在互相激励互相影响下,会促使某些领域产生更多的写作人才,产生更多的学者和作家。

微观环境会成为写作发现的导火索,并成为构思灵感爆发的外部条件。写作发现离不开微观环境的启迪,往往一种构思酝酿很久,等待的就是生活机遇的某一点的启发。例如,郭沫若写历史剧《屈原》《虎符》,构思酝酿长达十几年,当遇到某一恰当时刻,恰当的环境激发再加上恰当的心态,竟然一挥而就。微观环境是产生写作发现灵感的土壤,条件是必须具备恰当时机,恰当的环境激发加上恰当的心态。在写作中,当一种微观环境不能启发写作灵感的时候,换一种微观

---

① 孙绍振. 文学创作论[M]. 沈阳:春风文艺出版社,1987:9.
② 同①.
③ 郭绍虞. 中国历代文论选:第一册[G]. 上海:上海古籍出版社,1980:61.

环境往往会产生写作灵感。不同文体的写作发现需要不同的微观环境启发，例如，诗歌、散文的写作发现，更多需要大自然的美的环境，需要审美形象，这种环境不仅提供诗歌、散文的题材发现，还陶冶写作者的精神情怀，为写作的灵感发现奠定基础。著名诗人李白、杜甫在青年时代曾常年四处游历，畅游祖国的名山大川，践行他们的志向"读万卷书，行万里路"，这就为他们丰富的诗歌创作发现提供了丰厚的基础。有的微观环境是阻碍写作发现的，据释惠洪《冷斋夜话》记载，重阳节前一天听到树林中风雨之声，北宋黄州诗人潘大林诗兴大发，挥毫"满城风雨近重阳"，忽听有人敲门索租，意败搁笔。构思好的短诗因写作小环境遭到破坏而无法成文尚且如此，微观环境阻碍写作发现就更无须赘言了。

写作环境还包括写作者的主体内环境。每个人的人生遭遇和遭际，是首要的产生主体内环境的原因。值得注意的是，坎坷不幸的遭遇往往可以在一定主体条件下，成为人才成长的动力，促使写作者产生有价值的写作发现。历史上不少伟大的学者、作家，多在坎坷经历中成长，在恶劣的条件下进行写作。例如，《堂吉诃德》的作者塞万提斯，在战争中残废，于归途中被海盗掠去为奴，当职员被诬入狱，处处不顺。58岁时，他才写出自己的处女作，一举成名，62岁告别人世。关于这一类写作，司马迁总结说：

夫《诗》《书》隐约者，欲遂其志之思也。昔西伯拘羑里，演《周易》；孔子厄陈、蔡，作《春秋》；屈原放逐，著《离骚》；左丘失明，厥有《国语》；孙子膑脚，而论兵法；不韦迁蜀，世传《吕览》；韩非囚秦，《说难》《孤愤》；《诗》三百篇，大抵圣贤发愤之所为作也。此人皆意有所郁结，不得通其道也，故述往事，思来者。①

这也是司马迁自身的写照。司马迁的解释"圣贤发愤之所为作""皆意有所郁结，不得通其道也，故述往事，思来者"是合理的。我们用现代的语言解释，就是说，这种不幸的个人遭际，一方面，为写作主体提供了写作发现所需要的灵魂净化的精神土壤，清醒的写作心态；另一方面，苦闷、忧虑依靠写作得到精神的出路，写作发现也给痛苦的心灵以强力支撑，这无疑是写作者通过写作发现进行自我的心理治疗，给灵魂以慰藉。在自我心理疗救下，坎坷的经历发挥了正能量作用，不仅成为"圣贤发愤"的条件，而且成为写作发现的条件。在中外写作史上有许多这样的事例，如李煜从"万人之上"沦为俘虏吟诵出千古绝唱，成为著名词人；曹雪芹从"锦衣裤"到"举家食粥酒常赊"在浮华尘世中清醒，写出传世巨著，等等。这似乎是伟大的文学创作发现注定要付出的代价。

当然，良好的外部条件也可以产生写作发现，它为写作主体提供良好的写作心态和研究环境，比较突出地表现在自然科学的研究和学术写作方面。这种良好的外部条件包括良好的科学发展水平和设备，写作者本人良好的社会地位和社会处境等。如歌德、列夫·托尔斯泰，他们都具有较高的社会地位和较好的写作条件，然而他们内心深处却充满了时代和人生的矛盾和痛苦，这在他们的代表作品如《浮士德》《复活》等上面反映了出来。

写作发现还和每个人的具体的现实活动、主体心态有关。这时，好的心态更为重要。例如，参加高考的时候，当时的天气情况，路上顺畅与否，个人的健康状况、心情如何等，同数学考试相比，都会更多地成为高考作文成绩的影响因素。灵感思维作为思路的畅通状态，是需要环境条件激发的。正如刘勰所说："是以陶钧文思，贵在虚静，疏瀹五藏，澡雪精神。"②

综上所述，坎坷不幸的环境条件促使心灵在写作发现中寻求出路并获得支撑，良好顺利的环境条件则提供好的心态并促使产生灵感发现。

---

① 司马迁．史记·太史公自序[G]//郭绍虞．中国历代文论选：第一册．上海：上海古籍出版社，1980：78—79．
② 刘勰．文心雕龙·神思[M]//祖保泉．文心雕龙解说．合肥：安徽教育出版社，1993：520．

二、写作发现的主观条件

写作发现的主观条件主要有观察能力、感受能力、阅读理解能力,以及审美素养、知识素养、思想理论素养等。

(一)观察能力与写作发现

1. 观察的含义

观察是人类的信息接收器官对外界信息的接收和发现的过程。"严格来说,看见东西的并不是眼睛,看见东西的是大脑或心灵,眼睛只是一件传递和改变光能的工具。"[1]从本质上说,人类运用感官通过大脑辨别事物属性的感知过程就是观察。广义的观察存在于人们一切现实活动中。人从出生就开始观察,产生对外界的感觉、知觉等反应,开始了主客观之间的信息交换活动。

2. 观察能力对写作发现的重要性

观察能力是指写作主体感知写作客体分辨快慢、大小等的敏锐、精准程度,注意力、联想力和鉴别力是其主要的构成要素。阿·托尔斯泰指出:"在艺术里,一切都取决于具有重大意义的艺术家的观察力。"[2]作家孙犁强调写作者"能于事物隐微之处,人所经常见到而不注意之处,再现美者"[3]。"草色遥看近却无""二月初惊见草芽",如果韩愈观察能力不强,就很难有这样描绘早春的诗句。我们知道,对现实的观察提供的是直观的第一手材料,也为理解第二手材料,展开联想、想象打下基础。只有通过观察体验,才能产生感觉、知觉进而启动情感感受和思维;只有通过观察,才能得到发现,观察力是发现力的基础,是走向创造的第一步。

3. 从观察发现中产生写作发现的方法

观察方式按照有无目的的角度划分,有无意观察和有意观察;按照观察者主体意识强弱的角度划分,有主观角度的观察和客观角度的观察;按照范畴和写作的内容需要划分,总的来说有科学观察和艺术观察。这三大类,就应用范围来说,第一种最为宽泛,第二种次之,第三种又次之。当然,三者依次具有包容关系。

从目的性上说,我们大部分的观察是无意观察,每个人日常生活都有。例如,我们每天观察周围环境,观察自己和别人的衣、食、住、行等。无意观察具有偶然性、随意性和无序性等特点。它在观察者当前意识活动中唤起的是意识流活动,多数会成为无意记忆,成为生命中的无用内容而被淡化消失,但有时可在潜在情感积累的基础上和较明确动机驱动下转化为有意观察和有价值的发现。所以,对于有心人来说,无意观察也可以产生写作发现。相对而言,有意观察是带有动机、意图、目的的观察。例如,作家的采风,记者的采访,企业人员的市场调研等,都不同程度地存在着有意观察。这种观察往往伴随人们现实的相应的实践活动、精神活动等,唤起的是当前的显意识活动和比较集中的感受和思考,追求的是具体的目标发现。

在对社会生活和自然界的观察中,主观角度的观察和客观角度的观察来自每一个人与现实生活的某种联系和关系之中。这影响和决定了人们的观察角度和观察发现。每一个人,对自己周围的人,如亲属、朋友、同事等,都有观察和发现,这是由于人与人之间的相互联系,建立了不同的相互关系,从而决定这种观察和发现的主观色彩和客观的准确性。每个人,对自己所处的环境,如居住环境、单位环境、社会环境等也有观察和发现,这是由人与环境的关系决定了每个人对环境的观察和发现的主观角度或客观角度。可以说,日常生活中出现的观察发现,既没有纯客观

---

[1] 罗素. 人类的知识:其范围与限度[M]. 张金言,译. 北京:商务印书馆,1983:46.
[2] 阿·托尔斯泰. 文学的任务[G]//论文学. 程代熙,译. 北京:人民文学出版社,1980:13.
[3] 孙犁. 尺泽集·谈美[M]. 天津:百花文艺出版社,1982:109.

的,也没有纯主观的,而是有所偏向或两者结合的。从主观角度、主观因素看环境,每个人当时的心理状态会影响自己对环境的看法;从客观角度、客观因素看环境,又不得不依附于社会对环境评价的质量标准。所以,对社会、对人生、对环境等方面的观察和发现,主观角度和客观角度事实上是辩证的对立统一的。因此,由此产生的写作发现也是偏向于主观因素或偏向于客观因素或两者结合,如调查报告、市场预测分析、评估测评和总结等。

观察方式按范畴和写作的内容需要来划分,总的来说有科学观察和艺术观察。科学观察是对于现实生活的客观冷静的观察,不带主观色彩,追求科学的客观性、准确性和严密性。例如,植物学家对植物的观察,包括直观观察和仪器观察,其职业特点和需要就是站在科学角度来观察,不带情感色彩、不带幻想,重视科学事实和科学依据。这种科学方面的观察和发现,是追求最大限度的符合客观事实和客观原貌的观察。艺术观察是站在审美角度的观察,体现写作主体与现实的审美关系。这种观察带有情感色彩,观察客观对象的个性特征和美学形象特征,是带有审美情趣、渗透个性的观察,含有对观察对象的选择和加工。我们在现实审美活动中常常发现,对人的审美观察,往往是"情人眼里出西施";对艺术作品、自然美景等方面的审美观察,也是"仁者见仁,智者见智"的。

从具体职业、专业和具体的发现需要、写作需要来说,人与现实的关系有经济关系、政治关系、科学关系、审美关系等不同的关系,这就使人们在实践中对现实的观察体验很不相同,以致从不同观察角度产生不同的观察发现。天文学家与星球是科学关系,人与现实的科学关系会产生科学角度的观察,产生科学发现;诗人与大海是审美关系,人与现实的审美关系则会产生审美发现。

这就说明,我们要恰当调整与现实的关系,恰当调整观察的角度,才能得到我们所需要的发现。如果你想感受和发现生活中的美,就需要与现实建立审美关系和审美角度,排除其他关系和角度,才能具备能够发现形式美的眼睛和发现音乐美的耳朵。

(二)感受能力和写作发现

1. 感受的含义

感受是人们对感官接收的外界信息的情感反应。这种情感反应是感受者在原有的长期感受的情感积淀和思维认识的基础上产生的。在思维参与下对情感反应的若有所悟就属于感受发现,感受发现带有极大的个体差异性,经过进一步升华,可以"化蝶"为写作发现。

2. 感受发现对写作发现的作用

感受一般指情感感受。感受力强的人能够发现一般人易忽视的或不能发现的细节,能够更深入地理解人与人之间的人性和人情,更能代表大多数人的共同感受,产生更多的艺术发现创造。艺术发现包括文学艺术的写作发现,更大程度上是情感发现,而不是思想发现和认识发现。那么,这种情感是什么情感呢?

人作为个体,要上升为更高程度的社会的人,必须接受作为全社会情感感受的共同标尺,如"真善美"的共同情感标尺。能上升为写作发现的个体情感感受,是因为能够代表社会、代表大众,被大多数人所接受,从而成为社会化的群体感受。例如,朱自清的《背影》,带有作者个性的感受发现,所描写的人性、人情、人生哲理等已经不再属于他个人,而是属于全社会。于是,作家的写作发现就引领人类的精神生活、精神理想、精神方向,如同科学家的科学发现引领人类的物质生活一样。

感受发现的范围是广泛的,由于这种感受发现以符合社会化要求的情感发现为基础,具有健康的人文精神,从而居高临下,具有极大的包容性,所以,能发现和理解人生的各种各样的情境和情感活动,能够更多地发现自然美、社会美和艺术美,能够洞察人心,认识人,理解人,善于与人沟通,深谙人性与人情,具有一定的情感感应能力和心理感应能力。在文学艺术欣赏中,这种感受发现更易于与作品产生共鸣,更多地体会到各种各样的人生感受。感受发现在写作发现方面,能够提供更多的对自然美、社会美和艺术美的审美发现,创造出被全人类接受的共同美;也能为思维拓展更广的范围、更大的空间,为写作提供灵感发现。

3. 从感受发现中产生写作发现的过程

(1) 感受的角度、方法与写作发现

写作主体与社会现实关系的确立,决定感受的角度和内容。每一个写作主体都生活在一定的社会和时代背景中,都具有自己独特的生活经历,与现实处于某种关系之中,产生不同的观察角度、立场、心态等,由此,每时每刻都在产生对现实环境、人和事的观察、感受和发现。能不能产生写作发现,这取决于感受的角度和方法。由于写作主体与社会现实生活的关系不同,感受生活的角度和方法不同,感受发现的结果也不同,从而对生活会有不同的发现。例如,面对夕阳,览胜者李商隐发现无力挽留美好事物——"夕阳无限好,只是近黄昏";漂泊者马致远发现深秋荒郊的悲凉——"夕阳西下,断肠人在天涯";积极进取的青年学子朱自清发现了生命的意趣——太阳"喜得满脸通红/一气往山洼里狂奔"。[1]

(2) 综合感受力与写作发现

五官感受由于情感和想象的作用,在心灵内部产生多元化、立体感、全方位的沟通,称为综合感受,又称五官通感。打通五官,使之相互联系,多角度感受事物的能力就属于综合感受力。情感积淀决定综合感受力,丰富的情感经历和情感感受来自每个人的生活道路,也来自文学艺术的修养,这种情感积淀又成为产生新感受的基础,于是,感受力像滚雪球一样发展,由此产生综合感受力。由于每个人的生活道路不同,文学艺术的修养不同,这也使得每个人面对具体情境,综合感受力是不同的,具体的感受发现也是不同的。正如黑格尔所说:"同一句格言,在完全正确理解了它的青年人口中,总没有阅世很深的成年人的精神中那样的意义和范围,要在成年人那里,这句格言所包含的内容的全部力量才会表达出来。"[2]生活和自然界也是一部书,面对这部书,每个人的阅读能力是不一样的。朱自清的《荷塘月色》把荷塘写得很美,曾经有记者阅读散文后也去过那片荷塘,却很失望。那么荷塘的月下美妙,源于哪里呢?源于朱自清的综合感受力,是情感的作用、想象的作用,使作者五官产生丰富的通感,这实际是作者长期情感积淀的结果。许多人也走过那片荷塘,却什么也没发现,其中重要原因就是缺少情感推动下的综合感受力。荷塘本身当然很重要,更重要的是在于发现。推而广之,生活中处处都有美,关键在于对美的发现。

(3) 感受的迁移发现与写作发现

感受的迁移发现,是从一种主客体状态转移到另一种主客体状态时产生的新感受发现,因为状态的转换会产生一种新鲜感,产生旁观清醒的自由感。心理学认为,"在连续较长时间的单调工作后,常引起脑疲劳。如果能及时转到另一项性质不同的工作,就会使脑松弛,或者通过听音乐、散步、郊游等活动转化自己的情绪,使自己经常保持最佳状态"[3]。

感受的迁移发现有两种。一种是宏观上的整体的感受迁移,表现为主体的才华和兴趣在人生方向和职业方向上的迁移。例如,俄罗斯著名作家契诃夫是学医的,并且长期当医生,后来成了作家。据说契诃夫写小说,最初是为了给病人解闷,写多了,他的文学成就反而喧宾夺主了。出现这种才华和兴趣的转移现象,实际是感受产生了迁移发现,所以,我们可以理解,对于写作发

---

[1] 为节省版面,本书对自由诗的排版若不是表达上的特殊要求,一般不采用分行分节的排版形式。而为显示原诗的分行分节,本书使用了"/"为分行、"//"为分节的分隔号形式。——编者注
[2] 黑格尔. 逻辑学: 上卷[M]. 杨一之,译. 北京: 商务印书馆,1991:41.
[3] 史仲芳. 心理与健康[M]. 成都: 成都科技大学出版社,1987:241.

现来说,往往并不在于写作专业自身,而在更宽广的领域。另一种是微观的感受迁移,表现为写作者对写作环境的感受选择。写作者根据需要调整自己的生活和工作环境,从而调整自己的心态,在生活内容上敢于打破常规,在看似与写作无关的方面,去找到和发现写作感受。叶辛创作《蹉跎岁月》,在人物确定、故事有了大致走向后不知如何开头,便翻书、看剧本、看电影、在湖边散步,意在叩开起头的大门。"等待开头"10个月后,他从贵州到上海家中。一次夏夜纳凉,一位老中医说了一句话:"一个人和另一个人的关系,总是从他们最早的那一次相识就开始了。"①这句话像小锤子敲醒了叶辛,他突然明白"柯碧舟与杜见春的故事,就得从他俩的头一次相识写起"②。深夜回家,作家把苦等了10个月的开头写在了方格里。事实上过分投入和沉浸于某种单一状态,有时会抑制发现。科学发现是如此,文学发现也是如此。关键是要挣脱束缚,获得一种自由发现的状态。文学被称为是自由情感的自由传达,关键是作者要有高居写作之上的"自由"心态。人们要获得这种状态有时看似很难,实际却又很容易,是因为往往这种感受发现来自无意得之、意外得之,恰好印证了老子的"无为无不为"的自然之道。仔细琢磨老子在《道德经》第十一章中指出的有与无、虚与实的辩证关系,会有利于我们理解为什么写作活动会从看似与写作无关的方面,获取写作发现:

三十辐共一毂,当其无,有车之用。埏埴以为器,当其无,有器之用。凿户牖以为室,当其无,有室之用。故有之以为利,无之以为用。③

（三）阅读理解能力和写作发现

1. 阅读的含义

阅读是读者通过思考、想象理解文字信息的智力活动。

成功的阅读的条件,是阅读主体（读者）和阅读客体（文字信息）之间建立正确的精神联系,实现信息的精神转化。将文字符号这种视觉信息变为思维活动,必须实现信息的转换才行,在这一转换的过程中,就产生阅读者动态的智力活动,并伴有阅读再创造。否则,阅读活动就不可能完成。

2. 阅读发现对写作发现的作用

阅读发现是阅读者在阅读中被触动产生的情感感悟或思考所得。阅读是写作的重要前提。阅读不仅提供了写作所需要的技能、技巧和一般知识基础,而且也为写作提供内容和形式的发现。读者因崇拜作者,开始从阅读者向写作者转变,在这一过程中,读者不仅接受了书上已有的真理,更在真理的指引下去主动地发现真理。具体表现为在阅读过程中,读者对作品的思考和认识;进一步联系现实,得出对现实的发现和认识。这些,都更深刻地带有读者自己的思维发现、思维成果和思维创造。由此,产生阅读再创造。阅读再创造是读者主动性阅读的知识发现,也是产生写作发现的前奏。

阅读对写作主体具有全面导向作用。通过阅读,为写作者提供了追求的目标方向,甚至崇拜的偶像。一般来说,阅读模仿在前,个性化创造在后。从阅读活动向写作活动的跨越过程,也就是写作主体发现自我、获得自我表现和发展的过程。

3. 阅读发现的过程

（1）最佳阅读心态和阅读灵感

在阅读过程中,有效的阅读表现在阅读者和作者之间建立了精神联系,产生了情感共鸣,产

---

① 叶辛.谈怎样结构长篇小说[M]//叶辛文集:第10卷.南京:江苏文艺出版社,1996:499.
② 同②.
③ 陈鼓应.老子注释及评价[M].北京:中华书局,1984:102.

生了思想的一致性,这样就产生了阅读灵感。这是最佳的阅读状态。在这种状态下,阅读主体和阅读客体之间产生了密切的精神联系,实现了书本上的文字信息向读者头脑中的精神信息的转化。通过这种读者和作者之间的精神的交流过程,读者发现了与作者的契合点。这种契合点越多,阅读共鸣的程度就越大,由阅读发现产生的阅读愉悦也就越强烈,由此读者似乎找到了知音,重新给自己找到了一个新的精神定位。读者在阅读中,更新了自己的精神系统,也就重新发现了自己。阅读灵感状态、共鸣状态,和读者的最佳阅读心态有关。而阅读心态又是由读者的阅读环境条件、社会环境条件和社会地位条件决定的。需要指出的是,前者和后面三项客观条件的关系并不成正比,有时甚至呈现反比的关系。例如,高尔基生活在黑暗的社会底层,使他对书和书中的美的境界有更加强烈的感受和发现,对书中的光明和美好更加向往。他在自传体小说《在人间》中多次对读书感受作了美好描写,描写了阅读的狂热和幸福。主观追求和客观现实的反差,更强化了他的主观追求,他的有灵感的高效阅读就此产生,从而成为在社会这所大学中自学成才的佳话。

(2)阅读理解和再创造

阅读理解包括两个层次。第一个是表层层次:任何成功的作品都首先告诉了读者世上的许多人和事,告诉了读者许多思想和情感,这是作者在"说什么"。第二个是深层层次:通过"怎样说",呈现了作者某种先进的有特色的精神系统。我们只有进入阅读的深层次,成功地吸收了某种有效的精神系统,才会为写作奠定更扎实的基础。阅读过程这种从表层到深层的飞跃,包含读者个性化和创造性的理解吸收,通常称为阅读中的再创造。例如,谈读书体会,复述故事,发表对作品中人物的看法等,每个人都有自己的侧重点,都有自己的理解,这种阅读的再创造也就是阅读中的自我发现。可以说,任何阅读都有再创造的过程,只不过程度不同。越读越笨的,消解了文本对话的主体作用和文本传递的意义,甚至误读内容,称为负效阅读。再创造能力差的,甚至连文字符号都不能转化为相应的形象和思想,这种情况下可以说读者和作者之间没有建立精神联系,没有实现信息的转化,可称为低效阅读或无效阅读。再创造能力好的,可以更多义、更全面、更彻底地理解作者的思想境界和心态;通过表层的字里行间,作者的精神系统像和谐的涓涓细流滋润了读者的心田,可称为高效阅读或有效阅读。在这一过程中,阅读者的自我发现很重要,包括建立在阅读灵感基础上阅读方法的自我发现,建立在个人阅历、情感记忆、经验积累基础上的阅读感受的自我发现,建立在知识范围和思维能力基础上的阅读修养的自我发现等。

有效率的阅读,使作者的思想和精神成了全社会的思想和精神,它使无数读者通过阅读实现了社会化,并真正地找到了自我,形成了自我个性化精神系统。

在此基础上,阅读也产生了更多的写作者,推动更多、更好的写作发现和表达,进而产生更多的阅读,人类文化就像滚雪球一样发展。

(3)阅读个性与阅读发现

阅读个性除了个性化的吸收理解和再创造之外,更主要包括批判性的阅读理解。通过带有思考和疑问的阅读,使读者在分析比较中,形成自己的信念和判断,扩大自己的视野,开拓了思路。面对不同内容的作品,面对作者不同风格、不同特点的作品,面对这些作品的长处与短处,读者产生了取舍,可以说,取舍作品的同时,读者也就是取舍了自我。客观地说,读者最喜欢的作品也有它的短处,最不喜欢的作品,也有它的长处。主观上怎样去看,这往往和读者的个性、立场、经验经历有关。比如,郭沫若喜欢李白的作品,毛泽东喜欢鲁迅的作品,这实际上体现了他们自己的个性特征。我们一般的读者也是这样。可以说,人们在自己所喜欢、所崇拜的作家、作品中,往往找到并进一步形成了自我的个性特征。在阅读欣赏初级阶段,喜欢和不喜欢中就有判断和选择。我们的目标是要在判断和选择中,兼收并蓄,集思广益,使自己更加完善起来。英国学

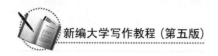

者培根对于读书说过一段名言:"读史使人明智,读诗使人聪慧,演算使人精密,哲理使人深刻,道德使人高尚,逻辑修辞使人善辩。总之,'知识能塑造人的性格'。"①

这就说明,选择不同的作家、作品对人的塑造是不同的,对读者的精神、心态的影响也是不同的。马克思在青年时代就主张,要追求人的全面发展和自我完善。在读书的观念上,鲁迅主张应像蜜蜂酿蜜一样,采花不要偏向一种,而要多多益善。所以,博览群书,广泛地包容、理解和批判性地吸取是辩证统一的关系。

(四)审美素养与写作发现

1. 审美、审美素养和审美活动的含义

审美是对艺术作品、社会生活和自然界中的美的现象的美感发现和体验过程,它具有个体差异性、情感愉悦性和直觉形象性的特点。

审美素养是每个人审美经历和能力的积累和表现,来自长期的审美欣赏活动和审美创造活动。

审美活动是人类特有的带有时代性、社会性和文化艺术传统的传承性的高级精神活动。审美活动作为个人的行为,标志着生命的精神内容的高级需要及其丰富程度。

审美活动的领域包括自然美、社会美和艺术美。对自然美的审美主要重在形象的形式美。由于自然美可以唤起我们与社会实践相关的情绪情感反应,从而和谐心灵、陶冶情操,所以,对自然美的审美是我们不可缺少的精神食粮。社会美主要是以人为中心的社会生活、社会实践的美。对社会美的审美主要重在内容。其中,人的审美理想和现实追求,成为推动历史进步、时代发展的巨大力量。艺术美则来自上述两者的升华和集中。艺术美以内容和形式相统一的有情感魅力的形象,使创作者用美的方式把握现实,按照美的规律创作作品,并获得更加集中强烈的审美享受。

2. 审美发现对写作发现的作用

审美发现对写作发现具有重要的作用,尤其是在文学领域的写作发现,主要依靠审美发现。在其他领域的写作发现,审美发现也起辅助作用。文学艺术的写作发现,是美的发现过程,包括自然美、社会美、艺术美领域的审美发现。写作者要在平凡的生活中发现人类灵魂的美,发现大自然的美和社会的美。审美素养较高的人在现实生活中更能发现到人生中美的境界,得到更多的审美享受。审美享受意味着审美发现,当你欣赏自然美心旷神怡,当你听一首歌、看一部电影被感动,这本身就是美感发现。没有发现,就没有体验。

当把自己的审美享受和审美发现通过文字传达给别人,就进入写作发现。

(五)知识素养与写作发现

知识素养是指对一般知识、生活经验、专业知识等的积累程度和运用能力。一般知识是指科学文化方面的普通常识,生活经验是指生活实践中通过观察、感受、体验等积累起来的知识或技能,专业知识是指一定专业范围内相对稳定的系统化的知识。这三个方面都为写作发现提供重要的基础。例如,生活经验丰富的人的阅读发现,要远远超过生活经验缺乏的人。

知识的运用和写作发现关系密切。写作发现在很多情况下,是在学习和阅读的基础上产生的。写作发现离不开学习,离不开对别人作品的分析、判断等。例如,刘知侠创作《铁道游击队》,在中国人民抗日军事政治大学(简称"抗大")学习的军事理论为他的写作发现——铁路工人抗击日寇的顽强意志和英勇战斗精神帮了大忙:

我从抗大毕业,留校继续学习军事。……从个人的军事动作到班、排、连教练,从进攻到防

---

① 培根. 人生论[M]. 何新,译. 长沙:湖南人民出版社,1987:205.

御,从攻坚到野战,各种军事科学都学了,八个月的军事训练,使我了解和掌握了许多军事和作战知识。……这一段军事学习,对我的帮助很大,……①

(六)思想理论素养与写作发现

1. 思想理论素养的含义

思想理论素养是指经过不断学习,掌握和运用思想理论知识获得的科学思维分析、理论思维的修养和能力。它是使写作者从表象中跳出来的抽象思维能力。思想理论素养越高,抽象思维能力也会越强。我们需要马克思主义的人生观、价值观和辩证唯物论的思想方法作为思想理论素养的根基,从而登高望远。

茹志鹃在一次创作学习班上说过这样的话:

我觉得一个作家应该是一个思想家。……有一个原则却是肯定的,就是我们要思想,要思考问题,对发生在我们周围的,发生在我们政治生活当中的具体事物进行思考。这一点,不管我们是不是思想家,只要你是搞创作的,一定要做。②

文学作品的写作发现——作品主旨的提炼很大程度上取决于写作者的思想理论素养,茹志鹃的话虽说的是创作,但对学术研究也同样适用。学术研究的科学发现一般是运用先进的理论和方法解决社会问题或学术问题。由于较高的思想理论素养可以使写作主体破解写作客体,具有居高临下的发现高度,所以,写作者能更准确地抓住事物的本质,这对于理论写作的选题立意、论证表达等都具有全方位的意义。思想理论素养还影响写作主体在各种文体写作过程中自我调节、自我评判的能力,并可以使各种文体的写作在自我评判和控制中具有较高的水准。

我们的写作归根结底是为了生产固化的精神产品,以文字符号的形式建构具有自己思维风格特点的文章。这一过程是将日常生活赋予我们生命体验的、稍纵即逝的现实信息符号,由表及里地向纵深的高度提升。我们一方面要认识到事物的形象,更重要的还要发现其背后的意义,这样就离不开思考,并由此产生发现。发现与思考是不可分开的,二者相互依存,发现某种现象后,若不加以思考,还是难以写出东西来的。而思考能力是与理论修养分不开的。我们选择正确的理论,是为了有更好的思维方式,更好地认识、分析社会实践,从而在社会实践中有所发现。

2. 思维方式与写作发现

钢琴的键盘是有限的,弹出的曲调却是无限的,关键是这个键盘必须是有序的、和谐的。好的思维方式也是这样。由于其思路方向合乎客观规律,思维过程和谐有序,所以,好的思维方式可以使我们面对现实,用实践活动弹奏出优美的生活乐章;不仅如此,好的思维方式还可以使我们在精神产品的创造中产生无数的写作发现。例如,运用逆向思维或发散思维可以使我们思路开阔,富于创意。一个人掌握和形成为数不多的属于自己的好的思维方式,就可以使自己终身受益。因此,我们进行思维活动,必须采取有效的思维方式,形成有自我风格的有效的思维系统。许多人也在进行思维活动,却没有正确的思维方式,甚至采用错误的思维方式,结果在现实生活中处于盲目被动的状态,睁着眼睛却发现不了表象后面本质。其结果只能是人云亦云、随波逐流,丧失主体的自我能动性,更谈不上写作发现。我们可以通过继承前人思维的成果,向现实中的有效思维系统学习和吸收,并通过自己的实践探索,形成高效的思维方式。

---

① 刘知侠.漫谈拙作话当年[G]//《文艺报》编辑部.文学回忆与思考.人民文学出版社,1980:276.
② 茹志鹃.《草原上的小路》的创作及其他——在短篇小说创作学习班上的讲话[G]//《作家谈创作》组.作家谈创作:上.花城出版社,1981:661—662.

第四节 写作发现方法

一、写作发现方法的含义

什么是写作发现方法？

写作发现方法既不是认识世界和把握世界的具有普遍性的哲学方法，也不是写作时采用的特殊的具体技法，而是与它们有一定联系，介于写作的一般规律和具体技法之间，写作主体围绕写作对象而选择使用对整篇文章的生成产生重要作用的一般方法。例如，采用了逆反法写作，文章的主旨是耳目一新的，对老材料的表述也会产生"新说"，由此也会带来论证的不一般化等。

写作发现方法是达到写作目的的方式。要写出好文章，首先要有非同一般的写作发现。在写作中无论是斫轮老手还是文坛新秀，选择和运用写作发现方法，都是以发掘写作发现为旨归的。例如，词作家阎肃，接到创作电视剧《西游记》主题思想歌词的任务后，旋即写出"你挑着担，我牵着马，迎来日出送走晚霞。踏平坎坷成大道，斗罢艰险又出发。一番番春秋冬夏，一场场酸甜苦辣"既符合剧情又情景交融的词句。可是接下来他陷入了迷茫，一连思考两个多星期难以下笔，他思来想去的是生发电视剧《西游记》主题思想歌词的"魂"。这个"魂"是揭示七十二变的旨趣？还是展示战胜八十一难取得真经的事理？他推敲既是又不是。他接连数天在客厅的地毯上来回踱步思索，儿子说他"来回走出一条道来了"，这话无意中提示了发掘电视剧《西游记》主题思想的一个新视角。听了儿子的话，阎肃想到了鲁迅在《故乡》结尾的话——"其实地上本没有路，走的人多了，也便成了路"。他立即写下了"敢问路在何方？路在脚下"揭示电视剧《西游记》主题思想的歌词。① 纵观阎肃提炼《敢问路在何方》旨意的过程，不难发现，词作家对师徒取经途远路险、百折不回精神的"点睛"经过数番提炼，这数次升华歌词主旨无意中使用了"发散法"。从这种方法的使用过程来看，很显然其用意是为了挖掘写作对象的哲理意蕴的。

写作发现方法是辩证观点和系统思想在写作上具体运用的概括化。写作发现方法是写作思维的操作系统，它融入了最先进的理论，是运用辩证观点和系统思想的一种具体化，是对辩证法则和系统思想在写作应用层面的科学概括。例如，为了避免写作发现的不妥，写作主体看待写作对象不能片面性、绝对化，而要全面、辩证、联系性地观照写作对象。辩证观点和系统思想在发散法、逆反法和向背法等的运用中得到体现，所有的写作发现方法都包含有系统思想的最佳性的观点，每一种方法的采用都是旨在找到一个理想的写作发现。

写作发现方法是把握写作对象的科学实践程序。写作发现方法是思考写作发现行为的活动方式。它不是物化手段，而是一种抽象出来的写作思维活动的"工艺流程"，是观照写作对象的特殊的实践活动方式，是深入搜寻写作发现具有可操作性的程序。例如，向背法的使用流程是：①从正面构想某一事物；②再从反面构想另一事物；③接下来找到二者之间相反相成的条件，把它们巧妙地融为一体。在思考写作对象时，按照这三个环节展开写作思维，就会有新的写作发现。

以上分别从使用目的、操作观念和运用方法三个方面探讨了写作发现方法，概括这三个方面的论述，我们认为，写作主体围绕写作对象为实现理想的写作发现目的，而遵循和使用具有可操作性的程序化的系统思维活动方式，就是写作发现方法。

二、常用的写作发现方法

写作是对写作发现的表达，写作发现是写作活动最重要的环节之一。在写作实践中，写作者

---

① 阎肃. 阎肃揭秘创作故事[J]. 廉政瞭望(上半月),2016(2)：100—101.

都有意无意使用了一些写作发现方法。下面我们对经常使用的写作发现方法加以介绍。

(一) 发散法

1. 含义

发散法最早是由曾任美国心理学会主席的武德沃斯于1918年提出,美国心理学家吉尔福特于1967年概括的。吉尔福特说,发散思维"是指从已知信息中产生大量变化的、独特的新信息的一种不同方向、不同范围、不因循传统的思维方式,其重点是从同一来源中产生各种各样的为数众多的输出"[①]。从一个信息中产生众多的新信息,在形式上表现为"从一到多"。发现有用的写作信息常常采用发散法。例如,在文意的提炼方面,宋末元初文学家戴表元说过这样的话:"凡作文发意,第一番来者,陈言也,扫去不用。第二番来者,正语也,停止不可用。第三番来者,精意也,方可用之。"[②]这"精意"属于写作发现,它是经过"三番"提炼出来的。从一个写作对象开拓出"三番来者"的文意,这文意的生成是"从一到多",显然这样发掘文意运用了发散法。像这种面对写作对象,围绕它进行多角度、多层次的广泛发想,产生许多新的形象性信息或新的观念性信息的方法就是发散法。

2. 特点

(1) 多端性

美国当代文艺理论家雷·韦勒克、奥·沃伦说过这样的话:

当我们一次又一次地重新阅读一部作品并且认为我们"每读一次都在其中发现了新的东西"时,我们通常所指的并不是发现了更多的同一种东西,而是指发现了新的层次上的意义,新的联想形式,即我们发现诗或小说是一种多层面的复合组织。[③]

同诗歌、小说一样,任何事物都是一种"多层面的复合组织",依据事物的这个特性我们可以从不同的视角认识事物。

运用发散法对一个写作对象进行"从一到多"的发想,每一次发想选用一个角度,多次发想,就呈现出认识事物的多端性的特点来。请看小小说《花生米》:

老汉过生日,厚道老实的二儿媳,特意打集上买回来十斤花生米,冲着老汉憨憨一笑:"爹,你好吃花生米,给……"

"放一边!"老汉面色不悦。嘴里没说,心里嘟噜着:

"好吃? 哼! 我都馋……"

片刻,邮递员登门:"信。"

信,是大儿媳来的。上面写道:

"爹爹六十大寿,随信寄给您老人家一粒花生米。花生米,俗称'长寿果',敬祝您老人家万寿无疆……"

老汉阅毕,仰天长叹:"还是大儿媳好啊! 字字句句暖人心……"[④]

这篇小小说看似简单,思想内涵却很丰富。若要写出好的评论,必须从中有独特发现。要有独特发现,选择角度很重要。"老实人吃亏"这是从伦理学的公平性角度发掘的,这个主题很一般。"交流要讲究表达艺术"是从交际语言学的角度提炼的。这个主题比"老实人吃亏"要新颖一些。"老人需要喝'心灵鸡汤'"是从心理学的角度生发的,这主题比前两个又"鲜亮"一些。如果从哲学的角度思考这篇小小说,得出"老人更需要精神赡养"的主旨,这不能不说是一个很好的写作发

[①] 吉尔福特. 创造性才能——它们的性质、用途与培养[M]. 施良方,沈剑平,唐晓杰,译. 北京:人民教育出版社,1991:69.
[②] 戴表元. 戴表元集[M]. 李军,辛梦霞,校点. 长春:吉林文史出版社,2008:616.
[③] 韦勒克,沃伦. 文艺理论[M]. 刘象愚,邢培明,陈圣生,等译. 北京:生活·读书·新知三联书店,1984:278.
[④] 翟俊伟. 花生米[J]. 中学语文,1985(4):47.

现了。这个写作发现就是几次变换角度分析作品得到的,这多侧面、多角度地思考写作对象就体现了发散法的多端性的特点。

(2) 灵活性

人们写作常常养成了一些习惯,其中之一就是思维定式。思维定式既有利又有弊。其弊的一面是写作中遇到新问题,不少写作者总在习惯的思路上行进,有时已经证明此路不通了,可是仍然固执地使用惯性思维。采用发散法,写作者发现选择的思维道路走不通后,立即改弦易辙,变换一个新的角度思考问题,可以摆脱思维定式的束缚。运用发散法思考写作对象,一个角度不行,再变换一个角度,这就体现了灵活性的特点。

写作要表达新的发现,许多写作对象别人都描述过,如植物中的梅花、荷花、松树等。如果再从他人早已揭示其内涵的角度去写作,就很难写出新意。针对这种情况,运用发散法灵活地改变角度,从别人没有写过的角度思考写作对象,会产生新的写作发现,在此基础上可以写出富有特色的文章。例如,叶公好龙这则寓言,其公认含义是叶公的言行不一,从哲学的角度谈知行脱节,文章不易出彩。若从美学的角度发散,就会发现叶公是一位审美者的形象。他喜欢的是艺术的龙,而不是现实生活中的真龙。正如人们喜爱米老鼠而厌恶田鼠一样。若是这样改变角度行文,能令读者击节称赏。

(3) 精细性

写作现象是复杂的,不同时代、不同作者对同一写作现象价值性信息的发现是不同的,于是就有了"说不尽的《红楼梦》"的写作现象。评论《红楼梦》有的议它的主题,有的评它的人物形象,有的论它的结构,有的写它的语言特色,有的言它的细节描写等。对《红楼梦》的写作发现同一作者即使写过了,以后研究它还会有新的发现。写作发现尽管多种多样,但都是对写作对象的认识。采用发散法思考写作对象,不仅研究它的整体,而且探析它的部分;不仅探究它的本身,而且还要推求与它有关的其他因素。这样思考写作对象的方方面面,就体现了精细性的特点。在写作实践中,辩论赛这种口头作文正方和反方都要考虑辩题的各个方面。例如,反方既要考虑正方辩题的有利条件和不利因素,也要考虑反方的有利条件和不利因素,以及在什么条件下、什么范围内反方的辩题是正确的。通过这样细致入微的思考,找到反方论题的可辩之处,回避正方辩题的有利条件,在论辩之前进行精心的准备正是发散法体现出来的精细性的特点。

写作从某种角度说是一种竞赛,一个写作对象会有多人写作。例如,一个重大事件众多记者去报道,一部文学作品也有许多人评论,只要运用发散法,全面细致地考察写作对象,总会发现别人表述没有涉猎的"空地",对此,笔耕者拿出自己辛勤的收获可以参加"比赛"。

(二) 聚合法

1. 含义

每个人在写作前都积累了一定量的感性材料和理性材料。当从某一角度审视其中的材料时,就会发现它们的关联性,被抽象概括的这种联系就有可能是一种写作发现。写作是寻找材料和材料之间新关系的艺术。关于找寻材料之间的新关系,黑格尔说:

> 假如一个人能见出当下显而易见之异,譬如,能区别一支笔与一个骆驼,则我们不会说这人有了了不起的聪明。同样另一方面,一个人能比较两个近似的东西,如橡树与槐树,或寺院与教堂,而知其相似,我们也不能说他有很高的比较能力。我们所要求的,是能看出异中之同,或同中之异。[①]

揭示材料之间的新关系若要避免一般化,就要做到在相同事物中寻找不同点,在不同的事物

---

① 黑格尔. 小逻辑[M]. 贺麟,译. 北京:生活·读书·新知三联书店,1954:262.

中发现相同点。前者属于写作发现中的"同中寻异",后者属于写作发现中的"异中觅同"。"艺术家的使命在于能找出两种最不相干的事物之间的关系,在于能从两种最平凡的事物的对比中引出令人惊奇的效果,这就不能不使艺术家给人的印象经常是一个不合情理的人,众人看来是红的东西,他却看出是青的。"①巴尔扎克所说的"找出两种最不相干的事物之间的关系"就属于"异中觅同"。"众人看来是红的东西,他却看出是青的"是一种形象的说法,艺术家的"异中觅同"也有别于一般人。"异中觅同"是一种很好的写作发现方法。运用这种方法,可以把材料中的"驴唇"和"马嘴",从别人从未思考的角度找到一种新关系,把它们"对"起来,这无疑是一种令人拍案叫绝的写作发现。请看女诗人夏宇的诗作:

　　把你的影子加点盐
　　腌起来
　　风干

　　老的时候
　　下酒②

这首爱情诗创造的充满张力的丰美意象,得力于一个巧妙的比喻:喻体是腊月里风干腌制禽、畜之肉,本体是难以忘怀的往昔交往。本来"风干腌制的禽、畜之肉"和"难以忘怀的往昔交往"风马牛不相及,然而在诗中,诗人把它们联系在了一起:风干腌制的禽、畜之肉可以久存,烹调后别具风味,刻骨铭心的事情记忆长久,可以回味。这两者在"久储"和"有味道"方面建立了新的联系。这种面对若干不同的写作材料,寻求它们相同点的方法就是聚合法。在形式上这种方法是"从多到一",即从数种现象中寻找一种规律性的联系。

2. 特点

聚合法的最大特点就是"求同性"。

文章都有文意。文意是如何形成的?这主要是写作者运用聚合法从许多材料中寻找共同点而形成的。许多材料,它们有的具有相关性,有的没有相关性。对此,写作者对它们进行分析和综合,排除无关的材料,从中归纳出共同的东西来,于是文意形成了。运用聚合法,寻求的是事物和事物之间的共同点,寻找的是事物发展变化的规律,这就使聚合法具有了"求同性"的特点。例如,美国女作家艾尔玛·邦贝克在构思《父亲的爱》③时回忆起关于父亲的许多事情,在这大大小小的事情中女作家从中挑选了八件。这八件事情她发现了一个共同点:不善言辞的父亲对她的爱是含蓄、深沉的。读完作品不难发现,女作家发掘散文的主题思想是从思考八个材料的共有性上概括父爱特点的。

值得一提的是,聚合法是一种求同思维,许多人对它持否定态度,这是片面的。科学使用它也会有使人眼前一亮的写作发现。例如,英国天文学家哈雷从彗星的记录中挑选了1337年到1698年出现的361颗彗星中的24颗,用一年的时间计算了它们的轨道,发现1531年、1607年和1682年出现的这三颗彗星轨道看起来如出一辙。后来,他又挑选了1456年、1378年、1301年、1245年一直往前到1066年出现的彗星进行研究。在计算的基础上,哈雷运用聚合法寻找它们出现的规律,概括出在1531年、1607年和1682年出现的三颗彗星可能是同一颗彗星三次回归的写作发现。他于1705年把这个发现——1682年引起世人极大恐慌的大彗星将于1758年再次出现于天空——表述在《彗星天文学论说》中,并强调:"如果彗星最终根据我们的预言,大约在

---

① 古典文艺理论译丛编辑委员会. 古典文艺理论译丛:第十册[M]. 北京:人民文学出版社,1965:101.
② 夏宇. 甜蜜的复仇[G]//沈庆利. 二十世纪中国诗歌精选:修订版(初中部分). 北京:人民文学出版社,2005:202.
③ 艾尔玛·邦贝克. 父亲的爱[J]. 读者文摘,1987(12):39.

1758年再现的时候,公正的后代将不会忘记这首先是由一个英国人发现的……"①哈雷的论断来自其计算后的科学归纳。这是在写作史上,成功运用聚合法寻找相同点概括出写作发现的一个经典范例。

(三) 逆反法

1. 含义

逆反法又叫反向思维法,古人称"翻案法",当代人形象地称其为"反弹琵琶"。这种方法不是一般地调换角度,而是完全改变人们习以为常的思维角度、思维观念,从反面思考写作对象的。例如,活人给去世的人吊唁买花圈,这是生活常识。然而,法国作家亨利•特罗亚创作《最好的顾客》同生活常识相左,进行逆向思维,让老单身汉莫里斯•巴罗丹为自己购买了12个漂亮的花圈,引起具有善心和责任心的花圈铺子老板娘厄泰尔普以为他是凶杀犯的误会,揭示了"消除人与人的隔阂,人们不是不为,而是不能"②的新颖的主题思想。

据《史记•孟尝君列传》记载,战国时期的孟尝君懂得用人的道理,礼贤下士,许多人纷纷归附于他。孟尝君能广揽人才,这几乎成了历史上众口一词的赞语。王安石读过《史记》相关文字后,从反面作了一篇被沈德潜称为"千秋绝调"③的《读〈孟尝君传〉》。在这篇文章中,王安石说孟尝君是鸡鸣狗盗之徒的头目,谈不上收揽人才。如果不是这样,他依仗齐国的富强,只要得到一位真正的贤士,就能制服秦国而称王,还用得着借助鸡鸣狗盗之徒的力量吗?鸡鸣狗盗之徒出于他的门下,这是真正的人才不来的原因。王安石在写作这篇文章的时候,从不同于常人的反面来分析孟尝君收拢人才的做法,批驳了传统的看法。这篇文章的写作,王安石就运用了逆反法。

2. 特点

(1) 超常性

运用逆反法是不盲从公认的看法,采用它是从反面认识写作对象的。这种不恪守世俗的思维观念,不沿袭单一常规的思维路线,而从与众人截然相反的角度思考问题,就体现了"超常性"的特点。欧阳修写作《纵囚论》使用过逆反法。《纵囚论》是针对唐太宗赦免300多名死囚而发的议论。在欧阳修之前,许多人都称赞唐太宗做的这件事是"仁德"的表现,欧阳修运用逆反法思考它,一反流行的看法,认为唐太宗和死囚是上下想到一块了,才会有这样的事情。再者赦免死囚不能屡次这样做,如果这样做了,杀了人而得不到惩罚,以后杀人者就更会肆无忌惮地杀人了。"纵囚"不能作为经常使用的法律,而不能经常使用的法律不是圣人的法律。唐太宗赦免死囚的举措完全是为了求仁取德。这非同一般的论述是从流行看法的反面看待问题的,体现了"超常性"的特点。

(2) 辩证性

运用逆反法,既要思考问题的正面,也要考虑问题的反面。对正反两个方面都进行了思索,这就体现了辩证性的特点。例如,柳宗元的好友王参元家中失火,"家无馀储",作为人情交往理应安慰,然而柳宗元写的却是贺信,这是从反面做文章的。整篇文章的行文在"大喜"而"贺"之前,是惊愕,笔下有惜墨如金的宽慰之词,这是从正面思考火灾之"害"。接下来用墨如泼地陈说"喜",重点表述的是坏事变好事的道理,这是从反面思考火灾之"利"。两个方面均考虑到,而中心则是写"利",这体现了辩证性的特点。

根据逆反法的辩证性特点写作,表面上看是对"常理"的颠覆,实际上是从反面表述合情合理

---

① 日月. 千古奇冤一朝雪[J]. 太空探索,2007(11):53.
② 王洪,吴岳添. 世界短篇小说名篇鉴赏辞典[G]. 北京:北京燕山出版社,1990:258.
③ 刘学锴,余恕诚. 王安石文选译[M]. 北京:人民文学出版社,1998:80.

的见解。具体地说,它是从一个充满矛盾的写作现象的反面,表达在一定条件下的新见解的合理性。例如,"欺骗行为,是被法律所不容、道德所不许、到处受谴责的行为"①,待人处事诚实是一种美德,然而作家周大新的《奖赏欺骗》对军事上的欺骗却大加赞赏。因为这种欺骗不是出于一己之私,而是牵扯到团体、民族、国家的利益,是出于对己方人员生命的保护,是敌我双方都公认的"兵者,诡道也"的战争法则。作家在这里奖赏欺骗,并没有否定忠诚这种美德,而是在军事领域赞赏欺骗,这种看法没有人说它不正确。

(四) 向背法

1. 含义

大千世界,无数相反的事物共处在一个统一体中,这是随处可见的。这种现象被马克思主义经典作家和一些文学工作者写进了他们的文章。毛泽东在《矛盾论》中分析的矛盾现象,鲁迅在《离婚》中塑造的爱姑在最后一次交涉离婚事宜前后判若两人就是明证。社会生活和自然现象中的矛盾运动也使得一些人养成了从两个相反的方面思考问题的习惯。这种从两个相反的方面思考问题的方法就是向背法。这种方法被美国精神病学家和行为科学家卢森堡称为"两面神思维"。其成为写作发现方法的具体做法是:作者从两个完全相反的方向思考写作对象,在思考中,或是积极地构想出两个相反的事物,把它们组合成一个统一体,或是把同样起作用而又彼此对立的事物统一起来。许多揭示了自然规律、社会生活规律的著名文章有不少是运用向背法写出来的。例如,爱因斯坦关于相对论的论文是如何写出来的,在许多年中一直是未解之谜。在纪念爱因斯坦诞生100周年的时候,这位科学巨匠在1919年写的《相对论的基本概念和方法的发展》发表了。卢森堡研读了这篇珍贵的文献之后发表了如下的见解:"爱因斯坦有意表述出一种对立体双方同时存在的情况……这种想法是一种令人相当吃惊的……这一关键性步骤是对立面同时存在的形式直接得到表述的。"②从卢森堡的话中我们知道,爱因斯坦表述相对论的基本观点,是把对立物同时存在作为论证依据的。显然,这位著名科学家在思考写作狭义相对论和广义相对论的论文时十分巧妙地运用了向背法。

2. 特点

(1) 辩证性

辩证性是向背法的最大特点。任何事物都是矛盾的统一体。在这个统一体中,矛盾的一方以另一方为存在的条件。客观世界的构成是这样的,作为写作发现方法的向背法,它也是符合对立统一规律的。运用向背法思考写作对象,既要思谋它的正面,又要思索它的反面,同时还要探究它的两个方面在事物中所起的作用和可能转化的条件,这是向背法的精髓,也是辩证法的具体运用。这里不难看出,辩证性是向背法最突出的特点。例如,土耳其当代作家阿吉兹·涅辛创作的讽刺小说《我是怎样自杀的?》描写了一位患有自杀狂症的人,一心想着自杀,服毒因假药没有死成,上吊因绳子质量差跌倒在地板上,想用煤气中毒的办法结束生命,又因煤气不足没能闭眼。死不成,就想到了活。于是他到饭馆里大吃一顿。他先吃了腊肉、鸡蛋,又吃了罐头和通心粉。吃兴未尽,他又到糖果店里买了甜酥,这一吃吃出了问题。人们用急救车把他送进医院。医生诊断他食物中毒,医院里已经挤满了这样的病人。这篇小说先从病人求死的角度描写,描绘了患者的求死不得。后从患者求生的角度描述,叙述了这位想活者的遭遇。如果只写这个人的求死过程,说不定读者从中能得出社会不让他死的结论。而写完自杀狂死不成的过程之后,再叙写他活不下去的情景,读者欣赏完毕就能得到假冒伪劣商品使得人们求死不能又求生不得的认识。"求

---

① 周大新. 奖赏欺骗[J]. 读者,2001(24):12—14.
② 格林伯格. 爱因斯坦:创造力的鉴赏家[J]. 美国科学新闻(中文版),1979(21):26.

生不得,求死不能"是一个新颖的主题思想。它是作家从截然相反的两个方面思考得到的,很辩证。

(2) 寻契性

使用向背法要把握三个要点:一是从正面设想一事物,二是从反面构想一事物,三是设置它们统一或转化的条件。这三个要点相比较而言,第三点最为重要。这是因为若这一点思考不周全,就会导致前功尽弃;若这一点为妙招,就为写出新发现之文打下了成功的基础。第三点要考虑矛盾事物的统一或转化的条件,就是思索事物合情合理组合或转变的关键,换一句话说就是找寻事物相反相成的契合点。因此,寻契性就成了向背法最重要的特点。

文学创作除了依据深厚的生活基础,凭借扎实的文化素养外,更多地是要把不可能写成可能,把可能写成不可能。这是一种创造。越是独创的东西,越是要把它表述得入情入理。这就是雨果说的:"独创性在任何情况下都不能当作荒谬的借口。在文学作品里,构思愈是大胆,创作愈应无懈可击。如果你要有与众不同的理由,你的理由就应该十倍于人。"① 如何才能做到这样? 巴尔扎克说得好:"偶然是世界上最伟大的小说家,若想文思不竭,只要研究偶然就行。"②

研究偶然事件隐藏的必然性,是寻找把不可能转变为可能,把可能转变为不可能的条件。研究转化的条件就是寻找事件转化的关键,这是运用向背法寻觅写作发现的核心问题,这个问题解决了就找到了写作发现中对立事物向反面转化——情节发展的内在逻辑。寻找到了矛盾转化的关键,并依据它设计情节,是运用向背法创作必须遵循的重要原则。例如,苏联中篇小说《第四十一》描述的是战争期间一位红军女战士马柳特卡在押解蓝眼睛的白党中尉时产生爱情的故事,这就是作家将不可能写成了可能。这篇小说写得顺理成章,是因为作家把故事发生的背景设置在马柳特卡押送俘虏中尉在海上遇到风暴,漂到远离队伍、远离社会的荒岛上,二人只能相依为命的环境中。如果没有这个特殊环境作为作品的关键要素,那么这部小说就成了不近情理的胡编乱造之作了。

(五) 换元法

1. 含义

在中外文学史上,许多著名作品的创作最初起源于作家见到、听到或亲身经历过的事情。作家有了感触,觉得素材很有创作价值,于是对其进行分析,把其分解成人物、情节、时间和地点等要素(有时把素材再分解成更小的构成部分),然后根据表情达意的需要,去掉原材料中的一个或数个构成要素,换上另外的要素,在此基础上进行联想和想象,结果创作出了非常精美的作品。例如,果戈理创作《外套》前,别人告诉他一件逸事:一个穷苦的小公务员用节衣缩食的钱买了一支猎枪。打猎时不慎将猎枪掉进湖里,回家后因丢了心爱的猎枪而一病不起。同僚知晓后,凑钱给他买了一杆猎枪。创作时,作家对听来的故事进行加工改造,舍弃了原材料中的一些东西,换上了故事中没有的东西,然后从换上外套这个要素的角度去设计情节刻画人物,创作出了一篇脍炙人口的小说。

根据表达思想或感情的需要,舍去最初引起写作冲动的材料中的一个或数个要素,换上别的要素,并以换上的要素为中心,按照一定的逻辑把它和引起写作冲动的材料中留取的要素融合在一起,进行内容的设计,这种发现方法就是换元法。

2. 特点

换元法最大的特点是构建性。

---

① 雨果. 短曲与民谣集[G]//石尔. 外国名作家创作经验谈. 杭州:浙江人民出版社,1981:256.
② 巴尔扎克. 人间喜剧[G]//陈占元,译. 伍蠡甫,蒋孔阳,秘燕生. 西方文论选:下卷. 上海:上海译文出版社,1979:168.

运用换元法会对涉及写作需要的原始材料(即写作对象)有一个不同程度的加工过程。这个加工过程有三个相互联系的环节:首先,根据表达需要将写作对象抽去一个或几个要素,这就致使写作对象残缺不全了;其次,换上新的要素,这新添的要素和已有的要素在一起还不是有机的;最后,对全部要素进行整合建立一个新的形象性体系或理论性体系。这种新体系的建设就是换元法的构建性。

采用换元法创作的具有审美价值的作品都是写作者在换元后,以换上的要素为中心,依照生活的逻辑或情感逻辑,在富有创造性的联想和想象中,把它和引起写作者创作冲动的材料中留用的要素巧妙地整合在一起,进行情节设计和形象塑造的。例如,高晓声在"文化大革命"结束后不久,出差住进了一个高级招待所,每天住宿费5元。他由旅馆费可以报销联想到农民住在这里会怎样。经过分析,他把素材构成要素中的"招待所"和"5元住宿费"留了下来,把自己换成了"农民陈奂生"。在换元之后,作家紧紧围绕着陈奂生能住进招待所,感到掏出卖油绳的5元钱很可惜而设计了一系列情节,把素材中留用的要素和换上的要素水乳般地融为一体,建立了一个新的形象系统,创作出一篇引人入胜的小说。

除了纪实性的写作之外,其他叙事性作品的创作都程度不同地使用了换元法,这是一种非常普遍的写作现象。德国戏剧理论家莱辛说过:"把现实世界的各部分加以改变,替换,缩小,扩大,由此造成一个自己的整体,以表达他自己的意图。"[①]这段话莱辛强调了两点:使用换元法一是要表达自己的意图,二是要构建属于自己的整体——作者创造的"第二社会"或"第二自然"。

(六) 迁移法

1. **含义**

写作存在着这种现象:许多思维敏捷的写作者了解了别的学科的科研成果后,把它拿来思考自己学科的疑难问题,写出了富有新意的文章。例如,王明居先生吸收了西方传入我国不久的模糊数学的有用理论,研究美学,写出了被季羡林读过"颇有收获"[②]的《模糊美学》。这种跨学科领域或实践领域,运用相距甚远的学科或实践领域的成果,思考面临的写作问题的方法就是迁移法。

2. **特点**

(1) 联想性

英国病理学家贝弗里奇研究过迁移法。他发现:"有重要的独创贡献的科学家,常常是兴趣广泛的人,或者研究过他们专修学科之外的科目的人。独创性常常在于发现两个或两个以上研究对象或设想之间的联系或相似之点,而原来以为这些对象或设想彼此没有关系。"[③]他的话告诉我们,运用迁移法的人对相关的新理论或别样的实践性成果有所了解。当运用以往掌握的理论知识或实践性成果的经验无法解决面临的写作难题时,写作者会想到所涉猎的相关新理论或别样的实践性成果,并从中寻找有用的东西,"拿来"解决眼前的难题。这种由此想到彼的思维活动就表现为联想性的特点。研究《红楼梦》由林黛玉爱情的失败想到交际学的有用理论,进而探讨其爱情失败的原因,把交际学引入"红学"研究,写作中这种迁移法的运用是以联想作为桥梁的。

(2) 寻同性

世界的统一性表现为物质性。这种物质性有着共同的规律,相似性就是其中的一条规律。尽管客观事物多种多样,但从某个角度来看都具有一种相似性,这就是"异中有同"。在写作中,

---

① 莱辛. 汉堡剧评[M]. 张黎,译. 上海:上海译文出版社,1981:179.
② 陈惇,孙景尧,谢天振. 比较文学[M]. 2版. 北京:高等教育出版社,2007:3.
③ 贝弗里奇. 科学研究的艺术[M]. 陈捷,译. 北京:科学出版社,1979:58.

人们运用迁移法,探求的是两种理论或两个实践性成果之间的相关性,寻找的是它们之间的共同点,迁移法是根据相似性的规律考察写作对象的。例如,系统论是自然科学方法论,这种理论把一个事物看作是由许多要素组成的一个系统,这种理论要求从整体性、联系性和最佳性的角度看待事物。运用这个理论考察文学史,会发现许多文学史缺少读者评价作品的内容;运用这个理论考察写作学,会发现有些写作学缺少写作过程的某个环节的论述;运用这个理论考察名著,会发现它的瑕疵,这就有文章可做了。运用新掌握的理论或别样的实践性成果观照写作对象,是用"拿来"的东西寻找与写作对象的相同之处,这在思维上表现为寻同性,也就是运用求同思维,借助新掌握的理论或别样的实践性成果,扫描写作客体,寻找有价值的写作信息。

3. 类型

迁移法有以下两种类型。

（1）同迁

同迁是指写作者迁移的成果与从他处借鉴的东西在性质上具有相类性,在思维上表现为求同性。例如,清代小说家李渔是一位颇有成就的戏剧文学家和舞台艺术家,他创作小说《谭楚玉戏里传情,刘藐姑曲终守节》把戏剧艺术中的表现手法移入小说创作之中,"按照戏剧的格局表现人物,按照生、旦、净、丑的行当刻画人物的性格"[①],把戏剧文学创作手法用于小说创作,迁移使用后表现出来的同被迁移之间的事物关系在性质上具有相同性,这属于同迁。

（2）异迁

异迁是指写作者迁移成果与借鉴他处成果之间的关系是相异的,这是写作者在他处发现了有用的东西,对迁移事物在求同基础上的有意异用。被何满子、李时人称为采用"别出心裁的翻法"[②]创作的古代小说《王榭》,作者不是从刘禹锡"朱雀桥边野草花,乌衣巷口夕阳斜。旧时王谢堂前燕,飞入寻常百姓家"的诗句中借鉴王朝兴替、人世变迁的文意,或是表现它所采用的以小见大手法,而是别出心裁地故意误解诗句,在"乌衣巷""王谢""堂前"和"燕"等字词上进行超常联想和奇特想象,将东晋开国元勋王导和著名将领谢安等高门士族的"王谢"改为王榭,使之成为一个人物,又把诗中的"燕"拟人化为王榭海上遇险漂游到了乌衣国（燕子国）,而向他提供饮食的老年夫妻和嫁于他的妙龄美女,都是王榭所居乌衣巷堂前的南飞之燕。

第五节　写作发现能力的培养

写作发现的本质在于,别人常看到却未能从中有所发现,大家常想到却未能进一步深入理解,你发现了、理解了,于是,用自己的语言方式,在写作中表达出"人人心中所有,人人笔下所无"的形象或见解。

为此,我们要通过如下途径的努力,培养这种写作发现能力。

一、建立好的情感思维系统,为写作发现和表达疏通信息通道

在大多的情况下,人们的发现能力被杂乱和泛滥的信息所淹没。所以,我们要在写作发现这一动态实践的活动中,掌握好信息的控制和处理,完成独特信息的发现、创造和表达,培养为写作所需要的独特的发现素质和发现能力。

一般来说,人的信息活动包括以下几个方面:首先是人的生命内部自身的信息活动,即生理信

---

① 何满子,李时人. 古代短篇小说名作评注[M]. 上海:上海古籍出版社,2000:700.
② 同①,第157页.

息的活动,包括生命遗传信息和生命生长过程的信息;其次是外部环境现实生活中的信息,构成生命的生理感受和精神感受的内容。内部的生理信息和外部的精神信息又是相互交织、相互影响的。在这一过程中,人的五官是信息接收器,人的大脑是信息处理器,它对接收到的信息进行组合处理。

对外界信息接收的速度和处理的速度通常表现为大脑神经联系反应的快慢,也反映了智商的高低。对社会中的人和事的理解和发现,不仅需要智商,往往更多地取决于情商的高低。写作发现是智商和情商的结合。像电脑一样,人脑这一信息处理系统,也是需要硬件和软件组合的,安装什么样的系统,就会有什么样的信息处理过程,也就会产生什么样的信息处理结果。但是写作发现,归根结底,是来自于大脑的情感思维信息处理系统。情感思维系统的选择和建立至关重要,它决定每个写作主体面对现实会有不同的写作发现。

清代袁枚指出:"作史者,才、学、识缺一不可;而识为尤。"①这也可用于所有的写作发现,"学"是知识积累,也就是信息的储存;"才"是思维能力,也就是信息的处理;"识"就是写作发现和创造能力,是"才"和"学"的最终的归属。

二、培育鲜活的感受发现力,为写作活动提供信息发现的源泉

传统上,从文章本身研究写作,是只看结果没看到原因,其揭示的唯象理论,对指导和提高写作能力的效果并不理想。原因在于,这并不是写作发现的源泉。人的生命的内容和价值,来自生活信息的内容和价值,失去了生活给予生命的生理信息和精神信息,生命就不存在了。生命的精神信息必须附着在某种现实的内容感受之中,而不可以依靠自身来实现。王夫之说过:"身之所历,目之所见,是铁门限。"②因而,写作活动必须附着在生活感受的精神信息之中,不可以依靠精神自身来实现。"一个艺术家有无才华,其标志是能够直接从生活中发现别人熟视无睹的题材和其中包含着令人深思的、发人猛醒的人生真谛。……一个真正的作家应该在文学领域中表现生活的新大陆,作家应该是人物心灵的哥伦布"③,这就要求写作者保有对社会人生鲜活的好奇心和浓厚的寻根探底的兴趣,为此将精神聚焦到值得发现的目标上,那么,精神的"新大陆"就会层出不穷。

发现意味着精神的生机勃勃,没有发现意味着流于陈腐。俗话说:"哀莫大于心死",这可用来比喻被世俗生活的陈规日益掩埋的、没有发现力和创造力的麻木心灵。明代董其昌说:"文章要得神气,且试看死人,活人,生花,剪花,活鸡,木鸡,若何形状,若何神气。识得真,勘得破,可与论文。"④这段话,使我们感到,中国古代写作理论的整体化、直感化和悟性化。这段话引申开来,就是要求写作者永远保有清新、活力、淳朴的心灵个性,不要被生活表象所淹没,要像大树一样扎根生活的深处汲取营养。所以,"把生活比作艺术花朵的土壤是不全面的,因为光有土壤还不可能有花朵,还得有种子,种子就是作家的心灵和个性"⑤。

三、在写作话语发现中培养开拓对自我的发现

作为写作主体的自我发现是从写作话语发现中开始的,艰难的第一步也从此开始。

(一)从整体上、根本上提高自己的写作话语能力

大脑对外界各种信息进行处理,一方面作为人内部的精神信息,影响人的生理信息的运转;

---

① 袁枚. 袁枚文选[M]. 高路明,选注. 北京:作家出版社,1997:67.
② 戴鸿森. 姜斋诗话笺注[M]. 北京:人民文学出版社,1981:55.
③ 孙绍振. 文学创作论[M]. 沈阳:春风文艺出版社,1987:6.
④ 董其昌. 画禅室随笔:卷3[M]//张声怡,刘九州. 中国古代写作理论. 武汉:华中工学院出版社,1985:33.
⑤ 同③,第36页。

另一方面,也通过语言、表情、动作等把处理过的信息表现出来。例如,轻松愉快的心情,既影响人的生理运转(如影响胃的工作状况),又影响人的思维活动,进而影响写作发现和语言表达。古人认为:"文以气为主。"这种"气",从宏观的角度,可以理解为"才性""气质";从微观的角度,可以理解为是人的生理的和精神的信息通道,像俗话说的"气血通畅""气韵流畅"。例如,在好的精神状态下写的文章,我们往往称其为气韵生动、气韵流畅,这是有道理的。

为什么书法家、画家、作家、学者到了一定层次,技法的因素就不那么重要了,就是因为他们特别重视的是这种"气",追求自我的个性精神因素的张扬,追求精神的自我完善和表现。因为无形的东西可以支配有形的东西。在写作学习中,技能、技巧和词语的应用等,是有形的,是可以传递的知识性和工具性的东西;而写作个性、写作风格是无形的,是不可传递的素质方面的东西。所以,我们可以理解,"文不可以学而能,气可以养而致"①。这就是说写文章不能单靠书本学习,更多地靠全面素养,靠养心养气。孟子说:"吾善养吾浩然之气。"这说明古人很早就重视自我修养,重视全面素质的培养,以疏通自我内部精神信息(气)的运行。其结果是:"德,水也;言,浮物也。水大而物之浮者大小毕浮。"②用现在的话说,人的全面素养、精神系统、情绪心态才是最根本的,文章语言只不过是其信息传递的工具,受其控制、制约和影响,就像水与浮物的关系。我们知道,小溪小河只能浮起很小的物体,只有长江大海才能漂游万吨巨轮。我们要做长江大海,写作的话语发现就会轻松漂游在我们精神的水面上。

(二) 写作话语发现的方法和过程

只有写作发现的条件是远远不够的。例如,有了丰富的生活经历,并不一定就可以写作。即使有了写作内容的发现,如有了对生活的正确认识也是不够的,还要有写作主体对写作的语言、风格和文体规范等方面的独特发现和运用。有时形式的发现落后于内容的发现,如通常说的词不达意的现象;有时内容的发现落后于形式的发现,如所谓文胜质的现象。写作发现要求的是内容发现和形式发现相统一。

最基本的要掌握语言文字的信息载体。在人类信息的表达过程中,需要信息表达的载体,文字就是最基本的信息载体之一。写作的信息载体首先是文字符号,其次是语言的词汇组合,最后是语言的意群组合成为文章。

首先,看书面语言信息载体的共性特征。作为书面语言的信息,它不受时间和空间的限制,具有社会性、民族性、时代性和世界性。这些特点,对人类文明的传播和传承意义重大且深远。正如曹丕在《典论·论文》中所说:"盖文章,经国之大业,不朽之盛事。年寿有时而尽,荣乐止乎其身,二者必至之常期,未若文章之无穷。"

其次,我们从语言的个性方面来看。书面语言写作活动是语言信息载体在思维作用下的运动和实现。在表达过程中,对于语言形式的发现可以说主要是个性风格的培养和发现。例如,每个人的字体与其个性有关,通过字词组合写成的句子和文章与每个人的思路、心情有关。所以,写作者在写作过程中,首先要形成有自我个性的语言风格。写作者的语言风格受其思维习惯、日常的语言习惯和文化素养、精神风貌的影响。语言一旦形成个性风格,就会形成一种力量,推动写作主体自由流畅地表达自己的认识或情感,表达自己的艺术想象发现或科学创造发现。自我个性化语言风格往往是在语言的实际运用中形成的。语言反映作者的思维,带有作者的个性和心态。它是附着在某种个性和心态之下,附着在某种内容之中,在实际运用中形成的。所以,写作者对语言风格的发现和掌握,实际上是来自写作主体的实践活动和思维的动态过程。语言风

---

① 苏辙. 上枢密韩太尉书[M]//郑麦. 苏辙散文精选. 上海:东方出版中心,1999:107.
② 胡诠. 答谭思顺[G]//戴钦祥. 古代名家论写作. 北京:中共中央党校出版社,1995:37.

格的形成,决定了写作者的风貌,是作者带给读者的第一印象。

唐代杜牧指出:"凡为文以意为主,以气为辅,以辞采章句为之兵卫。"①由此我们理解,写作过程中大脑处理信息的思维过程,心态情感状况,即"意"和"气"是占主导地位的,其动态的相应表现就是语言载体上的自然流畅的发现和表现。写作活动必须抓住的主要环节,对写作最有价值的,是在于大脑如何处理信息,写作者如何进入适应信息处理的思维状态和表达状态。同其他信息工具相比,语言工具的最大优势是与思维的结合度较为紧密。思维的自由、表达的自由和对于信息载体的自由运用是分不开的,语言相对而言,是多种信息载体中最有利于思维的直截了当表达的载体,口头语言和书面语言可以说是思维的直通车。相比较而言,其他的思维信息的表达载体,如绘画、音乐等,要更难掌握和更加复杂一些。从某种意义上说,书面语言和口头语言在内容上是相同的,在信息载体工具和表达形式上是不同的,但两者是可以互相转化的,书面语言可以用口头的形式表达出来,口头语言也可以用书面的形式表现出来。它们共同服务于人们的思维活动。写文章和说话一样,主要是面向现实内容,按照有效的清晰的思维系统,进行思维和表达,那么语言就出来了,文章也就出来了。所以,通常情况下,人们说话是没有负担的,这是因为以动态思维为主导;同样,在动态思维为主导的情况下,写文章也应该没有负担。反之,如果没有思维的主导,就会把写文章当作一种负担。写作,实质上是人们认识、体现自己思维的价值,通过在现实中不断探索,追求发现,由此产生乐趣,这样,写作的负担就会消逝。一些写作名家深谙此意:"故文章之境,莫佳于平淡,措语遣意,有若自然生成者。"②"文章不难于巧而难于拙,不难于曲而难于直,不难于细而难于粗,不难于华而难于质。"③由此,可以理解,写作像说话一样,是生命的自然需要,不应被当作额外的负担。宋代苏轼说:"所示书教及诗赋杂文,观之熟矣。大略如行云流水,初无定质,但常行于所当行,常止于所不可不止,文理自然,姿态横生。"④这里说的"常行于所当行,常止于所不可不止"就是指语言表达是自然的动态的过程。语言可以做静态研究,但客观上是动态存在的,也是不断发现和表现的过程。发现存在于对现实的思考之中,也相应体现在信息表达之中。事实上,写作并不是什么神秘的活动,伟大的写作也是来自平凡自然的意识流淌。我们研究成功写作者的心态,就可以发现这是一种自由、和谐、舒畅的写作状态,有利于个性发展和精神张扬。人的生命是大自然的一部分,像大自然的万物消长、生机不断一样,也有它的自然之道。元好问《论诗三十首》指出:"一语天然万古新,豪华落尽见真淳。"可以说,人类所有的伟大文化和文明都证明了这一点。

思考与练习二

一、思考题

(一) 请阅读伊·厄尔凯尼的《汽车司机》,思考其写作发现是什么。

彼莱斯雷尼·尤若夫是个运输工人,他驾驶的车牌为"CO-75-14"的汽车停在一个角落的售报亭旁。
....

---

① 杜牧. 答庄充书[M]//张厚余. 杜牧集. 太原:山西古籍出版社,2004:211.
② 姚鼐. 与王铁夫书[G]//郑奠,谭全基. 古汉语修辞学资料汇编. 北京:商务印书馆,1980:535.
③ 李涂. 文章精义[G]//郭绍虞,罗根泽. 中国古代文学理论批评专著选辑. 北京:人民文学出版社,1960:63.
④ 苏轼. 答谢民师书[G]//四川师范学院中文系古典文学教研组. 中国历代文论选:下. 北京:人民文学出版社,1980:767—768.

(二)据《洪驹父诗话》载,苏东坡认为郑谷的《雪中偶题》是"村学中诗",不及柳宗元的《江雪》。① 比较这两首诗,谈谈柳诗提炼写作发现胜在何处。

江雪
柳宗元
千山鸟飞绝,万径人踪灭。
孤舟蓑笠翁,独钓寒江雪。

雪中偶题
郑谷
乱飘僧舍茶烟湿,密洒歌楼酒力微。
江上晚来堪画处,渔人披得一蓑归。

(三)阅读下面两篇古文,思考两位作者各自发现的写作角度。

送董邵南游河北序
韩愈

燕赵古称多感慨悲歌之士。董生举进士,连不得志于有司,怀抱利器,郁郁适兹土。吾知其必有合也。董生勉乎哉!

夫以子之不遇时,苟慕义强仁者,皆爱惜焉。矧燕赵之士出乎其性者哉!然吾尝闻风俗与化移易,吾恶知其今不异于古所云邪?聊以吾子之行卜之也。董生勉乎哉!

吾因子有所感矣。为我吊望诸君之墓,而观于其市,复有昔时屠狗者乎?为我谢曰:"明天子在上,可以出而仕矣。"

送黄圣源洺出宰尚州序
柳梦寅

岭之南,地鄙而人才。地鄙,故势约者宰焉;人才,故地著者宦多显。余尝默数朝著,纵步于台省廊庙,以大行其志,率岭南人。君,岭南人也。自先世家安东,幼年北学京师,仍居焉。既成名十九年,左授宰于尚,郁郁甚可怜哉!

其始来京师也,岂不以京师所与游多硕士茂阀,繇是达于朝、行其志,甚不难乎?今观居鄙者布于内,居内者达于鄙,人与地易焉。虽素居京师者,亦欲挈挈而南。况君舍乡而客,去膏就瘠,以自约宰于尚,不亦宜乎?

虽然,"居移气,养移体",理固有之,虽胡越犹然。矧君生岭南、复岭南,为政于岭南。岭南风气,如水之投水。而地灵人杰,亦岂复君也哉?吾知其还也,必达于朝。纵步于台省廊庙,以大行其志也无疑。于其别,申有告焉。观于其地,苟有一尺闲土可居余者乎?余欲举家而移之。

(四)面对红花绿叶、杨柳小河、池塘虫鱼等,请举例谈谈可以产生哪些观察发现(谈谈不同的观察发现来源于哪一种观察角度)。

二、小练习

(一)阅读下面节选的小小说,请运用发散法补写3~5个合理因素。

画蛇添足的二十种合理因素(节选)②
魏金树

过去有几个人得到一杯酒,大家约定谁先在地上画完一条蛇,谁就喝那杯酒。有一个人(姑

---

① 蔡正孙.诗林广记[M].北京:中华书局,1982:89.
② 魏金树.画蛇添足的二十种合理因素[J].大众文艺:快活林,2004(1):47.

且称之为某甲)先画成,见别人还没有画完,便接着给蛇画脚,结果酒被别人端走了。他的这一行为成为后人的笑柄。然而经笔者考证,事实并非如此,某甲实为一个非常聪明的人,他添足的做法当然也非常合理和必要,现列举20种理由如下:

1. 这是一群前卫画家的角逐,某甲是个对艺术非常执着的人,他添足表现他超人的想象力和艺术天分。至于那小小的一杯酒,他当然嗤之以鼻。

2. 据说古代有一种蛇确实有脚,某甲给蛇画脚本来想以新取胜,没想到在时间上延误了。

3. 按照多劳多得的原则,某甲比别人画得多自然应该得,至于酒被别人抢去,实为对某甲不公平。

4. 某甲的一位好朋友见他先画完了却迟迟不喝那杯酒,急得直拍大腿,意思是让他快喝。他误会了朋友的意思,以为让他再画上腿。

5. 某甲天生不喝酒,一喝酒就严重过敏,他故意磨蹭时间,给蛇画脚系故意而为。

6. 某甲是个"妻管严",他妻子曾三令五申,不让他在外面喝酒,他又岂敢违犯。

7. 那天某甲本来就喝多了,对那杯酒他实在不感兴趣。

8. 比他画得稍慢的那人是个虚荣心很强的富翁,平时挥金如土,他知道某甲肯定比他画得快,便提前将某甲重金收买了。

9. 与某甲一起画蛇的都是他的领导。他尽管画技高超,但岂敢在领导们面前争第一。他故意让着领导,领导自然看得出来,至于以后很快升迁也就在情理之中了。

10. 这次比赛除了画得最快得一杯酒外,还设了一个突出贡献奖,明确规定画得笔画最多者得之,这个奖项的奖品为一坛酒。

....

(二) 请运用聚合法概括下面材料的共同点。

1. 文艺复兴时期意大利诗人但丁说:"道德常常能填补智慧的缺陷,而智慧却永远填补不了道德的缺陷。"①

2. 我在大学二年级读书时,一个周末的下午,有一堂选修辅导课,教师是从另一所大学请来的。周末下午学生活动多,都没心思上课,我去教室换鞋,准备参加足球赛,这位老师以为我来上课,便一字一句地说:"一个人,我这课也要上,不能辜负你。"此时,我只好坐下来听课,整个教室只我一个学生,他板书一丝不苟,讲课声音沉着而洪亮。下课了,他拍拍身上的粉笔灰,向我点点头,夹起教案走了。②

3. 一位年轻的女护士,第一次给一位赫赫有名的外科专家当助手,复杂险难的手术从清晨直到黄昏,眼看患者的伤口即将缝合,女护士突然严肃地盯着外科专家,说:"大夫,我们用的12块纱布,你只取出11块。""我已经取出来了,"专家断言道,"手术已经一整天,立即开始缝合伤口。""不,不行!"女护士高声抗议,"我记录得清清楚楚,手术中我们用了12块纱布。"外科专家不理睬她,命令道:"听我的,准备——缝合!"女护士毫不示弱,她几乎大声叫起来:"你是医生,你不能这样做!"直到这时,外科专家冷漠的脸上才浮起一丝欣慰的笑容。他举起左手心里握着的第12块纱布,向所有的人宣布:"她是我合格的助手!"③

---

① 唐凯麟.西方伦理学名著提要[M].南昌:江西人民出版社,2001:264.
② 蔡良.人生一课[J].中等职业教育,2007(34):30.
③ 金平.创造奇迹的品格[J].科技文萃,1994(10):209—210.

三、文章评析

请阅读戴玉祥的《一棵白菜的意外遭遇》,分析这篇小小说采用的写作发现方法。

临出门的时候,我发现了那棵白菜,它蹲在墙角,可怜巴巴地看着我。这棵白菜是我昨天从超市里买回来的,还没来得及享用,又要出差了。想想两个月后回来时,它腐烂的样子,我决定把它送人。

……

四、作文(选作)

(一)请阅读陈百范的《楼顶上的疯子》,提炼出最具有传播性的价值性信息,然后作文。

市区这一角的每个人都感染了这股异样的兴奋——有个疯子在楼顶上。好奇的人群聚拢来,消防队员、警察都到了。疯子的母亲,悲鸣着请他下来,消防队员汗流浃背地张起救生网。疯子宣布:"任命我当警长,不然我就要跳了。"

……

(二)请从互联网上查阅李广田、余光中和杨唤的同题诗歌《乡愁》,分析他们的构思角度。运用写作发现方法,从别人没有写过的角度试作同题诗歌《乡愁》。

(三)请运用向背法创作一篇小小说。

(四)学习下面的诗歌和小说片段,描述你发现的事物。

写作要求:①主题自定;②题目自拟;③文体自选;④字数不限。

送人游吴
杜荀鹤

君到姑苏见,人家尽枕河。古宫闲地少,水港小桥多。
夜市卖菱藕,春船载绮罗。遥知未眠月,乡思在渔歌。

边城(节选)
沈从文

茶峒地方凭水依山筑城,近山一面,城墙俨然如一条长蛇,缘山爬去。临水一面则在城外河边留出余地设码头,湾泊小小篷船。……贯穿各个码头有一条河街,人家房子多一半着陆,一半在水,因为余地有限,那些房子莫不设有吊脚楼。河中涨了春水,到水逐渐进街后,河街上人家,便各用长长的梯子,一端搭在自家屋檐口,一端搭在城墙上,人人皆骂着嚷着,带了包袱、铺盖、米缸,从梯子上进城里去,等待水退时,方又从城门口出城。①

---

① 沈从文.边城[M]//凌宇.沈从文小说选:第二集.北京:人民文学出版社,1982:210—211.

第三章 构 思

【本章学习提要】
● 理论学习
（一）理解构思的含义，知晓构思的作用；（二）熟悉构思的思维形式；（三）领会构思内容；（四）熟练掌握构思方法。
● 思考与练习
思考题：（二）（三）（四）；小练习：（一）；文章评析：（二）；作文：选作一篇。

第一节 构思概述

一、构思的含义
1. 泛义的构思
泛义的构思是指整个写作行为过程中的一切思考性行为，与写作思维的含义相近。
"构"，在这里不仅指结构，而且指整体性思考、构想。"思"，则指的是思维活动，包括常规性思维中的理论思维、意象思维和非常规性思维中的潜意识思维（包含基因编码程序和生平感知等意识）与灵感思维等的思维活动。这种思维活动，是通过想象、联想、推理、判断而形成的，贯穿着一定思想情感的关于文章内容和形式总观念的思维活动。
深入研究泛义的"构思"对于人们理性的认识写作活动是有意义的。
2. 广义的构思
广义的构思是指作者在写作前所进行的孕育、酝酿、设计的思维活动，是对立意、选材、结构等的思考行为，即设想、构想之思。
广义的构思，是作者在观察体验、有所发现的基础上，提炼文章主旨、加工材料并选择最佳表现方式，以指导写作实践的创造性总体思维过程。广义的"构思"虽比泛义的"构思"所指要具体一些，但它仍无法显示"立意"与"选材""结构"之间的思维区别性。
3. 狭义的构思
狭义的构思专指有了写作发现之后，执笔行为发生之前对材料的选择、加工以及对材料如何使用等进行的谋划。
狭义的构思是对文章内容的"结构"之思、定格之思，如怎样开头，如何结尾，分多少段落，划几个层次……甚至包括编写提纲。深入探讨狭义的构思对于文章写作具有直接的指导意义。
本书所说的"构思"是介于广义的构思和狭义的构思之间的概念。我们认为，"构思"既要考虑写作内容，又要考虑文章的形式；构思既是一个关于写作内容的创造性的总体思维过程，又是一个必须具体确定文章结构的"定格之思"。
构思是独创，只有个体生命才有可能最先萌发创造的意念（绝不可能由众人异口同声地发出）。可以说，构思这种心理现象的生命个体化及其模糊性、神秘性，是导致人们对"构思"概念的理解和运用产生分歧的根源。

二、构思的分类

由于写作主体、客体、载体和受体的不同,写作构思涉及的内容、性质、方式、方法等都会有所不同。由于人们对构思分类研究的目的不同,采用的分类标准也往往不同,分类的结果自然就不可能一致。下面从帮助大家学习写作的角度,分别介绍几种不同的构思分类。

(一) 从是否运用创造想象的角度划分

1. 类型

(1) 实构

实构是构思的一种意象思维,常用于纪实性文体的写作。它以记录生活真实为思维原则,素材是写作者耳闻目见或亲身经历的,其中有写作者搜集的具有情节性的材料,有写作者观察、体验生活后头脑里留下的表象,也有写作者在长期生活中积累的大量表象。一旦写作,写作者采用"回忆—联想"或"回忆—联想—再造想象"的形式,对表象的处理不是"你中有我,我中有你"的合化,而是根据表达需要运用联想或再造想象对表象进行纯化的选择连接,连接的形象是对表象经过真实性取舍的有机组合的典型。像这种围绕一定的写作目的,运用联想或再造想象对表象进行有机组合的写真性思维就是实构。运用这种构思写出的作品以获得诺贝尔文学奖的阿列克谢耶维奇撰写战争和灾难的具有"文献"价值和书写"真实"①的纪实作品为代表。

(2) 虚构

虚构也是构思常用的意象思维。运用虚构的写作者在构思时思维遵守的是艺术真实的原则,依据生活而不拘泥于生活,所描述的是"可能发生的事",而不必拘泥于"已经发生的事"。依据写作发现,写作者尽其所能对具有情节性的生活素材进行生发改造,所塑造的人物不必实有其人。

以艺术真实为思维原则的虚构,在意象思维的时候,写作者先是运用联想进行回忆,回忆从别人那里得到的具有情节性的素材和耳闻目见的人物、事件,经过头脑中的"过电影",对有用的材料进行分解,然后把分解后的有用表象进行联想和想象,对其巧妙融合,从而创造出一个新形象。这个新形象不是表象和表象的机械相加,而是表象和表象之间你中有我、我中有你的有机化合。在这种有机化合出新形象的思维过程中,想象是伴随始终的。这个想象是以创造出生活中没有的新形象为主的。根据一定的写作目的,对表象进行自觉的改造、化合,从而创造出新形象的表象活动就是虚构。采用虚构,整个形象创造的思维过程呈现出来的是"回忆—联想—创造想象"的方式。

2. 实构与虚构的关系

虽然实构与虚构同属于意象思维,但是写作者遵循的思维真实性的原则是不同的,因此,思维形式也是不一样的。实构以回忆的形式展开联想与再造想象,创造想象不介入其中;而虚构则离不开创造性想象,换一句话来说就是,创造想象是虚构最主要的表现形式。

写作者应该充分认识实构与虚构的独特形态、独特功能,并将此认识纳入写作的构思理论体系中,依据构思的实际形态去拓宽材料渠道,营造广阔的境界空间。在写作构思过程中,写作者根据写作目的与写作内容的需要,恰当选用不同的思维形式,从而更好地实现自己的写作意图。

(二) 从文体写作的角度划分

1. 新闻写作构思

新闻文体包括消息、通讯和报告文学。这三种文体特点各异,写法也有较大差别。但是,它

---

① 阿列克西维奇. 锌皮娃娃兵[M]. 乌兰汗,田大畏,译. 北京:昆仑出版社,1999:序言第 12 页.

们在构思的环节中都必须具有传播新闻事实的意识。新闻写作通常的构思过程如下。首先,根据报道任务和采访素材选择合适的新闻文体。其次,依据采访素材提炼主题思想。再次,围绕主题思想提取最有特色的新闻素材,然后根据选择的新闻文体和最有特色的新闻素材安排结构。最后,选用报道这些材料的表达方式。

2. 文学创作构思

这种构思的起点、意向和态势均无固定的模式,思维的内容和空间均有极大的自由度和弹性。因为对文学创作来说,构思就是展开想象的翅膀,营构有声有色、有情有义的艺术境界的架子,将表象经过艺术概括、集中、重构,达到典型的"具体",在意象思维展开的过程中渗透理论思维,从而创造出意境。思路的打开和推进常常是个性化的感性生成,犹如鬼使神差一般。长篇文学作品的创作构思通常包括行文前的总体构思和写作过程中随时进行的局部构思。

3. 应用写作构思

这种构思指的是以思维的类化、序化为根本特点的写作构思。受写作发现写作命意的限制,思维的内容必须是真实、客观的;思路的打开常常依赖逻辑推演或依循固定的模式;文本的结构往往是模式化的;文体与技法的选择以切用为尚。

4. 议论写作构思

这种构思采用理论思维围绕写作发现即文本的中心论点展开,思考的重点是分论点和证明分论点的论据及阐述论点正确的论证手法,以论述写作发现为中心提出问题、分析问题和解决问题是议论写作构思的常用模式。

(三) 从写作过程是否有明显构思的角度划分

1. 类型

(1) 显性构思

显性构思指的是作者在进入表达之前,对聚材命意和谋篇布局,甚至是定体选技等都作了大致的构想。显性构思最大的特点是思维具有方向性,思维的内容最终总是能从无序走向有序,动笔之前,文章的面貌已基本清晰、完整地呈现于写作者的头脑中。

(2) 隐性构思

隐性构思也叫感性生成构思,指的是写作者在动笔写作之前不做(或几乎不做)预先的构想,而是在写作时心随笔到、笔随意转、新意迭出。有时一个词、一句话或者是一个意想不到的新信息,就能引发写作者文思泉涌,思路完全随机生成,有学者将此种现象命名为"非构思"。诗歌创作中常有这样的现象,诗人首先获得了格言似的诗句,然后就围绕着它展开写作;小说创作中运用这种构思方式的更是屡见不鲜;剧本创作中这种隐性构思也是存在的,如曹禺的名作《雷雨》就不是从第一幕写起的。

2. 显性构思与隐性构思的关系

写作是一个复杂的创造性活动,一般来说普通文章的写作如果没有"蓝图"(即显性构思的成果)指引,表达时就会没有明确的目的和方向,写出的东西也可能就会让人不知所云。所以,否定构思必要性的理论是站不住脚的。但是,写作中那种笔随意转,甚至将预先构想的东西都弃置不顾的现象又确实存在着。因此,我们认为:显性构思与隐性构思应该共存互补。面对写作,应该以显性构思为主,以隐性构思为辅。在努力提高显性构思质量的同时,不忽视隐性构思的妙用。

三、构思的作用

受后现代主义和中国现实生活的影响,写作界出现了一种否定写作构思作用的理论。从哲学上看,否定写作构思的作用是形而上学的片面性导致的;从认识论上讲,是把复杂的写作现象简单化了;从逻辑上说,是犯了以偏概全的错误。古往今来人们的写作实践已反复证明构思的作用是无法否定的。对于构思的作用,下面择其要者略说三点。

（一）决定文章成败,提高作品质量的关键

古人云:"凡事预则立。"构思正是对文本内容和形式的全面的预先设计。从文意的提炼与确立到材料的选择和使用,从谋篇布局到定体选技,从表达方式的选择到如何遣词造句,全都是构思的任务。虽然行文过程中还有可能会对此前的预构进行修改,虽然展纸命笔时常有意随笔转、内容随机生成的情形出现,但就总体而言,构思的质量如何还是决定文本成败的关键。缺乏精心的构思,写作时脚踏西瓜皮滑到哪儿算哪儿,结果是难于预料的,尤其是鸿篇巨制的写作,缺乏显性构思,写作的质量是很难保证的。朱光潜早就指出:"一般人作文往往不先将全部想好,拈一张稿纸,提笔就写,一直写将下去。他们在写一句之前,自然也得想一番,只是想一句,写一句,想一段,写一段;上句未写成时,不知下句是什么,上段未写成时,不知下段是什么;到写得无可再写时,就自然终止。这种习惯养成时,'不假思索'而任笔写去,写得不知所云,也是难免的事。文章'不通',大半是这样来的。"①

（二）序化思维,开拓思路的按钮

准确地说,人、事、物、理、情等可以成为产生写作发现的源头,也都可以成为触发构思的"触媒"。构思伊始,写作者的思维或处于活跃状态或处于滞涩状态,常常都是处于纷乱的状态:时而"思接千载",时而"视通万里";时而"山重水复疑无路",时而"柳暗花明又一村";时而"曲径通幽",时而"豁然开朗"……写作者即使默思静想、搜索枯肠、惨淡经营、呕心沥血,也仍然可能会出现文思堵塞、茫然无措的窘况。出现上述状况,实属难免,写作者必须沉着冷静、镇定坚毅,不可乱了方寸,应该及时调整心境、调动积累,最好是沉静下来,放松自己的思维活动,换换脑筋,在迂回中诱导思维的活跃,重新呼唤认识的综合。有必要指出的是:这是一种促成思维对象各归其位,思维趋于类化、有序化的构思状态,而不是放弃构思。

构思如同开启思路的按钮。只要写作者展开构思,就必然会留下思路,思路就是思维前进留下的轨迹。思路的中断、阻塞,肯定是思维出现了问题。构思会促使思维前进,命意选材会给思维提供内容,布局谋篇、遣词造句都会促使思路不断向前推进。为了避免构思中出现思维滞涩或思绪散乱的情形,最好努力找到促使思绪聚合的脉络(论说类文体写作使用)或线索(记叙类文体写作使用),这是构思的一个关键点,贯穿于全文之中,构思就不会走弯路。运用它,就可以把写作者构思中逐渐明朗起来的内容各要素,依据写作发现的需要穿结起来,组成一个完整、和谐、统一的有机整体。脉络或线索在构思中能起到穿针引线的作用,但它一般不独立存在,往往是随着思路一起出现,并作用于构思,使构思由最初的朦胧的一种意念,随着思路而自觉不自觉地发展,逐渐形成并明朗化。

总之,构思可以加深写作者对事物的认识,发现事物本身所具有的未被认识的新意,可以使写作者将一切已感知的有关事物集合起来,形成一个核心,从而沿着既定走向,滚雪球般地滚动下去,越滚越大,形成一个充实的整体;或者是串联起来,像彩线串珠一般,将一些零散的材料牵挂在构思线索上,沿着思路延伸,形成有机的艺术链。

（三）勘察表达空间,孕育精神成果

构思是一种内隐行为,它能产生两个明显的作用。一是勘察表达空间。"表达空间"是指时代、社会、读者预留给文章思想存在的一种可能性空间。写作者必须了解时代、社会、读者

---

① 朱光潜.朱光潜美学文集:第2卷[M].上海:上海文艺出版社,1982:284.

的需要,否则闭门造车,即使"车"本身没有问题,但没有行车的路,没有驾车、乘车的人,只能是枉劳无功。构思对表达空间的勘察结果往往直接体现在"产品"的内容和表现形式的选择上,对写作结果尤其是传播效果的影响十分显著。二是孕育精神成果。从构思涉及的内容可以清楚地看到,构思主要是预构出文本的雏形,孕育精神的新成果。构思是在观察、采访、阅读的基础之上,运用各种思维方式对写作的"原料"进行加工制作,从而在大脑中预制出未来文本的"蓝图"。

在当今信息传播"受众为王"的时代,从事写作构思的主体当然不能忽视构思勘察表达空间的作用。现在大众文化水平普遍提高,大众选择精神产品的要求越来越苛刻,写作者只有在孕育过程中充分汲取各种营养来培育"精神胚胎",才能保证其不出现畸形或者夭折。

四、构思与写作发现

(一)写作发现是构思的前提与基础

作为一种物我交融的思维活动,构思首先是写作主体的一种发现,一种对事物客观规律性的发现。一篇文章为什么这样开头,而不那样开头?表现这个主旨为什么要使用这样的材料,而不使用那样的材料?为什么这篇文章只能使用这样的语体风格来表达?为什么这样的情节安排对于表现这样的事件和人物就是生动的、合理的,反之效果就不好?……这都有一定的规律性,也即必然性。这种必然性是蕴含在人、事、景、物等客观事物之中的,是客观事物存在的自身逻辑,它并不以写作主体的意志为转移,写作主体需要在写作构思中挖掘它、发现它,并以之为基点和线索,使构思向不同的方向有目的地展开。正是在这个意义上我们清楚地看到写作发现是构思的前提与基础。

(二)写作发现对构思的激活与牵引

写作发现对构思的激活是指没有写作发现,构思者的思维就处于休眠状态,构思也就无从谈起。写作发现对构思的"牵引"是指写作者的思维内容和推进方向总是受写作发现的制约和引导。构思中随时都会产生新的发现,而这些新的发现又会进一步激活和牵引新的构思。源源不断的"发现"激活并牵引着思维,由此可见"写作发现"在整个构思活动中始终是占据主导地位的,整个构思都是对写作发现的"完形",整个构思都是围绕写作发现进行的。

(三)构思对写作发现的影响与要求

构思不仅是对未来文章的预想,而且也是一种创造性的实践活动。构思体现了写作主体的写作意图和写作理想。事物的客观必然性是构思的基础,而写作者的写作意图和写作理想则规范了构思的走向和形态。违背了事物客观逻辑的构思,是无目的的胡思乱想,而拘泥于客观事物本身的构思,则无法体现精神产品的灵动与自由。写作发现形成写作意图和写作理想,激活与牵引构思。但构思作为受制于写作意图和写作理想的思维活动,又会反作用于写作者的"发现",进一步丰富写作发现,并给发现提出许多新的要求,从而对写作发现产生重要的影响。

第二节 构思与思维

在写作构思阶段,思维制约着整个构思过程,离开了思维就无所谓构思。对于构思过程来说,虽然它所涉及的材料来源于客观世界,但在这个过程中起主导作用的是写作主体的思维。写作前,我们常常通过各种思维途径和方法,把思维对象——也就是被反映的客观世界——表面上看起来彼此毫无关系的事物和过程联系起来,从而获得关于对象本质和规律的认识。构思从本质上说是对客观对象的再认识、再体验,是主体的一种创造性思维功能,但它必须受到客观材料的制约。

一、构思中思维的作用

(一) 帮助确立正确的写作意向

自然景象和社会生活纷繁复杂,事物的本质和规律往往不是直接表现出来的,有时甚至是与本来面目相反的。写作主体怎样才能向人们揭示某种新的、大家所不知晓的道理,怎样把由生活暗示的某种思想变成比较明晰、深刻的主旨,怎样获得对事物的独特理解,从而确立文章的写作意向,这都需要在构思阶段对材料进行正确地分析综合、抽象概括,由此及彼地深入研究,这正是思维方法的深刻体现,正确的写作意向也正是在此基础上才得以确立的。

(二) 帮助确立合理的文章结构

在写作构思中,对结构的预想其实质就是如何组织材料的问题。材料的组织是一项十分复杂且困难的工作。严密、清晰的思维,是写作有条理文章的重要条件。结构是客观事物的内在联系和发展规律通过写作者构思在文章中的具体反映。安排结构涉及表现的技巧、方法问题,最根本的还是思维方法问题。写作主体认识透彻,思维严密、灵活,思路就会清晰、灵动。思路往往就是分析与综合的思维活动的体现。按照一定的思路去组织材料,确定它们在文章中的地位,结构就会自然有序、清晰缜密;反之,写作主体思维混乱、思路不清,就很难写出有条理的文章。

(三) 帮助实现语言表达的准确、清晰

语言表达能力是衡量写作主体写作水平的重要标志之一。提高语言运用的能力,关键是提高思维的能力。这是因为"语言是思想的直接现实",是思维的工具,思维与语言是密不可分的,思想是无形的、抽象的,没有语言便无从表现,而语言又依赖于思维,要想说得明白,首先要想得清楚。写作实践证明,语言的准确、深邃,靠的是思维的明晰、深刻和创新。如果思维没有条理,所表达的概念含混不清,违反了正确思维的基本规律,那么表达出来别人也就必然看不懂、听不明白。写作中存在的"文"不能逮"意"的现象,其实很多时候问题还是出在"意"上,"意"有问题,"文"当然也就不能"逮"了。

二、构思中思维的形式

写作构思阶段,涉及的思维形式多种多样,它们彼此之间构成了十分复杂的辩证关系,相互渗透,相互影响。我们以写作者是否清楚地意识到思维过程为标准来划分,可以把思维划分为常规性思维和非常性思维。

(一) 常规性思维

写作离不开思维,这种思维现象或创造形象系统,或构筑理论系统。在系统构建中,整个思维过程有它自己的特点。因此,我们把围绕文意树立形象世界的思维称为意象思维,把依据见解建立理论体系的思维称为理论思维。使用这两类思维的某一种,其思维过程写作主体是清楚的,因此,它们属于常规性思维。

1. 理论思维

围绕见解,运用概念、判断和推理,建立理论体系的思维就是理论思维。在理论文章的写作构思中,写作者运用这种思维,能够表述认识的结果。在文学创作中,从整个创作过程来看,虽然理论思维不能把人物生动形象地表现出来,但它参与其中,为素材羽化为题材起引领和"烛照"作用,帮助写作者创造符合情感逻辑或生活逻辑的"第二自然"或"第二人生"。从表述过程使用语言来看,文学创作需要通过语言来描述形象,写作者就得准确地掌握概念的内涵和外延。贾岛把"僧推月下门"改为"僧敲月下门",反映出诗人在写作中对每个词义的推敲,体现的就是理论思维

的作用。韦应物的《听嘉陵江水声寄深上人》有言:"水性自云静,石中本无声。如何两相激,雷转空山惊。"也是以生动形象的语言,反映出寓意深邃、耐人寻味的深刻哲理,实际上也体现出理论思维的作用。在理论文章的写作中,理论思维更是主要的思维形式。写作主体在定向接触大量感性材料的基础上,经过反复的分析、综合、归纳,升华、提炼出一个抽象、概括的主旨。这个选题立意的过程,就是凭借理论思维进行的。构思中对于材料的选择、结构的安排等,也都是按照一定的理论思维形式和逻辑顺序来完成的。

2. **意象思维**

诗人刘祖慈说:

我追求用形象来表现我的思想。

我努力把我的思想包容在形象之中。

我之所以用意象、象征、联想、想象等,目的在于表达我的思想。

为了一个确切、动人的形象,我却辗转反侧,梦寐以求。[①]

刘祖慈为表达写作发现——"我的思想",不是运用概念、判断和推理,而是呕心沥血地寻找恰切的形象,这种有别于议论文写作思维的方式属于意象思维。这一类思维为表达写作发现,在运用虚构或实构中对有用的形象信息进行组合式或化合式的整合,再现生活真实或创造新形象的思维活动就是意象思维。

意象思维的过程始终依靠联想、想象和情感等多种心理功能。写作构思中的意象思维能够通过形象,具体、鲜明地勾画景物和社会生活,深刻反映事物本质内容。文学作品的创作主要依靠意象思维。因为文学构思不是单一的对客观事物的逻辑认识活动,而是在丰富的表象记忆和情感积累的基础上来形象反映事物本质内容的。意象思维的中心环节是写作主体的想象活动,它具有在原来生活的基础上创造新形象的能力。写作主体可以凭借它创造出源于生活并高于生活的文学作品,创造出新的形象,为写作主体开拓出广阔的思维空间,能够"精骛八极,心游万仞"地进行写作构思活动。

(二) 非常性思维

非常性思维包括灵感思维和直觉思维。这两种思维不论是运用哪一种,写作者虽能获得思维成果,但却不清楚思维过程,因此被称为非常性思维。

1. **灵感思维**

以较长时间贯注于一个写作目标的紧张思考为前提,受特殊联想的触发,从距离思考问题较远的事物或其他方面的知识中得到出人意料的启示,迅速地获得新奇的思维成果的思维活动就是灵感思维。它常在写作者构思间隙不期而至,由于具有突发性、非自觉性的特点,写作者无法自觉把握。写作灵感一旦触发,它就像一道闪电,一下子照亮写作主体的思路,使其突然触类旁通、顿然领悟,使思维认识得到突发式的飞跃。灵感的到来,使常规思路被打破,从而使写作具有创新性。灵感并非神秘莫测,它是写作主体艰苦寻觅的结果。只有不断地探寻、追求、苦思,才会获得顿悟和灵感。

2. **直觉思维**

对于突然出现的新东西、新情况未经逐步分析,就能够迅速做出判断、猜想、设想,甚至对未来事物的结果有"预感""预言"的思维形式就是直觉思维。在高考考场,有的考生阅读完作文试题的题干和材料,能够立即判断出写哪一种文体,头脑中闪电般地浮现出要使用的材料,这就是直觉思维。直觉思维是一种心理现象。它在构思中能起到很大作用,往往是对思考内容和形式进行直接判断。直觉思维的特征主要有三点:一是直接性,不依赖于严格的证明过程,以对问题

---

① 刘祖慈. 银杏[G]//《上海文学》编辑部. 百家诗会选编. 上海:上海文艺出版社,1982:146.

全局的总体把握为前提,以跨越的方式直接获取问题的答案。直觉的形式表现为很快产生假设,迅速对问题的解决方案作出猜想和预测,在表现形式上往往是一种"顿悟"。二是视觉性,直觉思维者往往以视觉化的方式再现并处理事物,其信息编码方式倾向于图像形式,在信息编码加工过程中表现为果敢的甄别和取舍,而这又取决于思维者对解决方向和目标的大胆的、直接的预见。三是内隐性,直觉思维的智力操作是内隐的,其思维的过程往往是思维者不能言表的,而且不能对思维结果作出评论,因为它不依赖于分析技巧而掌握问题的意义和结构组成,是一种对问题的直接把握。直觉思维能力是可以通过自觉地培养训练来不断提高的,比如通过获取广博的知识和丰富的生活经验,就能帮助我们培养和提高自己的直觉思维能力。

第三节 构思原则

文无定法,构思也没有固定的套路。但在写作构思阶段,形式可以先于生活而成为一种现成的规范,所以,构思不能完全随心所欲,它是有一定的规律和要求的。由于新闻写作、文学写作、应用写作和议论写作无论是内容还是形式都存在很大差异,构思应遵循的原则自然也就会有不同,所以下面分而论之。

一、新闻写作的构思原则

（一）真实性与思想性的统一

真实性指的是在新闻报道中的每一个具体事实必须合乎客观实际。它是新闻写作构思必须严格遵守的准则。现今的数字时代,在数字化、媒体融合和用户通过互动、互联发挥积极作用所创造的新媒介格局中,不能以牺牲真实、准确为代价追求即时性。"新闻工作首先必须做到对真相负责。"[①]新闻写作构思必须坚持所涉及的内容都是经过调查采访、经得起核实的事实真相,凡是怀疑有虚假成分的材料必须在构思这一关剔除掉。只要新闻写作构思坚持了真实性原则,把守住了真实的关口,就能够避免新闻中的虚假信息。

新闻写作构思必须具有思想性意识。所谓思想性,是指新闻作品中蕴含的思想观点和社会意义。思想性是新闻的灵魂。关于新闻的思想性,习近平指出:"必须把政治方向摆在第一位。"[②]运用这一思想指导新闻写作就体现在新闻报道的思想性上。写新闻,特别是写社会新闻,构思的重要环节是选择材料和组织材料,这其中就贯穿着思想性。以思想性为依据,新闻写作构思才有取舍材料和组织材料的标准,才能使构思内容的含金量得到提高。

新闻写作构思是对新闻蓝图的构想。这种构想既有写作者在真实性原则参与下考量选定事实真相和其在结构上的先后顺序,又有写作者在思想性原则参与下对其价值、意义大小的衡量。从两个方面思考被选用和组织的新闻材料,增加了新闻的分量,这样做遵循了真实性与思想性统一的原则。

（二）新颖性与典型性的统一

新闻写作的选材应少而精。要做到选材精当,新闻写作构思所选之材必须是新颖性与典型性的统一。所谓新颖性,是指新闻材料要新鲜或独一无二;典型性是指所选的新闻材料虽是个别事物,但要有代表性,且具有普遍意义。新闻写作构思应把新颖性与典型性的统一作为选用新闻

---

① 科瓦齐,罗森斯蒂尔.新闻的十大基本原则:新闻从业者须知和公众的期待[M].刘海龙,连晓东,译.北京:北京大学出版社,2011:4.
② 习近平.习近平十八大以来关于"新闻舆论工作"精彩论述摘编[ED/OL].(2016-02-25)[2022-04-02]. http://cpc.people.com.cn/xuexi/n1/2016/0225/c385474-28147905.html.

材料的标准。通观所有获得"中国新闻奖"的新闻报道,它们都有一个共同点,这就是选用的新闻事实既新颖又典型。例如,被评为第三十届中国新闻二等奖的《赞！这座桥为保护越冬候鸟装矮灯》,它报道的是新建成的海南地标建筑物的海文大桥为避免灯光太亮导致候鸟撞灯杆只装了低矮照明灯。该新闻报道的事实为全国第一例,是新颖的,同时又是典型的,大桥的设计体现了保护生态环境的政策。一个新闻事实体现了新颖性与典型性的统一,材料选得很好。

(三)报道角度与整体观念、时代主流意识的统一

新闻写作者在采访中发现了新闻,将新闻发现进行报道,构思时应该考虑好报道角度。

何为报道角度？报道角度是指新闻写作者在新闻写作构思中认识和表现新闻事实的着眼点,是寻找"透视"挖掘和表述新闻事实的立足点。选择报道角度是为了把事实的新闻价值更加充分更加突出地挖掘和显示出来。只有选准报道角度才可能使报道的新闻有特色、有新意。由于新闻事件是多面体,构思选用的报道角度不同,新闻报道的"成色"也会有很大差别。

构思中确定报道的着眼点是选取从一个侧面报道新闻事实的,为防止失之偏颇,新闻写作者还须有新闻事实的整体观念。因为从选中的报道角度报道的新闻事实只属于新闻事件的一部分,而一个新闻事件可能蕴含多个新闻事实,所以,要充分了解新闻事件的整体情况,不然"只见树木不见森林",构思的新闻内容会欠缺深度和广度。

构思选定了切入点,对所报道的内容还须有时代主流意识的观照,用大局观思考问题,发掘新闻事实的政治价值和社会价值,才有可能使构思的新闻内容具有一定的高度和代表性。

新闻写作构思把选择角度与整体观念、时代主流意识这三点结合起来,做到有机统一,是可以写出好新闻的。例如,第二十七届中国新闻三等奖通讯作品《记者手记：羊小平砸缸》,记者在熟知国家和甘肃省的扶贫政策,对"羊小平砸缸"之事再次采访后,采用以小见大的手法,"把羊小平一家的命运转折和国家脱贫攻坚的时代洪流结合起来,反映脱贫攻坚的人民战争"[①]。构思选取的是一个小角度：扶贫搬迁了,羊小平砸了6口再也用不上的储水大缸。作品通过对一位"山民"命运转折的描述,将我国扶贫攻坚的伟大意义作了生动阐释,展现出我国扶贫攻坚的时代画卷。

二、文学写作的构思原则

(一)创新与守正辩证统一

创新原则是指对文学性文体的构思从内容到形式都必须努力追求原创性,即独一无二。守正原则乃是指对文学性文体的构思不能无视文学传统、民族文化特色,内容上不能邪僻,形式上不能畸变。

文学构思要遵循创新的原则,道理不难理解：文学能陶冶人的情操、抚慰人的灵魂、振奋人的精神,主要在于它的审美功能。读者之所以愿意接受文学的审美教化,主要是因为文学能满足读者对情感的渴求,文学从内容到形式都能给因庸常的生活而郁闷的读者带来超越庸常的新颖感,满足读者求新求异的心理。因此,文学性文体的构思必须追求创新。追求创新的原则不仅是读者的需要而且也是写作者的需要,设若写作者的创作只是如同建筑工人垒砖一般的"码字",那将是多么地让人郁闷啊！

文学构思要遵循守正的原则,道理不难理解：文学的审美是一个不能脱离传统和现实的活动。传统和现实造就和制约着读者的审美理想、趣味。如果完全不顾传统和现实的制约就不是简单的"冒点风险"的问题了,而是文学还能否是一种审美艺术的大问题了。

---

① 姜伟超.《羊小平砸缸》：砸出来的一点感想[J].中国记者,2016(05):42.

强调文学构思的创新与守正辩证统一,不是某种外来强权的硬性规定,乃是对文学艺术规律的自觉遵循。"创新"乃是文学存在的意义所在。"守正"的"守"是坚守和遵守之意,"正"是健康和雅正之意。文学作品的构思只有秉承健康的审美理想、雅正的审美趣味,才不会让创新的追求畸变为"恶搞",才能长久地吸引读者。

(二)个性化与规约化辩证统一

个性化原则指的是文学构思必须时刻不忘张扬个性,要在构思的全部内容上打上个性化的烙印。而所谓规约化原则,则指的是文学构思必须时刻不忘对优秀文学传统的继承、借鉴,不忘时代的精神,不忘创新原则的呼唤——须知要创新也是一个规约!

个性乃是使人成为具有独立意识、创新精神、创新思维、创新能力的根本。文学写作的过程,就是写作主体发现、发展及至健全个性的过程;就是发现、认知外部世界的过程,而且是同步叠合的不可分割的整体,只有在学会展现自我的前提下,才可能学会展现他人及外在世界。中外文学史上许多著名的作家都是从写自传性作品开始走上创作之路的,许多名家的成名作或代表作都是自传性作品,也都说明了这个道理。

没有个性就没有创造性,创新思维和创新能力其实就是个性化思维和个性化的实践能力。对写作主体而言,构思就是一种发现,即挖掘、发现客观事物本身的逻辑——事物的客观规定性,这是构思的基础。构思同时又是一种有目的的创造性活动。正是写作主体的写作意图、写作理想规定了构思思维的走向和形态,而写作意图和写作理想反映的正是主体对文体写作规范的自我认识。

文学构思受到的规约是多种多样的。比如,文学作品强调审美价值,突出创造主体的主观感受和鲜明的自我色彩,突出艺术形象、审美情感的表现,有较大的创造空间,但在文体规范上也绝不是就可以天马行空,毫无限制的,只不过不像那种完全模式化的应用文体,其文体规范多体现为某种审美导向而已,如诗歌强调韵律、节奏,散文讲究情景交融,小说突出对人物形象的刻画,戏剧注重创造白热化的矛盾冲突,等等。这些从某种意义上看就是一种规约。至于说构思中对时代提供的"语境"、对自己主观条件等的种种考虑,那就更不用说是受到了种种规约。

文学构思要遵循个性化与规约化辩证统一的原则,一方面,任何一种"个性"实际上都是相对而言的,实际上任何个体都摆脱不了历史、社会,都不可能不受到自己生存环境的影响。从某种意义上来说,这种影响还是非常必要的,过于极端的追求"个性化",完全无视历史、社会,这样的构思结果是一定让人难以接受的。更何况完全不受主客观两个方面的规约,是任何人也无法做到的。另一方面,如果我们过分强调规约的原则,就难免会对个性化产生压制作用,因而影响构思的创新。

(三)"化大为小"与"小题大做"辩证统一

"化大为小","大"是指生活中的"重大题材",常常是生活的异态;"小"是指细节,更多的是生活当中的常态,但却能够给人带来情感的冲击和思想的启迪(其实,对常态的刻意描述就会使其成为异态)。"化大为小"就是使大题材落到实处,将"重大题材"或异态的生活细节化、生命化、情思化。"小题大做","小"指的是题材的平凡、普通,而"大"则指的是立意高远、美妙。"小题大做"就是将庸常的生活奇异化,即小见大,在小题材中发现、开掘高妙的蕴意。

构思中遵循"化大为小"的原则,即精心选取典型的人、事、物、理,以点带面,通过某些侧面反映全体,犹如海上的冰山,虽只露一角,但却能让人窥其一角而能想见其全貌。面对庞然大物,如果不是大手笔,很难绘出其全貌,即使是丹青高手,能画出庞然大物的全体,观者恐怕往往也难详其全貌。所以,古今中外高明的作家往往驾驭重大题材时都是"化大为小"。托尔斯泰的《战争与和平》写的是 1805—1820 年间俄国人民反抗拿破仑入侵时的一段历史。题材可谓大矣,但作家从四个贵族家庭入手,将一个时代的风云变幻浓缩到四个家庭数十人身上,生动地展现了那段历史。

构思中遵循"小题大做"的原则,即精心选择那些貌似琐屑实则蕴含丰富的小题材或给作品拟个看似很小的题目,然后打起十二分的精神,即小见大。鲁迅指出"不可将一点琐屑的没有意思的故事,便填成一篇,以创作丰富自乐"[1]。但这不是说不可写小事,而是要做到"选材要严,开掘要深"[2],以"小"见"大"。

大与小,相辅而相成,对立又统一。古人对此也早有认识并运用到艺术创作中去,佛家有"芥子纳须弥"之说,道家庄子在《逍遥游》中曾有大、小之辩,并将这一原理运用于写作。

(四)"化虚为实"与"化实为虚"辩证统一

"虚",就是指情思,也是鲁迅所说的"沉默时的充实"[3];"实",就是指生活包括生活的细节。"化虚为实"就是把高蹈的情思世俗化、生活化甚至细化。"化虚为实"就是在构思时运用意象思维,努力调动头脑中储存的表象,让它们成为情思的对应物。"化虚为实"并不是简单易行的事情,因为即使找到了理想的"实"也还远远不够,还要找到恰当的语言将其表现出来。《文心雕龙·神思》篇说:"意翻空而易奇,言征实而难巧。"[4]意思就是想象中的意境容易出色,用具体语言表达时却难以做到精巧。文学之难不正是因为它要以语言为媒介来描述生活、表达情思吗?而"化虚为实"却要跨越两道坎,能不难吗?

构思的"化虚为实"原则强调的是文学创作必须坚持意象思维的原则。

文学构思要遵循"化实为虚"的原则。"实"仍然是指生活和生活的细节。"虚"也仍然是指情思。在进行文学构思时如果不能"化实为虚",写作者对未来文本涉及的生活细节的选取和处理就会失去依据。构思的"化实为虚",也不是简单易行的事情,既要占有丰富的"实"又要能从中提炼、生发出精粹的"虚",并且能以此为"实"的选取、展开的依据。要落实这样的构思原则,肯定也非轻而易举之事。

但是,我们只要沉潜到生活之中,简化一下思维,再难的事情也是可以解决的。对于大多数人来说,情思不外乎这样几个意识:时间(人生不同阶段)意识、生命意识(人的价值和实现方式等)、关怀(或悲悯)意识、爱(或被爱)的意识。阅读和思考可以解决情思的问题,更重要的是当我们用自己的眼睛观察世界,用自己的心灵感悟生活的时候,我们事实上已经与情思相亲了。甚至可以这样说,在文学构思中,对"实"的真正理解才是关键点,要通过对生活的观察和描写,表达自己的情思;要借助情感的抒发和思想的阐释,帮助自己和读者找到观察和描述生活的独特视角。情到深处言自动人,思愈朦胧愈多回味。

构思的"化实为虚"原则强调的是文学创作必须高度重视理论思维,必须坚持理性思维渗透的原则。

能够自觉地遵循"化虚为实"与"化实为虚"辩证统一的原则,构思的结果才会"实""虚"并茂。

三、应用写作的构思原则[5]

(一)被动性与主动性相结合

应用写作的写作动机与文学创作不同,文学创作的动机往往来自内心的激情,来源于写作者

---

[1] 鲁迅.关于小说题材的通信[M]//二心集.北京:人民文学出版社,1973:152.
[2] 同①.
[3] 鲁迅.题辞[M]//野草.北京:人民文学出版社,1973:1.
[4] 刘勰.文心雕龙·神思[M]//祖保泉.文心雕龙解说.合肥:安徽教育出版社,1993:520.
[5] 关于"应用写作的构思原则"参考了刘桂华.应用写作构思原则[J].天中学刊,2003(6):94—95.——编者注

心灵的需要。在整个创作的构思活动中,包括主旨的确立、材料的选择及结构的安排都由写作者来决定,不必顾及外界的要求。而在应用写作中,写作活动多与社会、与工作的实际相联系,必须服从于社会的需要,服从于实际工作的需要。所以,应用文的撰稿者往往不能根据自己的喜好来决定对某一事物的态度,文章的主旨和所使用的材料有时是被动接受的,甚至连文章的结构方式也是规定好的。即使撰稿者本身没有写作的欲望,也必须立即投入写作活动中去。特别是公文写作,撰稿者往往因职责所在不能推托。因此,应用写作的构思在很多情况下表现为一种理性意识强制支配下的被动行为,个人的情感处于被压抑甚至被排斥的地位。

应用写作在构思中有一定的被动性,但并不妨害撰稿者在文章的构思过程中发挥主动性、积极性和创造性。撰稿者只有将被动的意图转化为个人的主动认识,充分调动起写作的积极性,才能出色地完成写作任务;否则,写出来的只是一篇干巴巴的传声筒式的文章。应用文的撰稿者在平时就应熟悉党和国家的方针政策,把中央的精神、上级领导机关的部署和本单位、本部门的具体情况结合起来,研究新问题,总结新经验,提出新建议。特别是有些重要行政公文的撰写,撰稿者不仅要把领导讨论的意见简单加以归纳,而且要在起草文件、拟订方案时,为领导拾遗补漏,这是一项要付出巨大的心血和富有创造性的脑力劳动,是撰稿者的再创造。撰稿者对领导考虑不当、不周的问题,要敢于和善于用适当的方法提出自己的意见或建议,确保公文能正确地指导实际的工作,解决实际问题。这些工作都体现了应用写作主体在构思中的主观能动性。

总之,撰稿者必须遵循主动性与被动性相结合的原则,在被动中不忘积极主动地发挥,才能获得理想的构思效果。

(二)明确的目标指向性

应用写作的构思在目标指向上与文学创作有着明显的区别,一般文学创作由于没有明显的实用目的和功利目的,所追求的是情感的抒发和精神的张扬,且这种情感或精神没有现实具体的要求,所以大多没有确切的目标指向性。如莫言写《四十一炮》,绝对不是为了给那个叫罗小通的孩子作传;路遥写《人生》,也不是为高加林寻找一条明确具体的出路。而应用文写作则不同,秦代李斯写《谏逐客书》,是为了让秦王收回逐客令,为秦王朝的兴盛和统一大业奠定人才基础,其目的是现实的,其目标是明确的。应用写作不是一般的有感而发,而是必须针对现实中具体的实际问题,或要求找出解决问题的方法,或要求作出某种规定,其写作有明确的目标指向性。

应用写作由于初始的写作动机是实际工作、生活的需要,其写作目的在生成方式上有两种情况:一种是发现式,是指撰稿者在社会实践活动中出于工作、学习、生活的需要,针对一些具体事物或事理,有所发现,产生了一些想法,从而产生出某种写作目的;另一种是交托式,即由领导交办或他人托办,具有代言的性质,这一类在行政公文写作中比较多见。不论哪种方式,也不论其文字长短、内容多少,总有一个目的;或是为了发布法律、政策;或是为了宣告决议、决定;或是为了陈述事情、报告情况;或是为了请求指导、解决困难;或是为了答复问题、指导工作;或是为了告晓应知的事项;或是为了商洽有关事务,都有一个明确而集中的意图和意见。在构思中,撰稿者所有的注意力都直接指向所发现或要表达的意图和意见,或要解决的那个问题。整个构思活动都服务于特定的目标。

另外,应用写作在构思中要明确读者对象,即锁定其目标指向。文学创作往往没有固定的读者对象,写作者在创作时并没有刻意要给什么人看,因而不能确定文章的目标指向。应用文章为了实现其功利目的或现实效应,必然有特定的读者对象,这个对象目标可能是具体的个人,可能是政府管理部门,也可能是与社会组织相联系的公众。这就要求在构思中要考虑到不同的对象目标和具体的交流情境,从而据此选择恰当的词语、句式、结构形式和行文语气,做到有针对性,有的放矢。如公文是针对特定部门、机关而制发的,必须考虑收文单位的职能范围和工作性质;书信是针对具体的收信人而写的,应表达收信人急需知道的事情或发信人急于告知的情况,并考虑收信人的身份而采用相应的语气;同样一份工作计划,发给本单位职工要求遵守执行的,语气要坚定;呈送给上级领导要求审批的,语气要谦和诚恳。倡议书是面对公众的,要考虑人民群众的接受心理。总之,应用写作在构思中要根据特定的对象目标,根据不同的读者群,适时调整应用文的表现形式,诱发读者的阅读动机,这样才能真正有效地实现应用文的实用价值。

(三)构思依据必须真实可靠

应用写作是认识和反映客观存在的真实事物和现象的,是为现实的工作、生活服务的,不像文学作品那样可以反映一些假定的事物和现象。文学作品中的主观现象可以超越时空限制,像刘勰所说的"文之思也,其神远矣。故寂然凝虑,思接千载;悄焉动容,视通万里;吟咏之间,吐纳珠玉之声;眉睫之前,卷舒风云之色。"① 但在应用写作的构思中绝不能有任何的假定设想和随意虚构,即使是合理想象也不允许。它所使用的材料必须是客观实际所具有的,不是虚假的、杜撰的。应用写作要求的真实是一种有案可稽的真实,它不仅需要构思者所使用的材料在任何一个细枝末节上都绝对真实可靠,而且这种材料不仅在现象上、本质上符合客观实际,在局部上、全局上也必须符合客观实际,能代表事物的主流和本质。构思中如果不能严格遵守这样的原则,那么文章越是"妙笔生花",其结果则越糟。

(四)以理论思维为主,意象思维为辅

应用写作构思主要采用理论思维,这是由应用写作的特点与理论思维的特点共同决定的。首先,与意象思维以"形象"为材料不同,理论思维以"概念"为材料,通过判断和推理的形式,抽象出定理、规律,概括出意见、经验、办法等,直接作用于读者的理智。应用文正是为"事"而作,为"用"而作,它必须以理性为成品特征,理论思维是制造理性效果的最恰当方式。其次,理论思维是以本质化为目的的,它的功能是从具体、生动的社会现象中抽象出某种观念,在头脑中将客观事物的本质属性与非本质属性区别开来,把握其本质和内在规律性。这是一个思考问题和解决问题的过程,这一过程必须思路鲜明、条理清楚、推理严谨、层次分明、论据充分、结论证据确凿。应用写作要反映事物的本质和主流,表达作者理性和智性的见解,所以,在构思文章的内容与形式时,都要受到理论思维的制约,只能以意象思维为辅。

四、议论写作的构思原则

(一)以阐明写作发现为要旨

写作发现在议论写作中属于中心论点,它是议论写作的中心,构思应围绕它展开活动。

"以阐明写作发现为要旨"的"阐明",在这里的意思就是论述观点有理有据,道理讲得明白透彻。议论写作把写作发现阐发到这种程度就称得上"阐明了写作发现"。在议论写作构思的整个阶段必须坚持"以阐明写作发现为要旨"的观点。

坚持这个观点就要在构思中把写作发现,也就是中心论点从抽象到具体,由基本观点生发相应的分论点和小论点,然后再进行精选,挑选出能够证明它们的经典性论据,这是构思在内容方面的思考。

当构思内容的时候,其形式也如影随形。"以阐明写作发现为要旨"从形式上思考问题就要从整体到局部依据内容以不同形式优化写作发现的表达安排,这是构思在形式方面的思考。

---

① 刘勰.文心雕龙·神思[M]//祖保泉.文心雕龙解说.合肥:安徽教育出版社,1993:520.

(二)以搭建文本骨架为重点

打腹稿是构思的一种形式,写千把字的短小议论文可以采用;若写篇幅长的议论文最好还是把构思的内容按照一定的逻辑列出提纲来,这是构思的另一种形式。

构思是动态的,具有流动性和易失性。我们应该及时地把流动的、具有即时性的内部语言,根据论述写作发现的需要选择性地外化为可视文字的提纲,这是很有必要的。

对形成文字的提纲,写作者可以平心静气地从第三者的角度以搭建文本骨架为重点,对其审视,分别从内容、形式和逻辑方面进行品评,若发现了文本框架还有不妥之处,则可做相应的处理。例如,内容有遗漏的予以增添,内容有重复的予以删除;形式不合适的予以调整;逻辑有毛病的予以改动。经过修改使之优化,目的是建立相对完整的论证体系,这是构思的中心任务。

(三)以逻辑严密、脉络清晰为要求

议论文章是揭示事物普遍本质的,文章要写得以理服人,具有吸引人的逻辑力量,这与构思的逻辑严密是密不可分的。

"论如析薪,贵能破理。"[①]议论文的构思要把写作发现阐发出来,如何更好地阐发,有一系列的逻辑问题。比如,论证写作发现先表述什么、后表述什么,有一个逻辑顺序的问题;阐述写作发现使内容具有深度和广度,有一个使用辩证逻辑方法的问题;论述写作发现如何论证更有说服力,有一个选用形式逻辑方法的问题,等等。在整个构思阶段,必须遵循逻辑规律,在内容上理顺中心论点与分论点、观点与材料之间的逻辑关系;在形式上思考文本布局的整体与部分、部分与部分的关系,使之顺理成章,无逻辑问题。除此之外,构思还要从整体上审视内容和形式是否和谐统一了,是否还有逻辑毛病。构思遵循了逻辑严密的要求,才有可能写出令人信服的文章。

议论写作构思要脉络清晰。"脉络"的含义在写作学中是指议论写作中的布局和条理。议论写作安排结构的起承转合以中心论点贯穿其中,遵循了脉络清晰的要求。议论写作构思是围绕着写作发现提出问题、分析问题和解决问题的。整个构思过程以写作发现一以贯之,无论论证的置设还是条理的安排都以更有利于表达写作发现为标准,布局序论、本论和结论体现说理的纲举目张,章法上以不同形式突出写作发现的表达,做到层层相扣、脉络清晰。

第三节 构思内容

一、提炼与深化文意

(一)与文意相关的几个概念

1. 课题

课题是研究或讨论的问题,同一个课题可以提取出不同的文意。就学术论文来说,课题就是研究的对象,文意则是研究得出的结论,课题是文意产生的基础,文意的产生有利于课题的完成。

2. 论题

论题是议论文作者在文章中要论证的对象,有时也指写作者要证明的基本观点。论题一般概括反映文章内容的性质或基本范围,具有客观性;中心思想是论证的结果,明确表达作者的见

---

① 刘勰.文心雕龙·论说[M]//祖保泉.文心雕龙解说.合肥:安徽教育出版社,1993:366.

解,具有一定的主观性;同一论题可以产生不同的中心思想,即不同的论点。

3. 标题

标题是标举文章或作品名称的,是全文的眼睛。有的标题直接点明文意,有的标题则是暗示文意,还有的标题只是标示出内容的范围、性质,或表达方式、体裁、线索和感情的基调等。而文意则多是从对文章内容的分析中归纳得出。

(二)提炼与深化文意的原则

1. 必须以正确的思想为指导

文意来自社会生活,但社会生活本身并不能直接产生文意,而是要经过提炼和加工。写作者在提炼、确立、深化文意的过程中,必然会受到自己的立场、观点、情感的制约,必然会融进自己对材料的认识与感受,其中也包含写作者的写作意图、审美情趣等。这就是说,文意的确立与深化是与写作者的思想与情感密切相关的,能以正确、先进的思想为指导,就能帮助写作者正确地认识生活,明辨是非,把握生活的本质与规律,写出对社会有益的文章;反之,则很难确立、深化正确的文章主旨。

2. 必须发掘事物的本质,把握事物的个性

从文意的形成过程来看,文意是作者对客观事物认识的集中体现,它是一系列的生活材料反映在人的头脑中所产生的某种观念、情感等。文章选用的材料一旦确定,材料中包含的客观的思想意义也便随之确定,写作者不能主观臆断,更不能随意贴标签。因此,写作者确立和深化文意必须从全部材料出发,努力发掘事物的本质。

文章总是通过"个别"来表现"一般",通过"个性"反映"共性"的,正确、深刻的文意也就应该是共性与个性的统一物。因此,构思中要不断深化文意就得努力发掘事物的本质,把握事物的个性。

3. 必须符合现实需要,反映时代精神

人们的思想意识总是不可避免地打上时代的烙印,写作者应以当代人的思想情感和美学高度去认识和评价生活、理解和把握事物,从而准确地传达当代人的思想、情绪、愿望、呼声,反映当代人的思索、发现,体现鲜明的时代精神。实践证明,流传久远的作品,无不体现鲜明的时代精神,无不具有强烈的现实针对性。

(三)提炼与深化文意的方法

1. 宏观着眼,以小见大

文章的主旨总是与社会现实有着直接或曲折的联系,提炼文意"宏观着眼"的方法:一是指从社会、全局、整体出发,二是指从全部材料出发。只有这样才不会犯一叶障目不见整体的错误。如果心中没有全局、没有整体、没有社会和事物发展的总体趋势,不对具体写作涉及的全部材料加以研究,写作者是很难提炼出辩证有力的文意来的。但如果仅仅盯着全局、整体、社会,找不到使力的"突破口",文意也很难深化下去。与"宏观着眼"紧密相关的是"以小见大"的方法,即作者在广阔的社会背景下选择某一点作为突破口,在研究了全部材料之后,选定典型材料,在不忘整体、全局的同时,从这个典型的局部、侧面挖掘下去,从而促使文意进一步深化。

2. 依材取义,重点突破

一般来说,不同材料的文章,其文意的确立是各有侧重的。

"写人"的文章就应着力对人物的思想进行开掘,努力寻找到支配人物言行举止的思想境界。

"记事"的文章一般要着重对事件"意义"的探求,要在事件所具有的多方面的社会意义、思想意义中,找出最重要、最动人、最闪光的那一点,通过它来照亮文章的一切,才能保证文章主旨的深化。

"论理"的文章,一般要着力问题的分析,要善于抓住主要矛盾,从认识和解决主要矛盾入手,才能不断深化文章的主旨。

3. 反复比照,选准角度

提炼和深化文意有一个选择角度的问题。构思者面对的材料是纷繁的,材料能给构思者的启示往往是多方面的,在众多的思想意义中究竟取哪一点？又如何深掘下去呢？这就有一个角度的问题,这个角度就是认识切入的方位。深化主旨就要善于和别人比、和同类材料的文章比,人所寡言我多言之,人所难言我易言之,人所未言我着力言之,只有这样才能不断深化文意。

4. 逆向思考,独出机杼

逆向思考也是构思中深化文意常用的方法。写作领域中有很多材料已形成了相对稳定的文意定势,面对这样的材料只有逆向思考独出机杼,才能异中求新,不断深化文意。

二、选择与加工材料

(一) 材料及相关的概念

1. 材料的含义

材料是写作者为特定的写作目的而搜集的或写入文章的一系列事实现象和理论依据。动笔之前材料是产生"写作发现"的基础,构思阶段材料也是"写作发现"具体体现之一。如果说文意是文章的灵魂,那么材料就是文章的血肉,它解决的是言之有物的问题。在写作中,材料工作有四个环节:占有、鉴别、选择、使用,与构思关系最为密切的是选择和使用两个环节。材料的多义性、可塑性给构思提供了广阔的思维空间。

2. 与材料相关的概念

(1) 素材

素材是文学、艺术、新闻都使用的术语。在文学创作领域,素材是指写作主体为创作需要通过各种途径搜集到的原始材料,它一般是零乱的、不完整的。

(2) 题材

题材也是文学、艺术、新闻都使用的术语。在文学创作领域,题材有广义和狭义之分。广义的题材是指作品反映的社会生活、社会现象的某一方面,如"农业题材""军事题材"等;狭义的题材是指构成文学作品内容的一组完整的生活现象。

(3) 资料

资料是指写作者在写作过程中用来参考和引用的各种书面、音像材料。撰写学术文章、实验报告和其他科技文章经常使用"资料"这个概念。

(二) 选择与加工材料的原则

1. 服从文体规范

文体对于材料的要求是很严格的。新闻文体要求材料必须真实,不能虚构;议论文体运用事实、现象作为论据,要求使用时尽量能定向、概括,构思时就不应去挖掘细节;散文要求在平凡、琐屑的材料中见精神、见情致,构思时就不能着意去编织跌宕起伏的情节。总之,忽视文体对材料的规范作用,就会写出非驴非马的东西。

2. 确保内容充实

哪怕是写一篇几百字的短文,也应力求内容的丰富、充实,单薄、浅露的文章谁也不会喜欢,而内容的丰富、充实主要表现在材料上。材料的数量多、质量好,文章的内容自然就会充实。

3. 尊重客观实际

构思者一定要从客观实际出发,要有科学的求实态度,要有公正之心、是非之心,不能凭个人的好恶对待材料。写学术论文不能对那些有价值的但不利于自己观点的材料视而不见;写人物报道,那个人做了十件好事一件错事,也不能将十件好事都按下不提,只抓住那一件错事大肆渲染,将一个好人写成了坏人。

（三）选择与加工材料的方法

1. 归纳裁剪

归纳就是对已选定的材料再进行一次分析,然后分门别类地整理、概括。剪裁就是对材料的又一次取舍。写作者在写作中无论是写人还是叙事都不可能从头至尾——铺叙,材料的意义和动人之处往往散漫地存在于各个环节或包裹在整个事件中,犹如璞中之玉,不经剥离,难显出光辉。因此,写作者从一开始就得着力归纳,并通过裁剪,表现出深刻的写作命意。

2. 概括统计

概括是形成概念的一种思维过程和方法。概括的方法能帮助构思者将从某些具有相同属性的事物中抽取出来的本质属性,推广到具有这些属性的一切事物,从而形成关于这类事物的普遍概念。正是如此,概括的方法能使构思者将写作对象的基本情况、基本过程、主要蕴含等用扼要的语言表述出来。

统计是另一种形式的概括,是对材料的数字性说明。例如,我们对刚毕业的大学生就业情况做一次调查,专业对口的、不太对口的、根本不对口的,各占多少？产生这些情况的主观原因是什么？客观原因是什么？除了介绍典型的具体材料以外,就还必须对材料进行数据统计。

3. 综合虚构

综合虚构是文学构思中加工材料的重要方法。写作者面对诸多材料,根据命意往往是东取一毛、西取一嘴,如果还嫌不够,就再展开联想、想象,从而虚构出理想的材料,满足写作的需要。

三、谋篇与布局

（一）含义

谋篇布局涉及结构问题,结构是对内容的组织安排。谋篇是对文章整体的谋划,就是把各段恰当地组织成一个有机的整体。布局是从棋战中借来的术语,意思是指写作者对构想中的文章段落、层次等都作出恰当的安排。谋篇布局通常又叫安排文章的篇章结构。在构思阶段,"谋篇布局"既可以是"写作发现"的内容之一,又可以是"写作发现"具体外化的手段。篇章结构安排得好,文意就鲜明突出,材料就衔接自然,文章就会线索清晰、前呼后应,整篇文章就会显得集中、完整、统一、和谐。

（二）主要环节

1. 层次与段落

层次与段落是结构安排的核心环节,它们安排好了,文本的基本结构框架也就确定了。层次也叫结构段、意义段,体现了文章内容的一个个相对独立部分和表现的次序。一篇文章划分多少个层次,要根据文意表达的需要,由内容的多寡、繁简来决定,不能机械规定。但必须遵循两条原则:一是组合部分的不可或缺性,二是组合次序的不可调换性。

层次的安排方式在以不同的表达方式为主的文体中,会有不同的表现形态。比如,在以议论为主的文体中常用的方式主要是总分式、递进式、并列式等。

段落一般被称为"自然段",它是文本内容表达过程中的停歇与转换在文字形式上的体现。

段落必须由提行来标志,但不能反过来说,凡有分行标志的就是段落。一个段落要表达一个相对独立、完整的意思,要注意长短适度,要处理好段旨,尤其要注意段与段之间的联系。

2. 过渡与照应

过渡与照应是使文本内容前后连贯的一种重要的结构手段。过渡是上下文之间的连接与转换的方式。过渡的方式主要有过渡段、过渡句、过渡词语三种,分别用来连接两个层次、段落、语句。文本需要安排过渡的主要有三种情况:一是由开头部分进入主体部分,或由主体部分转入结尾部分;二是文本内容发生重大转换时;三是当表达方式或表现方法发生变化时。

照应即前后文的彼此配合和呼应。常见的照应方式主要有三种:一是首尾照应,二是题文照应,三是行文中前后照应。合理且巧妙地运用照应,不仅能使全文前后贯通、首尾圆合,而且能使某些关键内容在这种"前呼后应"中得到强化,给读者留下深刻印象或某种启迪。

3. 开头与结尾

开头与结尾都是文本中独立的层次,只是由于所处位置显要,因而受到写作者的高度重视。

开头是理出全文内容的头绪,确定基调,提携下文的关键。开头的方式多种多样,或开门见山,直接入题;或曲径通幽,曲折入题。

结尾是全文的收束,应与开头保持和谐一致。结尾贵在自然、有力,能给人留下深刻的印象。结尾的方法有很多,常见的有三类:一是总结全文,点明题旨;二是自然收束,含而不露;三是展望未来,或对读者提出希望、发出号召。

(三) 主要方法

1. 分合与曲直

分合与曲直,都是使文势发展具有曲折变幻之美的基本结构手法。所谓文势,指的是文本内容发展的趋势和走向。它是由写作者对文本内容表达秩序的安排所决定的。

(1) 分合

"分"是指放开笔墨,具体铺写,要有无拘无束之态;"合"是指收束笔墨,概括思想,贵能自然从容。写作者善用分合法,文势发展就会显得伸缩自如、收束灵活。晚明时期精通诗文、书画的董其昌所说的"文章最忌排行,贵在错综其势",就主要是针对写作者要"散能合之,合能散之"①而言的。

不论是叙事、写人、论理还是释物、言情,皆可以分合之法来安排结构,确定文势走向。相对而言,在各种文体写作中,议论文体和记叙文体中的散文在分合法的运用效果方面表现得最为典型。议论文最基本的结构方式就是所谓总分式,有先总后分、先分后总和总—分—总三种表现形态。前面的"总",是引论部分,通常是直接提出中心论点,或是提示全文论述的内容范围。中间的"分"是本论部分,即将中心论点展开进行多方并列或逐层深入的分析论证。后面的"总"是结论部分,通常是对论证内容进行概括,阐明或再次确立中心论点,并以此收束全文。散文的最基本的结构方式就是所谓"形散神不散"。"形散",是指散文内容的表现不拘泥于事件过程的完整叙述,或是事理逻辑的完整论述,而是可以由特定的事物或事理引发出丰富多彩的联想,给人以兴之所至信笔挥洒的"散漫"之感。"神不散",就是要能将这些兴之所至、信笔挥洒的"散漫"材料或隐或显地聚合到写作者所要表达的特定思想情感上来,使作品具有集中、鲜明的整体表达效果。

(2) 曲直

"曲"是指在构思中努力发现与把握表现对象发展的曲折迂回,并在文意、材料的处理中努力

---

① 董其昌. 画禅室随笔:卷3[M]//南京大学,南京师范学院,杭州大学,等. 古人论写作. 长春:吉林人民出版社,1981:156.

体现这种变化。"直"则是指在构思中努力做到正面、直接揭示文意,处理材料不事渲染,从而促使文势发展简明平直。

写作中曲直手法的运用应当是相互融合的。要做到有直有曲、曲直互补,直中求曲、曲中见直。直中求曲,方能使脉络清晰而不浅陋;曲中见直,才能令文意含蓄而不晦涩。一味求直,必然有"一览无余"之病;一味求曲,也难免令人费解。一般来说,曲直结合,在议论文中主要表现为正面论述与侧面或反面论证相结合,以求在多角度交叉中使论点得到更透彻的阐释。

2. 疏密与虚实

疏密与虚实,都是能够使文本内容的表现收到错综变化、相得益彰之效的结构安排之法。

(1) 疏密

疏密通常也叫"详略"。"疏"主要是指行文疏朗,文气舒缓;"密"主要是指行文绵密,文势紧迫。一般来说,写作者在预想文章的某一段或某一部分时,是让其容纳数项还是仅说一项,是采用款款而叙还是喷泻而出的语气,往往需要写作者呕心沥血。疏密作为安排结构的方法,在构思中往往根据思想内容表达的需要统筹安排,努力做到主次详略安排得当,疏密相间自然,既有结构富于变化之美,又有突出文本特定思想内容之妙用。

需要特别强调的是:一定要根据文本内容表达的需要来确定主次,安排详略,而不能机械地去套用先详后略或先略后详的简单模式;对疏密含义的理解要全面,并要认识到这两者的含义是相对而言的,不能绝对化。

(2) 虚实

"虚"是指构思中对表现对象进行侧面、间接的表述安排,这是从效果、大处着眼来进行这种表述安排的,目的是使对象的某种特征或深刻意蕴得以突出。"实"则是指构思时对写作对象进行直接、正面的叙述和描写,目的是使对象的具体形貌清晰明了。虚实作为谋篇布局的重要方法还包含写作者对未来文章思想与材料关系的处理,是准备用事实来表现观点,还是用阐述、说明来论证观点,写作者必须进行筹划。

构思中注意虚实结合,可以避免在叙述或描写中局限于对象本身;注意虚实结合,还可以为读者在阅读中发挥想象和参与创造提供"艺术空白",从而唤起读者的想象力和理解力去参与创造。

3. 抑扬与张弛

"作诗文贵曲""文似看山不喜平",两者说的都是行文要富于变化。要使行文跌宕起伏、曲折有致,抑扬与张弛都是很好的结构手法。

(1) 抑扬

"抑"就是抑制、降低,"扬"就是扬起、升高。构思中的节奏指的是一种内在节奏,也就是写作者的情感起伏变化。对人们情感变化的评价可以归纳为褒与贬两大类型,这种情况反映在写作中就形成了抑与扬。行文内容在表现过程中交替出现抑扬的变化,行文的节奏就会有上下、高低的起伏变化,就会造成读者情感起伏的变化,这就是抑扬法的独特魅力所在。

(2) 张弛

"张"是指行文节奏紧张急促,内容呈现紧凑激烈;"弛"是指行文节奏舒缓轻松,内容呈现纡徐不迫。构思文章的结构如果能正确且灵活地运用张弛之法来调节节奏、安排结构,使之与人的心灵节奏的内在要求相适应,就能收到一种节奏错综变化之美。

(四) 基本原则

1. 要正确反映客观规律和事物的内在联系

文章的内容不外乎是客观事物和作者心灵的反映,构思安排文章的结构就必须符合客观事物的发展过程和规律。叙一件事,总有一个发展过程,总可以分为若干个阶段,总有它的来龙去脉和前因后果;议一个问题,总会包含几个不同的方面,总有各种矛盾和解决矛盾的途径。诸如此类,要把事情和道理都说得清楚明白,就一定要依据事物的内在联系来安排文章的结构。

2. 要服从于表现文意的需要

文意是文章的灵魂和统帅,安排结构的根本目的在于表达文章的主旨,因此,在构思文章结构时,层次的确定、段落的划分、先后的交代、照应,以及怎样开头、如何结尾等,都必须根据表现文意的需要来斟酌。

3. 要体现不同体裁的特点

文章的体裁不同,其篇章形式也往往有别,如散文的分段分层,戏剧的分场分幕,诗歌的分行分节。就一篇文章来说,如果是消息,一般就都有标题、导语、主体和结尾;如果是总结,则常常是由概况、做法、经验和教训等部分构成。总之,对篇章结构的构思必须考虑文体的特点。

四、确定文体

（一）依据

文体就是文章的体裁、体式或样式,它是一篇文章或一部著作实际呈现出来的内容、表达特点与结构方式的整体状貌。

确定或区分文章体裁的要素有三个:一是文章写作的目的,二是文章使用的材料,三是文章中采用的主要表达方式。这三者综合起来就决定了不同文章体裁的不同特征。严格地说,文体既是对文本形式的一种特定要求,又是对文本内容的一种特定要求,并且是对它们之间最终实现有机融合的一种特定要求。破坏了这种特定要求,便失去了这种文体的"文体感"。

（二）几类常用的基本文体

寻求统一的文体分类标准,是人们长期探索的一个重要课题。由于分类的标准难以统一,当代中国的文体分类一直是个众说纷纭的话题。在本书中,我们从功能用途的角度将文体分为四大类,即新闻文体、文学文体、应用文体、理论文体。在每一类文体中,我们选取了社会使用频率较高的文种加以介绍,希望能给使用本书的读者提供切实的帮助。

1. 新闻文体

新闻文体是指新闻的体裁、样式,是新闻事实在新闻报道中呈现出的信息内容、表达特色和结构方式的整体形态。新闻文体中使用频率最高的文种是消息和通讯。新闻文体在构思上最突出的特点是强调时效性和真实性。

2. 文学文体

文学文体包括诗歌、小说、戏剧和散文等。这类文体都具有情感化的特征。文学文体的构思受制于写作者特定的审美理想、审美观念和审美趣味,也体现出写作者审美能力的高低。

3. 应用文体

应用文体是党政机关、企事业单位、社会团体、人民群众用于工作、学习、生活等方面,直接为现实生活服务,具有实用价值、惯用格式的一类文章的总称。这类文体是人们交流思想、经验、传递信息、沟通关系、处理具体事务的一种工具。应用文体中党政机关公文、事务文书等是使用频率相对较高的文类(文种)。实用性、平实性、模式化是构思这类文体必须遵循的原则。

4. 理论文体

理论文体是指以概念、判断、推理等逻辑形式为基本思维方式,对事实、事理或学术问题等对象进行分析论证,从而明辨是非,阐述写作者的观点、立场的说理性文章。各类评论、学术论文是这类文体中使用频率较高的文种。遵循理性是构思这类文体最突出的特点。

（三）技巧

1. 充分认识"定体"的重要性

构思中确定文体是十分重要的。刘勰在《文心雕龙·熔裁》里强调"草创鸿笔",首先是"设情以位体"。[①] 在这里刘勰明确地提出构思的第一步就是确定文章的"情志",给它安排一个恰当的"体裁"。为何要如此呢？因为文章是一种用语言文字以表情达意的"制作",那么它就应与一切制作一样,应有体式、型范、规矩,而且应"以体制为先"。否则,将无所依傍,不知如何下笔。

2. 努力培养"文体感"

文体感是写作主体对文体长期接受和应用的一种心理积淀,是写作过程中自觉或不自觉地规范写作行为的"内在尺度"。形成文体感的建立是定体能力的前提与基础。文体感的培养途径和方法多种多样,最重要的方法之一是多多阅读、认真揣摩那些文体规范的名篇,这会帮助写作者快速地形成对文体特点的敏感,理解、把握各类文体。

3. "守格"与"创格"

体裁不是一成不变的,对它要有辩证的观点,把"守格"与"创格"很好地统一起来。构思时要既不失"体制"又不被"体制"所缚,能深知"大体须有,定体则无"的道理。如此在构思中定体的技巧自会日臻佳境。

五、选用技法

（一）技法及相关概念

1. 写作技法的含义

写作技法是指在长期的写作实践中逐渐形成,并被总结出来的带有规律性的技巧和手段。它是写作者为了表情达意而采取的有效艺术手段。写作技法受制于写作者的世界观、艺术观,同时又作用于他的写作实践,为写作活动服务。在构思中,写作者对技法的考虑主要体现在炼意选材、谋篇布局、遣词造句（包括内语言[②]状态）等方面。

2. 表达方式的含义

表述特定内容所使用的特定的语言方法、手段,就叫表达方式。它是文章构成的一种形式要素。表达方式随语言表达的产生发展而逐步形成。表达方式包括叙述、描写、抒情、议论、说明五种,不同的文体有着各自常用的表达方式。

写作技法与表达方式的关系十分密切,它们互相依存、不可分割。表达方式是运用写作技法的前提和基础,许多写作技法包容于表达方式之中；写作技法又具体体现表达方式,是表达方式的延伸和拓展。但写作技法大多是从不同的表达方式中派生而来的,它比表达方式的内涵更细致和具体。当然,并非所有的写作技法都是表达方式的具体化。

（二）技法举隅

1. 正反比照法

正反比照法是指构思全文时,从一个方面、一个角度把对立的人、事、物、景等作对举表述,通过类别、性质相同的材料本身所蕴含的正反意义的对照来显示文旨。运用正反比照法需注意:取材立意必须具有鲜明的可比性。正反比照作为谋篇布局的方法之一,主要优点是:文章的主旨会

---

① 刘勰．文心雕龙·熔裁[M]//祖保泉．文心雕龙解说．合肥:安徽教育出版社,1993:622.
② 关于"内语言"参看本书第四章"内部语言与外部语言"的相关内容。——编者注

更加突出鲜明,可省去许多陈说材料的笔墨,可使用于各种文体。

2. 从一到多法

从一到多法是指从一处发生的事引出发生在不同地方的许多与之有关的事。写作者先抓住一件事叙写,然后有条不紊地分头叙写发生在不同地方的事。从一到多法主要适用于叙事性文章,尤其适合对那些既有明确中心又错综复杂的事件的叙写,往往能将错综复杂的事态叙写得条理清晰。

3. 举纲张目法

举纲张目法是指在全篇首段或尾段亮出基本观点(纲),再在其他各段(多在段首)显示分论点(目),从而做到条贯有序、眉目清楚。这一方法主要适用于议论性文章,往往使文章中心论点突出,分论点显豁,使人一眼就能辨出文章的层次。

4. 立骨法

立骨法是指确立文章骨架。所立之"骨"应是文意的高度浓缩,可以是一个字,也可以是一句话或一段话,以它作为全文的中心。行文时一定要紧扣这一字、一句或一段。在"立骨法"中,"一字立骨"是原初模式,"一句立骨"和"一段立骨"都是由它派生出来的。文章构思绝少不了炼意,如果文意集中,则采用此法能使全文有"眼"(文眼)。运用立骨法需注意:对笔下所写对象要有独特发现和感受,并能用一个字(或词、句、段)将它概括出来;要将此字(或词、句、段)一贯到底。

5. 悬念

悬念的本义是指读者对文章中人物命运或故事的发展产生的一种紧张与期待的心态。作为构思文章的一种技法,它指的是通过对情节做悬而未决和结局难料的安排,以引起读者的迫切期待的一种艺术手段,传统的称谓是"扣子"或"关子"。悬念由设悬和解悬两个部分组成。设悬又分为"守密式"和"透露式"两种。"守密式"是指写作者先提出矛盾,造成疑团,引人关注,但故意将结果隐藏起来;"透露式"是指先把引人关注的事件结局写出来,却不立即陈述事件发展变化的过程和原委。解悬就是在情节发展到一定阶段上解释悬念,以满足读者的期待心理,即"解扣子"。

6. 巧合与误会

巧合与误会是关系十分密切的技法。在写作中它们往往连用,使情节波澜起伏、曲折有致,从而大大增强作品的吸引力。

巧合是写作者精心策划的"偶然",它是情节发展、突变的推动力。巧合虽是虚构的但必须合乎情理,应是偶然之中的必然。巧合要新奇,不落窠臼,尤其要注意防止"弄巧成拙"。

误会是指错误地把此事物当作彼事物,并由此引发了许多矛盾,借此曲折情节。误会通常有"言语误会"和"视觉误会"两种方式。

7. 意识流

意识流是通过回忆、联想、梦境、幻觉、独白等方式,深入表现人物意识瞬息万变的复杂曲折的流动状态和隐藏在内心深处的心理活动的一种构思方法。这种构思方法涉及"意识流"的概念、"自由联想"和"心理时间"。

"意识流"的概念是美国著名心理学家威廉·詹姆斯于1884年在《论内省心理学所忽略的几个问题》一文中最先提出,后来在其著作《心理学原理》中加以发挥的,他说:

意识并没有对它自己显现为是被砍碎了的碎块。像"链条""序列"这样的语词,并没有恰当地将它描述为它最初将自己呈现出来的样子。它完全不是接合起来的东西,它是流动的。"河"或者"流"的比喻可以使它得到最自然的描述。在后面谈到它的地方,我们称它为思想之流,意识之流,或者主观生活之流。①
詹姆斯把人的意识活动比喻成"流水"意在说明人的心理活动是不间断的。

意识流的构思方法在构思内容上涉及奥地利精神分析学家弗洛伊德的"自由联想"。这种联想的内容是相互交织的意识和潜意识。

意识流的构思方法在内容的表述上涉及法国哲学家、诺贝尔文学奖获得者亨利·柏格森的"心理时间"。柏格森认为:

在这里,记忆在起作用。它把过去的某种东西推到了现在。我的心理状态沿着时间的路线前进,它因不断积累的绵延而扩张②……至于心理生活,由于它在掩盖它的符号下面展开,所以我们很容易地发现时间就是心理生活的材料。③

柏格森的话是说,在人的内心深处,各个时刻不断绵延流动。要充分表达人的内心体验,用一般的时间序列是不适用的,而需要把过去、现在、未来的各个时刻相互渗透。

这三种理论被用于心理小说的写作于是产生了意识流技法。"意识流"作为构思中的一种技法,特别长于表现人物多层面的意识活动,它包括内心独白、自由联想、时空交错等。运用意识流的构思技法能使作品在形式上构成局部或整体的辐射式结构或象征模式,能造成跳跃式叙述,能让时空交错、闪回切割,从而使人物的各种思绪和不同层次的意识得以自如的表达,且大大地节约笔墨。

8. 象征

构思中所说的象征,指的是以具体、可感的形象事物来寓意或揭示人们对生活的感受和认识,强化或美化人与物之精神品格的一种写作技法。

象征从形式方面看,可分为明喻式和暗喻式两种;从它在文章中使用的范围来看,可分为局部象征和整体象征两种。

9. 变形

变形是指根据写作主体的需要,对人物、情节、环境所做的突破常规的曲折构想的方法。它不仅在夸张的内容中突出事物的本质特征,而且在形式方面也给人以深刻的印象。

变形的方式是多种多样的,从它使用的范围看,就有局部变形和整体变形之分;从它所依据的创作方法看,有常态变形和超常态变形之分;从它变形的程度看,又可以分为畸变和物化两种类型。畸变是指在不改变人物、景物外形的情况下,展示出人物精神、心理的扭曲和变形或景物环境的主观化的变异;物化是以人格化的物来表现人类社会生活的内容,或以虚幻情景下的人演绎现实生活中扭曲的事。

第五节 构思过程

构思的过程会因写作的要求、内容、文体的不同而导致种种差异,写作者及其写作习惯的不同,更会使构思的情形各有差异。但无论有多少差异,构思过程作为写作活动最为重要的环节之一,还是存在一些规律性的东西的,需要写作者去把握和运用。一般来说,构思过程都会包括这样两个前后相续的阶段——孕育深化和成熟定型。

---

① 詹姆斯. 心理学原理:第1卷[M]. 田平,译. 北京:中国城市出版社,2003:335.
② 柏格森. 创造进化论[M]. 姜志辉,译. 北京:商务印书馆,2004:8.
③ 同②,第10页。

一、孕育深化

有了写作发现,下一步便是如何孕育深化、展开思路。最初,写作者还能自觉地驾驭着思路,但到了统觉①全部显示,各种材料不仅鲜亮,而且成了有生命的活物,它们按照事物的内部特有的联系组合在一起后,写作者就不能自主地去驾驭了,思路就会不自觉地顺着事物间特有的联系去运动。这时,思路的作用就是使这些事物间的联系更具有条理性、逻辑性,更加紧密和牢固;同时,还会使它们的特征和作用也更加明显地体现出来。这样,思维的活动线路和进程就基本确定下来。如用文字把它反映出来的话,就成了文章的结构。因此,可以这样肯定地说:思路清晰和明白了,结构也就连贯和严密了。至此,全部构思就已经走向成熟,写作者只需抓住战机,及时引爆——抓住触发思路的由头和契机,顺着思路把文章写出来。这样写出来的文章也一定会条理清楚,结构自然天成。

构思的展开是按文体的性质和表达特点来进行的。因此,研究构思的孕育深化也应当依文体的性质和表达特点来进行。

(一)文学文体构思的孕育深化

对文学创作来说,构思的展开就是要求写作者激活心智,调动积累。构思就是展开想象的翅膀,营构一群人物、一组事件或一片景象,搭起有声有色、有情有义的艺术境界的架子。这是总的趋向。在具体进行时,是从具体到"具体",即将具体表象、感受、体验,经过艺术概括、集中、重构,达到典型化的"具体"。这是意象思维的展开过程。这里,虽然也有抽象思维的渗透,但其目的是服务于意象思维,为了更好地塑造形象,构成意境。文学体裁多种多样,基本类型有两个:一是抒情意境型,二是人物故事型。它们的构思各有特点。

1. 抒情意境型文章构思的孕育深化要有"情与境"的触发

抒情意境型文章构思的展开总是围绕特定的"情与境"进一步"取象",把"境"的审美特质渲染出来,把"情"的种种内涵熔铸进去,使之达到情浓境美的状态。换句话说,抒情意境型文章构思的任务就是写作者把审美阶段获得的丰富的表象材料综合、加工,改造成为蕴含有一定生活意义的审美意象。意象,顾名思义是"意"与"象"的统一。

例如,茅盾的《白杨礼赞》的构思就是他在西北之行积累了大量感受的基础上展开的,构思孕育深化的触发点是猛然看见了前面有一排傲然耸立的白杨树,作家将西北之行的大量感受附丽到白杨树上之后,于是抒情有了凝聚点和突破口,这在作家心中还只是直觉性的触动。作家只说出这种直觉是不够的,尚无审美境界与情意抒发的具体性。于是作家一方面"因枝振叶",在感情的支配下写景物,如写白杨积极向上、倔强挺立,是树中的伟丈夫;同时强化景与物的关系,如以黄土高原的雄壮而又单调作为白杨树的背景,以贵族化的楠木与白杨对比。另一方面,"沿波讨源",借景物来融会情意,赞美白杨,发掘白杨树的象征意义。这样写,作品便构成"情与景"融会的初境(白杨像哨兵,我不禁惊叫了一声)、"景中有情"的拓境(写白杨努力向上的美质)、"由此及彼"的凌境(以白杨是树中的伟丈夫过渡,转到它象征北方的农民和守卫家乡的哨兵),审美境界的开拓与情意的升华,极有层次。总体来说,这类文章构思的展开就是沿着情感的线索,有层次地开拓境界,以此来表达作家的情意。

2. 人物故事型文章的构思深化离不开生发和重构

人物故事型文章构思的展开,艺术想象是必备的条件。展开构思的能力也就是虚构的能力。

---

① "统觉"是艺术构思中有某事物引起写作者对自己已有知识、经验和情感或一种初念的联系和融合,并在此基础上加深对某事物的理解和认识的一种思维现象。"初念"是指客观事物给写作者的第一印象。——编者注

民间有句俗语:真《三国》,假《封神》,《西游记》哄死人。其实,《三国演义》作为历史小说,也是"七实三虚"。例如,鞭打督邮是刘备所为,但作家却把这事放在张飞身上,这是根据小说中张飞的性格"张冠李戴"的;"草船借箭"的发明者本属孙权,却被移植到诸葛亮身上,以突出他的足智多谋和神机妙算;斩华雄、诛文丑,也并非关公所做;华容道义释曹操,历史上无案可稽,但为了突出关公的勇武、忠义的性格,作家特地编写了这些情节。这些移植和编造,令读者可信。这种艺术想象,是作家思维的主动精神的体现,但也要受到一定的制约。

第一,要遵循生活逻辑。情节要合乎人物性格的规定性,合乎人物之间关系和人物与环境关系的处理;情节的安排,也要合乎生活的规定性,合乎生活的发展趋向。这并不意味着限制艺术想象的自由。因为整体情节应是产生于构思之初,在构思具体展开过程中,偶然性的场景会随写作者对人物关系的直觉判断纳入艺术构筑之中,艺术想象如同灵光迅疾飞动。这种艺术想象不是历史公式的图解,也不是"轻车熟路"的模式。

第二,要受写作者情感和思想观念的支配。在构思展开的过程中,写作者的情感和观念有一种特殊的力量,对生活逻辑进行"情化"的改造,使客观性的东西变得模糊,而主观性的东西体现得很鲜明。这是构思展开过程中主观能动性的发挥。例如,突出、强化人物性格的某些性格特征,而简略另外一些方面;简化、紧缩人物性格变化的发展过程,把多种因素决定的性格发展历程,借助于一两组矛盾、一两场冲突、一两个转折点来完成;还有简化人物关系,在人物的社会关系网中选取一两种关系加以强调和突出,等等。这些都是为了使文学写作创造的典型更集中、更鲜明。

第三,要受制于写作者的艺术趣味。写作者对表象材料的集中概括、移植组接、扭曲变形等处理,总按照他的艺术修养、艺术趣味的心理定势去进行。有的侧重于现实主义的以真为本,有的侧重于浪漫主义的幻想境界;有的追求故事情节的曲折多姿,有的追求抒情意境的浓郁缠绵;有的讲究性格的复杂浑厚,有的喜欢形象淡雅透明;有的对含蓄之美很珍视,有的觉得明朗的风格很可贵;有的喜好象征手法,有的快意于直剖人生,等等。这些制约因素,写作者在构思时自然会出现,只要正确对待,处理好它们之间的关系,并不影响创作构思的深化。

(二)议论文体构思的孕育深化

对议论文体来说,构思的孕育深化,就是演绎发挥开去,说明事理中的种种关系,将理论不断提升,搭起有证有据、有条有理的理论体系的框架。

例如,刘庆传、颜云霞浏览了几家新闻单位披露的流于形式推进所谓的"精细化管理"的消息后,站在时代高度,以习近平总书记关注的形式主义变种问题的理论为武器[①],剖析曝光之事,认为这些事属于新形势下的形式主义,危害很大,要警惕这种"精致的形式主义"。构思就这样萌发。构思的展开就是形成一个论证的过程:先列举"精致的形式主义"的种种表现,阐述这种形式主义打着"精细管理""绣花功夫"的幌子,是经过"美颜"修饰过的形式主义。接着思路一转,论述"精致的形式主义"的两个特点,并说它是中看不中用的"绣花枕头",继而举例说明形式主义古已有之,古人也反对形式主义。然后,写作者思路转向挖掘产生形式主义的原因,最后强调"精致的形式主义""讲究数的精确、形的精美、势的浩大,披着精美的外衣,尤其需要认真防范"。[②] 这个论证过程,解释了"精致的形式主义"的含义,概括了它的特点,指出了它的危害,并强调尤其需要认真防范披着精美外衣的形式主义。这样不断深入的论述,是构思深化的反应。

[①] 刘庆传.把握好"高原"与"高峰"的辩证法[ED/OL].(2022-02-07)[2022-02-16].http://jixie.jschina.com.cn/jyjl/202202/t20220210_2944228.shtml.

[②] 刘庆传,颜云霞.警惕"精致的形式主义"[N].新华日报,2020-10-12(03).

议论文体就是为了使概念或规律得到具体的阐释,使抽象概念变为具体概念,使人们对观念、判断有具体深刻的理解。在由抽象向具体转化的过程中,各层次之间都有一定的逻辑关系和逻辑组织形式,或层层演绎,或步步归纳,或辩证分析,或将历史的方法与逻辑的方法相结合。总之,议论性文章构思的展开是一种理性的分析(不排斥形象思维的渗透),既要列出证明中心命题的分论点和论据,又要理出事理的逻辑关系。分论点和各层次的合乎逻辑的展开,就是议论文章构思深化的具体表现。

二、成熟定型

在构思的定型阶段,构思的内容主要是考虑文本的"意"或"象"与文本的"文"(即如何表达)的关系。只有在对未来文本的具体形式有了基本确定的设想之后,写作者才能进入文字传达,着手由"意"或"形"到"言"的转化。故从表现的角度出发,修正、调节前阶段已有的构思内容,赋予某种确定的形式,就成为此阶段构思活动的主要内容。定思中,写作者主要考虑的是传达的明晰程度和传达的最佳效果。鉴于此,我们认为在构思的最后阶段,其内容主要是文本定型的"三化"活动。

(一)定型的"三化"

1. 有序化

有序化包括对未来文本总体的驾驭和局部次序的设想。写作者按照思路发展,对材料进行调整、组合,从而构成表达思想感情的逻辑序列,变无序为有序。李准在创作《李双双》之后,深有体会地说:"我觉得写人物时,应该是反复酝酿揣摩,烂熟于心,真正达到呼之欲出的境界,方可动笔。人物的语言、行动,到什么地方,他会怎样说话,会表露什么感情,只有完全把握准确,成为浑然一体的时候,在创作时才可以随心所欲、从容不迫。"①可以说,任何文本都是一个有序化的系统,构思的成熟定型首先就表现为文本成为一个有序化的整体。

应用文体构思定型的"有序化"表现得更为明显。如果写作者觉得自己对未来的文章构思已基本成熟定型,那么他对要表现对象的内在联系(自然的或逻辑的)一定已了然于心,对文本将采用何种文体或写作模式也一定基本确定,而文体或写作模式的确定,在此正可以体现出构思成熟定型的"有序化"。

2. 凝聚化

未来文章能否取得清晰、准确的传达效果,还取决于构思的重点是否突出,蕴含着某种思想感情的形象特质是否得到鲜明的凸现。与构思初始"扩展"的特点相比,定思活动呈现为一种收束、浓缩的逆反运动,就是从意识中存在的大量印象与形象中挑选最有价值的材料,选取一切需要的,抛掉多余的,在一个确定的方向上浓缩事实与印象,以便尽可能全面和清晰地表现出、传达出在意识中越来越定型的文章的主要思想。应用文体的构思如此,文学文体的构思也如此,如彭邦桢的《月之故乡》就是这种"凝聚化"的结果:

天上一个月亮/水里一个月亮//天上的月亮在水里/水里的月亮在天上//低头看水里/抬头看天上/看月亮,思故乡/一个在水里/一个在天上②

诗的第一节写的是个横断面:天上水里二月相映。诗人由天上月猛然跳跃到水中月,回环往复,不断地浅唱低吟,形成了一种深邃缥缈的意境。诗的第二节写的是个纵切面:虽然时间上极短,只是低头与抬头之间,但思维上无疑具有巨大的跳跃,由月及人,再由人望月到人思乡,进而发出

---

① 卜仲康. 中国当代文学研究资料:李准专集[M]. 南京:江苏人民出版社,1982:142.
② 人民文学出版社编辑部. 台湾诗选[M]. 北京:人民文学出版社,1980:37.

了心底埋藏已久的幽叹;水里也好,天上也罢,那都是月亮的故乡!我的故乡呢?孤悬海外多年的现实,促使多愁善感的诗人产生了强烈的失落感和流亡意识,使读者仿佛看到了一个不知所终的流浪者,正柔肠寸断地沉浸在对乡愁的倾诉之中:我原本是有故乡的呀!可故乡呢?一个在水里,咫尺天涯,无法触摸,这不是故乡;一个在天上,天涯咫尺,遥不可及,那也不是故乡!在反复吟咏之中,思乡的无限惆怅之情就凸显了出来。

诗歌的语言极具张力,十分清晰地将诗人内心深处蕴藏着的、渴望两岸早日统一的迫切心情表现了出来。在这里,诗人写的不仅是他个人所见,而是借此写了一个社会;也不仅是诗人一时一地的感受,而借此写了一个时代。显然,是诗人思维的凝聚化成就了这首诗。

3. 审美化

审美化也是构思完成的重要标志之一。在构思的成熟定型阶段,写作主体总是以文本形式的优化为目标。如果是文学创作,写作者此时的审美活动当然主要是着眼于提高未来文本的艺术性,提高增强主观创作意图的物化程度和物化效果。虽然在有序化、凝聚化活动中也渗透着对未来文本形式的优化或者说美化意识,但除此之外,写作者肯定还需要集中考虑一些形式因素,如文本的基调、风格、表现手法、技巧、具有特征的语言等。

即使是应用文的写作,在构思的成熟定型阶段,这种审美化的意图也是不可或缺的。一方面是因为我国有"美文"的传统,另一方面则是因为应用文的传播效果与文本形式的优化往往也是成正比的,只是应用文构思的审美化与文学创作关注的形式因素存在一定的差异而已。

(二) 构思的个性化与构思的节制

1. 构思的个性化

从构思的过程中可以看出,文章的构思在写作者的思维活动中体现出由模糊到渐趋明晰、由粗略到渐趋精细、由表浅到渐趋深入、由驳杂到渐趋凝聚的过程特点。构思是一种整合化和个性化的活动。个性化表明每一个具体的构思过程都有其特点。有的写作者具有较强的内在视觉,能够相当完整地看到内心营构的世界,因而使构思有较高程度的完整性和具象性;有的写作者则不在表达前作完备的预构,而习惯于动笔之后的"即构";有的写作者能凭着超常的知觉能力和灵感的惠顾,使构思不经孕育阶段,无须有意识的比较、分析、综合,便直接进入定思阶段,某些构思环节被压缩或转为隐态。构思活动的整合化是指由一系列心理现象构成的心理综合活动,也就是说,在构思时,大脑是作为一个整体发挥各种功能的。所以,整个写作过程的不同阶段具有反复、同步的性质,构思发展过程的阶段划分以及阶段内部的环节界定,也仅是为了便于阐明问题而采取的一种简单化的表达。实际上,整个构思是一个完整的过程,要在构思中截然划分界线是相当困难的。正是由于以上的原因,构思的过程总是个性化的。

2. 构思的节制

构思的节制既是构思的艺术要求,又是构思的终点。写作者要注意从整体上去把握构思的节制。从艺术要求方面说,它的含义是以少胜多,留有余地。唐代诗人刘禹锡说:"片言可以明百意,坐驰可以役万景,工于诗者能之。"①讲的就是以少胜多。鲁迅的《朝花夕拾》中的散文,都篇幅不大,不追求须眉毕现,更不求全求多,却让读者有思索的余地,因而显得含蓄且深刻。以少胜多,虽少实多,这是辩证法在构思艺术上的体现。节制也是美学上的要求。含蓄美、精练美,几乎是古今中外一切写作实践的一条法则,构思的节制正是为了达到这一境地。有所节制,必然在具体构思中讲究有虚有实、有隐有显、有详有略、有疏有密,讲究象外之象、言外之言,无疑可以增强文章的审美效能。构思的节制,对一切文章都是适用的。简练、精深、晓畅,是实用文章的基本要

---

① 刘禹锡. 董氏武陵集纪[G]//郭绍虞. 中国历代文论选:第二册. 上海:上海古籍出版社,1979:89.

求,如果不注意构思的节制,显然是难以实现这些要求的。

以上是构思阶段的大致过程和所要考虑的主要问题。在写作实践中,构思阶段形成的框架要到行文阶段去丰富、去验证,因此,还有许多问题要不断思考、不断揣测。所以,构思的整体完成,实际上是在文章打上最后一个标点的时候。有时,即使文章写完了,也可能还会推倒重来,或进行大规模修改,这又得进行再构思。

总之,构思的过程虽然勉强可以分为孕育深化和成熟定型两个阶段,但它们之间的关系是紧密联结、往返变化的。由于每个写作者的写作个性和构思能力不同,构思的方式也各不相同,因此,要将构思机械地作阶段性划分,在现实中几乎是不可能的。

第六节 构思方法

由于构思涉及的内容和范围十分广泛,构思的方法自然也就多种多样。构思不会脱离具体环境,不能摆脱具体的限制和要求,以此作为标准,则可将构思的方法分为自由构思法和命题构思法两种。构思的实质是思维的运用,以思维是否具有形象为标准,也可将构思方法分为形象思维法和抽象思维法两种。每个人写文章的习惯不同,构思的习惯和方法往往也就各不相同,从构思习惯的角度归纳,常用的构思方法有提纲构思法、腹稿构思法和断续构思法。

一、自由构思法和命题构思法

（一）自由构思法

自由构思法是指写作者在构思时思维活动不受任何预定的路线、目标的限制,而是自由自在地进行,"海阔凭鱼跃,天高任鸟飞"。从感知开始,写作者的思维机制就无拘无束地运行起来,各种思绪和各种记忆中的表象会联翩不断地呈现,既有意象思维在作用,又有理论思维在活动。在这种自由运思中,写作者的思想和情感都是自然而然地出现的,像泉水般涌出,又似溪水般流动。文学创作中的意识流,就属于自由运思的范畴。掌握自由运思的方法,要靠写作者长期的写作实践,要靠虚心的学习、借鉴,在运用中去体会,由"生"而"熟",由"熟"而"巧"。

（二）命题构思法

命题构思又称限定构思。在校生的写作训练和社会上的各种招聘写作考试常常会用到这种构思方法。比如,在写作训练中,学生们常会被要求写命题作文,此时便只有运用命题构思法。其方法是,首先对命题和要求进行思考,即审题,弄清题目的含义、要求的文体和写作的范围;然后根据命题要求确定中心,选择材料,谋篇布局,遣词造句。由于题目是他人定下的,因而写作者的思维活动受到了限制,必须朝着规定的写作目标进行构思,并通过构思达到这一目标。与自由构思相比,写作者进行命题构思时就不能无限制地自由立意、自由选材、自由联想、自由定体(体裁),然而写作者可以在命题的规定性之下充分发挥构思的主动性,仍然能够使构思取得良好的结果。这是因为他人命题之后并未限定写作者只能使用某一类材料、表达某一种思想或感情,而是在这些方面都留有广阔的天地,因此,构思的进行还是有一些比较自由的空间。

二、形象构思法和抽象构思法

（一）形象构思法

形象构思法是一种艺术地把握世界的思维方法。在文学创作中,它不仅始终不离开生活的具体可感的形象形态,而且驰骋着想象、饱和着情感,围绕艺术形象的萌生、发展、成长的过程而进行思维。其思维的结果,不是以抽象的结论,而是以血肉丰满的艺术形象来揭示生活的某些本质或规律。形象构思法在写作者进行构思的过程中,是与艺术感觉、情绪记忆、联想、想象等交融在一起的。形象构思法并非与理性绝缘,而是和抽象思维相互交织、相辅相成的。能否正确地运用形象构思法写作,取决于写作者的思想水平、生活经历、文学素养和掌握艺术技巧的程度。初学写作者要通过多练和运用联想、想象来掌握形象构思法。

1. 联想

联想是由某一事物想到另一事物的心理过程,是跨越两个事物或两个概念之间的相关度差距,由此及彼,把二者联系起来的思考,是客观事物普遍联系的规律和大脑联结功能在心理活动中的反映。由于事物之间存在不同的联系,所以,联想也有不同的类型和方式。以下作简单介绍。

联想最基本的类型有接近联想、类似联想、对比联想、因果联想;如果就内容划分,又有象征联想、推测联想等。

联想最基本的方式有连环式、辐射式和跨越式三种。连环式联想是一种由甲想到乙、由乙想到丙、由丙想到丁的思维展开方式。其思路外化为文字,最典型的表现形式是顶针修辞。辐射式联想就是以甲为中心或起点,分别想到乙、丙、丁等。跨越式联想就是由甲发想,越过乙、丙,直接与丁联系起来。这种跨越可以不论虚实之分、不管是否相关,只要有相似性、可比性就行。

2. 想象

弗洛伊德说过:"即使我们彻底地了解了作家是怎样决定选材的,了解了具有创造性想象力的艺术的本质是什么,我们所了解的一切也根本不能帮助我们自己成为作家。"[①]在他看来,成为作家是其创作时同儿童一样在做既热情、认真又同现实区别开来的"快乐的幻想"。"快乐的幻想"这种"白日梦"最重要的心理活动形式是想象。关于想象,韩非说:"人希见生象也,而得死象之骨,案其图以想其生也,故诸人之所以意想者皆谓之'象'也。"[②]从见"象之骨"到"想其生",这是一种简单的再造想象,写作的想象要复杂得多。面对写作的问题情境,写作者在运思中对表象进行的整合活动就是想象。这里说的表象是客观事物在人脑中留下的印象。当人们直接或间接地感知某种外在事物之后,这种事物的形象会印在人脑中,靠记忆保存下来。当人们想象时,便以记忆中保存的表象材料为基础,进行分解综合,然后对其组合或化合,可以再现客观事物,或者创造出未曾经历过,甚至不存在的事物形象。其中,组合属于再造想象,化合属于创造想象。下面分别介绍这两种想象。

(1) 再造想象

亲历性文章之外的纪实类文章要写得生动形象,构思得用到再造想象。例如,写实性的描人叙事散文和通讯、报告文学等的写作使用的就是这种想象。这类文章的写作者构思是对亲临现场的景象、查阅的有关资料和采访对象提供的材料经过取舍展开的信息形式转换生成的想象。这是把选取的素材对应转化成形象信息的想象。像这种为表达写作发现,写作者在构思中自觉地进行写真性想象就是再造想象。例如,司马迁的《史记》中对历史事件的描述主要采用的就是这种想象。

(2) 创造想象

文学文体的写作使用的多是创造想象。根据一定的写作目的,对表象进行自觉的取舍、化合,从而创造出新形象的表象活动就是创造想象。这类想象的一种表现形式是建立在现实基础上的表象活动,称之为回顾性创造想象;另一种表现形式是建立在虚拟基础上的具有超常性的表

---

① 弗洛伊德. 作家与白日梦[M]//弗洛伊德论美文选. 张唤民,陈伟奇,译. 上海:知识出版社,1987:29.
② 韩非子·解老[M]. 高华平,王齐洲,张三夕,译注.北京:中华书局,2010:209.

象活动,称之为遐想性创造想象。前者如《红楼梦》的创作,曹雪芹采用的主要是回顾性创造想象,作品展现的是具有作家生活时代的"呼喇喇似大厦倾,昏惨惨似灯将尽"的"无可奈何花落去"的景象。后者如《蝶恋花·答李淑一》的创作,毛泽东采用的是遐想性创造想象,以烈士受到吴刚、嫦娥盛情款待的想象画面以表深切的怀念之情。采用遐想性创造想象构思,要强化构思对象的个性特征,融合主体的情志和倾向,凸显虚拟性特色。

（二）抽象构思法

抽象构思法又被称为逻辑思维或理论思维构思方法。它是对于客观事物抽象、间接的概括反映,是运用概念、判断、推理的思维方式来反映事物的本质的。抽象构思法包括形式逻辑思维和辩证逻辑思维,两者互相渗透、不可分割,但它们不是平等发展的,而是各自有特殊的思维规律。抽象构思法在社会评论、文学评论、杂文、学术论文等文体的写作中经常被运用,在文学创作中也同样地存在着。初学写作者可以通过辩论、演讲、写议论文等实践,训练自己的分析、综合能力,掌握抽象构思的方法。

1. 分析

分析就是把客观事物的整体分解为各个部分、方面、要素,然后逐个加以研究的方法。构思中从不同的角度,对人、事、物、意、理、情的各个方面进行解剖,拓展思路,为综合和收缩创造条件,推进构思。

客观事物出现在写作主体面前是感性的整体,写作主体对它的认识是直观的、大概的、笼统的,对事物分析的过程实际上是一个透过现象认识本质的过程。分析可以分为感觉分析、简单分析和辩证逻辑思维的分析三类,要根据具体的写作对象和写作目的恰当地选用。最后,通过选用不同的分析方法,展开对构思对象的分析,进而收拢思维,进行综合。

分析可以从概念入手,也可以从表象入手,然后进行理性的推导,走向思维的收敛。

2. 综合

恩格斯指出:"思维既把相互联系的要素联合为一个统一体,同样也把意识的对象分解为它们的要素。没有分析就没有综合。"①综合就是在分析的基础上,把对象的各个部分、各个方面、各个环节、各种因素联结起来,结合成一个统一整体进行考察的思维方法。构思中确立一个概念,作出一个判断,都需要综合;把分解的形象细节进行"拼凑"和粘连也需要综合;对各类文体的各种构思对象的梳理、认识和加工也都需要综合。

综合不是任意拼凑,也不是各部分机械地相加,而只能是按对象各部分之间的有机联系从整体上把握事物。综合可以分为感性认识中的知觉综合、抽象思维中的简单综合和辩证思维的综合三类。构思时要根据具体的对象和需要恰当选用,然后综合为整体认识。

在这里需要指出的是,文学创作也要运用到分析和综合,只不过是"分析"在创作中表现为"分解",把表象拆分为它的构成要素即是。"综合"在文学创作中表现是为表达主旨进行的集中概括,具体来说,就是对分解后的有用的表象要素进行的组合或化合。这种综合,歌德创作《少年维特之烦恼》刻画绿蒂的形象就采用了。他说:"我写东西时,我便想起一个美术家有机会从许多美女中撷取精华,集成一个维纳斯女神之像,是多么宠幸的事。我因不自揣,也模仿这种故智,把许多美女们的容姿和特性合到一炉而冶之,铸成那主人公绿蒂。"②像歌德这样,采用综合塑造人物形象是很普遍的写作现象。

三、提纲构思法、腹稿构思法和断续构思法

---

① 中共中央马克思恩格斯列宁斯大林著作编译局.马克思恩格斯选集:第3卷[M].北京:人民出版社,1995:381.
② 歌德.诗与真[G]//徐中玉,译.杜书瀛.古典作家论典型.南宁:广西人民出版社,1988:111.

(一) 提纲构思法

写作发现确定之后,先构思提纲(提要)。提纲的内容包括总题、起首、中部各段提示、收尾,有时还有必要交代一下具体材料及其使用方法,如详细提示记叙文各部分该用什么描写方法、议论文具体的论证方法(如归纳、演绎、对比、类比)等。通过提纲大致提示这些问题,这样一来,文章的间架就立了起来,脉络或线索也就一清二楚了。再从头写起,直到结尾,思路自然就会清晰,畅通无阻。

初学写作者在构思时应该学会编写提纲,养成列提纲的习惯。因为这种构思方法不仅可以将思维成果物化,而且可以培养逻辑思维能力。列提纲就是把思想视觉化,思路是否清晰,内容的条理性、严密性怎样,看提纲就会一目了然。提纲经过数次修改,会使文本思路一步步臻于完美,到起草文本时就能一以贯之、顺理成章。一些较差的习作,往往主次不分、杂乱无章、丢三落四、语无伦次,或者思路不清、中心不明、内容空洞,大多是因为写作者在动笔前缺乏恰当的构思,没能列个好提纲。

尽管列提纲是个好习惯、好方法,但也应根据具体情况而定,比如写一篇内容单一、篇幅短小的文章,就没有必要列提纲了。

(二) 腹稿构思法[①]

腹稿构思法简单地说就是心里先预想好内容,然后再写到纸上去。鲁迅在写作前往往是"静观默察""凝神结想""烂熟于心"[②],做到胸有成竹,然后淋漓酣畅、一挥而就。腹稿构思法就是要求在心中起草,腹中修改,胸中成文。这样写下来的文字,大多数是经过深思熟虑的。

一般来说,构思中写作者的思维进程往往是沿着三条认识线交叉推进的。一是立意定体的"认识线"。"意"处在动态的变化之中,一般有表、浅、深三个层次。"意"的深化就是认识的不断由浅入深;"定体"指的是构思中为文本选定模式的过程,它不仅具有"合模"的趋向性,而且具有动态可塑性。二是选材取事的"信息线"。选材取事的心理要求促使构思时信息线的形成。它与认识线并行、交叉,是信息提取、加工、组合的思维活动轨迹。三是构架谋篇的"布局线"。布局是整篇文章的合理架构、心理上的精密安排,是一连串巧妙地导向结局的匠心组合。架构谋篇的过程具体表现为定基调、理线索、搭骨架。构思中的"三线交叉推进"虽然在不同的构思方法中可能都存在,但腹稿构思法对其尤为倚重。这是因为腹稿构思法是一种整体构思,写作者的思维、文章蓝图、言语活动、生成字句的操作都是隐形的、心理的、内在的。写作者对文本在总体上所进行的思考与把握,常常表现为构思的连续性、综合性、完整性和立体化,并受整一和均匀规律的制约。腹稿构思法紧扣三条认识线"交叉推进",就使隐形的、心理的、内在的操作更具可靠性。

运用腹稿构思法进行构思还应高度重视梳理线索,腹稿构思梳理的线索具有客观存在性和主观认识性,只有被主体发现和认识的线索,才能成为文本的结构线。文本的骨架必须与体裁相称,运用腹稿构思法,构思中的心理建构总是趋向一定的文体,既要合体、实在,又要灵动。

(三) 断续构思法

断续构思法是断断续续、日积月累地写文章的人常用的构思方法。比如,在校的学生们一边学习各门功课,一边参加各种校内外活动,闲暇时间,准备一本袖珍笔记本,把自己的所见所闻、所感所思写在上面,过一段时间后,再综合整理构思成一篇完整的文章。写完一本,再来一本,这样写出来的文章自然亲切又具有真情实感。日记、读书杂感、见闻录等文章通常就是使用这种方法构思成文的。

[①] 编写"腹稿构思法",参考了周姬昌. 写作学高级教程[M]. 4版. 武汉:武汉大学出版社,2009:99—109。——编者注
[②] 鲁迅. 且介亭杂文末编[M]. 北京:人民文学出版社,1973:47.

造成断续的原因有主观和客观两个方面。客观原因可能多种多样,一旦客观条件允许,就应立刻"续"上。主观原因主要是思维发展找不到方向所致,而"续"则是因为或长或短的停顿后,获得了思维的新材料,思路因此又能承续下去了。运用断续构思法必须注意:构思中常常会遇到阻力,不能一遇阻力就"断"(停下来),这样不仅难以获得灵感,而且常常导致写作流产。

以上介绍的三种构思方法,都只是仅供构思时参考。运用构思法,不可拘泥。写作者在构思时,重要的是要保持头脑清醒,思维活跃。不要迷信古人,也不要被清规戒律束缚住手脚。构思结果的好坏虽有定论,但构思的方法却没有固定的模式。构思受写作者的世界观和认识水平的支配,具有写作者的个性色彩,也受其所采用的文章体裁和艺术种类的特殊规律所制约。不同的写作者有着不同的构思习惯,不能强求一律。

第七节 构思能力的培养

构思能力就是写作者在正式动笔之前,首先在头脑中完成命意、定体、用料、选技和布局(甚至包括遣词造句)等任务的能力,因此,对构思能力的培养,也应围绕完成以上诸方面任务的需要来进行。随着写作学界对构思能力研究的不断深入,人们发现在构思需要的诸种能力中起主导作用的主要是"寻找"与"发现"、"孕育"与"设计"、"调动"与"凝聚"三个方面的能力,培养构思能力若从它们入手则可事半功倍。

一、"寻找"与"发现"能力的培养

(一)"寻找"与"发现"的含义

这里所说的"寻找"是一种内隐行为,是指有目的、有辨析地去采撷存储于胸的写作内容,即写作者为了写作的需要而进行的内观察和探索。它是激发创造性思维活动的关键,也是一种有着明确指向的期待、一种有着强烈预期的追求。

构思中的"发现"则是指对客观对象本质的"发现"——写作者对客观对象价值的认知,对对象意蕴的一种开掘。它可以是一种人所未知的新意念、新思想、新观点的获得,也可以是一段情愫、一种情绪、一份经验的了悟,还可以是对客观对象的价值、意义和美的认知。由于构思中发现的成果丰富了人类的文化,所以,在这个意义上讲,它也是一种创造。构思中的发现主要是对"真"的认知、对"善"的体认、对"美"的追求。构思中的发现更是"标新立异""无中生有""异想天开"和思维的"纵横驰骋"。

寻找与发现是主体被积累的材料、被内在积淀的情愫所引发,并与主体当前由于某种"关注"而形成的心理趋向、优势兴奋中心相联系,突然间向外在事物、事件等的投射。发现是写作者心灵的蓦然领悟,构思的发现是作者独特眼光和非凡的内观察力的凝合,体现着深层的心理内容。寻找与发现虽然是对外在事物的一种独特的把握,但在这种把握中,外在事物只是一个机缘,"寻找"使这个机缘的某一突出之点与写作者个人体验相契合;寻找与发现并不改变原来的事物的面貌,而只是把透过独特眼光所看到的成分注入其中,从而在直觉中出现一个新的创造物。从这个意义上来看,构思能力所倚重的"寻找"与"发现",也就是对"写作发现"的开拓。

(二)"寻找"与"发现"能力的培养

一般来说,一篇文章总要有一个正确、深刻、新颖的主旨,总要有一组典型且翔实的能够表现中心的材料,总要有一个自然而又严密的结构形式把这些观点和材料组织在一起。总要使用一些鲜明、准确的语言把写作者的情思表述出来。而要将这些深刻的情思和完美的形式表现出来,

就必须在心灵中认真地寻找与发现。构思就是一种心灵中的认识,一种心灵中的寻找,一种心灵中的发现,构思的能力就是一种在心灵中寻找和发现的能力。人们的头脑好像是一个生活的行囊,里面装了很多东西,但并不是所有的东西都会闪光发亮。谁能在生活的行囊里发现那些闪光发亮的东西,谁就能够写出独具特色、富有新意的文章来。构思中无论是对文意的提炼、表现,还是对材料的选择、使用,无论是对结构的谋划、组织,还是对语言的遣调、润饰,都要在寻找与发现中进行优化选择。

对应用文写作来说,构思中的"寻找"与"发现"能力是十分重要的,因为以实用为目的的应用文,只有特别注重主旨的明晰突出、材料的真实准确、结构的严密紧凑和语言的洗练畅达,才能让读者一目了然。所以,写作应用文构思的过程,需要写作者态度审慎、精神集中,需要写作者思维灵活、多变,需要写作者全力以赴的寻找,更需要一种敏锐、独到的发现能力。

对于文学写作而言,构思中的"寻找"与"发现"能力更有着十分重要的意义,因为以陶冶人的情操、塑造人的健康灵魂为根本目的的文学创作,要求写作者必须找到丰富且典型的题材,并从中发现丰富且深刻的蕴含,进而寻找到恰当的表现形式。

如何培养构思中的"寻找"与"发现"能力,古今中外的经典作家和写作高手们总结出了很多行之有效的方法,值得我们认真学习借鉴。这里仅从思维的角度,提醒写作者注意:变换思维方式是提高作者"寻找"与"发现"能力最为有效的途径之一。思维方式变了,常常会使写作者眼前豁然开朗,久觅不得的材料会不期而至,熟视无睹的事物会突然闪射出绚丽的光彩。思维方式的变化,会促使写作者自觉地树立创新意识,自觉地使用各种思维的方法和技巧,从而大大地提高思维的品质。

二、"孕育"与"设计"能力的培养

我国古代的写作理论有一个非常突出的特点,就是大量地使用生命化的术语。古人喜欢运用类比思维,使用许多比喻和象征来谈论写作活动。这些比喻和象征的内容常常是人类生命体及其部分。"孕育"这个术语正是这样被创造出来的,古人将写作中的构思比喻成受精并孕育精神生命的阶段。而"设计"这个术语的创造则是将撰文比喻成造物,设计是造物之前主体对活动过程与结果的预想、预构。马克思曾指出:"蜘蛛的活动与织工的活动相似,蜜蜂建筑蜂房的本领使人间的许多建筑师感到惭愧。但是,最蹩脚的建筑师从一开始就比最灵巧的蜜蜂高明的地方,是他在用蜂蜡建筑蜂房以前,已经在自己的头脑中把它建成了。"[1]构思中的"设计"指的是对将要写的文章整体状貌先在头脑中勾勒出大致模样。

构思即是对文章模样的"预想",在头脑中构建未来文章的雏形。文章不是作者头脑对客观事物照相式反映的产物,而是对客观事物能动的反映,是有标准、有预见、有选择、有设想的反映,是经过深思熟虑的。也就是说,人们在写文章之前,文章的轮廓在自己的头脑里就已孕育成熟、设计好了,虽然在写作过程中还会有所变化,但是写作者对自己的文章大体是什么样子,在构思阶段就应该有了大致的预见。如果急于成文而疏于构思,在行文之中对于文章的主旨、材料、结构、表达手法等毫无设想,那是很难顺利地进入写作过程的。即使勉强进入,也是写不下去的,或者半途而废,或者推倒重来。一些在机关长期从事文字工作的人都有这样的体会:如果某次起草文稿工作失败,问题往往不是出在动笔之后,而是出在动笔之前。所以,必须高度重视动笔前的"孕育"和"设计"。

这种"孕育"和"设计"对构思者的要求很高。第一,写作者需要具备一定的素养。如思想修

---

[1] 中共中央马克思恩格斯列宁斯大林著作编译局.马克思恩格斯选集:第2卷[M].北京:人民出版社,1995:178.

养、生活经历、知识储备和写作技巧等,并争取将这些素养在一个高层次上统一起来。第二,写作者要善于从社会生活群体生命及自身生命中选取材料,这些材料将成为文章的血肉。第三,写作者要充满创造的激情,勤于促成主观的能动和客观的材料产生碰撞,其碰撞的火花即为灵感。这是生命各种因素和信息的有机的遇合。第四,提纲设计。孕育是需要一定时间的,是理智的行为。在这一环节,主体要把握全篇,尤其要抓住的是文意和结构。文意作为核心,是生命自由创造本质的集中表现,因此,它有着核心地位和决定性作用。结构被喻为是骨骼,构思时要特别关注它是否健全、匀称。

写作要有一个完整的、充裕的思索阶段,即构思阶段。这个阶段之所以是必不可少的,是因为只有经过周密的思考,写作者在动笔时才可能摆脱那种顾此失彼的窘况。确切地说,在应用写作中,当明确了某项具体的写作目标并且已占有了大量材料之后,就要经过一个酝酿文稿写什么、怎样写的过程,就要根据写作意图围绕写作中心进行一系列的构思活动。这种"袖手于前"的孕育和设计,对于"疾书于后"的写作来说,是至关重要的。

培养"孕育"与"设计"能力,关键是提高写作者的综合素养。外物与内情能否遇合,遇合之后能否顺利长成"健康的孩子",显然与写作者的观察、体验和思维关系至为密切。要想构思中文思泉涌,第一要从人生观的根本上着力,要有一种强烈且科学的使命观;第二要开发想象力,尤其是创造性想象力,因为想象力是引导写作者创造性思维的推动力,人类思维中无与伦比的想象力是使科学不断进入未知领域的强大动力;第三还要学习科学的新方法,因为"设计"的好与坏同写作者对科学新方法的掌握与运用水平直接相关。

三、"调动"与"凝聚"能力的培养

"调动"指的是写作者根据拟写文章的需要,唤起储存于大脑中的表象、情愫、概念、经验、意念等,通过联想、想象或推理进行重新组合、融化,从而提炼出文章主旨,谋划出文体结构等。"凝聚"主要是指写作者根据拟写文章的需要,将平时有意或无意中占有的材料加以整理、选择、提炼、加工,使它们按照文章主旨的需要流动起来,逐步地向一个渐趋明确的目标集中,从而形成可以支撑观点、说明事理的材料,并进而形成严谨合理的结构。

写作必须占有大量的材料,这是不言而喻的,但并不是所有的原材料都是作者决定写文章的时候才动手收集的。许多材料是写作者在平时就已有意无意地、不加修饰地汇集在了一起,只不过当时写作者对这些原材料的感受较模糊,还未引起足够注意,因为它们是没有中心地、杂乱地交织在一起的。但是,当写作者确定了某一写作目的,并开始进行文本整体构思的时候,就要调动那些交织在一起的原材料,对它们加以选择、提炼、加工,逐步地向一个渐趋明确的目标集中,使它们按照文章主旨的需要,凝聚成可以支撑观点、说明事理、描述生活的质料或题材。如果把丰富的写作原材料比作"矿石",那么构思就是从"矿石"中把蕴藏的稀有"金属"即思想提炼出来的过程。看上去,这个思想仿佛是自然涌出的,其实它是经过"长期积累""偶然得之"的。如果把结构比作是支撑文章大厦的"间架",那么构思就是调动材料并促使其合理"凝聚"从而形成"间架"的过程。可以说,每一篇获得成功的文章都体现着写作者"调动"原材料的技巧和能力。每一篇内容集中、文意深刻、结构合理的文章都体现着写作者超强的凝聚能力。构思中"调动"与"凝聚"能力的确实是十分重要的。

培养构思中的"调动"与"凝聚"能力,其方法往往因人而异、因文而异。因为写作者的身份不同、修养不同,构思调动的对象、范围、方式都会有很大不同,甚至"凝聚"的方式也都会差异很大。但无论如何以下三个方面对于培养构思的"调动"与"凝聚"能力都十分有效,因此,值得我们思考、借鉴。

（一）要善于利用大脑的"联结能力"，掌握侧向思维[1]

这对于提高构思的"调动"和"凝聚"能力是非常有效的。心理学研究表明，人的大脑具有将新知觉的信息与旧有信息结合起来并纳入其知识体系的能力，心理学家将这称为"联结能力"。联结能力是人产生新思想的条件和前提。思想的产生与概念的不同组合方式有很大关系。大脑中储存的概念虽然多而杂，但却是按照一定的程序和结构编码储存的。一旦有新的信息出现，且这个新信息又是写作主体可以吸收的，那必然会冲击旧有的储存程序，出现新的组合，形成新的概念联结模式，于是便有产生新思想的可能。当然，并不是所有的新信息都有创造这样的条件和机会，只有那些最有利于当下产生新的思想内容的信息才有这种机会。而侧向思维就是从其他领域引入，可以使思维内容发生飞跃变化的科学思维方式。阿基米德在浴盆洗澡解决王冠制造者是否掺假的难题，就是浴盆溢出的水这个信息给了他解决问题的机遇。当然，侧向思维必须在一定条件下才能发挥作用，这就是写作主体必须在脑中形成"优势灶"。但"优势灶"的形成，需要写作主体对所思考的问题紧追不舍，成为梦寐以求的悬念。写作中的神来之笔——灵感现象，其实正是侧向思维的功劳。大脑中有了"优势灶"，"凝聚"能力自然就会强大起来。

（二）要勤于聚材，勤于训练思维的灵活性

这对于提高构思的"调动"和"凝聚"能力也是非常重要的。勤于聚材便会见多识广，但见多识广的人思考问题不一定就不会僵化。心理学认为，人的心理活动是有"功能固定性"的，即人的心理一旦接受了某物的特定功能以后，就很少会想到它还可以有其他功能，只有那些见多识广且思维灵活的人才不会被"功能固定性"限制。因此，我们要培养构思的"调动"和"凝聚"能力，就必须多多获取信息、勤于思考、不墨守成规，尤其是在构思中注意保持思维的灵活性。

（三）要慎重对待"选择"

做事需要"三思而后行"，写文章更不能例外。大家都主张写文章要写出真情实感，但仅写出原生态的生活和感情是不够的，还要对它们进行观照，对其取舍，写出的内容应蕴含作者的独有意识。这就需要通过联想和想象来凝聚和提炼我们的见闻和思想。这就要求写作者必须运用创造性思维。创造性思维的实质就是思维活动中选择、突破和重构这三者的有机统一。"选择"是解开人类思维创造之谜的第一把钥匙。创造性思维中的"突破"不仅是为了使现存的体系危机四伏，更是为了导致新的思想大厦拔地而起。人的创造活动是受"重构"后的新思想体系指导的。"调动"和"凝聚"都起于选择，"调动"和"凝聚"也都是选择，"调动"和"凝聚"都必然导致突破，重新"凝聚"的新思想体系又必然会指导写作者再去"寻找"与"发现"，再去"孕育"与"设计"。构思的结果正是在这样的推进中不断完善，构思的能力正是在这样的螺旋式循环中不断提高的。

思考与练习三

一、思考题

（一）请阅读乔伊斯的《尤利西斯》，运用意识流技法理论分析下课后萨金特请斯蒂芬检查作业的一节。

门外有人用棍子敲门，同时在走廊里喊：

---

[1] 侧向思维又称"旁通思维"，是发散思维的另一种形式，这种思维的思路、方向不同于正向思维、多向思维或逆向思维，它是沿着正向思维旁侧开拓出新思路的一种创造性思维。——编者注

"曲棍球!"
……

（二）请阅读唐跃培的《要治"堵",先治"心"》思考作者是如何做到"宏观着眼,以小见大"的?

交通拥堵,似乎正在日益成为我国不少城市的一大特色。几年前,还只听说北京、上海、广州这类特大型城市被戏称为"堵城"。……

（三）请阅读王晓燕的《日本"宽松教育"失败的启示》,思考作者的布局之法。

"减负"是当前教育界普遍关注的一个问题,但是,如何"减负",又是一个让学校、家庭、社会莫衷一是的问题。……

（四）请阅读王青伟的《!——?》,指出作者创作这篇小小说主要使用的联想方式,并说明理由。

夜显得异常静谧,空旷,星星在遥远的天边注视着这座庞大而古老的城市……
突然,一阵阵尖利刺耳的怪鸣声,搅乱了夜的宁静……

（五）请阅读星新一的《奇怪的顾客》,分析作家的构思手法。

大楼底层有一个小店,经营高级艺术品。尽管外面人群熙熙攘攘,可店内却十分安静。只有那些具有艺术鉴赏力,并且有钱的顾客才肯光顾这里。……

（六）请阅读崔合美的《绿色的太阳》,思考作家围绕写作发现是如何构思的。

公共汽车沿着乌鲁木齐至阿勒泰的公路,绕过白雪皑皑的天山,驶进了准噶尔盆地的古尔班通古特沙漠。我俯在车窗边,睁大好奇的眼睛,饱览着大漠风光、边塞景色。……

（七）请阅读冯友兰的《论命运》,找出文章的观点,分析作者构思的脉络和选材的特点。

世上有许多所谓的"大哲学家"也谈命运,不过他们所谈的命运是指"先定",既有"先定",就有人要"先知"它,以便从中获利。例如预先知道某种物品将要涨价,就大量买进,便可赚钱；……

二、小练习

（一）运用想象描述一辆破旧的自行车。
（二）采用分析和综合阐述一个做人的道理。

三、文章评析

（一）请阅读村上春树的《钢笔》,分析作家是如何进行创造想象的。

钢笔屋位于大马路上的第二个路口进去,那条古老商业街的中央地带。门面是两扇玻璃门,连个招牌也没有,只有在门牌的旁边写着小小的"钢笔铺"而已。……

（二）请阅读刘国芳的《卖薯》,分析这篇小小说创作使用的技法。

李耳喜欢看书,在农村,李耳算得上一个有文化的农民。这天,李耳看到一个作家的一篇小说,这篇小说的标题就很古怪,《如果红薯能卖十块钱一斤》。……

四、作文(选作)

(一) 品读杜甫的《春夜喜雨》、梅尧臣的《春寒》和陆游的《书愤》,学习诗人运用"立骨法"创作一首诗歌或一篇散文。

(二) 想象作文。

写作内容:机器人来了。

写作要求:① 角度新颖;② 标题醒目;③ 文体自选;④ 字数不限。

(三) 对于大大小小的行贿受贿的丑恶现象,不少人"又恨又骂却又干"。请以"铲除滋生'又恨又骂却又干'的腐败土壤"为话题发散,记写发散的四五个观点,选择一个新颖的(这个观点已经包含了论证角度,这个角度可能是政治的、哲学的、法学的、伦理学的或心理学的等)围绕它继续尽情发散,并对发散内容进行记录(发散内容包括观点、材料和语言等),进而运用聚合法对它们进行归类,标出类别序号,在此基础上列出"博后选一"含有标题(题目自拟)、论点、论据和论证方法的提纲,然后对其表达,写一篇不少于800字的议论文(文后请附提纲)。

第四章　表　　达

【本章学习提要】
● **理论学习**
（一）正确理解表达的含义，加深对表达特点的认识；（二）结合文例理解表达过程；（三）熟练掌握写作的各种表达方式；（四）把握发现、构思和行文各阶段的表达要求；（五）掌握提高表达能力的有效途径。
● **思考与练习**
思考题：（二）（三）（四）；小练习：（一）；文章评析：（二）；作文：选作一篇。

第一节　表达概述

一、表达的含义

表达，就是写作主体把写作发现与运思的内容和结果转换为语言符号，并导向形成文章的思维运作过程。

表达包含两个层面的意思。一是写作主体以内部语言把捉心理现象、意念思绪，使之呈现在意识的平台上，形成明确的心理语言的思维运作过程。它既可以在心理层面上自言自语、自说自话，又随时可以通过意识的梳理和过滤而发声于外，成为相对自由的口头语言的表达。二是写作主体把内在的写作发现与运思的复杂内容和结果条理化、系统化，外化为有序排列的书面语言符号，向形成文章的方向发展。

表达不仅是写作主体的外在言语和书写行为，而且是以积极的内部语言活动为主要内容的创造性思维活动。表达对于写作而言，既是对发现与构思内容的言语生成与转换，又是把内在的思维语言外化为书面语言形式的创制过程，那么它也就注定成为决定写作成败的最后的关键环节，应给予充分的重视。

二、表达的特点
（一）表达既是言语行为又是展现写作发现的心理过程

表达在写作过程中，并不仅仅表现为写作行为最后阶段的考辞和书写成章，而是从写作行为发生的时候就在写作者的心里不停地发生着、变化着和演进着。表达实际上参与写作行为从发生到终结的整个历程。

表达从一开始就表现为内部语言的复杂现象。内部语言不是无缘无故生成的，不是空穴来风、天外来客，不是天赐神予的灵感火花，它的生成以及最终向外部语言的转化都是围绕着表述写作发现的内容来进行的。写作初念的出现与写作表达的开始几乎是同步的。即写作发现的产生之时，就是由意向言转化的表达的开始。在表达的时候，经由写作发现孕育而生的诸多感念与思绪终须显现为明确的语言符号，因此，表达的开始，就是由混沌杂乱的思维形态向着清晰语言转化的初始。写作发现的内容如果足够尖锐或深刻，就会形成强大的表达动力和心理驱力，使得写作主体得以积极地在语言仓库中迅速翻捡着适合表达发现内容的那些语言形式,由发现之意而生发表达之言,可能是一个词语或一个句子,也可以形成一系列或一连串的语段,来实现对写作发现的表述生成。

表达既表现为一种内部语言活动,同时又始终伴随着复杂多样的心理现象。表达作为内部语言的积极运作,不存在所谓纯粹的外部写作行为。在表达的时候,思维和语言之间多方交互,多元对流,难以分割,彼此共生。感知与记忆杂糅,感念与启悟交叉,情思与形象互映,思绪与语词发明。

表达在实现由意生言、呈现写作发现的过程中,又作为一种强有力的心理力量,不断促进和激活思维,使其积极参与写作构思的活动。它不是被动、机械地对思维内容的语言记录,不是"下载",更不是打印机式的工作,而始终是伴随着写作者活跃的心理活动的一种思维过程。实际上,表达在给运思赋予符号载体——语言的同时,又反过来积极参与构思内容的评价与反馈,重构和匡正写作发现的内容与走向,并导向新的更加完善的表述语言的生成。因此,表达作为一种创造过程,始终与写作运思相融合并不断向前发展。

当运思的内容越来越成熟、结构关系越来越完善、内部语言越来越明确的时候,一个思想的生命终于孕育成型,临盆分娩,表达就进入外化阶段,最终导向外部语言(口头语言和书面语言)的表达,对写作而言就是运用书面语言符号把写作者心中的构想物化成现实的文章了。

(二)表达是受制于特定表达方式和文体框架的符号化过程

当写作表达进入考辞外化阶段,要用书面语言把内在构思变成文章的时候,表达要受到写作内容、写作目的和接受对象的制约,以选择与之相适应的特定表达方式,并进而形成特定的文体形式,在这个文体的框架中运用语言符号进行编码,即进行符合一定文体规范的语言表达。

如果要展现客观对象的外在形态与美感体验,就要运用描写的表达方式,比如朱自清想写出眼中的春光和心中的春色,以写景散文文体语言和规范创作出了《春》;如果要表述现象世界的某些人事物象在时间链条上的发展进程,忠实记录重要事件变化始末,就要运用叙述的表达方式,写成消息、通讯、报告文学等文体的文章;如果要表达对人生事态复杂的体验和情感,就要运用抒情的表达方式,或寄之以事,或融之以景,或寓之以理;如果要证明或驳倒某一观点或理论,就要使用议论的表达方式,假如面对的是社会现象,可以写短论、时评、思想评论,如果针对的是科学研究方面的问题,可以写学术论文,等等。不同的文体,其语言表达会以特定的某种表达方式为主,有着相对独立的表达规范和样式。写作表达,不能不考虑写作内容和接受对象的需要,以一定的文体表达范式来进行符号化运作。

受制于一定的文体,以有形的文字符号为手段的表达,相对于以无形的内部语言为手段的表达是存在着一定的差异的。因为内部语言活动是动态的,而语言符号却是静态的,要用静态的东西表达动态的过程是困难的。语言无论怎样丰富多彩都是有限的,客观事物和思维是无限的;有限的符号很难尽善尽美地表达无限的客观事物的形态、意义和思维的内容、疆域。但是,文字表达绝不是为运思成果钉上语言符号的十字架,而是要尽力缩小内部语言和外部语言之间的差异,进行饱蘸情思和个性特征的创造性的符号编码。这是集中反映一个人的表达能力和表达技巧的创造过程。因此,表达作为一种行为,起始于写作发现与写作初念的发生,并以运思的内容在一定的文体框架中实现语言符号化而终结。

(三)表达是对运思内容的再创造过程

外部语言的表达过程,不可能是一个不加整理、毫无创造的过程,不可能是"复制"意义上的思维内容的直接外化,而是一个充满理性、激情和灵性的再创造过程。在这个过程中,写作者要调动一切表象记忆、情感体验、知识储备、经验积累、理论素养,在积极的高强度的运思中,以语言捕捉最真切、最恰当、最有意味的那些思想意念,并把它们按在纸上,物化为有序的书面语言符号。在这一过程中,大脑处于极度亢奋的状态,许多新的感念和思想会借助灵感的翅膀翩然飞翔,生机盎然的语言如喷泉般汩汩涌现。如果表达只是思维内容的机械加工与呆板复现,那么,文章势必成了没有生气、没有活力、没有灵性的一潭死水,哪里还会有阅读中感受到的那种类似于生命律动的强烈体验?当代作家王蒙在《漫话小说创作》中深刻指出:

构思得差不多了,靠写。写,不仅仅是把想好的东西记录下来,固定下来。写,是创造的最重要的阶段。正是在写的过程中,你的思维活动、感情活动、内心活动才空前活跃起来,你写的一行一行的字把你带入了你所要写的那个世界,你好像看到了你要写的人物,你好像经历了他们所经历的事情,你的分析和判断、追忆和联想、痛苦和欢乐、爱和憎、痛和痒、寻求和向往,一句话,从你的头脑到你的神经,到你的感官,正是在写作的过程中将会怎样地活跃起来啊! 只有这种活跃,才是文思的保证,才是写出来"栩栩如生"的保证,才是写得下去的保证。①

第二节 表达语言

一、口头语言与书面语言

从表达的意义而言,写作语言区别于人类文化意义上的语言系统,即现代语言学家索绪尔所谓的"言语",也就是特定语境下的个人的话语表达活动。索绪尔在研究中发现,传统语言学在研究语言时,是笼统地把语言与言语混为一谈的。他认为语言具有两重性,也就是说,语言既是发音动作,又是声音印象;既是生理现象,又是与观念结合的心理现象;既有个人的一面,又有社会的一面。于是,他把语言区分为语言(Langue)与言语(Parole)两个概念。语言是由语法、句法和词汇构成的静态系统,具有约定俗成的特点;而言语则是个人的言语表达行为,也就是对语言的运用过程。虽然言语依赖于语言系统,但又表现出个人的、异质的、活跃的和不稳定的特点。因此,我们知道,语言学研究的对象主要是语言,也就是语言系统和语言现象;而写作学研究的主要是言语,也就是个人的语言表达与运思的特点和规律。

在这种表达活动中,我们又把"言语"区分为口头语言和书面语言。

口头语言是以声带发声的形式来表达的语言,是发声器官受大脑语言中枢支配所产生的结果,具有形象性、情境性、即时性、易逝性和随意性等特点。口头语言以句子为单位来表达,常常可以借助当下具体的语境省略某些句子成分,也可随时补充和修正说过的话。书面语言是以文字形式表达的语言,是诉诸视觉解读的符号系统。它脱离特定的语境而独立存在,具有逻辑性、严密性和规范性等特点,通常以篇章形式来表达,可反复阅读而不便随时更改。

我们平时说话主要运用的是口头语言,而写作运用的是书面语言。两者交叉渗透,相辅相成。一般来说,口头语言是人在出生后到幼年期从生活中自然自发的听说学习的结果;而书面语言则是人在幼年或童年接受教育和阅读学习的结果,它是口头语言的提纯,其词汇比口语更加丰富多彩,其句式也更加繁复和富于变化,更加讲究修饰,更为严谨规范。

口头语言由于主要用于即时的口头交际,包含地域文化特色,附着大量的方言语汇,充斥土语、俚语、俗语。因此,口语表达的内容转瞬即逝,不利于保存,也主要在特定时空或在一定地域范围内使用。总体而言,口语的字词语汇的总量应当说没有书面语言庞大。除小说等个别文章体裁为着一定的表达目的和效果有限地使用口语和方言,写作表达主要使用的是书面语言系统,

---

① 王蒙.谈短篇小说的创作技巧[G]//李犁耘,吴怀斌.中青年作家谈创作:上.济南:山东文艺出版社,1984:12.

虽然不排斥口语的吸收运用，但一般的文章写作都少用口语形式，慎用方言词汇。韩愈在《送孟东野序》中指出："人声之精者为言，文辞之于言，又其精也……"他认为，写作运用的书面语言比之口语是精之又精的。在写作中我们不可以对口语不加提炼地随便用于书面表达。

书面文字符号的出现，是人类文明诞生的一个重要标志，恩格斯说："语言是从劳动中并和劳动一起产生出来的。"[1]"首先是劳动，然后是语言和劳动一起，成了"人类历史向前发展的"两个最主要的推动力。"[2]由于书面语言既具有记录功能、保存功能，又具有逻辑严密的特点，因此，自人类创造了书面语言的写作这一社会文化现象以来，社会进步和文明进化不断加速。伴随当今互联网时代的信息爆炸，人类社会的写作现象呈现出更加繁荣的文化景观，已经充分证明了这一点。一个人有无文化、文化水平高低的标志，就主要表现为学习和阅读书面语言及运用书面语言来进行思维与表达的量度和深度。从这个意义上说，首先要有质量地熟练掌握书面语言工具，才存在深度思维与写作表达的可能。

二、内部语言与外部语言

马克思深刻指出："语言是思想的直接现实。"[3]可是，人的精神活动与言语活动并非一一对应，这已被心理学家和语言学家证实。人们必须用语言进行思维和表达，可语言又不能充分完美地表达我们的思想，这个矛盾如何理解？

有时人们说："你怎么想的就怎么说。"可是这一点我们能够做到吗？在写作中，语言不仅是如何运用书面语言的问题，也不仅是遣词造句的问题。写作语言包含思维和对外表达的双重功用，思维和表达的内容常常是不对等的，也不可能是完全一致的，这就存在内部语言和外部语言的对应与转换的问题了。

内部语言是用来思维的语言，外部语言是用来表达的语言。

对个人而言，没有内部语言就没有外部语言。任何说和写出来的语言，都势必在头脑中预先形成，以内部语言的形式存在和活跃于大脑之中。内部语言不是用于交流的语言，而是个人进行思考使用的语言，类似于内心独白。内部语言通常黏附着大量的心理表象，有着丰富性、形象性的一面；它以某些意念为核心，在某些意向上生发延展，语言形态上呈现着不连贯、不确定、相对简约的一面，词汇不多，句法不整，结构松散，表现为复杂多样、纷乱无序、立体多向、瞬息万变、流转跳跃的意念形态。

外部语言是内部语言定型化和条理化的结果。它是合乎逻辑、合乎语法规则的清晰语言，表现为语言符号的线性链条和有序排列。丰富复杂、立体无序的内部语言与逻辑线性、系统严整的外部语言之间相差悬殊，自然二者就不可能简单化地一致起来，想什么不一定能说什么和写什么。所以，有些人经常抱怨自己的文笔不能充分地表达思想，彼时不能充分传达此时的意念活动。刘勰说："方其搦翰，气倍辞前；暨乎篇成，半折心始。何则？意翻空而易奇，言征实而难巧也。"[4]刘禹锡在《视刀环歌》中咏叹："常恨言语浅，不如人意深。今朝两相视，脉脉万重心。"俄国诗人德纳松说："世界上没有比语言的痛苦更强烈的痛苦。"[5]这些话语指的都是内部语言和外部语言的不一致性，言不尽意，外部语言无法充分传达内部语言的丰富内容。但是，内部语言和外部语言之间毕竟是有着直接和必然的联系，二者相辅相成。没有内部语言的发生，外部语言的表

---

[1] 恩格斯.自然辩证法[M]//马克思恩格斯全集：第20卷.中共中央马克思恩格斯列宁斯大林著作编译局，译.北京：人民出版社，1971：512.
[2] 同[1]，第513页.
[3] 马克思，恩格斯.德意志意识形态[M]//马克思恩格斯全集：第3卷.北京：人民出版社，1960：525.
[4] 刘勰.文心雕龙·神思[M]//祖保泉.文心雕龙解说.合肥：安徽教育出版社，1993：520.
[5] 高尔基.谈谈我怎样学习写作[G]//论文学.孟昌，曹葆华，戈宝权，译.北京：人民文学出版社，1978：188.

达也就无从提起,成了无源之水;没有外部语言的条理有序的表达,内部语言再丰富多彩,也是没有价值和意义的。

如何解决语言表达的痛苦和困难呢?唯一的办法是多读、多思、多写。一方面对内建立起丰富的内部语言仓库和理论知识的记忆仓库,为繁杂的信息和复杂的意念提供尽可能丰富的表达介质,提高内部语言的生成能力;另一方面要建立起内外部语言的密切联系和多元对应的桥梁,通过口头表达和书面写作的有效训练不断强化内部语言向外部语言的转化能力,在想得清的前提下,又要表达得尽可能的充分。

第三节 表达过程

写作行为的表达过程是写作学研究的一个新的成长区域,也是写作学走向成熟的一个重要标志。

所谓表达过程,就是在写作中由意到言的语言生成过程,同时也是由内部语言导向行文措辞外化为文章的行为过程。这是写作行为的最后一个也是最重要的阶段。

在生活中我们会有许许多多的感知,有时我们并没有把这些感知的内容以语言的形式存储脑中或表述出来,这种情况显然不可能进入真正的写作过程。当这些发现的情、意达到一定强度成为心理诉求,主体就会寻求语言的对应与表达,或谋之与人言语交流,或诉诸书面记写,这样,写作意义上的表达行为就发生了,由意生言、以言会意的表达过程就开始了。这时,在大脑内部会形成以写作发现为焦点的信息凝聚中心,对相关信息和语言的敏感度明显增强,实际上进入了潜在的构思阶段。在这个时候,如果有某种超强的相关信息或刺激因素的激惹,就可能会形成较强的心理能量和表达欲望,明确地进入显的意识平台上的构思过程;构思过程其实是沿着感知发现形成的核心思想和凝聚中心,在新的刺激信息的引导下,探求对象的结构关系与发展规律的运思过程,同时又是积极地生发和搜索语言以寻求恰当的表达形式的过程。当写作主体运思进入相对成熟的阶段时,大脑中就形成了文章的雏形,表达过程也就进入最后的环节——行文阶段,也就是以书面语言形式把内在的构思成果物化出来,定格为文章。一篇文章的行文过程,就是寻章摘句,赋形外化,为运思成熟的内容结构寻求外部语言的生成与实现,为无形的思维成果和内部语言寻求尽可能充分与完美的有形展呈,最终成为由书面语言符号组成的、可被阅读的、结构完整、形式完备、语言丰美的文章。

表达的内部过程处于黑箱的状态,立体多元又头绪纷繁,虽草蛇灰线,有迹可循,但仍为比较难以表现的部分。下面就写作表达的外化过程做一些简单描述。

一、表达的准备阶段

文章在运思基本成熟之后,就要进入写作表达的外化阶段。在开始阶段,也就是动笔伊始,写作主体必须明确以下两个问题。

(一)表达目标与文体选择

我们要根据表达目标、表达内容和接受对象的需要选择具体的表达文体。写作是人们有目的的社会行为,它总是或明或隐地有着一定的表达目标;我们也总是聚集了某一些特定的材料,或是人事景物构成的现象材料,或是由概念理论构成的思想材料。表达的目标和表达的内容材料互为表里、互相作用,决定表达的文体选择。如果要告知某种社会上已经发生了的重要事情,就可写成新闻中的消息;如果要评论某一社会现象,树立正确的观点或批驳错误的观念,就可以写成杂文或社会评论;如果在科学研究中有新的发现或创造,就要写成学术论文;如果要表达个人的一种思想感情或一段心路历程,就可以写成凝练有韵的诗歌或自由铺叙的散文;如果要表现一段社会生活,传达对生活的深刻体验和理解,塑造某些人物的性格形象,展示某些人物的人生际遇、情感历程和精神面貌,就要进行小说或剧本创作……

不同的文体对应一定的表达目标和写作内容,每一个写作者其实都有一定的文体感,大脑中也通过阅读学习和写作实践存在一定的文体范式与表达规则。在表达的初始阶段,写作者会自觉或自动地对未来的写作行为进行明确的文体选择,并以已有的文体感选择特定的表达方式进行符合文体范式的语言生成。

(二)表达方式与语体设计

文体确立之后,写作主体就需要选择和运用这一文体惯用的表达方式来进行语言组织与表达。不同的文体有着特定的表达方式。如新闻文体中的消息,就主要使用叙述这一表达方式来写作,描写与说明偶尔用之,但抒情和议论基本不使用;同样属于新闻文体的通讯和报告文学,虽然叙述与描写是主要的表达方式,但却可以较多地运用议论和抒情的表达方式;小说与散文以叙述和描写为主要表达方式,抒情、议论和说明间或有之;议论文体以议论为主要表达方式,但也间有叙述、描写和说明来提供论据材料或进行概念与理论解说,极少使用抒情的表达方式;公文文体通常运用叙述、议论和说明等表达方式,描写与抒情基本不用。

行文之初,不同的表达目标和文体选择又决定文章的语体设计与运用。所谓"语体",指的是语言组织形态表现出的特点突出的语言风貌或语言风格。"语体"表现为具有不同特点的"类"的语言板块,它们具有特定的表意功能,在整篇文章的语言形式上构造出有着鲜明的个性特色的语言风貌。

整体而言,语体可分为口头语体和书面语体。口头语体用词造句通俗活泼,话语简短,省略成分较多,更多保留着日常口语交流的语言特点,对交际语境依赖性较强。而书面语体则用词庄重文雅,句式较长,表意内容较为复杂,层次多元,曲折多变,淡化了具体的语言环境,可以完整独立、相对充分地表达写作者的思想感情。

具体而言,口头语体可分为对话体、演讲体、报告体、朗诵体、广播体等,书面语体又可分为文艺体、政论体、科技体、事务体等。

通常来说,特定的语体是为特定的文体服务的。比如,文学文体的创作一般要使用文艺体,议论文体多使用政论体等,但语体在表情达意上也有着一定的独立性,文体与语体也不是绝对对应不可改变的。交谈性语体,以对话的形式也可以写出学术论文,也有人用事务体写小说、写杂文等。语体的特意交错的运用,有时能产生特殊的表意功能,给人以耳目一新的感觉。关键是语体的选用能不能实现某一文体的文章所需要的整体表意功能,如果适用并有良好的表达效果,这就是"言语合体";如果文体与语体不相协调、不相适应,不能融为统一的有机体,这就是"文不得体"。

二、表达的进行阶段

(一)开笔角度与确定基调

开头是文章的开端部分。文章写作动笔之时,也是最难的关键环节。我国古代有"凤头、猪肚、豹尾"之说。明代的谢榛说:"起句当如爆竹,骤响易彻;结句有如撞钟,清音有余。"[1]这里都是强调开头的重要性,要写得如凤头一样的漂亮,如爆竹一样振聋发聩,令人耳目一新,也就是文章的开头应当具有很强的吸引力。有时,表达的开头好像很容易,下笔千言,如野马脱缰,一气呵

---

[1] 谢榛.四溟诗话[M].北京:中华书局,1985:16.

成;有时写作的起始却令人费尽思量,反复琢磨,仍然迟迟难以动笔;有时开头写了数稿,却总是不能满意。列夫·托尔斯泰在写《安娜·卡列尼娜》时,开头也是几易其稿,最后才写出"幸福的家庭都是相似的,不幸的家庭各有各的不幸"这样经典的文字。

文章写作的"开头难",难在何处?关键在于,文章开头的表达需要解决两个重要问题:一是找准恰当的切入角度,二是要奠定全文的表达"基调",而且要把这二者协调起来。

1. 切入角度

文章下笔时首先要找准切入角度。文章构思成熟之后,其存在于我们内心的形态其实与外化为成品的文章并不是一回事,它以内部语言的形式动态地存在于我们的大脑神经联系之中,呈现着立体交叉、多层多维的形态,大体轮廓和整体安排是相对清楚的,具体细部却又常常是模糊混杂的。要把这样的内部语言构成的文章雏形外化为书面语言的线性表达,就一定要找到准确的切入角度,选择一个最佳的表达起点,否则,就无法启开下文,豁开思路,把内在的运思结果顺利地导流出来。从这个意义上说,好的开头的确是成功的一半。

文章开头的切入角度虽然只是表达的起点,但它却包含文章的丰富的可能性信息,规约文章整体结构的安排,决定文章的终点,这样也就影响文章思想内容传达的深度与广度。角度不准,就有可能在文字表达上偏离原有的构思,造成"下笔千言,离题万里"的结果。

2. 奠定基调

文章总是有着一定的基调与味道。所谓文章的"基调",指的是写作者通过话语语气、造句特色所传达出的一种情绪味道与情感氛围,它是文章内容情调与语言特色的有机统一。

首先,文章开篇的语言基调应当与文章内容的人、事、物、理相协调,或者说受到文章思想内容、题材对象的深刻影响。尤其是小说的语言基调,要更多地受到题材内容的制约。如鲁迅的小说,不同的内容题材与思想主题就显示出不同的语言情调。《狂人日记》的开头是这样写的:

一

今天晚上,很好的月光。

我不见他,已是三十多年;今天见了,精神分外爽快。才知道以前的三十多年,全是发昏;然而须十分小心。不然,那赵家的狗,何以看我两眼呢?

我怕得有理。

二

今天全没月光,我知道不妙。早上小心出门,赵贵翁的眼色便怪:似乎怕我,似乎想害我。还有七八个人,交头接耳的议论我,又怕我看见。一路上的人,都是如此,其中最凶的一个人,张着嘴,对我笑了一笑;我便从头直冷到脚跟,晓得他们布置,都已妥当了。①

这显然是一个精神病人的癔语,奠定了变态怪异、紧张激愤的情绪基调。这是因为鲁迅发现了中国封建文化里"四千年来时时吃人"这样深刻的思想,不可以常态的人物与故事来加以表现,才创造出这样极具语言张力的怪诞的独白式语调,以激起读者的惊诧感受并引发深入思考。

其次,文章语言基调的设计,又与写作者的个性气质和创作风格有着深刻的联系,即所谓"文如其人"。这一点在散文的写作上表现得最为明显。鲁迅的散文由于他独特的个性气质形成了他坚忍的风格,语言基调深邃、沉郁,尖锐中不失幽默,辛辣里间有调侃,用语简洁利落,造句别出心裁,创造出鲁迅散文特有的精练的语言风格。郭沫若的散文气势浩荡、激情满怀,又不失其清丽和缠绵。茅盾的散文却是深刻而细致。冰心的散文充满了慈爱的情怀和清新的气息,饱蘸着那种女性特有的温馨与缠绵、细腻与纤柔,创造出冰心特有的语言风格。请看冰心的散文《往事

---

① 鲁迅. 呐喊[M]. 北京:人民文学出版社,1973:1—2.

(一)》:
窗外雷声作了,大雨接着就来,愈下愈大。那朵红莲,被那紧密的雨点,打得左右欹斜。在无遮蔽的天空之下,我不敢下阶去,也无法可想。

对屋里母亲唤着,我连忙走过去,坐在母亲旁边——一回头忽然看见红莲旁边的一个大荷叶,慢慢地倾侧下来,正覆盖在红莲上面……我不宁的心绪散尽了!

雨势并不减退,红莲却不摇动了。雨点不住地打着,只能在那勇敢慈怜的荷叶上面,聚了些流转无力的水珠。

我心中深深地受了感动——

母亲呵!你是荷叶,我是红莲。心中的雨点来了,除了你,谁是我无遮拦天空下的荫蔽?①

母女连心,作者坐在母亲身边,看着雨中荷叶覆盖着红莲,内心感到一种温暖。这样的语言风格首先受到女性作家感兴趣的题材内容的影响和制约,也只有女性的多情、柔婉和细腻才可以写出;其次,这种属于冰心个人的语调,迥然与众不同,代表女作家的个性风范。

文章的基调在外在形态上表现为语言的特色、格调和话语语气,从表达主体内在的角度来说,则是体现为写作时的主观态度与体验,表现为特定的"情绪"与"心境"。写作者在构思相对成熟以后,对即将表达的人、事、物、理总会有着一定的情感与态度。正如曹雪芹说《红楼梦》的创作:"满纸荒唐言,一把辛酸泪。都云作者痴,谁解其中味?"写作者在动笔写作时,就要考虑以什么样的态度和情绪来表达心中的所思所想,并把自己的情感体验运用某种调子的语言传达出来,以感染读者。

(二)表达过程的推进模式

当写作者一旦进入表达过程,就会自觉或不自觉地在所选材料和中心意思的导引下行文。从写作心理上来说,写作者沉浸到所要表达的对象世界中,物我交融,就会进入一种类似于灵感的情绪激昂的忘我状态中去,大脑此时会形成一个相对集中的兴奋中心,"思接千载,视通万里",调动他所有的知识、经验的记忆与情感、思想的储备,意至神会,文思沛然,语言不断生成,如泉涌一般从笔尖流泻出来。

在写作表达的进行过程中,不同的内容对象、文体规范和表达方式会形成不同的表达模式。

1. **叙事类文体的表达模式**

叙事类文体以写人记事为主要内容,来表达写作者对人、对事乃至对社会人生的情感或思想认识。它以时间为链条,展开人情事态或心理情感的发展变化过程。它循着开端、发展、结局的线索展开表达过程。

在开端阶段,主要交代非常态事情的发生情况。首先要交代事情发生的时空定位或事情的各项要素与关系;有时也可以表现和渲染事情发生时的情景或氛围;对于篇幅较短的文章,有时可以概述事情的内容或意义。

在发展阶段,主要表达事情的演进过程与情节推进。如表达人物的行为过程,或表达某一事件的演变情况,有时也交代情感的起伏变化状态。

在结局阶段,主要表达事情的自然收尾。表达事情结束时的情况,通常是人物性格的选择或矛盾解决的必然结果。对于较短的叙事文章,有时会总括全文、点明题旨、深化意义。

2. **议论类文体的表达模式**

议论类文体主要是确立或反驳某种观点,有时破立并存,表现为一个合理的逻辑推导过程。其表达模式通常分为引论、本论、结论三部分。

---

① 刘家鸣. 冰心散文选集[M]. 天津:百花文艺出版社,1992:67.

引论部分,主要是明确提出一个需要解决的问题。通常要表明态度或观点,有时要交代问题产生的原因或背景,也可说明探讨此问题的意义和价值。

本论部分,主要通过逻辑推导与深入分析,使观点成立。可对问题或材料作横向考察,作并列式地剖析,通过推理或引证——加以澄清或表述明白;也可对问题或材料进行纵向考察,作递进式剖析,一个问题引出一个问题,一个层次又深入另一个层次,个个阐说,层层推进,由现象到本质再到更深层的本质,或由抽象理论到具体现象再到更深的具体现象或回到抽象理论,也可由肯定到否定再到更深层的肯定或否定。

结论部分,主要是对本论部分进行总结概括,有时也对论题解决的意义、价值给予深化性的表述。

3. 说明类文体的表达模式

说明类文体是为了介绍或解释某一事物或事理,通过对对象的精确解说,逐步展示对象的性状功用等知识和内容情况。其表达过程的模式主要由概说、分说、总说三部分构成。

概说部分,要提出和概述某一现象、事物或事理,有时也说明对象的基本特点,或提供认识对象相关的背景材料。

分说部分,对要说明的对象的形状功用等内容分别加以阐释,或根据对象的外部特征按一定的空间顺序逐步解说,或根据对象的内部特征如性质、功用、规律等分别加以解说。分说时,特别要注意解说的层次、类别、顺序,要有逻辑性与合理性。

总说部分,主要进行总括性的说明。这个部分或解说逻辑顺序所达的终点;或概括全文,指明掌握该知识的重要性;或说明当前科学上对解说对象的认识水平,展望研究前景。

三、表达的完形阶段

在写成初稿之后,写作过程还没有最终完成。距离定稿还有最后一个完形的阶段,那就是要进行修改润色的工作。修改润色是表达阶段的最后一个重要环节,是整个写作活动的最终完形过程。一方面,人们对客观事物的认识是无止境的,而文章是对客观事物的认识结果,经常会发生"意不称物"的情况,所以必须进行不断深入的研究,才能不断深化我们的认识,匡正我们的思维结果,正确深刻地反映客观事物的本质和规律;另一方面,文章又是我们对认识结果的语言表达,而由"意"到"言"的转化过程也有一个"言不逮意""言不尽意"的问题,所以必须经过修改润色,使文章的表达效果更加充分与完善。

古人云:"作十篇不如改一篇。"修改是完善文章质量的重要手段,也是效验写作思维、反思表达内容、美化文章语言的必然过程,更是提高写作能力的重要途径。如果没有修改润色,那么写作行为就只能停留在草稿阶段;如果每一次写作行为都只是生产出"粗制品"和"在制品"就草草收兵,那么写作者就永远也不会窥得制造"成品"甚至"精品"的堂奥,时间长了就会形成不良的写作习惯。相反,如果每次写作都对初稿进行推敲修改,尽心尽力,不够完善绝不罢休,那么,不仅优化了文本,而且在修改的过程中提高了写作的鉴评能力和表达能力,逐步熟悉和掌握了各种写作方法和技巧。

从绝对意义上说,写作行为很难有终极的完善定稿,修改润色过程也许是没有尽头的。"文章不厌百回改",以曹雪芹的巨匠手笔,著《红楼梦》尚须经过"批阅十载,增删五次",最终在有生之年还是遗憾地没有完成对小说的修订工作。鲁迅秉如椽之笔,其七千余字的短篇小说《肥皂》,改动竟达150处之多。写作是个体性的创造行为,每个人的写作能力和写作水平是有限的,任何文章的写作都不会完美无缺,最后可以做到一字不易。从相对意义上说,正是一个人的写作水平的有限性,对事物的认识与表达也有一定的阶段性和局限性,而作为写作结果的文章也只能是写作者在一定时期和一定思维水平上的产物。所以,文章还是要经过修改完善,完成定稿方能示人,这样写作行为才能告一段落,画上句号。我们说的修改润色,当然只能是相对意义上的尽个人能力使文章的尽可能完善,达到最佳的表达效果。

(一)修改的内容

1. 深化认识,调整观点

对文本思想观点进一步深入思考,有时会发现观点上的谬误、片面、肤浅、模糊、混乱或陈旧。因此,修改时就要"先求是,再求深,再求新",要把偏颇的观点改为正确的,片面的改为全面的,肤浅的改为深刻的,模糊的改为鲜明的,混乱的改为集中的,陈旧的改为新颖的。深化认识和匡正思维是需要一个琢磨钻研、寻觅碰撞的过程的,而文本的修改正是可以提供这一契机的平台。在经历艰难的修改过程的隧道之后,甚至有时可以把我们对一个问题或对象的认识提升到一个新的高度,展现出另一番思想的洞天和豁然之境。

2. 增删材料,优化内容

材料是为支持观点服务的,二者应高度统一。在阅读初稿时,要善于发现观点有无材料支持,或者有材料而不够典型、不够有力、不够具体,这就要增添或置换新的材料;如果材料过多而又良莠不齐,内容芜杂而淹没了观点,这就要对材料进行筛选甄别,以删减那些质量不高、陈腐不新、不够真实、可有可无的材料,使得文章的观点更加鲜明突出,文章的内容更加新颖生动和丰富多彩。调整材料时,一要考虑材料的向心力,也就是材料与观点的内在联系,凡是能支持观点的材料就留下,对于与观点没有必然联系的材料,哪怕自身价值再高,再生动有趣,也一定要舍弃;二是要在有向心力的材料中分析、比较材料的表现力,凡是具有较强典型性和感染力的,能生动有力地支持观点的材料就保留,与观点虽有一定联系,但表现力较弱、表达效果一般的材料就可以舍去。善取一定要善舍,善舍才是最佳的善取。取舍的结果,使得文本的内容更加优化,更加趋于完善。

3. 调整结构,顺理成章

初稿写成之后,一要在整体上重新审视文本的结构,谋篇布局追求合理、整一,使之符合客观事物的内部联系与本质规律,即顺理成章;二要在层段推进上追求周密、有序,做到前后连贯、环环相扣、疏密有致、首尾圆合,即文气通畅。清代教育家唐彪在《读书作文谱》中曾转引武叔卿的观点:"如文章草创已定,便从头至尾一一检点。气有不顺处,须疏之使顺;机有不圆处,须炼之使圆;血脉有不贯处,须融之使贯;音节有不叶处,须调之使叶。如此仔细推敲,自然疵病稀少。"[①]修改时要注意文章的层次是否划分清楚,前后关系是否合理有序;段落是否安排妥当,完整单一,段与段的连接是否紧凑自然;开头、结尾是否合乎要求,也就是开头要启开全文,结尾要托举全文,做到首尾圆合、前后辉映。要避免层次紊乱、段落欠妥、前后脱节、虎头蛇尾等毛病。

4. 润色语言,言之有文

古今中外文章家写诗作文初成之后,无不重视语言的推敲润色,使之精炼而又富于文采。卢延让有"吟安一个字,捻断数茎须"[②],杜甫有"语不惊人死不休"[③],法国作家福楼拜提出的"一词说",相关的典故不胜枚举。这是因为文章使用语言表达思想,反映客观事物,一要准确,言之有理,二要生动,言之有文。文章在写作初稿的过程中,由于思想的积极活跃,文字表达与书写往往跟不上思想的速度,所以写作时大多来不及推敲词句,语言表达上不免粗糙,多有疏漏。只有在初稿写完之后,再回过头来对语言文字进行琢磨和美化的工作,才有可能使文字表达相对完美,

---

① 唐彪.读书作文谱[G]//南京大学,南京师范学院,杭州大学,等.古人论写作.长春:吉林人民出版社,1981:76.
② 卢延让.苦吟[G]//彭定求,等.全唐诗:下.郑州:中州古籍出版社,1995:4450.
③ 杜甫.江上值水如海势聊短述[G]//彭定求,等.全唐诗:上.郑州:中州古籍出版社,1995:1335.

最终完成文章的定稿。语言的修改需要字斟句酌。首先,看有无错字、漏字,用词是否准确恰切,造句是否通顺;其次,诵读是否文气通畅、音韵上口,节奏上是否急缓有节、疏密有致;再次,看通篇有无遗笔漏意,是否充分有力地表达了所要表达的思想;最后,考察一下文面的问题,看看是否符合文体的行款格式的要求,标点符号的使用是否准确无误,如果文本是手写的还要看书写有无笔误,是否清楚美观。

（二）修改的方法

1. 反复阅读,冷静自改

通常修改是自己改,特别要重视阅读初稿,最好要多次阅读,以重新审视与反思,大到发现观点谬误,认识偏颇,结构不整,线索混乱,小到造句有病,用词不当。毛泽东指出:有些人"文章写好之后,也不多看几遍,像洗脸之后再照照镜子一样,就马马虎虎地发表出去。其结果,往往是'下笔千言,离题万里',仿佛像个才子,实则到处害人。这种责任心薄弱的坏习惯,必须改正才好。"[1]又说:"鲁迅说'至少看两遍',至多呢？他没有说,我看重要的文章不妨看它十多遍,认真地加以删改,然后发表。文章是客观事物的反映,而事物是曲折复杂的,必须反复研究,才能反映恰当;在这里粗心大意,就是不懂得做文章的起码知识。"[2]

自己修改既可用"热处理",写完初稿后立即趁热打铁,趁写作思维还处于亢奋状态,思维内容还十分清晰的时候,往往可以发现整体思想上表达不充分、不到位的情况;更为常用的是"冷却法",或叫作"冷处理",也就是将文章搁置一段时间,至少几天,等头脑冷静下来,再去审阅修改,不仅容易发现问题和疵病,更可能获得新的角度甚至是新的高度来重新审视自己的文本。明末清初的著名文学家李渔说:"文章出自己手,无一非佳;诗赋论其初成,无语不妙。迨易日经时之后,取而观之,则妍媸好丑之间,非特人能辨别,我亦自解雌黄矣。"[3]

2. 虚心借鉴,请人修改

当局者迷,旁观者清。它山之石,可以攻玉。修改文章,更要虚心听取他人的意见和建议。他人的意见往往与写作者有不同的角度和新意,通常可以提供有益的参考和镜鉴。当然,写作者也要有自己的主见,利用他人的意见得到启迪,再潜心深入思考,才有利于改好文章。颜之推说:"学为文章,先谋亲友;得其评裁,知可施行,然后出手。慎勿师心自任,取笑旁人也。"[4]何其芳在20世纪60年代初为中国科学院文学研究所编辑的《不怕鬼的故事》一书写了篇序言,他就"不怕"两个字做文章,强调战略上要藐视"鬼"。后来毛泽东审阅这篇序言时指出:"除了战略上藐视,还要讲战术上重视。对具体的鬼,对一个一个的鬼,要具体分析,要讲究战术,要重视。不然,就打不败它。……你可以再写几百字,写战术上重视。"[5]何其芳根据毛泽东的修改意见,在序言中增加了相应的内容。这样一来,文章的观点就更加全面,也更加正确深刻,内容上也更充实了。

第四节　表达方式

一、叙述

叙述就是把人物的经历、行为或事情的发生、发展的变化过程表达出来。

---

[1] 毛泽东. 反对党八股[M]//毛泽东选集:第3卷. 北京:人民出版社,1964:797.
[2] 同[1],第801页.
[3] 李渔. 闲情偶寄[M]. 杭州:浙江古籍出版社,1985:47.
[4] 庄辉明,章义和. 颜氏家训译注[M]. 上海:上海古籍出版社,1999:168.
[5] 中共中央文献研究室. 毛泽东年谱(一九四九——一九七六):第4卷[M]. 北京:中央文献出版社,2013:518.

叙述表现出我们对外在世界在时间链条上的发展变化过程的认识。它包括人物、事件、时间、地点、原因、结果等六个要素。

(一) 叙述的详略

叙述的详与略,指的是具体叙述与概括叙述。二者难以截然分开,各有优长。

一般来说,具体叙述是对人事现象发展变化过程的细致展现,而概括叙述则是对现象演进过程的大体情况的交代。叙述详略的选择,当视内容主次、表达重心和阅读需要而定,做到详略得当、疏密有致。老舍在《谈叙述与描写》一文中说:"或问:叙述宜细,还是宜简?细写不算不对,但容易流于冗长。为矫此弊,细写须要拿得起,推得开。古人说,写文章要精鹜八极,心游万仞。这是什么意思呢?就是作者观察事物,无微不入,而后在叙述的时候,又善于调配,使小事大事都能联系到一处,一笔写下狂风由沙漠而来,天昏地暗,一笔又写到连屋中熬着的豆汁也当中翻着白浪,而锅边上浮动着一圈黑沫。大开大合,大起大落,便不至于冗细拖拉。这就是说,叙述不怕细致,而怕不生动。在细致处,要显示才华。"[1]

(二) 叙述视角与人称

1. 叙述视角

当我们进行叙述的时候,首先要选择叙述的视角。叙述视角是写作者选择的对叙事对象和故事内容进行观察和讲述的特定角度,选定叙事者的角色和位置,从而提供给读者一个特定的阅读视野。叙述视角体现了写作者或叙述者与文章中的人与事的特定关系。叙述有客观视角,又叫外视角;也有主观视角,又叫内视角。

客观视角又叫作"全知"视角,是写作者在叙述时并不进入现象世界的时空环境与因缘关系之中,而是作为旁观者超越叙事对象之上,有着"上帝"一般的权威,无所不知,无所不能,可随意转换视角,变换时空,既可写人物的任何外在的公开行状或私下的隐秘行为,也可进入人物内心世界,披露其显意识或潜意识的任何心理内容。写作者虽然不在作品中,读者却可以感觉到他无处不在。在客观视角下,写作者拥有绝对的权威和自由,太过强大的声音往往淹没了读者的感受,因此,在一定程度上限制了读者的解读参与和审美创造。

主观视角则是写作者在叙述时以"我"的身份和视角进行表述,或者在叙述时把视角限制在某个核心人物"他"的思想感情范围内,写作者只能表现"我"或特定的"他"的所思所想、所见所闻和所作所为,对于作品中其他的人物,只能以观察者的角度进行描述,而不能以"全知"视角随意变换时空和角度进行全方位的表达。

2. 叙述人称

视角的不同特征和功用主要通过叙述人称的选择来加以实现。叙述人称是写作者对读者与被叙述对象的称谓关系的选择,以得到相对有利的表述条件。使用不同的叙述人称可以得到不同的叙述视角。

(1) 第三人称

第三人称是"古老"的叙事方法。写作者以局外人的身份对读者"你"来叙述第三方"他"或"他们"的事情。如果写作者作为叙述者隐身事外,超然于人事物象之上,与文章中的"他"和"他们"没有任何时空因缘关系,那么就获得了叙述的"全知"视角。由于这种时空与关系的隔离,写作者就具有了叙事上极大的自由与优势,可以洞察人物或事件的各个方面,不管是人物内心的所思所感、外在的一言一行,还是事件的来龙去脉、进程的隐秘曲折,事无巨细,不分内外,都可以自由灵活地表达明白。例如,《三国演义》就自由地记述了跨越百年、纵横万里的事件,《红楼梦》就

---

[1] 老舍. 出口成章:论文学语言及其他[M]. 北京:人民文学出版社,1984:79—80.

展现了众多人物复杂的内心世界。

在第三人称叙述中,如果写作者叙事时把自己的视角固定在某一个人物的思想感情范围内,以"他"的感受和视野来表述内外世界,那就获得了叙述的主观视角。一旦进入主观视角的叙述过程,视角就不可随意转换,要相对固定下来,以这个人物的所思所想、所见所闻和所作所为来展开故事。虽然叙事上失去了"全知"的表述特权,但又得到另一种好处:读者随人物思想进程和故事发展把自己与人物融为一体来体验着这一特定人物的心理情感,感同身受着特定环境下的另一种人生和命运,而不同于"全知"视角下的读者只能作为旁观者观看写作者演绎的别人的人生表演和命运遭际。如海明威的《老人与海》,就充分显示出第三人称叙述中主观视角的表达魅力。

在写作中,第三人称叙述可以根据需要转换视角,由"全知"的客观视角临时转换为主观视角,假手作品中的某一人物来进行观察与叙述,事后再回到原来的视角。例如,在《红楼梦》中,曹雪芹就特意转换叙述视角,借用刘姥姥这个来自豪门之外社会底层的没有多少文化的老年村妇的眼睛来进行观察,用她的感受来描述所见所闻,在她惊诧莫名和叹为观止的感觉落差之中充分表现出贾府的豪奢荣华和不同地位、不同角色的人物之间的微妙关系。第三人称还可以自由地变换时间与空间来叙述,表达不同时间与空间的人物和事件,不会受到时空关系的制约。

第三人称叙述在特权和自由之外也有其局限性,由于写作者只能隐身事后,叙述时就不可以站出来随意地发表感受与评价。如《史记》只能对事件的详略主次加以选择,采用春秋笔法隐讳含蓄地表现主观倾向。不得不说的话语也只能在叙述结束后,司马迁才可以"太史公曰"另加点评,写作者不可在叙述过程中任意显示倾向、表露态度。

(2) 第一人称

① 我向叙述。

我向叙述是指写作者在叙述时以"我"的身份和视角来叙述"我"或他人的事情。由于"我"直接进入事件的时空之中,参与到事件的因缘关系之内,表述我的生活、我的感受,或以"我"的观察和感受来叙述事件发展变化的过程,因此,我向叙述是一种主观视角,也是单一视角的叙述。

在我向叙述中,叙述者"我"出现以下两种情况。

一是自我叙述,即写作者以相对真实的身份直接进入叙述的时空关系中,叙述"我"的事情、"我"的见闻或"我"的感思。常见于散文文体,尤其是抒情散文、游记和日记等。

二是他我叙述,即写作者叙述虚构的故事的时候,假借一个"我"进入事件的时空关系之内成为其中的一个角色,并作为故事的叙述者,以这个"我"的眼睛来观察生活,以这个"我"的心理和口吻来叙述事件。例如,《孔乙己》的作者是鲁迅,而叙述者则是故事中的人物——酒店里的小伙计"我",以幼稚单纯的小伙计的口吻、眼光和心理来叙述孔乙己在咸亨酒店里的几次人生演出,虽为主观视角,却能够更加客观、冷峻地展示出人生的残酷真相和社会的吃人本质。

不管是写作者真实的"我"还是假借的叙述者"我",都直接进入事件的时空关系之中。由于在叙述中置身事内,第一人称中的我向叙述就成为主观性很强的叙述:一方面特别长于表达写作者对外在事物的主观倾向,因而在对他人和事件的叙述中容易形成亲切的叙事氛围,造成强烈的真实感;另一方面,特别是在自我叙述中有利于显示出写作者的个性特质,形成独特的抒情风格,如朱自清的《荷塘月色》,我们在一种朦胧氤氲的情境氛围中与作者同思同感,同时又认识了一个苦闷多情而又独特的"我"。

第一人称叙述的主观视角虽然在展现主体个性与特质、表达主观感受与情志方面相对直接和灵活,却不能不舍弃客观视角在表现外在世界所得到的超时空、全方位视野,和展露众多人物内心世界的方便与自由。因而第一人称叙述也有其一定的局限性:不可以任意表达叙述者"我"感知范围以外的事物和他人的内心感受,不可以突破叙述者"我"的单一视角和时空限制,丧失了视角和时空转换上的自由。如要对他人的心理活动加以表现,就不能直接进行描述,而只能以"我"的心理活动进行主观猜测或推论,或通过"我"能够感知的他人的外在行为加以间接表现;对其他时空里的人和事,也就不能随便进行表达了。

② 对向叙述。

对向叙述是指作者或叙述者"我"向特定的"你"叙述"你""我"之间或他人的事情。这种叙述即是第二人称叙述。在这种叙述中,写作者或叙述者虽以"我"的身份进行表达,但却有一个特定的"你"进入叙事时空和因缘关系之中,成为叙述的接受者和叙述的主要内容对象。如朱自清的《给亡妇》,作者只对特定的"你"说话,那就是他亡故的妻子"谦"——武钟谦,"你"进入叙述时空关系中,成为听者也成为叙述的内容对象,而我们作为读者,却成为真正的第三者和旁观者——"他"或"他们",看和听作者对妻子的私情话语和往事追忆。这一特质使得第二人称叙述有其不可替代的叙事功能和独有品质,因此,第二人称叙述是一种独特的表述现象和表达方法。

在第二人称叙述中,写作者或叙述者依然是"我",而且与第一人称叙述中的"我"一样,直接进入叙述的时空和文章的内容之中,仍以"我"的观察和感受来叙述事件进程,其表达的主观色彩不弱于甚至更甚于第一人称叙述常见的"我向叙述";从视角而言,其主观视角不变,但读者"你"成为特定的叙述对象和交流对象,有着强烈的对面交流的表达特征和阅读感受,表达对象和内容就受到了一定的限制,这就不同于我向叙述的单一视角叙述了。在叙述中有时以"我"写"你",又可由"你"见"我",因此,我们把它叫作"对向视角"。从形和质两方面看来,第二人称叙述仍可归入第一人称叙述,与我向叙述并立而成为第一人称叙述的另一种形式——对向叙述。

对向叙述有着独有的性质,同时也有着特有的文体范式。一般说来,日记体、书信体和祭吊文等对话式文体是对向叙述的特有文体形式。一些诗歌、散文和小说也经常使用对话式表达或假借上述文体形式以第二人称来写作。韩愈的《祭十二郎文》、苏洵的《祭亡妻文》、朱自清的《给亡妇》和郭沫若的《银杏》等,都是第二人称对向叙述的经典之作。

对向叙述的表达对象和接受对象经常是统一的,有时却是不统一的,但可以造成统一的感觉。如书信的写作,叙述的表达对象和接受对象就是特定的读者,也即文章中的"你";有时,读者并不是文章中的"你",但由于强烈的对向交流的表达特质,给读者一种面对面交流的至为亲切的阅读感受,甚至于造成某些心理条件接近或类似的读者幻身为作品中的"你"的阅读错觉。

与我向叙述相比,一方面,对向叙述在表现自我感受方面往往更加直白坦露,似乎可以直接把心掏出来,尽情倾诉自己的感受,写作者内心的透明度大大增加(请参阅本节"三、抒情"中"直接抒情"所举示例舒婷的《雨别》);另一方面,由于对向叙述中,写作者"我"特别熟悉"你"的情况,距离近,信息量大,增强了写作者观照人物和剖析事件的深入程度。对向叙述虽然有着一些特别的表达优势,却也有其局限性:在叙事的范围上比我向叙述有着更多的限制,受到"我"与"你"关系的制约,只能向特定的读者"你"进行表达,只能表达"你""我"之间相关的事情,不可随意诉说"你""我"关系之外无关的事情。如《三国演义》第五十七回,诸葛亮不顾个人安危过江吊丧,在周瑜灵前当众宣读祭文。祭文当然是祭者对逝者的对向叙述,文中主要是大谈周瑜生前的功勋业绩,自己与周瑜的交往与情谊。由于宣读时以情动人,声情并茂,真正的接受者周瑜虽不能亲耳聆听,若九泉有知,也当心动;而在场的东吴文官武将由于受到对向叙述的强烈主观情感氛围的感染,无不为二人的智者知音之谊和英雄相惜之情所感动。此举终于化险为夷,化解了恩怨误解,保住了孙刘联盟,其外交取得这样的成效与对向叙述的表情力和感染力发挥了强烈作用有着重要的关系。

(三)叙述方式

1. **顺叙**

顺叙就是以时间的自然链条为主线,在特定的空间环境里,把人物言行、心理活动或事件的发展变化过程表达出来的一种叙述方式。这是叙述方式中最基本的表达方式,既要考虑事物发展的自然进程,又要符合读者的接受心理和阅读习惯,把人物的经历、事物发展变化的过程表述得条理清楚。顺叙在使用时要注意主次分明、详略得当,切忌平均用笔、平铺直叙。

2. 倒叙

倒叙又叫"倒插笔"。就是首先把事情的结局或事件进程中某一特殊阶段如高潮部分提到前边来写,然后再按事情的自然顺序叙述开来的叙述方式。倒叙的写法,意在强调和突出事情的高潮或重要部分,以造成强烈的对比效果;或引发悬念,引人入胜;或启人疑窦,令人推究。倒叙的使用要注意事件内容的特点和表达的需要,不要勉强运用。倒叙之后回到顺叙的主线上时,要注意过渡显明,衔接自然。

3. 平叙

平叙又叫分叙,是对同一时间、不同空间发生的两件或更多事件所作的分别叙述或交叉叙述。古代小说中"花开两朵,各表一枝",一般指的就是平叙。平叙主要针对复杂事件中不同情况同时发生时所进行的叙述,通常是交代完一件事,再交代另一件事情;有时也可以交替表达两个或更多空间的齐头并进的事件,如通讯《为了六十一个阶级弟兄》。平叙在表达时要注意有条不紊、层次分明,空间转换时要交代明白,不可混乱杂糅,搅成一锅粥,要给读者呈现出事件的整体感和立体感。

4. 插叙

插叙就是在叙述过程中,根据事件内容的表达需要,通常是某事或某物需加特别交代或说明,暂时中断叙述主线,插入另一段相关的叙述或说明的文字,再回到叙述主线的一种叙述方式。插叙的内容一般是由当前的事物或情况引发了对往事的回忆,或者是对人物或事件背景的介绍,从而丰富了表达的层次,充实了文章的内容,同时使叙述线索起伏断续,文脉错落变化。插叙要注意的是:一是不要过多地插叙,以免破坏主线的自然顺畅和阅读的完整感;二是要插入适时,回到主线时要自然过渡,巧于衔接。

5. 补叙

补叙是在事件结束后或叙述过程中一个事件暂告一段落之时,对前文中某些未及说清的情况或特意隐藏的事实所作的必要的补充交代。补叙有时可如倒叙一样,成为叙事性文章的整体构思。与之不同的是,倒叙是把后面的重要内容提到开头来表达,而补叙是在前文中故意语焉不详或设下伏笔以留待后边加以照应或弥合,以造成强烈的阅读效应。

二、描写

没有描写,我们决不能想象刘白羽笔下的"天池"令人屏气之"静",朱自清笔下的"梅雨潭"青翠欲滴的"女儿绿",也感受不到阿Q摸小尼姑头皮后的得意,看不到贾宝玉偷吃胭脂的怪癖……

描写,就是把人、事、景、物的状貌形象地表现出来,使人如睹其面、如闻其声、如临其境、如见其形的表达方式。宋代诗人梅尧臣说过:"必能状难写之景,如在目前;含不尽之意,见于言外,然后为至矣。"①宋祁在《玉楼春·春景》词中写道:"绿杨烟外晓寒轻,红杏枝头春意闹。"王国维认为"红杏枝头春意闹,着一'闹'字而境界全出。"关键在于一个"闹"字,把代表春天的特征性景物——杏花绽放枝头的喧嚷情态表现得十分突出,静态景物呈现出动态的生动画面,更揭示出作者在春光明媚之中内心的春意萌动,令人感怀万端。

---

① 欧阳修.六一诗话[M]//郭绍虞.六一诗话 白石诗说 滹南诗话.北京:人民文学出版社,1962:9.

在记叙性文章中,叙述和描写是最基本的表达方式,二者经常结合使用,被称为"描述"或"描叙"。

(一)描写的对象

1. 人物描写

(1)肖像描写

肖像描写又叫作外貌描写,是描写人物的姿容、衣饰、神情、仪表、风度等外在形态的。人之外形,大体相似又千差万别。如何才能写好?既要描绘形象,又要传神写照,其关键在于"以形写神",从而写出独特的"这一个",否则千人一面就失去了描写的价值。如古人写美女的套语:倾城倾国、闭月羞花等,就没有写出对象的个性特征。"以形写神"是东晋画家顾恺之提出的反映生活的绘画理论,他明确地提出传神的重要性,要传神,就要以形写神。"就人物画来说,顾恺之首先注意的是头部的形的传神作用……在头部的五官形象里,哪部分又比较重要呢?顾恺之认为眼睛最为重要。据说他画人有时数年不点目睛。人问其故,答曰:'四体妍蚩,本无关于妙处,传神写照,正在阿堵中。'"[1]老舍说过:"人物的外表要处,足以烘托出一个单独的人格,不可泛泛的由帽子一直形容到鞋底。"[2]对写作而言,人物外表的要处,当然不单单指的是眼睛,比如孔乙己身上的破旧长衫,张飞的环眼虬须……这些都是人物外表的突出特征,与人物的身份、处境、性格或品质有着内在的关联性,对这些特征的把捉与表现,也正是鲁迅所推重所表达的"画眼睛"的方法。

金庸在《神雕侠侣》第五回中,通过杨过的观察和心理语言描绘了初次登场的小龙女的形象:

杨过抬起头来,只见一只白玉般的纤手掀开帷幕,走进一个少女来。那少女披着一袭轻纱般的白衣,犹如身在烟中雾里,看来约莫十六七岁年纪,除了一头黑发之外,全身雪白,面容秀美绝俗,只是肌肤间少了一层血色,显得苍白异常。[3]

短短数十言的描写竟用了四个与"白"有关的词语,作者紧紧抓住人物之白给予特别强调,全身雪白——衣着素白和肌肤苍白——白色的主调、冰雪的形象成为小龙女的性格标签和心理特征:洁若冰雪又冷若冰雪,美艳绝俗且孤芳冷傲,独处幽闭而心静如水,不谙世事更不通世故。以特别之"形"传出独特之"神",成为"画眼睛"肖像描写手法的典型示范。

(2)行动描写

行动描写就是对特定条件下能表现人物思想、性格特征的行为举止的描写。行动描写能十分有效地展现人物的内心世界和独特性格。每个人的行为都是具体的、特定的,与其内在的动机相关联。近代文论家吴曾祺认为:"人之一身,五官百体,其相去不甚远,而至于一言一动,则百人而无一相类者,神为之也。"[4]也就是说,人的生理方面大体相近,但每个人的言行举止却迥然不同,是因为每个人的个性气质大有差异。我们在进行行动描写时一定要抓住人物内在的"神"——独特的精神气质来加以表现。鲁迅在《孔乙己》中,描写孔乙己两次在咸亨酒店出场,第一次是"排出九文大钱","排"字显出一种有点儿钱的气势和风度,而第二次也是最后一次来喝酒,是爬着来的,"他从破衣袋里摸出四文大钱,放在我手里"。"摸"则显然表达了孔乙己经济上的极端窘迫和精神上的萎靡不振。《三国演义》里刘备之哭,曹操之笑,无一次不合乎性情,不合乎情节境况。只有透辟地揣摩人物的心理需要和性格气质才能准确地写出具体情况下人物的特定行为。

---

[1] 葛路.中国古代绘画理论发展史[M].上海:上海人民美术出版社,1982:25.
[2] 老舍.人物的描写[M]//胡絜青.老舍论创作.上海:上海文艺出版社,1980:86.
[3] 金庸.神雕侠侣[M]//金庸作品集:9.北京:生活·读书·新知三联书店,1999:152.
[4] 吴曾祺.涵芬楼文谈[M].北京:金城出版社,2011:78.

（3）语言描写

语言描写是对人物的对话、独白及说话时的语气声态的描写。"言为心声"，无论真话谎言，都能相对直接地表现出人物的内心世界和个性气质。对话描写时要考虑符合人物的角色、性格、身份、心理、文化水平和所处的环境，抓住人物的个性化语言予以展现，出色的语言描写能表现出"话中有话"的丰富的隐含信息。如在《三国演义》第二十一回，曹操煮酒论英雄，与刘备有一大段经典的对话描写。文中曹、刘宴谈之际，一个借题发挥，着意追问；一个心怀隐情，故作不知；一个步步紧逼，当面揭穿；一个处处设防，唯恐有失。唇枪舌剑之中极富戏剧性，曹操称雄天下的野心、狂妄自大的性格，刘备虚与委蛇的心理、随机应变的智谋和个性，都得到生动的体现。

鲁迅说："作者用对话表现人物的时候，恐怕在他自己的心目中，是存在着这人物的模样的，于是传给读者，使读者心目中也形成了这人物的模样。"① 人物的语言描写忌讳以作者的语言代替人物的语言，忌讳没有个性特点的"千人一腔"。

（4）心理描写

心理描写是对人物在特定环境下的意志、愿望和思想、感情等内心活动的描绘。古人云："泪眼描写易，愁肠写出难。"心理描写可以把描写的笔触直接探入人物内心深处，描述多层次的情态变化和心理活动以揭示人物的思想、感情和个性特征。心理描写常用以下几种方法。

① 分析描述。

这种描写又叫"心理剖析"，即写作者以旁观者的身份介入式地对人物心理活动进行客观细致的描述。心理活动是复杂而难以捉摸的，但又不是无迹可寻。因为人物特定的心理总是在一定环境中围绕客观情势所思所虑产生的意念活动和情感态度。如张贤亮的小说《灵与肉》中的一段心理描写：

突然，他想到了那匹棕色马，心里顿时感到一种酸楚的甜蜜。他觉得他不仅早就认识了她，而且等待了她多年。一种从来没有出现过的心荡神移的感觉袭倒了他，使他不能自制地跌坐在姑娘的旁边。他两手捂着脸，既不敢相信他真的得到了幸福，担心这件侥幸的事会给他带来新的不幸，又极力想在手掌的黑暗中细细地享受这种新奇的感情。②

这是主人公许灵均在被打成右派流放西北牧马的人生低谷中，竟然不幸中万幸，与一个来自四川的漂亮姑娘结婚了，对他新婚之夜时特定的心理活动所作的分析描述，显然与常人结婚时的幸福心态既有相似之处，又大不相同：有甜蜜感受，却又夹杂着酸楚；有心荡神驰，同时又有担忧而不敢相信。分析描述常用"他想到""他觉得""他认为""他忖道"等作为标志，来提示读者这是作者以旁观者角度进行的心理分析和描述。

② 内心独白。

这是以第一人称说出自己的心里话，直接展示、坦露"我"的内心世界，说出自己的心理感受和态度体验的心理描写。例如，《红楼梦》第三十二回史湘云劝宝玉学点"仕途经济之道"引起宝玉不满，引发宝玉表达出对黛玉的称许和肯定："林姑娘从来说过这些混账话不曾？若他也说过这些混账话，我早和他生分了。"黛玉恰巧在外面听到了：

林黛玉听了这话，不觉又喜又惊，又悲又叹。所喜者，果然自己眼力不错，素日认他是个知己，果然是个知己。所惊者，他在人前一片私心称扬于我，其亲热厚密，竟不避嫌疑。所叹者，你既为我之知己，自然我亦可为你的知己，既你我为知己，则又何必有"金玉"之论呢？既有"金玉"之论，也该你我有之，又何必来一宝钗呢？所悲者，父母早逝，虽有铭心刻骨之言，无人为我主张；

---

① 鲁迅．看书琐记［M］//花边文学．北京：人民文学出版社，1973：92—93．
② 张贤亮．灵与肉［G］//张志英，张世甲．张贤亮代表作．郑州：河南人民出版社，1989：43．

况近日每觉神思恍惚,病已渐成,医者更云:"气弱血亏,恐致劳怯之症。"我虽为你的知己,但恐不能久待;你纵为我知己,奈我薄命何! 想到此间,不禁滚下泪来。[①]

黛玉在爱上宝玉之后,多次试探无果,猜忌之心又造成二人多次摩擦,自己满怀深情,无法言说,期待既久,因之获病,这次却在不经意间从背后听到宝玉对她的衷心评价与知心表白,终于懂得了宝玉的情意和对自己的推重,真如平地响雷般的震撼。惊喜之余,林黛玉立刻想到了这份情感的不祥之兆,又由喜转悲。这是寄人篱下、聪慧机敏、多愁善感、情窦初开的林黛玉,在超强信息的刺激之下产生的复杂感受的真切表达。作者由第三人称的客观视角描述,笔触转为黛玉的主观视角独白,直接揭示人物的内心情态。《红楼梦》中对黛玉往往采用这种内心独白的心理描写,使得黛玉的艺术形象更加鲜明而真实。

③ 梦境、幻觉描写。

这是心理描写的两种特殊手法。梦幻是现实生活和客观事物对人物心理产生刺激而折射出的意念活动,是思虑和欲望化了妆的表现,是现实生活在人们深层的心理镜面上的折射。梦幻的内容虽在表现形态上虚幻不真,实则反映了人物内心世界另一种意义的真实。从心理学上说,梦幻是人们现实中无法实现、被压抑到了潜意识中的欲求,在梦幻状态下的虚假实现或变形演出。日有所思,夜有所梦。平日积聚的愿望或体验,乘梦者睡眠之际以倒错、怪诞、飘忽的潜意识表象浮动于脑中,这便是梦。幻觉亦类似,虽然看上去是清醒状态,实则也是理智之阀门失效,因而深层的欲求愿望以某种心理表象显现在意识的平台上。弗洛伊德在心理学上的重要贡献就是通过梦的解析发现了潜意识的存在,他认为:现实中无法满足的欲望被压抑到了意识深处,即进入潜意识之中了,而后在显意识的理智之门不起作用时的梦幻状态下就偷偷溜了出来。梦境、幻觉的内容和形态多数情况下表现出杂乱无章、难于破译,但有些时候却能再现已逝的生活情景、思考逻辑或隐示未来生活的某种征象。

王朝闻在《谈人物的心理描写》一文中说:"梦是心理的形象化了的反映,是现实的一种化了装的反映,也可以说是现实在意识上的一种改造。它不只是一种表现已有的生活的回忆的变形的形式,而且常常是一种尚未有过却可能有的生活现象的形象化了的预测。不论它的状况怎样复杂、新奇以至怪诞,它和人物的性格及其处境常常是有密切关系的;它是和人在一定时期的感觉、认识、情感、意志有密切关系的。"[②]

我国古代文学中有着大量的梦幻描写,这些描写多具有深刻的审美意义。《红楼梦》中共计写做梦三十二次,写梦境幻象共十三处,放笔渲染达七处,且写法独特,各不雷同。全书起于梦结于梦,或短或长,或独写一梦,或梦中有梦,连环写梦,醒后说梦。作者或许意在引导读者在梦幻的氛围中领悟"人生如梦"的旨意。作家们在创作中有意识地运用梦境或幻觉的描写来表现人物的内心世界,同时也在表达着作者对现实生活的不满或渴望,抒发作者的理想和愿望。请看苏轼的《江城子·乙卯正月二十日夜记梦》:

十年生死两茫茫,不思量,自难忘。千里孤坟,无处话凄凉。纵使相逢应不识,尘满面,鬓如霜。

夜来幽梦忽还乡,小轩窗,正梳妆。相顾无言,惟有泪千行。料得年年肠断处,明月夜,短松冈。

苏轼贬居山东密州,原配妻子王弗之坟在千里之外的川蜀。词的上片写自己屡遭贬谪,劳碌奔波,潦倒衰老,使梦中年轻美丽的妻子难以相认。下片写出梦中的喜悦与醒后的悲哀,但梦非现

[①] 曹雪芹,高鹗.红楼梦[M].北京:中华书局,2005:233.
[②] 王朝闻.论艺术的技巧[M]//简平.王朝闻集:2.石家庄:河北教育出版社,1998:331.

实,只能相顾,却不能言,当然十年沧桑,千言万语一时也说不出来。苏东坡在逆境中渴望情感的慰藉,更加怀念死去的妻子,因而有了梦中相会,借梦抒情,也就有了这首感人的词作。

2. 景物描写

与人相对的是外在的环境。人生活其中,它可以影响人、造就人;人也可以影响和改变环境,使之适应人的需要。优美的环境描写,可以启迪人的思想、陶冶人的性情,给人以美的享受,还可以表现出人对现实的态度,环境对人的影响,人与环境复杂微妙的关系,从中也可以间接反映出人物的心理、性格。清代王夫之说:"'昔我往矣,杨柳依依;今我来思,雨雪霏霏。'以乐景写哀,以哀景写乐,一倍增其哀乐。"①原诗的意思是,当年我离开的时候,杨柳惜别,依依不舍;现在我回来了,落雪纷纷,春光不再,已然物易人非。对于景物描写来说,人的内心感受与环境物象通常有着对应或比衬的关系,如果我们掌握一定的描写艺术手法,既可描绘出优美的自然景观和动人的社会风物,亦可鲜明生动地表现人物的情感、心态与性格。

(1) 自然风景描写

自然风景是人类的重要审美对象,无论诗词文章,既可随心展现,又可独立成篇。古今散文诗词不乏写景名篇,在小说中也有大量的表现,为情节发展提供特定的环境气氛,表现出独有的审美价值。

景物描写重在抓住对象的特点加以表现。如秦观的《春日》这样描写:"一夕轻雷落万丝,霁光浮瓦碧参差。有情芍药含春泪,无力蔷薇卧晓枝。""浮"字在这里确是事物的精微特征,也成为全诗的"诗眼"。钱锺书很欣赏这个"浮"字,在《宋诗选注》中特意注道:"'浮'字描写太阳照在光亮物体上面的反射。李商隐《戏赠张书记》诗所谓'池光不受月'的不受,也许是'浮'的好解释。"②

(2) 社会环境描写

社会环境描写是对人物活动和事件展开的时代背景和人物生活环境的描写。上乘的社会环境描写可以为人物活动提供社会舞台和历史背景,精当的具体环境描写能展示人物的性格与志趣。如《祝福》的开头对鲁镇旧历年底准备"祝福"气氛的描写:

旧历的年底毕竟最像年底,村镇上不必说,就在天空中也显出将到新年的气象来。灰白色的沉重的晚云中间时时发出闪光,接着一声钝响,是送灶的爆竹;近处燃放的可就更强烈了,震耳的大音还没有息,空气里已经散满了幽微的火药香。

这段文字渲染了那个年代过年时的特有氛围——黯淡中的热闹,隐喻黑暗的社会环境中人们依然保有对幸福生活的祈求,暗示祥林嫂也不例外,并照应了小说的标题。还有对鲁四老爷书房的描写:

我回到四叔的书房里时,瓦楞上已经雪白,房里也映得较光明,极分明的显出壁上挂着的朱拓的大"寿"字,陈抟老祖写的;一边的对联已经脱落,松松的卷了放在长桌上,一边的还在,道是"事理通达心气和平"。我又无聊赖的到窗下的案头去一翻,只见一堆似乎未必完全的《康熙字典》,一部《近思录集注》和一部《四书衬》。无论如何,我明天决计要走了。

这些文字,侧面地揭示了一个不学无术的"讲理学的老监生"的空虚生活。对祥林嫂的悲剧命运的表现营构了压抑沉闷的生存环境和文化背景,对作品思想意义的揭示起到了重要的烘托作用。

(3) 场面描写

场面是构成情节的要素之一。场面描写就是对特定时空条件下众多人物活动的总体描绘。场面描写要注意两个问题。一是处理好"点"和"面"的关系。既要突出重点人物的言行,又要顾

---

① 戴鸿森.姜斋诗话笺注[M].北京:人民文学出版社,1981:10.
② 钱锺书.宋诗选注[M].北京:人民文学出版社,1982:89.

及整体情况。不可只有"点"的描写,没有"面"的展示,那就不是场面描写了;也不可只写"面"的情况而没有重点人物的突出表现,容易流于呆板。二是安排好表达顺序。场面描写由于内容较多,写作时要根据一定的线索来有序表达,或以空间位移进行视觉扫描,或以时间先后表现感知过程,才能做到层次分明,条理清楚。例如,《红楼梦》第四十回,凤姐和鸳鸯撺掇刘姥姥出丑,引众人开心。这段文字显示了作家高超的场面描写艺术:

> 贾母这边说声"请",刘老老便站起身来,高声说道:"老刘,老刘,食量大如牛,吃一个老母猪不抬头!"自己却鼓着腮帮子不语。众人先还发怔,后来一听,上上下下都哈哈大笑起来。湘云掌不住,一口茶都喷了出来。林黛玉笑岔了气,伏着桌子只叫"嗳哟!"宝玉滚到贾母怀里,贾母笑的搂着叫"心肝"。王夫人笑的用手指着凤姐儿,却说不出话来。薛姨妈也掌不住,口里的茶喷了探春一裙子。探春手里的茶碗都合在迎春身上。惜春离了坐位,拉着他的奶母,叫"揉一揉肠子"。地下无一个不弯腰屈背,也有躲出去蹲着笑去的,也有忍着笑上来替他姊妹换衣裳的。独有凤姐鸳鸯二人掌着,还只管让刘老老。①

这段文字,有点有面,有总有分,事多不乱,条理分明。刘姥姥的表现让众人先怔后笑,继而以视觉顺序和时间先后逐一写出在场的主要人物的不同身份和个性的不同笑,秩序井然,用笔精准,情态毕肖,而后又总写"地下无一个不弯腰屈背,也有……,也有……"最后又回到事件的谋划者、全场独有的撑着没笑的凤姐、鸳鸯那里,既有"点"的放大处理和集中表现,又有"面"的有序安排和精彩展呈。

(二)描写的方法

描写的方法很多,根据划分的不同角度,我们把描写分为以下几种。

1. 从描写的风格上划分

(1)细描

细描就是对事物的特征作细致入微的刻画。欧阳山《三家巷》中对区桃的描写:

> 她的前胸微微挺起,两手匀称地、富于弹性地摆动着,使每个人都想起来,自己也曾有过这么一段美妙的青春。她的刘海细细地垂在前额的正中,像一绺黑色的丝带,白玉般的脸蛋儿泛着天然的轻微的红晕,衬着一头柔软的深黑的头发,格外鲜明。她的鼻子和嘴都是端正而又小巧的,好看得使人惊叹。她的细长的眼睛是那样天真,那样纯洁地望着这整个的世界,哪怕有什么肮脏的东西,有什么危险的东西,她一定也不曾看见。黑夜看见她来了,赶快让开了路;墙头的电灯却照耀得更加光明。②

作家在这里对人物外貌的主要特征作了相对全面细致的刻画,描绘出一个年轻姑娘的青春气息、性感和美丽,以及纯洁天真的性灵。

细描不同于细节描写。细节描写主要是对人物行为的具有典型意义的细枝末节的描写。细描重在对某一事物的"面"上的诸多重要特征的描绘,全面展现对象情状;而细节描写则强调对事物某个"点"的集中表现,细微处见精神。细描的目的,就是尽量表现出对象的主要形态,给人以全面的印象。细节描写则是通过抓住事物的极富特征和典型意义的细微之处的描绘,表现事物特征,刻画人物心理和性格,以小见大,取得特殊的艺术效果。

(2)白描

白描是一种不尚修饰,以质朴的文字,抓住事物的特点,寥寥几笔就勾勒出事物形象的描写方法。请看吴敬梓在《儒林外史》第二回中描写的夏总甲:

---

① 曹雪芹,高鹗. 红楼梦[M]. 北京:中华书局,2005:295.
② 欧阳山. 三家巷[M]. 北京:人民文学出版社,1960:49.

两只红眼边,一副锅铁脸,几根黄胡子,歪戴着瓦楞帽,身上青布衣服就如油篓一般,手里拿着一根赶驴的鞭子,走进门来,和众人拱一拱手,一屁股就坐在上席。①

用笔不多,却勾勒出对象的突出特征,传神写照,给人以深刻印象。

鲁迅在写作中特别注重白描的运用,他精辟指出:"'白描'却并没有秘诀。如果要说有,也不过是和障眼法反一调:有真意,去粉饰,少做作,勿卖弄而已。"②

白描不仅可写人,亦可绘景。冰心的《通讯十六》中有一段对黎明前天空的描写:"天色碧蓝,一弦金色的月,不远对着弦月的凹处,悬着一颗大星。万里无云的天上,只有一星一月,光景真是奇丽。"奇丽是景物总的特点,这段文字简洁明快,不做铺排,直书对象的鲜明特点,使人如临其境。

2. 从描写方法上划分

（1）直接描写

直接描写也叫正面描写,是通常所见的最常用的描写方法。就是把描写的笔触直接指向描写对象,正面描绘其主要的形象特征。

（2）间接描写

间接描写又叫侧面描写。这是描写的特殊方法。它不直接描写所要描写的对象,而是通过对其他人或事物变化的表现来映衬、烘托出主要人物的情况,以"烘云托月"的手法,达到以实写虚的目的。北宋画家郭熙说:"山欲高,尽出之则不高,烟霞锁其腰,则高矣。水欲远,尽出之则不远,掩映断其派,则远矣。"③这虽是绘画技法之说,但写作技法的间接描写在道理上同它是相通的。这个道理被清代著名文艺理论家刘熙载作了揭示,他说:"正面不写写反面,本面不写写对面、旁面,须如睹影知竿乃妙。"④"山之精神写不出,以烟霞写之。春之精神写不出,以草树写之。"⑤

《三国演义》第五回中"关羽温酒斩华雄",书中特意写了出战之前曹操"教酾热酒一杯,与关公饮了上马。关公曰:'酒且斟下,某去便来。'出帐提刀,飞身上马。众诸侯听得关外鼓声大振,喊声大举,如天摧地塌,岳撼山崩,众皆失惊。正欲探听,鸾铃响处,马到中军,云长提华雄之头,掷于地上。——其酒尚温。"书中没有正面描写关羽与华雄的战斗场面,而是从侧面描写袁绍军帐中的诸侯们的听觉反应,显示出战斗之激烈;又从战斗结束后热酒尚温,突出地表现了战斗时间之短,从而烘托出关羽气盖山河、勇猛无伦的英雄形象。

三、抒情

（一）关于情感

写作中要想很好地抒情,首先要搞清什么是"情"。金末元初的文坛领袖元好问在《摸鱼儿·雁丘词》中说:"问世间,情是何物,直教生死相许?"⑥元好问发出千古一问:感情到底是什么东西? 以至于达到让人愿意付出生命、生死置之度外的地步?

儒家经典《礼记·礼运》中说:"何谓人情？曰:喜、怒、哀、惧、爱、恶、欲,七者弗学而能。"⑦这是对感情的直观、感性的解释。这些当然是感情。看电影、读小说或听人倾诉,不知不觉洒下了同情之泪;读一段新闻,听一段演讲,跟着它的内容忽喜,忽怒,或哀,或愁。这一切,无非是外物

---

① 吴敬梓. 儒林外史[M]. 上海:古籍出版社,2010:19.
② 鲁迅. 作文秘诀[M]//鲁迅全集:第4卷. 北京:人民文学出版社,1982:614.
③ 郭熙. 林泉高致·山水训[M]. 梁燕,注译. 郑州:中州古籍出版社,2013:107.
④ 刘熙载. 艺概·诗概[M]//王气中. 艺概笺注. 贵阳:贵州人民出版社,1986:227.
⑤ 同④,第243页.
⑥ 狄宝心. 元好问诗词选[M]. 北京:中华书局,2005:139.
⑦ 孙希旦. 礼记集解:上册[M]. 沈啸寰,王星贤,点校. 北京:中华书局,1989:606.

作用于我们的心理上产生的感应或反应,感之于内,发之于外,这就是感情。刘勰在《文心雕龙·物色》中说的"物色之动,心亦摇焉""情以物迁,辞以情发""诗人感物,联类不穷"[①]都是感情由外物而触发,在心理上产生相应反应,并由内情的触动而表达出来的生发过程。

心理学告诉我们,"感情:affection,通常是指情绪和情感的总称。既包含与生理需要相联系的低级情绪情感,也包含与社会需要相联系的高级情绪情感"[②]"情感:feeling,亦称感受,一般指对情绪过程的主观体验和感受"[③]。我们认为,感情是个体内心的有高低不同层次的复杂体验或感受,是人的需要、欲望与客观事物相碰撞或者说发生关系时,环境与事物是否符合自己的生理需要或社会需要所产生的各种不同的感受、体验等心理反应和心理活动。

(二)情感的层次

1. 情感的生理层面

情感的生理层面,即来自生理支配或反应的出于本能的心理体验。它可分为两个方面:一是来自生理局部的反应,如触摸、按摩、搔痒、啜饮、咀嚼、吞咽、嗅舔等产生的局部生理快感或不适的感觉,或由于病痛、针刺、击打、受伤、受刑等而产生的局部痛苦感受;二是来自身体的整体反应,如紧张、酸软、疲劳、燥热、寒冷、温暖等。这些通常的生理感受似乎并不关联我们所理解的感情的内涵,但在复杂感情的表达方面却非常重要,有着特殊的表达价值。它们虽说是我们感受的生理层面和浅表内容,但很容易用语言加以表达。而我们内心体验到的许多复杂微妙的感情,却难以言表。因此,我们经常描写人的外在情状来表达内心感受,以"眼中泪"写"心中事"。但由于情感的复杂和情绪的微妙,很多情况下恰恰是"执手相看泪眼,竟无语凝噎",难以用语言直接描绘出来的。读者的解悟往往要结合事件相关条件,唤起类似的经验才可以明白。这时候,我们就需要通过生理层面的低级感受的提示性表达,来明确地喻示和显在地描述复杂的情感体验,虽不能言尽其意,但可以唤起读者类似的经验记忆。如"心痛""温暖""酸楚""甜蜜""悲苦""凄凉""冷清""心里痒痒的"等表达复杂情感的词语,无不是包含了生理层面的简单体验,这样可以立即唤起我们的相关记忆,联系当时的情境即可产生相应感受甚至是共鸣。当然,这些词语还可以进一步展开比喻或描述性延伸,如"心痛"还可以表达为"心如刀割"或"心痛如绞"等,以及"听了此言,如同掉进了冰窟窿,感到彻骨的寒冷""就像打翻了五味瓶,酸甜苦辣一起涌上心头"。这些比喻或描述,使得情感表达更加具体可感,形象生动。

2. 情感的心理层面

情感的心理层面正是一般意义上我们所说的情感,这是主体受需求、欲望的支配与客观事物发生关系时所产生的各种心理体验。它是我们心理上具体真切的感受,是意识可以反映、分析和描述的内容。这是写作中主要进行描述的情感内容。通常就是上文中例示的以低级感受所表达的心理内容。

3. 情感的心灵层面

心灵深处的情感我们有时体会不到,大多时候也不出现在意识之中,与文化观念有着深刻的联系。这种深层次的情感往往"从来不需要想起,永远也不会忘记"。我们所知的有些爱情,可属于此层面。如宝黛爱情的破灭,黛玉"只求速死",因情而殒,宝玉心灰意冷,愤而出家;梁祝爱情,以死抗争,双双化蝶。再如为国捐躯、以死报国的爱国之情,面对死亡捍卫信仰的宗教感情,还有家族、家庭的亲情等,都可归属于这一层面的感情。精神层面的情感常常可以达到"生死相许"的

---

① 刘勰.文心雕龙·物色[M]//祖保泉.文心雕龙解说.合肥:安徽教育出版社,1993:905—907.
② 黄希庭.简明心理学辞典[M].合肥:安徽人民出版社,2004:110.
③ 同②,第285页。

程度。

我们常因某些情况的发生和变化而触发了欲求,左右了心理,支配了感情。人们认识事物时,总有一定的心理过程,同时又伴随着一定的情感因素。"文章不是无情物",我们写文章,总要表现一定的客观事物,表达某种思想认识,其中必定渗透着写作者的态度和情感。

(三) 抒情方式

1. 直接抒情

直接抒情,即直抒胸臆,不需要借助其他表达方式。其特点是痛快、奔放,不加遮掩。它可以判断句直接进行表达。例如,茅盾的《白杨礼赞》结尾写道:"白杨树实在是不平凡的树""我要高声赞美白杨树!"也可用呼告式语言,如柯岩在《周总理,你在哪里》中呼唤:"周总理,我们的好总理,你在哪里呵,你在哪里?你可知道,我们想念你,——你的人民想念你!"也可将抒情对象进行比拟式表达,有时也以内心独白的方式坦露情怀,或以第二人称进行激情告白。如舒婷的诗《雨别》:

我真想摔开车门,向你奔去,/在你的宽肩上失声痛哭:/"我忍不住,我真忍不住!"//我真想拉起你的手,/逃向初晴的天空和田野,/不畏缩也不回顾。//我真想聚集全部柔情,/以一个无法申诉的眼神/使你终于醒悟;//我真想,真想……/我的痛苦变为忧伤,/想也想不够,说也说不出。①

诗人以第二人称不加遮拦地向想象中的"你"进行独白式的诉说,表达了一个少女对爱情率真、大胆的渴望和追求,裸露出复杂而又激越的情怀。

直接抒情,通常情况下并不是一开始就把某种感情直接表述出来,不是直白浅露地叫喊。它需要一定的依托和铺垫,渐次把情感推向高潮,然后才能像火山一样顺势喷发出来,形成直接、浓烈的情感表达。

如黄河浪在《故乡的榕树》②一文中对故乡的榕树进行了多方面的铺写,从现在的住所左近的土坡上的两棵榕树,引发了对故乡的两棵老榕树的怀想,有直接描写榕树的形貌:"站在桥头的两棵老榕树,一棵直立,枝叶茂盛;另一棵却长成奇异的S形,苍虬多筋的树干斜伸向溪中,我们都称它为'驼背'。"也有关于老榕树的传说:叫"驼背"的那棵树中藏有一条大蛇,因成精作怪,犯了天条,被玉皇大帝惩罚,榕树也遭到雷劈火烧;女人把榕树当神来虔诚的供奉;老榕树给村民遮挡风雨,提供荫凉,在榕树之下就有了丰富多彩的浪漫的农村社会生活。最后"驼背"的榕树"在一次台风猛烈的袭击中,挣扎着倒下去了。倒在山洪暴发的溪水里,倒在故乡亲爱的土地上,走完了自己生命的历程。"三十年后的今天,作者用榕树叶子给童年的儿子做了支哨笛并吹了起来:"那忽高忽低、时远时近的哨音,弥漫成一片浓浓的乡愁,笼罩在我的周围。"所有的关于故乡榕树的描述,不断激荡着怀乡的情愫,终于推动了激情喷发式的直抒胸臆:"故乡的亲切的榕树啊,我是在你绿荫的怀抱中长大的,如果你有知觉,会知道我在这遥远的异乡怀念着你吗?如果你有思想,你会像慈母一样,思念我这漂泊的游子吗?故乡的榕树啊……"这段文字如果前面没有充分的有关故乡和榕树的铺垫性描写,后来的感情直白表露就如空中楼阁,没有了坚实的依托。

直接抒情和间接抒情是相对而言的。可以说,没有绝对纯粹的直接抒情。因为情感是内在的、无形的,"我恨不得把心掏出来给你看",也无济于事。它一定要有所附丽、有所寄托。只是直接抒情更加外露、奔放一些而已。另外,直接抒情在文章中不宜过多、过滥,要适当、适度,否则,

---

① 舒婷.舒婷的诗[M].北京:人民文学出版社,2000:114.
② 黄河浪.故乡的榕树[J].名作欣赏,1990(2):18—20.

感情就显得空泛且浅薄。

2. 间接抒情

间接抒情就是依附于事、景、理的抒情,借助于其他表达方式如叙述、描写、议论来抒情。写作中使用最多的是间接抒情,它更加自然,也更容易使抽象的感情具体化、形象化。

(1) 寄情于事

寄情于事就是在叙事中表达情感。它不仅在叙事,同时也是在咏叹,是用故事在歌唱。如朱自清的散文《背影》,作者叙述的是父亲去车站为儿子送行,坚持要为儿子买橘子,在儿子的眼中父亲艰难地把橘子买了回来。车开后,父亲渐去渐远消失在站台上。故事本身是平常的事,但作者饱蘸情感的墨水,在貌似淡然的描述中把无须回报、含蓄执着的父爱表达得感人至深。

叙事抒情需要注意:作者对所叙之事已产生了独特的深情,通常不是一时的感发,也不是另外生硬地强加进去的,应当是因为感动才进行叙说的,事中之情不是节外生枝式的随机添加的味精佐料,而是在叙述中自然而然地流露出来的。

(2) 融情于景

融情于景就是通过描写景物来抒情,通常有两种情况。

一是移情入景,又叫缘情写景。写作者带着情感去描写景物,把感情投射到外物上。特点是:先有情后有特定的"情景","因情生景"。王国维在《人间词话》中所谓:"物皆著我之色彩"[1],"一切景语,皆情语也"[2]是一个由内向外的感情推移过程。如杜甫的《春望》:"国破山河在,城春草木深。感时花溅泪,恨别鸟惊心。烽火连三月,家书抵万金。白头搔更短,浑欲不胜簪。"由于诗人伤痛"国破",因而眼中所见虽是春暖花开的美景,却表现的是草木深深、触目荒凉,由"感"和"恨"而"花溅泪""鸟惊心"。

马致远的《天净沙·秋思》也是因心造境:"枯藤老树昏鸦,小桥流水人家。古道西风瘦马,夕阳西下,断肠人在天涯。"由于马致远羁旅他乡,游子断肠,所以笔下皆是衰景,即便是"小桥流水人家"的美好,也因为不是自己的家园,更增其悲凉之意。

二是触景生情,由接触到某种外物的激发而相应地产生某种感情。特点是先有景后有情,这是一个由外而内的感情触发过程。请看张恨水的散文《山窗小品·虫声》:

唯秋雨之后,茅檐犹有点滴声。燃菜油灯作豆大光,于案上读断简残篇,以招睡神。时或窗外风吹竹动,蟋蟀一二头,唧唧然,铃铃然,在阶下石隙中偶弹其翅,若琵琶短弦,洞箫不调,倍觉增人愁思。[3]

秋雨之后,灯下夜读,本来是平淡的一个秋凉之夜,当作者偶然听到窗外秋风飒然,微虫小唱,顿感凄清寥落,孤独惆怅,一阵秋意袭上心头。其表达顺序是由外景而生内情。

(3) 寓情于理

寓情于理即借助议论来抒情。情与理原本难以截然分清。你中有我,我中有你。只是这里的议论染上更多的情感色彩,议论的目的不仅是表达写作者的分析和认识,而且要表达写作者的倾向和感情。寓情于理,在语言形式上不再是客观的分析推理,而主要是带有强烈的情感色彩的分析判断,多用于某些叙事性文章(如小说、报告文学)和杂文中。所说之"理",不仅要充满浓厚的感情,还要深邃精辟,富有哲理,或以形象化语言来表达,才能具有很强的说服力和感染力。请

---

[1] 王国维. 人间词话[M]. 徐调孚,注. 王幼安,校订. 北京:人民文学出版社,1982:191.
[2] 同[1],第225页.
[3] 张恨水. 张恨水全集:山窗小品及其它[M]. 太原:北岳文艺出版社,1993:430.

看郭定功的《"小平您好"三议》:

> 今年国庆节的天安门前,大学生游行行列里忽拉打出一幅横标——"小平您好"。它衬以塑料床单,挑以竹竿,可谓至小至陋,而其出现却使群情振奋,万众欢腾。小小横标,何以有如此魅力?寻味再四,觉其优胜之处有三。一曰自发。……二曰得民心。除四害,扫阴霾,拨乱反正,展宏图,讲科学,重知识,强国富民,多赖邓公之力。此天地共知,万民同感。拥护邓公,实即拥护三中全会以来之正确路线。"小平您好"举在北大学生之手,却是发亿万斯民之所欲发。出乎我心入于民心,说突然,实不突然,如此怎能不激起十亿国人的感情波澜?三曰词约义丰。"小平"二字,直呼其名,倍含亲切;"您好"二字,敬爱之情,尽在其中。加"同志"则赘矣,庄重有余,亲近不足;增"万岁",则颇有神而远之之嫌,且有违邓公本心。只此寥寥四字、平平一语便最好,自有深情厚意无限,至朴至雅,至亲至重。如谓"悬之国门而莫能增损一字",此则得之,焉有其他?文质彬彬,未曾见动人情、撼人心有如是者!以此观之,虽谓之诗,谓之至文,可也。①

这段文字,文白间杂,节奏明快,笔调轻松、诙谐。在对一个小小标语的层次分明的解析之中,饱蘸感情,表达了国人对中国共产党第十一届中央委员会第三次全体会议以来政治形势和经济发展的衷心拥护,激发出对带领人民改革开放的总设计师邓小平的无限敬爱之情,发自肺腑,震撼人心。

(四)抒情的要求

1. 真挚自然

文章中的情感,应当是现实社会生活的风雨在作者心灵湖面上所激起的波澜或涟漪。写作者只有抒写发自肺腑的真情,才能打动读者,引发共鸣。这是抒情的基本要求。如果虚情假意、心口不一、矫揉造作、无病呻吟、装腔作势,不仅不能感人,反而令人生厌。请看辛弃疾的《丑奴儿·书博山道中壁》:

> 少年不识愁滋味,爱上层楼。爱上层楼,为赋新词强说愁。
> 而今识尽愁滋味,欲说还休。欲说还休,却道天凉好个秋。

由于内心有真情,哪怕一句白话"天凉好个秋"也能把无边的愁怨和极度的无奈表达出来。

老舍在《关于文学的语言问题》一文中对于抒情的真实与虚伪举了一个例子形象生动地加以说明:

> 譬如一个人老远地回家,看到父亲死了,他只能喊出一声:"爹",就哭起来。他决不会说:"伟大的爸爸,你怎么今天死了!"②

即使有真情,也要表达得自然而然,不可夸大造作,矫情虚饰。

2. 健康优美

仅有真情还不行,因为情感是有高下之别的。在真之外,还要与善和美联系起来。人的内心世界分为两极,一为高尚的、美好的,属于人性的一面;也有低俗的、丑恶的,属于兽性的一面。我们写文章所抒发的感情要求内容健康高尚,高扬人性的旗帜,而低劣丑恶的情感通常是不便于表达的。英国诗人罗斯金写道:"一个少女可以歌唱她所失去的爱情,但是一个守财奴却不能歌唱他所失去的钱财。"③就是这个道理。

3. 具体生动

感情是内在的感受和体验,一定要附着于具体可感的事物上,才能使之具体化、形象化,使读

---

① 郭定功."小平您好"三议[G]//曾彦修.全国青年杂文选.北京:中国青年出版社,1986:433.
② 老舍.出口成章:论文学语言及其他[M].北京:人民文学出版社,1984:69.
③ 普列汉诺夫.没有地址的信[M].北京:人民文学出版社,1962:26.

者唤起类似的感知和体验。情感是具体情境下的产物,没有普泛的抽象的情感,所以要以实写虚,力避人云亦云的套话。

贺知章有著名的《回乡偶书》一诗:"少小离家老大回,乡音无改鬓毛衰。儿童相见不相识,笑问客从何处来。"写的是久别故乡的游子刚回到家乡时的心境和所遇到的场面。"少小"与"老大"相对,点明离家时间之长,含有人生易老的感慨。未变的是乡音,变了的是容颜。貌变心不变,显示出游子眷恋故乡的无限深情。三、四句最为精彩,写的是自己,却从儿童的感觉入手,不相识尚可理解,但被误称为"客",游子心中的难受、尴尬和啼笑皆非,就具体可感、呼之欲出了。"笑问"折射出诗人的辛酸和内心的震动。作者垂老回乡,人生慨叹良多,复杂难言,却通过"少小"与"老大"的对比,"乡音无改"与黑发霜鬓的对照,以及童言笑问、生疏误解的细节描写,把人们心中所有而笔下所无的情感表达得淋漓尽致。

四、议论

(一)议论的含义

议论就是摆事实,讲道理,析事论理,发表自己的观点和意见的一种表达方式。人们的思想认识源自何来?首先,自然是来源于客观事物,同时又来自于人类特有的认识能力或思维能力。理论思维的特点是抽象与概括。

庄子与惠子游于濠梁之上。庄子曰:"鲦鱼出游从容,是鱼之乐也。"惠子曰:"子非鱼,安知鱼之乐?"庄子曰:"子非我,安知我不知鱼之乐?"惠子曰:"我非子固不知子矣;子固非鱼矣,子之不知鱼之乐,全矣!"庄子曰:"请循其本。子曰'汝安知鱼乐'云者,既已知吾知之而问我。我知之濠上也。"①

庄子与惠子目之所见相同,但观点却不同。如果我们对这个故事加以认识的话,从理论上说,庄子是审美上的"移情作用",惠子是心理学意义的以己度人、推己及人。整个争辩过程是充满逻辑和机智的理性表达。每个人对事物的感知与认识能力是不同的,不同的知识背景和理论水平造成对事物的认识角度不同,高下有别。大多数人看花是看出花的美丽娇艳、春光无限,有些人则看出含泪凝愁、春意难留,更有些人从中看出了宇宙人生的妙谛。

(二)论证的方法

论证的方法较多,主要分为立论和驳论两类。下面介绍其中常用的几种。

1. 归纳法

归纳法是由个别现象推出一般道理的方法。这种论证方法通常事例在前,论证在后;也可观点在前,事例在后。应当注意的是:第一,事例一定要典型,才能做到"事实胜于雄辩",否则就会犯"不完全归纳"的逻辑错误;第二,要对事实加以分析,然后得出结论,否则就成了"观点加例子",前后两张皮,"加法议论文"。

请看下面一段文字:

上问魏征曰:"人主何为而明,何为而暗?"对曰:"兼听则明,偏信则暗。昔尧清问下民,故有苗之恶得以上闻;舜明四目,达四聪,故共、鲧、灌兜不能蔽也。秦二世偏信赵高,以成望夷之祸;梁武帝偏信朱异,以取台城之辱;隋炀帝偏信虞世基,以致彭城阁之变。是故人君兼听广纳,则贵臣不得拥蔽,而下情得以上通也。"上曰:"善!"②

在唐太宗与魏征的这段对话中,魏征回答唐太宗的问题使用了归纳法。他为证明"兼听则明,偏

---

① 曹础基.庄子浅注[M].北京:中华书局,1982:257.
② 司马光.资治通鉴·唐纪八[M].北京:中国文联出版社,2000:2449—2450.

信则暗"的观点,先是选用了五个论据,其中前两个论据是证明"兼听则明"的,后三个论据是证明"偏信则暗"的。这五个论据在魏征看来都属于事实材料,它们既真实又典型。在摆出五个论据之后,魏征又进一步阐释,非常有说服力地证明了论点。

2. 演绎法

演绎法是以一般原理为依据论证个别事物,推出新观点的论证方法。它运用理论论据,由一般道理推出具体现象亦同此理,或以普遍性的论据来证明特殊性的观点。这种论证采用三段论的形式,由大前提、小前提和结论构成。大前提是普遍原理,小前提属于具体现象之类,结论是经过推理证明的观点。

请看毛泽东在《为人民服务》中的一段文字:

人总是要死的,但死的意义有不同。中国古时候有个文学家叫作司马迁的说过:"人固有一死,或重于泰山,或轻于鸿毛。"为人民利益而死,就比泰山还重;替法西斯卖力,替剥削人民和压迫人民的人去死,就比鸿毛还轻。张思德同志是为人民利益而死的,他的死是比泰山还要重的。①

"为人民利益而死,就比泰山还重"属于公认的道理,是大前提;"张思德同志是为人民利益而死的"是事实,属于小前提;张思德的死是比泰山还要重的是推理得出的结论。毛泽东采用一般到个别的演绎法有力地论证了"张思德的死比泰山还重"的观点。

3. 类比法

类比法逻辑上称为类比论证。它是把同质的两个事物加以比较,揭示其中一个事物具有某种属性,来证明另一事物也具有某种属性的论证方法。它以此证彼、由此及彼,使用的是从个别到个别的推理方法。

习近平在会见意大利众议院议长菲科时说:

一个举重运动员,最开始只能举起50公斤的杠铃,经过训练,最后可以举起250公斤。我相信可以通过我的努力、通过全中国13亿多人民勠力同心来担起这副重担,把国家建设好。我有这份自信,中国人民有这份自信。②

这段话运用相似性原理,采用"以人推人"的类比推理,以大家可知的举重运动员通过训练取得的成绩为依据,推论出自己和全国人民一起经过努力把祖国建设好的论断,令人信服。

4. 反证法

反证法是从反面进行论证,是一种间接证明的方法。它可以用于立论,也可以用于驳论。在立论中,通过证明与自己论点相反的观点的错误,从而证明自己论点的正确。在驳论中,则是建立起与对方观点针锋相对的论点,通过证明新论点的正确,从而证明对方观点的错误。

请看邓小平在一次讲话中的一段内容:

同志们请想一想,实事求是,一切从实际出发,理论和实践相结合,这是不是毛泽东思想的根本观点呢?这种根本观点有没有过时,会不会过时呢?如果反对实事求是,反对从实际出发,反对理论和实践相结合,那还说得上什么马克思列宁主义、毛泽东思想呢?那会把我们引导到什么地方去呢?很明显,那只能引导到唯心主义和形而上学,只能引导到工作的损失和革命的失败。③

这段话邓小平先摆出观点:实事求是,一切从实际出发,理论和实践相结合,这是毛泽东思想的根本观点。接下来他不是从正面论述这个观点,而是揭示违背这个观点的实质和危害,进而从反面

---

① 毛泽东. 为人民服务[M]//毛泽东选集:第3卷. 北京:人民出版社,1991:1004.
② 习近平. 我将无我,不负人民[M]//习近平谈治国理政:第3卷. 北京:外文出版社,2020:144.
③ 邓小平. 一九七八年六月二日在全军政治工作会议上的讲话[M]//邓小平文选:第2卷. 北京:人民出版社,1994:118.

证明了观点的正确。

5. 归谬法

归谬法又叫引申法,是一种常用的驳论方法。这种方法先假设对方论点可以成立,再加以引申,用对方的逻辑推论下去,却导出极端荒谬的结论,从而证明对方论点是错误的。请看鲁迅在《三月的租界》中针对狄克的"田军不该早早地从东北回来""田军还需要长时间的学习,如果再丰富了自己以后,这部作品当更好"的一段批驳文字:

这些话自然不能说是不对的。假如"有人"说,高尔基不该早早不做码头脚夫,否则,他的作品当更好;吉须不该早早逃亡外国,如果坐在希忒拉的集中营里,他将来的报告文学当更有希望。[①]

这些话对稍有文学常识的人来说是十分荒谬可笑的,而这种荒谬可笑正是顺着狄克话语的逻辑合理引申的。在这里鲁迅巧用归谬法,犀利地批驳了狄克的观点。

使用归谬法要注意找准对方观点的谬误之处,并运用对方逻辑加以延伸推导,进行放大处理,彰显其荒谬之处,令人感到可笑之余,使对方观点不攻自破。

五、说明

说明,就是对事物的形状、构造、特性、关系、成因、功用等方面的内容所做的简明客观的解说。它是说明文、议论文的主要表达方式,也是一般记叙文和应用文的常用表达方式之一。说明的表达,其内容是科学的,态度是客观的,语言表述是简明、准确的,不允许表达好恶情感和随意性的分析猜测。

(一) 说明的分类

从不同角度来看,说明有不同的分法。根据说明的对象,可将说明分为实体性事物的说明和抽象性事理的说明。根据说明的性质和目的,可将说明分为诠释性说明、简述性说明和实用性说明。根据说明的语体可将说明分为科技性说明和文艺性说明。

(二) 说明的方法

说明的具体方法比较多,如定义说明、诠释说明、分类说明、分析说明、比较说明、比喻说明、举例说明、引用说明、数字说明、图表说明等。以下简要介绍几种常用的说明方法。

1. 定义说明

定义说明是用下定义的方法,以最简要的语言对事物的本质属性或内涵外延所作的确切解说。它能以精确简明的文字把一个事物或事理与其他事物区别开来,给读者以清晰的概念。

通常对一个事物的定义说明要揭示它的属加种差。所谓"属",是指被定义概念的上一级系统的概念。一般使用与被定义概念相对接近的上一级系统的概念。如给"兰"这种花草下定义,与它最接近的属概念是兰科草本植物,应当表述为"兰,是多年生兰科草本植物的统称"。而"植物"和"生物"这两个概念虽然都是"兰"的属概念,却是更上级、更宽泛的概念了,所以,这两者都不太适合给"兰"下定义。所谓"种差",是指被定义事物的特有属性,是与同类事物的根本性的差异之处。如给"蝙蝠"下定义,则应当表述为:"蝙蝠,是唯一具有飞翔能力的哺乳动物。""哺乳动物"是它的属概念,而"唯一具有飞翔能力"则是它的种差。如果把种差表述为"能飞的哺乳动物"则不够准确,因为能够滑翔飞行的哺乳动物还有其他几种,如鼯鼠,前后肢之间有翼膜,可滑翔。但真正具有飞翔能力的,在哺乳动物里却只有蝙蝠。正是这一特有属性,蝙蝠区别于其他所有的哺乳动物,这样下定义就是精确恰当的了。

定义说明要注意以下几个问题:

[①] 鲁迅. 且介亭杂文末编[M]. 北京:人民出版社,1973:43.

一是不可以负概念或否定式表述来下定义。如"实用写作是非文学写作"。
二是不可使用比喻的方式来下定义。如"教师是培育祖国花朵的园丁"。
三是下定义时不可以重复使用被定义项的概念和意思。如"声音是声音作用于耳膜的结果""自信就是自己相信自己"。

对复杂事物下定义要有广博的知识与理性判断，分辨出该事物的合适的"属"和特有的多元"种差"。如对"人"下定义，属概念可以是动物，但种差却是极其复杂的，不太容易表达周全。不是所有的事物或对象都可以使用定义说明。如"美"这个概念，它的属概念就不好确立。有人说美是美感，有人说美是生活，也有人说美是和谐……不一而足，目前尚无定论。对不能或不便进行定义说明的事物，可以使用诠释说明或其他有效的说明方法。

2. 诠释说明

诠释说明是对事物的性状、特征、成因、功用等多种属性，每次从一个角度抓住事物的一个特点进行解说的方法，可以理解为定义说明的具体化，常和定义说明结合使用。由于定义说明高度概括，严谨简约，对事物多方面的特征未能作进一步详细和具体的介绍，或对于不适合下定义或下定义比较困难的事物，就可以使用诠释说明。

3. 分类说明

分类说明是根据事物某一属性的差别进行分类，再分别加以解说的方法。分类是我们认识事物的一种常用的思维方法，它可以使复杂的事物条理分明，在对事物进行说明的时候容易帮助人们了解事物的概貌，加深对事物本质属性的认识。进行分类说明，可以一次性把事物分成几个类别，如文学作品可以分为四大类：诗歌、小说、戏剧和散文。也可以进行多次分类，也就是对某一事物以不同标准进行多次分类。如诗歌，还可进一步分类，以其内容为标准可分为抒情诗和叙事诗；按语言形式可分为格律诗、自由诗、散文诗和歌谣。

分类说明时要严格遵守"对等"和"包举"的原则。所谓"对等"，就是每次分类要有一定的标准，只能使用一个标准，分出的每一类别之间的关系是平行的、并列的，互不交叉的。所谓"包举"，指的是"种"的总和要穷尽其"属"。也就是说，分类时要在一个标准之下把该事物的所有类别包括进来，不可有遗漏。

其他几种说明方法不再一一介绍。写作时各种说明方法经常结合使用，非止一种。究竟使用哪几种，根据内容需要决定，灵活运用。

第五节　表达要求

在写作发现—构思—成文的写作过程的不同阶段，表达有着不同的要求。为方便表述起见，我们以写作的大体阶段划分来说明写作各阶段表达的不同要求。

一、发现阶段的表达要求——写作发现的准确捕捉与描述

一旦经过发掘，在比照中确认某个发现有传播价值，这个发现就成了写作发现。在确定写作发现的过程中，写作主体在表达方面建议做如下工作。

（一）迅速捕捉，文随思生

对写作发现的语言生成与表达，要求尽快地把抽象的思维内容转化为语言形式，迅速地记忆在脑中或记写在纸上。

"写作发现"的产生，有时是长期思索，不断探求的结果，是一种系统深刻的理性认识。如鲁迅对"国民劣根性"的认识和批判，对封建社会以宗法礼教观念为核心的"吃人"的文化本质的深

刻把握,长期萦绕在鲁迅的心中,"吃人""非人间"等念头早已成为清晰的概念存于思维之中,最终作者以小说、散文和杂文等多种形式的文章予以充分的传达。这种深刻的理性认识,也需要"研阅以穷照,驯致以绎辞"①,既可以内部语言的形式储存于记忆之中,也可在适当的时机以书面语言形式准确地表达出来,形成文章。

"写作发现"有时又表现为"灵感"现象,是一种"顿悟"式的创造性思维活动。这种瞬间的感悟、飞来的创意或"神赐"的灵感,往往会形成持续性的思维亢奋状态,思如泉涌,而语言也与思维同步,丰富多彩的内部语言随之而来。这样的时候正是写作的最佳状态,我们应当迅速抓住"灵感"的翅膀,文随思生,有意地把思维内容转化成语言的形式,尽快地进入写作状态。否则时过境迁,"写作发现"的内容可能就会无迹可寻,荡然无存,徒留遗憾。对此,普希金在抒情诗《秋》中作了十分生动形象的描述:

> 于是思潮在头脑里无顾忌地起伏,
> 明快的韵脚也迎着它前去一试,
> 手急于要找到笔,笔急于要找到纸,
> 一转眼——诗章便源源地流个不止。②

如果诗人没有执笔就纸,立即以语符记录,那么,奔涌的诗思可能就会在退潮之后,只剩下荒芜的沙滩。

(二)简约记写,意到笔随

在写作的发现阶段,有时还停留于感觉的层面,思维中主要呈现着事物的形象,尚未向清晰的内部语言转化;有时表现为复杂的情绪或丰富的感受,思维亢奋而又朦胧多变,难以用语言层次清晰表达;有时又表现为精思卓识、感悟深邃、思通精微、意接玄奥,而又时清时浊、繁复跳跃,难以用语言全面、系统地顺畅表达。这种思维和语言不能同步,"文"滞后于"思"的情况,在表达上来说,就是所谓的"语言的痛苦"。在这样的时刻,我们要求写作主体,也要意到笔随,运用简约的语言形式重点记忆或快速记写,可以是某个概念、某个词语,也可以是简括的句式,不求完整,不求精准,但求快速记录。哪怕是言不尽意,但是简单的语言记述足以使我们重新唤起对"写作发现"内容的记忆,而且不致流失某些思维的多元混沌之中跳动而出的鲜活的思想、瞬间的感悟或有趣的创意。

二、构思阶段的表达要求——句段生发与系统传达

构思过程其实是沿着感知发现形成的核心思想和凝聚中心,探求对象的结构关系与发展规律的运思过程,思维的内容多元复杂而又趋于形成一定的结构性框架;同时这一阶段又是积极地生发内部语言寻求恰当的表达形式的过程。因此,这一阶段的表达要求主要是把写作发现的内容更加细化成多层次的内部语言表达,同时又要考虑文章的整体结构的系统呈现和意义层次的合理有序的安排。

我们以鲁迅《好的故事》为例,来说明构思阶段的表达要求。文章开头,作者在"昏沉的夜"里,孤灯独坐,梦境中见到了一个"好的故事"。先总体表达:"这故事很美丽,幽雅,有趣。许多美的人和美的事,错综起来像一天云锦,而且万颗奔星似的飞动着,同时又展开去,以至于无穷"。接着分写"我仿佛记得曾坐小船经过山阴道,两岸边的乌桕,新禾,野花,鸡,狗,丛树和枯树……"这是现实中的美丽自然景观的描绘;接着开始概括性地写出梦中的"好的故事":"现在我所见的故事也如此。水中的青天的底子,一切事物统在上面交错,织成一篇,永是生动,永是展开,我看

---

① 刘勰. 文心雕龙·神思[M]//祖保泉. 文心雕龙解说. 合肥:安徽教育出版社,1993:520.
② 普希金. 普希金诗选[M]. 高莽,等译. 北京:人民文学出版社,2003:308.

不见这一篇的结束。"然后对梦中所见进行了具体真切的描写："河边枯柳树下的几株瘦削的一丈红,该是村女种的罢。大红花和斑红花,都在水里面浮动,忽而碎散,拉长了,缕缕的胭脂水,然而没有晕。茅屋,狗,塔,村女,云,……也都浮动着……带织入狗中,狗织入白云中,白云织入村女中……在一瞬间,他们又将退缩了。但斑红花影也已碎散,伸长,就要织进塔,村女,狗,茅屋,云里去。"下面又总写并突转,回到现实中。"现在我所见的故事清楚起来了,美丽,幽雅,有趣,而且分明。青天上面,有无数美的人和美的事,我一一看见,一一知道。我就要凝视他们……我正要凝视他们时,骤然一惊,睁开眼,云锦也已皱蹙,凌乱,仿佛有谁掷一块大石下河水中,水波陡然起立,将整篇的影子撕成片片了……眼前剩着几点虹霓色的碎影。"显然,美丽的"好的故事"是在水中的倒影,很容易破碎,又是梦中所见,这里我们似乎也明白了,鲁迅所说的"好的故事"也许只能出现在梦境中吧。因此文章的结尾作者写出:"我真爱这一篇好的故事,趁碎影还在,我要追回他,完成他,留下他。我抛了书,欠身伸手去取笔,——何尝有一丝碎影,只见昏暗的灯光,我不在小船里。但我总记得见过这一篇好的故事,在昏沉的夜……"这篇散文,我们可以从中感到鲁迅在构思的表达上层次分明,前后逻辑连贯,有总有分,有承有转。在对"好的故事"的现实记忆与美丽梦境的两个层次描述上,展现了语言的生成主要是对画面的描绘,表现出作者高超的语言功力与表现力。这篇散文既有局部表达的意象延展和基于语义的连类生发,又照顾到文章的整体构思进行合理有序的系统传达。

三、行文阶段的表达要求——书面语言的外化与优化

当主体以写作发现为核心所产生的一系列思维运作逐渐成熟定型的时候,那么总有一刻需要分娩出来,写作就进入最后的表达阶段——成文阶段,也就是以书面语言形式把内在的构思成果物化出来,定格为文章。在写作行文阶段,思维的多维立体和表达的一维线性之间,思维的快捷跳动与表达的逻辑推进之间,充满着矛盾;思维内容和词语表达并非一一对应,意会不一定能够言传,书写出来的结果又不一定能充分表达出思维内容。因此,写作行文阶段在表达上主要有两个要求:一是书面语言的准确外化,即以外部语言尽可能充分地逻辑地展示内部语言的多元复杂的内容,准确地传达出思维内容和结果;二是书面语言的进一步优化,达到表达的最佳效果,使文本定格为成品,趋向精品,体现个人写作创造行为的最优价值。

(一)准确

一般而言,用精准的词语和恰切的表达方式确切无误地表述写作客体就是语言的准确。书面语言的准确表达,是语言表达的基本要求。这主要体现在以下两个方面。

1. 用词要恰当

在语言的表达上,首先是用词的准确与恰当。词语的恰当使用是语言表达的重点,如果用词不当,则思想表达的核心内容就会出现含混、错误或歧义。要用词恰当,就要做到:一要理解词义,掌握词语的概念内涵,才能用得对,用得准;二要词汇量丰富,要表达一个意思,可以在较多的同义词、近义词中检索出最准最佳的词语,才可能用好,表意达到最优化的效果。关于语言的准确,请看周恩来在1954年4月28日日内瓦会议上的一段讲话:

我们认为美国的这些侵略行动应该被制止,亚洲的和平应该得到保证,亚洲各国的独立和主权应该得到尊重,亚洲人民的权利和自由应该得到保障,对亚洲各国内政的干涉应该停止,在亚洲各国的外国军事基地应该撤除,驻在亚洲各国的外国军队应该撤退,日本军国主义的复活应该防止,一切经济封锁和限制应该取消。[1]

---

[1] 周恩来. 日内瓦会议上的讲话(1954年4月28日)[N]. 人民日报,1954-04-29(01).

这段文字使用了一些同义词和近义词,如"制止""防止"和"停止","保障"和"保证","撤除"和"撤退"等,这些词语在运用上首先是避免了单纯的重复运用,而且准确到位,不可更改,更为重要的是用词有力量有气势,达到了最佳的表达效果。这样的语言表达,必须以丰富的语汇作基础,以准确的语感和深厚的语言修养作保证才能达到。

2. 造句要合乎语法、逻辑

合乎语法和逻辑的句式是传达语言意义的基本结构。语言的表意,是通过一句一句的话语来传达的。而每一句话都包含着基本的语言表达的语法规则和逻辑规则,读者正是遵从这些表意规则所规定的意义指向来理解语言的思想内容和概念关系的。在口语的表达中,经常会出现语法或逻辑的错误,或句子成分的省略,或词语搭配不当,或逻辑上不够严密,大多不致引起听者误解的情况。这是由于口语表达的语境相对具体和明确,说者与听者有着相对接近或相同的表达对象和理解条件的,听者往往会越过言语表达上的失当或错误直接领悟说者要表达的意思。而在书面的表达中,由于作者与读者失去了共同的具体语境,那么就要求语言表达必须在文章创设的语境中注意表达的完整和严谨,必须严格执行语法、逻辑的双重规约才能进行准确充分的意义传达,而不致引发读者的误会或歧解。

"小杨对母亲毕恭毕敬,母亲说一,不敢说二,从不愿让母亲伤心。"

"饭店多了,竞争强了,低劣的饭菜和生硬的服务就难以生存了。"

"这实在是出乎敌人意料之外的。"

"我是一个人吃饱全家人不饿的快乐的男孩。我出生在一个贫困的农民家庭,上有哥姐,下有弟妹。"

这几个例子存在着语法或逻辑错误,造成语义不通或误解。第一句在"不敢说二"前面缺少主语"他"。第二句"饭菜"和"服务"不可与"生存"搭配,应把"难以生存"改为"造成竞争力的低弱,饭店就难以生存了。"第三句语法没有问题,是表意的逻辑不对,应当是"意料之中"。最后一句是一位一年级大学生的作文里的一句话,显然是前后矛盾,逻辑不通,可以删去"一个人吃饱全家人不饿"的不恰当表达。这些错误主要原因是思维的不清晰,语感不明,或知识的不足,造成语法错误或逻辑混乱。

(二)简练

遣词造句干净利落就是简练。鲁迅说过:"力避行文的唠叨,只要觉得够将意思传给别人了,就宁可什么陪衬拖带也没有。"[①]这句话强调了表达要简洁。从信息论观点来看,语言的简练就是用最少的文字传达出尽可能多的信息量。信息量是可供读者学习和参考的知识与思想的容量,反过来说,信息量相同的表达,字少为佳。

比如,这样一句话:"我们要用闸门一样的理智来锁住洪水一样的感情。"语言表达没有语病,但如果把明喻改为暗喻,则表意丝毫不变而语言会更加简约:"我们要用理智的闸门来锁住感情的洪水。"

流沙河对于文坛和学界盛行的烦琐折绕的"理论"话语很有意见,他曾说过一个笑话:

1988年北京晤苏叔阳,共嘲当今文风之可笑,苏君朗诵论文长句:"审美主体对于作为审美客体的植物生殖器官的外缘进行观感产生生理上并使之上升为精神上的愉悦感。"问我懂不懂,我不懂。苏君曰:"闻花香很愉快,就是这个意思。"我拍案赞叹曰:"有很高的可笑性呀。"苏君大笑,席间喷饭。[②]

---

① 鲁迅. 南腔北调集[M]. 北京:人民文学出版社. 1980:101.
② 流沙河,等. 高级笑话[M]. 成都:四川文艺出版社,1995:6.

这个笑话有力地鞭笞了当时学术研究和写作中的不良文风,不使用简单明了的话语却特意堆砌辞藻、转弯抹角,造成表达上的佶屈聱牙,让人不知所云。

语言不够简洁主要有以下几种表现。

重复。就是语句在字面上或语义上有非强调性的相同词语。例如,"比赛争夺十分激烈,有时为了争夺一分,换发球多达十二三次之多。""姑娘们不由自主下意识地退避几步。""给他们以施展才华的用武之地。"

冗赘。虽用词不重复,但语义繁复,句子里杂有冗余无用的成分。例如,"我抱着侥幸的心理和试试看的态度,拖着不健康的病体,来到了这家医院。""我陷入了深深的沉思。"

堆砌。是指同义、近义或相似的词语的无谓叠加,堆砌辞藻。例如,"这篇文章艺术精湛,工笔勾勒与大笔浓涂相结合,择景用笔,错落有致,情景交融。整篇文章构思严谨,气势雄浑,有呼应,有烘托,有映衬,写景传神,寓意深刻。"这段文字过多使用相关相近的褒扬性的词语,中心意思却不够集中明确,词多害意。

(三)生动

生动就是语言表达要新鲜别致,形象活泼,有生气,不枯燥。不独文学性强的诗文小说,就是议论、说明等其他文体,也要力避语言的枯燥乏味、呆板俗套,尽量追求语言的生动形象。

一要善用形象化词语。特别在动词、形容词的使用上,要尽力化虚为实,推陈出新。如日常通用动词"看",如果在特定的语境下,就显得不够具体、不够鲜明真切。可考虑具体情境中这一动作的具体情态来选用其他相关动词,如"瞥""扫""瞪""觑""盯""瞄""白""翻""打量""端详""睥睨"等,这样就要清晰生动得多了。

再如,臧克家《烙印》组诗首篇《难民》的开头诗句:"日头坠在鸟巢里,黄昏还没溶尽归鸦的翅膀。"作者后来谈起这句诗的创作时是这样说的:

起头是想这样写的:"黄昏里扇归鸦的翅膀",后又改为:"黄昏里还辨得出归鸦的翅膀",最后才写成现在这个样子。我觉得,这定稿是比较好的。请闭上眼睛想一想这样一个景象:黄昏朦胧,归鸦满天,黄昏的颜色一霎一霎的浓,乌鸦的翅膀一霎一霎的淡,最后两者渐不可分,好似乌鸦翅膀的黑色被黄昏溶化了。当我在推敲这个句子的时候,并不是单单为了要把它造得漂亮,而且心里先有了黄昏时分那样的一个境界,力图使自己的诗句逼真地把它表现出来。"[①]

句子生成时,内心有着相关图景;内心的图景也要找到合适的语言来表达。内在的意,有时是朦胧的感受,有时表现为"象",在寻求语言对应的表达时,就需要以形象生动的词语来传达出来。

二要善用形象化修辞手法。写作中,为了增强语言的表现力、感染力,经常采用多种修辞手法。秦牧在一次新闻工作者座谈会上的讲话中形象地指出:一个好的比喻,常常能很有效地吸引人,比如说资本主义社会里,有的人可以不遵守法律,而有的人却非守法不可。有人比喻说:法律像一张蜘蛛网,大昆虫冲走了,小昆虫给黏住了。这个比喻就把意思表达得形象生动,含义丰富。

(四)和谐

写作中的语言层面的表达,虽然只是一个微观的具体写作环节,但这一具体环节也不是孤立存在的,它也要考虑到写作的表达中心——写作发现与构思的内容,要与整体的表达联系起来,一方面语言表达要为表现写作发现和构思内容服务,另一方面用词造句、手法运用又要受到写作发现和构思内容的制约。选词炼句是局部的表达行为,同时又是牵一发动全身的整体联动,应当

---

① 臧克家. 学诗断想[M]. 成都:四川人民出版社,1979:166.

考虑全文思想表达的需要和前后文语言运用上的和谐优化。

北宋著名诗人范仲淹的名篇《严先生祠堂记》,结尾有几句赞美严先生品格的词句,初成时写道:"云山苍苍,江水泱泱,先生之德,山高水长。"范仲淹对此很有几分得意,一个叫李秦伯的人却建议将"先生之德"的"德"字,改为"风"字。范公深以为然,悦而从之。纵观这四句话,皆以山水喻人之德,这里明用"德"字显得过于直白又失之虚浮,与"云山""江水"失去了内在的匹配,而山水之喻之后以"风"来表达,则更加妥切,更为协调,更添蕴含,更具神采。另外,从诵读的音韵上来说,"德"为入声,不能与上下文和谐上口,而"风"为平声,读来铿锵昂扬,韵律更美。为什么"诗改一字,界判人天"? 关键是在表意的深层结构上与全文契合整一,在表达思想上更加鲜明生动了,与前后文的语言也连贯和谐了。

第六节 表达能力的培养

一、语言生成能力的培养——由意生言的生成转化

(一)获得语言的基本素养

表达能力提高首先要解决语言素养的问题。掌握一定数量的字、词、语汇,是语言表达能力的前提和基础。对汉语表达来说,更重要的是词与句的问题。汉语不仅字词量巨大,其词汇的丰富和句式的多样,表意的准确、细致和优美都堪称世界上所有语言之最。对于写作表达来说,如果不能解决语言素养的问题,建立起蕴藏丰富的"语言仓库",表达能力的获得和提高是不可能实现的,这是一个相当艰难的学习过程,需要培养高度的语言敏感和记忆能力,并付出长期艰辛的努力。

我们当下的当务之急,是:一要生存,二要温饱,三要发展。苟有阻碍这前进者,无论是古是今,是人是鬼,是《三坟》《五典》,百宋千元,天球河图,金人玉佛,祖传丸散,秘制膏丹,全都踏倒他。①

鲁迅列举要"踏倒"都是中国人最崇信的"国粹",也多是我国传统文化中的代表性、象征性的糟粕! 作者排列的这些词汇,多么丰富,多么典型,又多么形象生动! 同时,在简洁有力的四字句的推动下,最后表达出强烈的激情和明确的主张,产生了势如破竹、振聋发聩的感召力! 没有丰富多彩的内部语言仓库,哪里会有这么精彩的词汇的罗列与铿锵有力的节奏的呈现!

秦牧所提倡的要在大脑中建立的"语言仓库",含义当不是指一定词汇量的字典式存放,而应理解为通过"语言仓库"的建立,来获得较强的写作表达能力。我们表达任何意思和想法,都可以在这个"语言仓库"里检索到合适的表达语汇。语言素养问题的解决就是要建构蕴藏丰富的"语言仓库",而"语言仓库"的建构主要靠有效阅读来实现,通过阅读中的理解、记忆和写作运用,加以不断内化和巩固。古今中外学者、作家关于阅读与写作的关系多有高论,这不在本节讨论范围之内。

(二)培养以语言表述思想的思维习惯

在已经掌握一定的词汇量,建立相对丰富的语言仓库之后,写作表达能力的提高就要进一步培养用语言表达思想的能力和习惯。生活中我们经常会产生很多念头和想法,大多情况下没有转化为语言,就在我们的意识中消失了。为避免具有写作发现意义的想法的消失,我们应当记住它,或写下来,以各种方式表达出来,才不至于付之东流,难再拾起。古今中外众多作家都表达过

---

① 鲁迅. 忽然想到:六[M]//华盖集. 北京:人民文学出版社,1973:35.

个人智能的发展一定要养成勤于思考的习惯。所谓思考的习惯,就是要善于发现、理解和把握客观事物的本质联系和发展规律,同时又要善于运用内外部语言转化和表达我们的思维内容。

国学大师黄侃说:"作文之术,诚非一二言能尽也。然挈其纲维,不外命意与修辞二者而已。意立,而辞从之以生;辞具,而意缘之以显。二者相依,不可或离。"[①]在这里,黄侃把写作表达分为命意与修辞,有其合理性,并认识到二者是不可分离的由意生言、辞具意显的动态关系。

内部语言对思维内容的表达与转化,是需要思维主体积极主动地进行的,并不是真正意义的表达行为,也不完全是自然自发的语言转化行为。而是写作发现之后,在进而形成的表达交流的动机和意向的驱使之下,自觉主动地产生相应的内部语言的过程。虽然这时的内部语言黏附着复杂的心理表象,但已经有了句法不整、结构不全、语汇不多的言语内容,同时形成用于记忆和表意的深层次句法结构。这一切对于写作表达极具意义,是有可能导向外部语言的表达的。

这要求我们在现实生活中,如果有所感悟,有所认识,就一定要循着感兴的内容,自觉主动地推进思维内容的发展,而这是一定要借助于语言的积极参与和配合的,要以语言相对明晰地描述和传达思维内容。思维的内容积极寻求语言的转化与表达,刺激着语言的生发;而由语言对思维进行描述的时候,思维又进入相对深层亢奋状态,联类不穷,纵横搜求,语言的生发进一步刺激思维的延展。思维与语言互为表里,互为因果,互相促进,互相激发。

这一阶段的写作表达,内部语言的积极参与是重在思维的层层推进和思维结构的形成,而非一味追求外部表述语言的定型完成。所谓"成竹在胸"的构思成熟,并非一篇文章的所有语言已经完全敲定成形,了然于心,只需要用纸笔记写下来就行了,而应当是运用内部语言描述过的思维内容,是未能完全设定语言形式的文章雏形。

二、书面表达能力的培养——单项表达和综合表达

当内部语言构思相对成熟,认识的结构相对定型,言语的生成不断丰富,就可能转向以表层句法结构为基础的外部语言的书面表达了。书面语言的表达能力的培养要重视以下两种情况。

(一)单项表达,勤于练笔

通常所说的"练笔",就是培养单项表达能力,它指的是对个别的事物或某一想法的表达能力。面对眼前的有写作价值的具体的人物、事物和景物,或我们内心产生的某种有意义的情思和想法,我们要善于进行语言的描述与表达,尽量以书面语言的形式将其固定下来。这样会在我们的记忆中形成大量富有特征和意味的表达单元,有利于写作表达能力的整体发展。据说老舍要求自己每天写几千字,白天没写夜里补,不完成就不休息,就是在没有创作任务的时候也是如此。这时候老舍所做的显然是有意地培养书面表达能力,而且是以单项写作练习为主的。他特别注意把观察和感受到的某一人事景物或某个想法用书面语言表达出来,成为日后创作的丰富素材,这才造就了一位著作等身的多产作家。

(二)综合表达,快速成文

对于一个较为成熟的构思,要求写作者适时进入写作状态,一定要围绕文章的核心思想和整体结构,综合运用各项表述能力进行系统的语言表达,由字生句,因句构段,积段成篇,快速地写成文章初稿。

1. 线性语言传达立体构思

构思形成的文章雏形,是以内部语言形式存在的,由多种事、景、情、理构成的多层多面、立体多元的复杂结构。而外部语言则是清晰明确的前言搭上后语的线性表达,正如刘勰所说:"夫人

---

① 黄侃.文心雕龙札记·熔裁[G]//于忠善.历代文人论文学.北京:文化艺术出版社,1985:69.

之立言,因字而生句,积句而成章,积章而成篇。"①也就是说,书面语言(包括口头语言)的表达是一个意思联系下一个意思、一句接一句的线性传达,最终谋求篇章的形成。这就要求我们在书面语言表达的这一特性之下,综合运用单项语言表达能力来传达出内部的立体性构思。每一个词的使用和每一句话的表达都要考虑前后连贯,环环相扣,同时又要考虑全文的思想集中、内容完整与风格统一。例如,鲁迅有一篇《狗的驳诘》,全文如下:

我梦见自己在隘巷中行走,衣履破碎,像乞食者。

一条狗在背后叫起来了。

我傲慢地回顾,叱咤说:

"呔!住口!你这势利的狗!"

"嘻嘻!"他笑了,还接着说:"不敢,愧不如人呢。"

"什么!?"我气愤了,觉得这是一个极端的侮辱。

"我惭愧:我终于还不知道分别铜和银;还不知道分别布和绸;还不知道分别官和民;还不知道分别主和奴;还不知道……"

我逃走了。

"且慢!我们再谈谈……"他在后面大声挽留。

我一径逃走,尽力地走,直到逃出梦境,躺在自己的床上。

一九二五年四月二十三日②

在这里,可以想见鲁迅是把自己对封建文化中人间不平等的深邃思考,通过人与狗的对话巧妙地表达出来。在这样的整体构思中,短短的文笔没有多少无关的字句,用词造句都在围绕着主题思想的表达,层层推进地生发开来。全文开头,说我进入梦中,"像乞食者",造成了人与狗的关系的接近,这就有了"我"与狗对话的可能。"我"对狗的态度开始是"傲慢"并进行呵斥,说它是"势利"的狗,而且"气愤"了,感到"侮辱";而狗的语言则是意味深长,以反语"愧不如人"引发了狗的"驳诘":"不知道分别"这样几组概念——"铜和银""布和绸""官和民""主和奴"……这几组词语所表达的是人间不平等的象征性事物,特别是由狗说了出来,特别有震撼力!而"我"作为人,无可辩驳,好似衣不遮体,哪里还有什么傲慢?剩下的只有逃走。有意思的是逃出的是梦境,回到了现实的"床"上!进一步喻示我们所处的社会正是公然存在着不平等、不公正、不道德的黑暗人间!而且逃无可逃!文章的遣词造句,无不考虑整体的思想表达与对比、反衬的手法运用,产生了耐人寻味的理趣和深刻的思想力量!

2. 快速起草,一气呵成

成文阶段,不管是书面语言的生成或是书写,都需要一定的时间,而思维却像是插上了翅膀,可以任意飞翔,其速度往往快于书面记写。为了保证思维的连续性,内容的完整统一,行文起草的时候,就要求写作表达尽量一气呵成,快速成文,不要因为字斟句酌的修辞所造成的频繁停顿或其他事务的无谓干扰,而阻碍甚至消解思维的内容,影响语言的延展和书写的速度。

美国写作学家威廉·W.韦斯特说:"无论在什么情况下,他们都不在准备第一稿的中途停下来剪裁、核对或润饰。在这样早的一个阶段去执行这种任务,等于让珍贵的想法从头脑中逃脱,使令人愉快的创造力量死亡。"③列夫·托尔斯泰也特别强调:"起草,不仔细考虑一个片段或思想表现的是否正确。"④鲁迅也说起自己的小说创作:"令人难以放下笔。一气写下去,这人物

---

① 刘勰.文心雕龙·章句[M]//祖保泉.文心雕龙解说.合肥:安徽教育出版社,1993:661.
② 鲁迅.野草[M].北京:人民文学出版社,1973:37.
③ 韦斯特.提高写作技能[M].福州:福建教育出版社,1984:413.
④ 山东师范学院中文系文艺理论教研室.外国作家谈创作经验[M].济南:山东人民出版社,1980:473.

就逐渐活动起来,尽了他的任务。但倘有什么分心的事情来一打岔,放下许久之后再来写,性格也许就变了样,情景也会和先前所预想的不同起来。"①由这些重要经验的表述我们可以推论,行文阶段的书面表达能力的培养,特别要重视养成快速起草、一口作气写出初稿的习惯,草稿之中思维的问题与语言上的瑕疵,可以留待下一步修改的环节来润色完善。

三、写作评改能力的培养——走向定稿的鉴评修改

文章写作过程中及初稿写成之后,都需要对写作成果加以评改,通过鉴评,判断优劣高下,找出错讹,深化写作思维;通过修改,调整内容,润色语言,完善写作表达,最终把草稿变成定稿。

评改能力是写作表达能力的一个重要组成部分。缺乏评改能力,就不能深入地评价和反思自己的写作内容与过程,总结经验,有效地提高写作能力;也不能较好地完善一次写作行为,把个人的写作价值和创造能力全部发挥出来,得到自己最优化的写作成品。

写作中的鉴评与修改,实际上是贯穿于写作行为始终的。在写作发现与构思的阶段,写作主体经常会驻足回首,审视自己的观点和思路,结构和材料,评价其高下优劣,进行增加、删除、更换、调整。特别是语言表达过程中,选词、造句本身就有着评价和选择的问题,随时斟酌修改的情况更加普遍。也就是说,写作的评改活动是作用于全部写作过程的,但最为显在的是文章初稿写成之后,在走向定稿的过程中发挥重要作用。因此,这里主要谈的是走向定稿的评改能力的培养。

写作主体的鉴评能力与修改能力往往有着一定的差距,二者不一致也不是同步的。通常情况下,正如常言的"眼高手低",也就是鉴赏评价能力相对高些,而修改动手能力较低。这是正常现象,我们有能力看出瑕瑜,评出优劣,却不一定有能力改正问题,完善表达。虽然鉴评能力的高超不一定带来修改能力的提高,但鉴评能力的低下却必然造成修改能力的低下。修改能力是要依托于鉴评能力的,不辨真假美丑,不识正误高下,如何能够进行文章修改?鉴评能力的提高会有助于修改能力的提高,至少不会影响或降低修改能力提高的。

(一)鉴评能力的培养

大量赏读优秀文章,多做写作练习,多做评改活动,积累丰富的感性经验,对于写作的语感、节奏、韵味、风格、规则和方法等方面的优劣高下,就会作出直觉的判断和理性的分析。这对于鉴评能力的提高是至关重要的基础条件。因为鉴评的工作一定是建立在比较的基础之上,没有经验,没有比较,就没有发言权。刘勰在《文心雕龙·知音》中说的"操千曲而后晓声,观千剑而后识器"就是这个道理。

学习和掌握一定的写作知识和理论是培养鉴评能力的重要条件。丰富的读写评改的经验能使我们迅速辨析写作成果的质量优劣,而如果有高水平的写作理论修养,就可以进行更加深入的理性分析,知其然而更知其所以然,鉴评能力的提高就会更加自觉有效。

(二)修改能力的培养

一要建立精品意识。我国古代文人特别重视文章的个体生命的价值实现功能,有"立言不朽"的写作精神和文化传统。《左传·襄公二十四年》:"太上有立德,其次有立功,其次有立言,虽久不废,此之谓不朽。"②曹丕在《典论·论文》中也说:"盖文章,经国之大业,不朽之盛事。年寿有时而尽,荣乐止乎其身,二者必至之常期,未若文章之无穷。是以古之作者,寄身于翰墨,见意

---

① 鲁迅.我怎样做起小说来[M]//南腔北调集.北京:人民文学出版社,1980:102.
② 鲁开泰.春秋左传译注[M].舒焚,审校.武汉:武汉出版社,1998:632.

于篇籍,不假良史之辞,不托飞驰之势,而声名自传于后。"①在这样的认识之下,古代文人特别重视文章的修改,诗文写作有着极强的精品意识,写文章追求"一字不易"的境界,作诗则苦吟推敲,"语不惊人死不休"。我们要学习古人的优秀写作文化传统,虽不宜"两句三年得,一吟双泪流",修改过程太过漫长,也不宜强求尽善尽美,但也要尽量追求个人写作能力与价值的最高表现。文章初稿写出之后,通过研判鉴评,多加修改润色,追求优质的写作成果,建立文章写作的精品意识,并且通过经常不断的修改实践来促进修改能力的提高。

二要养成修改习惯,积累评改经验。有些写作者写出初稿之后,没有修改的习惯,不爱修改或怕修改,总是以"毛坯"示人。中学作文教学因高考作文时间有限,平时训练总是强调"文不加点"的写作速度,而不重视修改能力的培养,不重视通过修改来全面提高学生的写作能力。而要培养自己的修改能力,在每一篇文章的初稿写成之后,我们都应当通过重新阅读,甚至是重读多遍,体会文中思想的表达是否贴合于写作的初衷,材料是否充实有力,审视文章中层次推进是不是环环相扣,逻辑关系是否顺畅,结构是否合理;最后才去字斟句酌,润色语言,一词不工,一句不妥,也不得心安。在这样的修改过程中,复杂的思维与有形的表达之间循环往复,互动激发,思维更加精深,语言表达能力也会不断改善,语言的痛苦也会得到不同程度的降解,更重要的是提高了文章的鉴评能力,积累起丰富的修改经验。由修改经验的丰富和修改能力的提高,进而全面发展写作表达的综合能力。

思考与练习四

一、思考题

(一) 为什么说表达不仅是外部语言的书写行为?

(二) 请阅读下面《老人与海》的第一段文字,思考海明威创作该小说的情感基调。

他是个独自驾一只小帆船在湾流上捕鱼的老人。到今天为止,老头儿已经接连下海八十四天,一条鱼也没捕到。前四十天里,有个男孩陪着他。可四十天一无所获之后,男孩的爹妈对他说,这一阵子老头儿肯定是兜底交上霉运了。那是坏运气里最厉害的一种。遵父母之命,孩子上了另一条船,第一个礼拜他们就捕到了三条好鱼。看见老头儿每天回来时小帆船空荡荡的,男孩心里面难受,他总是下去帮老头儿拿东西,或者是钓索卷儿,或者是钓鱼竿、鱼叉和卷裹在桅杆上的帆。那面帆用面粉口袋打了补丁,卷起来时仿佛一面象征永远失败的旗帜。②

(三) 下面画线部分的文字属于何种描写?体味这种写法的好处。

我之看骆驼则是另外一种心情,骆驼扮演的是悲剧的角色。它的槛外是冷冷清清的,没有游人围绕,所谓槛也只是一根杉木横着拦在门口。地上是烂糟糟的泥。它卧在那里,老远一看,真像是大块的毛姜,逼近一看,可真吓人!<u>一块块的毛都在脱落,斑驳的皮肤上隐隐地露着血迹。嘴张着</u>,下巴垂着,有上气无下气地在喘。水汪汪的两只眼睛好像是眼泪扑簌地盼望着能见亲族一面似的。<u>腰间的肋骨历历可数</u>,颈子又细又长,尾巴像是一条破扫帚,<u>驼峰只剩下了干皮,像是一只麻袋搭在背上</u>。骆驼为什么落到这悲惨地步呢?难道"沙漠之舟"的雄姿即不过如是么?③

---

① 郭绍虞,王文生. 中国历代文论选:第一册[G]. 上海:上海古籍出版社,1978:159.
② 海明威. 老人与海[M]. 张炽恒,译. 北京:商务印书馆,2014:3—4.
③ 刘天华,维辛. 梁实秋散文[M]. 北京:中国广播电视出版社,1989:246—247.

(四)请阅读契诃夫的短篇小说《美女》,品赏作家描绘玛霞之美使用的描写手法和使用这些手法的妙处。

记得还是在上中学五年级或六年级的时候,我和爷爷到顿河畔罗斯托夫去。那是八月里的一天,天气闷热,令人烦闷不堪。由于热、干燥,以及伴随尘雾吹到我身上的热风,使我的眼睛困得睁不开,嘴巴发干;不想看,不想说,不想思索……

....

(五)如何理解情感的层次?

(六)品读下面的古代散文,体味画线部分的文字表达作者情感的语言艺术。

亡妻龚氏圹铭①
彭绩

乾隆四十三年九月朔,彭绩秋士,具舟载其妻龚氏之柩,之吴县九龙坞彭氏墓,翌日葬之。龚氏讳双林,苏州人,先世徽州人。国子生讳用鏊之次女,处士讳景骙之冢妇。<u>嫁十年,年三十,以疾卒</u>,在乾隆四十一年二月之十二日。<u>诸姑兄弟哭之,感动邻人。于是彭绩始知柴米价,持门户不能专精读书。期年,发数茎白矣。</u>

铭曰:作于宫,息土中,吁嗟乎龚。

(七)阅读下面的学术短论,指出作者使用的论证手法。

"朱门酒肉臭"的"臭"是"香"②
张维元

杜甫的"朱门酒肉臭,路有冻死骨"的"臭"字,多以为杜甫指的是豪门权贵,酒池肉林多得腐烂发臭。这误解了名句。

杜诗中"酒肉臭"的"臭"应是作"香"解。"臭"字的本义是"气通于鼻皆曰臭,无香秽之别",例如《易经·系辞上》中有说:"二人同心,其利断金,同心之言,其臭如兰。"说明兰花的香味是有鼻共享的。《易经》中还注明:"臭"为气味,属名词,非形容词。"臭"读音同"嗅"(xiù)。"臭"字的内涵到何时发生了变化,尚不得而知。然而南朝梁人何逊作诗曰:"兔园标物序,惊时最是梅。衔霜当路发,映雪拟寒开。枝横却月观,花臭绕凌台。朝洒长门泣,夕驻临邛杯。应知早飘落,故逐上春来。"又明代大诗人叶敬平拜访友人,写道:"未进君家门,先闻酒肉臭。"何诗中的"花臭绕凌台"的"臭"是指花香;叶诗中的"酒肉臭"实际上是指酒与肉发出的香味飘溢于空气中。

"朱门酒肉臭"出自《自京赴奉先县咏怀五百字》一诗,是杜甫于天宝十四年冬月去奉先探家时所作。诗人中夜出发,凌晨经过骊山,当时唐明皇、杨贵妃等正寻欢作乐,大摆宴席,而路途上却有冻饿而死的穷人,鲜明的对比,诗人忧国忧民,愤火中烧,写下了震撼人心的名句。此外,尚有两个简单的事实被忽略。其一,要说肉臭尚可勉强,但酒人们熟知是愈陈愈香,不会发臭的;其二,诗人写的是寒冬季节的事,所以才有"路有冻死骨"之说,北方的数九寒冬,肉是不会发臭的。

二、小练习(选作)

(一)记写军训首次站军姿的心理活动。

(二)请把你感知过的人人眼中有,笔下无的人、事、景或物经过锤炼,表达出来。

---

① 王运熙.中国古代散文精粹类编:下[M].上海:上海文艺出版社,1987:1231.
② 张维元."朱门酒肉臭"的"臭"是"香"[N].光明日报,1993-02-08(06).

三、文章评析

（一）请阅读老九的《卖书记》，思考并回答问题。

1. 为什么作者卖书的情绪十分低沉？
2. 这篇散文的题材内容与语言基调之间的关系。
3. 这篇散文的语言表达的特点。
4. 这篇散文的情感内容与抒情特色。

隐藏泪水最好的地方是心灵。

隐藏泪水最好的武器是时间。

许多年以后，我也不会忘记2001年深秋的那天下午，天空中飘满了无奈的泪水和衰老的树叶。在我悲怆的视线和迷乱的思绪中，两辆左摇右摆的小拖拉机，满载着大小不一的脏脏的编织袋渐行渐远。……

……

（二）阅读王安石的《知人》，分析这篇短文的说理技巧。

知人
王安石

贪人廉，淫人洁，佞人直，非终然也，规有济焉尔。王莽拜侯，让印不受；假僭皇命，得玺而喜：以廉济贪者也。晋王广求为冢嗣，管弦过密，尘埃被之；陪宸未几，声色丧邦：以洁济淫者也。郑注开陈治道，激昂颜辞，君民翕然，倚以致平；卒用奸败：以直济佞者也。于戏！"知人则哲，惟帝其难之"，古今一也。

四、作文

一、选择一个人、事、景或物，运用叙述与描写，生动形象地展现其具有的特点。

二、阅读所给材料，自选角度，从3个材料中提炼有新意的观点，自拟标题，写一篇不少于800字的议论文。

（一）不久前，教育部发布《关于做好2019届全国普通高等学校毕业生就业创业工作的通知》，与往年相比，2019年的就业政策更加强调"三到一创"，"三到"就是到基层、到中小微企业、到国家和产业需要的地方，"一创"就是指创业。①

（二）6月16日，国新办就5月份国民经济运行情况举行新闻发布会。国家统计局新闻发言人付凌晖在谈到就业问题时表示，就业总量压力是存在的，主要表现在，今年城镇新增劳动力有1400多万，其中大学毕业生达到909万。同时，在结构方面，大学生就业难和企业招工难是并存的。②

（三）去年9月，张尧从一所高校的食品工程专业研究生毕业。他错过了对口企业的招聘，斟酌之后，接过了一家农牧企业"管理培训生"岗位递来的邀约。

这是一份相对高薪的工作，包吃包住，研究生年薪18万元起步。2018年非洲猪瘟传入中国，中国猪只数量急剧减少，猪肉价格随之猛涨。正邦集团、温氏股份、牧原股份等养猪企业纷纷扩大养殖规模，扩建新场，并且为了适应现代化养殖的需要，广泛招募大学生。

这份工作工资高、待遇好，但没有光鲜的工作环境，工作内容更不轻松。③

---

① 肖雯.大学生就业的"难"与"新"[ED/OL].(2019-01-29)[2022-02-19].http://www.chinatoday.com.cn/zw2018/sh_4980/201901/t20190129_800155433.html.

② 陈琳.国家统计局：大学生就业难和企业招工难并存[ED/OL].(2021-06-16)[2022-02-19].https://baijiahao.baidu.com/s?id=1702715582702631520&wfr=spider&for=pc.

③ 陈轶男.大学毕业去养猪[N].中国青年报,2021-05-19(06).

下编 文体论

第五章　新闻文体

【本章学习提要】

● 理论学习

（一）理解消息、通讯和报告文学的文体特点，识别消息、通讯和报告文学的不同类型；（二）结合文例理解消息、通讯和报告文学的写作发现；（三）结合文例理解消息、通讯和报告文学的构思；（四）掌握消息、通讯和报告文学的内容和形式的表达。

● 思考与练习

思考题：（二）（五）（八）；小练习：（二）；文章评析：（三）；作文：（一）。

第一节　消　息

一、消息概说

消息是大众传媒最常用的一种新闻体裁。学习消息的写作，要了解消息的基本知识，培养消息写作的基本能力。

（一）含义

消息一般指的是以记叙为主要表现手段，用简洁明快的语言，对国内外新近发生或正在发生的具有传播价值的事实进行迅速及时的简短报道。要弄清消息的概念，我们还需要分清它与新闻这个概念的区别。新闻有广义和狭义之分，广义的新闻是消息、通讯、特写、新闻评论等诸种新闻文体的总称。狭义的新闻则专指消息。

消息是广播、电视、报纸、网络最常用、最主要的一种新闻体裁。它常常能最迅速地告诉受众发生了什么新闻事实，有关的通讯常常成为它的后续报道。消息报道新闻事实的方式，是撮要式的，往往是倾全力突出重点，而不及其余（一般情况），或仅简单提及。就此而言，消息是关于新闻事实的最为快捷的、撮要式的报道。

（二）分类

对消息的分类可以有多种标准和方法。以篇幅长短作为标准，可将消息分为长消息、短消息、简讯、一句话新闻等。以结构是否完整作标准，可将消息分为结构完整的消息和结构不完整的消息。简讯、一句话新闻和标题新闻等，当然都属于结构不完整的消息。以报道的内容作为标准，可将消息分为时政消息、经济消息、文娱消息、体育消息等。以内容性质与写作角度不同为标准，则可将其分为动态消息、经验消息、述评消息、综合消息、特写性消息、解释性消息、人物消息等几类。

1. **动态消息**

动态消息就是对刚刚发生或正在发生的新闻事实（事件）所作的最具有时效性的简短报道。它是最常见的消息。动态消息，顾名思义就是抓住动态进行报道，让受众了解事实（事件）最新发展动向。所以在写作中要特别抓住两点：一是要注意发现事实从无到有其间体现出的新闻价值；二是要注意发现事实的从有到变，在变中体现出的新闻价值。

2. 经验消息

经验消息是对具有普遍意义的典型经验的报道,也称"典型消息"或"典型报道"。它主要反映具体单位、部门、行业在工作、学习和生产中创造的成功经验,以及某人在某项活动中取得新成果的典型做法,用以提供榜样,带动全局。所以它往往偏重于交代情况、介绍做法和反映变化与效果,由事实引出经验来。

经验消息的写作一定要注意:要选择既有推广价值又能引起普遍兴趣的经验;尽量写得生动具体,避免说教;尽量寻找新闻"由头",体现新闻特点,避免写成工作总结。

3. 综合消息

综合消息是一种把发生在不同地区或部门的具有类似性质的事件综合为一体的报道。写作者往往就某一现象或问题在较广阔的空间范围进行采访,然后综合写成消息。

综合消息的写作有两种基本的综合方法:一是横断面的综合,将发生在同一时期的各种事件加以横向综合,概览全局;另一种是纵深度的综合,从大处着眼,小处入手,对事物不同侧面进行分析综合,能对现实产生持久的影响力。

4. 特写性消息

特写性消息是以报道重要新闻事件中人物活动片段和事件场景为主要内容的新闻体裁。与其他不同类别的消息相较,特写性消息最突出的特点是注重描写。

特写性消息的写作需要注意:要运用形象的语言,再现人物活动过程和场景,给人以如见其人、如临其境的感受;反映事物的特征和高潮的片段要用简笔勾勒,不事雕琢,重在传神;要突出富有特征的细节描写。

5. 人物消息

人物消息以表现人物为主,常常是迅速地反映新闻人物的某种行为或某个侧面,用新鲜、典型的事实材料来表现其思想和精神面貌。人物消息的突出特点是:以人说事、以事显人,不贪大求全。

人物消息的写作需要注意:表现方法上要将人物的主要特点进行聚焦、放大,给予集中、突出的描绘;选材上要抓取人物活动的一两个场面,以细腻的语言充分展示人物内心世界的横剖面;结构上常常用一个概括性的导语开头,但只点出部分事实要点,而把真正重要、精彩的东西放在后面,从而使读者看完全篇会产生一种满足感。

6. 述评消息

述评消息是一种兼有新闻评论与消息两者特点的报道形式。"述"是对新闻事实(事件)所进行的叙述;"评"是对新闻事实(事件)进行的分析评论。这种文体评论的特点体现在对某些发人深省的事实(事件)进行的就事论理的评析上;消息的特点则体现在为受众提供具有新闻价值的信息上。

撰写这一类消息要特别注意两点:一是努力促成"述"和"评"的有机结合,用简要的新闻事实的叙述为评析奠定坚实的基础;二是用对新闻事实的言简意赅、鞭辟入里的评析,对报道进行理性升华。

7. 解释性消息

解释性消息也称分析性报道,是一种以解释新闻事件为主的新闻体裁,它报道事实时,侧重于说明新闻事实的来龙去脉,阐释事件发生的原因、发展趋势以及与其他相关事物的联系,阐明事实的意义。这种消息也被称为深度报道,多用于我国经济工作的政策、方针和社会生活中出现的影响较大的新问题。与动态消息只注重报道事实结果"发生了什么"不同,解释性消息重在回答新闻事件中的"为什么"。

解释性消息的写作需要注意：要有大背景意识，要提供新闻得以产生的全局性背景；要用背景事实自身的逻辑力量说明新闻事件产生的必然性；要巧妙开篇，引人入胜。

8. 预测性新闻

预测性新闻又称预见性新闻、观测性新闻、透视性新闻或预测性报道，是对受众关心的某一新闻事件或社会现象作前瞻性述评的新闻文体。具体来说，预测性新闻是指在客观现实已有信息的基础上，通过用已然信息透视未然信息的方法，对可能发生或即将发生的事实或事物未来的发展趋势，进行预先报道的新闻。

预测性新闻的写作需要注意两点。第一，既然是"预测"要发生的事，就必须提出有说服力的根据。"说服力的根据"是指已经发生的事实和统计数据等。表述中运用它们推测可能发生的事情要有内在逻辑，讲究合理性。第二，行文多以客观性的言语进行表述。

（三）特点

1. 新鲜及时

消息是报道新情况、新事物、新经验、新人物、新问题的文体，因此第一次发生的事件，最新发现的事实，萌芽状态的新事物等，是消息报道的主要内容。消息内容的"新"意味着报道要快，在大众传媒竞争白热化的今天，写作者的竞争意识、受众意识都必须落实在写作实践中，通常情况下，一定要争分夺秒，任何延宕迟缓，都会削弱甚至丧失消息的新闻价值。

2. 简明扼要

消息为了能及时传播新闻事实，语言上十分简练，结构上一般是开门见山。作者的职业素养和文体意识都必须体现在作品中。要将何时、何地、何人、何事、何果等新闻要素简明扼要地报道出来。即使有描写，也只能抓住关键略加点染。

3. 用事实说话

从文字上看，消息的写作者只是客观地、朴素地叙述见闻。消息强调用事实说话，但并非不要思想、观点，只是写作者的思想观点最好都寓含在具体的新闻事实的叙述之中，他的开放意识、监督意识都必须通过事实来体现。要让精选的新闻成为无形的意见。

二、消息写作

消息的写作要求写作者必须做到：敏锐地发现、迅速地构思、准确地表达。

（一）发现

没有发现就没有新闻，新闻的发现是消息写作的基础和前提，敏锐的新闻发现能力是消息写作最为倚重的能力。

1. 发现并准确判断对象的新闻价值

消息写作中首先要考虑的是：报道是否有新闻价值、能否为受众欢迎。而能否发现报道对象的新闻价值，则取决于报道者是否具有新闻敏感。

什么是新闻价值呢？有人认为："所谓新闻价值，是指新近发生的事实在传播过程中所履行的能满足人们知晓、认识、教育、审美等诸种需要的功能。"[①]有人说得更简洁："现代新闻价值，是指新闻满足受众需要所表现出的效用和意义。"[②]新闻价值应该是指新闻中所蕴含的社会价值，其核心是在新闻中所包含的社会性。所谓社会性，就是事物与公众利益相关联的属性，一般来说，与公众利益关联程度越密切，事物所含的社会性越大，反之越小。所以，新闻价值的实质就是

---

① 雷跃捷．新闻理论[M]．北京：北京广播学院出版社，1997：86．
② 刘建明．传统新闻价值观的自我颠覆[J]．当代传播，2002(5)：35．

与公众利益相关联的属性及程度。与此相对,传播中的新闻能够直接满足受众心理的特性,则可以认为是新闻的使用价值,这种使用价值当然也包括媒体用之来获取的传播利益。

如何发现并准确判断对象的新闻价值呢?

首先,要弄清构成新闻价值的要件,新闻界的专家们认为构成新闻价值的要件主要是:时效性、重要性、接近性、显著性、人情味等。它们都是衡量事实有没有报道价值的客观标准,但并不是说简单掌握了这些标准就能够成为一名合格的记者。在实践中,我们经常会看到这样的情况,对同一个事实,有的写作者就能从中挖掘出新闻价值,而有的却一无所获;有的看到了表面的现象,有的却能通过表象发现本质,开掘出更大的价值。更多的情况是,有经验的写作者总能从社会的各个方面发现层出不穷的新闻,而经验不足的写作者却老是哀叹无新闻可写。面对丰富多彩的生活和日新月异的变化,怎么会出现这么大的差异?究其原因,主要是因为新闻采访是个性化的劳动,写作者自身素质的不同,决定了他的眼界和新闻发现力的悬殊。因此,需要提醒大家注意:新闻采访不是呆板的生产流水线,新闻技巧不是新闻元素的累加,采访需要写作者的激情与创造,需要艰苦的劳动和坚韧不拔的意志。"苦中作乐"是新闻写作者应有的情怀;采访既要劳力更要劳心,且常常会出现意想不到的困难和干扰,写作者没有吃苦精神是不行的,而在这些苦和累中,发现有较大价值的新闻,则是作者的乐趣。

其次,要发现并准确地判断对象的新闻价值,还必须克服轻视新闻发现的倾向。许多缺乏新闻写作经验的写作者往往并不缺乏表达能力,他们所缺乏的主要是新闻素质,尤其是新闻"发现"的才能。通常,他们的作品,是新闻事件先发现了他们,而不是他们先发现了新闻。正如有人所形容:他们不像是鹰,翱翔时就在寻觅,随时准备扑向目标;而像是长嘴水鸟,一直在等待,直到食物流入嘴里。"新闻发现"在新闻实践中绝不是只以偶然和巧合的方式实现的,它是贯穿于新闻采、写、编全过程中的思维活动。不过有时来得过于突然,有时则自始至终在新闻高手们的感觉之中。一个有志于新闻写作的普通人就不能安于做一只"长嘴水鸟"。

最后,应该搞清新闻发现的本质。随着新闻实践的不断发展,人们愈来愈感到:新闻发现在所有优秀新闻报道的采、写、编过程中都起着至关重要的作用。这种时而让人感觉很明显,时而让人感觉不明显,时而又看似简单而偶然的新闻现象,其实包含深刻的尚未揭示的科学道理,它甚至可以同一项人类新的发现过程相提并论。

在科学史上,许多伟大的发现,似乎都有点偶然。如果仔细追踪这类发现的踪迹,就会得出如下结论:任何新发现都是以执着为代价、以留心为前提、以相当的知识积累为背景的。那些"得来全不费工夫"的新的发现,绝大多数都经历了"踏破铁鞋无觅处"的艰难与困苦。

同科学发现相比,新闻发现也青睐人类对知识领域的开拓,但首要任务则不像科研一样去潜心开拓知识领域;它也需要挖掘人们尚未弄清的事实真相,但目的并不是为了真相而真相。新闻发现的本质含义是指:新闻写作者和媒体对客观事实所寓含的新闻传播价值先于世人的正确理解、评估和认识。

按照以上的理解,新闻发现对于写作者来说,每一次采写经历都应该是一次"发现"的经历。并不是每一个参与新闻报道的人采访到了某一客观事实就等于已经有了新闻发现;同样,与新闻事实有关的当事人也理所当然地知道并且"发现"了此一事实的发生,不能理解为当事人也是新闻发现者。真正的新闻发现不是指对事物本身的采访和发现,而是对事实的新闻传播价值的发现;不在于先于世人"发现"了今天的新事,而在于领先理解和认识了人们没有理解和认识的传播价值和可能的传播效果。

2. 展示并凸现对象主体的新闻价值

新闻发现能力不仅体现在写作者能对报道对象新闻价值的慧眼识别上,还体现在能对报道对象新闻价值的凸现和放大上。

对报道对象新闻价值的突出和放大有很多具体方法,这里简单介绍三种:一是以相应背景进行烘托,在一部分消息中,背景是因突出事实的新闻价值而设的。背景的交代有时并不需要花费太多的文字,但却对突出事实的新闻价值发挥了至关重要的作用。二是以较大的篇幅详细叙述。消息不容文字过于生动具体,对某些关乎新闻价值的部分详加叙述,再与某些局部的简略叙述形成对照,就明显造成一种叙述上的强调和文字的凝聚。三是造成鲜明、强烈的对比。恰当的对比可以造成强烈的反差。

(二) 构思

消息的构思就是为新闻发现赋形定势,涉及内容很多,以下两个方面尤需重视。

1. 尊重事实,精选角度

(1) 对新闻事实进行分析和判断

第一,审视采访对象提供的新闻事实。无论消息涉及何种材料,报道者都必须采访与新闻事实有关的各方人士,而他们对新闻事实的叙述或多或少都会存在差别,报道者只有经过分析,有选择地挑出适合消息写作需要的叙述内容作为素材,才能保证构思的需要。由于不同采访对象的记忆会存在偏差,采访对象的立场也往往存在差异。消息要求客观、公正,报道者要说"两面理"。因此,消息写作者构思时必须对采访对象的叙述进行条分缕析,相同或相似的观点可以进行归类,不同或对立的观点可以进行分类。这样在写作时,报道者就可以较全面地反映新闻事实的真相。

第二,拎出相关新闻事实的逻辑主线。消息要报道的无论是人物还是事件,其背后都有一根发展的逻辑主线。消息报道者在构思时应该把这根逻辑主线清晰地提炼出来。提炼这根逻辑主线的常用方式主要有三种:一是从时间维度上进行梳理,这是最基本最常用的方式;二是从因果关系维度入手,实践中人们发现一些新闻事实背后存在因果关系,如果能从这个角度加以提炼,就会发现一条清晰的逻辑主线;三是从矛盾分析维度入手,很多时候新闻事件都是由各种社会矛盾引起的,通过对各种矛盾的分析,便能找到新闻事实的逻辑主线。

(2) 准确选择报道角度

对一个新闻事件的报道,如果报道角度欠佳,不仅会影响其新闻价值的最大限度发挥,而且会影响受众的准确接收。一般来说,影响报道角度的因素是多种多样的,比如,新闻主旨价值表现的需要、不同特点的媒体带来的特殊需要、不同受众的不同心理需求,等等。其中消息主旨是整篇报道的灵魂,它是新闻素材的蕴含与写作者思想、观念碰撞的结晶。写作者一定要以主旨需要为依据,在充分尊重事实的前提下,精心选择报道的角度。具体而言,尤应记住以下三点。

一要选择利于突出焦点的角度。一般来说,消息的篇幅都不会很长,写作者在报道中应当尽力将受众的注意力凝聚到新闻事实的某一焦点上。这个焦点有时是和社会公众在某一个时间段中的关注点(热点)紧密相连的。在现实生活中,许多问题都可能成为人们关注的焦点。比如大学生的就业与创业问题、社会保障体系问题、医疗改革问题、新农村建设问题、中小学教育改革问题等,都与社会公众的利益密切相关。在消息写作中就应该选取热点、焦点问题,加以充满人文关怀的报道。

二要选择利于突出特点的角度。消息所选的角度,必须有利于突出新闻事实的特点。特定的新闻事实所具有的特点,是可以给人留下特别深刻印象的地方。构思消息时,必须对所报道的新闻事实进行一番分析思考,找出它的独特之处。因此,报道角度的选择,其实也是舍弃事实的一般之处,保留和突出事实的非同寻常之处。

三要选择利于突出亮点的角度。消息写作应当有利于凸现事实新闻价值最为集中的亮点。换句话说,就是要从现有的题材中挖掘出新闻的深层意义,并力求体现消息最大的新闻价值。

2. 量体裁衣，恰当选择结构形式

消息的构思有一个重要任务，就是确定其结构形式。消息的结构形式比较常见的有"倒金字塔式结构""时间顺序式结构""悬念式结构""并列式结构"以及打破常规的"自由式结构"等。到底采用哪种形式，需要写作者综合考虑，恰当选择。

(1) 倒金字塔式结构

与一般记叙文的结构安排完全不同，倒金字塔式结构打破了记叙事件的常规，不是根据事件发生、发展的时间顺序来安排层次段落的，而是根据事实的重要程度来决定段落顺序的。它把最重要、最新鲜的事实放在消息的开端(导语)，其他事实也是按先重后轻、先主后次的顺序来安排的。这种结构形式的导语一般都采用"部分要素导语"，即在导语中只突出一两个新闻要素，突出最吸引人的那部分内容；对于事件过程的叙述往往比较简略，每段文字都很简练；各段之间往往有逻辑上的联系。第二段往往是第一段的具体化或补充，而第三段又是对上一段的进一步补充。读者每多读一段，就多知道一些具体内容或细节。如果只看导语，也可以大体把握消息的主要内容。

倒金字塔式结构的优点主要是：有利于记者快速报道新闻，也给读者和编辑带来了方便。

其局限主要是：更适宜于写时效性强、内容单一的突发性新闻，而不太适宜写某些非事件性的、较有人情味或故事性的新闻。另外，它对写作的要求也很高，一定要注意各段之间的衔接与逻辑的递进关系，文字要特别简洁。

(2) 时间顺序式结构

时间顺序式结构又叫编年体式结构。它按照事件的自然顺序来写，最适宜写那些故事性强、以情节取胜的新闻，尤其适合写现场目击记。这种结构形式叙事条理清晰，现场感强；最大缺憾是消息的精华部分往往淹没在事件铺陈之中，因此开头往往较平淡，缺少吸引力。

(3) 悬念式结构

悬念式结构实际上是把倒金字塔式结构和时间顺序式结构相互结合、取长补短而产生的一种新的结构形式。这种结构形式的消息开头是一个带有悬念的导语，巧妙地点出最精彩或最重要的新闻事实，吊住受众的胃口，然后在以后的段落中就基本上按照事件发生、发展的顺序写作。

采用悬念式结构的消息往往给人以叙事具体、完整，条理清晰，重点突出的感觉，使受众容易理解和接收新闻信息。这种结构形式特别适合表现那些具有戏剧性情节的新闻。

(4) 并列式结构

并列式结构具有一个概括性导语，随后的几个自然段所涉及的内容基本上是并列关系。

(5) 自由式结构

自由式结构也叫散文式结构，是指消息写作中适当吸收散文写法，其优点是比较自由和有文采，往往突破消息写作的某些模式、框框，有利于改变千篇一律的面孔，使行文富于变化。

消息的结构形式多种多样，不论采用何种形式，都要注意：结构形式必须紧紧围绕新闻发现，服务于内容，必须根据新闻本身的特点来确定结构形式；谋篇布局必须从大处着眼，要统筹兼顾，上下贯通，不能上气不接下气；必须照顾受众心理，要疏密有致，便于选择；赋形定势要匠心独运。

(三) 表达

1. 内容的表达

(1) 标题的含义及拟制

消息的标题即消息的题目。受众往往是根据标题来选择接受对象的，标题拟得好就能吸引受众，反之，则可能会使受众忽略重要的或可能会感兴趣的新闻。纸质媒体上消息的标题有单行、双行和多行之分。网络媒体上消息的标题则主要是单行。网络消息标题是否具有吸引力,是否具有新颖性和创造性,是事关写作成功与否的关键。无论是实题还是虚题,都必须言简意赅,惜字如金。

① 单行标题。

例如:

我国所有贫困县全部脱贫

单行标题的特点是具体明确,一般都点明消息的主要事实。而网络新闻标题导读功能的重要性和表述空间的限制,使它必须在短短的一行句子里把最有"卖点"的新闻事实准确、生动、吸引人地表达出来。因此,对吸引力和诱惑力的追求使标题通常偏重于提炼最重要的、最新的、最反常的或最本质的变动,并且经过精简和包装,使其更加突出和明了,故往往突出一点而不求全面概括新闻的"中心思想",即要素式标题比较多。

② 双行标题。

双行标题又分两种情形,一是由引题加正题构成,例如:

降低干部舒适度 提升群众满意度　　　　(引题)
盐城:政府机关用电要为中小学教室"让路"　　　　(正题)

引题也叫肩题、眉题,它与正题配合,为正题服务,主要是介绍背景、烘托气氛、引出正题,或揭示新闻事实的意义。正题是消息的主要题目,又称主标题、主标、主题或母题,在两行或多行标题中,它的字号最大、最醒目,占据位置比例最大。主要用于概括和揭示消息中最主要的事实或思想。它也是消息必具的标题。

二是由正题加副题构成,例如:

超历史大洪水之年白鹤依然舞鄱湖　　　　(正题)
白鹤"娘家人"激动地流下泪水:"它们在这里生活得很好"　　　　(副题)

副题又称子题、辅题。它主要是对正题起补充、说明、印证、注释的作用。它依附正题而存在,和引题一样,不是消息必具的标题。

③ 多行标题。

例如:

昔日防风沙　　　今朝制乐器　　　　(引题)
兰考"焦桐"意外长成"摇钱树"　　　　(正题)
全国95%的高档民族乐器板材均取自兰考泡桐　　　　(副题)

多行标题还有双正一副、一引双正、一正双副等情形。多行标题有时有四行、五行以至更多行的,即在一行引题、正题和副题之外,根据需要增加一两行副题、引题或正题。这种情况一般是在报道全国性重要会议和重大节日活动时采用。

此外,消息标题还有虚实之分。实题是揭示新闻事实的题目,多用精练的一句话报告事实;虚题是摆观点,或点明主题思想,或表现政策精神的题目。一般来说,单行标题多为实题;两行以上(含两行),可以有虚有实,虚实并举。例如:

纪念马克思诞辰200周年的一份珍贵献礼　　　　(虚题)
马克思原始手稿国内首次亮相　　　　(实题)

消息无论采用哪种标题形式,都要根据内容和表达的需要,力求做到准确、精练、醒目和生动。

(2) 导语的含义和类型

① 导语的含义。

导语就是消息文本的开首部分。它和一般文体的开首部分有所不同,并不用来介绍事由、缘起,也并不只是起一种导引作用。从形式上看,消息的导语就是全文的第一段(如果整篇只有一段,那么它就可能是第一句话);从内容上看,它必须对所报道的新闻事实(事件)用言简意赅的语言加以概括;从功能上看,它必须对所报道的新闻事实(事件)进行浓缩、提炼,展示其最新鲜、最精彩、最重要的部分,对受众形成一眼就被吸引住的力量。因此,有经验的写作者一定会使出浑身解数,将导语写成新信息特别集中、价值含量特别高的部分。

一条制作精彩的导语会让受众眼前一亮,一条制作平庸的导语,可能就会失去很多受众。在倒金字塔式结构中,导语的任务是让受众了解新闻基本事实和关键信息,并吸引住受众。而在非倒金字塔式结构中,导语不一定说出基本事实,但要牢牢抓住受众,引导他们往下读,或为下文展开做好铺垫。网络消息导语的制作必须符合人们在网上阅读的习惯,必须具备简洁、准确、鲜明、生动、用事实说话等特点。

② 导语的类型。

紧随当代传媒技术的发展,受众对导语的要求正在发生着变化。新闻记者们正在突破传统导语写法的局面,着力于写法的多样化。下面介绍四种常见的导语类型。

A. 叙述性导语。

就是以直接叙述的方法把消息中最主要、最新鲜的事实,简要地叙述出来,开门见山,不留底蕴。例如:

中国周六创造了历史:第一对满载乘客的列车沿着连接西藏和中国内地的高原铁路首次跨越了"世界屋脊"。[1]

从某种角度看,叙述性导语很像在讲故事,在一些比较抽象或是离读者的经验比较远的报道领域中使用叙述性导语,用主人公的遭遇来解释报道主题思想,可以使报道内容更具有接近性。一些报道非突发性事件的软新闻也往往采用叙述性导语来开头,因为讲的是当事人的经历,因此更具吸引力。

B. 描绘性导语。

这种导语最大的优点是先声夺人——它能够绘声绘色地在读者心中形成一幅图画,对记者所描绘的人物或场景,留下深刻的印象。例如:

"5、4、3、2、1,起爆!"随着爆破指令发出,一团烟尘伴随着"轰"的一声从丰满水电站原大坝上升起,爆炸引起的微澜在尚未封冻的松花湖面上漫散开来。[2]

C. 归纳性导语。

当报道的事件本身就具有很强的吸引力时,记者一般都倾向于选择归纳性导语,把事件的大概力求简明地告诉读者。例如:

1月19日,中央纪委国家监委公布了2019年12月全国查处违反中央八项规定精神问题统计表,这是连续第76个月发布相关数据。与之前相比,这次发布的月报统计表有两个显著变化:一是首次向社会公开发布查处形式主义、官僚主义问题的数据,二是对查处享乐主义、奢靡之风问题的数据统计指标进行了优化调整。[3]

---

[1] 周岩,吴宇,拉巴次仁. 火车首次跨越"世界屋脊"[G]//刘保全. 中国新闻奖赏析. 北京:新华出版社,2013:20—22.
[2] 高海峰. 曾为亚洲第一高坝 运行75载完成使命丰满水电站原大坝开始爆破拆除[N]. 江城日报,2018-12-13(01).
[3] 毛翔. 查处形式主义官僚主义问题数据首次公布[N]. 中国纪检监察报,2020-01-19(01).

D. 提问式导语。

就是在导语中将受众关注的内容以问题的方式提出，从而一开始就激起受众的兴趣。设问是常用的提问方式。提高提问或设问的质量是关键，其答案既要鲜为人知又要受众有兴趣知道。例如：

"疫情期间，还可以增加更多的不见面服务吗？"市民在网上提出意见没几天，上海"一网通办"就作出了回应：3月9日上线13个"零跑动""零材料"提交事项，包括新版社保卡申请及开通、个人住房公积金查询等与群众生活紧密相关的服务事宜，为市民居家抗疫和办公提供了更多的便利。①

无论导语属于何种类型，采用了何种方法，都必须最大限度地发挥它的效用，其写作者都必须深切、准确地把握受众的心理，将导语制作得为他们所喜闻乐见。

(3) 主体的含义、功用、类型和写作

① 主体的含义。

消息的主体指的是对所报道的新闻事实（事件）加以具体展开的部分，提供相对完整的新闻信息的部分。通常情况下，标题和导语都只是撷取新闻事实（事件）的新鲜之点、精彩之点、重要之点展现给受众，而主体则让受众了解到新闻事实（事件）的来龙去脉，在明白了"发生了什么"的基础上，进而明白"为什么会发生""为什么是这样"。大部分消息之所以在标题和导语之后还要有主体，是因为要就新闻事实作进一步展示，以满足相当一部分受众了解新闻事实详情的愿望。

② 主体的功用与类型。

由于标题和导语对新闻事实的提炼和概括，主体部分不宜再概括，也不宜再重复已报道了的内容，因而主体必须在以下几个方面进行努力。

一是完成对标题和导语所涉及的新闻事实（事件）的具体展开，将"浓得化不开"的标题和导语的内容加以展开，使受众了解新闻事实（事件）的具体过程、相关背景以及他们想要了解的方方面面。从内容着眼，这类主体属于阐释型主体，对于想要进一步了解新闻事实（事件）的受众来说，它是必不可少的，只是必须注意不能写得过于冗长、拖沓。

二是对标题和导语所涉及的新闻事实（事件）加以必要的补充和延伸。这种补充和延伸的事实必须与标题和导语所涉及的新闻事实密切相关，这样做是为了帮助受众更全面、更深入地了解新闻事实，而不是画蛇添足。这类主体属于补充型主体。

三是对标题和导语的内容既有阐释又有补充。这类主体属于阐释、补充合一型主体。

③ 主体的写作。

常见的消息主体展开的形式有以下几种。

一是按内容重要性递减的顺序展开。这是采用倒金字塔式结构，展开主体最典型的形式，即按照新闻事实（事件）内容的重要程度或受众的关心程度，先主后次地安排事实材料。最重要的放最前面，然后按从重到轻的顺序展开。

二是按事件发展的时间顺序展开。这是消息主体展开常用的形式，即根据新闻事件发生的自然顺序来组织安排材料。这种主体展开的形式可以清晰地反映出新闻事件的来龙去脉，使受众对新闻事件发展的过程一目了然。

三是按事物内在的逻辑顺序展开。主体展开的依据可以是因果关系、递进关系、并列关系，也可以是主从关系、点面关系、对比关系等。这种展开形式有利于反映事物的内在规律，揭示事

---

① 刘士安，谢卫群. 推出"好差评"，所有实名差评均已回访整改 上海"一网通办"迈向"一网好办"[N]. 人民日报，2020-04-12(01).

物的本质特点与意义。

消息主体的写作应注意以下几个事项。

一要围绕文意取材。消息主体部分涉及的内容较多,要紧紧围绕导语所确立的主旨,选择和运用材料。对那些看起来很生动、很感人但与所要表达的主旨无关或关系不大的材料,一定要舍得割爱。

二要叙事尽量具体真切。能以生动具体的材料进一步阐释和深化导语中所涉及内容,并提供与之有关的新闻背景和其他新闻元素。主体部分要多变换角度提出问题,令受众如临其境;既了解新闻事件的关键所在,又知道它的不同侧面;既知其然,又知其所以然。

三要力避平铺直叙。受众阅读导语之后,要吸引其看下去,主体部分不能写得枯燥乏味。怎样才能使消息有波澜,让受众保持兴趣呢?首先,消息要生动,往往离不开新闻细节。新闻细节大多是在主体部分展开的,若能提供与新闻事实有关的各种细节,这条消息自然就会生动而富有吸引力。其次,主体的篇幅比导语长,回旋的余地就比较大,写消息有时也讲究转折起伏。对于同一件事情,我们完全可以从不同的角度报道它,远观近察,写出它的色、香、味、型,这样易给人丰富、充实之感。再次,还可以采用叙述、描写、说明等多种表现手法并举的方法。最后,还要注意顺应受众的接受心理。不要避开受众急切想知道的内容去节外生枝,谈一些无关紧要的问题。不妨问问自己:导语中提到的事都讲清楚了吗?受众可能还会有疑团和不满吗?能如此,则不仅能避免平铺直叙,也能避免因追求变化而可能导致的散乱。

网络消息主体的写作要注意精选材料、点面结合、层次清楚,并且与导语呼应,力求生动活泼。写作中可以选用一些常用技巧,如:使用有意义的小标题,并加上黑体字以示突出;一段一个内容,行文注意吸引读者的注意力;像排行榜一样,将新闻内容的大意清楚地逐条列出,等等。

(4) 消息背景的含义、类型和运用原则

① 消息背景的含义。

新闻背景,有广义和狭义之分。狭义的新闻背景是指消息写作过程中为揭示新闻主题思想选用的与报道的事实(事件)相关联的材料。广义的新闻背景涉及新闻报道的全过程,具有三种意义:一是指对导致新闻事件发生、发展的广阔的时代背景的了解;二是指与新闻人物或新闻事件发生、发展过程直接相关的背景材料;三是指向记者提供消息、介绍情况的人的背景情况。通常所说的"消息背景"主要是指上面所说的第二种情况。

② 消息背景的类型。

A. 烘托性背景。

这种类型的背景主要用来构成与新闻事实(事件)的对比关系,从某一方面烘托新闻事实(事件)。

B. 说明性背景。

这种类型的背景主要是说明新闻事实(事件)的由来,或交代有关人物以往的经历,或对新闻事实(事件)本身从历史、地理、科技等方面进行解说,或对与新闻事实(事件)相关的重要的、难解的概念术语加以解释。

C. 揭示性背景。

用于披露新闻事实(事件)背后的有关情况(所谓新闻背后的新闻),为受众进行理性判断提供依据。这类背景提供的情况,可以是统计数据,也可以是有关人和事的历史的或现实的情况。

网络消息中交代背景的方式有两种:一是将新闻背景与新闻事实融汇在一起,而不成为独立的结构,穿插在导语、主体或结尾中;二是将新闻背景与主要新闻事实区别开来,放在不同的网页上通过链接的方式供读者随时查阅。

③ 消息背景运用的原则。

A. 必要性原则。

背景并非消息非有不可的部分。一则消息是否使用背景,要视具体情况而定。如果受众对新闻事实(事件)及其意义难以理解,使用背景就是必要的。否则,就不需使用背景。

B. 简明性原则。

在消息中交代背景,必须体现简明扼要的要求:能用一段交代清楚的背景就不用几段话,能用一句话交代清楚的背景就不用几句话,能用一个短语交代清楚的背景就不用一句话。

C. 灵活性原则。

一定要让背景材料出现在该出现的地方,不应过于集中地、呆板地使用背景材料。

D. 趣味性原则。

消息的背景也要富于情趣。消息要有可读性,新闻事实本身鲜活、生动固然重要,背景材料的作用也不可忽视。

E. 通俗性原则。

背景材料一定要能帮助受众排除障碍,理解新闻事实,认识新闻事实(事件)的意义和价值。运用背景材料要努力做到化难懂为易懂。

(5) 结尾的含义和写作

① 消息结尾的含义。

消息结尾是其收束部分,它可以是消息的最后一句话,也可以是消息的最后一段或最后一个层次。对于消息来说,结尾并不是必不可少的构成部分。有不少消息在叙述完新闻事实以后戛然而止,给人以干脆利落的感觉。在这种情况下,不加结尾完全是明智的选择。但也有一些消息是有结尾的,而且还发挥了极好的作用。总而言之,消息的结尾所能发挥的作用主要有:对新闻事实(事件)加以概括;对全篇报道进行升华;对事实的新闻价值和蕴含的意义进行点化;就报道的事实加以引申,以启发受众思考;对前文所报道的新闻事实予以补充,等等。

② 结尾的写作方法。

A. 自然结尾法。

大多数消息都采用这种结尾方法,即按照新闻报道的结构安排,顺乎自然地把必要的新闻诸要素交代完毕,全文也就具有了"水到渠成"之势,因此戛然而止,不再增添所谓结尾段。

B. 拾遗补阙法。

有一个明确的"结尾段落",它主要是用于补充消息导语和主体部分未提及的新闻要素,使新闻报道完整、圆满;或者补充有关背景材料,使新闻报道更加充实、可信。

C. 卒章见义法。

主要用来画龙点睛,总括全篇、突出主旨。

D. 别开生面法。

不拘一格,往往"别出一层,补完题蕴"。

③ 消息结尾写作的注意事项。

一要紧扣文意。消息的结尾是新闻的组成部分,因此必须紧扣主旨,为表现和深化主旨服务。凡与主旨无关的绝不能写,以免画蛇添足。

二要内容充实。消息的结尾要以叙事为主,切忌空泛。若是实在没什么新鲜内容可写,那就干脆顺乎自然,立即收住。

三要顺势而行。既不草率收尾,也不拖泥带水。

四要干脆利落。消息的结尾要力求简洁、不重复啰唆,不仅文字不重复,语义也不能有重复。

五要令人留恋。或取豹尾之势,遒劲有力,给人以较为强烈的印象;或取撞钟之意,余音绕梁,能使人掩卷为之长思。

2. 语言的运用

（1）表达方式

消息在表达方式上多采用叙述,导语内容的表达经常采用概括叙述,主体的表述则多用具体叙述。但是,述评消息的表达可以议论为主,而特写性消息则可以描写为主。

（2）表达要求

消息的语言就是媒介为受众传递最新的、真实的信息而进行的"编码"。这种"编码"主要受到新闻事实和受众的制约,从对这种"制约"的分析中,不难得出消息的语言必须"准确""简练""生动""和谐"①的结论。

当今,人们提出的对消息语言的要求有"真实""具体""客观"等等,其实从消息语言运用的角度来说就是要"准确"。"真实"是新闻的生命,是新闻最基本、最核心的特点,事实是第一性的,表述事实的语言是第二性的,因此必须做到"准确"。

在"受众为王"的当下,媒体的竞争已达白热化,消息想要牢牢抓住受众,语言运用上要做到"简练""生动""和谐",这完全是情理之中的要求。消息面对千百万的受众,唯有使用"简练""生动""和谐"的语言来传播信息,才能为广大受众正确理解和接受,从而使新闻传播更好地为受众服务。

第二节 通　　讯

一、通讯概说

（一）含义

通讯这一体裁,是报纸出现之后产生的,特别是第一次世界大战爆发后,人们都迫切想了解战争的状况和反战运动的情况,于是,一批作家、记者走上前线,深入群众之中,写出了描写战争中的真人真事的报告,这就产生了通讯。在国外,与通讯相近似的文体被称为"新闻专稿"。

中国的通讯产生于电讯事业之前,当时的记者、通讯员向报社传递外埠新闻,一般采用书信的方式。因此,这一类报道早期被称为"某地通信"或"某国通信"。有了电讯之后,新闻界很快用电报发稿,但由于电报费昂贵,记者写电讯稿只能字斟句酌,力求言简意赅。在这种情况下,驻外埠的记者在发完电报后,有时还另外著文,细致叙述事件的始末,通过邮政寄往报社,报社一般冠以"通信"之名发表。这类文章报道新闻事实虽不及电讯快捷,但比电讯详细,深受读者欢迎。随着现代社会的发展和人们相互交往与交流的日益频繁,受众不满足消息的简短报道,更希望了解具体、详尽的新闻事实,需要更具体、更详尽地了解新闻事件发生、发展、变化的来龙去脉和事件蕴含的思想内涵。于是通讯渐渐发展成为一种与消息相互补充的新闻样式,被誉为"报纸明珠"。

通讯是一种比较详细深入地报道客观事实或情况的新闻体裁。它以叙述描写为主要表达方式,兼用议论和抒情,迅速、具体、生动地报道具有新闻意义的人物、事件或情况。

---

① 有关语言的"准确""简练""生动""和谐",请参见本书第四章第五节的相关内容。——编者注

(二) 消息与通讯的异同

消息与通讯是两种相辅相成的文体。消息的时效性强，简明扼要；通讯详细深入，时效性没有消息那么严格。同一题材有时先发消息，后发通讯，通讯可以说是消息内容的扩充。

消息和通讯也有相互独立、不可取代的一面。有些材料，只能写成消息，不能写成通讯；有些材料，只能写成通讯，不能写成消息。消息和通讯，对题材有着特定的要求。消息的取材范围比较广泛，比较强调时效性。通讯的取材比较严格，强调重要性。通讯对时效性的要求没消息那么严格。它的时效性主要体现在题材的针对性方面。

归纳一下，消息和通讯的区别在于以下几点。

从题材上说，消息取材范围广泛，现实生活中有大量的消息题材出现；通讯的题材要求严格，一般只报道人们普遍关心的具有较强现实意义的典型事件、典型人物等。

从内容上看，消息只作简明扼要的客观报道，一般不作详细的描述；而通讯不但要告诉读者发生了什么，还要把事情的来龙去脉交代清楚，描述详细。

从结构形式上看，消息通常要遵守一定的格式，按照导语、主体、背景、结尾几个部分来写；而通讯往往依据材料的不同特点，采用灵活多样的结构形式。

从时效上看，消息的时效性很强，要争分夺秒，延误了时间就会丧失新闻的价值；通讯对时效性的要求，没有那么严格。对时效的要求，消息体现为"不过夜"，通讯体现为"不过月"。

从表达方式上看，消息以叙述为主，较少运用描写、议论、抒情等方法；而通讯则可以综合运用多种表达方式。

从语言看，消息要求凝练而简洁；而通讯则要生动形象，活泼传神。

(三) 特征

1. 深入详细的报道

这是通讯区别于消息的一个显著特征。一般来说，消息所报道的多是突发性事件或片段的事实，写法上比较概括、简要。而通讯报道的事实比较深入详细。通讯报道新闻人物、新闻事件或情况时，常常要交代事件的来龙去脉，发展过程，对一些重要的细节和情景，要做具体细致的描写。对于新闻事实的意义及其产生的根源，要深入分析，开掘其内在含义；对于与主要新闻事实有关联的内容要作适当的延伸和扩展，力争使内容更丰厚。

2. 生动形象的文学性

消息是简明扼要的，通讯往往是生动、形象的。消息是认识性文体，它的主要功能是传达信息。而通讯在传达信息时，还要吸引读者，感染读者。所以，生动形象的文学性是通讯有别于消息的重要特点。

消息用事实说话，它以具体、明晰、简洁为主要特点。而通讯不仅要用事实说话，还要用形象说话，要有活灵活现的人物活动，有场面描写，有特写画面；叙述事件讲究曲折生动的故事性、趣味性。在表达方法上，通讯可以灵活运用多种表达方式，以充分展示丰富且复杂的新闻事实，给读者鲜明生动的现场感和立体感。

3. 叙议结合的评论性

通讯不仅叙述事实，还可以通过夹叙夹议的手段，揭示客观事物的思想意义，表明作者的感情和倾向。用自己的情感和见解对读者产生影响，这就是通讯的评论性，是通讯与消息相区别的又一特点。

当然，通讯的评论不像议论文那样，运用逻辑推理的方式，而是紧扣事件或人物的特点，画龙点睛的议论，给读者以思想上的启迪。通讯的评论性应寓理于情，理在情趣之中。

（四）类型

通讯的类型有多种，可按内容划分，也可按形式划分。按报道的内容划分，通讯有如下几种类型。

1. **人物通讯**

人物通讯是以报道人物为主的通讯，反映所报道人物的言行和思想，写出人物的某些特征。人物通讯大多取材于近期社会生活中的重要人物、知名人物、先进人物等，反映他们的思想品貌、精神境界、事迹作为。这类通讯有正面人物的报道，也有一些有争议的人物、转变中的人物的描述，甚至有一些反面典型的曝光。

人物通讯可以写全人全貌，即传记式的，写出人物一生的生活及其精神面貌；也可以写某人在某一阶段、某一方面的表现。这样的人物通讯，人物活动和事件发展的时间跨度大，空间转换比较多；所写的材料比较多，篇幅也比较长。例如，获得第二十届中国新闻一等奖的《小岗村的好书记——沈浩》全面地记述了沈浩同志六年扎根小岗村，为村民呕心沥血，艰苦工作，终因操劳过度英年早逝的先进事迹和高尚情怀，令人感动。

还有一种是片段式的。不对人物作全面的报道，而从某个侧面去写人物。这一类通讯抓住某个特定的情景，寥寥数笔，把人物的精神、特点写出来。这种通讯，通常又被称为"速写"或"侧记"。

人物通讯有两个显著特点：一是它报道的一般是作出显著业绩，具有先进思想、高尚情操的先进人物。二是它有较强的形象性、生动性，有较强的感染力。它比其他通讯体裁更加讲究文采。

2. **事件通讯**

事件通讯是以报道事件为主要内容的通讯，往往选择某一典型的新闻事件展开叙述，客观地报道事件的发生、发展、高潮、结局，形象具体地描写事件的情景细节，从而深刻地揭示事件的思想内涵，给读者以教育和启迪。

事件通讯报道的题材十分广泛，就其题材性质和作用来说，通常分为三类。

第一类以歌颂表扬为主，通过典型的新闻事实的报道，体现时代主旋律，表现社会新风尚。

第二类以批评、揭露为目的，通过揭露生活和工作中的问题，以驱邪扶正。

第三类介于表扬、歌颂与批评、揭露之间，通过报道某些内涵丰富的事件，表现生活中存在的矛盾、热点，评说事件的意义。

事件通讯的特点有以下几个方面。

一是它的新闻性和典型性。构成事件通讯的事件，一般是新近发生的，能引起群众普遍关心或广泛兴趣的重大事件。

二是时间性比较强。它比其他通讯体裁更加迅速及时，特别是一些突发性的事件更讲究时效。

三是叙事详细。一般要求说清楚事件的来龙去脉。

事件通讯主要以记事为主，一般有一个中心事件，其他事件都围绕这一中心事件展开，比较详细、全面、客观地介绍事件的始末，叙述清楚，使读者完整清晰地了解事件的全过程。

事件通讯虽然是写事的，但不能孤立地写事，它要求在记叙事实中充分展示有关人物行动的思想依据，以表现事件的社会意义。

3. **工作通讯**

这类通讯是记写某项工作的经验、成就，分析工作中的成败得失，总结经验教训，概括出有规律性的东西，以指导、推动某个领域的工作的报道。

工作通讯往往报道现实社会中各种生动、典型的事实，介绍各个地区、各个单位在某项工作中的一些先进经验和做法,以推动和指导其他地区、其他单位的工作。它可以批评和揭露实际工作中存在的一些带普遍性的、需要解决的问题,分析这些问题的严重性及原因所在,思索解决问题的方式方法;还可以对现实社会面临的一些新情况、新问题进行研究和分析,寻找理解这些新情况、新问题的思路。在这类通讯报道中,作者不仅要告诉读者社会上发生了什么事件,还要交流经验,以指导实际工作。

工作通讯往往将指导性和新闻性结合在一起,夹叙夹议,分析研究,具有一定的思想深度和理论色彩。但它不同于一般的工作总结,工作总结内容比较全面,事情的前因后果、经验教训、成绩问题等往往都是总结的内容。工作通讯则要抓特点,抓那些对实际工作最有针对性的内容。工作总结一般立足于本单位,并不考虑普遍的指导意义。工作通讯要立足全局,以点促面。工作总结不必考虑新闻性,工作通讯要以新闻事实作依据,要依托事实发表意见。

4. 概貌通讯

这类通讯又称风貌通讯。它着重描绘社会变化、时代风尚及风土人情,在写法上类似游记散文。它主要着眼于新闻事实,常常通过若干个侧面,或点面结合的方法,通过形象的描述,勾勒出基本面貌,反映对象的某种总体印象。这类通讯的特点是取材广泛,角度灵活,现场感强,具有思想性、知识性和趣味性等特点。

另外,从形式上划分,通讯还可分为长篇通讯和新闻小故事。一些人物通讯和事件通讯的名篇多是长篇通讯,关于长篇通讯不再赘述。这里提一下新闻小故事,它是一种篇幅短小、故事性强、耐人寻味的小型通讯,字数多在一千字以内。它不要求多方面地描述事物的状貌或人物形象,往往只截取生活中的一个场面、一个片段、一个情节,落笔入题,写得非常集中。它能够"从一滴水见太阳",让读者从小故事中看出大道理。它事件单一,以讲故事为主,一般写得曲折有致,生动感人。

二、通讯的写作

(一)发现

1. 发现有价值的典型人物或事件

通讯的写作者不能够创造典型,而只能够在现实生活中,靠敏锐的眼光去发现典型、选择典型。对一个通讯写作者来说,发现并选准一个好的典型人物或有意义的事件,是非常重要的。发现并选准典型,是整个通讯写作活动的起点。例如,2008年9月上旬上海《东方早报》记者简光洲在发现甘肃、湖北等地有一些患儿得肾病的消息后,意识到这可能是一起非常严重的食品安全事故,于是立即进行采访。经过多方严密求证和认真调查,他发现婴儿患病的罪魁祸首可能是"三鹿奶粉",从而写出了《甘肃14婴儿同患肾病 疑因喝"三鹿"奶粉所致》这篇通讯。这篇通讯首次披露了导致众多婴儿同患肾结石的原因,在社会上引发了一场前所未有的食品安全问题大讨论,揭开了中国乳品业"三聚氰胺"黑幕,众多高官及企业负责人因此引咎辞职,并被追究刑事责任。三鹿问题奶粉的受害婴儿达29万多名,问题的曝光推动了一系列法律法规的修改完善。发现选择典型,应该从以下几方面考虑。

首先,选择的人物或事件具有代表性,有宣传的价值,有普遍的意义。典型对象选择是否准确在一定程度上决定通讯写作的成败,这是一个十分关键的问题。

其次,就是从选择的人物或事件本身来衡量,有没有具体的情节和生动的细节,有没有感人的典型事例。例如,第十九届中国新闻二等奖《九峰村里那两排木板房》中报道的事件和人物就很有典型性。2008年5月12日汶川大地震,灾民陷入巨大灾难中,失去亲人的痛苦、没有住房的困境,是依靠政府的救援,还是自力更生,重建家园?《经济日报》记者夏先清在汶川大地震第一时间赶到现场,冒着生命危险,深入四川省彭州市九峰村采访,用大量事实和细节重现了村民自救的过程,展现出灾区基层干部、群众在灾难面前积极向上的生活态度。文章选用了大量的典型事例和生动的细节,把九峰村村民在大地震后不等不靠、自力更生、重建家园的决心和勇气描述出来,把村民建造木板房的生动场景活脱脱地展现在读者面前,非常生动而真实。

2. 发现社会热点、焦点问题

通讯是一种直接反映社会现实,关注人民群众生活,指导实际工作的新闻体裁,是否有现实针对性就成了它成败、优劣的关键。一篇通讯发表后,对现实生活和工作影响的大小,很大程度上取决于这篇通讯的主题思想是否有普遍意义,取决于写作者是否敏锐地发现社会中的热点、焦点问题,取决于写作者是否大胆地、有预见性地提出了对全局有影响的新鲜问题。这就要求写作者在写通讯时,对社会现实和群众生活有充分的了解。因此,写作者要深入实际,找问题,抓问题,发现社会生活中的人们普遍关心的热点问题。写作者要善于发现同人民生活息息相关的题材,要善于抓住那些对实际工作有指导意义的题材。在这方面,张丽娜、王靖、张晟采写的后被评为2018年中国新闻奖的《过度兜底 一些贫困地区医保基金被花"秃噜"》是一个范例。三位记者就医保问题展开调研后发现,不少地方脱离实际,"超能力"对贫困户进行大病兜底,不管大病小病全部实施免费医疗,有的地方还给住院贫困户发放生活补贴,导致住院不花钱反"赚钱",贫困户"赖床"不走,子女想尽办法"甩包袱",医保基金突破警戒线等问题。这篇报道问题抓得准,板子打得实,在全国率先揭开大病兜底过度福利化问题。通讯发表后超过200家网站转载稿件,新华社客户端5小时内浏览量突破100万,中央广播电视总台、《人民日报》等约20家媒体就此配发评论,掀起了舆论对扶贫领域脱离实际现象的热议,有效促进了农村医保改革。

(二) 构思

1. 反复提炼,挖掘通讯的主旨

写作者通过采访收集到了丰富的感性材料,就要提炼主题思想。通讯的主题思想是选择和组织材料的依据。写作者是否提炼出正确、深刻的主题思想,是决定一篇通讯成败的关键。例如,第十九届中国新闻特别奖《永远和人民在一起——献给顽强奋战在抗震救灾最前线的中国共产党人》,这篇文章的主题思想是"共产党人抗震救灾的精神,就是中华民族的伟大精神,就是心系祖国、情牵人民的精神,就是迎难而上、顽强拼搏的精神,就是不怕吃苦、不怕牺牲的精神,就是迎难而上、百折不挠的精神,就是万众一心、众志成城的精神,就是精诚团结、通力合作的精神,就是扶危济困、和衷共济的精神,就是敢打硬仗、无私奉献的精神"。全文分成六个部分,文章"大气磅礴,令人动容。这是用心和情写出的作品"。

一般来说,确立一篇通讯的主题思想,需要有以下几个方面的依据。

(1) 分析研究材料,揭示最本质的思想内涵

通讯的主题思想来自事实材料,只有从观察、采访所得的大量感性材料中,概出事物的本质和特点,才能提炼出正确、深刻的主题思想。但是,对事物本质的认识不是一下子就能看得清楚的,往往需要深入事物的内部,才能发现它的本质意义。因此,在通讯写作中,写作者不能停留在事实材料的表面现象上就事论事,必须从大量的事实材料中,"去粗取精,去伪存真,由此及彼,由表及里"[①],透过现象挖掘本质,揭示出事实材料中具有深刻意义的思想内涵,这样才能使通讯的主题思想深刻。

在提炼和深化主题思想时应防止两种毛病:一是随意拔高文意,乱贴思想标签,把人物和事

---

① 毛泽东.实践论[M]//毛泽东选集:第1卷.北京:人民出版社,1991:15.

件"理想化";二是为了深化文意,把采访来的事实材料随意改造组装,进行"合理想象"。这些做法,造成了新闻报道中存在的虚假现象,在受众心理上引起不良反响。

(2) 从全局着眼,体现时代精神

通讯报道不是好人好事的简单叙述,而是要站在时代的高度,在分析事实材料时,结合社会现实,明确时代的要求,从事实材料中挖掘出人物、事件的亮点,提炼出反映时代精神的主题思想。如果一篇通讯不能反映这一时代人民群众的精神面貌,也就失去了通讯的时代意义和应有的教育作用。因此,写作通讯要在提炼反映时代精神的主题思想上下功夫。

怎样才能提炼出体现时代精神的主题思想呢?

第一,写作者要站在时代的高度,掌握国家的路线方针和政策,清楚时代发展的方向,分析人物、事件的现实意义。

第二,了解回答现实社会中,人民群众所关心的问题,反映人民群众的愿望和要求。这样的通讯主题思想才具有时代精神和现实意义。

2. 仔细推敲,精选通讯的材料

写作者在采访过程中搜集了大量的材料,并根据它们确立了通讯的主题思想。为了表达它,就要仔细推敲精选体现它的有价值的材料。具体来说,就是围绕着通讯的主题思想选取既典型又新颖的真实材料,包括细节材料。

3. 精心组织,安排通讯的结构

通讯是一种结构灵活自由、可以使用各种表达方式的新闻文体。常见的结构形式如下。

(1) 纵式结构

按事物发展的时间顺序或写作者对所报道事物认识发展的顺序来组织材料、安排层次,叫纵式结构。它一般用于叙述人物的经历和事物的发展进程,便于读者了解事件发展的全貌,有条不紊,一目了然。

(2) 横式结构

横式结构也叫并列式结构,就是用空间的变换或按事物性质来安排材料。这种结构形式的特点在于概括面广,便于分不同空间位置、不同角度表现主题思想,适合于同时表现几个人物、写几件事的通讯。一般概貌通讯和工作通讯常用这种结构形式。

(3) 纵横结合式结构

即以时间顺序为经,以空间变换为纬,采用纵横交叉的方式来安排层次。通讯涉及的事件比较多,时间跨度比较长,地域比较广时,往往采用这种结构形式。

(三) 表达

1. 内容的表达

(1) 刻画人物,写出人物的个性和精神境界

在通讯体裁中,人物通讯占据重要地位。人物通讯关键是写人,如何把人物写活,是人物通讯的重要任务。它要求用详尽的文字,细致的笔调,描述人物的思想风貌和性格特征。《闪耀在手术刀上的道德光芒——记医德高尚医术高超的好军医、北京军区总医院原外一科主任华益慰》中描写华益慰:

得知苏二女病情稳定,没有任何异常。华益慰苍白的脸上,浮现出欣慰的笑容……

从医56年,他始终视患者如亲人,让每一名患者如沐春风。高超的医术能治病,暖心的笑容也治病。

华益慰的微笑是一个"品牌",他的同事们称之为"华式微笑"——眉毛弯弯的,眼睛弯弯的。

嘴角弯弯的。①

通过人物的神情,把人物的性格特征、思想境界充分展示出来。怎样才能在通讯中成功地表现人物形象呢?写作时要注意以下几个方面。

① 注重展示人物的精神世界。

在通讯写作中,要注重挖掘人物的思想基础和精神境界。人物通讯不仅要写出人物的事迹,还要写出他的思想境界、精神面貌。因为,人物的行为都是受思想支配的,没有思想,人物的言行就是无源之水、无本之木。所以,通讯中写人物不应就事论事,罗列一些事实,而应该围绕人物思想展开,着重反映其心灵世界,把其内心深处的精华挖掘出来,才能把人物写活、写生动,起到教育人、感染人的作用。

例如,获得第十六届中国新闻奖的《走近孟二东教授》紧紧围绕着"为学之德""为师之德""为人之德""为志之德",展示出孟二东教授的人生追求和精神境界,彰显了当代知识分子淡泊名利、无私奉献的人生价值。

人物的崇高思想,好比一根红线,把人物的许多先进事迹串联在一起,写出人物的思想境界,就能够使人物"站"起来,把人物写活,使作品富有感染力。

② 通过矛盾冲突表现人物的个性。

生活本身就是一个矛盾体,人生活在社会之中,在具体的环境中,在工作的进程中,必然会遇到种种矛盾,其中包括人与人之间的矛盾、人与自然的矛盾以及人物自身的思想矛盾。当人物处于矛盾的旋涡之中,能正视矛盾,并能积极地解决这些矛盾,从而显示出英雄本色。因此,人物通讯写作应该通过矛盾冲突来展示人物的个性特征。例如,获得全国第二十九届新闻奖的《荒漠上,与草共生的英雄》记写了治沙18年的万平、万晓白父女,与沙漠苦战,无怨无悔,终于使"火沙坨子"变成绿洲的事迹,描画了父女俩像草一样卑微,像草一样顽强的性格特征。

③ 通过人物的语言和行动表现人物的个性。

先进人物的思想和事迹,总是通过人物的语言和行动来体现的,如果没有人物的语言和行动,人物就不会是活生生的具体人物。写出人物个性的语言,是展现人物思想、性格,把人物写生动传神的一个重要手法。如报道吴兰玉的事迹是通过语言来展示人物思想境界的。《我要做一个诚信的人》表述吴兰玉给儿子做肾移植手术,欠下了5.5万元债。为了还债,她捡废品、卖钢渣、打零工,把所得的每一分钱都积攒起来还债。别人劝她不要还了,她说"我虽然很穷,但也要明事理、讲良心,我要做一个诚信的人"。

人物通讯应着重写人的行动,通过对人物行动的描写,着力展示支配人物行动的内在精神支柱。《女环卫工6年拽回5名轻生者》讲述了环卫工涂晓珍在武汉长江大桥上清扫马路6年时间,共拽回5名轻生者的真实故事,描述了她只知拿起扫把扫大桥,丢下扫把急救人的行为,展示了她不求任何回报传递社会温情的草根形象朴素的精神和价值观。

(2) 紧扣事件,写好情节和高潮

人物通讯、事件通讯都要写事,但写法不同。人物通讯写事是"以人带事""以事现人",写事是为描写人物服务的。而事件通讯以写事件为主,所写的是典型的新闻事件,记叙事件发生、发展、结果,交代事件的来龙去脉,也可以详尽地描绘事件的几个片段。在写作中,应注意以下几个方面。

① 抓住线索,写好关键性的情节。

对于头绪繁多的事件来说,首先要抓住事件的线索,抓住矛盾发展过程中关键性的情节,把

---

① 武天敏,王士彬,刘明学,等. 闪耀在手术刀上的道德光芒:记医德高尚医术高超的好军医、北京军区总医院原外一科主任华益慰[N]. 解放军报,2006-07-13(01).

事件的特点写出来，把事件的最精彩部分突出出来。如《医药代表向"老百姓"下跪——老百姓大药房杭城奇遇记》紧紧围绕医药代表向药店采购部部长下跪的情节展开事件过程，描述介绍了医药代表下跪的原因。全文抓住事件发展的脉络，着重写了几个关键性情节，使文章的线索清晰，场面具体而形象。

② 注意穿插，写好事件的高潮。

因为事件通讯写作如果写作者只是一般地介绍事件的发生、发展过程，按事件的时间顺序从头至尾，平铺直叙，这样写就形成不了文章的波澜与气势，不能吸引读者。所以，写作者在写作时，要注意穿插，注意写好事件的高潮。事件高潮是矛盾的焦点，是人物思想和行为的闪光之点。写事件，没有高潮，既不能反映事件发展的规律，充分显示事件的意义，也不能使文章生动感人。因此，要调动多种表达方式和虚构之外的表现手法，注意穿插，不惜笔墨地把事件的高潮写精彩。

③ 集中笔力，描述几位关键性人物。

写事件通讯离不开写人，因为事是人干的。事件通讯涉及的人物，往往是三五个，甚至更多，在写作过程中，要集中笔墨写好几个关键性人物，表现出他们的特点。

事件通讯主要以写事为主。所以，在写人时，只能围绕事件写人，只能在事件发展过程中表现人物，不能中断事件的发展线索，单纯地去表现人物。写人物，只能是简笔勾勒，写出轮廓，不能详细刻画。

2. 表达方式的运用

通讯作为一种新闻文体，它在表达方法上有其独特的特点，写作中要善于综合运用多种表达方式，把通讯写得生动活泼，给读者提供艺术上的审美感受。

（1）叙述和描写的巧妙结合

叙述和描写是通讯写作中最基本、最主要的表达方式。在写作中，要注意把叙述与描写相结合。叙述要讲究抑扬、详略、张合等，避免平铺直叙。根据报道新闻事实的特点和表达的需要，灵活运用不同的叙述方式。有的可按人物前后经历、事件发生发展的顺序进行叙述，有的可先写事件的结局，造成悬念，然后再按时间顺序叙述事件的发生、发展等。不管怎样叙述，一定要注意运用叙述的不同方法，使文章产生波澜起伏的艺术效果。如《索玛花儿为什么这样红》中这样叙述：

最苦的是心头的孤独。邮路上有时几天都看不到一个人影，特别是到了晚上，大山里静得可怕，伸手不见五指，他能感觉到只有风声、水声和不时的狼嚎声。家中操劳的妻子、年迈的父母、幼小的儿女……此刻就会像走马灯一样在他脑子里转，泪水落下一行，又落下一行。于是，他便喝酒，让自己的神经因麻木而昏睡过去，因为明天还要赶路。①

这段叙述真实感人，催人泪下。

描写是通讯写作不可缺少的表达方式。为了增强通讯的形象性、生动性，写作者对事件、人物、场景进行形象的描绘，把人物的音容笑貌和事件发生的环境其中包括风土人情等描写出来，给读者以如见其人、身临其境的感觉。很多有经验的记者，在通讯写作中，巧妙地运用叙述和描写，使文章富于艺术的感染力。如通讯《英雄赞歌——记独臂英雄丁晓兵》中写道：

1984年，边陲的一场重要军事行动，战况惨烈。一个手雷砸在丁晓兵身上。他想也没想，抓起手雷就扔了出去。一团火光，他失去了知觉。几秒钟后，丁晓兵睁开眼，突然他发现，右手使不上力气，侧头一看才发现，右胳膊已经被炸断了动脉，鲜红的血液，一股股地往外喷！战友给丁晓兵简单包扎了伤口，只连着一点点皮的右臂一次次挂在树枝灌木上。他又一次拔出了匕首，把

---

① 张严平，田刚. 索玛花儿为什么这样红[N]. 四川日报，2005-06-03(04).

右臂与身体之间仅仅连着的一点皮割断,割下来的右臂,被他插在自己的腰带上……①
这段文字描写生动传神,充分展示了丁晓兵不顾个人安危、勇于牺牲的精神境界。

(2)议论和抒情的适当运用

通讯写作适当地运用议论和抒情,能使通讯主题思想深刻、人物形象鲜明,不仅能以理服人,而且能以情感人,唤起读者思想感情上的共鸣。通讯中的议论,并不是作逻辑上的推理,而是在叙述事实的基础上,紧密结合事实,作画龙点睛式的发挥,是恰当而精辟式的议论。如《上边"极端重要" 下面"鸟枪充炮"——全国安全生产电视电话会议山西分会场小记》中介绍了会议总体情况后,作者直接议论:

山西分会场出现的人员来得少、来得晚、来得"小"的现象,充分暴露出有些部门对安全生产工作的不重视和对群众利益的漠视,这也为安全生产工作为什么"严不起来,落实不下去"作出了注脚。板子不能老打在安监部门和县乡领导身上。如果任由现在这种现象蔓延,横向上势必造成部门间无法密切配合,协同作战;纵向上必然链条断裂或信号失真,导致行政能力逐级减弱。②

这段议论尖锐深刻,起着画龙点睛的作用。

通讯写作中的抒情不同于文学作品中的缘情而发,而是紧密结合事实,自然而真挚地抒发写作者的感情。例如,第二十届中国新闻奖通讯特等奖《走向希望的春天:来自地震灾区的报告》紧紧围绕"在最寒冷的季节里,总有最温暖的阳光""在最伤痛的心里,总有最坚强的力量""在最困难的地方,总有最钢硬的脊梁""在最细微的心弦中,总有最深挚的祝福""在浴火重生的大地上,总有更加明媚灿烂的春天",用大量生动的事实记述灾区"如何走向希望""怎样迎来春天"。文章开头写道:

油菜花开了,梨花开了,满山的青草,满坡的野花,一棵被巨石砸弯腰身的桃树,即使匍匐在地,也依然开出了一树的嫣红。

早春二月,当我们再一次踏上北川、汶川、青川……一幕幕不可触动的伤痛的记忆,在满目的春光中,作为永久的珍藏。春天,这片土地上的这一个春天,终于在垮塌的房屋下,在迸裂的石头缝里,顶出来了,艰难深重,却是势不可挡。

啊,野火烧不尽,春风吹又生。③

这是作者感情的迸发,这段抒情,浓郁深沉,感人至深。

第三节　报告文学

一、报告文学概说

(一)含义

报告文学,是一种介于通讯和小说之间的文体,是以文学手法及时反映和评论现实生活中真人真事的新闻文体。

报告文学最早形成于欧洲资产阶级兴起的社会基础上,19 世纪下半叶出现了较多注重时效性、真实性与艺术性等特点的,反映当时社会情况和斗争的作品。如利沙加勒 1876 年出版的《一

---

① 中国新闻奖评选委员会办公室. 中国新闻作品选(2006 年度·第十七届)[G]. 北京:新华出版社,2007:46—51.
② 同①,第 245—246 页。
③ 张严平,李亚杰,金小明,等. 走向希望的春天:来自地震灾区的报告[N]. 人民日报,2009-02-25(01).

八七一年公社史》,马克·吐温1883年写的《密西西比河上》,杰克·伦敦1903年写的《深渊中的人们》等,都带有较强的"报告性"的特征,是欧美报告文学的滥觞。

我国较早的报告文学作品是梁启超的《戊戌政变记》,初刊于1898年至1899年的《清议报》上,主要记载了戊戌政变的过程。五四运动时期,瞿秋白的《饿乡纪程》《赤都心史》,周恩来的《旅欧通信》等,都具备了报告文学的一些特点。1931年左联根据当时斗争的形势和无产阶级文学的任务,明确指出"必须研究并且批判地采用中国本有的大众文学、西欧的报告文学"[①],这是我国第一次有组织、有意识地提到报告文学的写作。1932年,钱杏邨主编了以报告文学命名的集子《上海事变》。1936年,茅盾依照高尔基主编的《世界的一日》的体例,主编刊印了《中国的一日》,是我国现代文学史上规模最大、范围最广的群众性报告文学创作运动。同一年,出现了夏衍的《包身工》、宋之的的《一九三六年春在太原》等里程碑式的作品,标志着我国报告文学创作达到了成熟的阶段。改革开放以来,徐迟的《哥德巴赫猜想》首先在文坛上引起强烈反响。随后,报告文学出现了一批有影响的作品,逐渐成为畅销书里的生力军。在文学普遍边缘化的语境中,报告文学以其文体的独特性和入世的角度,依然大写着现实的中国,参与着时代核心主题的构建,处于影响受众视听、牵引社会关注的某种中心。

(二) 特点

1. 强烈的新闻性

报告文学要报道事件或人物,新闻性是其特征之一。但其与消息、通讯的新闻性不同,它的新闻性主要体现在现实性和真实性方面。

(1) 现实性

① 迅速报道有价值的事件。

报告文学是一种现实性要求强烈的文体,它往往通过对现实的介入和参与,迅速及时地把生活中具有典型意义的人物或事件等及时报道出去,实现报告社会生活、影响社会生活等目的。如李春雷的《夜宿棚花村》,创作于四川汶川发生大地震后不久。作品通过对棚花村那袅袅升起的炊烟、村主任夫人招待客人的细致周到、村主任以水代酒的乐观心态等的描写,让世界知道了中国人承受苦难的力量有多么强大,也让人们看到了四川灾后重建的希望,它在第一时间通过报告让人们了解四川正在从痛苦和灾难中走出来。

② 反映热点、焦点问题。

报告文学时刻关注社会民生、关注社会重大问题,直面社会生活的矛盾冲突,关爱百姓大众。对读者关心的焦点和热点问题均有所涉及,如医疗、教育、生态文明、扶贫、改革开放四十周年、"一带一路"、建党一百周年……例如,《空巢:我在这世上太孤独》是作家弋舟通过一年多的调查,寻访了数十位生活在乡间和城市的孤寡老人写出的长篇报告文学。作品记录了老人独居的生存现状,描写了他们生活上的孤苦无靠或精神上的孤独无依。面对老无所养和老无所依的社会问题,作家倾入了对空巢老人深沉的体恤和慈悲,呼吁社会关爱空巢老人。

③ 展现时代精神。

报告文学被誉为"时代的眼睛"。它往往敏锐地抓住社会现实生活中的新人物、新思想,特别是把还处在萌芽状态却具有强大生命力、代表时代精神的人和事,及时准确地报告给读者。如李延国的《中国农民大趋势》,礼赞当代农民的创业精神,记录农村改革艰难历程的同时,更以欣喜之笔描述了农村的巨大变化和农民的光明前景,描述了新时期新农民豪迈的创业形象。

---

① 陈寿立. 中国现代文学运动史料摘编:上册[M]. 北京:北京出版社,1985:246.

(2) 真实性

① 选用材料的真实。

真实是报告文学的生命。报告文学中所报道的人、事、物必须是真正发生、真实存在的。这一点和消息写作一样,文中涉及的一切材料,包括细节都必须真实可靠,准确无误。只有这样,报告文学才能及时有效地反映和干预生活,赢得读者的信任。任何一点虚假,哪怕是以想象为名义的推测、假设,都威胁着报告文学的生命。

② 报道对象总体上的本质真实。

报告文学要求反映整个社会生活的真实、历史的真实和时代的真实。报告文学的真实不仅是具体材料的真实,而且是作品中凸显出来的对于人性和生活本质规律的展示。这就要求写作者能从生活中大量的事件中去伪存真,透过现象探测到事实背后的本质精神。并根据自己的审美理想和时代精神的需要,对大量的生活素材进行删减,选取那些具有代表性、能够反映时代精神的典型人物和事件,进行再造想象的加工和再现,从而显示社会生活的本质。

2. 浓郁的文学性

报告文学是报告,也是文学。报告文学家理由说过:"小说是可以虚构的,而报告文学是排斥虚构的。但在表现手法上、在艺术上它跟小说是息息相通的。"① 这话涉及报告文学写作的文学性问题。

报告文学的文学性是指运用多种文学手法,将人物与事件生动形象地再现。报告文学往往多种表达方式共用,叙述和描写并重,在不虚构的前提下,对大量材料进行巧妙的提炼和概括,运用精巧的结构,采用白描、工笔、穿插、对比、象征等技法,形象地展现社会上的人物和事件。为了更好地刻画人物形象,报告文学吸取小说的表现手法最为明显,诸如肖像刻画、动作描写、环境渲染、细节铺陈等。

(1) 实构的典型化处理

文学创作要塑造形象,其重要手段是对众多材料的选择、提炼、集中和概括,这手段是对材料的加工改造,这种加工改造是对选用材料的"你中有我,我中有你"的化合,塑造的是生活中可能会有的形象,这种写作被称为虚构性的典型化。报告文学要刻画形象,这种刻画也要对众多材料进行选择、提炼、集中和概括,只不过这种形象的刻画对材料不是加工改造,而是不改变材料的有机组合。这种根据表达写作发现的需要对选用的生活中的真实材料进行精心剪裁的巧妙组合就是实构性的典型化。例如,徐福铎写作《她的中国心》之前采访了几十个人,所采写事件的文字足有厚厚两大本,所记之事在时间跨度上也有半个世纪。面对浩瀚的材料怎样写作?经过对材料的分析记者发现,乌云"那颗血管里流淌着日本血,却是高尚的、纯净的中国心"②,具有"获取爱和回报爱,蒙受恩泽与自我奉献"③ 的崇高情操。为了表达乌云"我爱生我的日本,更爱养育我的社会主义中国"④,记者依此为选材标准,在海量材料中,仅选用她生活、学习和工作的几个片段:日本侵华战争使她成了遗孤,中国养父母对她的哺爱,政府对她的培养,她大学毕业教书得到学生的爱戴和单位领导、同志的关爱,她在学校辛勤耕耘,默默奉献,回日本探亲心系中国,谢绝唯一的亲人——哥哥劝她居家日本的再三挽留,义无反顾地回到内蒙古的贫困地区——库仑沟教书。对这些材料经过精心剪裁和巧妙组装,摄像般地记写出乌云的感人事迹,再现了她高尚的精神风貌,徐福铎采用的就是实构的典型化处理。

---

① 理由. 谈谈报告文学写作[G]//中国写作研究会华北分会. 写作论. 北京师范大学出版社,1984:79.
② 徐福铎. 我是怎样采写《她的中国心》的?[J]. 新闻战线,1991(10):29.
③ 同②.
④ 徐福铎. 她的中国心[N]. 人民日报,1990-09-01(05).

(2) 再造想象的合理使用

心理学把想象分为"再造想象"和"创造想象"。"创造想象"是虚构,而"再造想象"则是依据别人的叙述、有关的文字或图表,将自己当时并没见过的事物具体生动、如见如闻地再现出来的心理过程。报告文学的真实性决定了其想象只能是再造想象。在报告文学的写作过程中,直接感知的内容毕竟有限,大量的材料常常是间接得来的,这就必须通过"再造想象"将其生动地复活。比如铁流的《一个村庄的抗战血书》其中这样写道:

> 东北角围墙被炸开了,村民被埋在了土里,死伤无数。林凡义疯了一样地叫道:"堵住缺口!"为首的鬼子冲了上来,20多岁的林端午抡起铡刀就砍,一下子斩掉了鬼子的脑袋,他再次把刀举到半空时,一个日军刺穿了他的肚子。端午刚吃过豆腐,白花花的豆腐从肚子里洒了出来。林九宣见儿子倒在了血泊里,嚎叫一声,举起长矛扎进了一个日军的胸脯里,他刚抽出长矛,一个鬼子端着枪转身向他刺来,林凡义一刀劈进了鬼子的后脑勺上。一番厮杀,林九宣已身中数刀,靠着围墙坐了下去,墙壁上留下了一片鲜血,他吃力地说:"凡义,拼出咱渊子崖爷们的血气来,就是死也要死出个好样子来!"咽气后的林九宣眼睛还瞪得圆圆的。①

这里所写的是发生在1941年4月19日的一次村民自卫战,作家不可能亲见过,这就必须依靠再造想象来复现。

(3) 多种手法的综合运用

报告文学用文学的手法描绘真人真事,各种艺术技巧都可为它所用,从而增强其表达效果。如赵瑜、胡世全的《革命百里洲》,创新之处在于对传统形式在内的民族艺术如小说、诗词、曲赋、散文等的吸收与融合。在内容上,作品以孤岛百里洲为视点,形象再现长江农人半个世纪的风云历史,描述了国共两党、土匪乡绅、工商巨贾、文人雅士、三教九流等各色人物的传奇故事;在形式上,采用传统的章回小说与评书体式,既重故事情节的完整,又重人物形象的刻画。作品虽无现代小说之主体故事与中心人物,却似传统小说《聊斋志异》《儒林外史》之短篇连缀,且各章衔接紧密,结构严谨。同时,作品还注重文化风情、自然地理等典型环境的营造。作品借鉴章回小说与评书写作手法,大量引述和化用了包括唐宋诗词在内的众多中国古典诗词、曲赋、文句,在语言表达方面将口语和书面语结合起来,体现了鲜明的民族特色和深厚的文化底蕴。《革命百里洲》在继承传统和追求现代性方面作出的可贵探索,体现了报告文学艺术手法的多样性。

3. 深刻的政论性

在小说等文学创作中,最忌写作者的议论,"倾向应当从场面和情节中自然而然地流露出来,而不应当特别把它指点出来"②。而报告文学不仅刻画形象,更在于揭示一定的意义,把写作者对所写内容的评价、分析告诉读者,或阐明意义,或指出问题,或赞扬,或抨击,或作结论,或下断语。关于报告文学的议论,陈祖芬说过:"我的确觉得议论能使我一吐为快,这是别的艺术手段所不能取代的。"③在报告文学作品中往往闪烁着不少颇有灼见的议论,这种议论常带有强烈的政论色彩。

报告文学的议论往往采用两种议论方式:一是直接议论,或者三言两语,画龙点睛式,或者以大段议论形式;二是形象化议论,即在形象描述的基础上和强烈感情的支配下进行议论。政论性可以说是报告文学的灵魂。它挖掘题材所体现的时代意义,甚至要反映出内容所蕴含的哲理,并在文章中适当表达。如朱晓军、杨丽萍的《快递中国》:

---

① 铁流.一个村庄的抗战血书[J].人民文学,2015(10):121.
② 恩格斯.致敏·考茨基[M]//马克思恩格斯全集:第36卷.中共中央马克思恩格斯列宁斯大林著作编译局,译.北京:人民出版社,1975:385.
③ 宋玉书.新时期报告文学的女性写作特色[J].辽宁大学学报,2006(2):47.

快递改变了中国,改变了亿万人的生活,"三通一达"不仅带来了优质而便捷的服务,而且为阿里巴巴插上了翅膀,让电子商务的互联网上的飞船有了在现实着落的跑道,让中国网购成为世界一大奇迹。"三通一达"带领一大批农民走出了深山,走出了贫困,找到了自己的价值和尊严。①

这段议论高屋建瓴,高度评价了农民创办快递公司的作用和意义。

（三）类型

报告文学是一种内容广泛而又形式多样的文体。它的种类随着时代的发展而变化。从表现手法上分类,有记录性报告、概括（研究）性报告、报告文学小说等。从题材上分类,有工业报告文学、农业报告文学、军事报告文学等。从篇幅上分类,有系列报告文学、长篇报告文学、中篇报告文学、短篇报告文学等。从报告文学的表现内容上,报告文学可分为以下三种类型。

1. 写人物的报告文学

这类报告文学,往往集中笔力写典型人物的重要经历,既可以是一个人物,也可以是多个人物;既可以写正面人物,也可以写反面人物。如李春雷的长篇报告文学《农民院士》为"时代楷模"朱有勇院士立传,作品通过描述他俯下身子做研究、卷起裤脚下田地、撸起袖子挥镐头、抱起洋芋做直播的先进事迹,刻画了一位把论文写在大地上,做着"高大上"学问践行"接地气"扶贫的"农民院士"形象。

2. 写事件的报告文学

这类报告文学,既可以描写需要歌颂的社会新事物,也可以描述对历史进行反思、对现实生活中某些阴暗面进行暴露的事件,还可以是歌颂和暴露兼而有之的事件。如徐剑的长篇报告文学《东方哈达——中国青藏铁路全景实录》,不仅是青藏铁路建设的动情报道,还是通过铁路的通道连接西藏过去现在与祖国内地历史、文化、经济、宗教、国防、民族等许多丰富内容的史诗性报告。

3. 写问题的报告文学

这类报告文学往往针对某一社会问题,诸如物价、留学、人口、住房、家庭婚姻等问题,广泛采访,综合研究,以宏观的表现和理论的升华,展现报告文学作家对社会生活深层开掘的勇气。如黄传会的报告文学《我的课桌在哪里？》以北京农民工子女上学难为题,直击当下教育公平的社会问题,并从另一个侧面发出对"三农"问题的进一步思考。

二、报告文学的写作

（一）发现

肖复兴在谈报告文学采访时指出:"报告文学创作是一种发现的艺术。……写报告文学的作者必须善于发现。"②

报告文学的文学性实质上是一种审美性,这是报告文学区别于其他新闻文体的一个最重要的特点,这个特点要求报告文学的写作者在调查采访中要运用美学观点发现美好的事物或者丑恶的现象,通过写作褒扬美好鞭挞丑恶,使受众产生情感波澜。

这就要求报告文学写作者深入现实生活中去,从千头万绪、错综复杂、充满矛盾的事件和众多人物中,去"发现"那些具有典型意义的能够反映具有时代特点和生活本质的真人真事或丑恶现象,然后把这真实的材料构思成篇。

1. 发现典型对象

社会生活存在着大量真与假、善与恶、美与丑的现象,报告文学写作者必须具备审视生活的

---

① 朱晓军,杨丽萍.快递中国[J].北京文学,2015(10):05.
② 肖复兴.谈报告文学的采访[J].新闻与写作,1989;(2):15.

批判眼光和一定的理性剖析能力,用敏锐的目光发现具有美学意义的、体现真善美或假丑恶的人物或事件作为写作对象。通过对典型对象的选取,达到其反映现实,促进时代发展的目的。报告文学的题材线索可以来自写作者的生活,也可以来自报纸、电台、电视台、互联网的消息。消息表述比较简单,它的背后蕴藏着大量的生动材料,只要顺藤摸瓜,往往能获得典型材料。比如党益民的《用胸膛行走西藏》来自他的军旅生活,鲁光的《中国姑娘》则来自女排多次夺冠的新闻。

2. 捕捉典型情节

小说可以虚构情节,编造故事,而报告文学不能这样,只能在忠实生活本来面目的基础上选取情节。因为典型情节既是个别,又代表一般,常常具有故事性,富于表现力和感染力。这就要求报告文学写作者要靠敏锐的眼光在调查采访中善于发现有价值的情节。比如李强采写的报告文学《活在表格里的牛》(获第三十届中国新闻奖一等奖):

2019年,吴月梅计划再拿到两头牛的补贴(一头牛补贴3000元)。她已经准备了5个月,4月份就从牛贩子手里买了牛票。

她的办法是,从儿子家拉来4头牛充数。

她经历了两次验收,都没通过。验收组工作人员告诉记者,他多次前往吴月梅家,见她家往常只能圈4头牛的牛棚,却塞了7头,不合常理。他怀疑吴月梅有借牛行为,因此未予通过。

第三次验收时记者在场,见到7头牛都在新棚里。工作人员数了存栏牛数,检查了牛票与耳标,让这家人当着验收组和村干部的面签下保证书。验收通过。

保证书上,吴月梅一家承诺,他们会至少养殖3年以上,如果倒买倒卖检疫证明和耳标,冒充顶替,套取扶贫资金,"一经发现收回扶贫资金,同时承担法律责任"。

两天后,记者再去采访,她家牛棚里只剩下3头牛。吴月梅最初的解释是,"拉着打犊(配种)去了,将(刚)拉去。"但牛圈门口和院门外被雨淋湿的土地上,连一个蹄印也找不到。

而后她承认,是借来儿子家的牛凑数。验收通过的两头牛,"都是我们自己的牛引(生)下的"。①

这个具有代表性的情节将扶贫工作中存在的村民"借牛骗补"现象揭示于众,对于遏制扶贫工作中数字造假的不正之风,真正以实事求是的精神决战脱贫攻坚具有很强的警示意义。

3. 挖掘典型细节

报告文学不能像动态消息那样只有事件梗概,它必须刻画丰满的人物形象,必须有生动的形象化的细节。细节,是叙事性文学作品人物性格的聚焦,主旨话语的凸显。在调查采访中,接受调查采访者往往讲授的是事件的"梗概",许多有价值的细节有可能被忽略,因此,报告文学写作者要通过细致、深入的采访,挖掘最具典型意义的细节去刻画人物、展示情节、描绘环境。如作家徐迟笔下的陈景润的简陋蜗居内景:

六平方米的小屋,竟然空如旷野。一捆捆的稿纸从屋角两只麻袋中探头探脑地露出脸来。只有四叶暖气片的暖气上放着一只饭盒。一堆药瓶,两只暖瓶。连一只矮凳子也没有。怎么还有一只煤油灯?他发现了,原来房间里没有电灯。②

这是文中李书记眼中所见,更是作家采访发现的以物写人堪称经典的细节。

(二)构思

报告文学要具有审美性,但是又不同于小说、戏剧和电影文学剧本的构思,是建立在新闻真实性基础上的构思。因此,写作者要充分消化所获得的材料,并将其精心选择,连缀成篇。

---

① 李强.活在表格里的牛[N].中国青年报,2019-11-13(05).
② 徐迟.哥德巴赫猜想[M]//江苏师院中文系写作教研室,浙江师院中文系写作教研室.报告文学.长春:吉林人民出版社,1980:131.

1. 选好角度，立意深刻

发现了值得书写的报告文学材料，在构思中还要考虑从哪个角度发掘材料的深刻内涵进而进行表达的问题。认识材料的切入点不同，从材料中提炼的文意也不同。报告文学的构思对发现的材料应在变换角度上下功夫，努力寻找最佳角度，把材料中的内涵和时代精神结合起来考虑提炼新颖深刻的文意。在这方面请看徐福铎采写《她的中国心》的体会：

她的经历颇具传奇色彩，她的人生是曲折的，她的工作是独特的（她是日本人，用蒙汉两种语言文字给蒙古族学生讲课），她教书育人的事迹又相当感人。写她传奇色彩的经历，写中国母亲的伟大母爱与博大胸怀，把她写成与命运抗争的女强人、民族团结的模范，或者先进教师的典型，无论从哪个角度写，都能独立成篇，材料都很丰满。

....

于是，我开始了用心良苦的寻觅，开始向她心灵深处窥视，我终于看到了她那颗金子般的心，那颗血管里流淌着日本血，却是高尚的、纯净的中国心。

"在日本，我无论如何也愉快不起来；在中国，我感到温暖、愉快、充实！"

这就是她的中国心的深刻内涵，这就是她的中国心的魂。

我抓住了魂，找到了她精神世界的制高点，像亮起了一盏灯，照亮了我的写作思路，照亮了所有材料。①

面对采访到的乌云这位典型人物的众多材料，从哪个角度都可以写出一篇不错的报告文学。然而，作者深知角度的重要，对材料的内涵经过数番思考，结合时代的主流精神，发现了能够深化主旨的角度——"她的中国心"，写出了一篇令人过目不忘的好作品。

2. 揆情度理，大胆想象

没有想象，就没有文学，也就没有报告文学。在报告文学创作中经常需要逼真如画地复现一些非写作者亲眼所见的必要的场景，以此来渲染气氛、烘托主题思想、增强文学性。请看理由的《痴情》中关于袁运生与张兰英到苏州虎丘山相会的描写：

当他俩走下公共汽车，站在虎丘山脚下，姑娘不安的心情平静了，轻松了。

和苏州城里狭小的园林相比，虎丘是宽阔的、幽静的去处。白居易题虎丘的诗，开头两句便是"香刹看非远，祇园入始深"。沿着石路向园中走去，松柏如云，剑池澄碧，茂林修竹掩映着山坡上的楼台亭榭：花神庙，三笑亭……愈走愈深，愈走愈静，像是走进了甜蜜的梦境。

这是兰英头一次和男同志单独地待在一起，姑娘的心中荡漾着神秘的波纹。她觉得有很多话要对画家说，又不知从何说起。

....

这里是山林的怀抱，四周寂静无人。画家盯着姑娘，那目光是坦率的、憨直的；兰英幸福地闭上眼睛，准备接受一次永生难忘的爱情洗礼。金色的阳光穿过树林的枝丫，在姑娘脸上洒下婆婆的斑影，她的两颊像玫瑰一样醉红，双唇像微微绽开的花瓣，比平时更加艳丽动人。多么纯洁的姑娘呵，敞开心灵之窗，没有一丝灰尘和杂质。虽然这是她与画家第二次相会，她信任对方，信任生活，就像信任自己一样。②

上述描写揉进了作者"合乎逻辑的想象"，在上文二人约会时作者肯定不在现场，这是作者根据采访张兰英与画家第二次见面简明扼要的叙述和"面对一张虎丘的风光照片"写成的。人物的心灵对白，则是作者依据自己所掌握的"极大多数"的"实际事件"的特点来确定的。用理由自己的话

---

① 徐福铎. 我是怎样采写《她的中国心》的？[J]. 新闻战线,1991(10):27—28.
② 理由. 痴情[M]//冯牧,柳萌. 命运狂想曲. 长春:时代文艺出版社,1996:14.

说,这种想象"是对真实情景的揆情度理"[①]。

报告文学的想象可以通过以下途径来完成:通过对具体情景的生发想象,突出事物内在的重大含义;在实地考察中,借助平时的经验,使形象的东西具体化;通过联想,使形象"嫁接"起来,从而更好地突出人物和事物的本质。比如夏衍在《包身工》中描绘了一个墨鸭捕鱼的画面,就是将封建包工头靠"饲养"小姑娘而营利的剥削方式与船工养墨鸭捕鱼的方式,运用联想巧妙地"嫁接"起来,使二者相互映照,更深刻地揭露了包身工制度的罪恶,从而使作品中所反映的生活显得比现实生活更形象、更突出、更典型。

3. 组织结构,新颖巧妙

关于安排报告文学的结构,茹志鹃在创作报告文学《离不开你》后说过非常经典的话:"真人真事不能动,但结构可以由我。"[②]她的话给我们以启迪:报告文学在谋篇布局方面,既要受真人真事的限制,又不能是生活材料的简单罗列,因此要精心组织结构。要对所掌握的真实材料恰当地取舍、剪裁、统筹组织,在组织结构时进行艺术化处理,根据主题思想表达的需要,巧妙地把选取的材料错落有致、张弛有度、曲折跌宕地组织在一起,艺术地再现真实的人物、事件、环境和气氛。

报告文学安排结构的方法有很多,可以采用以下几种方法:一是记叙式,即以时间为线索,记叙事情的始末、人物生平事迹的结构方式,它包括顺叙式和倒叙式。二是断接式,把一个人的一生或一个事件的过程切开,突出其最重要的事实,按照表达主题思想的需要,突破直线式的铺叙,将主要情节按事情的内在联系,作适当调度、组合,通过主要事实和场面的描绘,展示事件的过程或人物的风貌,在西方叫"断裂行文"。三是归纳式,在报告文学写作中,为了表达主题思想,往往从几个方面去叙写事实,这每个方面选用的材料在性质上是相同的。按照不同的性质,对事物进行归类的表述。这种结构方式在写人物和社会问题的报告文学中常用。近年来在形式上有所创新的如王宏甲所著的《中国新教育风暴》,该长篇报告文学大胆运用了"仿超文本"的尝试,在每一章节叙事议论之后,又设计了知识性很强的"相关链接"。其内容独立成段,不同于以往传统的报告文学。

(三)表达

1. 对他类文体手法的巧妙借鉴

"他山之石,可以攻玉"。报告文学不墨守成规,勇于探索新的艺术表现形式,善于借鉴其他文体的艺术手法,具有复合交叉多元的艺术感知方式:或借鉴小说的艺术手法以曲折跌宕的情节引人入胜,以描述典型、刻画性格为最高的艺术追求等;或具有散文文情并茂的抒写意境之美;或具有随笔、游记体灵活自如的行文风格;或具有诗歌的典雅清新的语言风格;或具有电影蒙太奇的剪辑艺术。这些基因并不是孤立、机械地遗传,而是密切结合,再通过写作者个性化的创造,从而形成了独特的文体系统。

(1) 小说化的叙述和描写

报告文学除了不能虚构之外,为了增强文学性,吸引读者,可以采用小说化的叙述和描写方式,运用小说技法的一般手法或辩证手法,把情节叙述得一波三折、摇曳多姿。请看刘国强的《"大工匠"是这样炼成的》:

罗佳全的身后,数千人的工地此时一片寂静,他眼前的一片芦苇荡却绿浪翻涌。罗佳全将目光锁定在那片苇叶荡漾的地方,对搭档说:"请指挥部调个抓钩机来,带斗的。"

两个人坐进抓钩机,轰隆隆开进芦苇荡。罗佳全从容指挥抓钩机钩头伸进芦苇荡边的水沟里,

---

① 理由. 愿当小小的媒介:《她有多少孩子》后记[J]. 芳草,1980(7):62.
② 茹志鹃. 我创作上的甘苦[J]. 文艺理论研究,1983(3):73.

向下挖。

人越聚越多，他们都是几天来昼夜查找电缆故障的电力专家和技师。这个摇头，那个叹息。有人甚至背过身去，要"另寻出路"……

在场的所有人，只有罗佳全一个人"固执己见"。

抓钩机斗牙向下，插进泥土。挖一下，没有。再挖一下，还没有。也不知挖了多少下，抓钩机斗再次抬起时，罗佳全兴奋起来，指着沟底道："找到了！"

人们惊奇地盯着抓钩机刚刚挖过的地方。众人注目处，受伤缆线豁然呈现！

"老罗太厉害了！"

"神啦！"

人们欢呼起来，赞不绝口，把罗佳全团团围住。①

上述表达作者使用了悬念手法，写得一波三折，对读者产生了深深的吸引。

(2) 散文化的语态和笔调

散文化的语态和笔调清新、自然，富有情趣。将散文借景抒情、托物言志、抑扬结合、象征等手法运用到报告文学中，可创造优美的意境，引人联想、深思。请看孟晓云的《胡杨泪》：

在世界上，胡杨——最古老的杨树品种已罕见。

我在塔克拉玛干大沙漠的边缘，见到了这珍奇的树。只有一棵，孤零零地立在塔里木河滩上。它高大，树干弯曲，像一个弯着背的老人，其貌不扬，却有着很强的生命力，耐干旱，耐盐碱，抗风沙，能在夏季酷热、冬季严寒、年降水量只有十几毫米的恶劣自然条件下生长。维吾尔族农民说，胡杨三千年，长着不死一千年，死后不倒一千年，倒地不烂一千年。

当地人称胡杨是"会流泪的树"。这是因为，生活的环境越干旱，它体内贮存的水分也越多。如果用锯子将树干锯断，就会从伐根处喷射出一米多高的黄水。如果有什么东西划破了树皮，体内的水分会从"伤口"渗出，看上去就像伤心地流泪一样。千百年来，这自生自灭的天然胡杨，总是默默地为人们提供各种财富。它的木质质地坚硬，是优良的建筑材料；它的嫩枝、树叶，营养丰富，含有大量的钙和钠盐，是牛羊爱食的饲料；就是它流出的"泪"，很快变成一种结晶体，叫胡杨碱，也可以食用、洗衣、制肥皂……哦，这会流泪的树！我抚摸着胡杨粗糙的树干，被它可贵的品格深深感动了。

蓦地，我想到了一位在塔里木结识的农垦大学教师钱宗仁。任何一个陌生人，握住他那粗糙的手，看到他黝黑多皱的脸，绝不会认为他只有三十九岁，也绝不会想到他是一个知识分子。

整整四个下午、四个夜晚，钱宗仁向我讲述了二十年自学的坎坷经历。他并非一个成功者，甚至可以说是一个失败者。我不停歇地记啊，记啊，他的一句句话，仿佛是胡杨树上流出的一滴滴泪珠。②

这里以物寓人，散文化的语言生动而传神，富有感染力。

(3) 诗歌式的情思和韵致

诗歌是抒情的艺术。把诗歌的情感和意韵运用到报告文学作品中，可以更好地抒发时代的激情，把时代的爱憎情感倾注给读者。巧妙地运用诗歌比兴手法和合理的想象，可以描绘含义丰富的意象，增加报告文学的诗意美。将富于节奏感和韵律美的语言运用到报告文学作品中，可以增添报告文学的情韵。请看李青松在《一种精神》中的描写：

种树。种树种树种树。新的一天开始了。青山垣早晨的太阳就像一个涨血的大圆球，一下一

---

① 刘国强."大工匠"是这样炼成的[N]. 人民日报，2022-01-2(08).
② 孟晓云. 胡杨泪[N]. 人民日报，1984-09-10(04).

下拱出地面后,打了哈欠,带着夜的慵倦,再一用力,就升腾了起来。鸟雀照例是比太阳殷勤了许多,叽叽喳喳的叫声,此时早在林子里响成一片了。而林子呢,则用粗壮而有节奏的匀称的呼吸向青山垣提醒着自己的存在。绿色既需要空间的分布,更需要时间的积累。这都是早年种下的树,有胳膊那么粗了,树势很旺。乔灌草立体结构,初步形成了生态系统。一个春秋就是一个年轮,这个被称作"二杆子"的人,终于有了盼头。青山垣上到处是意外和惊喜,到处都是绿葱葱的松和柏。远看去,一棵树就是一个树的波浪,欢呼着卷上去,把尘嚣和功利也卷走了。从山顶看呢,远一处,近一处,深一块,浅一块,像一潭一潭碧绿的湖水,无风时,湖面纹丝不动,逢风起,满山满岭就温柔地拂动起来。①

这里作者以诗化的语言行文铺排,文字不张扬却很有质感,极富表现力。诗一般的语言将种树后的青山垣的生态美表现得如仙境一般。

(4) 影视艺术的蒙太奇手法

报告文学还可以借鉴影视艺术的表现技巧,这主要体现在以下三个方面:一是采用电影文学剧本的写法,尽量使语言能构成一幅幅的画面,就像电影镜头一样,用画面展示情节,用动作展现人物的内心世界,造成视觉形象,形成动感场面。二是运用"蒙太奇"手法,即在不违背真实的原则下,大胆地"剪碎生活",摒弃枝节性的情节,跳跃着展示事件的发生和发展。三是在结构上打乱原有的秩序,按照表现主题思想和刻画人物的需要,将不同时期的场面、情节巧妙地组接起来,造成电影分镜头推移的动态效果。在报告文学中合理地借鉴"蒙太奇"的手法,把新闻事件中的多个场景进行分镜头组合,可以有力地增强现场感、真实性和条理性,从而起到身临其境的独特效果。请看李兴艳的《为了一江清水向北流》:

那天是周末,沙滩上早早热闹了起来。年轻男子看到沙滩上有一个空饮料瓶,便从轮椅背兜里拿出一根长夹子和一个黑色垃圾袋,他吃力地用夹子把瓶子夹起来,放进垃圾袋里,再把袋子挂在轮椅的扶手上。

正要继续往前,忽然,他看到旁边一个男子抽完烟后把烟头随意地丢在沙滩上,踩了一脚就准备离开。

"这位大哥,这里不能扔烟头!请您把烟头捡起来扔到垃圾桶里。"他快速上前,把轮椅挡在那个男子的面前。

那男子转过身来,捡起烟头,嘴里嘟囔着:"这么大的江滩,扔个烟头坏啥事嘛!"

轮椅上的年轻男子笑了:"可别小看这烟头,被冲到江水里后,产生的有害物质对水质影响很大。我们是南水北调水源地,如果大家你扔一个,他扔一个,还能保证'一江清水向北流'?"

扔烟头的男子听了,讪讪地说:"以后不扔了。"说完,逃也似的走开了。②

这些描述采用叙事性蒙太奇手法,用连续的富有动感的镜头,将残障志愿者杨进举这位"民间河长"保护南水北调水源的认真负责的行为如摄像机般地"录"了下来,给人以身临其境、如见其人之感。

2. 现实生活的逼真再现

报告文学要自然、真实、生动地将事件的本来面目呈现在观众面前,展示出一个生动逼真的生活场面,给人以现场实感。通过真实场面的再现,使它区别于其他的文学作品。

(1) 富有现场感的场面描写

在报告文学中生动传神地再现现场情景,可以给人强烈的感染力,使读者仿佛身临其境、亲历其事、亲见其人,直接感受到现场特有的气氛,从而增强作品的真实感。请看徐剑、陈昌本的《当惊

---

① 李青松.一种精神[N].中国绿色时报,2009-03-24(A4).
② 李兴艳.为了一江清水向北流[N].人民日报,2022-05-25(20).

世界殊》：

中堡村五组女村民谢南香正在给堤上防洪的丈夫和两个嗷嗷待哺的孩子做晚饭，突然老屋门前的村路上，响起了几个男人急促杂乱的脚步声。一个男人一边神色惶恐地跑着，一边嘴唇颤抖地喊着："我还有家，还有老婆孩子呀……"

谢南香预感到大事不妙，她三步并两步地跑进屋去，一只手攥住一个孩子就直往江堤上跑。当她拉着两个孩子奔出家门时，洪水已经进来了。

可是，当谢南香拉着孩子跑到村口上，简易公路上已经乱成一团。洪水的咆哮声，群众的哭喊声、呼救声连成一片。刚逃到离魏家码头只有200米的堤坝前时，迎面拥来的成群结队拖儿带女、扶老携幼，赶着牛，推着自行车，扛着大小包袱往大堤上撤退的队伍，早已经将前来支援溃口抢险的湖北省军区舟桥旅五营的197名官兵乘坐的东风牌军用卡车堵个水泄不通。

夜幕中，一片战车辚辚，铁马啸啸，喊声震天的景象。①

1998年长江大洪水冲进簰洲湾中堡村，惊恐求生的呼喊声、极度慌乱的脚步声、支援溃口抢险的军车轰鸣声合成一曲逃难抢险的旋律萦绕读者耳边，这生动的描绘给人一种如闻其声的感觉。

(2) 突出个性的人物刻画

报告文学要写人物，但不是塑造人物，因为它写的人是真实存在的，是生活中的一个实体。而且，写小说的典型化的方法也不适用于报告文学写作。报告文学中的人物是生活中实有的，报告文学写作者要以真实的材料描述"活生生"的人物形象。这就需要对采访得到的材料进行分析，选择最能表现人物性格的言行进行表述。这样写出来的人物才能生动传神，使读者如闻其声、如见其人。

3. 特色鲜明的语言表达

报告文学的语言要有个性。"文如其人"。优秀的报告文学作家总是在努力创造与众不同的语言特色。有的清新优美，有的朴素含蓄，有的警辟深沉，有的雄辩激昂，有的飘逸潇洒，有的瑰丽多姿，有的庄重凝练，有的真实细腻，委婉动人……

报告文学作家的语言风格不同于人物语言的个性化。作家的语言，要结合自己的人生经验、感想，紧密地联系社会生活、时代风貌、人情哲理等，在描写人物、叙述事件、阐明道理时，显现出作家的风格。它往往根据描述写作对象的特点，选用与其相适用的语言。如山西作家赵瑜善于根据描述对象的不同设置"语境"。在以山西本土为对象的《太行山断裂》《但悲不见九州同》等文中，作者的叙述多为口语化的，有时还带有反讽意味，他试图以此来切合所述对象的个性。而在《中国体育三部曲》中，作家设置的"语境"又是以庄重、沉稳而又富于哲理思辨火花的政论式叙述为主，以此来传达出客体的危机情形及创作主体的忧患倾向。

思考与练习五

一、思考题

（一）请阅读郑晔采写的消息《跑三条街买不到一个顶针》，思考它对发现新闻事件价值的意义。

"没想到跑三条街买不到一个顶针！"近日，家住市区联盟路的黄老太太为买一个顶针，在附近几条街道找了近一个小时，都未能如愿。……

……

（二）请阅读哈丹宝力格、海郑采写的《牧民开始用卫星放牧》，指出这篇消息"新"在何处。

---

① 徐剑，陈昌本. 当惊世界殊[J]. 新华文摘，1999(4)：99.

"图门桑,牛群已离开您的牧场,在伊克尔湖东南约 3.5 公里处。"11 月 20 日下午,鄂尔多斯市杭锦旗牧民图门桑看了一眼手机上的短信,急忙骑上摩托,向着伊克尔湖方向疾驰而去。……
……

(三)请阅读唐爱平采写的《三一集团关联公司在美起诉奥巴马获胜》,指出这则消息在结构上的特点。

三一集团今天在其官方网站宣布,三一集团起诉奥巴马一案在美国哥伦比亚特区联邦上诉法院胜诉。
……

(四)请指出下面消息中的背景,并说明其作用。

淮南八公山豆腐又上市了①

【据新华社合肥电】具有悠久历史的安徽淮南八公山豆腐,随着集市贸易的复苏又上市了。清晨,淮南八公山下的八公人民公社大泉大队的社员,挑着一副副豆腐担子穿过村头,到淮南煤矿和寿县城镇出售八公山豆腐,顾客非常欢迎。

据李时珍的《本草纲目》记载:"豆腐之法,始于汉淮南王刘安。"淮南,即今安徽淮南一带。这里制作豆腐,原料挑选严格,磨得均匀,豆渣淘得净,且多用泉水,制成的豆腐洁白、细嫩、味美。别的地方一斤黄豆出三斤豆腐,这里可以出到四至五斤。别的地方豆腐作汤,豆腐沉于水中;这里豆腐作汤,豆腐漂浮于水上。淮南八公山一带的农民,制作豆腐的技艺世代相传,很多人掌握了一套好手艺,八公山豆腐向来远近闻名。

(五)通讯与消息的区别有哪些?

(六)请阅读穆青、周原采写的《抢财神——河南农村见闻》和董碧娟采写的《"李保国又来了!"——记一位扎根太行山的科技工作者》,比较两篇通讯的写作发现和角度,思考作者这样处理对我们写作通讯有何启发?

我们听说,扶沟县曾发生抢"财神"的事,情节非常生动。这次我们到了扶沟,就专门去访问了这个"财神"。
……

(以上摘自《抢财神——河南农村见闻》)

一个黑乎乎、笑嘻嘻的人朝地里走来。安小三家的小孩正在嬉耍,一见这人,立刻蹦着喊道:"李保国又来了!"
……

(以上摘自《"李保国又来了!"——记一位扎根太行山的科技工作者》)

(七)如何理解报告文学的新闻性?
(八)报告文学的评论性具有哪些特征?

二、小练习

(一)全班分成若干采访小组,分别采访校园热点新闻,然后在班上交流讨论。
1. 为什么认为自己小组采访的新闻是热点?
2. 本小组认为自己采访的新闻其价值何在?
(二)请阅读杨甜子、张琳采写的《宿管阿姨 800 字致辞被掌声打断 11 次讲哭毕业生》,请把

---

① 淮南八公山豆腐又上市了[N]. 人民日报,1979-03-18(02).

它改写成一篇人物消息。

吴光华做梦都没有想到,在南信大当了10年的宿舍管理员,竟然也有机会站在这么盛大的毕业典礼的发言台上。崭新的绿色短袖上衣,飘逸的丝绸长裤,让她看上去精神极了。……
………………

三、文章评析

(一)请阅读赵剑平、肖一沙采写的《生死三代情 维汉一家亲》,然后完成以下三个任务。
1. 分析这则消息标题的特色。
2. 指出这则消息导语、主体的写作特色。
3. 谈谈消息的作者是怎样表达自己的思想、感情的?为什么要这样表达?

【本报讯】11月15日上午,武警工程大学维吾尔族学员努尔扎提·艾则孜拨通了战友吴艳杰母亲的电话,将自己在全国航模锦标赛中获一等奖并荣立二等功的喜讯报告了这位汉族"妈妈":"妈妈,艳杰哥牺牲3年了,我终于兑现了当时的承诺。"……
………………

(二)请阅读田豆豆采写的概貌通讯《东湖绿道 生态武汉新名片》,分析记者描述东湖的变化在使用材料方面的特点。

武汉东湖,是我国水域面积较大的城中湖之一;东湖绿道,已建成国家5A级旅游景区环湖绿道。绿道开放两年来,接待游客总量近4000万人次,成为游客旅游休闲和当地市民户外活动的首选地之一、武汉生态文明建设的一张新名片。
………………

(三)请阅读李青松撰写的《一种精神》,分析这篇报告文学的艺术性。

他的长相颇像禹作敏。细高个子,长脸,猴瘦猴瘦,一副疾恶如仇的样子。第一次见到他时,很是惊愕,还以为时光倒转,回到了上个世纪80年代的大邱庄呢。……
………………

四、作文(选作)

(一)就身边最近发生的具有传播意义、充满故事性的人物或事件写一篇新闻小故事。
(二)采访一位教书育人先进人物,写一篇人物通讯。

第六章　文学文体

【本章学习提要】

◉ 理论学习

（一）明确五种文学文体的特点，识别它们的不同类型；（二）结合文例把握散文、小说、诗歌写作的发现、构思和表达的特点，掌握它们的写作方法，认识戏剧文学和电影文学的表达手段。

◉ 思考与练习

思考题：（三）（四）（五）；小练习：（一）（二）；文章评析：（一）（二）；作文：散文、小说、诗歌各写一篇。

第一节　散　文

我国古来的文章，向以散文为主要文体，散文是受众最喜爱阅读的文学样式之一，是作者对现实生活审美体验和独特感受的一种真情物化形态。学会写散文很重要，对此陆文夫说：

到底是从长篇还是从短篇开始好呢？我觉得如果是作为一种开始的话，那既不是长篇，也不是短篇，是散文。……如果散文写不好的话，那不管是什么篇，写出来总是缺少点文采，缺少点韵味，此种文病十分难医。①

作家在这里所说的是写小说要首先写好散文。事实上，写好散文是创作描述性文章的通行证，初学写作者应该掌握它。

一、散文概说

要学会散文写作，首先要了解什么是散文以及它的文体特征等。

（一）含义

散文是一个不断发展着的概念，它有广义和狭义之分。广义的散文是指与韵文和骈文相对的不押韵、不十分讲究骈偶的文体。这一含义主要是对古代散文的称谓。

狭义的散文，主要是指与诗歌、小说、戏剧并称的一种文学文体。它包括特写、报告文学、回忆录、杂文、随感、文艺随笔等。

而到了当代散文家杨朔这里，又从狭义散文中分离出艺术性散文来。1961年，杨朔发表了《樱花雨》《雪浪花》等散文。它们有诗一样的语言和意境，是杨朔散文创作力避"传声筒""概念化"，增强艺术性的探索。"把每一篇文章当成诗写"②，是杨朔对自己创作艺术性散文的追求，后被人概括为散文创作的一种独特样式。

如今对于散文是什么，又有了新的界定。它既不包括特写、报告文学等体式，又不是严格意义上的文艺性散文。它是指在现实生活的基础上，通过一定的艺术加工，题材广泛、写法自由、文情并茂、篇幅可长可短的一种文学样式，如史铁生的《我与地坛》、梅岱的《走进〈敕勒歌〉》等。我们所讲的散文，主要是指这一种。

---

① 陆文夫．艺海入潜记[M]．上海：上海文艺出版社，1987：162—163．
② 杨朔．东风第一枝·小跋[M]．北京：作家出版社，1961：151．

(二) 分类

文体的类别不同,其写作规律也不尽相同。散文分类的目的就在于深入研究散文各类文体的规律。

1. 从思维方式的角度划分

(1) 虚构性散文

冰心在总结散文创作时说:

我这一辈子写了有一二百篇散文,多半都是千字文,现在拿起自己的文集来看,觉得大多数都是"做"的!连那篇《关于散文》也是"做"的,说的都是些空泛的夸赞的话,写过自己也忘了![1]

冰心认为她的大多数散文都是"做的"。这个"做的"就含有虚拟的成分,如《小橘灯》。在散文的家族中像这类不同程度地使用虚构方式创作的散文,我们都统称为虚构性散文。概而言之,以艺术真实性为创作的思维原则,以回忆引起联想,创造想象参与其中,其形象进行过程度不同的表象和表象合化的散文就是虚构性散文。如高晓声的《摆渡》、余秋雨的《道士塔》、莫言的《俄罗斯散记》等就属于这类散文。莫言就说过:"散文可以大胆地虚构,而且我相信90%的作家已经这样做了,只是不愿承认而已。"[2]

(2) 实构性散文

以纪实的真实性为思维原则,思维过程以"回忆—联想"或"回忆—联想—再造想象"为主而写作的散文就是实构性散文。以"回忆—联想"为主的,多见于以第一人称叙写自己或他人的散文,如巴金的《小狗包弟》、史铁生的《秋天的怀念》。以"回忆—联想—再造想象"为主的,多见于无亲历而书写他人的散文,如方苞的《左忠毅公逸事》、聂虹影的《家住黄河边》。

2. 从表达方式的角度划分

(1) 记叙散文

记叙散文是指以记叙事件、描写人物为主要内容的散文。它又分两类:一是叙事散文,它偏重于记事,如老九的《卖书记》;二是记人散文,它偏重于记人,如余永怀的《故人杨阳》等。

(2) 抒情散文

抒情散文是指写景状物以抒情的散文。如朱自清的《歌声》,作家通过写景状物,运用比拟、象征等艺术手法,借景抒情,托物言志,以表达对现实生活的情感体验和审美认知。

(3) 议论散文

议论散文是指通过对具体事物的形象叙述及描写来展开议论、进行说理的散文。它与一般的议论文不同,主要不是运用概念、判断、推理来说理,而是借助于具体形象展开议论,说明道理。如韩少功的《聚集:有关的生活及价值观》。

还有从是否为专业作家创作的角度来划分的,如俗散文,即报纸上发表的大量业余作者的散文;雅散文,即专业作家及专家、教授写作的智慧性散文等。

(三) 特点

散文创作源远流长,在这既层见叠出又不断发展变化的写作中逐渐形成了它的审美规范,其突出特点有以下几个方面。

1. **情真意随,主体性强**

这里的情真有两层含义:一是情感真挚真实,二是敢于抒真情、写真意。这里的意随是指写作者的思绪自由自在、无所拘束。然而无论情真,还是意随,都是写作者强烈的意识及其独特感

---

[1] 冰心. 话说散文[J]. 人民文学, 1989(5):5.
[2] 唐小林. 散文:虚构还是非虚构?[J]. 福建文学, 2015(12):120.

受,是抒自己之情,写自己之意,并把这种情和意引向典型和普遍。

2. 取材广泛,长短自由

再也没有比散文取材更广泛的了,可以说,任何题材都可以作为散文的写作对象,无论是天文地理、草木虫鱼,还是上下五千年、纵横八万里,大至浩浩宇宙,小至一花一叶,都可以成为散文的写作题材。

散文可长可短,短则百儿八十字,长则五六千字乃至几万字。篇长的如胡廷武的《听鼾》,写得以情感人;篇短的如周敦颐的《爱莲说》,写得脍炙人口,发人深思。

散文写作自由,也是其他文学文体难以相比的。这包括三个方面:一是体裁的自由,如速写、游记、序跋、随笔、杂谈等均可;二是表达的自由,可叙可议,可描可说,更可以抒情;三是抒情的自由,呐喊、抨击、赞颂等无所不可。

3. 大巧若拙,崇尚自然

大巧若拙,崇尚自然是指散文的风格特点,也是散文创作的至高境界。好的散文应该是"见山只是山,见水只是水"的。正如汪曾祺认为的:"我是希望把散文写得平淡一点,自然一点,'家常'一点。"①人们比较推崇孙犁、贾平凹的散文,就在于他们的散文大巧若拙,清水芙蓉,天然自馨。

二、散文的写作

散文写作要经过三个阶段:美的发现、美学构思和审美表达。这三个阶段没有明显的分界,它们互相渗透,交错发展。

(一)散文写作美的发现

散文写作如口说出,无拘无束,似乎很容易,然而要创作出优秀甚至令人击节的散文就不容易了。对此高尔基说:

在我看来散文要比诗还难,它需要特别敏锐的眼力,需要有洞察力,要能看到和发现别人所没有看到的东西,还需要有某种文字上的异常严密而有力的词句。②

将高尔基所说的散文创作在写作发现和语言表达上的"两难"进行比较,我们认为更难、更重要的是散文创作的写作发现。

散文写作首先始于美的发现。所谓散文写作美的发现是指作家在情感、理智作用下,对包含着某种散文审美意义的生活现象的发现和敏锐把握。

1. 散文写作美的发现方式

(1)写作者情感特征、生活特征和散文文体特征的猝然遇合

写作散文,其美的发现需要三个前提条件:一是写作者的情感特征;二是生活特征,它包含某种艺术美意义以及写作者对这两个特征猝然遇合的智能,即敏感的艺术把握;三是与之桴鼓相应的散文体式。瑞士著名心理学家皮亚杰说:"一个刺激要引起某一特定的反应,主体及其机体就必须有反应刺激的能力。"③这就需要散文写作者不仅要执着于散文的写作,同时还要不断地提高散文写作之外的认知力和操作能力,在不断地"顺应""同化"中,去容纳生活特征和文体特征而写出优秀的散文来。张立勤为什么能写出激情澎湃的经典散文《痛苦的飘落》?她说:"我曾患恶性肿瘤,手术化疗中长发全部脱落,于是,我写了这篇散文。它记录了我与命运的搏斗。"④身患

---

① 汪曾祺.《蒲桥集》序[M]//范培松,徐卓人.汪曾祺散文选集.天津:百花文艺出版社,1996:50.
② 高尔基.谈谈我怎样学习写作[G]//宇清,信德.外国名作家谈写作.北京:北京出版社,1980:283.
③ 皮亚杰.发生认识论原理[M].北京:商务印书馆,1981:60.
④ 张立勤.痛苦的飘落[J].青年文摘,1989(10):36.

绝症、生死体验和与命运"搏斗",激励张立勤写作《痛苦的飘落》。这是她情感特征、生活特征及文体特征猝然遇合的结果。

(2) 写作者对生活的独特感受和深切体验

因为散文是主情的文学文体,而且是写作者自身的思维认知和情感体验。这就需要散文写作美的发现一定要有对生活的独特感受和深切体验。韩小蕙的《内心的自美》[①]感受和体验就很独特。这是一篇虚构性美文,作者阅读哲学著作有所感悟,联系到近年"香火大盛""修庙拜佛"的现实生活而借题发挥,来探讨"美"的问题。作者生动形象地描画了一群"心质清纯,冰雪洁白"的"好姑娘",她们上山求神拜佛,"把最青春最岁月的珍珠,瀑布一样,抛洒在幽静的山谷",希望"净水观音"赐予美和幸福,但她们水晶般的心灵也蒙蔽了种种世俗的尘灰。作者通过联想、想象,进行表象和表象的叠加交融,创造新形象,并借哲人般"老妇人"之口,告诉姑娘以及世人:"美,是自己从灵魂深处开掘创造出来的""是高尚道德之花的盛开"……也即"内心的自美"。散文无论局部的描写,还是全文意境的创设,都具有很强的独特性和切身体验性。尤其是散文开头与结尾,前呼后应的议论和抒情具有极强的哲思意蕴。

散文写作美的发现,若没有切身体验和独特感受,料定写不好散文。

2. 散文写作美的发现途径

清代魏禧说:

> 人生平耳目之所见闻,身所经历,莫不有其所以然之理,虽市侩优倡大猾逆贼之情状,灶婢巧夫米盐凌杂鄙亵之故,必皆深思而谨识之,酝酿蓄积,沉浸而不轻发。及其有故临文,则大小浅深,各以类触,沛乎若决陂池之不可御。[②]

这不仅告诉我们怎样积累素材,同时也从侧面告诉我们,散文写作发现的一些途径。第一,耳闻,就是听说过的人与事。曹植说:"街谈巷说,必有可采;击辕之歌,有应风雅。匹夫之思,未易轻弃也。"第二,目睹。陈丹燕的《春日探寻聚源中学》就是作者目睹而写出的。第三,阅读,这是散文写作美的发现重要途径。韩小蕙的《内心的自美》就是作者读美学著作有所感悟而创作的。她说:"某日读美学著作,突然顿悟,谨记如下。"[③]第四,身历。孙犁的《猫鼠的故事》、尧山壁的《百姓旧事》等,都是他们亲身经历的人与事,然后"酝酿蓄积",予以提炼、升华而写成的散文。

这些说起来容易,做起来却难,就是富有经验的作家稍不留意,恐怕再好的信息也会稍纵即逝。因此,我们应时时在意、处处留心,做一个散文写作的有心人。

(二) 散文写作的美学构思

散文写作有了美的发现,接着在联想、想象和幻想的基础上,就要进行散文的美学构思。把那些零散的、片段的生活素材,按照一定的审美规律,通过加工,使之成为一个散文美的信息系统,这就是散文的美学构思。它包括以下三点。

1. 立意的提炼

"一篇好的散文之所以动人、感染人,我看主要在于立意新,有独创性,写出一点新的东西,提出一种新的思想,以清新的风味给读者以新的感受和启发。"[④]立意是散文写作的生命线和立足点。它的提炼是多方面的,我们主要从以下两个方面着手。

[①] 王剑冰. 美文·2005年中国精短美文100篇[M]. 武汉:长江文艺出版社,2006:57.
[②] 周书文,伍中,万陆. 魏禧文论选注[M]. 南昌:江西人民出版社,1984:32.
[③] 同①。
[④] 峻青. 散文写作浅谈[M]//汪时进,黄志伟. 中外精短散文评析. 北京:现代出版社,2003:4.

(1) 从感受最深的东西着眼,揭示出它的内在含义

散文立意的提炼,首先要从感受最深刻的东西着眼,揭示出它的内在含义。所谓感受,是指写作者对客体的刺激产生相应的感觉、知觉所呈现的富有情感的个性心理活动。这里的深刻和揭示内在的含义是指感受的形象性、情感性、体验性,并在感受独特性的表层下,揭示出情感与理性的本质。

张宁静的《喜欢》记写了数次偶见所遇之人作出的不可思议的事情,对其喜欢的不可理解,作者开始认为"喜欢就是喜欢,没有道理可说"①。当自己被邀请,不情不愿、胆战心惊地坐上比玩具飞机大不了多少的直升机,在空中看见美过电影千倍的鸟群和一眼望不到边的把大地染成金色的向日葵,自己格外喜欢时,她感悟到:"的确,喜欢就是喜欢,只要你喜欢的东西没有妨碍人,也不会伤害人,你实在不需向别人解释的。喜欢是从心底里发出来的美丽信号……"②躬身事外,对"喜欢"的理解会非常一般;而身临震撼心灵之事,经事—情—理升华的万人心中之无成为散文佳品的灵魂。

(2) 从众多事物的感受中寻找它们的共同点

在散文立意的提炼中,还应在众多的事物中同中求异,这是写作者对客观事物的独特感受和个性体验,即所谓的典型性;同时还要异中求同,在众多写作的不同素材中寻觅出那种把这些事物联系在一起的共同点——规律,即所谓的普遍性;进而使散文的立意和写作具有了内在的典型性和普遍性的统一性。这样的立意提炼是必须的,也是立意深刻性的具体表现。徐迟的《枯叶蝴蝶》短小精悍,托物言志,韵味浓郁,就在于散文同中求异和异中求同的立意提炼。蝴蝶都是美丽的,这是同;枯叶蝴蝶则比最美丽的蝴蝶"还要美丽些"以及它的"枯叶"和"伪装",这是不同,进而做到了同中求异。枯叶蝴蝶"以为"这样做可以保护自己,殊不知这样做却导致更多的人去搜捕它,作家由此及彼、由物及人,寄寓了不虚伪、不伪装,要坦诚、要真实。"我愿这自然界的一切都显出它们的真相"③的审美意绪和情趣,这是异中求同,揭示出事物的本质与规律,进而达到了"有我之境"和"无我之境"的统一,很好地确立和提炼了主题思想,才使散文如此优美而深邃。一切散文都应如此提炼和确立主题思想。

2. 材料的选用

有了好的立意,就要考虑选材用料的问题。鲁迅说:"选材要严,开掘要深……"④它有两层意思,一是提出选材"严"的要求;二是只有选材"严",才能开掘"深",立意才能深刻。因此,我们说选材好坏是散文写作成败的重要因素,而这一切可以概括为扣题、真实、典型、新颖。

所谓扣题,说的就是紧紧扣住散文的主旨,选择和使用材料。选择材料的目的就在于深刻、突出地表现主题思想,因此,必须根据表达主题思想的需要来确定材料的取舍、主次、详略等。凡能充分表现和烘托主题思想的就要选择,否则就要舍得割爱,毫不犹豫舍弃那些可能很生动但不能扣题的材料。

所谓真实,有两层意思。假如是实构性散文,就要求实有其事,讲究客观的真实,时间、地点、人物、事件都要可靠,不能虚构。假如是虚构性散文,比如莫言的《会唱歌的墙》、贾平凹的《丑石》等,它们的真实可以虚构,是艺术的真实。但不管是哪一种真实,其情理必须令人信服。由此,它们的选材也不会相同,实构性散文的选材讲究客观的真实,虚构性散文的选材讲究想象的真实。

所谓典型,是指选材具有广泛代表性,能够充分说明主题思想和揭示事物的本质与规律。明

---

① 张宁静. 喜欢[J]. 读者文摘,1992(4):46.
② 同①,第 47 页。
③ 徐迟. 枯叶蝴蝶[J]. 思维与智慧,2020(8):39.
④ 鲁迅. 关于小说题材的通信[M]//二心集. 北京:人民文学出版社,1973:152.

代崔铣的记人散文《记王忠肃公翱事》的选材典型性很值得学习。它紧紧扣住王翱"耿直"的性格特征,选择了很有代表性、能够充分揭示王翱"忠肃"精神实质的三件事:一是"裂卷火之",二是其婿不迁,三是受珠还珠。从而充分表现了王翱耿直、倔强的性格和为人以诚、为政以廉、为臣以忠、为事以公的精神品质。

所谓新颖,就是写他人未写的事,并选择那些新鲜、活泼、生动、有趣,具有时代特点的材料。比如娅俐的《钓蝴蝶的小姑娘》的选材不仅扣题、真实、典型,而且非常新颖。不到500字的散文,到处都充满了一个"新"字。其选材新,小姑娘可爱、活泼、善良、稚趣,她居然用玫瑰花"钓蝴蝶"。其画面新,它由小姑娘、玫瑰花、蝴蝶、阳光西斜和小蜜蜂等,构成了一幅优美风景画卷,新颖独到,美不胜收。其意境新,作者把人生、社会、生活、现实的美好追求寄托于这样美好事物的描摹和故事的叙述中,画中有人,人在画中,情景交融,人情物理,自然成趣,意境非常独特。并在描述中烘托出作者新颖的立意——"保持着那份纯真,选择这条云淡风轻、充满阳光的欢乐之路"[①]。

散文选材、用材是一个系统工程,扣题、真实、典型和新颖既是选材、用材的原则,也是选材、用材的方法。非如此不能选好材料!

3. 结构的安排

在确定了立意,选择了恰当材料之后,接着就应该考虑和实施散文的结构安排。除了传统的记叙文结构模式外,散文还有三种特殊结构模式。

(1)"随物赋形"式

散文是从心中流出来的不受限制的自然之文,有话则长,无话则短,一切从内容出发,写法极其灵活而又不受限制。它的表达同水的流动很相似,苏轼发现了这一点,他说:

> 吾文如万斛泉源,不择地皆可出,在平地滔滔汩汩,虽一日千里无难。及其与山石曲折,随物赋形,而不可知也。所可知者,常行于所当行,常止于不可不止,如是而已矣。[②]

散文大家以水的流动比喻散文行文,"水"喻之为内容,所行之迹为结构。这种散文结构既不受任何文体格式的限制,也不刻意为之,是随内容的表达自然生成的,具有风行水上的特点。对此,鲁迅说:"我想,散文的体裁,其实是大可以随便的,有破绽也不妨。"[③]"大可以随便""有破绽也无妨"可以理解为散文写作对结构要求不是太严格,只要能够表达所写内容就好。许多散文名篇,内容表达如行云流水,结构方式看不出有特别之处,其内容和形式如水乳交融、浑然天成。但仔细分析就会发现,这些散文名篇的作者对所写内容了如指掌,对描写对象的特点和规律把握非常到位。这种按照描写对象的特点和规律进行行止自如的表达,结构上呈现不见斧凿、自然天成的状态就是"随物赋形"式散文结构。风行水上,自然成文,是古人认为天下最好的文章。

(2)"形散神聚"式

传统的散文写作理论青睐"形散神不散"的结构形式。所谓"形散",是指选材的自由,结构的不拘一格,行文的自由疏放;而"神不散"是指散文主题思想的集中。散文写作可以海阔天空,不拘章法,但必须放得开、收得拢,体现"形散神不散"的特点。有不少人认为散文"形散而神不散"的理论有很大的"局限性",其实也不尽然。它仍然是散文写作的重要规律和突出特点,也正是在形散神聚的规律中,散文的内容才能集中统一。多中心即无中心,就不能算作文章了。贾平凹的

[①] 周彦文. 当代散文精品[M]. 广州:广州出版社,2003:3.
[②] 张志烈,张晓蕾. 苏轼选集[M]. 北京:人民文学出版社,2002:359—360.
[③] 鲁迅. 怎么写(夜记之一)[M]//三闲集. 北京:人民文学出版社,1973:18.

散文《从棣花到西安》,所写时间跨度大,涉及事情多,可谓"形散";但是它有一条文脉,热情歌颂改革开放和社会发展的大好形势,由它紧紧把这些"散乱"的材料串联起来,形成一个整体,达到"神聚"的审美要求。

从某个角度讲,散文能使之形散神聚,才更容易学好散文写作和写出优美的散文来。

(3)"曲折有致"式

散文的又一种结构模式是曲折有致,讲究章法。关于这种结构,清人刘熙载曾经说道:

> 大起大落,大开大合,用之长篇,此如黄河之百里一曲,千里一曲一直也。然即短至绝句,亦未尝无尺水兴波之法。①

刘熙载在这里说的"尺水兴波之法",在散文写作上表现出来的就是结构安排上的"曲折有致"式。绘景、状物、记事、写人的散文不依情节取胜,要写得引人入胜,要讲究结构的曲折多变。在这方面,刘白羽的散文《日出》在结构上的安排堪称典范。《日出》是要突出自己的一次独特发现——描述在飞机上看到的非同一般的日出景象。作品起笔点出看日出之题,接下来按照通常的行文线索应该直接表述自己观看日出的情形,然而,作家表达的却是对古代诗人描绘日落名句的评说,不写日出写日落,这是行文上的一"曲"。在这一"曲"之后,作家又先后转述海涅在布罗肯高峰和屠格涅夫在俄罗斯原野观察日出的描绘文字,这对前面写日落而言,又是一"曲"。接着,作家回忆先后在印度的科摩林海角和在黄山满怀希望地等待日出,都因天气突然变化没能如愿的往事,这一连两个"曲折"使行文线路直下"谷"底。在走笔的"大落"之后,最后是行文的"大起",作家浓墨重彩地描写在万仞高空看到日出的壮丽景象。这行文的跌宕是作家的匠心独运,这种写法讲究章法,运用技巧,组织材料体现一个"巧"字。它在行文上一波三折,表达最精彩的独特发现有一种"千呼万唤始出来"之感,这就是"曲折有致"式。

(三)散文的审美表达

散文写作到了审美表达这一步,就进入散文的物化阶段。这除了散文的叙述、描写、抒情、议论等表达方式综合运用之外,还应进一步强化描写的形象性、议论的深刻性、表述的自然性和语言的蕴蓄性等几个问题。

1. 描写的形象性

散文描写的形象性主要依靠精当的场面和细节描写来实现。场面和细节描写是散文构筑的基本单位,只有精心处理好场面和细节描写,散文才会生动形象。

所谓场面描写,是指在某一特定时间和特定地点,以人物活动为中心的生活画面的描写。它是环境、人物、景物等方面的综合表达,尤其要包含细节描写。所谓细节描写,是指对人物、环境和景物细小方面所做的描写。它是叙述事件、刻画人物的必要手段,最具形象性,最能揭示事物的本质。柳明散文《二舅不种罂粟》写的是 1944 年二舅抵死不给狗腿子种罂粟的故事。文章前半部分有这样一段:

> "三,三妹,咱,妈想,想玉,玉子,想得掉泪儿呢。"玉子是我的小名。二舅结巴,一动感情更结巴,"你,你放心,我,我这人,你,你还不知道,能,能让她,她受委屈?"二舅手里的烟锅不停地在烟袋里挖,说,"再,再说了,老家还,还是比这儿安静。"这样,我到京东离运河不远的姥姥家过我平生的第一个暑假。②

这段话感人至深。它以二舅的活动为中心,熔铸着对话、行动等各种描写方法而构成一个完整的场面描写,其中也包蕴含一系列生动形象的细节刻画。二舅说的"你,你放心,我,我这人,你,你

---

① 刘熙载. 文集·艺概·诗概[M]. 南京:江苏古籍出版社,2001:115.
② 中国作家协会创研部. 2004 年中国散文精选[G]. 武汉:长江文艺出版社,2005:279.

还不知道,能,能让她,她受委屈?"和烟锅不停地在烟袋里"挖"的对话及行动的细节描写,不仅给我们生动地刻画了二舅朴实、真挚和结巴的性格特征,而且也为下文二舅至死不给狗腿子们种植罂粟的倔强、耿直做了伏笔的交代,充分表现了一个农民朴素且宝贵的爱国主义精神。正如文章后半部分二舅铿锵有力地痛斥:"你,你们还有,还有中国人味儿吗?老,老,老祖宗在,在地下,也,也咒你们!"一个凛然不惧、宁死不屈的立体的大写的农民形象就生动地树立了起来。我们的散文写作应该追求和达到如此描述的生动性、形象性,并且由此而创作出优秀散文来。

2. 议论的深刻性

散文的议论不同于议论文的议论,一要精短简要,二要画龙点睛,三要融描写、抒情于一体,并且由此揭示事物的本质,这就是散文议论的深刻性。

不错,半农确是浅。但他的浅,却如一条清溪,澄澈见底,纵有多少沉渣和腐草,也不掩其大体的清。倘使装的是烂泥,一时就看不出它的深浅来了;如果是烂泥的深渊呢,那就更不如浅一点的好。

这是鲁迅的《忆刘半农君》中的一段话。这段议论贴切简短、画龙点睛,在评价中,充满对刘半农"浅"的称道、挚情,同时也有批评。此外,它还运用了一系列"清溪""沉渣和腐草""烂泥""深渊"等比喻,既是抒情,又是描写,更是议论,客观、真实且深刻地揭示出刘半农"浅"的性格特征和精神世界。这段话是记叙性、抒情性散文非常典型的深刻议论。

另外还有一种议论散文的议论,更要讲究深刻性。这类散文往往是边述边议,边议边述,叙议结合,以议为主,其叙述是为了议论,而议论又是对叙述的递进与升华,以揭示事物本质。鲁迅的《灯下漫笔》、徐坤的《灵魂在沉思默想中寻找光明》等,都是这样的佳作。

3. 表述的自然性

优秀散文的表述都是自然天成、大巧若拙、崇尚自然的。这其中除了散文语言的朴实、真挚、厚诚之外,还应该注意散文叙述视角的寻觅和选择。视角的寻觅与选择是散文写作的突破口。

那么,怎样寻觅和选择散文写作的视角?

(1)人称

一般来讲,散文多用第一人称"我"。而这个"我"往往就是写作者自身,也有不少第二人称和第三人称的。人称不同,看问题的角度也会不一样。

(2)身份

这其中包括职业、职务,甚至民族等,确定了这些,实际上就确定了人与人之间的关系,这恰恰点出了环境的视角问题。

(3)性别

男女性别不同,甚至还有年龄不同,即使面对同一事物,态度也一样,但其言语行为也会有别,它影响着视角和表达。

(4)态度

态度就是情感,这是视角的核心和关键,它是写作者对所要表现的人物、事件和风景之思想情感的倾向性。

在这些内在、外在的条件下,面对写作的题材,综合思考视角的寻觅和选择,应该会有一个好的结果,也容易产生独特的感觉与体验,写起来才能随物赋形,大智若愚。

另外,在寻觅和选择视角的时候,还要注意选择视角要做到落笔要小、着眼要大,旧题材要有新感觉以及寻求艺术表现的新"焦点"等。

4. 语言的蕴蓄性

散文的写作不能像小说那样大肆渲染、铺垫等,因此,它更讲究语言的文采和手法的巧妙。这里说的文采并非仅指辞藻的华丽,也指散文中表现出来的各种风格特征。司空图在《诗品》中,给我们归纳了诗歌的 24 种风格,比如"雄浑,冲淡……"散文何尝不是如此?同时这些风格的实现还要依靠巧妙的手法,如修辞手法和相关写作技法的运用等,并且在运用中要使之达到"无技巧境界",积极追求语言的蕴蓄性。

姜夔在《白石道人诗说》中,引述苏轼的话说:"言有尽而意无穷者,天下之至言也。"司空图也在《诗品·含蓄》中说:"不著一字,而尽得风流。"由此可见,散文语言的含蓄性是我们必须追求的。孙犁的散文写得好,就在于蕴藉。他的《谈赠书》,写他的一本书出版了,收到了出版社的赠书和代购了一些书,赠送给同事。结果怎样呢?文章是这样写的:

想到机关同组的同志,共事多年,应该每人送一本。书送出去以后,竟竞相传言:某某在发书,你快去领吧。

像那些年发材料一样热闹,使我非常败兴,就再也不愿做这种傻事了。①

这段话写得既明了又含蓄。其语言简洁凝练,像与你知心交谈一样"心平气和"地述说"赠书"事件,没有华丽的辞藻渲染和愤愤不平的感情流露,更没有强化了的外部动作、表情来突出事件,但事在文中,意在言外,在藏、露、隐、显表达中,展示了作家的情感认知:人心惟危,难以理喻。这是作家的未尽之意和不写之写。这才是一位散文大家文贵真、情贵隐、意贵远的风范。

这一切是我们散文写作者要时刻注意的问题。

第二节 小 说

一、小说概说

(一)含义

"小说"一词,在我国出现得很早。《庄子·外物》篇中就有记载:"饰小说以干县令,其于大达亦远矣。"②这里的"小说"不是作为文体提出的,而是指"琐屑之言,非道术所在"③,即远离道家自认为的所谓"大道"或"大知"的浅识——小道。它与后来的小说概念相去甚远。

东汉的桓谭在《新论》里说:"小说家合丛残小语,近取譬喻,以作短书,治身理家,有可观之辞。"④这里他提出了"小说家"这个名称。而班固在《汉书·艺文志》中介绍各种学术文化流派时,更是把"小说家"作为一家列出。他说:"小说家者流,盖出于'稗官'。街谈巷语,道听途说者之所造也。"⑤不过,按照《汉书·艺文志》所开列的一些书目来看,古人心目中的小说实在没有一定的范围,大有无类可归的杂书就归并到小说一类的趋势,大概是属于来自民间的野史轶闻和传说故事等,还不完全同于后来作为文学创作部类的小说。

小说的观念是历史的,又是现实的、发展的,但又有其相对稳定性。为古今中外被称作"小说"的东西下个无所不包的定义是很困难的,也没有必要,但对今人共识的小说观念作出表达,则是必要的和可能的。

---

① 孙犁.孙犁散文经典:下[M].沈阳:春风文艺出版社,2013:413.
② 曹础基.庄子浅注[M].2 版.北京:中华书局,2000:406.
③ 鲁迅.中国小说史略[M].北京:人民文学出版社,1958:1.
④ 桓谭.新论·佚文[M].北京:中国社会科学文献出版社,2014:125.
⑤ 班固.汉书·艺文志[M].颜师古,注.上海:商务印书馆,1955:39.

当代,不少理论家、学者对"小说"一词下的定义基本属于传统的"人物、情节、环境"三要素定义法。很难涵盖非情节小说、心理小说和当今兴盛的网络小说等。

什么是小说?"对于今人共识的小说,似乎可以作这样的表述:以散体文摹写虚拟人生的自足的文字语言艺术。"①这个界定,包含了小说从内容到形式的基本要素构成的四种规定性:叙事性、虚拟性、散文性、语言自足性。"以上四种规定性均非小说独有,别种文学样式或具其二,或具其三,而小说独能四性兼备,这就是小说定义的实质性含义。"②

(二) 特点

1. 内容上的虚拟性

小说是用语言创造的虚拟世界。"虚拟世界"可以是接近现实的"第二自然",如《三国演义》《红楼梦》等;也可以是完全虚构的"魔幻世界",如《西游记》《聊斋志异》,特别是近年来出现的玄幻、奇幻网络小说;也可以是"摹写出任何形态的人生幻想",如谌容的《减去十岁》等。

2. 选材上的广泛性

小说的写作,在材料的选择上可以说无所不包、无所不能。人、事、物、景;情、欲、识、理,上下数亿年,纵横数万里,古今中外,文、史、哲……

可以这么说,世界上一切有形的和无形的、具体的和抽象的客观存在,或虚无缥缈的东西,只要写作者感受得到、想象得出,小说都能加以描绘,给以表现。正如美国著名小说家亨利·詹姆斯所说:"对于任何人生的印象,对于任何观看和感觉的人生方式,小说家的设计都可以提供一个地位。"③

3. 表现上的综合性

作家王蒙曾经说过:"小说首先是小说,但它可以吸收,包含诗、戏剧、散文、杂文、相声、政治的因素。"④小说是综合运用文学手段的艺术,在表现形式上十分广泛和自由。它可以综合运用诗文体式和各种表现手段。在写作中,写作者要熟悉各种文学手段和诗文体式,甚至包括应用文体和新闻文体等。如秘鲁现代作家、诺贝尔文学奖得主马里奥·巴尔加斯·略萨,他的名著《潘达雷昂上尉和劳军女郎》,不少章节是由公文、信件、剪报、播音记录、演说稿本之类的文字连缀而成的。

在小说的表达方式上,写作者在写作中要综合运用诸如叙述、描写、议论、抒情、说明等各种表达方式。既要长于叙述——多种多样的叙述,又要长于描写——方方面面的描写;既要善于用第一人称人物语言叙述,又要善于用第三人称叙述人语言表述。

4. 语言上的自足性

所谓"自足性",就是语言文字可以满足任何一位写作者"创造虚拟世界""诉说生命体验"的需要,且不需要借助其他任何物质手段。

在小说勃兴之前,叙事诗和剧本就用语言创造人生的幻象。叙事诗名为"叙事",实则为歌,摹写粗略,意象隐约,"空白"和"未定点太大、太多";而剧本主要由对话构成,对话以外的事物很少涉笔。从小说与叙事诗、剧本的比照中,可以得出结论:在语言艺术中只有小说创造了人事纷呈、情境逼真、充分具象的人生世界,堪称创造世界的文学。即使将小说与诗歌和戏剧影视相比,它创造的人物世界也更本色、更接近客观现实。诗歌的内容是生活的诗化。诗意、诗情"使万

---

① 马振方. 小说艺术论稿[M]. 北京:北京大学出版社,1991:6.
② 同①,第 10 页。
③ 伍蠡甫. 西方文论选:下卷[M]. 上海:上海译文出版社,1979:516.
④ 王蒙. 倾听着生活的声息[J]. 文艺研究,1982(1):44.

象化成美丽""使它所触及的一切都变形"①。如果把生活比作水,诗歌是由水幻化而成的虹,那么小说就是蒸馏水。蒸馏水是纯净水,但还是水。这正如哈米顿先生所言,小说"乃蒸馏之人生也"②。

与诗歌把生活诗化相似,戏剧影视文学总是把生活戏剧化、舞台化。"三五步走遍天下,七八人百万雄兵。"这是戏剧舞台的局限。但小说全然不是这样,它可以自由地使用语言文字,不需要改变生活状态以适应自己的艺术形式,可以尽力按照生活本身的样子描写生活。特别是拟实小说,更把描写本色、逼肖作为重要的美学原则和艺术目标,任何做作都被视为弊端和败笔,失真的表现都会降低作品的质量和价值。

另外,与小说相比,影视作为综合艺术,可以通过演出和拍摄,以物质手段取得形象的直观性和实在性。这种直观性和实在性使其创造的人生世界五光十色、可见可闻,是语言构筑的小说世界无可比拟的。但同凭借演员、实物或其影像、音响造成的形声具备的影视世界相比,小说世界更广阔、更自由,它可以突破影视人物、道具、背景、音响等方面的局限,创造出让读者如临其境、如闻其声、如观其形、如体其情的大千世界,天上、人间、地狱,无所不包,无所不能。小说是语言的艺术。在创作实践中,总是将小说改编为戏剧或影视剧,而不是相反。

(三) 分类

小说的分类非常复杂,根据不同的分类标准有很多分类法。"以题材的时代论,可分为历史小说和现代小说;以文字论,可以分为白话小说和文言小说;以体裁论,可以分为日记体小说、书信体小说、诗体小说、章回小说。"③以内容论,可以分为人情小说、志怪小说、讽刺小说、侠义小说、侠邪小说、公案小说、谴责小说;以主义流派论,可以分为古典主义、现代主义、现实主义、表现主义、浪漫主义、自然主义、形式主义、存在主义、意识流小说等。另外,如果从载体来分,还可以分为纸质小说(平面小说)和网络小说(电子小说)等。本书将根据小说的载体和篇幅的长短对小说进行分类。

1. 从小说载体角度划分

(1) 纸质小说(平面小说)

以纸质作载体,通过出版社、杂志社等传播的小说,这类小说有多种多样的形式,一般来说,在表述上同网络小说相比,更具经典性。

(2) 网络小说(电子小说)

网络小说一般是指由网络写手创作并首次在网上发布、流传的小说。网络小说与一般的小说形式有些不同,它的内容很广泛,具有题材的通俗化、故事的程式化、情节的曲折化和内容的快餐化等特点。

网络小说从题材分类,可以分为玄幻类、武侠类、仙侠类、都市类、言情类小说等。

2. 从篇幅长短角度划分

传统的、最常见的分类方法,是根据小说篇幅的长短、容量的大小,将其分为长篇小说、中篇小说、短篇小说和小小说(又称微型小说)。

一般来说,出版社和杂志社对这四种小说在文字上有一个大致的划分:长篇小说10万字以上,中篇小说3万字以上、10万字以下,短篇小说3000字以上、3万字以下,小小说3000字以下。

(1) 长篇小说

长篇小说是一种最广泛的巨型叙事的文学作品。它的篇幅长、容量大,不仅能反映广阔、复

---

① 古典文艺理论译丛编辑委员会. 古典文艺理论译丛:一[M]. 缪灵珠,译. 北京:人民文学出版社,1961:106.
② 哈米顿. 小说法程[M]. 华林一,译. 上海:商务印书馆,1924:6.
③ 哈九增. 艺术教程[M]. 上海:复旦大学出版社,2000:284.

杂、丰富多彩的社会生活，而且能描写一个相当长的历史时期的风云变幻，如《三国演义》《红楼梦》等。

由于长篇小说篇幅长，故可以对作品中出现的人物作细致入微的描绘。它不仅可以塑造各式各样的艺术典型，而且可以描写主要人物性格的成长和发展过程，还可以把不同程度的次要人物的性格刻画出来。

为了适应描绘广阔的生活场面和众多的人物形象，长篇小说形成了它的多线索、多事件的情节特点和复杂结构。我国的"四大名著"在结构上各具特色。如《红楼梦》的罗网式结构，《水浒传》的环环相扣的链环式结构，《三国演义》的相互交织的绳辫式结构，《西游记》的一条主线贯穿许多事件的串珠式结构，它们都是长篇小说精彩巧妙的结构典范。

（2）中篇小说

中篇小说有较大的取材范围，能反映较为广阔的生活面，但一般不宜多条线索发展。如《人到中年》以陆文婷突然生病、住院抢救这一基本情节为主干，通过回忆联想，采用倒叙、插叙等手法，生发出陆文婷的求学、恋爱、结婚、工作与同学、同事和领导等关系上的一些纠葛和矛盾冲突，构成整部作品。

中篇小说的人物不多，大多集中描写一两个人物的性格发展，对次要人物虽然也注意刻画性格特点，但所写性格多半无须发展。如《人到中年》的次要人物秦波对陆文婷医生的看法前后是有变化的，但其性格却始终没有变。

情节的曲折复杂与场景的拓广铺陈只能两者取一。比起短篇小说来，中篇小说容量较大，情节结构可以有较多的变化，对主要人物的性格发展也可以有较充裕的描述。但比起几十万字乃至数百万字的长篇小说来，中篇小说假如在情节上展开，就很难在场景上展开，反之亦然。两者只能取一。

（3）短篇小说

人物集中，情节简单。短篇小说往往截取生活中富有意义的一个片段或一个侧面，经过艺术概括，集中地写一件事，刻画几个甚至一个人物，使读者借一斑而窥全豹。正如鲁迅所说："但至今，在巍峨灿烂的巨大的纪念碑底的文学之旁，短篇小说也依然有着存在的充足的权利。不但巨细高低相依为命，也譬如身入大伽蓝中，但见全体非常宏丽，眩人眼睛，令观者心神飞越，而细看一雕栏一画础，虽然细小，所得却更为分明，再以此推及全体，感受遂愈加切实。"[①]如鲁迅笔下的《孔乙己》《祝福》《故乡》等作品中的人物形象都是那样鲜明、可感、栩栩如生。

反应迅速，时代性强。一般来说，短篇小说在写作周期上比中篇小说相对短些。这就使短篇小说能及时地适应时代的需要，反映日新月异的生活，描写各个时代各个时期的新人、新事、新气象，揭露新矛盾、新问题，代民众立言，为潮流呐喊，抨击时弊，干预生活。可以说短篇小说是时代的"晴雨表""大事记"。

（4）小小说

小小说又叫微型小说，是20世纪80年代兴盛的小说品种，已经成为小说的四大家族成员之一。这种小说具有以小见大、凝练含蓄的特点。

汪曾祺曾说："小小说是短篇小说和诗杂交出来的一个新品种。它不能有叙述诗那样的恢宏，也不如抒情诗有那样强的音乐性。它可以说是用散文写得比叙事诗更为空灵，较抒情诗更具情节性的那么一种东西。它又不是散文诗，因为它毕竟还是小说。"[②]

---

① 鲁迅.《近代世界短篇小说集》小引[M]//三闲集.北京：人民文学出版社，1973：106.
② 汪曾祺.关于小小说[G]//王保民.小小说百家创作谈.郑州：河南文艺出版社，1997：2.

小小说的别名雅号还有很多,如微篇小说、袖珍小说、精短小说、镜头小说、瞬间小说、微信息小说、一袋烟小说、口袋小说、千字小说、电报小说、焦点小说、拇指小说、花边小说、迷你小说等。

日本"一分钟小说大师"星新一给小小说下的定义是:"超短篇小说必须具有立意新颖、情节严谨、结构新奇三要素。即在1500字以内要概括出普通小说应具有的一切。"①

在小小说的字数上,绝大多数作家、评论家认为1000字左右最好。

二、小说写作

阿·托尔斯泰早就说过"小小说,这是训练作家最好的学校"②。从有利于大学生练习小说写作的角度,本节主要讲小小说写作。

(一)小小说创作的写作发现

从某种意义上讲,创作的本领就是发现的本领。小小说以短取胜,创作更要写作发现。

小小说作家邢可认为"小小说是立意的艺术"③,"意的发现"对于创作纸短意长的小小说创作来说是非常重要的。在小小说创作中,常见的"意"的发现的技法有以下几种。

1. "主题先行"法

小小说创作不能像中长篇小说那样,写作者为写一部作品长期深入生活,面对浩瀚的生活素材去思考立意,开拓主题思想,从而多层次、多侧面、多格调地展示人物性格。小小说的内容短小精悍,因篇幅所限只能选取生活中的一个小片段或一个细节,甚至是一眉一眼,以突出人物性格的"闪光点""凝聚点"或"核心点"。小小说这种选材的局限性却给"主题先行"拓展出无限广阔的创作自由。写作者平常对社会、人生思考的观点、意图、倾向等一旦照射在某种事物上引爆出火花,就赋予某个事物以生命,这个事物在写作者心中就会"活"起来,一篇小小说就孕育而生。正如著名作家蒋子龙指出的"小小说极为重视主观性,观念胜于描写"④。因此说,"主题先行法"是小小说写作者最常用的创作技法。

2. 生活聚焦法

小小说作家生晓清指出,题材要新,开口要小,找那些看似"微不足道"的东西来放大、挖掘,你就会很快发现其中的奥妙和与众不同,它们蕴含生活的真谛,披着哲理的阳光,隐显历史风云,折射时代精神。小小说不在于写什么,或怎么写,重在发现。"生活聚焦法"是写作者发现"意"的第二种手法。

大千世界有风云变幻的大自然、大大小小的事情和形形色色的人物。面对这些,小小说写作者受取材上审美特征的限制,只能运用慧眼"大中取小",去发现那些"微而'足'道"的生活的闪光点,如一个人物、一处风景,或人物的一个动作、一声呐喊、一种情绪、一丝回忆、一缕遐想,甚至是人物内心的一颤动……这种"闪光点"就是写作者对生活的聚焦后所发现并捕捉到的。

"聚焦"是物理术语,借用到小小说创作中,旨在起到形象说明作家运思过程的作用。"聚焦点"是写作者长期对生活思考的结果,往往通过同类事物的横向或纵向比较,异类事物的正反对照,得出的结论。它不是写作者的偶有感触,而是深刻地反映了事物的本质,具有振聋发聩的震撼力。例如,荣获诺贝尔文学奖的法国作家莫里亚克创作的小小说《萨布兰谋杀案》,描述的内容是:卡特琳·萨布兰小姐为了继承遗产,同旧情人重聚,用含有砒霜的"弗勒"药水长期给丈夫埃

---

① 马兴国.星新一访问记[M]//刘海涛.现代人的小说世界.上海:上海文艺出版社,1994:6.
② 阿·托尔斯泰.什么是小小说[G]//程代熙,译.论文学.北京:人民文学出版社,1980:160.
③ 邢可.怎样写小小说[M].北京:中国华侨出版社,1996:7.
④ 蒋子龙.蒋子龙文集:第13卷 评与论[M].北京:人民文学出版社,2013:6.

米尔·卡拉比服用,使其慢性中毒导致贫血虚弱。当家庭医生怀疑埃米尔·卡拉比患病是卡特琳·萨布兰小姐所为后,将她告上法庭。然而,当丈夫和婆婆知道卡特琳·萨布兰小姐投毒的用心后,却出庭慷慨陈词她的无辜,致使法庭仅以伪证罪判她一个轻刑。最后,埃米尔·卡拉比在死前的遗言中剥夺了卡特琳·萨布兰小姐的继承权。小说通过卡特琳·萨布兰小姐伪装的"贤妻良母"和包藏祸心,埃米尔·卡拉比和母亲知道实情反而为卡特琳·萨布兰小姐作伪证的描写,批判了为了保全宗族荣誉,不能家丑外扬的传统价值观念,小说把应该否定的传统价值观念同现代文明之争的社会大问题聚焦到一个小人物身上,"以小见大",掀开了社会的真实一面,发人深思。

3. 典型细节法

细节是情节的基本构成单位,被喻为文学作品的"钻石",没有具体细节,就没有艺术形象。在文学作品的创作中,所谓细节描写,就是抓住那些细小、具体且具有典型意义的细小动作、神情和物件、景色进行细致、生动的描绘。好的细节描写能够使客观事物的特征形象地再现,使读者有如临其境、如闻其声、如观其形、如体其情之感。

在中长篇小说创作中,细节只是构成整部作品的单元要素。如果把整部作品比作一座大楼,那么,人物、故事情节就好比梁、柱、墙壁,而细节就好比砖瓦水泥。在小小说创作中,一两个典型细节就是一篇作品的全部。

典型细节法,是小小说写作者在选材中"大中取小",在立意上"以小见大"开掘主题思想常用的方法。典型细节法就是写作者抓住刻画人物性格、抒写理想、反映时代观念、揭示生活本质的细小、具体且有典型意义的细节,进行深入开掘,艺术地展现世界的"真善美"和揭露生活中的"假丑恶",收到"洞察时代风云""尽显人生百态"的艺术效果的手法。这方面的佳作很多。如美国作家奥莱尔的《在柏林》,通过一列火车车厢里一位老妇人不停地数着"一、二、三"的细节,把战争的残酷及带给人们的灾难淋漓尽致地表现出来。原来是,在战争中她失去了三个儿子。

使用"典型细节法",关键在于写作者要有一双独到的慧眼,善于在别人看来是司空见惯的"细微之处",发现出不同寻常的内涵。

(二)小小说的构思技巧

1. 一般构思法

(1)巧设悬念法

悬念是吸引读者关注作品情节发展的一种写作手段。

巧设悬念可分下面两类。

一是作品中某些人物心里有"数",而读者却完全"蒙在鼓里",让读者自己判断、猜测情节的进展。如王任叔的《河豚子》一开始就说它的主人公决计在无法挨过灾荒的情况下,让全家人吃下河豚集体自杀,那么他全家到底死了没有呢?这个悬念从开头一直贯穿到结尾。小说开头说主人公从别人口中得来一种常识,便决心走这一步棋。什么常识?打算干什么?先不说出来,卖一个"关子",接下来写一篮河豚的讨来,给全家人带来的"喜悦"。小说通过三次设悬和释悬,把当时穷人求生不能、求死不得的悲剧命运和悲剧心理表现得十分哀切。

二是读者对情节的大部分已了解,而作品中的某些人物却"蒙在鼓里",让读者睁大眼睛看这些人物将如何动作。白小易的《正常》在第一细节单元就亮出悬念:丈夫从妻子脸上"不正常"的神态中看出了她同办公室的小林关系暧昧。实际上她与小林什么事也没发生过,这一点读者也非常清楚。下面读者所关心的是她如何能化解丈夫的怀疑。终于有一天,她无法忍受丈夫要她"交代清楚"的家常便饭,她真的和小林在一起了。出乎意料的是丈夫不再盘问她了,因为丈夫看见她的脸色从来没有这么"正常"过。

运用巧设悬念的技法,一要注意其真实性,既要"悬",又不能"玄",即不能故弄玄虚,破坏作品的艺术真实;二要注意紧紧围绕主旨来设置悬念,如果在枝节上"设置紧张",那只能削弱作品的艺术感染力。

(2) 巧合误会法

小小说是一种小、巧、玲珑的艺术珍品,更需要以"巧"为文。"巧合""误会"乃是小小说创作安排情节的惯用手法,下面简略介绍这两种手法。

① 巧合。

作为技法的巧合有三种,它们是人物巧合、事件巧合和道具巧合。人物巧合常常是指亲人、熟人或者仇人在另一个特定情境下的不期巧遇;事件巧合是指由偶发事件派生出另一两个偶然事件;道具巧合是指一件道具巧妙地连起一串事件,起到了线索作用。

有的经典小小说的创作就使用了巧合法。例如,美国作家欧·亨利的《爱的磨难》,就是由几件事巧合所编制的佳作。作品中的男主人公乔从中西部来到纽约,梦想绘画;女主人公迪莉娅从南部来到纽约,志在音乐。后来机缘巧合使他们相爱结婚。两人都热爱艺术,没有机会深造。两人都体贴对方,愿为对方作出牺牲——迪莉娅做家庭音乐教师,乔卖画作。然而事实上,他们双方都"欺骗"了对方。原来,二人都没有从事与艺术有关的工作,而是"不谋而合"地在相互都不知道的同一个洗衣房里做工,为对方能进行艺术深造拼命挣钱。使真相大白的是一个偶然事件:迪莉娅被烫伤了手,手上的绷带是一个小女孩从动力机房乔那里找来的。这一连串的事件巧合构成了一个小小的爱情悲剧,让读者看到了处于社会底层的小人物的善良品格和不幸的遭遇。

小小说创作使用巧合手法,重点是在"巧"字上做文章,一定要注意情节设计得合情合理。

② 误会。

与巧合密切相关的误会,是借用矛盾双方暂时的误解和错觉,来造成尖锐冲突的一种艺术技巧。如《丰碑》写红军长征路上有人冻死了,带队的将军发怒了:"叫军需处长来!老子要……"然而军需处长最终没有来,因为冻死的人就是军需处长。

(3) 尺水兴波法

俗话说:文似看山不喜平。小小说的情节往往是单线的,更应该讲究曲折跌宕。尺水兴波是小小说结构的一个诀窍。

常见的小小说结构法是单线单曲法,即写一人一事,在情节的发展过程中有一次转折,或由顺境转入逆境,或由逆境转为顺境。

例如,《第三者》就是由顺境转为逆境的范例。小说创作的业余作者林霞历经千辛万苦终于发表了处女作——《第三者》,高兴异常,下班后特意买了丈夫最爱喝的"竹叶青"和爱吃的熟食,准备和爱人分享幸福,没料丈夫已看过小说,醋意大发,粗暴地质问她:"没有原型,哪来的虚构?你还是告诉我吧,到底第三者是谁?"这里的转折是从顺境转入逆境,发人深思。

冯骥才的《献给你一束花》则是典型的由逆境转入顺境的佳作。作品写一个曾获得过世界性比赛冠军的女体操运动员,因在平衡木上偶尔失误而失败。她回到祖国走进机场大厅里,先前热烈的迎接、几十束朝她塞来的鲜花不见了,她感到冷落、愧疚和茫然。这时突然有一位机场服务员送上一束鲜花,鼓励她说:"失败和胜利对于你同样重要,让失败属于过去,胜利属于未来。"在惊愕之余,女体操运动员感动得热泪满面。

应该指出的是,小小说毕竟是"尺水",尽管可以兴波,在单纯中求变化,却又要万变不离其宗,要合乎生活的逻辑,合乎一定的法度,不可胡乱为之。

(4) 信息反馈法

日本著名"一分钟小说"大师星新一,发表了千余篇小小说。有人研究了他的小说,发现有近四分之一的小说在艺术结构上有个突出的特点——反馈,即小说的高潮或结尾处突然把矛头转回到原先发出动作制造矛盾的主人公身上,造成了独特的反馈效果。《波可小姐》就是突出的例子。小说描写了一位酒吧老板制造了一个姿容绝代可以乱真的机器人波可。这位"摩登小姐"波可能与人聊天,善解人意且酒量很大,招徕不少顾客纠缠,乐于与之对饮,酒吧老板偷偷地在波可的脚下放出酒来再卖给顾客。有一名青年百般倾慕波可,无奈波可终究不通人性,这名青年求之不得,反爱成仇以毒酒鸩杀波可后一走了之。待老板又放出酒来且得意地自斟自饮时,酒吧已成了太平间,一片死寂。

信息反馈法是借用信息学上的一个术语,并不等同于平常说的信息反馈。反馈法是小小说创作中无数种构思方法之一,不能代替其他手法,它本身也在变化发展中。为避免产生公式化、概念化的弊端,在运用反馈法时应注意在构思上采用变化、深化的措施,还可以和尺水兴波法、巧合误会法等结合使用。

(5) 欧·亨利法

所谓"欧·亨利法",是根据美国著名短篇小说大师欧·亨利的创作风格提出的。他明确规定了小小说的三要素:立意清新、结构严密和结尾惊奇。

欧·亨利的小说立意清新、构思奇巧,特别是作品的结尾常常出人意料又在情理之中。其代表作有《麦琪的礼物》《忙碌经纪人的浪漫史》《警察与赞美诗》《最后一片叶子》《两块面包》等。其中,《麦琪的礼物》的主要内容是:主人公德拉和杰姆用各自珍爱的东西换钱为对方买圣诞礼物的故事。妻子忍痛割爱卖掉了秀发为丈夫买了金表链,却发现丈夫的金表不在了,丈夫为给妻子买发梳卖掉了自己珍爱的金表,却发现妻子的秀发没有了。这种意料之外又在情理之中的结局,形成了欧·亨利的创作风格。

莱辛说艺术家的创作,"不是让人一看就了事,还要人玩索"[①]。而小小说,因为篇幅短小,极易一览无余,难以使人"玩索"。因此,一个异峰突起、出乎意外的结局就显得特别重要,只有这样,才能使千把字的小说起伏跌宕,引起读者的无限遐想和沉思。

使用"欧·亨利法"贵在合情合理、自然清新,不能违背生活逻辑,更不能有人为的雕琢痕迹,或胡编乱造,否则会大大削弱作品的感染力。

2. 辩证构思法

写作的辩证手法就是根据"对立统一"的矛盾法则,巧妙地将写作中的矛盾现象集于同一作品,并通过它们的相辅相成、相反相成、和谐统一来显示对象本质特征的写作手法,它是写作技法的重要组成部分。写作的辩证手法很多,而且千变万化,诸如虚实、抑扬、动静、因果、张弛、开合、详略、庄谐,等等,这些手法在各种文学艺术的创作中被广泛运用,其中有一些备受小小说创作者的青睐,并在长期的创作实践上不断发展、变化、完善、创新,逐步形成为小小说创作独特的写作技法。

(1) 抑扬互易法

情节为小说所共有。小小说的情节和长、中、短篇小说的情节相比,并不存在质的差别,只是由于小小说篇幅的"微小",而规定了小小说的情节只能单一而不能复杂。小小说结构的总体原则应该是"小巧而精美",要体现这个原则,就要使单一的情节富于变化,追求多姿多彩。在小小说的创作中能实现"小巧精美"的艺术构思的技法很多,其中"抑扬互易法"是最常用的方法之一。

抑扬互易法有两种:欲抑先扬法和欲扬先抑法。

① 欲抑先扬法。欲抑先扬法又叫"抬高跌重法",也就是人们常说的"抬得愈高,跌得愈响"。

---

① 莱辛. 拉奥孔[M]. 朱光潜,译. 北京:人民文学出版社,1979:21.

欲抑先扬法的"抑"就是抑制、下压,指对人、事、物的贬低;"扬"就是褒奖、抬高,指对人、事、物的褒扬。欲抑先扬法是"扬"在先,"抑"在后。"扬"的目的是更好地"抑"。

②欲扬先抑法。欲扬先抑法是"抑"在先,"扬"在后。"抑"的目的是更好地"扬"。虽然"扬"是作品情节的主体,是目的,但是在具体写作时,却先在"抑"的方面着笔,给读者造成一种假象,然后突然笔锋一转,终归于"扬"。这种构思技巧一方面可以加强情节发展的意外性,即出乎读者意料,同时也强化了情节对立面相反相成的艺术效果。

欲抑先扬法或欲扬先抑法在小小说创作中常被使用,例如,司玉笙创作《书法家》就采用了欲抑先扬法。这篇小小说借一个领导干部的"书法艺术"来表现他的官僚主义,婉而多讽。在一次书法比赛会上,人们请前来观看的高局长留字。在这一百多字的篇幅里作者对高局长连"扬"四次,当人们期待着再次欣赏高局长的"书法艺术"表演时,作者笔锋一转,却写高局长"面露难色地说'不写了吧!'——能写好的就数这两个字……"作品"抑"的文字不多,却"抑"到极致,至此,一个成天只知道坐在办公室批文件写"同意"的官僚主义、文牍主义的形象就栩栩如生地呈现在读者面前。

使用欲抑先扬法或欲扬先抑法写作要关注两点:一是注意把握抑扬的分寸,不然容易失真;二是注意抑扬转换自然,要经得起推敲。

(2) 虚实相生法

所谓虚实相生法,"是根据艺术表现和艺术欣赏的直观性(直接性)和想象性(间接性)的辩证统一的原则,在写作中将'实写'与'虚写'有机结合起来加以运用的写作辩证手法"①。小小说由于篇幅极短,它在人物、情节、环境的取舍上无法和短、中、长篇小说争高低,只能选取"一粒沙、一滴水、一片叶",以实写虚,或者以虚写实,留有大量的"艺术空间"让读者再创造。

虚实相生法在具体运用中有以下两种情况。

①物与人的"虚实相济"。运用这种方法,"对某物品作实情描述,从而催发读者对这个物品细节相连的人物展开艺术想象,让这个物品细节'实'的形象背后催生出一个充满了艺术活力的'虚'的人物形象"②。

②人与人的"虚实相生"。这指的是一种迂回描写的曲笔,本意写彼人,落笔却写此人,彼人放在幕后称为"虚",此人放在幕前称为"实"。通过幕前此人的言行与情感变化来映衬幕后彼人的性格特征,在一般的写作理论中称之为间接描写或侧面描写。在中长篇小说中大多用于局部。在小小说中是一种构思全篇的艺术技巧。

虚实相生法在小小说创作中的运用如王伟的《鞋》,他采用了人与人的"虚实相生"。小说本意要歌颂大个子军人的卫国戍边的献身精神,但作者却集中笔墨写了瘦瘦的军人来取鞋的言行以及小鞋匠的情感变化。当读者从瘦瘦的军人言谈中知道大个子军人在对越自卫反击战中失去了双腿,还念念不忘付给小鞋匠的修鞋钱时,未出场的大个子军人立刻形象鲜明地矗立在读者面前。

使用虚实相生法有一点应该注意,这就是虚写要以实写为基础,失去了实写这个基础,虚写就会显得空洞失据、魂不附体,不可能产生"弦外之音""象外之象"的艺术效果。

(3) 因果藏显法

纸短意长的小小说,一是由于字数所限,不允许面面俱到、娓娓道来;二是由于审美属性的规定性,要留有"艺术空白"。若给读者留出再创作的空间,在情节上可以取其一端,或"有头无尾",

---

① 周姬昌. 写作学高级教程[M]. 4版. 武汉:武汉大学出版社,2009:159.
② 刘海涛. 微型小说的理论与技巧[M]. 北京:中国人民大学出版社,1990:165.53.

或"有尾无头",或仅取中间的一段。最常见的构思方式是显果藏因法和显因藏果法。

运用显果藏因法,就是只写事情的结果,不写发生事情的原因。任何一种事情的存在都有它赖以生存的条件(原因),把结果写出来,让读者通过结果去推测原因,从而产生思而得之的艺术效果。

只写结果不写原因的情况有三:一是原因很简单或很清楚,不写读者也容易想到;二是作者故意不写产生它的原因,让读者思而得之;三是事情的原因很复杂,作者摆出现象让读者对原因产生更多的联想。小小说创作属于第二种情况的居多。如陈国凯的《雾》、皎剑的《失效的真诚》等。

运用显因藏果法,写作者只写故事的起因,不写事情的结局,结局让读者自己去猜测、想象,有人称这种构思方法为"有头无尾"法。一般来说,读者从作者所提供的原因中,至少可以猜测想象出较合理的两种以上结果,才能是成功之作,如果只有一种答案就没有藏果的必要了。张新民的《落棋有声》是这方面的成功之作。小说讲述了一个"选谁当车间主任"的故事,厂长别出心裁地要和两位象棋高手下棋。小说最后并未把任用谁做车间主任的问题解决,而是写厂长下棋后,"径自朝汪科长家走去……"把结局留给了读者。

(4) 正反错位法

正反错位法是指不是写单纯的一件事,而是写相反的两件事,或一件事的正反两个方面。按照正常的事物发展的规律,好事应当有好结果,坏事应当有坏结果,即所谓善有善报,恶有恶报。但世界上事物是复杂的、千变万化的。人们的动机和效果,有时会出现不一致的情况。好的动机有时会引来坏的结果,就是人们说的"好心办坏事";坏的动机也可能引来好的结果,有人称之为"歪打正着"。这种正反错位的现象,反映到作品中,就会引起读者思索,找出形成这种不正常现象的诸多原因,引起"疗救的注意",也会增加作品的趣味性和含蓄性。

林如求的《错位》是其中的代表作。小说写了一个好心办坏事的故事:男主人公二十年来从未接过他上夜班的妻子回家,而有一次在朋友接下夜班妻子的启发下,忽然心血来潮,郑重其事地去接下夜班的妻子回家。结果他的妻子不但不领情,还误认为是丈夫在外面听了关于她的什么闲话,怀疑她品行不端才这样做,于是二人大吵大闹上演一幕家庭闹剧。接下夜班的妻子回家本来是正常的,不接才是不正常的,结果恰恰颠倒了过来。

(5) 寓庄于谐法

寓庄于谐,"即通过幽默诙谐的艺术方式,风趣而含蓄地表达出庄重严肃的生活内容的写作辩证法。庄谐法能使艺术作品在表达极其严肃的思想内容之时,也不缺乏轻松愉快的气氛,既具有感染力又具有娱乐性"[①]。

小小说使用寓庄于谐的辩证手法构思作品,常常是通过比喻、夸张、借代、双关、反语等手法来实现的,在使用中必须注意:第一,选中其中的一种作为构思全篇的方法,类似于现代汉语中的篇章修辞;第二,使用它要造成诙谐效果。请看夸大缩小法的使用。

夸大缩小法同夸张用于句子的修辞所不同,它主要是从整篇作品的构思立意着眼,通过对写作对象夸大或缩小的叙描,离奇、荒诞地凸显所写事物的特色,产生幽默风趣的效果。东晋干宝编撰的志怪小说《千日酒》采用了这种方法。小说描述了中山人狄希能酿千日美酒,酒徒刘玄石求品一杯未酿熟的酒醉眠三年,三年后墓中醒来,凿冢破棺,人笑闻其酒气各醉卧三月。小说用夸张的手法写出了酒美,令人捧腹。

小小说运用夸张技法,能产生悦目的效果。采用它注意两点:一是表述应合乎情理,以客观

[①] 周姬昌.写作学高级教程[M].4版.武汉:武汉大学出版社,2009:166.

事物为依据,符合逻辑地展示事物的特质;二是效果应风趣幽默,采用夸张技法描述故事是为了增强艺术表现力、产生诙谐效果,不然就没有了"寓庄于谐"。

3. 仿拟创新法

仿拟是一种模仿现成的词语句篇仿造出一个新的词语句篇的修辞方式。仿拟具有概括力强、语言明快犀利、幽默诙谐的特点,它表面上是模仿,实际上却是一种继承中的创新。过去在探讨仿拟手法在写作中的运用时,大多是关注语音、用词和造句上的仿拟,而对篇章仿拟的探讨则不多。其实,篇章仿拟具有汉语修辞的民族文化传统,我国历代的许多和诗、和词、和曲、步韵的作品中就有不少仿拟创新的佳作。小小说创作,不少写作者自觉不自觉地运用它写出了一些有新意的作品。近几年高考满分作文中也出现了不少运用仿拟手法写出来的小小说佳作。

小小说的创作离不开"立意""题材"和"表现手法",如果在这三个方面其中一个方面出新,就会出现四种情况:立意相同,题材出新;题材相同,立意出新;立意相同,手法出新;手法相同,立意出新。在小小说创作方面,有的写作者运用仿拟创新法写出了很好的作品。例如,黄桂华仿拟了王蒙创作《雄辩症》的技法写出了在题材和立意均有新意的《谈判专家》。

需要强调的是,仿拟是为了创新,它同抄袭和剽窃有着明显的界限。写作者使用这种手法,一定要灵活运用、推陈出新,决不可刻意模仿,钻进死胡同,窒息了创作生命。

(三) 小小说的表达体式

在小小说的创作中,有些写作者运用迁移法按照某一文体创作,写出的小小说在语言、结构上带有某种文体的特点,于是这种"嫁接"孕生出小小说表达的体式,下面介绍几种。

1. 新闻体式

小小说具有新闻性,它是时代的晴雨表。每个时代的发展变化、世态万象都能在小小说中找到它的影子。有些小小说不仅在形式上如新闻报道(狭义的新闻,这里专指消息)篇幅短小、简明扼要,而且在内容上也汲取了新闻报道的长处,与社会日常生活的脉搏一起跳动,及时反映生活中新近发生的现象,于是人们就把这种小小说称之为"新闻小说"或"信息小说"。请看下面的例子。

<h4 style="text-align:center">关于因吻而误食化妆品致死案的连续报道①</h4>

路透社消息 一张姓男青年因长期亲吻女友,吸食大量化妆品中有毒物质,昨天凌晨抢救无效病逝,终年26岁。

张某生前女友王小姐对其不幸逝世痛不欲生。她表示一定要向责任单位"美死你"化妆品公司讨个说法,以慰先行者的在天之灵。不排除诉诸法律的可能。

张某的主治医师刘大夫指出,化妆品中含有致命毒素,应该立即引起有关部门足够重视,否则很难保证类似情况不再发生。同时也提醒广大市民加强自身卫生保健意识,防患未然。

路透社消息 上星期本社独家报道的男青年因亲吻女友误食化妆品中毒身亡事件,有了进一步发展。死者生前女友王小姐与"美死你"化妆品公司调解不成,已就此事向地方法院提起诉讼,此案于昨日开庭审判。

判决大出公众意料之外,"美死你"化妆品公司被判无任何刑事责任,理由是该公司在化妆品使用说明中都清楚表明"只可外敷,严禁口服"字样。

宣判结束后,"美死你"化妆品公司董事长周先生表示,虽然公司在法律上并不亏欠,但为表示对死者的哀悼,特捐赠人民币200元(折合成"美死你"系列化妆品一套)……

路透社消息 新锐导演傲斯卡近日向记者透露,他的又一部旷世奇作正在紧锣密鼓地筹划之

---

① 洪帆. 关于因吻而误食化妆品致死案的连续报道[J]. 微型小说选刊,1996(3):23—24.

中,该片将取材于前些日子轰动一时的"化妆品中毒"事件,力求在一种真实人的艺术氛围中凸现出爱情的悲剧特质。

傲导演兴奋地告诉记者,"美死你"化妆品公司已欣然允诺独家赞助;而"化妆品中毒"事件死者的胞弟张先生和生前女友王小姐得知被邀请出演男女主角时,更是欣喜若狂。

圈内人士也普遍对该片看好……据透露,该片已暂定名《新罗米欧与朱丽叶》

本报记者 洪帆 报道

这是采用消息文体和新闻语言创作的小小说,除了真实性,其形式与消息相同。这篇新闻体式小小说写得有趣,读之捧腹。值得注意的是,采用"新闻体式"写作的小小说与新闻报道有较大的区别:新闻报道的事情必须完全真实,不允许臆造;而采用这种体式写作的小小说却不一定真有其事,它往往是根据新近发生的社会现象虚构出来的,而且显然比新闻报道更具有文学性。

另外,小小说和新闻的差异还在于:新闻常常把重要的内容放在"导语"里,而小小说则习惯于把谜底藏在"结语"里。

2. 散文体式

所谓散文体式,就是在小小说创作中,采用淡化情节、强化精神活动的谋篇布局手法。在具体的表述中,加强小说的抒情成分,创造有诗情画意的意境;增加"非情节因素",写人的意识和下意识、内心感受与理性分析等;尽量用第一人称表述,如叙家常,亲切随便;采用开放性的时空结构,即突破一定时空的限制,以思想情感发展的线索来贯穿不同的时空。

应该说,散文和散文体式小小说的根本区别在于:前者以写真人真事为主,后者允许虚构。小小说名家刘国芳就擅长使用散文体式的表述方式。例如,他的《枯萎》写梅在追一个很年轻、很潇洒的男人,这里本无故事可言,但作者却把时序拉长,写梅在追逐过程中,由姑娘变成了一名老妇。那朵花由鲜嫩变为枯萎,很有象征意味。

3. 杂文体式

杂文短小精悍、尖锐泼辣、针对性强,被称为"文艺轻骑兵",它以幽默、诙谐、风趣、讽刺性强的特点立于文学之林。所谓杂文体式小小说,就是借用杂文的表现手法创作具有杂文性的小小说。常见的写法有好多种,这里只介绍两种。

(1) 谐笑讽刺法

谐笑讽刺法是把生活中可笑的事情加以集中和夸张,使事情显得更加可笑,让读者在笑声中否定生活中消极的东西,这种把生活喜剧化的手法就是谐笑讽刺法。使用这种手法,对否定的人、事不用严肃的批评、指责,而用笑来进行讽刺,如孙少山的《晚了》就把嗜酒如命的余结巴刻画得惟妙惟肖、形神毕露,令人忍俊不禁。

(2) 暗藏讽谕法

对生活中的某些现象,写作者觉得需要批评或劝谕,但不采用正面指出的办法,而是"反话正说",用肯定甚至赞扬的口吻写,实际上言外却包含相反的意思,这意思需要读者去品味才能体会出来,这就是暗藏讽谕的手法。例如,王蒙的《互助》描述一位"跻身文坛"而又"总是红不起来"的作家,请某位评论家帮忙写批评文章。"我深知凡被你批了的,都可以风行全国,名震环球!而你也可以获得另一方面的美誉和利益,那才叫相反相成、相得益彰。"寥寥数语,就把一种卑劣的灵魂写活了。

讽刺本是杂文常用的手法,但杂文依据的是生活中的真人真事,且大多伴有理论分析的元素。小小说对写作发现之"意"表达的是艺术虚构,因而对所写的人和事更加自由,可以把对象刻画得比生活中的现象更加可笑,以收到强烈的艺术效果。同时,小小说的写作者一般不发议论,只要把可笑的现象描绘出来就可以了。

4. 寓言体式

寓言通过虚构的短小故事,将写作者之"言"(思想)寄寓到故事里,从而让人们从中体会到一定的道理,获得启迪或教益。寓言体式小小说,是在寓言的基础上发展起来的一种新型小说文体。它吸取了寓言虚构怪诞的故事,折射生活道理的特长,并在怪诞故事的表述中注入小说元素。诸如文学形象的塑造,叙事情节的丰满性,主旨的多义性和含蕴性等而写出的小小说。此类作品很多,如汪曾祺的《尾巴》、贾平凹的《老人和鸟儿》、中杰英的《鸟的喜剧》、魏金树的《人与猴》等。

寓言和寓言体式的小小说的区别如下。

第一,寓言十分注重故事的"寓意性",而寓言体式小小说则可以写得既有道德教训,又有具体的故事情节,甚至有生动的细节。

第二,寓言的道德教训往往直接点明,而寓言体式小小说通篇只有一个意味深长的故事,寓意是从故事的叙述和描写中自然流露出来的。

第三,从一则寓言中引出的道德教训只能有一个,寓言体式小小说的道德教训大都可以作多方面、多层次的理解。它的讽刺性、象征性、影射性要比寓言丰富得多。

5. 诗歌体式

海明威曾说:"冰山在海里移动很是威严壮观,这是因为它露出水面的只有八分之一。"①小小说由于纸短意长,要把"冰山原则"作为自身的艺术原则来追求。把诗歌创作中的"凝练含蓄"的表现手法,直接"拿来"为小小说创作所运用,就产生了诗歌体式小小说。凝练含蓄,将成为小小说创作的艺术走向之一。

鲍昌的《桃花三月天》题目就有诗情画意。修祥明的《小站歌声》,柯灵称赞它"情景如画,包蕴长深"②,汪曾祺则更明确指出"这是一首小说形式写成的抒情诗,或者可以说是一篇抒情诗体的小说"③。

诗歌体式小小说,常常采用比喻、拟人、双关等修辞手法和象征等写作技法来表述。在创作中,修辞手法的运用不单单体现在语言的运用上,更主要体现在整篇作品的构思上。

6. 镜头体式

小小说因其篇幅短小,在选材上常常只能摄取大千世界中一个小片段、一个小场面、一个细节,或者一种情绪、一点感受、一声呐喊……它好似电影中的"特写"镜头,集中突出一点,反映生活的全貌。因此,有人称小小说为"镜头小说"。

具体来说,镜头体式小小说可分三种类型。

第一种,生活中现成的典型镜头。一篇作品只写一个生活镜头,当然是"特写镜头"。这个镜头比较集中、单一,表面看好像是很随意一句话,一个普通的动作,实则典型、深刻、有意蕴。如司玉笙的《书法家》。

第二种,把生活打碎,重新排列组合后的典型镜头。它以一个生活场景为中心,连贯地出现两三个小镜头,好比电影中的蒙太奇组合,共同表达一个深意。如《诗人论诗》围绕诗人坐车,出现了几个非常简练明快的镜头:"诗人"候车谈诗;"诗人"登车踩人;"诗人"抢座谈美;"诗人"不让座位,乘客嘲笑"诗人"。几个连贯镜头的闪现,展现了"诗人"言行的矛盾,透视了"诗人"虚伪的灵魂。这一组表现力极强的镜头,是作者提炼生活、重新剪辑的结果。

第三种,用眼前的镜头带出以前的生活,似电影中"闪回"镜头,几个"闪回",使读者清楚事情

---

① 海明威. 午后之死[G]//宇清,信德. 外国名作家谈写作. 北京:北京出版社,1980:417.
② 顾建新. 微型小说学[M]. 北京:中国文联出版社,2000:109.
③ 同②.

的来龙去脉。如刘忠平的《淑芬婶的新发现》，作品从眼前写起：淑芬婶"望着急急而去卖余粮的孩子他爹的背影，发了一阵呆，出门前，他简直让人……她不由得摸着红红的腮帮，突然有一个了不起的新发现。"作品以淑芬婶丈夫手的三次变化，即镜头的三次"闪回"，折射出时代的变迁，从一个侧面反映我国政治体制改革和经济发展的变化。

7. 漫画体式

一般来说，漫画是一种略带夸张的笔法，它把生活中一些可笑的人或现象简笔勾勒出来，线条简洁，重在传神，往往具有幽默感和讽刺意味，使人解颐。小小说创作也有借鉴这种手法的。写作者在生活中提取一些好笑的素材进行加工，寥寥几笔，把画面勾勒出来，或赞扬，或揶揄，或讽刺，或鄙弃，往往能引发读者的笑声，并使读者在笑声中得到启示。

请看《鹦鹉》：

某君口吃，爱鸟如命。尤喜鹦鹉、八哥之类。

一日闲游于市，见人出售鹦鹉一只，善学人语，君即购之。

一周之后，君至鸟市，出售此鸟。有人惊问其故。君答道："此鸟……口……口……吃……吃，不……不……不可……可教……也。"

篇幅虽短，但它不是小幽默、小笑话，而是一篇成功的小小说。它有故事，有情节，还有鲜明的人物形象。在现实生活中，这一类人并不少见。自己做错了事，犯了错误，不从主观上找原因，反而找借口、推脱责任。作品的讽刺力量不言而喻。

漫画勾勒的作品应引人发笑，不好笑就失去了漫画的特点。为此，它常用夸张、变形等手法，从表象上看，似乎失真；从内涵上看，更加传神。像《鹦鹉》中的人物，虽然略带夸张，但却使人感到很真实，似乎在哪里见过这类人。

当然，使用这种方法，要掌握分寸。适当的夸张或变形有助于说明问题，过分的夸张和扭曲就失去了真实性，反而会削弱作品的感染力。

8. 故事新编

所谓故事新编，就是写作者站在历史和文化发展的高度，以当代人全新的视角重新审视历史事实、历史人物、历史故事、成语典故、逸闻趣事、神话传说以及文学作品中的人物，赋予"旧事"以"新意"，也叫"朝花夕拾"或"旧事重提"。如《武大郎发迹》《悟空下岗》《香菱跑官》等。

具体来分，故事新编式小小说有以下四种类型：第一种是遵照人物性格逻辑续写故事，如《阿Q成了大款》；第二种是违反人物性格逻辑唱反调，如《孔融让梨之后》；第三种是赋予历史事实或故事以新的内涵，如《唐僧师徒征婚》；第四种是对有定论的成语典故"反弹琵琶"，如《龟兔第二次赛跑》。

第三节 诗　　歌

一、诗歌概说

（一）含义

诗歌，向来有"文学之母""文学最高峰"的美誉。它是展示宇宙奥秘的窗口，沟通人类情感的纽带，传承民族灵魂的载体。在众多文学门类中，诗歌被公认为是最精致、纯粹、优美、抒情的文体。诗人艾青说："诗是艺术的语言——最高的语言，最纯粹的语言。"[①]

[①] 艾青. 诗论[M]. 北京：人民文学出版社，1982：201.

我国自古以来就是一个诗歌的泱泱大国,从诗经、楚辞,到唐诗、宋词、元曲、明清对联,再到现代新诗,包括民间歌谣与流行歌词,我国诗歌的数量可谓浩如烟海,我国诗歌的历史可谓源远流长。从某种意义上甚至可以说,整个中国文学史就是一部波澜壮阔、气象万千的诗歌史。

诗歌的含义并非一成不变,而是随着时代的发展变化而不断地发展变化。我国古代称不合乐的韵文为"诗",合乐可唱的为"歌"。后来,随着社会生活的演进,以及诗、歌自身的发展迁延,诗与歌逐渐合流,统称"诗歌"或"诗"。中国古人论诗,尤其推重"言志"功能,因此,《毛诗序》如是定义诗歌:"诗者,志之所之也。在心为志,发言为诗。"中华人民共和国成立后,诗人何其芳为诗歌下了一个相对而言更为详细、精当的定义:"诗是一种最集中地反映社会生活的文学样式,它饱和着丰富的想象和感情,常常以直接抒情的方式来表现,而且在精炼与和谐的程度上,特别是在节奏的鲜明上,它的语言有别于散文的语言。"①

我们认为:诗歌是一种运用丰沛新奇的想象,富于节奏及韵律感的语言,高度凝练集中地抒发情感、反映生活、探索世界与自我的语言艺术。诗歌的本质特征是抒情性。

(二)分类

诗歌的种类繁多,根据不同的划分标准,大致可分为以下几类。

1. 按表现内容和表达方式分

按表现内容和表达方式分,诗歌可分为抒情诗、叙事诗、哲理诗等。

(1)抒情诗

这是最能体现诗歌本质特征的一类诗歌,以抒情为其主要表达方式,一般不详述某一故事全过程,也不塑造完整人物形象,而是侧重于诗人主观情志、内心体验的抒发。抒情诗包括爱情诗、山水诗、田园诗、咏物诗、咏史诗等。请看:

说是寂寞的秋的清愁,/说是辽远的海的相思。/假如有人问我的烦忧,/我不敢说出你的名字。//我不敢说出你的名字,/假如有人问我的烦忧:/说是辽远的海的相思,/说是寂寞的秋的清愁。②

这是戴望舒的名作《烦忧》。显然这是一首情诗,它以一种回环往复的形式,将诗人的一腔羞怯相思意写得极为清新、悠远、缠绵。抒情诗又有直接抒情和间接抒情之别,前者直抒胸臆,后者或寓情于景,或寓情于事,或寓情于理,或托物言志等。

(2)叙事诗

叙事诗同样以抒情为核心,但在表达方式上以叙述为主,它通过唱叙故事情节、塑造人物形象来反映社会生活,传达写作者对世事人生的认知和情感。叙事诗包括:长篇叙事诗、微型叙事诗、史诗、剧诗、童话诗、寓言诗、诗体小说等。这里选录瑞典诗人阿斯本斯特罗姆的一首微型叙事诗《乡村的丁香》:

夏日的第一天,紫丁香。/村民们羞涩地避开——/还没有习惯美。/夜来时悄悄走出,/笨拙地折了几枝。③

(3)哲理诗

顾名思义,哲理诗是意在传达写作者对于宇宙、社会、人生深层思考的诗歌,常具哲学意味。哲理诗跟哲学和一般议论文字之不同在于,它多为形象的诗句,饱含深广的意蕴,而罕见以直接议论入诗。例如,英国象征派诗人威廉·布莱克的著名哲理短诗《天真的预言》:

---

① 何其芳. 何其芳文集:第四卷[M]. 北京:人民文学出版社,1983:450.
② 施蛰存,应国靖. 中国现代作家选集·戴望舒[M]. 北京:人民文学出版社,1993:45.
③ 黎华. 外国朦胧诗精选[M]. 天津:百花文艺出版社,1994:374.

一粒沙中看世界,/一朵花里见天堂,/无限握于你掌中,/永恒刹那间珍藏。[①]

2. 按表现形式分

按表现形式分,诗歌可分为格律诗、自由诗、散文诗、民间歌谣、流行歌词等。

(1) 格律诗

格律诗一般要按一定的格律写成,格律谨严,体式整饬,尤其是我国古代的格律诗,如律诗、绝句、词、曲等,每句的字数、平仄、对仗、韵脚等均有较为严格的规定,可谓诗有定行,行有定字,字有定韵。正因如此,格律诗写作被形象比喻为"戴着镣铐跳舞"。

(2) 自由诗

相对于限制多多的格律诗,自由诗明显"自由"了许多,其句式、章法、押韵等均较为随意,诗作者可以根据表达的需要自由地组织、排列字句。但是,自由诗也并非"绝对的自由",它一样要求有起伏跌宕的韵律感,只是更为内在而已。如阿垅的《无题》:

不要踏着露水——/因为有过人夜哭。/……//哦,我底人啊,我记得极清楚,/在白鱼烛光里为你读过《雅歌》。//但是不要这样为我祷告,不要! /我无罪,我会赤裸着你这身体去见上帝。/……//但是不要计算星和星间的空间吧,/不要用光年;用万有引力,用相照的光。//要开做一枝白色花——/因为我要这样宣告,我们无罪,然后我们凋谢。[②]

读这样的诗句,有如"大珠小珠落玉盘",错落有致,有一种内在的韵律感,一种纯净幽雅的美。

(3) 散文诗

散文诗是散文与诗的美妙融合,是比自由诗更"自由"的一种诗体。它采用散文自由灵活的句式,来传达精微悠远的诗意内涵,虽没有我们常见的诗歌外壳(分行排列、押韵等),诗意的跳跃一般也不似分行新诗那样强烈,但在字里行间却仍流淌着悦耳的诗的调子,洋溢着饱满的诗的情绪和幻想。在艺术手法上,散文诗多采用暗喻和象征的手法,往往篇幅简短,寥寥二三百字,甚至更少,却能将诗情、画意、乐韵、哲理融为一体。在中外散文诗史上,优秀的散文诗集有屠格涅夫的《爱之路》、泰戈尔的《飞鸟集》、希梅内斯的《小银和我》、鲁迅的《野草》、郭风的《叶笛》等。

(4) 民间歌谣

民间歌谣是民歌、民谣的统称。按《韩诗章句》的解释是:"有章曲曰歌,徒歌曰谣。"意为可以咏唱的叫民歌,不歌而诵的为民谣。这一解释简明扼要,阐述了二者的主要区别。

① 民歌。

民歌是劳动人民在生活中,为了表达思想、情感而即兴创作并口口相传的歌曲。明代文学家冯梦龙说:"但有假诗文,无假山歌。"[③]的确,民歌最大的一个特色,就是情感真挚朴素,富有浓郁的生活气息。从形式上看,民歌格调清新,体式灵活,常用比兴和夸张手法来营造诗歌意象。仅以流传在我国陕北地区的一种民歌形式信天游为例,先不论其旋律,单是品一品那歌词,就不由你不为之心折:"三天不见哥哥的面,崖洼上画下你人眉眼。""你说妹妹不想你天知道,泪蛋蛋和泥盖起一座庙。""三升软米蒸成糕,谁昧良心天火烧。"……这就是陕北民歌:野、真、辣、朴。据说,1924年,印度大诗人泰戈尔访华,曾对陪同他的中国诗人徐志摩说,中国没有好民歌。当时,徐并未正面反驳他,而是随口吟出两句陕北信天游作答:"高山上盖庙还嫌低,面对面坐着还想你。"就这么两句"土得掉渣"的中国民歌,却使得泰戈尔这位诗歌大师的态度发生了一百八十度

---

① 刘雨婷. 诗歌精萃[M]. 长春:东北师范大学出版社,1996:210.
② 阿垅. 阿垅诗文集[M]. 北京:人民文学出版社,2007:65.
③ 冯梦龙. 序山歌[G]//郭绍虞. 中国历代文论选:第三册. 上海:上海古籍出版社,1980:221.

大转弯,连声赞叹:妙、妙、妙!

② 民谣。

民谣古已有之。据《古谣谚·凡例》记载,早在文字产生前,已有了民谣。近些年来,老百姓口头流传的民谣更是丰富多彩、五花八门,大事小情,无所不包,尤以针砭时弊者居多。其特点是通俗、生动、简练、辛辣,易引起共鸣,加之顺口悦耳,便于流传,因而具有极强的生命力。例如,流传于安徽、湖北一带的《大包干歌》:"大包干,/大包干,/直来直去不拐弯。/保证国家的,/留够集体的,/剩下的都是自己的。"这首民谣以质朴的语言、明快的节奏概述了20世纪80年代在我国农村推行的家庭承包责任制,表达了农民对包产到户的拥护。

(5) 流行歌词

古往今来,诗与歌本是一家,包括《诗经》在内的许多古诗不仅能诵,且入乐可歌。事实上,新诗被谱成歌曲的亦不在少数,如胡适的《梦与诗》《兰花草》、刘半农的《教我如何不想她》、卢冀野的《本事》等。同样,那些优秀的流行歌词也完全有资格被视为好诗。北京大学教授、诗评家谢冕先生就曾把摇滚歌手崔健的歌词《一无所有》作为当代中国诗歌经典,收入其主编的新诗选。高等教育出版社2005年版《大学语文》"诗歌篇"中,编者亦大胆收入台湾词曲作家罗大佑的歌词《现象七十二变》,这是国家级规划教材首次选取流行歌词作为课文。在"诗歌篇"导言文字中,编者如是立论:"今天的流行歌曲,或许就是明天的诗。以此审视流行歌曲,自有超越通俗文化的意义与价值。罗大佑歌曲的价值,在于他唱出了20世纪八九十年代,海峡两岸中国青年面临社会转型时所特有的迷惘、困惑、痛苦和思考。"可以说,这一立论颇具远见卓识。美国著名民谣诗人鲍勃·迪伦因对美国传统歌曲创造了新的诗歌表达,获得2016年诺贝尔文学奖就是一个典型例证。

3. **按题材分**

按题材分,诗歌可分为乡土诗、城市诗、军旅诗、工业诗、科学诗等。

4. **按艺术表现手法分**

按艺术表现手法分,诗歌还可分为朦胧诗、讽刺诗、朗诵诗、街头诗等。

(三) 特点

1. **思想内容的集中性**

诗歌是对社会生活最为集中、凝练的反映。清初诗评家吴乔在《答万季野诗问》一文中,有一个精妙比喻:"意喻之米,文喻之炊而为饭,诗喻之酿而为酒。"① 大意是说:主旨(大约相当于我们通常所谓的"主题思想")就像稻米,在一般文章那里,好比是被煮熟成了米饭;但在诗人所精心酿造的诗歌中,却如酒般甘醇。不妨来品味一首精酿如醇酒的短诗《赠诗神》:

黄河,长江/我两行混浊的眼泪……

这首短诗为诗人塞风(李根红)所作,发表于1980年,曾得到艾青、公刘、贺敬之、苏金伞等众多当代诗歌大家的激赏。全诗仅两句十二个字,短得简直不能再短,却具有极强的艺术概括力。我们常说,诗人之所以为诗人,就在于他歌哭,绝非仅为一己之私而歌哭。就如塞风这首短诗,诗人为之悲恸的,诚然有他自己的不幸(曾被划为右派),但又何尝不是无数个同命运者的不幸?又何尝不是我们整个国家、整个民族的大不幸?而这样的不幸,除了黄河、长江——我们中华民族最亲爱的两条母亲河——一般的混浊的两行长泪,如何才能够给予最贴切的表达?诗中的我,既是小我,又是大我;诗中的真,似幻而更真;诗中的情,百味横陈;诗中呈现的好像仅是一个阔大的意象,却又分明是在叙事、述史,千百年来,我们这个伟大民族的苦难均在这短短两行诗

---

① 王夫之,等.清诗话:上册[M].上海:上海古籍出版社,1982:27.

中翻腾着……这一切浑然交织,统统归于一恸,又怎能不似黄河长江般地撞击着、摇撼着我们的心旌,令人痛彻肺腑!短短两行诗,却浓缩了如此深厚的思想和感情,真正做到了"以少少许胜多多许"[①]。

2. 表达方法的抒情性

自古以来,诗贵有情。唐代大诗人白居易有言:"诗者:根情,苗言,华声,实义。"[②]的确,就一首好诗而言,情如根,言如苗,声如花,意义如果实,四者缺一不可;但重中之重,还是只有树根堪比的"情"——唯其多情,才能让读者动情;唯其根深蒂固,才有望苗壮、花繁、叶密、果丰。享誉世界的散文诗集《爱之路》的作者、俄国大文豪屠格涅夫,在其暮年说过这么一番真诚得令人震撼的话语,从反面给了我们一种有力佐证:"我现在已经是什么也不能写了。以前每当我构思写作的时候,总是由于爱的狂热而激动得发抖,现在这样的情形已经没有了,我已经衰老,既不能爱,也不能写作了。"[③]可见对于诗人,一旦胸中没了爱,没了深情,哪怕他声望再高、技巧再圆熟,也写不出动人心弦的诗。

3. 表现形式的兼美性

(1)形体美

和别的文体相比,诗歌在形体上更活泼,多变多姿,尤其体现于行列上。一般而言,诗歌最显著的形态标志即是分行分节。这种长短错落、不拘一格的句式排列,在视觉上就能予人富于创意、自由舒展的美感。苏联诗人马雅可夫斯基甚至独创过一种诗体——"楼梯诗"。他的那些排列如楼梯状的诗行,以其奇崛醒目的形式,错落铿锵的音节,饱满昂扬的激情而风靡一时。在中国,田间、郭小川、贺敬之等不少当代诗家都曾效仿过他,创作了一批"楼梯诗"。

(2)画面美

诗歌讲究意象,讲求意境,尤其注重意象思维方法的运用。通俗地说就是:诗歌要有画面感。一首好诗,总能为读者描绘出或浓或淡、或丰润或清疏的画面,且让人领悟到画外之韵、言外之旨。清人李渔说:"和盘托出,不若使人想象于无穷。"[④]诗人艾青则以自己的诗作《珠贝》为例,来说明"写诗的人常常为表达一个观念而寻找形象",他还断言,"诗只有借助形象思维的方法才能产生持久的魅力"[⑤]。这些话都是深谙诗艺之语,值得习诗者揣摩。

(3)音乐美

众所周知,诗是一种富于音乐美的语言艺术。谐和的音韵、鲜明的节奏,正是诗区别于其他文学样式的基本特点所在。因此,马克思才会在《致斐·拉萨尔》的信中这样说:"既然你用韵文写,你就应该把你的韵律安排得更艺术一些。"[⑥]20世纪30年代,对尚处于学步期的中国新诗,鲁迅也曾给过如下建议:"我以为内容且不说,新诗先要有节调,押大致相近的韵,给大家容易记,又顺口,唱得出来。"[⑦]这里需要特别指出的是,韵律也好,节奏也罢,皆与诗人的内心情感息息相关。一流的诗歌节奏、韵律,定然首先是与诗人的情感起伏保持高度的和谐一致;一流的诗人,定然会致力于寻找吻合他心灵的韵律与节奏,寻找最适宜表达他内在情感的那些精灵般的音符。

---

① 郑燮. 郑板桥文集[M]. 吴可,校点. 成都:巴蜀书社,1997:20.
② 白居易. 与元九书[G]//郭绍虞. 中国历代文论选:第二册. 上海:上海古籍出版社,1979:221.
③ 薛菲. 外国名家谈诗[M]. 杭州:浙江人民出版社,1986:101.
④ 中国戏剧研究院. 中国古典戏曲论著集成:卷7[M]. 北京:中国戏剧出版社,1982:35.
⑤ 艾青. 诗论[M]. 北京:人民文学出版社,1982:7.
⑥ 马克思. 致斐·拉萨尔[M]//马克思恩格斯全集:第29卷. 中共中央马克思恩格斯列宁斯大林著作编译局,译.北京:人民出版社,1972:572.
⑦ 鲁迅. 鲁迅全集:第10卷[M]. 北京:人民文学出版社,1981:250.

二、诗歌写作

(一) 发现

1. 做一个大千世界的敏悟者

常有爱诗者问:我也爱诗,也很想写出好诗,更想过一种"诗意地栖居于大地"(德国诗人荷尔德林语)的生活,可诗意的生活、生活的诗意究竟又在哪里呢?事实上,诗意无处不在,套用雕塑大师罗丹的一句名言:生活中从不缺少诗意,缺少的只是发现诗意的眼睛。哪怕只是一朵野花、一掌红叶、一根夹在书里的羽毛、一纸泛黄的旧信、一句天真的童言、一个寂寞又热烈的眼神……这些看似平凡简单的事物,在敏感多思者的心中却都能激起美的涟漪,都蕴含诗意。正如诗人何其芳在《生活是多么广阔》一诗中所说:"生活是多么广阔,/生活是海洋。/凡是有生活的地方就有快乐和宝藏。"

比方说,某天清早,你去井边打水,却发现井口被牵牛花青嫩的藤蔓攀满,就连水罐也给缠住了,这时你会怎么办?在日本女诗人加贺千代眼中,这并非别的,这是一首她不忍惊动的诗。她不仅不忍心将牵牛花从井沿、柳罐扯落,并且轻移莲步,转至邻家井中汲水。之后,女诗人仍难以忘怀此事,乘兴写了一首小诗,这就是流芳至今的著名俳句《朝颜》(牵牛花的日文名):

> 井边柳罐挂,/朝颜蔓儿爬满了,/汲水到邻家。

平平常常的事,得力于诗人的发现,使生活充满诗意,抒写出优美的诗句。"平庸"的生活,只要肯用心体悟,同样不乏诗意。这正如幽兰在《微型诗》中吟唱的"行走在日子的田垄/采摘,最不起眼的话题/栽两三行,味道悠长的诗意"。不言长篇诗歌,就是随便翻阅微型诗集,也不难发现,诗人们吟唱的多为日常生活中令人称道的写作发现。

2. 及时捕捉稍纵即逝的灵感

说到诗,不可避免地要涉及一个词:灵感。甚至可以说,每一首好诗的诞生,其构思之初几乎都和灵感有关。但"灵感"究竟又是什么?俄罗斯作家帕乌斯托夫斯基说过一句话:"构思之得以产生同闪电之得以产生一样,往往只需要一个极为轻微的推动力。"① 这个"轻微的推动力",其实就是人们通常所说的"灵感"。对灵感,中国古代文论有着种种近乎神秘主义的解释:"文章本天成,妙手偶得之"②,神理凑合,兴会神到,诸如此类,不一而足。现代以来,散文家朱自清率先把灵感请下了神坛,他浅显地将其表述为"心头一动"。诗人艾青在诗论《诗人必须说真话》中,则将灵感比作"最愉快的邂逅",他说:"所谓'灵感',无非是诗人对事物发生新的激动,突然感到的兴奋,瞬即消逝的心灵的闪耀。所谓'灵感',是诗人的主观世界与客观世界最愉快的邂逅。"③

日常生活中,其实太多人有过这样的"心头一动",有过此类"愉快的邂逅",但往往因疏于或懒于"捕捉",而和灵感失之交臂。诗人却不如此,他们总是乐于且勤于"捕捉"灵感。如本书"表达"章中所述,普希金在抒情诗《秋》中,就曾以传神的笔触述及他被灵感"附体"时的感受。与他有过类似体验的还大有人在,比如郭沫若,在《我的作诗的经过》一文中回忆创作长诗《凤凰涅槃》时,突遭灵感来袭,他这样描述道:"在晚上行将就寝的时候,诗的后半的意趣又袭来了,伏在枕上用着铅笔只是火速地写,全身都有点作寒作冷,连牙关都在打战。就那样把那首奇怪的诗也写出来了。"④ 以上二例充分印证了一个道理:灵感来袭时,切勿轻易放过,而应火速"捕捉"。恰如东坡诗云:"作诗火急追亡逋,清景一失后难摹。"

---

① 帕乌斯托夫斯基. 金玫瑰[M]. 戴聪,译. 天津:百花文艺出版社,1987:54.
② 钱仲联,马业中. 陆游全集校注[M]. 杭州:浙江教育出版社,2011:228.
③ 艾青. 诗论[M]. 北京:人民文学出版社,1982:4.
④ 郭沫若. 郭沫若论创作[M]. 上海:上海文艺出版社,1982:205.

（二）构思

诗歌的构思，是诗人把自己对外在世界的感受与头脑中原有的潜意识结合起来，进行理性的加工而产生诗歌材料、文意、结构、语言的过程。其特点是建立在感性的基础上，并随时有感性参与的一种理性运作。构思对诗歌写作之所以重要，是因为构思之脱俗与否，直接关系到一首诗的成败。一首诗要想令人眼前一亮，首先必须在构思上力避落入俗套。诗的构思可从以下两个方面入手。

1. 选好角度，选准载体

"横看成岭侧成峰，远近高低各不同。"这是一个常识：人们因其选择的观察角度不同，所见大抵也不相同。基于此，构思的第一步，就是要选择一个新颖、巧妙、易为常人所忽视的切入点，力争做到"人人心中所有，人人笔下所无"，这样的诗才谈得上是"戛戛独造"。据《苕溪渔隐丛话》记载，苏东坡与人论诗时说过这么一句话："诗以奇趣为宗，反常合道为趣。"①所谓"反常"，就是出人意料之外；所谓"合道"，就是在人意料之中。这是大诗人的经验之谈，对于我们构思诗歌时如何选择角度颇具启发。

再看松尾芭蕉的例子。松尾芭蕉是日本江户时代的俳谐大师，俳句黄金时代的开创者，至今，依然被日本人民尊奉为"俳圣"。我们先来欣赏他的著名俳句《牵牛花》："拙匠画牵花，牵牛花亦美。"可以看他写牵牛花，偏不从正面入手，写它如何秀美，在大画家笔下又是怎样满纸生辉，而居然是从"拙匠"处落墨，这构思何等别致、巧妙！他的《雪朝之鸟》："寻常鸟可憎，喜见雪朝来。"也因为切入点的巧妙选择而予人满目青鲜之感。试想：若单单写几只小鸟儿给一个雪晨带来了生气，而不以诗人曾因其聒噪而憎厌来作反衬，那么这喜悦的程度势必削弱很多，整首诗也将因此失掉几许曲折掩映的意趣。类似的构思还有他的《春霞》："掩映春霞里，无名山也奇。"写春霞山岚之美，却丝毫不去沾富士山这类名山的光，甚至绝口不提名山，而独独着意于春霞掩映下的"无名山"，读罢令人顿感神清气爽，或许你还会忍不住想到，平凡如"无名山"，却也如此奇美欢快时刻，我们这些普通人，岂非也该好好活着，无须自轻自贱啊。

此外，为诗情选准载体也很重要。譬如说，鲁迅那一腔沉郁瑰奇的思绪，除去《野草》那种散文诗体外，还有什么更恰如其分的载体来传达呢？

2. 兼收并蓄，精挑细选

相传唐代天才诗人李贺喜骑驴外出，且每于背上背一破锦囊。一俟灵感涌现，即写在一张纸上，随手抛入囊中。每次归家，其母总免不了点检一番锦囊，见写得多，便忍不住要慈爱地唠叨两句："是儿要当呕出心乃已尔！"这个故事既说明了及时、随时"捕捉"灵感的重要性，也启示我们：构思之初，务须敞开胸怀，兼容并蓄，信手拈来，不避芜杂，所谓"精骛八极，心游万仞""思接千载，视通万里"。总之，尽可以天马行空般展开你想象的翅膀。又或者，像"滚雪球"那样，由一点点雪粉不断滚动壮大，直至成为一个大雪球。在这里，尤须留心那"第一粒雪粉"，它可能是一件微不足道的小事，可能仅是个小细节，有时甚至可能只是一个词，但在有心者那里，却是一首好诗闪闪发光的诱因。

在兼收并蓄后，千万别忘了还有个精挑细选、去芜存菁的过程。刘禹锡有句诗说得好："千淘万漉虽辛苦，吹尽狂沙始到金。"马雅可夫斯基也有句名言："你想把一个字安排得停当，就需要几千吨语言的矿藏。"诗歌构思的后半程工作，正是如此。

（三）表达

1. 让诗题闪闪发亮

常言道：题好文一半。诗歌写作亦不例外。好的诗题，恰如顾盼生辉的明眸美目，能让人在

---

① 蔡正孙. 诗林广记[M]. 北京：中华书局，1982：88.

一瞥间顿生好感。如我国当代诗人食指(郭路生)的心血之作《相信未来》,单单这个诗题,就传递出一股振奋人心的力量,有着灯塔般的明亮、温暖、坚韧、蓬勃。新时期诗歌中,类似闪闪发光的好诗题还有许多,如北岛的《我不相信》、舒婷的《致橡树》、顾城的《一代人》、梁小斌的《中国,我的钥匙丢了》等。

要想拟出好诗题,有个行之有效的训练方法,就是你不妨找来一本经典诗歌选,将其中那些诗歌的题目先盖上,待品读完毕后,先一一自行拟题,然后再拿自己拟的题目与原题两相比照,细细揣摩诗作者为何要那般拟题?苦心、妙处何在?长此以往,你的拟题功夫必能精进。

2. 巧化情思为意象

巧化"无形"为"有形"是诗艺的重要一环。在此环节中,诗作者将无形的观念、思想、事物的本质规律或理性认知,转化为生动、直观、具体、个别的感性形象,力臻情景交融、形神契合之境。这种感性形象,中国古代文论称为"意象"。"意"指的是诗作者的情意,"象"指的是诗作者感受到的客观物象,"意象"即意中之象,也就是被赋予了诗作者情感的能够引发联想的具体的物象。用康德的话说,就是"灌注了生气的形象"。如卞之琳的《断章》:

你站在桥上看风景,/看风景人在楼上看你。//明月装饰了你的窗子,/你装饰了别人的梦。

剖析这首短诗,我们不难发现它实际上包含了四个意象:桥上、楼上、明月、窗子。按照诗人自己的说法,他意在通过此诗探讨一种"相对"的关系。"相对"是一个抽象的概念,但因为诗人巧妙运用了意象组合,不仅让我们对大千世界的相对性有了一番生动优美、新鲜深刻的体悟,而且打开了别样解读的辽阔空间。而这,正是意象的独特魅力之所在。

3. 大胆组合脱常俗

诗是蝶之翅,是花之蕊,是语言中的语言。诗歌语言是公认的最为灵动、最富于创造力的艺术语言。这种创造力尤为夺目地体现在诗人对于字、词、句的大胆组合、打破常规上。这方面的例证古今不胜枚举,不妨随便择取几例。如南北朝时期陆凯的《赠范晔》:"折花逢驿使,寄与陇头人。江南无所有,聊赠一枝春。"谁想得到,春天竟能以"一枝"来计量,并且可折可赠,清芬可掬?这是何等富有灵性的嫁接组合!再如李贺《杨生青花紫石砚歌》:"端州石工巧如神,踏天磨刀割紫云。"在"诗鬼"的笔下,云不仅有青紫之别,抑且可以切割,在端州石工的妙手下,做得成精美绝伦的紫石砚台,当真是想落天外,匪夷所思。

新诗中大胆组合的例子也并不鲜见。如艾青《大堰河,我的保姆》:"大堰河,今天你的乳儿是在狱里,/写着一首呈给你的赞美诗,/呈给你黄土下紫色的灵魂。""紫色的灵魂"乍看很"无理",细细品味却又觉得无比贴切,宛若这紫色的灵魂可以双手捧触一般,颇契合于那虔敬、沉哀、广大的爱之礼赞,再无别种颜色可替代。又如台湾诗人郑愁予的《错误》:"我达达的马蹄是美丽的错误,/我不是归人,是个过客。""错误"竟也有"美丽的"吗?当真是旷古奇闻!但恰就是这五个字,准确地传递出那种欲爱而不能的复杂、微妙的意绪,舍它其谁?

4. 分行排列细斟酌

分行排列既是诗歌外在形态最显著的标志,也是一种饶有意趣的形式表达。一首诗该如何断行,如何排列,大有讲究。例如,戴望舒名篇《雨巷》的开头一节:

撑着油纸伞,独自/彷徨在悠长、悠长/又寂寥的雨巷,/我希望逢着/一个丁香一样地/结着愁怨的姑娘。

诗人在"独自"之后断行,而将"彷徨"置于第二行行首,就既突出了"独自"又突出了"彷徨",将诗人的满腔孤寂表达得淋漓尽致。若是按一般语法习惯,将"独自"置于第二行行首——"撑着油纸伞,/独自彷徨在悠长、悠长",那么"独自"和"彷徨"两个词所能引起的"关注度"将大打折扣。

请看台湾诗人梅新的《白杨》:

不能飞/长高也是逃离尘世的方法之一/于是/你就拼命地长/长得比谁都高/你从别人/肩膀/头顶/望出去的视野/广阔兼及别的星球

这首诗,建议习诗者不妨先全部取消其分行,重新抄写一遍,自行分行断句后,再对照原诗用心体悟诗人分行的苦心与妙处。

最后,再来看这么一段话:"我吃了放在冰箱里的梅子,它们大概是你留着早餐吃的,请原谅,它们太可口了,那么甜又那么凉。"这是什么? 一纸普通的留言条而已。但在美国诗人威廉斯笔下的《便条》,它却变成了这样:

我吃了/放在/冰箱里的/梅子/它们/大概是你/留着/早餐吃的/请原谅/它们太可口了/那么甜/又那么凉

完全相同的内容,一字未易,而仅仅是经过了一番精心的分行排列,竟神奇地变为一首诗,一首飘溢着淡淡的家的清馨的好诗,质朴且温情。诗歌分行排列的魔力,于此可窥一斑。

5. 加法减法总相宜

诗艺中有一门功夫叫"加法",还有一门功夫叫"减法"。

所谓"加法",就是指在须浓墨重彩处,不惜泼墨如水。如像艾青《大堰河,我的保姆》那种长江大河般的拳拳赤子情,诗行若是单薄俭啬,定然难以表达到位,此时宜用"加法"。

所谓"减法",即在须简约处,则惜墨如金,舍得"减肥"。如尼采的诗《最亲的人》:"我不喜爱让最亲的人在我附近。/让他离开我高飞远行!/否则他怎能成为我的明星?——"神完气足,三句足矣。再如顾城《一代人》:"黑夜给了我黑色的眼睛/我却用它寻找光明。"这首两行小诗发表后震动整个中国诗坛,它高度概括了时代长夜中一代人寻找光明的坚定信念,两句足够。又如惠特曼的《给老年》:"从你,我看到了那在入海处逐渐宏伟地扩大并展开的河口。"仅此一句,却气象万千,简直可谓"少少"益善了。

另有一经典个案,是美国"意象派"代表诗人庞德的《地铁车站》:

人群中这些面孔幽灵一般显现;/湿漉漉的黑色枝条上许多花瓣。

这是意象派最为著名的一首诗。据庞德自述,在1911年的某一天,他在巴黎协和广场走出地铁,突然在人丛中看到一些姣美的脸庞。当天晚上,他写了一首30行的诗;6个月后,他改成15行,仍未能满意;一年之后,他写成了以上形式:只有2行。[①] 这不是别的,这是诗歌"减法"的胜利。

6. 锤炼警句与诗眼

诗歌中常见一些高度凝情聚思的关键句子或词语,我们称之为"警句""诗眼"。这样的文字通常都是自锤炼得来。古诗中锤炼警句、诗眼的例子,我们耳熟能详的很多,如"推敲"一词的由来,如"春风又绿江南岸"中"绿"字的敲定,等等。那么新诗有没有"警句"和"诗眼"? 需不需要锤炼? 一样有,一样需要锤炼。这方面的例子也不少。如徐志摩《再别康桥》:"我轻轻地走,/正如我轻轻地来。"这句诗之豁达洒脱,甚至让当代作家史铁生乐意拿来作自己的墓志铭,史铁生说:"在徐志摩先生,那未必是指生死,但在我看来,那真是最好的对生死的态度,最恰当不过,用作墓志铭再好也没有。"[②]还有艾青的《我爱这土地》:"为什么我的眼里常含泪水?/因为我对这土地爱得深沉……"臧克家《有的人》:"有的人活着,/他已经死了;/有的人死了,/他还活着。"北岛《回答》:"卑鄙是卑鄙者的通行证,/高尚是高尚者的墓志铭。"舒婷《神女峰》:"与其在悬崖上展览千年/不如在爱人肩头痛哭一晚。"沙穗《深闺》:"发乱了有梳子/心乱了呢?"……可以说,以上这些诗其所以能成名篇,和上述这些警句、诗眼也是大有关联的;而它们的得来,却是诗人们苦心孤诣的甘果。

---

① 赵毅衡. 美国现代诗选:上[M]. 北京:外国文学出版社,1985:47.
② 史铁生. 病隙碎笔[M]. 西安:陕西师范大学出版社,2006:4.

7. 竖耳谛听辨杂音

一个优秀的诗人,要像歌唱家练耳那样,格外注重训练自己灵敏的语感,尤要养成竖耳谛听辨杂音的好习惯。比如下面这首短诗《麻雀》:

不要捉住了看——/惊恐的黑眼睛/扑扑狂跳的小心脏//远一些/是群神气的野孩子/会歪着脑袋瞅着你//再远些/那是乡村生活的/浅灰色顿号

如果我们将此诗最后一句添一"的"字,改为"浅灰色的顿号"如何呢?表面看意思未变,但用心辨听这六个字,就会感觉到它们传递的感觉更像是逗号,而非顿号,就不能恰如其分地传达麻雀所带给乡村生活的那种平淡中的活泼生趣,一个"的"字也因此而成为整首诗的一个多余的杂音。

第四节 戏剧文学

一、戏剧文学概述

(一)含义

广义的戏剧,是指话剧、歌剧、舞剧、戏曲的总称;狭义的戏剧则专指话剧。

中外对于戏剧的定义有很多版本。中国社会科学院语言研究所词典编辑室编写的《现代汉语词典》(第7版)关于"戏剧"条目的解释为:戏剧是"通过演员表演故事来反映社会生活中的各种冲突的艺术。是以表演艺术为中心的文学、音乐、舞台等艺术的综合"①。而日本戏剧理论家河竹登志夫给戏剧所下的定义是"戏剧是一种凭借人的形体,即在'演员·剧本·观众·剧场'这'四次元'的世界实现戏剧性,通过视觉和听觉来感染人的能动艺术"②。从以上有关戏剧的定义可以看出,戏剧是由演员将某个故事或情境,以对话、歌唱或动作等方式表演出来的艺术。这里包含着四个元素"故事"(情境)、"舞台"(表演场地)、"演员"和"观众",而这其中"演员"是四者当中最重要的元素,他是角色的代言人。创作剧本最重要的是为了演出,只有依靠演员的表演,剧作者的意愿才能得以更好地实现。与传统戏剧大相径庭的现代派戏剧、后现代派戏剧,可以没有情节、没有人物之间的心理冲突、没有高潮,"反戏剧"而行之,却仍脱离不了扮演。创作剧本首先是供演出的,这是戏剧与其他艺术门类最大的不同之处。戏剧文学,通常指戏剧剧本。狭义的戏剧文学也专指话剧剧本,广义的戏剧文学则包括歌剧剧本、舞剧剧本、戏曲剧本在内。一般多取其广义的概念。

(二)分类

戏剧文学种类繁多,按情节构成与题材选择的区别所造成的内部结构性差异,表现为一系列外部形式、手段的不同,戏剧文学可划分为以下几类。

1. 根据戏剧冲突的性质和审美特征来划分

从剧中矛盾冲突的性质与人物命运的结局所表现出来的价值取向与审美范畴的不同,对戏剧进行分类,可以分为悲剧、喜剧、正剧,其中,悲剧与喜剧也是人类在理论上对戏剧分类的最早模式。

悲剧主要是以剧中主人公与现实之间不可调和的冲突及其悲剧的结局,构成基本内容。它的主人公大都是人们理想、愿望的代表者。悲剧以悲惨的结局,来揭示生活中的罪恶,从而激起观众的悲愤及崇敬,达到提高思想情操的目的。如索福克勒斯的《俄狄浦斯王》、莎士比亚的《哈姆雷特》、曹禺的《雷雨》等。

---

① 中国社会科学院语言研究所词典编辑室.现代汉语词典[M].7版.北京:商务印书馆,2016:1407.
② 河竹登志夫.戏剧概论[M].陈国峰,杨秋华,译.北京:中国戏剧出版社,1983:7.

喜剧主要以夸张的手法、巧妙的结构、诙谐的台词及对喜剧性格的刻画,从而引起人们对丑的、滑稽的嘲笑,对正常的人生和美好的理想予以肯定。代表作品有莫里哀的《伪君子》、果戈理的《钦差大臣》、迪仑马特的《贵妇还乡》等。

正剧是出现较晚的戏剧类型,一般不拘泥悲剧和喜剧的划分,灵活利用了两者的有利因素,加强了表现生活的能力,适应了戏剧发展的要求,扩大了戏剧反映生活的广泛性和深刻性。莎士比亚的《冬天的故事》《暴风雨》、狄德罗的《私生子》《一家之主》等作品都是正剧。

2. 根据戏剧作品容量大小和结构长短来划分

按此划分,戏剧可分为独幕剧、多幕剧等。幕是一定情节阶段的单位,它可以由若干场、若干事件组成。幕,往往以幕启幕落一次为标志,一幕中发生的戏剧情节,一般总是限定在同一的时间和地点中。中国戏曲则有长至50多出的长篇传奇剧与短至一出的折子戏。

独幕剧是戏剧作品的一种形式,全剧情节在一幕内完成。篇幅较短、情节单纯、结构紧凑,要求戏剧冲突迅速展开,形成高潮,戛然而止。多数独幕剧不分场并且不换布景。我国早期话剧有很多独幕剧作品,如田汉的《名优之死》、丁西林的《压迫》、洪深的《五奎桥》等。

多幕剧是在全剧演出过程中,大幕启闭两次以上的一种戏剧文学形式。多幕剧一般篇幅长、容量大、人物多、剧情复杂,宜于反映广阔的社会生活。莎士比亚的《哈姆雷特》、曹禺的《雷雨》、郭沫若的《屈原》等都是多幕剧。

20世纪80年代,归功于电视这一崭新的载体,戏剧小品异军突起,成为一个显著的文化现象。戏剧小品形式上短小,情节不复杂,具有戏剧性或喜剧性。值得注意的是,小品虽然受时空限制,篇幅有限,但具有起承转合的故事情节。1983年以来,戏剧小品通过中央电视台春节联欢晚会的推广,已经成为观众喜闻乐见的一种戏剧样式。

3. 根据戏剧文学表现形式和手段来划分

话剧的表演虽然也离不开音乐、舞蹈、美术等艺术的烘托和陪衬,但它的主体结构是由人体表演与语言的艺术要素组成的。从世界范围来看,话剧是戏剧艺术的一个最主要的门类,同时也是各种戏剧样式中文学性最强的一种。它的剧本,除了供演出之外,还可作为文学作品出版,供读者阅读。

戏曲,是一种历史悠久的舞台综合艺术样式,它由文学、音乐、舞蹈、美术、武术、杂技以及表演艺术综合而成。它与戏曲音乐结构相联系、相适应,使它在艺术结构方法上明显区别于话剧。戏曲文学需要有唱词,而唱词就是一种与音乐相联系的文学形式。即使是戏曲的念白,也不同于话剧的台词,因为戏曲念白除需具备性格化、动作性等条件外,还要求它具有音乐性,读起来好听,并且能与音乐相配合。

歌剧主要是或完全以歌唱和音乐来交代和表达剧情的戏剧(是唱出来而不是说出来的戏剧)。歌剧在1597年左右诞生,在兴盛的过程中,形成了许多不同的体裁和样式,如大歌剧、小歌剧,悲歌剧、喜歌剧,以及现在盛行于欧美的音乐剧。其代表作品如《茶花女》《蝴蝶夫人》《莎乐美》等。

舞剧,顾名思义,它是一种以舞蹈为主要表现手段的戏剧。在这里,演员是不用语言,也不用歌唱来"说话",而是用各种舞姿即舞蹈动作来"说话"。虽然舞剧也离不开文学的成分、音乐的配合和美术的布景等,但它的主导成分是演员的舞蹈。《睡美人》《天鹅湖》《胡桃夹子》《红色娘子军》均是大家所熟知的舞剧作品。

木偶剧是一种由演员在幕后操纵木偶演出的戏剧,不以真人演员而以替代物与观众见面,这一特点使木偶剧带有很突出的玩具游戏性和象征性。而哑剧的演员则既不说话,也不唱歌,而是以自己的身姿、手势与面部表情,来传达剧情,表现人物或突出文意的。相比较而言,这两种戏剧样式的戏剧文学性较弱。

除此以外,戏剧文学以剧情构成方式的不同,可以划分为传奇剧、社会问题剧、心理剧等;以选择题材的不同,可以划分为历史剧、纪实剧、民间传说剧、神话剧、科幻剧、侦探剧、惊险剧等;从不同的戏剧观念、不同的创作方法、不同的风格流派来进行分类,又可划分为古典主义戏剧、浪漫主义戏剧、现实主义戏剧、现代主义戏剧、后现代主义戏剧等。

(三)特征

作为戏剧文学的体现形式,剧本具有双重性——戏剧性与文学性。剧本的特殊性要求它应该包含可读的文学性和可演的戏剧性。在繁复的戏剧活动中,戏剧活动在剧本的创作中实际上就已经开始。为了上演,剧本创作必须在舞台演出的时间、空间限制内来编织情节紧凑、矛盾集中、发展迅速、性格突出的"一定长度的、完整的行动"以吸引观众,剧本提供的一切因素,应该能够外化为视听形象,适宜于搬上舞台。剧本的双重性,使得剧作家在创作戏剧文学时,必须在戏剧创演的规定限制下,即符合舞台性的基础上进行,又不能纵横捭阖,随心所欲。焦菊隐先生曾对这个问题发表过看法:

写小说,可以在同一个时间内写两个地点、两个事件,也可以同时并叙客观世界和人物的主观世界,还可以作编年史式地描写,由读者陆续阅读。剧本却必须在一个几十立方米的舞台空间里、在短短的两个半小时以内演完,把有限的舞台空间和时间处理为无限,要看导演的才能。而在空间和时间的制约下写出完整的人物,写出生活的意义,却是作家的才能。①

挖掘生活的意义,品茗人生的况味,营造诗意的境界,雕琢性格的魅力,编织跌宕起伏的情节等,是文学性的要求,而将这一切有效地在时间、空间限制中通过行动化为视听形象展现出来,这又是戏剧性的需求。剧本的文学性,则是考虑了这一切因素变为行动、化为视听形象的可能性的文学性;剧本的戏剧性,则是从文学构形中体现出来的便于上演、便于舞台艺术家进行"二度创作"的潜在可能性。戏剧文学的双重性质,使它具有不同于其他文学样式的独特性。

1. **浓缩地反映生活**

把现实生活素材搬上舞台,便要受舞台的严格限制。表演的时间不能过长,一般限制在三个小时之内。舞台场景是有限的,不能随意变动。整个戏剧必须在舞台周围的三堵墙和面向观众的那面透明的"第四堵墙"内完成。这样要使"舞台小天地"变成反映和描写生活的"人间大舞台",剧作者就必须对生活素材进行选择、提炼和加工,用戏剧的形式克服内容,将生活浓缩地反映在舞台上。戏剧家李渔在《闲情偶记》中提出了著名的戏剧原则——"立主脑""减头绪",戏为一人一事而设,也就是要求情节要单纯、集中,不能线索复杂、人物众多、情节拖沓。曹禺的《雷雨》,如果按照时间顺序写,就必先写三十年前的事(周朴园赶走鲁侍萍的原因和经过),次写三年前的事(周萍与繁漪"闹鬼"的事),后写三十年后今天的事(鲁侍萍回到周公馆这一天里引起的风波),但剧作家却把前两件事和眼前的事容纳在一天里,并把三十年来两代人的悲欢离合,集中在周家客厅和鲁家两处来完成,做到了时间和地点上的集中。在有限的空间中表现了丰富的内容,充分地发挥了戏剧的表现功能。

2. **尖锐的矛盾冲突**

戏剧的舞台性,决定了它必须靠尖锐的矛盾冲突来吸引观众。由小危机孕育着更大的危机,由小高潮推向一个更人的高潮,要使整个剧情都在这种激变的危机和高潮中运行,才能引起观众的兴趣,关注剧情的发展。"戏剧还要求有造成愿望或意图的冲突的巨大本领,要求有用不可反

---

① 焦菊隐.导演·作家·作品[G]//阳翰笙.焦菊隐文集:第4卷.北京:文化艺术出版社,1988:130.

驳的逻辑迅速解决这些冲突的本领。"①从整个意义上讲,没有冲突就没有戏剧。例如,清代传奇代表作孔尚任的《桃花扇》,全剧四十四出,除《余韵》之外,大体可分为四个部分。第一部分从第一出《听稗》到第十二出《辞院》,主要写侯、李的结合及由合而离,同时联系复社文人对阮大铖的斗争,左良玉欲东下就粮,为马、阮迫害侯方域埋下伏线。第二部分从第十三出《哭主》到第二十出《移防》,主要写侯方域的活动,同时联系拥立福王,马、阮当权,史可法被排挤,四镇内讧,朝政黑暗,展示了统治阶级内部派系斗争的日益尖锐,为南明覆亡埋下了伏笔。第十七出《拒媒》插入李香君的拒嫁田仰,使情节有变化,同时为后面戏剧矛盾激发张本。第三部分从第二十一出《媚座》到第二十五出《选优》,主要写李香君的活动,通过马、阮对李的残酷迫害,揭示了南明统治集团腐朽的本质,以及李对爱情的坚贞,在政治斗争中的鲜明态度和疾恶如仇的优秀品质。第四部分,从第二十六出《赚将》到第四十出《入道》,通过马、阮倒行逆施,大捕复社文人,以及左兵东下声讨马、阮,史可法困守扬州,对统治集团的分崩离析作了集中的反映,展示了明末广阔的社会图景。南明亡后,使入狱入宫的侯、李得以重合,最后他们割断儿女私情,双双入道修真。纵观全剧结构,一根主线贯穿前后,戏剧冲突十分尖锐,又细针密线,出与出之间有机地串联在一起,浑然一体,使剧情得到了合乎规律的发展,从而加强了舞台的艺术效果。②

3. 通过台词塑造人物、推进剧情

在剧本中,台词是塑造人物、推动情节、开展矛盾冲突的基本手段。"剧本是最难运用的一种文学形式,其所以难,是因为剧本要求每个剧中人物用自己的语言和行动来表现自己的特征,而不用作者提示。""剧中人物之被创造出来,仅仅是依靠他们自己的台词。"③这样戏剧对语言提出了非常严格的要求。

首先,戏剧语言必须具有动作性。鲁迅评《儒林外史》时曾经专门说到文学语言的动作性:"敬梓多所见闻,又工于表现,故凡所有叙述,皆能在纸上见其声态;而写儒者之奇形怪状,为独多而独详。"④戏剧同样如此。台词的动作化,就是要求剧中人物的语言必须结合舞台表情和心理特征,富有明确的行动目的。易卜生《群鬼》的男主人公欧士华热爱生活,热爱文学创作。可因其父不检点,使其患有先天梅毒。他挚爱母亲,不想麻烦母亲为自己操劳,便藏着吗啡,想待发作之际,让使女吕嘉纳帮他吃下。无奈她走了,欧士华只好呼唤母亲:

欧士华	现在到了要你救我的时候了。
阿尔文太太	(高声喊叫)我!
欧士华	不是你是谁!
阿尔文太太	我!我是你母亲!
欧士华	正因为你是我母亲。
阿尔文太太	你的命是我给你的!
欧士华	我没叫你给我这条命。再说,你给我的是一条什么命?我不稀罕这条命!你把它拿回去!⑤

在这一段对话里,我们甚至可以想见到母子双方的动作和表情。

其次,剧中人物的性格、心理,只有靠台词来表达,来塑造。因此,台词总是十分个人化的。

最后,台词一方面通俗易懂,明朗动听;另一方面又要精练、含蓄,富有潜台词。前者是为了

---

① 高尔基.文学书简:下卷[M].曹葆华,渠建明,译.北京:人民文学出版社,1965:12—13.
② 王岩.浅析《桃花扇》戏剧布局结构的特色[J].辽宁行政学院学报,2006(7):182.
③ 高尔基.论剧本[G]//罗晓风.编剧艺术.北京:文化艺术出版社,1986:167—168.
④ 鲁迅.中国小说史略[M]//鲁迅全集:第9卷.北京:人民文学出版社,1981:282.
⑤ 易卜生.易卜生戏剧集:第2卷[M].潘家洵,译.北京:人民文学出版社,2006:167.

上口、动听、入耳;后者是因为戏剧的高度集中性要求,戏剧语言必须精练,言简意丰,有一种意动性和暗示性,为下面的情节开展埋下伏笔,增设悬念,吸引观众。

戏剧语言,总是极富表现力的语言。"能把个人的性格、思想和目的最清楚地表现出来的是动作,人的最深刻方面只有通过动作才见诸现实,而动作,由于起源于心灵,也只有在心灵性的表现即语言中,才获得最大限度的清晰和明确。"①台词,在戏剧中的作用和戏剧语言的特征,正好体现了这一规律。

二、戏剧剧本的写作

(一) 发现

剧本写作是通过发现素材对其加工成为题材的过程,素材的发现是创作出戏剧题材的重要基础。为了避免无用功,剧本写作对素材的发现除了符合一般文章的写作要求外,还要适合剧本写作的特殊要求,就是必须适合舞台演出。那么哪些是剧本写作可选取的特定素材呢?

1. 在生活中发现戏剧要素

在戏剧文学创作中,首先剧作者要选择自己生活中最熟悉,感受最深刻的,具有现实观照性,引起观众兴趣,并与之形成情感共鸣的素材。但并不是任何生活材料都适合于戏剧,面对丰富多彩的现实生活和纷繁浩瀚的历史资料,要善于选择符合戏剧规律的素材。

(1) 充满魅力的情节

戏剧情节是戏剧作品的构成因素之一,一般指作品中人物与人物、人物与环境的各种关系所组成的生活事件、矛盾冲突的发展过程。关于情节的重要性古希腊哲学家亚里士多德认为"情节乃悲剧的基础,有似悲剧的灵魂,性格占第二位"②。中国戏曲也十分讲究情节,讲究传奇,李渔说:"古人呼剧本为传奇者,因其事甚奇特,未经人见而传之,是以得名。可见非奇不传。"③不论是古希腊的悲剧还是中国的传奇,在选材时都会考虑从生活出发,兼顾以情动人,力争与观众产生情感共鸣。

在中国传统戏曲中,《拾玉镯》《夫妻观灯》《拾棉花》等剧无不从生活中选取情节,丢一只鸡、借一双靴、赶一次集、观一次灯、走一段路等生活小情节都可以敷演一段故事,引人入胜。就连表现宫廷斗争的《打金枝》的情节,也富有生活的气息:驸马因为公主目无长辈,而打了公主。公主大怒,便向父王哭诉。人伦、纲常;皇家威严、人情人心,何取何舍?不料皇帝了解事因后,却责备了公主,但公主一味不肯认错,皇帝又假意以驸马违背了君臣大礼,殴打金枝玉叶,犯了死罪,要斩之为公主出气,公主反被吓得没了主意……这里皇帝没有用皇家威严、没有用生硬说教,只是用寻常百姓过日子的家常道理,劝说小夫妻和好,同时宣扬了家庭和睦的道理。通过劝架这个生活中的小事件,构筑情节,从而解决矛盾,深化文意,也使观众在观赏过程中产生情感共鸣。

(2) 赋有个性的人物

戏剧发现是一种心灵上的蓦然领悟。这种发现作为一种特殊的心理现象,它实质上是剧作者主体意识的自我领悟,或者说是剧作者终于发现自己所真正要表达的东西。在戏剧发现里,剧作者首先发现了他梦寐以求的那个形象,那个合乎理想的赋有个性的人物。美国著名剧作家、诺贝尔文学奖获得者尤金·奥尼尔塑造的《天边外》的主人公罗伯特·梅约的形象就是如此。《大

---

① 黑格尔. 美学:第1卷[M]. 北京:商务印书馆,1979:270.
② 亚里士多德. 诗学[M]. 罗念生,译. 北京:人民文学出版社,1982:23.
③ 李渔. 李笠翁曲话[M]. 北京:中国戏剧出版社,1962:6.

边外》是奥尼尔的成名之作,也是美国戏剧史上的一个里程碑。奥尼尔在一封信中谈到了它的写作:

> 我在英国货船上当水手,往来于纽约和布宜诺斯艾利斯之间。船上有一位挪威水手跟我非常要好。他常常发牢骚说,他一生中最大的悲哀和错误,就是小时候离开他爸爸的小农庄逃到海上来。他在海上待了二十年,没回过一次家。他咒骂大海和海上的生活,但又夹杂着对海洋的温情厚意。……生下来就喜欢大海的惊涛骇浪,只不过那种对海洋的向往在他心里却变成了模糊的、难以捉摸的漫游癖。他的意志力又不大坚强,为了一点带有诗意的渴望,比如说爱情吧,他就会抛却他的美梦,接受农庄的苦役。①

奥尼尔发现身边的这位好友,愿望模糊且无具体内容,不懂得现实,认为理想和现实没有什么距离,这是一个很特别的人物。在此基础上,剧作家深入发掘,揭示出人生中对理想的追求和这种追求的转化过程:梦想—现实—追求—挫折—牺牲—超越具有普遍性意蕴的命题,创作出奠定了他在美国剧坛首屈一指地位并获得普利策奖的作品。

选择素材,对于编写剧本是非常重要的。如果选材不当,常常会徒劳无益。所以,在生活中善于选择和挖掘富有戏剧性的因素,是戏剧写作的基本技能。

2. 在经典作品中发现改编之点

立足现实观照,重新解读经典、改编经典,创作出符合当下审美需求的新剧本,不失为戏剧创作的一种类型。这里所说的改编作品是指在原有作品的基础上,通过改变作品的表现形式或者用途,创作出具有独创性的新剧本。世界各国对莎士比亚作品的重新解读、改编、创作、演出,即遵循此路。另外,借鉴其他艺术形式的成功作品进行创作也是戏曲改编的常见方式,如改编自小说的《红楼梦》《祥林嫂》《骆驼祥子》《典妻》《死水微澜》等。值得注意的是,虽然经典作品为改编提供了故事情节、人物性格等,但是要注意各种艺术形式在文本特征、技巧运用、艺术风格等方面存在着明显的差异,在进行艺术形式的转化时,在忠实于原著的精神实质的同时,还要根据不同艺术样式对表现内容的特殊要求,对原著进行增删剪裁。例如,小说、电影不管是容量还是叙述的自由度都比戏剧大得多,因此将其改编成戏剧经常出现人物众多、情节涣散、缺乏冲突等弊端,如经典小说《红楼梦》,在戏剧改编中首先要有相对固定的时空,给演员留下表演的空间,原著里事多人杂、呈多线索分布,因此,在戏剧选材的时候,要兼顾戏剧的规范,选中一个"点",可能是某一段落故事,或者某一人、某几人的故事,太多的人物,漫长的行动过程,过于隐晦曲折的心理活动,频繁变换场景,都无法在舞台上演出。

(二)构思

所谓戏剧构思,是指剧作者在戏剧发现的基础上,以戏剧概括的方式,为塑造人物形象,设计矛盾冲突和情节,安排结构,按照创作意图,设想出整个戏剧世界的思维过程。

1. 戏剧构思的方法

(1)从人物出发

英国近代戏剧理论家威廉·阿契尔在《剧作法》里阐述了对这个问题的看法:"不论一个剧本的萌芽是什么——一件轶事,一种情势,或者其他等——如果人物不在很早的时刻就进入戏,而且决定戏的发展的话,那么,作为一件艺术品来说,这个剧本是没有什么价值的。"②这里强调了戏剧创作中人物的重要性,从人物出发,这个人物,可能不一定是剧中最主要的人物,但这个人物一定是处在人物关系的枢纽之上,关联牵制着全剧的人物关系。例如曹禺《北京人》中的曾四姨,

---

① 奥尼尔.奥尼尔剧作选[M].荒芜,译.上海:上海文艺出版社,1982:6.
② 阿契尔.剧作法[M].吴钧燮,聂文杞,译.北京:中国戏剧出版社,1964:19.

虽然不是剧中的主要人物,但是全剧人物关系均以曾四姨的关系为结构,用她作为枢纽去组织故事和人物关系。

(2) 从事件出发

戏剧创作的构思也可以从有感于某个事件出发,构思人物关系、戏剧冲突、升华主题等。这里的戏剧事件大体又分先行事件、舞台事件、暗场事件等。发生在大幕打开之前的事件,是先行事件,如《贵妇还乡》中贵妇衣锦还乡,报仇的理由等;发生在大幕打开之后、舞台上所发生的事件,是舞台事件,如《俄狄浦斯王》,弑父娶母预言的应验,人与命运抗争的悲剧;契诃夫的《樱桃园》,四幕戏都表现人的生存状态,他把主要的事件作为基础放在暗场,而关注在事件表现出来的人的生存状态。在构思中要注意明场、暗场的处理,先行事件和舞台事件的着墨。

(3) 从场景出发

剧作者还可以通过感觉和联想,制造非常强烈的场景,即规定情境,由此生发,设置情节、人物关系,从而对剧本进行构思。因为场景有严格的时空限制,所以人物在此场景下的言行轨迹,同样具有时间和空间的限制性。如老舍的《茶馆》,此剧虽然人物众多,事件众多,但是没有贯穿性事件。到茶馆中的人,不过是跟茶馆有关系的横切面。这里场景严格地制约着人物的言行、人和人物性格的发展,是社会形态的一种反映。

除此以外,理念、文学作品要素,甚至一个数字、一句话、一幅画、一种自然现象等都有可能构成戏剧文学创作构思的来源。

2. 戏剧构思的原则

(1) 以刻画人物为核心

戏剧史上一些成功的戏剧作品清晰地保留在观众的心里,正是与一批如俄狄浦斯、哈姆雷特、娜拉、崔莺莺、七仙女与董永等一批鲜活的戏剧人物形象深深地印在了观众的脑海里有关。因此,在戏剧构思中,不管题材是来自史料、小说还是民间传说,都有一个构思设定刻画人物的任务。戏剧是行动的艺术,因此人物形象的塑造要设定在规定情境中,靠独特的行动完成,切忌脸谱化、简单化。如早期话剧《妇女代表》中的张桂蓉,在全剧有九个动作,挑水劳动、买牛大婶的药、卖稻草、让牛大婶学医、上夜校等,这一系列的动作,构成有力的行动,使张桂蓉从当时的时代背景里脱颖而出,鲜活别致。值得注意的是,当代戏剧创作经常出现主题先行的现象,尤其是小戏、小品创作,不以刻画人物为核心,缺乏对生活的真知灼见,以公式化、概念化的思路拼凑作品。比如生活中出现的表现"心灵美"题材、"虐待老人"题材、"下岗工人自强不息题材"等作品,剧作者往往从观念出发,故事大同小异,人物千篇一律,作品流于形式,这些作品基本上成为过眼云烟,很难留存下去。

(2) 以设计"有戏"为抓点

戏剧是舞台艺术,最终呈现方式是舞台演出,"有戏"和"无戏"是观众评价一部戏剧作品的标准之一。在戏剧作品构思时,要认清不是所有能激发剧作者创作冲动的题材都可以入戏的,必须遵循戏剧本体特征,在戏剧作品构思中要围绕"有戏"确立重要的矛盾核心,这个核心即为戏核,没有它,就构不成戏,戏核是情节的起因,同时也是支撑一个剧本最重要的情节核。戏曲《秋江》中尼姑陈妙常与观主的侄子潘必正私订终身,观主得知后令潘必正赶考。陈妙常心急如焚地追到了江边,欲雇船追赶。巧遇一风趣的老艄公,看出她的心事,一路打趣。这个戏的事件、情节、戏核高度集中,统一于"追"上,紧紧围绕"追"把人物扭结在一起,从而产生戏剧性。此剧虽然故事情节很简单,但因为"有戏",妙趣横生,令人回味,深得观众的喜爱而成为保留剧目传唱至今。

(3) 以运用意象思维为手段

剧本创作无论是哪一类都要有一个主题思想或主导情感,要把其表述出来,不是靠逻辑推理的说教,而是靠意象思维形象地加以展现。关于这一点,曹禺先生说:"剧本的'理'只有一个,是统一的。这个统一的'理'应该渗透在人物的塑造里,情节的安排里,以及丰富多样的语言里。'理'是整个剧本的'灵魂'。"①这里曹禺所说的"理"即为作品的文意,这个"理"通过意象思维在人物塑造、情节安排中进行生动的展示,也就是说文意是通过剧中人物动作显示出来的,而不是作者把自己想表达的意愿或某种思想借剧中人物之口说出来。

在实际创作中,特别对于初学者而言,发现一个好的素材,往往没有经过很好地构思,很好地提炼,没有对人物形象、人物关系进行设定,就匆匆上马,因此写出来的故事往往不感人、形象不生动、主题不明确,甚至成为图解宣传的口号,这和剧作者没有很好地运用意象思维有一定关系。

(三) 表达

戏剧的表达是戏剧创造的物化阶段,指剧作者把在艺术构思中已基本酝酿成熟的主题意蕴和情节结构转换为适宜舞台演出的文字的过程,它标志着戏剧文学创作过程进入最后阶段。

1. 表达要求

(1) 鲜明的本体特色

鲜明的本体特色是指创作的剧本具有戏剧剧本的特点。

剧本创作依靠语言,戏剧语言包括人物语言和舞台说明。要把剧本写得富有本体特征,在表达的内容方面,要运用简练、扼要、明确的舞台说明通过布景、服装、道具的提示语,剧情发生的时间、地点和人物的表情、动作、上下场等的交代以及人物个性化的台词展现鲜明的时代特点和地方特色。在书写戏文方面,要有舞台演出意识,以塑造人物为中心,要有运用场面调度和灯光等手段辅助演员将剧本传达的信息很好地呈现给观众的观念,运用个性化台词,展开情节、刻画人物,要把剧本写得既符合戏剧规范又具有鲜明的剧种特点。总之让导演和演员看之"有戏",有种发挥才能的冲动才是有着本体特征的剧本。

(2) 丰美的语言张力

① 务含蓄。

语言的含蓄是艺术地展开情节、刻画形象的重要手段。能够以少胜多,"言有尽而意无穷,余意尽在不言中"就是含蓄的语言。戏剧语言尤其重视含蓄,经典剧作的剧作家都借助了戏剧的载体,言志抒情,以耐人寻味的语言推动戏剧情节、塑造人物形象。咀嚼戏文余香满口。例如,《西厢记》:"碧云天,黄花地,西风紧,北雁南飞,晓来谁染霜林醉?总是离人泪。"把秋景的组合意象融入了戏曲空间,抒写张生与崔莺莺的离愁别绪,在欣赏优美的唱词的同时,如同陪同剧中人在如画的风景中行进,进入了一种情景交融的境界,戏文极富诗意和韵味。

② 易浅显。

李渔在《贵浅显》一章里写道:"曲文之词采,与诗文之词采非但不同,且要判然相反。何也?诗文之词采贵典雅而贱粗俗,宜蕴藉而忌分明;词曲不然,话则本之街谈巷议,事则取其直说明者。凡读传奇而有令人费解,或初阅不见其佳,深思而后得其意之所在者,便非绝妙好词。"②这里强调曲词的通俗性。比较而言,戏剧语言表达的通俗性、质朴性比典雅性更为重要。同时也要认识到,这里所说的浅显通俗,并不等于直白粗俗,而是语浅而意深,准确而又生动,适宜演出的要求。请看京剧《沙家浜》中的一段唱词:

---

① 曹禺.论戏剧[M].成都:四川文艺出版社,1985:20.
② 李渔.李笠翁曲谱[M].北京:中国戏剧出版社,1962:14.

郭建光　（接唱）那一天同志们把话拉，
　　　　　　　　在一起议论你沙妈妈。
沙奶奶　（认真地）说什么来着？
郭建光　（接唱）七嘴八舌不停口……
沙奶奶　哦，意见还不少哪！
郭建光　（接唱）一个个伸出拇指把你夸！（众人同笑）
沙奶奶　我可没做什么事呀！
郭建光　沙奶奶。
　　　　（接唱）你待同志亲如一家，精心调理真不差。缝补浆洗不停手，一日三餐有鱼虾。同志们说：似这样长期来住下，只怕是，心也宽，体也胖，路也走不动，山也不能爬，怎能上战场把敌杀！①

郭建光的唱词可谓浅显易懂、雅俗共赏、老少咸宜，因此，深受观众喜爱，广为流传。

③ 重机趣。

在戏剧创作中，一句精妙、美妙、奇妙、神妙的语言，可能会把一种意思表示得别出心裁，情趣无比。请看崔凯、何庆魁的小品《红高粱模特队》中赵队长和范指导在认知上的差异闪烁着妙语光芒的一段对话：

范指导　等，等，等，等一下，先不着急换服装，在训练之前呢，我想看看大家的基功。
赵队长　（向众模特）基功，带来了吗？
范指导　啊，基功不是带的，基功就是基本功。说白了，就是模特行走的基本步伐，从仿生学的角度讲呢，就是猫步。
赵队长　家猫？
范指导　猫步。
赵队长　猫在散步。
范指导　哎，不是猫在散步，是猫在走直线。
赵队长　猫走直线？
范指导　对！
赵队长　范师父，我觉得猫走不走直线，完全取决于耗子。你看，如果耗子拐弯了，猫还走直线，那是不是瞎猫走直线？②

这里用猫抓耗子走直线偷换模特走猫步的概念，改变了话语的原意，将对方引入错误，这种巧妙的表述富有机趣，极富感染力。

④ 易上口。

戏曲、话剧或是以散文化的日常用语为主的小品，在演出时讲究易上口，易于被观众接受。有时，为某种需要，如突出内容，强调意义或者是营造气氛，运用句子最后一个字押韵的语言形式，说起来顺口，听起来顺耳，能起到特殊的效果。如何庆魁、宫凯波、张弘的小品《钟点工》中老太太因为老头的笑话伤了自尊心，想离去的时候，收工钱找不出十元零钱，不得不再陪老头唠十元钱的嗑，请看：

老　头　抽烟不？
老太太　不会！

---

① 汪曾祺，杨毓珉．沙家浜[M]．北京：中国戏剧出版社，1965：10．
② 倪学礼，李杰．中国广播电视文艺大系(1977—2000)电视小品卷[M]．北京：中国广播电视出版社，2008：362．

老　　头　　喝水不？

老太太　　自备！

老　　头　　吃水果不？

老太太　　反胃！

老　　头　　干啥呢？

老太太　　干啥，你说呢？

老　　头　　唠嗑吧！

老太太　　唠呗！反正十块钱，都是你消费！①

一个热情招待，小心赔罪，一个爱理不理，冷淡应对，韵脚的一再重复，使对话有了律动，听起来朗朗上口，又表明了两人对立的心态，刻画了人物。

2. 表达手段

(1) 巧妙地使用修辞手法

戏文写作离不开修辞手法，恰切地使用修辞手法不仅使戏剧语言生动、形象，而且使戏文余香满口，发人深思。凡是剧作家创作时都十分重视修辞手法的运用。例如，莎士比亚是一个善于使用修辞手法的高手，几乎所有的修辞手法都在他的作品中熟练地使用过，这些修辞手法的使用增添了他作品的内涵和艺术性，显示了他卓绝的语言智慧。戏剧创作，修辞手法是内容表达的有效手段，且不说对偶、互文、双关等手法的运用能够创造场面意境，也不说拟人、比喻等手法的运用能够增添戏文内涵的丰富性，单就夸张使用而言，由此产生的虚拟性也已经成为戏曲重要的美学特征，成为戏曲反映生活的基本手法。正是运用夸张产生的虚拟性，使得舞台在有限的时空里，"三五步行遍天下，六七人百万雄兵""顷刻间千秋事业，方丈地万里江山""眨眼间数年光阴，寸炷香千秋万代"成为可能，被观众约定俗成地接受。

(2) 恰当地运用写作技法

仅仅是明白无误地传递发话人想说的内容，对戏剧语言来说，是远远不够的，一句话要说得引人入胜，表述的方式必须具有内在张力，这种张力可以来自虚实、张弛、详略、正反等辩证手法的使用。例如，小品《昨天　今天　明天》就运用了正反法：

白　　云　　都说你那节目主持得可好了。

主持人　　这么说的？

白　　云　　就是人长得可碜点。

黑　　土　　你咋这样呢？

白　　云　　说实话呗。

黑　　土　　瞎说啥实话。（朝主持人）她不是那意思，我老伴那意思是说大伙都喜欢你主持节目。哎呀，全村最爱看啦，说你主持有特点，说一笑像哭似的，不，一哭像笑似的。②

演出时，观众对这段戏的反响异常强烈，这里的台词就用了"正—反—正"的辩证手法，使小品具有了张力，取得了很好的演出效果。

初学剧作者写作戏剧剧本一般都没有运用写作技法的意识，戏剧剧本写作实践告诉我们，运用写作技法创作剧本能够更好地塑造人物形象，实现剧作者的写作意图，使作品更具艺术性，这应为我们所记取。

---

① 倪学礼，李杰. 中国广播电视文艺大系(1977—2000)电视小品卷[M]. 北京：中国广播电视出版社，2008：488—489.

② 同①，第450页。

第五节　影视文学

一、影视文学概述

（一）概念和类型

在众多的艺术门类中，电影和电视是年轻的艺术形式，它们是现代科学技术发展的产物。1895年12月28日，法国卢米尔兄弟在巴黎一家咖啡馆放映了他们自拍的电影短片，这一天被公认为是电影的诞生日。在此40年后，英国青年贝尔德运用电子技术，将一个人的图像十分逼真、清晰地映像到屏幕上，真正意义上的电视便从此诞生。电影和电视的出现，是人类视听传播媒介的大革命。虽然出现、发展的历史很短，但它们以独特的艺术表现力，深入现代的日常生活，极大地改变了人类的生活方式和审美方式，对整个人类生活影响巨大、广泛和深刻，是其他艺术形式都难以企及的。

1. 概念

电影和电视作为两种最年轻的现代艺术，是建立在现代科学技术基础上的，通过展现在银幕或荧幕上的画面与画面相配合的声音，在多维的时空中塑造出直观的视听形象。影视艺术是一门综合性的艺术，它综合了文学、戏剧、音乐、舞蹈、绘画、建筑、雕塑等艺术因素，其中，文学因素是最基本的。因此，在文学艺术的花圃中，便出现了"电影文学"和"电视文学"。由于它们具有相似的美学特征和文本特征，并且在电影、电视艺术系统中发挥着相似的功能，所以，我们把它们合称为"影视文学"。

影视文学是继诗歌、散文、小说、戏剧等传统文学类型之后出现的，兼有影视艺术和文学艺术双重属性，是在两者的交互融合渗透中，把文学的叙事抒情因素与影视的造型视听因素有机融为一体的文学样式。

影视文学作者对素材进行选择、剪裁、加工，组接成一个个生动精彩的段落，用简洁流畅的文字作出叙述、描写和说明的文本，不仅给导演、演员、美工和剪接、服装、化妆、道具、照明等工作人员蓝本，又能供广大文学爱好者阅读，影视文学是一种独具特色的文学体裁。

2. 类型

影视艺术在发展过程中形成了丰富多彩的类型。根据不同的分类标准，可把影视文学分为不同的类型。如果从所写内容入手来区分作品，则有：功夫题材片、灾难题材片、间谍题材片、战争题材片、侦探题材片、科幻题材片、爱情题材片……如果以篇幅长短为标准考察电视剧，则有电视短剧（亦称电视小品）、电视单本剧、多集电视连续剧（2～10集）、长篇电视连续剧（10集以上）等。影视文学的分类是多种多样的，不同类别的影视作品，有着不同的艺术特点和不同的写作方式方法。

（二）审美特征

影视文学是为影视拍摄而创作的文体，必须要用连续活动的带声画面在银幕、屏幕上呈现出来，这就决定影视文学具有一些区别于其他文学文体的特征。

1. 视觉形象的造型性

影视作品是主要诉诸人视觉的艺术样式，具有视觉的形象性和直观感，要用连续的活动画面塑造形象，以视觉形象的艺术力量直接作用于观众的视觉。因此，注重视觉造型性的画面，突出视觉效果是影视文学区别于其他文学样式的重要特点。苏联电影大师普多夫金说：

小说家用文字描写来表现他的作品的基点，戏剧家所用的则是一些尚未加工的对话，而电影编剧在进行这一工作时,则要用造型的(能从外形来表现的)形象思维。[①]

编剧必须经常记住这一事实,即他所写的每一句话将来都要以某种视觉的、造型的形式出现在银幕上。因此,他们所写的字句并不重要,重要的是他的这些描写必须能在外形上表现出来,成为造型的形象。[②]

这就说明,写作影视剧本,必须考虑到形象的视觉造型性,剧作者所写的东西必须是能看得见的,是能够被表现在银幕、屏幕上的。另外,影视剧本只能用人物的行动和语言来表现人物的性格,一般排斥说明性和叙述性文字,即不能像小说那样借用叙述者客观叙述之便,通过说明交代,夹叙夹议的方法对人物的身世、经历、性格、心理等进行介绍剖析,也不能像戏剧那样通过对话进行叙述交代。影视文学无论是对剧情的交代,还是对人物的描写,人物心理的刻画,都必须用具体可感的视觉造型形象来进行。剧作者必须努力将所体会到的情感和思想化作可见的视觉形象来表现,使观众在具体可感的视觉形象中,体味影视的艺术魅力。在《钢琴课》中女主人公艾达常将下颌抬起,微微向前扬起,表达一种不屈服、不妥协的意志和力量,时而有意低头沉吟,不让人看到她的眼神和表情,她时而扭过头去,让别人感到她的关注和警觉,又时常将头歪向一边,眨着一双天真的大眼睛,让别人的心理防线不攻自破。即使她背向镜头时,我们也能从她那挺直的背影中觉察到一种凛然的不可侵犯的尊严和坚强。

2. 影视形象的运动性

影视作品是直接给观众"看"的艺术,它以视觉形象的艺术力量直接作用于观众的视觉,而这种视觉形象又不是一成不变的,它是不停地变化着的,即注重形象运动性就成了重要因素。因此,影视形象连续不断的运动,造成动态感是影视艺术的重要特征。

在影视作品的表现对象中,以表现动态的生活为第一内容,而且所要表现的内容是不受时间、空间的限制,以随心所欲的运动方式呈现。场景在不断地变换,人物在不断地活动,事件在不断地发展,一切都在运动中,从而带给人真实、直观的感觉和艺术享受。如影片《四百下》里,小男孩安托万总是在不断地奔跑。从上学、逃学,直至从少年管教所逃跑。奔跑这一动作,即符合一个调皮男孩子的性格,又是他想要摆脱学校、家庭内心冲突的写照。影片结尾对安托万漫长的不停奔跑的跟拍镜头,也是他孤独迷茫成长之旅的象征。

影视作品中的视觉形象的运动感体现在以下两个方面。

一方面是画面的外在运动。画面的运动分为:画面内部的运动、画面与画面之间的运动。画面内部的运动,是指在固定镜头的画面内,人或物的变动。画面与画面之间的运动,是指镜头之间画面的变换。影视作品要通过运用画面内运动、画面与画面运动,以动态的画面来展示内容,叙述故事情节,塑造人物形象。

另一方面是影视形象的内在运动。影视形象包括人物形象和镜头内的物像。影片中运动或静止的物像是作为人物活动的背景出现的,但有时候物像本身也参与情节,或渲染气氛,画面内人物情绪的波动与镜头的或动或静,能构成一种艺术张力。如《花样年华》中,女主人公打破重重顾虑,来到男主人公的住地,淡淡的爱意其实早在两人心中产生,但都在等待对方表白;眼神的试探、躲闪,言语的慌乱,营造出迷离的气氛。最后,突然响起的电话铃声,打破了这种欲说还休的局面,使故事情节推进下一个阶段。

创造影视形象运动性的一个重要方式就是镜头运动。

摄影机既不受时间的限制,也不受空间的限制,上天入地,潜海登月,无所不能,当摄影机的

[①] 普多夫金. 论电影的编剧、导演和演员[M]. 何方,译. 北京:中国电影出版社,1980:22.
[②] 同①,第32页。

运动与被拍摄对象都处于运动之中时,画面构图也就随之运动起来,被拍摄的物体在画面内的位置与前后景物的透视关系也就发生了连续的或间歇性的变化,"动态构图"也就不断地出现,可以说以镜头运动为基础的动态构图大大丰富了影视作品的表现手段,通过推、拉、摇、移、跟、升、降等镜头的运动方式,不仅可以使运动的主体更富运动感,而且可以使处于静止状态的主体具有运动感。

创造影视形象的连续运动另一个重要方式是剪辑。通过对镜头画面的重新组接,可以创造出运动和节奏。把一些静止的短画面剪辑在一起,就能创造活动的画面。希区柯克的影片《精神病患者》中的凶杀过程,没有一个完整的动作,都是一些动作瞬间的短镜头:高举尖刀的女人,恐怖的表情,挥下的刀,女人遮挡的双手,溅血的身体,等等,一直到最后女人放大瞳孔的双眼,这些短镜头快速地组接起来,就呈现了一个激烈、恐怖、血腥的凶杀过程。

既然影视是流动的艺术,那么影视剧的创作也就必须在运动中塑造人物形象,在流动画面中表现社会生活过程。例如,《魂断蓝桥》对主人公玛拉最后在滑铁卢桥上自杀的情景是这样描写的:

桥上,一车队军用汽车亮着车灯,轰轰隆隆地向桥头驶来。

玛拉转过头去,望着驶来的军用卡车。

车队从远处驶近。

玛拉迎着车队走去。

车队在行驶,黄色车灯在浓雾中闪烁。

玛拉继续迎着车队走。

车队飞速行进。

玛拉迎面走去。

车队轰鸣,越来越近。

玛拉迎着车队走,越来越近。

玛拉宁静地向前移动,汽车灯光在她脸上照耀。

玛拉的脸,平静无表情的眼神。

巨大的刹车闸轮声,金属相磨的尖厉声。[①]

这段描写文字富有运动性,在车队和玛拉的连续动作中,表现出了玛拉绝望的心情。

3. 多种艺术的综合性

高度的综合性是影视艺术区别于其他艺术形式的重要特征,也是其独特性之所在。

一部影视作品,既有小说与戏剧的故事情节,塑造的人物形象,又有音乐的音响节奏、韵律,还有绘画的构图,雕塑的造型,等等,因此,影视作品是综合艺术。它把"静"的艺术和"动"的艺术,"时间"艺术和"空间"艺术,"造型"艺术和"节奏"艺术等有机地融汇在一起,创造出一种动态的、具有立体感和逼真性的视听结合的艺术样式。

影视作品的综合性主要体现在以下方面。

(1) 时空结合,转换灵活

一般来说,小说、戏剧和影视都属于时空艺术,都重视时间、空间的变化。但小说的时空只能作用于读者头脑中间接的想象,戏剧受舞台的限制,场景不能太多,变化不能太快,有些大的场面不容易表现。影视主要是视觉艺术,有丰富的表现功能,既像时间艺术那样,在延续时间中展开故事,塑造人物形象,又像空间艺术那样,在画面空间上展开形象,它把时间艺术和空间艺术的优

[①] 本丛书编委会. 世界著名电影剧本选:第二分册 美国分册[M]. 福州:海峡文艺出版社,1985:182.

势结合起来,构成新型的时空艺术复合体,有丰富的表现功能。而且时空变化很灵活,可以不受任何时空的限制。从时间上讲,上下两个镜头可以表示相隔一秒钟,也可以表示相隔几十年。从空间上讲,小可以展现骐骥一毛,大可以表现万水千山。

(2) 视听综合,声画兼备

影视从绘画和雕塑中借鉴了造型艺术的特点,学习了造型艺术的造型手段。绘画对光、影、色彩、线条、形体的独特处理,为影视的画面造型、色彩造型提供了丰富的艺术养料。影视画面的构图、层次的安排、色彩和光影的运用都与绘画有着相似之处,我们在欣赏一部优秀影片的时候,常常会感受到影片中的一些画面就像一幅幅精美的图画。

影视从音乐中吸取了抒情和节奏感的特点。节奏是影视艺术一个重要艺术元素,没有节奏,也就没有影视艺术的生命。节奏是影视作品抒发感情、渲染气氛、表现主题思想的重要艺术手段。影视作品中的音乐和歌曲是对音乐艺术的直接综合,使之成为影视艺术整体部分。影视艺术是视听兼备的艺术,它以视觉造型为主,兼顾听觉效果,在满足观众视觉需要的同时,还带给观众听觉的美的享受。

(3) 动静结合,营造氛围

从艺术存在形态上来看,艺术可以分为动态艺术和静态艺术。建筑、雕塑等是静态艺术,音乐、舞蹈、戏剧等是动态艺术,而影视则属于运动中的造型艺术。在影视画面中,静态的场景以及画面造型、构图是伴随着情节发展以及节奏、旋律等,以动态形式表现出来的。如影片《大河恋》中,远处重山在阳光的笼罩下显得朦胧、缥缈,缕缕阳光倾泻在树叶上,使森林增添了静谧,光线投射在河面上,透入河底,突显出河水的清澈,周围环境的无声,衬托出潺潺河水的流动声,动静结合营造出一种艺术的氛围。

影视艺术体现了对多种艺术的各种表现手段,各种艺术构成元素的综合。正因为广泛吸收了各类艺术的优点,丰富并充实自己的艺术表现力,于是也就有了关于电影的种种美妙的比喻,如"视觉的诗""铁盒子里的戏剧""光的音乐""动的绘画""形象的文学"等。

但是,影视艺术综合性并不是各类艺术的简单相加,而是有机的融合。在融合的过程中,各类艺术因镜头的组合而发生了变化,既保持了原有的功能,又突破了原有的规律。

(三) 电影和电视两种艺术的区别

电影和电视是两种关系最密切的艺术,都是以科技手段和特定的机械设备为基本材料,通过拍摄、剪辑等工序,创造出逼真、直感形象的艺术。因此,它们有很多相似之处,都以镜头和画面作为基本元素,运用独特的语言叙述故事,处理时空有很大的自由。艺术上都具有画面性的特征。但是,这并不说明两种艺术是完全相同的。科学地说,两种艺术还是有不同之处的。

1. 篇幅长度不同

由于电影和电视的传播工具、传播媒体、传播场合不同,从而造成了观众审美心理不同。一部电影的最佳长度是两个小时左右,而电视剧则很灵活,可以是单本剧,也可以拍成系列剧。

2. 人物设计、场景安排不同

电视剧中的人物不宜太多,线索不宜太繁,场面不宜太大。而电影较少受这个限制。

3. 表现手段不同

电视剧因为屏幕小的特点,常选择具有典型意义的细节,把场面和人物动作进行细微分切之后通过镜头组合,表现整个场面。电影由于清晰度高,可以表现大场面,不必采用细微分切组合的方法。电视比较多地运用特写和中景、近景,很少用全景和远景。而电影可以自由运用具有不同功能的景别镜头。

总而言之,影视文学剧本并不等同于一般的文学体裁,剧作者所创作的形象必须是能够在银幕、屏幕上展现的,可见可闻的具体形象,是直接付诸视听的形象,这就要求影视剧作者在创作过程中,先在大脑中浮现具体的视觉和听觉形象,用画面、声音进行思维,同时还必须考虑各种艺术的综合运用,来设计银幕、荧屏形象。

二、影视文学写作

影视文学是一种独特的文学样式,它既具有很强的工具性和实用性,可以成为导演工作的蓝本,又具有较强的文学性和可读性,可以成为独立的能阅读的文本。这就对影视文学写作者提出了特殊的要求,除了有丰富的材料积累,较高的文学素养和语言表达能力,还必须熟悉影视艺术的独特性,掌握影视文学写作的特殊规律。所以,写作时既要注重影视剧本的文学性,更要注重它的影视性,始终以创造逼真的银幕、荧屏形象为中心。

(一)发现

1. 优秀作品可改编点

影视艺术从诞生开始起,就从小说、戏剧等艺术中吸取了大量的艺术手法,影视剧具有对文学作品实施声像"转译"的巨大可能性,也是影视剧幻化人类情感与艺术意味的一条"捷径"。不少影视剧是由小说、戏剧、叙事诗改编过来的,其中由优秀的文学名著改编的世界名片有《乱世佳人》《呼啸山庄》《哈姆雷特》《静静的顿河》《祝福》《大红灯笼高高挂》等。

影视改编是一种艺术再创造行为,有着内在的规律与规范。改编者应当遵守一定原则,必须深入研究原著,掌握原著的精神,然后再运用影视艺术的手法在银幕或荧幕上再现。

影视剧改编应该注意以下几个方面。

(1)要认真选准改编对象

把小说、叙事诗或戏剧改编成影视剧本,必须注意以下三点。第一,原著一定要有好的精神价值和艺术价值,如根据梁晓声同名小说改编的电视连续剧《人世间》。第二,要有完整曲折、引人入胜的故事情节,如根据莎士比亚的名剧改编的电影《哈姆雷特》《麦克白》。第三,要有鲜明个性特征的人物形象,如《红与黑》中的于连这个形象。

(2)充分发挥艺术独创性,对原著进行取舍和加工

影视剧改编也是一种艺术创造,必须把创造性放在第一位。改编要忠实于原著,主要是忠实于原著的精神实质和总体构思,并不是机械地照搬原著。在改编中,原著的精髓不变、风格不变,但可以对作品的人物、情节和结构做一定的取舍和加工。如约翰·福尔斯的小说《法国中尉的女人》是一部结构新颖,思想内涵十分丰富的作品,电影编剧哈罗德·品特在改编过程中,把握原著精神实质,在原著的那个维多利亚时代的爱情故事的情节之外,又增加了一条20世纪80年代一对年轻演员之间的爱情纠葛的情节线索,"添了几个人物,改编了小说的结构。"编剧纯熟运用了电影视听语言,使影片焕发出了电影艺术的绚丽光芒。

(3)改编的方式、方法

影视的改编方法是多种多样的,从无数成功的改编实践来看,主要采取以下几种方式、方法。

① 截取法。

截取法是指从一部作品中选出相对完整的一段予以改编。节选的部分往往是人物、事件、场景较为集中的篇章。这种方法比较适用于篇幅宏大、人物众多、故事情节相对独立的长篇巨著,如《三国演义》《水浒传》等。

② 浓缩法。

美国电影理论家布鲁斯东说过:

当一个电影艺术家着手改编一部小说时,虽然变动是不可避免的,但实际的情况却是他根本不是在将那本小说进行改编。他所改编的只是小说的一个故事梗概——小说只是被看作一堆素材。他并不把小说看成一个其中语言与主题不能分割的有机体;他所着眼的只是人物和情节,而这些东西却仿佛能脱离语言而存在……①

这实际上就是对被改编对象的浓缩处理。对内容容量大、线索繁多的作品,就需要对原作做浓缩处理。这种方法往往是抓住与主题有关的人物事件,以主人公思想、感情脉络为贯穿的线索,对原著故事和情节进行删繁就简的取舍。如电影《乱世佳人》是根据美国女作家玛格丽特·密歇尔德的作品《飘》改编的。改编者把原著作以精简,对白瑞德、郝思嘉、卫希礼三个主要人物进行浓墨重彩的描绘,以这三个人物为"三角"关系来展开故事情节,用电影手法讲述一个面对新的文明既充满悲剧性,又在抗争中蕴含希望的力量的故事。

③ 复合法。

复合法就是把两部以上的作品合二为一,用这些素材来表达改编者的思想。如日本电影《生死恋》,就是根据短篇小说《爱与死》和《友情》合并改编而成的。

2. 现实生活的可写作点

美国著名的文艺理论家、电影与戏剧剧作家约翰国·霍华德·劳逊在《戏剧与电影的剧作理论与技巧》中引用其老师乔治·皮尔斯·贝克的话说:

一出戏可能以任何一件事情作出发点:心中一闪而过的胡思乱想;自己深信的或准备研究的某种关于行为或艺术的理论;偶然听到或想到的几句对话;一片真实的或想象的、能在看到它的人的心中激起情绪的背景;一场完全不知道来龙去脉的戏;偶然在人丛中看到的某一个由于某种缘故而特别引起剧作家注意的人,或者一个经过周密研究的形象;两个人或两种生活条件之间的对照或类比;报上或书上的、在闲谈中听到的或观察到的一件小事;或者一个讲得很简略或很细致的故事。②

从根源上说,生活是影视剧创作的唯一源泉,积累素材是创作的必要条件,而发现则是启动创作的火花。所以,剧作者应该深入生活,体验生活,把握时代的脉搏,对社会深入了解,对生活的真谛有所认知,有所发现。积累素材是发现的前提,如果没有充分的素材积累,就不可能对社会生活有精彩、深刻的见解。但生活是散乱的、纷繁复杂的,要想从平淡或平庸的日常生活中发现有意义、有价值的创意,剧作者必须高屋建瓴,洞察风云,对生活具有高度的艺术敏感性。优秀的剧作者对生活都具有独特的感受力和深刻的思考力,往往日常生活中的一件小事,报纸上的一条社会新闻,闲谈中的一句笑话或者随意议论的一个话题,都可能触动他们灵敏的创作神经,引发他们丰富的创作联想,引起他们深入思考社会和人生的大问题,从而启动他们创作构思,获得独特的创意。创意与发现之间存在着千丝万缕的联系,发现不仅可以启动创意,而且可以成就创意。电影《邦尼与克莱德》的创意是从新闻报道中发现的,因此,创意的产生源于对生活的发现。所以,我们要注意发现生活中有个性的人物、生动的故事、新奇的事物。

(二)构思

1. 构思方式

影视文学写作构思方式同小说散文写作构思方式不同,影视剧本写作运用的是蒙太奇思维。

蒙太奇原本是建筑学上的一个术语,意为装配、安装、构成,好比工人把一部机器的各个零件装配到一起以后,使那些互无关联的零件构成一部可以产生动力和进行操作的机器。蒙太奇的

---

① 布鲁斯东. 从小说到电影[M]. 高骏千,译. 北京:中国电影出版社,1981:67—68.
② 劳逊. 戏剧与电影的剧作理论与技巧[M]. 邵牧君,齐宙,译. 北京:中国电影出版社,1978:229—230.

术语最先是由路易·德吕克借用到电影中来的，引申用在电影艺术里就是剪辑与组合。在影视制作过程中，需要把全片所表现的内容，分解成许许多多不同的镜头，分别拍摄完成后，再按原定的创作构思，把这许多分散的、不同的镜头，按照故事情节的发展线索，艺术地加以剪辑、组合。镜头与镜头之间产生呼应、悬念、对比、烘托，以及节奏的快慢，从而构成一部有机的、自然流畅的、能表达一定思想内容的影视片。当声音和色彩作为影视的构成元素进入影视艺术后，又增加了画面与声音、画面与色彩以及声音与声音等各种各样的组合方式和组织技巧。这就是影视制作中的蒙太奇方式。

蒙太奇有广义和狭义两个方面的含义。广义的蒙太奇不仅指画面、声音及色彩间的组合方式，而且指从剧作构思到作品完成过程中，艺术家的一种独特的艺术思维方式。狭义的蒙太奇，是作为一种影视语言符号系统而出现的专指镜头画面、声音、色彩诸元素编排组合的手段。

总之，蒙太奇是影视编剧所必须掌握的编织影视艺术形象的重要方法之一。编剧对蒙太奇的运用不仅在于处理片段的生活画面，而且更在于处理一个"场面"、一个"段落"，乃至整体影视内容的结构。也就是说，影视编剧不能仅仅把蒙太奇作为一种镜头间的剪辑手法，而应掌握蒙太奇的"艺术思维"。

2. 构思内容

(1) 人物类型的设置和形象塑造

影视文学的核心任务就是人物形象的塑造。往往一个动人的银幕形象，能够感染影响亿万观众。因此，在影视作品中，成功地塑造好人物形象，是剧作者的头等大事。

① 人物类型的设置。

根据推动故事情节和表现作品思想内涵的作用，影视剧中的人物可以分为三种类型。

A. 主要人物。

主要人物又称焦点人物、主角。事件的发端，行动的决策，推动剧情发展的人，是各种矛盾冲突的焦点，也是编剧要着力刻画的，最能影响剧情发展方向的人物。一部影视作品主要人物人数不宜多。一般为一二人，但必须有鲜明丰富的个性。如影片《钢琴课》中，主人公艾达是个爱琴如命的哑女，她先后与三个男人产生情感纠葛。当她的丈夫不幸死于意外的雷击，她不得不带着九岁的女儿，遵照父命远嫁给新西兰海岸的一个素未谋面的男子斯图尔特，这个男人不懂音乐，他把艾达最钟爱的钢琴丢在海滩上。目不识丁的护林人贝恩斯愿意以自己的土地换取那架钢琴，附加条件是要艾达教他弹奏钢琴。在教授钢琴的日子里，两人之间渐渐产生了恋情，执着的追求，使她宁愿放弃自己的生命。影片中主人公形象鲜明、生动，有着强烈的艺术感染力。正因为有艾达这个主要人物，才把剧中人与人之间复杂的矛盾交织在一起，从而推动整个故事情节的发展。主要人物不但是剧情发展的焦点，也是表达影片思想内涵的重要载体，主要人物塑造得成功与否，直接影响着影视剧作思想的深浅。

B. 次要人物。

次要人物在影视作品中的地位仅次于主要人物，在突出主人公性格方面起着重要的作用，虽然着墨不应太多，但要求性格具有相对的完整性。在推动剧情发展和表现影片的思想方面，其作用仅次于主要人物，但不是主要人物的陪衬和点缀，而是有着自身独立的审美价值。如影片《蝴蝶》中的朱利安，他不仅有着鲜明的个性特征，而且以其独特的个性化行动和语言影响着情节的推进，他是这部影片不可缺少的人物。

C. 辅助性人物。

辅助性人物在影片中所占篇幅最少，所处位置最不起眼，招之即来，挥之即去。如中国很多影视作品中出现的仆人、丫鬟、媒婆等；西方影视作品中的醉汉、流浪汉、赌徒等。辅助性人物的作用主要是烘托气氛或者交代环境。如影片《黄土地》中有两个象征性场景,其中一个场景是腰鼓队。蓝蓝的天空下,无数腰鼓手龙腾虎跃,上下舞动,搅起滚滚红尘。另一个场景是"求雨仪式"。炎炎的烈日下,无数光脊背的庄稼汉虔诚地朝着神牌与圣水瓶不停地叩头,祈求老天下雨。两个场景形成强烈对比,前一个场景表现出农民掌握自己命运后生气勃勃的潜在力量;后一个场景表现出了农民听天由命的盲目和愚昧。

编剧在人物设置上需精心设计,要使每个人物都有既定的任务、意向和行动,使每个人物都在各自不同的角度、位置和层面上为整个影视剧出力,也就是说,每个出场的人物及各人物之间的关系都要有用场。

② 人物性格形象的艺术展示。

在影视作品中,人物性格形象的展示,尽管有多种多样的手法,但大体上可归纳为三种方式。

A. 定型方式。

在影视作品中,人物的性格形象是既定的。人物一出场,就已经具备了定型的性格特征。随着故事情节的推进,人物形象在不同环境中,不同事件冲突中,一次又一次地得到展示。如电视连续剧《西游记》中孙悟空的性格形象,《卡萨布兰卡》中里克的性格形象。

B. 发展成长方式。

在这种人物形象中,人物的性格不是一出场就已经定型,而是有一个从小到大,从弱到强,从不成熟到成熟,从简单到丰富的发展成长过程。如《末路狂花》中的两个女主人公,开始时,她们胆小怕事,依附于男人。但随着一系列事件的发生,矛盾冲突的逐步展开,她们原有的性格不断发生变化,人物不断成长起来,为了自己的自由和尊严,最后她们一起驾车,勇敢无畏地跳进万丈深渊。

C. "异向转变"方式。

这种影视剧中的人物性格形象,是随着剧情的发展变化而发展变化的。但与第二种方式不同的是,它的变化不是顺变而是逆变。也就是说,人物性格形象总是朝着相反的方向或从一种性质向另一种性质发生变化。有可能是:是变非,或非变是;善变恶,或恶变善;强变弱,或弱变强等。如《克莱默夫妇》中男主人公,从一个只知工作而忽略其他的被否定的人物,渐渐转变成为父子亲情宁可放弃优厚待遇职位的全新形象。

(2) 情节设计

法国著名的小说家、编剧阿仑-罗勃·格里叶说:

构思一个电影故事,在我看来,实际上就是构思这个故事的各种形象,包括与形象有关的各种细节,其中不仅包括人物的动作和环境,同时还包括摄影机的位置和运动,以及场景的剪辑。①

① 情节在影视文学创作中的作用。

影视文学创作中,情节的设置十分重要。首先,影视作品要直观地反映社会、人生,总是要通过形形色色的人物经历或事件过程来具体体现。这些过程,这些经历,在某种意义上,就是情节。其次,影视作品不同于其他文学作品,它是让观众通过"一次性"观看来展示其内容的,它必须紧紧抓住观众的注意力,使观众从头到尾看下去,这就必须要有生动曲折、引人入胜的情节。

"情节,即人物之间的联系,矛盾、同情、反感和一般的相互关系,——某种性格、典型的成长和构成的历史。"② 高尔基认为情节是人物在人与人的发展关系中的必然结果,性格决定情节发展趋向,情节是人物性格的发展史。人物性格的发展,是影视文学情节的核心。在现实社会生活

---

① 波布克. 电影的元素[M]. 伍菡卿,译. 北京:中国电影出版社,1986:6.
② 高尔基. 论文学[M]. 孟昌,曹葆华,戈宝权,译. 北京:人民出版社,1978:335.

中,人总是生活在一定的社会关系之中,而各种各样的不同性格的人,又总是根据自己的立场、观点和方法来行动,并不断地处于变化之中。因此,影视剧本中的人物行为是沿着一定的故事和情节线索发展的,有个行动的过程。影视文学编剧就是要善于构思描写这个故事和情节的过程,善于准确、深入地揭示人物性格内部矛盾对立的因素,揭示现实生活的错综复杂的关系,最后完成对人物性格的塑造。正如苏联的弗雷里赫所说:

艺术家运用情节不是要来装扮故事的事实,不是要使他们变得引人入胜,而是要用性格来说明这些事实和事件的缘由。①

情节不仅是把各种事件和人物从形式上连接在一起的手法,而且是分析这些事件和人物性格的手段。②

例如,影片《骆驼祥子》始终围绕着祥子几经磨难的悲惨一生,描写了一系列的生活事件和细节,从祥子幻想通过自己的辛勤劳作过上自食其力的生活开始,其间两次买车与丢车,被迫与虎妞结合,后来虎妞的死,小福子的自杀,刘四的欺压,孙侦探的迫害,使他心中最后一点希望也破灭了。祥子所经历的一系列事件,构成了影片的基本情节,祥子的性格发展也在这些情节中实现。

② 情节模式。

影视剧情节的形成是对原始素材的再创造。它是经过有意识、有目的地筛选、择取、组织、加工,形成了一种因果相连并带有鲜明思想观点和情感的叙事过程。由于影视作品风格手法不同,对情节的处理编排设计也不相同。一般来说大约有以下两种模式。

A. 戏剧冲突式情节。

它和戏剧艺术一样,是以矛盾冲突来安排情节的。在这种情节中,既要展示事件的过程,又要展示人物性格的变化过程,能够使观众获得清晰的时空感受。同时要注意将必然性放在偶然性之中来显示,使观众产生合乎情理又出乎意料的艺术吸引力。这种情节一般具有较强烈的矛盾冲突、起伏跌宕的事件过程,讲究悬念的设计、叙事的节奏等。在《七宗罪》中,影片一开始就将观众带入了一桩扑朔迷离、错综复杂的凶杀案之中:城市里连续发生了连环凶杀案。一个肥胖的男人被谋杀,他的嘴里被塞满食物,旁边的墙上写着"暴食"的字样。紧接着又有人被谋杀,他的身边写着"贪婪"。紧接着又有人因为"懒惰"被谋杀,又有人因为"欲望"而遭谋杀,第五个被谋杀者的死因是"骄傲"。警官米尔斯、萨默塞特意识到凶手是一个变态的《圣经》狂热信徒。《圣经》中记载,有七宗罪行会令信徒失去信心,它们是暴食、贪婪、懒惰、欲望、骄傲、嫉妒和愤怒。按照凶手的行为动机,应该还有两桩杀人案(即因愤怒、嫉妒两项罪名)尚未完成,那这两个被害人将会是谁呢? 突然,凶手得意扬扬地来到追捕他多日的探员们面前,告诉他们自己已经完成了使命。凶手说他因为嫉妒米尔斯而杀死了他的爱妻翠西,愤怒的米尔斯无法压抑住满腔的怒火,立刻拔出手枪,对着凶手扣动了扳机。矛盾越来越复杂,冲突越来越激烈,直到影片结尾,强烈的冲突悬念才解决。影片的矛盾冲突,一波未平,一波又起,起伏跌宕,悬念环生,构成了险象不断、引人入胜的情节过程。

B. 生活流式情节。

就是随着日常生活的流程,通过对人物的言谈举止、经历体验、感觉心态的记录,似乎是无人为痕迹地完成反映生活、表现人物的叙事。它保持其原有的生活风貌,追求一种"纪实"的风格。这仍然有情节存在,也是经过艺术手段处理后的事件组合。即使再强调客观生活再现,其来自生活的景象也是经过了叙述者的选择、剪裁、重排,并非原始事件本身的完全"复制"。只不过这种

---

① 弗雷里赫. 银幕的剧作[M]. 富澜,译. 北京:中国电影出版社,1979:63.
② 同①,第66页。

情节不带有虚构的编排性,是一种具有生活真实的"非故事"的情节。

生活流式情节追求质朴、自然、真实、随意,使人看不出作者编织的痕迹,犹如进入生活实境中,没有"看戏"的感觉。生活流式情节所表述的内容,是那种"非英雄化"的小人物及日常生活"近乎琐碎"的场景、事件,既无重大场面,也无奇特事件,力求"贴近生活本原"。法国影片《蝴蝶》就是以几乎纪实的手法,描述老人朱利安与八岁的小女孩丽莎偶然相遇,然后一起去寻找稀有蝴蝶伊莎贝拉的过程,在笑语不断的背后,却有着感人至深的人间温情。

③ 情节设计技巧。

情节是所有叙述性文艺作品所共同具备的。因此,影视文学创作的故事情节设计,也应该借鉴吸取其他艺术样式对情节展示的方法技巧。

设置各种各样的矛盾冲突,"制造麻烦",是影视文学情节构成的基础。

矛盾冲突是情节发展的线索,没有矛盾冲突便没有情节。影视文学情节的生动性和丰富性是社会生活矛盾冲突的生动性和丰富性的艺术体现。影视创作要善于选取那些最能反映矛盾冲突的事件,经过加工提炼,构成情节,才能最大限度地让观众在矛盾冲突中欣赏影视艺术。

大体上来看,影视作品中矛盾冲突设置有人与社会的矛盾冲突,人与人之间的矛盾冲突,人与周围环境的矛盾冲突,人自身内心世界的矛盾冲突,人与自然的矛盾冲突等。把种种矛盾冲突交织在一起,有意"制造麻烦",尽一切可能为人物设置难以逾越的困难,强化困境,以激化矛盾冲突,使"制造麻烦"达到无以复加的地步,从而使情节跌宕起伏,曲折生动。如美国电影《卡萨布兰卡》中多重矛盾相互交叉,几条线索彼此纠缠,构成错综复杂的矛盾冲突,千回百转,变化无穷,从而产生强烈的艺术效果。影视剧的情节设计如果平铺直叙,一览无余,就吸引不了人的观赏。中外许多经典影视剧的创作在"制造麻烦"方面为我们提供了宝贵的经验。

巧妙利用悬念、巧合等技巧,增加情节设置的多变性。

悬念是设计情节的一个重要手段。它使剧情能够引起观众的紧张、好奇、兴趣和焦虑等。悬念的设计有助于制造曲折多变、扑朔迷离的情节。著名的悬念大师希区柯克是运用悬念的高手,如《后窗》中,主人公杰弗断了一条腿,不能四处走动,只好百无聊赖地从窗口偷窥对面楼房住户的日常生活。本来没有吸引人的地方,但导演却先让观众看到对面楼里一对夫妻不知为什么大吵大闹,经常半夜惨叫,丈夫更是行动诡秘,妻子又好像失踪等令人不解的事情,形成悬念,使观众产生强烈的关注心理,最后虽然几经周折设法弄清了真相,查到了凶手,但又让主人公杰弗处于危险之中,使观众刚刚放下的心又悬了起来,导演通过一个个悬念设置,使观众始终关注着情节,最大限度地引起观众的参与和窥探心理。

巧合的运用也有助于将情节设置得生动新奇,使观众在感官上乃至精神上都会受到一定的冲击。但巧合应包含在必然性之中,并以必然性为客观依据,符合事物发展的内在规律。如影片《沉默的羔羊》通过一系列杀人案件展现了一个令人恐怖的世界,充满了变态、暴力、杀人和色情。参议员的女儿被野牛比尔绑架,女侦探斯塔琳凭着聪明才智,孤身一人渐渐接近疑犯,而剧作者为了营造紧张气氛,刻意安排了一个巧合,另一组联邦特工也以为找到了疑犯,大队人马包围了另一个城市的一所住宅,但比尔的住所和特工包围的住宅根本不是同一地方,观众的希望变成了失望,激动的情绪松弛下来,然而,斯塔琳找到了比尔,观众刚放下的心又提起来,开始为斯塔琳的安全担心。剧作家巧妙地运用巧合之法,使剧情一波未平,一波又起,极富视觉冲击力和情绪感染力。影片通过一系列偶然因素来推动剧情,但观众并不觉得不可信。这主要是因为很多偶然的因素并非奇遇巧合,而是寓偶然于客观必然之中,让情节的设计超前于观众的意料,使观众不断产生惊奇感和诧异感。

(3) 结构安排

结构是任何文体写作必须重视的问题。为了塑造鲜明生动的艺术形象,准确、深刻地表达思想内涵,影视文学剧作者只有对要使用的创作材料进行精心组织,才有可能使影视剧本成为和谐完美的艺术整体。与其他文学样式相比,影视文学剧本在结构上有着自己的特点,能够借助蒙太奇手段,按照一定的时空顺序,将画面和音响等艺术元素进行有机地组合,达到天衣无缝的艺术效果。

① 结构布局的作用及方式。

美国电影理论家罗伯特·麦基说:

结构是对人物生活故事中一系列事件的选择,在这种选择中将事件组合成为一个具有战略意义的序列,以激发特定而具体的情感,并表达一种特定而具体的人生观。①

这说明精巧的结构布局,不仅可以使剧作内容富有表现力,而且可以更好地体现剧本的思想内涵,更好地渲染气氛,唤起观众的审美情趣,同时也更能体现影视剧作的风格和特色。

影视文学的独特性,决定了它和其他文学样式在结构方式上的不同。在影视剧作中,结构通常指的是对情节、画面、音响等的组成和编排。画面与画面之间的衔接和编排,即通常所说的剪辑,是影视剧作最基本的结构方式,在影视剧创作中,剧作者必须按照影视画面的内在逻辑组接有关的"句子",从而形成剧作的内容,推进情节的发展。而情节和段落的编排,则是对整部剧作的谋篇布局,构成剧作的整体框架。一部影视剧本,结构不仅是故事本身的构成方式,而且也影响着观众对情节、人物等的感受和理解。

影视剧本写作常用的结构方法是蒙太奇,它既是一种叙述手段,又是总体结构方式。一部影视文学剧本由许多段落构成;而每个段落又由许多场面构成;每个场面则由许多不同角度、不同景别、不同运动方式拍摄的镜头组成。镜头是构成影视剧本的最小单位,而场面是构成影视文学剧本的最基本单位。一部影视剧本的写作,它要运用蒙太奇手段来结构。影视剧创作就是将若干镜头构成场面,又把若干场面构成段落,最终将若干段落构成一部影视片,这就要依赖于蒙太奇结构方式。蒙太奇是结构剧本情节和形成艺术效果的重要方法。

② 影视文学结构布局形态。

影视剧作的结构布局千姿百态,按照其特点,可以归纳出一些基本的结构布局的类型或形态。

A. 戏剧式结构。

戏剧式结构是一种传统的、影响力最大的结构方式,也是最为基本、最为常用的结构方式,是影视艺术从戏剧继承和借鉴过来,按照戏剧冲突的规律来进行结构布局的。

这种结构的特点是把戏剧冲突作为影视剧结构布局的基础,注重的是故事内部的戏剧冲突、因果关系等情节因素。它的叙事集中在对事件的外部运动形态的发展和变化上,讲清楚一个或一系列事件的前因后果,明确地交代故事的起因,接着是矛盾纠葛的进一步延展,然后逐渐推向故事的高潮或转折点,最后导致结局的到来,故事结束。这种结构布局形式有利于组织情节,表现生动曲折的故事,能将所有人物围绕在一个中心冲突周围,并使冲突波澜起伏,情节层层推进、环环相扣,也符合广大观众的审美习惯。影片《桂河大桥》就是一部极为严谨的以戏剧冲突来结构宏伟繁复事件的影片,有事件开端、发展、高潮、结局几个阶段,有多条线索而有条不紊展开的人与人之间、文化和文化之间的矛盾冲突,也有在炸桥之时的矛盾的集中汇集和迸发。

B. 散文式结构。

散文式结构是借用散文的结构布局方法来安排影视剧的结构方式。这种结构布局注重细节

---

① 罗伯特·麦基. 故事:材质、结构、风格和银幕剧作的原理[M]. 周铁东,译. 北京:中国电影出版社,2001:39.

的运用而不注重情节的完整。揭示矛盾,刻画人物注重场景的展示和感情的渲染,注重对生活内涵的挖掘和对独特感受的表达。剧中的段落与段落之间不存在必然的依存关系,对于不同的生活片段和众多的人物、细节,往往用一定的思想内涵或情绪将其串联统一起来,成为完整的统一体。最具代表性的影片就是《城南旧事》,全片以林英子的回忆而展开,叙述的三件事都是英子童年的亲身经历。深刻印象中的人:痴情的秀贞、忠厚的小偷、善良而又悲惨的宋妈,通过这些小人物,展现了老北京的人情世故。深刻印象中的物,带铃的洋车、吱呀呀送水的独轮车、嘎啦啦作响的水辘轳,表现着老北京的物事风土。影片用一个个生活片段,展示出20世纪20年代老北京的风俗人情和人们的生存状态,洋溢着一种说不清道不明的人世沧桑的意蕴,这一切又都笼罩在"淡淡的哀愁、沉沉的相思"氛围中。

C. 时空交错式结构。

时空交错式结构布局方式充分利用时空自由转换,不按时间顺序组织安排情节,而是以过去、现在、未来等不同的时间和空间相互交错,彼此穿插来安排结构。它有几条几乎同等的时空线,通过人物回忆、联想、想象等手法,把过去、现在、未来的故事情景交错出现,使发生在不同时间、不同空间的情节交错出现,紧密结合,融为艺术的整体。这种结构自由灵活,富于变化。英国影片《法国中尉的女人》就是典型的时空交错式结构布局。影片在两个时空中展开:过去时空的故事讲述的是,19世纪中叶,富家子弟查尔斯与家庭女教师——人称"法国中尉的女人"萨拉之间的浪漫爱情故事。现实时空讲述的是扮演男女主人公的演员迈克和曼娜的爱欲的纠葛。两个故事发生在互不关联的两个时空之中,借助拍戏这个情节点发生联系,镜头画面在现在和过去之间互相交替切换,从不同层面表现影片的思想内涵。对传统的忠贞爱情的肯定和赞赏,对现代性爱观造成人的心灵困惑进行反思。两个时空的故事情节平行展开,没有主次,互相交织,共同揭示作品的思想意蕴。

D. 梦幻心理式结构。

梦幻心理式结构布局以主要人物的心理活动(包括潜意识与意识)的变化为结构的线索,它往往根据人物心境的变化,用回忆和闪回的方式,把过去、现在甚至未来自由地交织在一起,重在表现人物的内心世界,不注重讲述情节性强、紧张刺激的故事,也不着意于开掘宏大主旨和深层寓意。它的意图在于关注与探寻人的深层心理,通过对梦幻、深层无意识的观照与呈现,达到对人性精神、人生价值思想轨迹的揭示与思考。英格玛·伯格曼的《野草莓》,就是以梦幻心理来结构作品的创新和独到而著称。故事发生在现在时态的大约24小时内,表现一个78岁的医学教授波尔格在他儿媳玛丽安的陪伴下,驱车前往一所大学接受荣誉学位。一路上他们重访了故地,遇到了各种各样的人,使老教授进入对家庭往事和旧情人的回忆中。对往事的回忆和在噩梦的刺激下,老教授开始对自己的一生进行反思。导演不仅运用了大量梦幻情境和直接的心理刻画来表现人物对过去的反思,还通过现实情境中的人物和事件,使过去与现在紧密呼应,以强化人物的主观感受,这些现实中的形象既为人物心理活动提供了依据,也使过去与现在、梦幻与现实构成了一个互相呼应的整体。影片就是这样在一个没有强烈的戏剧性的外表下完成了故事的讲述,把一位老人面对年华老去的心态表现得淋漓尽致。

(三)表达

影视文学创作采用的是镜头思维,用镜头语言把现实景象构成银幕或屏幕形象,把静态对象转化为银幕或屏幕动态形象,也就是在电影、电视里,对于客观外在的现实世界的展现是通过镜头的画面语言和音响的声音语言来呈现的,因此,这种视听语言依仗于这种具体的视觉形象和听觉形象,从具象开始,到具象结束,十分重视视觉造型性和形象的直观性。作为影视剧本的写作,它要把表现的重心放在视听造型活动上。在表达时,思想观念必须转化成视听信息,每一个基本要素都必须通过明确的造型材料表现出来,注重画面的呈现。如塑造人物形象,剧作者语言更侧重对直观的造型动作,包括人物的脸部表情和形体动作的描写,影视中人物一个微妙手势所取得的效果,文学语言可能需要成千上万的文字描述才能取得。

镜头思维是影视艺术独有的思维特质,也是影视剧作者必须具备的思维能力,贯穿着影视艺术创作的始终。

1. 内容表达

(1) 通过动作表现人物形象

影视文学具有视觉的造型性和运动性的特征,体现在人物形象的塑造上,就是通过动作来刻画人物性格。

通过动作来塑造人物形象,并非影视文学的专利,其他文学创作也要靠动作塑造人物,但影视剧作与小说、戏剧中的动作有所不同。小说写人物的动作,靠的是运用语言的描写和叙述,再由读者根据经验去体察和想象,不像影视剧作是一种直观的再现,戏剧中人物的动作虽然也可以是直观再现,但必须是集中在演员身上,由演员来完成。许多在舞台上只能由人说出来的东西,到了影视剧中便可以通过画面来直接呈现。人物的一言一行、一颦一笑不仅富有真实感,而且通过人物的外部动作表现出人物的内心世界,展示人物微妙复杂的感情变化,使人物形象更丰满、更逼真。在日本影片《人证》中,女主人公八杉恭子为了维护自己"高贵"的社会形象,竟然趁从万里之遥的美国寻她而来的儿子没有防备时,残忍地把刀刺进儿子的腹部,这个动作充分地揭示了她冷酷无情的性格特征。而被亲生母亲置于死地的儿子,并没有因母亲要杀死自己而愤怒、反抗,却悲伤绝望地成全了母亲的意愿;用自己的双手把刺入腹中的尖刀更深地插了进去。就这样一个动作,把儿子悲愤而绝望的心情表现到极点。正是通过这一系列相关的动作,把两个人物的性格加以充分地展示。

影视剧本中往往在矛盾冲突处于紧张尖锐,尤其是事件发展到高潮时刻,剧中人物关键性的举止动作具有极强烈鲜明的个性特征。

写好人物的动作是写好影视作品的关键。编剧必须发现和选择那些能清楚、鲜活、生动地表现人物的细微动作,来完成人物形象塑造乃至剧情的表现,给观众以视觉上的冲击。意大利影片《温别尔托·D》中,主人公是一个靠领取养老金生活的老人,穷困潦倒,只有变卖旧东西维持生活。但老人又具有强烈的自尊心,极力要在世人面前保持体面。到了借贷无门的绝境时,偶然碰到一个乞丐向他伸手乞讨,这突然触发了他也想向路人乞讨的想法。于是,他走到一个僻静处站住,伸出手来,练习讨钱的动作。恰好此时有人路过,本该是讨要的机会,可老人把手伸出的时候,竟又仰面朝天,这个动作就体现了老人低不下头的复杂心态。过路人开始时并没有意识到路边老人在向他乞讨,当走过去之后才有所觉察,马上回来掏出钱,正要把钱放到老人手掌上的时候,老人的手掌却突然翻转过来,手心朝下,手背朝上,给人的感觉是在看天是否下雨,这使得过路人十分尴尬。这些细节动作十分精彩,充分表现出主人公复杂微妙的内心世界。

(2) 通过对话和内心独白刻画人物

影视艺术是一门视听综合艺术,语言对于人物展现也是十分重要的。影视剧作者应该选择最具个性化的语言来表现人物。

影视剧作中的人物语言就是分镜头剧本的台词,被称为"电影的灵魂",这种语言分为对白和独白。

① 对白。

影视剧本创作要求人物对白朴实自然,日常口语化,还能最大限度地符合人物性格。如美国影片《红字》的女主人公瑞德因追求爱情被主教等人惩处,派一个小孩时时跟随着她。当小孩一边敲鼓一边向众人宣布她是"婊子、淫妇"时,瑞德高傲又轻蔑地说:"这样,我上市场就不会与人相撞了。"在判绞刑之前与总督的对话更显出她的个性,当总督以宗教裁判者的身份逼问她"是否承认自己在上帝面前有罪",在众人的唾骂声中,瑞德坚定地说:"我只在你们眼中是有罪的"。这样的对话,很能表现瑞德坚强叛逆的性格特征。

② 独白。

独白即人物内心活动的直接表白。这种独白能准确呈现观众看不到的人物内心世界,让观众知道人物最隐秘、最细微的内心活动。电影《安娜·卡列尼娜》中,安娜在社会的重压之下,走投无路,决心自杀,有一段内心独白:

是的,我苦恼万分,赋予我理智就是为了使我能够摆脱,因此,我一定能摆脱。如果再也没什么可看的,而且一切看起来让人生厌的话,那么为什么不把蜡烛熄灭了呢?但是怎么办呢?为什么下面那辆车厢里的那些年轻人在大声喊叫?为什么他们又说又笑呢?这全是虚伪,全是谎言,全是欺骗,全是罪恶……

这一段内心独白使观众清楚地体会到了安娜绝望、痛苦的心理状态。

(3) 运用视像展现人物心理活动

小说在表现人物隐秘而微妙的心理上有独特的优势,虽然影视剧作在这一方面无法与小说相比,但是影视剧创作可以通过人物特定的举止,采用闪回或叠化等体现人物内心活动的画面,如幻觉、梦境等心理活动画面,以及蒙太奇抒情镜语,也能形象地展示人物心理活动。

有不少影视片直接将看不见的人物的梦境、幻想、回忆等心理活动内容,用生动的画面形式展现出来。这一点在西方现代主义电影中表现得特别明显。如意大利影片《八部半》中,电影导演吉多为了摆脱各种烦恼,躲进了一家疗养院构思新作,但各种因素仍然搅得他不得安宁,于是产生了各种心理反应。比如在幻觉中,他看见一位天使般纯洁而充满青春活力的少女,身穿洁白的纱裙,张开双臂,从洒满阳光的森林中向他走来。在梦境中,他看见父亲的幽灵从墓穴里探出身子,向他抱怨墓穴太低。影片通过梦境、幻觉等心理活动画面,塑造了吉多的人物形象。

(4) 创造逼真环境描述人物形象

影视作品的特点就是要逼真地再现生活,人总是生活在各种环境中,逼真的环境创造是人物形象塑造的基础。因此,影视剧塑造人物形象必然离不开环境的创造。在影视剧作中,选择和表现各种各样人物生活的环境,是影视艺术区别其他艺术的一个突出的特点,既不同于小说只凭借文学形象化的描写,以唤起读者的想象,也不同于戏剧舞台上的假定性。影视艺术中对环境的创造,必须逼真而又富有表现力。

影视剧中的环境包括自然环境和社会环境两个方面。自然环境描写是为了给人物的活动提供相应的空间。社会环境营造则影响着人的性格的形成和发展。影视剧中应给人物创造独特的环境,应使环境和人物之间发生内在联系,成为人物行动的依据,成为渲染人物思想、感情的重要手段。如影片《红高粱》中那一望无际的红高粱地,在劲风吹拂下,营造出强烈的视觉效果,传神地表达了一种野性勃勃的生命气息,富于象征意义,对人物塑造起着烘托作用。

2. 表达形式

(1) 蒙太奇手法

蒙太奇是影视作品的结构手段,又是影视语言最有特色的基本组织方法。它使影视艺术能够成为一种完善而独立的艺术样式的基本手段。

从蒙太奇的表现形式和作用上看,可以把蒙太奇分为叙事性蒙太奇和表现性蒙太奇。

① 叙事性蒙太奇。

法国电影理论家马赛尔·马尔丹说：

所谓叙事蒙太奇，那是蒙太奇最简单、最直接的表现，是意味着将许多镜头按照逻辑或时间顺序分段纂集在一起，这些镜头中的每一个镜头自身都含有一种事态性内容，其作用是从戏剧角度（即戏剧元素在一种因果关系下展示）和心理角度（观众对剧情的理解）去推动剧情发展。①

叙事性蒙太奇主要以交代情节、展示事件为主，按照故事情节发展的时间流程、因果关系来组合镜头、场面和段落，使影视片凝聚成一个有机的艺术整体。这种蒙太奇组合逻辑连贯，易懂。

叙事性蒙太奇可分为以下几种类型。

A. 连续式蒙太奇。

这是影视剧作中运用得最多的一种蒙太奇手法，其特点是沿着单一的情节线索，按事件的逻辑顺序有节奏地进行叙述并展开情节，给人以连贯性的感觉。这种叙事自然流畅、朴实平顺，主要用来表现故事情节线索的依次展开。

B. 平行式蒙太奇。

把同一时间内不同场合的人、事平行地叙述出来，这些同时发生的事件往往相互关联、互相衬托，补充与交叉，使矛盾更加紧张激烈。它可以是镜头与镜头的并列，也可以是场面与场面、段落与段落的并列。对于情节内容比较丰富、结构复杂的影视剧创作，可以运用平行蒙太奇的手法。

C. 插叙式蒙太奇。

这种方法相当于记叙方法中的插叙。它是暂时中断叙述的主要线索，插入一段有关联想之后，再回到主要的叙述线索上来的蒙太奇手法。这种手法在讲述人物经历、回忆往事时大量运用。

D. 积累式蒙太奇。

把一连串性质相近、说明同一内容的镜头组合在一起，造成视觉形象的积累效果。如描写战争的影片中将舰队出海、群机起飞、人吼马嘶、万炮齐鸣等画面组合在一起，形成大战爆发的气势。

E. 复现式蒙太奇。

复现式蒙太奇也叫"重复蒙太奇"。为了思想表达或人物刻画的需要，影片前面已经出现过的画面，包括人物的动作、对话、场面、音乐等，又在影片后面反复出现，产生前呼后应的艺术效果。由于影视剧创作具有时空穿插的自由，因此，为了能充分地表现剧作意蕴，可以自如地运用复现式蒙太奇。

② 表现性蒙太奇。

马赛尔·马尔丹认为：

表现蒙太奇，它是以镜头的并列为基础的，目的在于通过两个画面的冲击来产生一种直接而明确的效果，在这种情况下，蒙太奇致力于让自身表达一种思想或感情，因此，它此时已非手段而是目的了……它是致力于在观众思想中不断产生割裂效果，使观众在理性上失去平衡，以使导演通过镜头的对称予以表达的思想在观众身上产生更活跃的影响。②

这种蒙太奇主要用来加强作品的感染力，往往以镜头和镜头对列为基础，利用画面与画面之间的

---

① 马尔丹. 电影语言[M]. 何振淦，译. 北京：中国电影出版社，1980：108.
② 同①.

对比、类比、象征等关系,来获得独特的艺术效果。其美学作用,主要在于激起观众的想象。

表现性蒙太奇可分为以下几种类型。

A. 对比式蒙太奇。

把不同内涵、不同画面形象的镜头组合起来,造成强烈的对比关系,产生相互强调、相互冲突的作用,强化剧作表现的情绪、思想等。如将贫与富、美与丑组接起来,就会造成不同对象在本质上形成强烈的冲击与反差,以表达某种寓意或强化所要表现的某种内容。

B. 类比式蒙太奇。

将类别相似的、性质相近的镜头组合在一起,传达某种情感或表现创作者的立场或意图的镜头技法就是类比式蒙太奇。

C. 象征式蒙太奇。

用某一具体事物和另一事物并列,用以表现出这一事物的某种意义。如影片《紫色》结尾处,姐妹俩重新唱起儿时的歌谣,她们同身后的红日正好组成了一个向日葵的图案。爱的回归,心灵的复活,所有的不幸与苦难,都随着艾伯特牵马的身影一起走远,消融在暖暖的红日之中。

(2) 插曲

在影视剧中,为了增强感染力,在画外配置歌曲是很重要的表达形式。从艺术功能上来看,影视插曲可以用来烘托、渲染场景气氛;可以用来衬托或表现人物的情感;也可以用来表达影视剧的主题思想。如电影《魂断蓝桥》中的主题歌《友谊地久天长》充分地表达了作品的思想内涵,且经久不衰。

有的插曲除了抒发感情以外,还直接参与叙述,推动情节的发展,如电影《冰山上的来客》的插曲,《花儿为什么这样红》是对纯洁爱情的歌唱,《怀念战友》是缅怀战友的歌唱,《冰山上的雪莲》是对真挚友情的歌唱,三首插曲分别对影片所要表达的三种情感进行了很好的抒发,并且推动了影片的故事情节发展。

(3) 画外音

创作影视剧本,画外音也是艺术表现形式之一,它主要承担着解说画面或故事的任务。可以叙事,也可以抒情,还可以议论或说明。

叙事性的画外音常常出现在影视的片头,对故事的背景或缘起进行必要的介绍,有时也用于结尾,对故事进一步发展的结局或人物未来前途、命运进行扼要的表述。

抒情性的画外音比较多地出现在影视剧作的中间。以角色自己跟自己说话或自己给自己评价分析的形式向观众吐露内心,可以较好地表现剧中人物此时此刻的思想活动及其心理活动。

在影视剧作中,画外音可以配合画面揭示镜头所包含的意义或影片主题思想,解说故事梗概等,例如影片《少林寺》的开头就用了画外音对各种少林武术的表演加以解说,并对影片故事的缘起进行了说明。

思考与练习六

一、思考题

(一) 请阅读几位作家的散文,如孙犁、汪曾祺、余秋雨、贾平凹、史铁生等人的散文,分析其中一位在某一方面的写作特色。

（二）请阅读詹姆斯·里斯·米尔尼的《电波情话》，思考作家主要采用何种手法表述战争残酷性的。

1941年9月，在伦敦的一次空袭中，我负伤进了医院。住了不久，便出院并且复员了。我的军人生涯这样草草结束，实在暗淡无光。……

…………

（三）为什么说尖锐的矛盾冲突是戏剧的最重要特征？

（四）以《秋江》为例，简述戏曲艺术的虚拟性。

（五）比较影视文学与小说、戏剧的异同。

（六）什么是蒙太奇？它有哪些基本形式？结合具体作品进行分析。

（七）请阅读欧·汤姆森创作的电影文学剧本《金色池塘》开端的前四个画面镜头，思考环境造型、人物造型、造型动作、对白、独白、音乐等问题。

1. 外景　金色池塘　白天

一只水鸟立在湍湍溪水旁的一块石头后面。

音乐声起。

…………

二、小练习（选作）

（一）选取生活中一件"微而足道"的小事进行小小说"意"的发想。

（二）谈谈自己生活中一个富于诗意的小例子。

（三）欣赏一部获奖的电视连续剧或电影，分析它是如何围绕矛盾冲突设计人物关系和情节的。

三、文章评析

（一）请阅读艾尔玛·邦贝克的《父亲的爱》，分析这篇散文的结构方式。

爹不懂得怎样表达爱，使我们一家人融洽相处的是我妈。他只是每天上班下班，而妈则把我们做过的错事开列清单，然后由他来责骂我们。

…………

（二）请阅读奥古斯特·斯特林堡创作的《半张纸》，分析这篇小小说在构思方面的特点。

最后一辆搬运车离去了，那位帽子上戴着黑纱的年轻房客还在空房子里徘徊，看看是否有什么东西遗漏了。没有，没有什么东西遗漏，没有什么了。……

…………

（三）请阅读阿·康帕尼尔的《窃贼》，分析这篇小小说的构思技巧。

"是的，我是个窃贼。"老头伤心地说，"可我一辈子只偷过一次。那是一次最奇特的扒窃。我偷了一个装满钱的钱包。"

…………

（四）请阅读莎士比亚的《麦克白》第二幕第二场，分析明场和暗场的处理艺术。

麦克白夫人　　酒把他们醉倒了，却提起了我的勇气；浇熄了他们的馋焰，却燃起了我心头的烈火。……

…………

四、作文(选作)

（一）往日的悲欢离合积淀于心中,一个人、一件事、一处景都让你久久难以忘怀。选择你记忆深处最感动的一幕,完成记叙散文一篇。

（二）围绕写作发现,采用"形散神聚"的结构模式创作一篇散文。

（三）用"故事新编"的手法创作一篇小小说。

（四）品读下面的诗歌,学习诗人运用超常的联想和奇特的想象,创作一首小诗。

登控鲤亭望孤山

释德洪(惠洪)

大江自吞空,中流涌孤山。

欲取藏袖中,归置几案间。

重量

韩瀚

她把带血的头颅,/放在真理的天平上,/使所有的苟活者/都失去了/重量!

（五）请根据杜甫的《石壕吏》提供的人物和事件,找到改编之点,编写一个小戏剧。

（六）以大学生活为题材,创作一部微电影文学剧本。

第七章　应用文体

【本章学习提要】
● 理论学习
（一）把握公文、总结和求职书的特点，识别它们的不同类型，熟悉其格式；（二）结合文例掌握公文、总结和求职书写作的发现、构思和表达的各自特点，尤其熟悉公文写作。
● 思考与练习
思考题：（一）（三）；小练习：（一）（二）；作文：（二）。

"应用文是人们在日常工作、学习和生活中处理公私事务时使用的具有实用价值和法定或惯用格式的文体。"[①]一般把应用文分为通用应用文与专用应用文两大类。通用应用文是指各行各业普遍使用的应用文，包括公文、事务应用文和一般应用文三个具体类别。专用应用文是各行业、各系统内部使用的文体，如经济应用文、文教应用文、司法应用文等。

应用文与我们的工作和生活关系最为密切，人类所从事的写作活动大量的都是应用写作。《周易·系辞下》云："上古结绳而治，后世圣人易之以书契，百官以治，万民以察，盖取诸夬。"[②]这说明，从上古社会的"结绳"到"圣人"创造文字"易之以书契"都是为了"治"和"察"，也就是说，文章产生的最根本的目的、最原始的动机就是为了应用。人类最早的文章是应用文。千百年来，应用文为人类社会的进步和发展作出了不可磨灭的贡献，特别是在科学文化高度发达、社会竞争日趋激烈的今天，应用文更是我们进行社会管理、推动社会文明进程的有效手段，是每个人工作、学习和生活必不可少的工具。叶圣陶说过："大学毕业生不一定要能写小说诗歌，但是一定要能写工作和生活中实用的文章，而且非写得既通顺又扎实不可。"[③]语言学家张志公更是强调："会写应用性文体的文章，是任何人都需要的，几乎可以说无一例外。"[④]当代大学生非常需要掌握应用文体这个最实用的工具。

第一节　公　文

一、公文概述

（一）含义

如果说最早的文章是应用文，那么最早的应用文又以公文为主，如《尚书》中的文章绝大部分都属于公文。由于公文使用的时间较长，不仅文体和行文制度变化较大，其名称也较复杂。先秦一般称公文为"官书"或"典籍"，如《周礼·宰夫》云："史，掌官书以赞治。"《周礼·天官·大宰》又云："大宰之职，掌建邦之六典。"汉代称为"文书"或"文案"，如《汉书·刑法制》中说过"文书盈于几阁，典者不能遍睹"，《北堂书钞》卷六八引《汉杂事》："先是公府掾多不视事，但以文案为务。"东

---

① 王光祖,杨荫浒. 写作[M]. 上海:华东师范大学出版社,1999:337.
② 尚秉和. 周易尚氏学[M]. 北京:中华书局,1980:310.
③ 叶圣陶. 作文要道[J]. 中学语文,1981(6):31.
④ 张志公. 两种目的两种文章[J]. 青年文摘,1983(3):42.

汉末年,出现了"公文"一词,如汉荀悦《汉纪·武帝纪一》:"苞苴盈于门庭,聘问交于道路,书记繁于公文,私务众于官事,于是流俗成而正道坏矣。"三国、两晋一直沿用这三种称谓,到了隋唐便改称为"典章"或"文卷"。宋明两代又沿用了汉代的"文书"之称,如宋昭乐《周礼详解》:"要之八成皆文书也。"清代末年已经出现了"文件"一词,中华民国时期又称公文为"文",中华人民共和国成立后一般使用"公文",但同时也继续使用"文件""文书"这两个概念。

关于"公文""文件""文书"这三个概念,目前公文学界还没有明确的界定。一般认为,"公文"有广义和狭义之分。广义的公文泛指一切与公务活动有关的各种文体或文字材料,狭义的公文专指中共中央办公厅、国务院办公厅历次颁布的党政机关公文所规定的若干文种。现行的党政机关公文是指中共中央办公厅、国务院办公厅于2012年4月16日印发的《党政机关公文处理工作条例》所规定的15个文种。该条例规定:"党政机关公文是党政机关实施领导、履行职能、处理公务的具有特定效力和规范体式的文书,是传达贯彻党和国家的方针政策,公布法规和规章,指导、布置和商洽工作,请示和答复问题,报告、通报和交流情况等的重要工具。"这是对狭义公文最新近、最权威的解释。

无论是广义的公文还是狭义的公文,都包括公务应用文的各种文体和具体的公文文本。

"文件"的范畴要小于"公文",主要是指已经签发生效的具有规范格式的狭义的公文文本,不包含尚未形成公文文本的各种公文文体。因为"文件"的格式规定文头部分的发文机关标志必须使用红色进行套印,所以,"文件"通常又被称"红头文件"。

"文书"的范畴最为广泛,包括各类应用文的文体。"文书"从使用的对象性质来说,既包括公务应用文,又包括私务应用文;从应用范围来说,既包括通用应用文,又包括专用应用文。同时,"文书"也指文秘人员的写作工作,即通常所说的"文书工作",有时也代指秘人员。

(二)分类

根据不同的标准,可以把公文划分成不同的类别。

1. 按照是否为文件规定的标准划分

(1) 文件规定公文

这是狭义的公文,专指中共中央办公厅、国务院办公厅于2012年4月16日印发的《党政机关公文处理工作条例》所规定的决议、决定、命令、公报、公告、通告、意见、通知、通报、报告、请示、批复、议案、函、纪要这15种党政机关公文。

(2) 非文件规定公文

这是广义的公文,泛指一切与公务活动有关的各种文体或文字材料。

2. 按照公文的行文方向划分

(1) 上行文

上行文是下级机关向所属上级领导(或指导)机关发送的公文,主要有报告、请示和上行的意见等。

(2) 下行文

下行文是上级领导(或指导)机关对下级机关的发文,如命令(令)、决定、通知、通报、批复等。

(3) 平行文

平行文是不相隶属的机关之间相互往来的公文,如函就属此类。

3. 按照公文的保密情况划分

(1) 涉密公文

涉密公文是指有保密要求、严格限定阅读范围的公文。按照保密的性质不同,涉密公文又分为绝密、机密、秘密三个等级。

(2)非密公文

非密公文是指没有保密要求的公文。这类公文又分为内部公文和公开性公文。内部公文是只在一定范围内(如某一机关或某一系统内)运转和使用而不向局外人公开的公文,公开性公文是向国内外公开发布的公文。

4. 按照公文的时限划分

(1)紧急公文

紧急公文是指有明显的办理时限的公文。紧急公文按其紧急程度又分为特急和加急两种。如果是电报,又有特提、特急、加急、平急之分。

(2)普通公文

普通公文是指按照正常的公文处理速度办理的公文。

(三)特点

公文作为应用文体,除了具有实用性、真实性、时效性等基本特点之外,还有自身最突出的几个特点。

1. 鲜明的政治性

自古以来,公文是统治阶级指导或开展公务活动的重要工具,是统治阶级的意志、利益的体现。公文是政治的重要载体,是政治的工具之一。社会主义制度下的公文是党和国家的路线、方针、政策的载体,是宣传、贯彻和执行党和国家的路线、方针、政策的工具。公文制作要把政治标准放在首位。因此,公文写作者必须具有较高的思想理论修养和政策水平,牢固树立政治观念,坚持正确的政治方向,熟悉党和国家的路线、方针、政策,学习习近平新时代中国特色社会主义思想,特别要深刻领会习近平谈治国理政的精髓要义和丰富内涵,提高政治敏锐性,增强政治鉴别力,所写的公文内容要以体现劳动人民的根本利益为旨归。

2. 作者的法定性

公文虽然由文秘人员或有关领导来撰写,但他们是代表所在机关来进行写作的,是机关集体意志的体现。公文的作者必须是依法成立并能以自己的名义行使职权和承担义务的机关、单位或社会组织,任何人都不得以个人的名义制发公文,任何机关或组织都不得超越法律、法规所赋予的权力擅自制发公文。擅自制发的公文不仅无效,而且违法,将会受到法律的惩处。

3. 读者的特定性

文学作品和一般文章是没有阅读限定的,而公文不仅作者是法定的,其阅读对象也是特定的。公文都有确定的阅读范围,这种确定性一般用"主送机关"和"抄送机关"来注明,尤其是带有保密性质的公文,对阅读范围的限定更为严格,泄露或偷阅该公文,将会受到党纪、政纪或法律的惩处。

4. 法定的权威性

公文是机关集体意志的体现,是机关行使职权的凭据,公文一经制发,便依法生效,必须严格按规定办理和落实,任何违反公文意志,对公文进行曲解、抵制、拖延或敷衍的机关或组织都要承担相应的责任,甚至受到法律的追究。所以,公文具有强大的执行力,具有不可抗拒性。

5. 处理的程序性

公文的处理有严格的程序规定,涉及公文拟制和公文办理两个方面的工作。其中,公文拟制要经过起草、审核、签发等程序,公文办理要经过收文办理、发文办理和整理归档等三个程序。这些程序都是依次展开的,任何机关单位都必须严格遵守这些程序,不得随意更改或颠倒,否则就会影响公文的严肃性、权威性和处理的有序性。

6. 格式的规范性

所有的应用文都有约定俗成的格式，但公文的格式更为严格和规范。从版面样式来看，公文共有版头、主体和版记三个部分，每个部分又有相应的一些要素，并且每个要素的位置、字体、字号等都有严格的规定；从每一种文体来说，它们都有自己相应的结构内容。正是这种严格的规范性，才保证了公文的严肃性、权威性、时效性和统一性。

7. 语言的直述性

文学作品用具体、生动的形象反映生活，揭示事物的本质，语言运用追求准确、生动、简洁、耐人寻味，其基本特征表现为"绕"。而公文是用来处理事务、解决问题的，为了提高办事效率，公文必须快速地抓住事物的本质，准确地概括出事物的特征，以便快刀斩乱麻，及时、有效地解决纷繁复杂的各项事务，其语言的基本特征表现为"直"，开门见山，有话直说。公文语言的这个特征又具体表现为准确性、简要性、庄重性、平实性和模式性等五个方面。

（四）作用

1. 法规作用

党政机关公文是"公布法规和规章"的重要工具，国家的各种法规和规章都是通过公文来公布。如"公布行政法规和规章"用命令（令），"在一定范围内公布应当遵守或者周知的事项"用通告。这些规范性的公文一经公布，就成为全社会的行文准则和规范，任何单位组织或个人都必须遵照执行，如有违反，必将受到行政的或法律的制裁。

2. 指导作用

党和国家的各级机关通过公文来布置任务、安排工作、传达指示、表明意图、宣示决策、实施领导。如决定"适用于对重要事项作出决策和部署"，意见"适用于对重要问题提出见解和处理办法"，通知"适用于发布、传达要求下级机关执行和有关单位周知或者执行的事项"，批复"适用于答复下级机关请示事项"。上级机关就是通过这些下行文来指导或指挥下级机关的工作。

3. 宣传作用

公文，无论是用来公布法规以规范人们的行为，还是用来指导、指挥下级机关开展工作，都必须讲清楚这样做的原因、目的、动机、意图、过程、措施和要求，通过这样清楚的解释说明，来提高和统一人们的思想认识，化解情绪，减少阻力，更好地发挥公文的法规和指导作用。特别是像公文中的命令、决定、通报这些文种，用来褒奖先进、批评错误，直接告诉人们什么是应该做的、值得提倡的，什么是不应该做的、需要杜绝的，通过正面引导、反面警示，起到积极的宣传教育作用。

4. 联系作用

在高度发达的现代社会，社会分工越来越精细，各行各业之间的协调越来越紧密，机关单位之间的联系越来越频繁，公文在这种联系中发挥了重要的作用。如下级与上级进行联系需用报告与请示，上级与下级进行联系要用命令、决议、决定、通报、通知、批复等，平行机关、不相隶属机关之间相互联系可用函。公文在机关、单位之间的沟通、协调中发挥着重要的桥梁和纽带作用。

5. 凭证作用

公文一经签批核发，就产生了行政法规效应，发文机关的意图和倾向被物化为文字依据，收文机关据此开展工作，解决问题。事毕归档保存，既可作为履职问责考评的凭据，也可以备查找和续用。所以，有了公文，处理事务就有章可循、有据可依、有文可查、有凭可证。公文的凭据作用不可小觑。

(五) 格式①

1. 公文的一般格式

公文的格式是指公文的构成要素及其排布的位置和样式。公文的格式具有严格的规定性，这是公文的权威性在形式上的体现，也是公文区别于一般文章的重要标志。根据《党政机关公文处理工作条例》规定："公文一般由份号、密级和保密期限、紧急程度、发文机关标志、发文字号、签发人、标题、主送机关、正文、附件说明、发文机关署名、成文日期、印章、附注、附件、抄送机关、印发机关和印发日期、页码等组成。"《党政机关公文格式》(GB/T 9704—2012)又将这些要素划分为版头、主体、版记三部分。公文首页红色分隔线以上的部分称为版头，公文首页红色分隔线（不含）以下、公文末页首条分隔线（不含）以上的部分称为主体，公文末页首条分隔线以下、末条分隔线以上的部分称为版记。

(1) 版头

① 份号。

份号即公文印制份数的顺序号。涉密公文应当标注份号。份号一般用6位3号阿拉伯数字，顶格编排在版心左上角第一行。

② 密级和保密期限。

密级和保密期限分别指公文的秘密等级和保密的期限。涉密公文应当根据涉密程度分别标注"绝密""机密""秘密"和保密期限。密级和保密期限，一般用3号黑体字，顶格编排在版心左上角第二行；保密期限中的数字用阿拉伯数字标注。

③ 紧急程度。

紧急程度是指公文送达和办理的时限要求。根据紧急程度，紧急公文应当分别标注"特急""加急"，电报应当分别标注"特提""特急""加急""平急"。紧急程度一般用3号黑体字，顶格编排在版心左上角；如需同时标注份号、密级和保密期限、紧急程度，按照份号、密级和保密期限、紧急程度的顺序自上而下分行排列。

④ 发文机关标志。

发文机关标志由发文机关全称或者规范化简称加"文件"二字组成，也可以使用发文机关全称或者规范化简称。发文机关标志居中排布，上边缘至版心上边缘为35mm，推荐使用小标宋体字，颜色为红色，以醒目、美观、庄重为原则。联合行文时，发文机关标志可以并用联合发文机关名称，也可以单独用主办机关名称，如需同时标注联署发文机关名称，一般应当将主办机关名称排列在前；如有"文件"二字，应当置于发文机关名称右侧，以联署发文机关名称为准上下居中排布。

⑤ 发文字号。

发文字号由发文机关代字、年份、发文顺序号组成。联合行文时，使用主办机关的发文字号。编排在发文机关标志下空二行位置，居中排布。年份、发文顺序号用阿拉伯数字标注；年份应标全称，用六角括号"〔 〕"括入；发文顺序号不加"第"字，不编虚位（即1不编为01），在阿拉伯数字后加"号"字。上行文的发文字号居左空一字编排，与最后一个签发人姓名处在同一行。

⑥ 签发人。

上行文应当标注签发人姓名。其标注方式是由"签发人"三字加全角冒号和签发人姓名组成，居右空一字，编排在发文机关标志下空二行位置。"签发人"三字用3号仿宋体字，签发人姓

---

① 本部分编写参考了2012年4月16日发布的《党政机关公文处理工作条例》和2012年6月29日发布的《党政机关公文格式》(GB/T 9704—2012)。——编者注

名用 3 号楷体字。如有多个签发人,签发人姓名按照发文机关的排列顺序从左到右、自上而下依次均匀编排,一般每行排两个姓名,回行时与上一行第一个签发人姓名对齐。

⑦ 分隔线。

发文字号之下 4mm 处居中印一条与版心等宽的红色分隔线。

(2) 主体

① 标题。

标题一般由发文机关名称、事由和文种三部分组成。有时候发文机关可以省略,还有少数文种如"公告""通告""命令""公报""纪要"等也可省略事由,但文种不可省略。标题一般用 2 号小标宋体字,编排于红色分隔线下空二行位置,分一行或多行居中排布;回行时,要做到词意完整,排列对称,长短适宜,间距恰当,标题排列应当使用梯形或菱形。

② 主送机关。

主送机关即公文的主要受理机关,应当使用机关全称、规范化简称或者同类型机关统称。编排于标题下空一行位置,居左顶格,回行时仍顶格,最后一个机关名称后标全角冒号。如主送机关名称过多导致公文首页不能显示正文时,应当将主送机关名称移至版记,标注方法见下文"抄送机关"的说明。如果是公开行文,可以不写主送机关。

③ 正文。

正文即公文的主体,用来表述公文的内容。公文首页必须显示正文。一般用 3 号仿宋体字,编排于主送机关名称下一行,每个自然段左空二字,回行顶格。文中结构层次序数依次可以用"一""(一)""1.""(1)"标注;一般第一层用黑体字、第二层用楷体字、第三层和第四层用仿宋体字标注。

④ 附件说明。

附件说明是表述附件的顺序号与名称的。公文如有附件,在正文下空一行左空二字编排"附件"二字,后标全角冒号和附件名称。如有多个附件,使用阿拉伯数字标注附件顺序号(如"附件:1.××××××");附件名称后不加标点符号。附件名称较长需回行时,应当与上一行附件名称的首字对齐。

⑤ 发文机关署名[①]。

署发文机关全称或者规范化简称。

⑥ 成文日期。

署会议通过或者发文机关负责人签发的日期。联合行文时,署最后签发机关负责人签发的日期。成文日期一般右空四字编排,对于不加盖印章的公文来说,首字比发文机关署名首字右移二字,如成文日期长于发文机关署名,应当使成文日期右空二字编排。成文日期用阿拉伯数字将年、月、日标全,年份应标全称,月、日不编虚位(即 1 不编为 01)。

⑦ 印章。

公文中有发文机关署名的,应当加盖发文机关印章,并与署名机关相符。有特定发文机关标志的普发性公文和电报可以不加盖印章。印章用红色,不得出现空白印章。单一机关行文时,一般在成文日期之上、以成文日期为准居中编排发文机关署名,印章端正、居中下压发文机关署名和成文日期,使发文机关署名和成文日期居印章中心偏下位置,印章顶端应当上距正文(或附件说明)一行之内。联合行文时,一般将各发文机关署名按照发文机关顺序整齐排列在相应位置,并将印章一一对应、端正、居中下压发文机关署名,最后一个印章端正、居中下压发文机关署名和

[①] "发文机关署名""成文日期"和"印章"是制发公文的重要组成部分。为了行文的方便,本书将它们合称为"生效标识"。——编者注

成文日期,印章之间排列整齐、互不相交或相切,每排印章两端不得超出版心,首排印章顶端应当上距正文(或附件说明)一行之内。

对于加盖签发人签名章的公文来说,单一机关制发的公文加盖签发人签名章时,在正文(或附件说明)下空二行右空四字加盖签发人签名章,签名章左空二字标注签发人职务,以签名章为准上下居中排布。在签发人签名章下空一行右空四字编排成文日期。联合行文时,应当先编排主办机关签发人职务、签名章,其余机关签发人职务、签名章依次向下编排,与主办机关签发人职务、签名章上下对齐;每行只编排一个机关的签发人职务、签名章;签发人职务应当标注全称。签名章一般用红色。

⑧ 附注。

附注是公文印发传达范围等需要说明的事项。如有附注,居左空二字加圆括号编排在成文日期下一行。

⑨ 附件。

附件是公文正文的说明、补充或者参考资料。附件应当另面编排,并在版记之前,与公文正文一起装订。"附件"二字及附件顺序号用3号黑体字顶格编排在版心左上角第一行。附件标题居中编排在版心第三行。附件顺序号和附件标题应当与附件说明的表述一致。附件格式要求同正文。

如附件与正文不能一起装订,应当在附件左上角第一行顶格编排公文的发文字号并在其后标注"附件"二字及附件顺序号。

需要指出的是,被批转、转发、印发的公文不能按附件处理,在公文正文中不加"附件说明",而直接另面编排,编排时首页也不标注"附件"二字。

(3) 版记。

① 版记中的分隔线。

版记中的分隔线与版心等宽,首条分隔线和末条分隔线用粗线(推荐高度为0.35mm),中间的分隔线用细线(推荐高度为0.25mm)。首条分隔线位于版记中第一个要素之上,末条分隔线与公文最后一面的版心下边缘重合。

② 抄送机关。

除主送机关,需要执行或者知晓公文内容的其他机关,应当使用机关全称、规范化简称或者同类型机关统称。抄送机关,一般用4号仿宋体字,在印发机关和印发日期之上一行、左右各空一字编排。"抄送"二字后加全角冒号和抄送机关名称,回行时与冒号后的首字对齐,最后一个抄送机关名称后标句号。

如需把主送机关移至版记,除将"抄送"二字改为"主送"外,编排方法同抄送机关。既有主送机关又有抄送机关时,应当将主送机关置于抄送机关之上一行,之间不加分隔线。

③ 印发机关和印发日期。

公文的送印机关和送印日期一般用4号仿宋体字,编排在末条分隔线之上,印发机关左空一字,印发日期右空一字,用阿拉伯数字将年、月、日标全,年份应标全称,月、日不编虚位(即1不编为01),后加"印发"二字。版记中如有其他要素,应当将其与印发机关和印发日期用一条细分隔线隔开。

④ 页码。

公文页数顺序号一般用4号半角宋体阿拉伯数字,编排在公文版心下边缘之下,数字左右各放一条一字线;一字线上距版心下边缘7mm。单页码居右空一字,双页码居左空一字。公文的版记页前有空白页的,空白页和版记页均不编排页码。公文的附件与正文一起装订时,页码应当连续编排。

2. 公文的特定格式

(1) 信函格式

发文机关标志使用发文机关全称或者规范化简称,居中排布,上边缘至上页边为 30mm,推荐使用红色小标宋体字。联合行文时,使用主办机关标志。

发文机关标志下 4mm 处印一条红色双线(上粗下细),距下页边 20mm 处印一条红色双线(上细下粗),线长均为 170mm,居中排布。

如需标注份号、密级和保密期限、紧急程度,应当顶格居版心左边缘编排在第一条红色双线下,按照份号、密级和保密期限、紧急程度的顺序自上而下分行排列,第一个要素与该线的距离为 3 号汉字高度的 7/8。

发文字号顶格居版心右边缘编排在第一条红色双线下,与该线的距离为 3 号汉字高度的 7/8。

标题居中编排,与其上最后一个要素相距二行。

第二条红色双线上一行如有文字,与该线的距离为 3 号汉字高度的 7/8。

首页不显示页码。

版记不加印发机关和印发日期、分隔线,位于公文最后一面版心内最下方。

(2) 命令(令)格式

发文机关标志由发文机关全称加"命令"或"令"字组成,居中排布,上边缘至版心上边缘为 20mm,推荐使用红色小标宋体字。

发文机关标志下空二行居中编排令号,令号下空二行编排正文。

签发人职务、签名章和成文日期的编排不作特殊规定,同前面的"主体"部分"⑦印章"关于加盖签发人签名的公文相同。

(3) 纪要格式

纪要标志由"××××纪要"组成,居中排布,上边缘至版心上边缘为 35mm,推荐使用红色小标宋体字。

标注出席人员名单,一般用 3 号黑体字,在正文或附件说明下空一行左空二字编排"出席"二字,后标全角冒号,冒号后用 3 号仿宋体字标注出席人单位、姓名,回行时与冒号后的首字对齐。

标注请假和列席人员名单,除依次另起一行并将"出席"二字改为"请假"或"列席"外,编排方法同出席人员名单。

纪要格式可以根据实际制定。

二、公文写作

(一) 公文写作概述

1. 含义

公文写作是指公文的起草与修改,是撰写者代机关立言,体现机关领导意图和愿望的规范性写作活动,具体包括公文的起草初稿、讨论修改、形成送审等三个程序。

2. 特点

(1) 被动写作,遵命性强

文学作品和一般性文章的写作,一般都是因客观事物的触发而激起思想、情感的涟漪,进而产生写作冲动,从而引起写作行为的发生。这是主动写作,写作的整个过程都体现着鲜明的个人意识。而公文写作则是撰写人代单位立言,公务活动的需要、单位领导的盼咐、文秘角色的定位是写作的缘起,领导的意图是取材立意、构思表达的依据,撰写者的个人意愿在这个写作活动中很少得到体现。

(2) 对象明确，针对性强

文学创作是有感而发，公文写作则是因事而作，其写作目的就是为了处理具体的公务事项，解决各种实际问题，其写作对象十分明确，针对性很强。如表彰性通报就是要针对先进单位或个人的先进事迹进行表彰，概括先进事迹的基本情况，阐述先进事迹的积极意义，说明表彰的具体方式，指出学习先进的具体内容；写一份请示，就要讲清楚在工作中遇到什么样的问题，它们是如何产生的，为什么要解决，怎样解决。没有针对性的公文，等同于没有使用价值的废纸。

(3) 集思广益，群体性强

一般文章的写作都是由个人完成的，是个人心血和智慧的结晶。而公文写作则是经集体讨论完成撰写的。当前的工作任务、领导的授意决定了写作的内容，然后经过文秘人员的精心构思与表达，形成公文的初稿，最后还要呈送领导审核，按照领导的要求进行修改。特别是一些事件重大、内容重要、涉及面广的公文写作，不仅要贯彻领导意图，还要广泛征求意见，集思广益，多人参与，分工合作来完成，整个写作活动呈现出强烈的群体性特征。

(4) 决策之作，政策性强

公文是处理公务的应用文，各级机关单位通过公文来行使职权、解决问题、处理事务、安排活动、提出意见、采取措施、制订方案等，都要通过公文来作出决策，实现目标。文学作品属于审美之作，一般文章属于认知之作，一般应用文属于实用之作，公文则属于决策之作。同时，公文又是党和国家路线、方针、政策的重要载体，公文所反映的各种决策都必须体现政策精神，符合政策规定，只有符合政策的决策才是有效的，才具有执行力。决策是政策的具体化，政策是公文的灵魂。

(5) 紧迫之作，时限性强

所有的应用文都有一定的时限性，公文的时限性更强，它所提出的公务事项都是当前所要解决的，有的甚至是刻不容缓的、十万火急的。贻误时机，必将给工作带来一定的损失，有时甚至是不可估量的损失。所以，公文写作人员接到写作任务之后，必须全身投入，全力以赴，紧张准备，奋笔疾书，急就成章，一气呵成，不能怠慢；否则，不能按时交稿，就是公文写作人员的严重失职。

3. 基本要求

(1) 确保与上级文件精神的一致性

公文是传达贯彻党和国家的路线、方针、政策的重要工具，其内容必须与党和国家的方针政策保持高度一致。要与上级文件精神保持一致，要能够吃透"上情"。不了解"上情"的公文，势必无法把握全局，只会照抄照搬；不能准确传递上级的意图，使公文失去了应有的指导和指挥意义。这是公文写作遵循的"善"，任何公文写作都必须牢牢坚守这道红线。坚守它就要求写作者熟悉党和国家的各项方针政策，具有较高的思想理论水平和政治素养，具有较强的政策意识、法规意识和社会主义的国家意识，要有鲜明正确的政治倾向，否则，纵有生花之笔，也难写出合格的公文来。

(2) 保证公文内容的合法性

任何公文的内容都不能与国家的政策法规相抵触，不能违反国家的政策法规，这是公文写作又一道不可逾越的红线。公文内容的合法性主要包括生成文件的主体合法、程序合法、具体行为合法、行文格式合法等方面。写作时，要仔细检查是否有出台规范性文件的依据和现实需要，是否属于政府职能范围，是否有越权的行为，行政审批、行政许可、行政处罚、行政强制等行政行为是否符合法律法规的规定，是否损害国家利益、公共利益或行政管理相对人合法权益，是否做到涉法表述准确，等等。

(3) 解决问题的针对性

公文是公务活动的依据、行动的指南,如果公文内容不针对要解决的实际问题,那就是无的放矢,其结果必然于事无补,甚至造成严重的损失。所以,解决问题的针对性也是公文写作的最基本要求。这就要求写作者具有较高的业务素质,熟悉单位的工作性质和内容,成为单位的行家里手,单凭政治素质和文字功夫是远远不够的。公文写作要明确公文的发文目的,搞清楚要解决的问题,然后对症下药,这样才能文到事成,顺利实现发文意图。

(4) 符合主客观条件的可行性

可行性是公文实效性的前提。公文写作不能从理想主义出发,而是要以能够解决问题、达到发文目的为目标。所以,公文写作务必考虑主客观条件的限制,要具有可行性,切忌说过头话。这是公文写作要遵循的"真"。具体来说,从事公文写作,要充分考虑政策方案获得合法地位和被政策执行机构接受的可能性,获取一般性资源(人力、财力和物力)和特殊性资源(信息资源等)的可能性,政府行政部门在执行能力和工作效率方面的支持程度,在现有技术条件下实现政策目标的可能性,社会对政策方案的认同和支持的可能性等各种因素。

(5) 付诸实施的可操作性

公文写作不仅要有可行性,而且还要具备可操作性。公文的政策方案再完美,文字再漂亮,如果缺乏可操作性,也只是一纸空文。一般而言,公文发文要有明确的目标和任务,并且有明确的分工,要责任到人;要有具体的措施和方法,要确保措施和方法的有效性;要有清晰的步骤和程序,能够"按图施工",有序开展,稳步推进;政策方案的各项要素都要细化,避免笼统含糊。

(6) 保证表达的规范性

这是对公文写作形式的要求,也是对公文写作"美"的要求。公文在表达上的规范性主要包括三个方面:一是格式上的规范性,要求公文格式的各种要素要完备,并且要符合《党政机关公文处理工作条例》的规定要求;二是结构上要求条理化,层次清楚,井然有序;三是用语要求准确简洁,得体合式。

(二) 公文写作的过程

1. 把握领导意图

领导意图就是领导面对要处理的工作是什么、为什么和如何做选择的最优答案。公文写作就是文秘人员把领导意图——也就是领导的发现进行理论性、系统性的表达。

公文写作是遵命写作,领导的意图是公文写作的缘起、根据和指针,它决定和影响公文的立意、取材、谋篇布局和语言表达,文秘人员的写作任务就是要精准地掌握领导意图并将其充分地表达出来,以便更好地得到贯彻执行。切不可自以为是,自作聪明,用自己的想法代替领导意图,越俎代庖。因此,文秘人员要多问、多听、多请示、多思考,充分了解领导的想法,透彻地领会领导的意图,把准领导的指示精神。

2. 构思

文秘人员通过各种方式掌握了领导意图之后,接下来就要考虑如何将领导意图有深度、有厚重度、有力度地表达出来,这就是公文写作的构思。概括地说,公文的写作构思就是将领导意图具体化的思考过程。公文的构思主要包括两个方面的内容。

(1) 领导意图的提炼与深化

下笔之前,文秘人员虽然通过各种努力把准了领导意图,但这只是一个大体的旨意,要将这个旨意完整化、具体化,文秘人员还须进行一番加工与提炼。对领导意图进行加工提炼的目标主要有以下三个。

① 丰富性。

如前所述,领导在交代写作任务时,由于工作繁忙、立足点的局限或对文秘人员的依赖等各种原因,其意图的表达往往不是那么具体、全面。从文字表达来说,或者只列几个要点,或者只有几句话,或者只给一个标题。从内容来说,或者只是立足自身的工作,没有放眼全局;或者只考虑到工作的阶段性,没有注意到工作环节的衔接性;或者只强调重点而忽略了其他因素。所以,在通常情况下,文秘人员在接到写作任务后,还需要通过由此及彼、由表及里、由点到面、由局部到整体的广泛联系对领导意图进行进一步的补充、丰富和拓展,使之具体化、清晰化和完整化。

② 深刻性。

这是对领导意图的纵向延伸。如上所述,领导在交代意图时一般只是点到为止,不可能对此进行深入阐述,这就给文秘人员留下了很大的写作空间。文秘人员可以将领导的交代作为立足点,对领导意图进行深入的延展,不仅要揭示领导意图的正确性,还要实现领导意图的深刻性。实现领导意图的深刻性,可以通过纵向联系的方法,如由现象到本质,由原因到结果,由此及彼,由表及里,由近及远,等等。通过这些纵向联系,我们可以从写作的缘由想到写作的事项,由办理的必要性想到办理的可行性,由政策层面想到现实层面,由理论层面想到实践层面。通过这些纵向联系,深度思考,可使领导意图得以很好的深化。

丰富性和深刻性是一个问题的两个方面,只是提炼和思考的方向不同,结果是异曲同工,丰富性升华深刻性,深刻性生发丰富性。

③ 系统性。

系统性是指将领导意图加工成丰富深刻的有机的旨意整体,并使这个旨意整体具有结构性、立体性、动态性、综合性的特征。系统性是在丰富性和深刻性的基础上展现领导意图所作的完善化、高层次的要求,领导意图只有既具有丰富性和深刻性,又具有系统性,才能达到最高境界。

(2) 结构的安排

领导意图的内容确定之后,接下来就要考虑用什么样的顺序将其表达出来,这是对公文结构的谋划,实质是将领导意图条理化。根据领导意图的内容和文种的不同,可将公文的结构形式归纳为以下三种。

① 纵式结构。

纵式结构又称竖式结构、递进式结构、纵贯式结构、演进式结构或垂直结构,是指按照纵向的顺序进行延伸的一种结构。常见的纵式结构主要有以下两种类型。

一是以时间先后为序。即按照时间的推移来安排结构层次。如情况报告、情况通报在介绍事实时一般都采用这种形式,即按照情况发生的过程进行陈述。又如,发言摘要式纪要也是按照发言的先后次序来安排结构的。

二是以递进关系为序。这种结构表现为层次之间环环相扣、步步推进、层层深入,前后衔接紧密。这种类型又分为两种情况,一种是按照认识的过程为序,如颁转性通知,其结构是先说明被颁转的公文名称、发文字号,然后表明态度,阐述性质和意义,最后提出执行的要求。另一种是按照由因到果、由现象到本质的逻辑关系逐层深入地展开。如请示的结构,一般都是按照"缘由—事项—请求"的顺序来安排的,三部分先后有序,不能随意颠倒;再如批评性通报,其结构一般分为四个部分:基本事实—原因教训—处理决定—提出要求,四部分依次展开,逻辑严密,缺一不可。

② 横式结构。

横式结构也称并列式结构,是按照事物的不同性质、不同情况、不同方面进行平行、并列排布,横向展开。横式结构又可细分为以下两种类型。

一是按照空间的分布或场面的转换来安排层次。如综合性的通报和情况报告,总是把不同地区、不同部门和单位的情况放在一起介绍,使受文单位对各地、各单位部门发生的情况有一个总体的了解。按空间的分布或场面的转换来安排层次的方法在党政公文的15个文种中运用得较少,即使出现也只是局部运用。

二是按照材料的性质来安排层次。这种结构是将围绕同一旨意的不同材料分成几个部分,每一部分加一个小标题,或者分条列项,每一部分或每一条款之间是并列关系,从不同方面说明同一主旨。按照材料的性质来安排层次的方式在公文写作中运用得十分普遍,在党政机关公文的15个文种中几乎都能适用。

③ 纵横结合式结构。

纵横结合式结构是一种时空交错的结构方式。在公文写作中,单纯的纵式或横式结构并不多见,内容较为丰富复杂的公文自不必说,即使是内容单一、篇幅较短的公文也往往采用纵横交叉的结构方式。例如,请求批准的请示,内容十分单一,篇幅也不长,从全文来看应该属于递进关系的纵式结构,但其缘由部分常常是几条理由并陈,纵中有横。纵横结合式结构有以下两种情况。

一是纵中有横。即总体上是纵式结构,其中某一部分或若干部分内部是横式结构。这种情况除了上面所举的综合性的通报和情况报告、请求批准的请示,还有指示性通知。总体来看,由缘由到事项再到执行的要求,属于纵式结构,而事项部分往往有多项措施横向排列,属于典型的纵中有横的结构。

二是横中有纵。即总体上是横式结构,其中某一部分或若干部分又包含纵式结构。数千字的报告常采用这种结构。

在实际写作中,究竟选择哪一种方式,要根据领导的意图、公务的性质、文种的特点来确定,这是结构安排的三个基本原则。领导意图是全文的统帅,就结构来说,材料的先后次序,篇章的设计,层次段落的安排等都要以鲜明、突出地表现领导意图为指针。公务的性质也制约着结构的安排,如告知情况的公文,要将情况的来龙去脉讲清楚,应按时间顺序来安排层次;用来提出意见、建议,提供方法,提醒应注意的问题,作出规定和要求的公文,要将这些内容进行并列安排。总之,安排公文的结构要反映客观事物的内在联系和公务的性质。

3. 表达

公文的表达是公文构思的外显,是公文写作的最后一个环节。

(1) 表达理念

公文写作的表达理念就是完美展现领导的意图。通过对前面的把握领导意图和写作构思的学习,我们已经对领导意图有了全面、深刻、系统、精准的掌握,接下来就要运用具体的表达方式将其外化成纸质的公文。

首先,必须保证领导意图的丰富性、深刻性、系统性、鲜明性,这个工作在构思过程中已经完成,在表达阶段只要将其和盘托出即可。其次,要做到材料充实,理由充分,说服力强。再次,要确保领导意图的清晰化、条理化,反映在结构上,要求段落单一、完整、匀称,层次清楚、连贯,能正确反映事物之间的内在联系和人们认识事物的过程,开篇精彩,过渡自然,结尾有力,全文结构完整,布局合理,格式规范。最后,还要求合理地使用表达方式,用语要简洁、准确、得体。

(2) 表达要求

① 结构内容。

公文的结构内容主要包括标题、主送机关、正文、署名与日期四个部分。署名、日期(成文日期)和加盖公章是公文制作的生效标识。关于标题、主送机关和生效标识的表述请参阅本章"公文的格式"的相关内容。这里只谈正文的结构。

A. 开头。

正文的开头,是对公务事项的总体说明或发文必要性的解释。常见的写作方式有以下几种。

a. 概述式:即概括介绍基本情况、主要内容,包括背景、范围、过程、主要成绩、问题、影响等。这是一种综合式的介绍,目的是给人以总的印象,使人对公文内容有大致的了解。这种开头方法适用于工作报告、情况报告、决议、公报、通报、嘉奖令、奖惩性决定、纪要等。

b. 缘由式:主要交代发文的原因、目的、意义和根据,是对发文理由和必要性的阐释。这种开头方法适用于安排性和变更性决定、发布令和行政令、公告、通告、通知、意见、议案、请示、函等。

c. 结论式:即在开头就揭示主旨,说明对事情或问题的看法、认识、评价,指出问题的根源、实质以及应对的措施。总而言之,就是先下结论,后作说明。结论式的开头方法适用于工作报告、奖惩性决定、表扬性和批评性通报等。

d. 表态式:即在开头就表明对对方来文或本机关需要下发的公文的立场、态度或意见。这种开头方法适用于颁转性通知、批复以及复函和审批函等。

需要指出的是,以上介绍的几种开头方法往往不是孤立使用的,如概述式常常结合缘由式或结论式,缘由式又往往结合表态式来使用。不论是哪种开头,都要简明扼要、开门见山,避免套话、废话。开头对全文具有导引、提挈作用,制约着全文的思路、基调和思想内容,是进入公文主体的重要前导,与主体部分具有同等重要的地位,撰写人员务必要下功夫写好这一部分。

B. 主体。

正文的主体是对开头的延伸和展开,是对领导意图的具体阐述,是公文的主要内容之所在。由于主体部分的内容较丰富,写作时要求做到条理清晰、层次分明、井然有序。常见的写作方式有以下几种。

a. 连陈式:即紧接开头进行陈述,主体与开头合为一段。这种方式适用于内容十分单一、无须展开说明的公文,如发布令和内容单一的决议、决定、公告、通告、通知、议案、批复、函、报送报告等。

b. 单段式:即主体部分只有一个段落。这种方式适用于主体内容单一且集中、只需略加说明的公文,这种情况在公文写作中较为少见。

c. 分段式:即将主体部分分成若干个段落,每个段落或为一个层次,或者几个段落组成一个层次,层次之间或为并列关系,或为递进关系。这种写法适用于内容较为丰富、篇幅较长的公文。分段式写法能较清晰地反映公文写作者的写作思路和认识事物的过程以及事物之间的内在联系。

d. 条项式:即把主体部分分成若干条来写,有的条项下面还有子项。这种写法适用于公务事项较多的公文,如决议、决定、通告、通知、意见、函、纪要等。条项式写法将复杂内容条理化,眉目清楚,便于理解、掌握和记忆。

e. 条段结合式:即段落层次中含有条项,或条项中含有若干段落。这种写法适用于内容丰富复杂、篇幅更长的公文。条段结合式写法使公文内容多而不乱,能锻炼和体现公文写作者驾驭材料、谋划篇章的能力。

C. 结尾。

正文的结尾是对公文的收束。结尾也是公文结构的有机组成部分,对领导意图的完善表达也会产生一定的影响。公文的结尾要干净有力,顺其自然,不要隐晦曲折,令人费解,或狗尾续貂,造成硬伤;如果正文部分已经将领导意图表达充分,事情已讲清楚,就无须为结构完整而强加结尾,造成画蛇添足、拖泥带水。由于公文的文体特点、行文关系以及内容的不同,结尾的方式也各不相同,常见的有以下几种。

a. 补充式:即对全文主旨的意义、某一方面的问题或未尽事项作补充说明或进一步强调,以引起人们的重视和注意,也使内容更加完整。这种结尾适用于决定、通知等文种。

b. 总结式:即用简明扼要的语言对全文内容进行概括,以画龙点睛、指明主旨。上行文中的报告有时采用这种结尾方式。

c. 要求式:上级机关在对下级机关布置任务、指导工作、提出意见、表彰先进或批评错误时,常常在结尾处提出希望和要求,以进行鞭策和激励。这种结尾适用于决定、命令、通告、通知、通报、批复等文种。

d. 号召式:动员和号召人们行动起来,为落实任务、夺取胜利而努力奋斗。这种结尾常常与要求式相结合,适用于决议、决定、嘉奖令、通报、纪要等文种。

e. 请求式:即在结尾向上级或有关主管部门提出给予批准、批复或答复的请求。这种结尾方式适用于请示、意见、请批函等文种。

② 语言。

公文语言是一种"官方"话语,它以实用为目的,以传递信息、沟通情况、处理事务、宣传和贯彻党和国家的各项方针政策为内容,以准确、简要、庄重、平实、模式性为特点。从事公文写作,必须了解和掌握公文用语的特点和要求,在实践中不断提高运用公文语言进行表达的能力,这是写好公文的前提和基础。

A. 准确性。

公文语言表达的是领导意图,告知的是公务事项,追求的是实用效果。为实现这一目的,必然要求语言的表达与领导意图和客观事物完全一致,能让公文的阅读对象对公文有清楚、充分的理解。所以,公文语言的准确性是表意严密,词与物、句与事的完全一致,表达与理解的高度统一。具体来说,公文语言的准确性主要体现在以下几个方面。

a. 用词确保词义的确定性。

第一,词义要确切地表达概念。词义与概念互相联系又互相区别,概念是词义的内容,词义是概念的解释,两者有时是一致的,有时又是错位的,如果词义与概念保持一致,那就是用词准确。例如,《中共中央关于加强党建若干重大问题的决定》提出:"确保党始终是中国工人阶级的先锋队,同时是中国人民和中华民族的先锋队。"过去《中国共产党章程》只提中国共产党是"中国工人阶级的先锋队",而在这个决定中加上了"中国人民和中华民族的先锋队",扩大了中国共产党的"先锋队"的外延,更符合今天的国情、社情和党情,体现了中国共产党与时俱进的精神。从语言学和逻辑学的角度来看,词义准确地表达了概念。

反之,如果词义与概念不能保持一致,那就是用词不当。如"从目前的情况来看,保持今年国民经济8%的增长率的预期目标可能绝对无法实现了",其中"可能"与"绝对"的概念是不一样的,把它们连用,那就变成了可能性与绝对性相互包含,模糊了二者之间的界限,造成词义与概念的错位,只有删去一个才能准确。

第二,选词要确保词义单一,不能引起歧义。公文语言不是文学语言,不能留给读者以多种解读的空间,它的词义只允许有一种理解,否则就会因理解错误而造成工作失误。如"今年还要对区内部分道路进行维修,公路部门要及早做好安排",其中"还要"既可理解为"需要继续进行的项目",也可理解为"另外增补的项目",因词语的多义造成歧义。

那么,怎样实现以上两点要求呢?

要注意区分词义的差别。汉语的近义词、同义词很多,乍看起来词义差不多,但仔细琢磨,还是能发现它们的细微区别的,这种区别在情感上有褒贬之分,在程度上有轻重之殊,在风格上有庄、谐、雅、俗、直、曲之异,在范围上有大小之不等,在语法上有功能之区别,在适用对象上也有所不同,这都需要写作者精心辨析,才能发现它们的细微区别,从而挑选出最恰当的词语、唯一的那个词语。

要尽量运用专业术语。各行各业都有自己的专业术语,这些专业术语经过行业内部的反复提炼和使用,已经变得十分科学和准确了,在公文写作中,广泛运用这些专业术语,既能做到讲内行话,又能使公文用语做到准确、简洁。

第三,恰当运用模糊词语。在公文写作中,确定性词语与模糊性词语可以并行不悖。因为客观事物本身的界限、公文的事项、人们的认识往往都存在模糊性,适当运用一些模糊性词语来表达这种模糊现象,本身就是一种精确,如果用确定性词语去表达这种不确定的现象,反倒是不准确了。

b. 造句恰当使用长句或插入语。

从修辞学来说,长句能使表意周密、严谨、细致、精确,很适合公文语体。例如:

为贯彻党的十七届六中全会精神,落实《国务院关于鼓励和引导民间投资健康发展的若干意见》(国发〔2010〕13号)和《国务院办公厅关于鼓励和引导民间投资健康发展重点工作分工的通知》(国办函〔2010〕120号)精神,鼓励和引导民间资本进入文化领域,文化部结合当前文化改革发展实际,制定本实施意见。①

此句中的远状语有3个分句,交代了发文的目的,近状语交代了发文的根据,准确而严密地说明了发文的缘由,显示了发文的严肃性、权威性和可行性。

插入语是独立语的一种,是指在句子中间插入一个词、一个短语或一个句子,它在句中通常是对一句话的说明或解释,是为了补足句意,使句子更加严密、完整,无懈可击。

c. 造句合乎语法和逻辑。

第一,句子结构要完整。除文学作品和广告语之外,一个短句至少应有主语和谓语两个成分,其他成分在不影响句意完整的前提下可以省略,否则就会造成句子结构残缺,语句不通。如"严禁向企业收取费用"这句话中的宾语"费用"前面缺少限制,造成严禁收费的范围过宽。减轻企业负担,不得无故向企业收取各种不合理的费用,但正当合法的费用还是应该收的。所以,应在"费用"前面加上定语"不合理",这样就准确了。

第二,词语搭配要妥当。句子是词与词之间根据一定关系建立的有机组合系统,在这个系统中,词语之间的搭配要讲究关系,要符合语法,不能随心所欲,任意搭配,否则就会造成搭配欠妥。公文写作在这方面的问题主要是作修饰语用的定语、状语选择不当和"动宾不当"。这在公文写作中要引起我们的重视。

第三,造句要合乎逻辑和事理。造句不仅要合乎语法,还要合情、合理、合逻辑,做到概念明确、判断准确、推理正确,否则也会造成句子不通,影响语言的准确性。如"把所有工程招投标工作都基本上纳入了法制化、规范化轨道"这句话中的"所有"含有全部的意思,"基本"含有大致的意思,这两个词放在一起使用就出现了矛盾。把这个句子改为"把所有工程招投标工作都纳入了法制化、规范化轨道"更合逻辑。

B. 简要性。

简要,就是简洁、扼要。公文是用来处理公务、解决问题的,冗长的公文不仅写起来耗时费力,难以清楚明晰地表达领导意图,而且更给阅读者的理解和办理带来困扰和不便,严重影响公文的时效性和实用性。所以,重复啰嗦、冗长繁杂、拖泥带水是公文写作的大忌。为使公文简洁

---

① 文化部.文化部关于鼓励和引导民间资本进入文化领域的实施意见[J].中华人民共和国国务院公报,2012(29):41—44.

扼要,可以从以下几个方面着手。

a. 词语精练。词是构成短语和句子的基本单位,词语精练是语句简洁的基础。因此,语言简洁必须从熔炼词语开始。熔炼词语的方法通常有以下四点。

第一,减字缩词。就是在遣词造句时尽量减少字数,让词语瘦身,显得精干。如"来函收到,内容详知"可以精简成"函悉","经过调查"可压缩为"经查"。经过精简,字数减少了,意思却丝毫没变。

第二,采用专业术语。如前所述,使用专业术语,不仅使语言准确,而且还能使语言简洁。例如,皮革术语中的"移膜革",是指将预制成的涂饰膜黏附于革面的皮革。如果不用专业术语表述,那将多么的冗长和费力。

第三,使用熟语。熟语是对成语、谚语、歇后语、惯用语、格言、警句等各种固定词组和语句的统称。在公文写作中,成语、惯用语最常见,歇后语一般不用。

第四,恰当运用文言词语。公文写作恰当使用一些文言词语,可以大大增强公文的简要性。请看周恩来修改的《禁止珍贵文物图书出口的暂行办法》:

查我[们祖]国具有[极其珍贵]历史文化价值[的](改为:之)文物图书,[在]过去[国民党匪帮]反动统治时[期](代),往往官[僚]商[人]互相勾结,[偷]盗[贩]运出口,[以]致使我[们](国)[这些]文化遗产蒙受莫大[的]损失。[现在],(今)反动政权(业)已[经]被推翻,海[上]陆[上]运输(均)已[经]畅通[行驶],[没有阻碍了],为了防止[这些珍贵](此项)文物图书继续失散起见,特别制定[了一份]《禁止珍贵文物图书出口的暂行办法》,随[着这个命]令颁布[下去],希即转令所属[各有关单位]遵照办理为要。

上面[ ]里的字都是周总理删去的,( )中的字是他添加或者改正的。经这么一改,短短200多字的一段话就用了"查、之、盗、今、业已、此、希即、为要"等文言词,它们的使用,既缩减了文字,又增加了典雅和庄重色彩。

b. 句式简洁。句式简洁是指力求用简练精粹的句子表达丰富的内容,它是公文简要性的第二个环节。使句子简洁要注意以下三个方面。

第一,注意浓缩句子结构,避免词语重复和堆砌。

第二,注意多使用"的字词组"。"的字词组"是指由"的"附着在实词或词组后面组成的名词性词组,这种词组具有很强的概括性。适当运用"的字词组",可以简化句子结构,减少公文的字数,实现公文的简练。如"文化低、素质差,不能胜任工作的,企业将安排待岗",其中"文化低、素质差,不能胜任工作的"后面省略了"职工",但并不影响句意的完整。

第三,删去冗言赘语,努力压缩篇幅。公文的实用性和时效性决定了它不能容忍任何冗言赘语,写作人员在起草和修改时要严格把关和审查,坚决扫除一切套话、空话、废话,决不让坐而论道有任何安身之所,努力将篇幅压缩到无法再压缩的地步。删繁就简,压缩篇幅时要注意以下两点。

一是说明情况、叙述事实要高度概括,不要介绍细节。公文不是记叙文,它对事情的介绍是粗线条的快速推进的方式,重在说明结果。例如,有一份《××县××镇人民政府关于×××同志大摆酒席、广收礼金问题的通报》,其中情况部分这样写道:

2004年国庆节期间,镇文教办主任×××同志借为其父办八十大寿的名义,大摆酒席,广收礼金,在群众中造成很坏影响。根据县纪委和镇党委要求,经镇长办公会议研究决定,通报如下:

早在2004年中小学放暑假时,×××同志就通过其亲友向镇属中学及各小学校长、各村委会主任,或电话告知,或当面邀请,将自己欲为父亲举办八十寿宴之事广为传播。中秋节当天,又向镇内各单位领导及上述人员正式发了请柬,并借用镇中学食堂准备酒宴。10月3日10时,酒宴正式开始,镇中学门前燃放了八挂千响鞭炮,×××同志从县电视台请来摄像师,并租用一辆高级轿车将其父从数十公里外的×××村接至镇中学,接受来宾贺寿。从10时至13时,共摆酒席20桌,来宾近200人,席间一些人划拳行令,喊声震耳欲聋。共饮白酒60余瓶,啤酒30余箱。酒宴结束后,仍有一些人滞留镇中学,由×××同志安排,在会议室以每把1元至5元不等的数目,打麻将赌博。直至午夜才散去。

　　据了解,一些代课教师虽未参加酒宴,但也通过所在校领导代送或直接送交×××50元至100元不等的礼金。更有甚者,有的小学校长出于个人目的,竟然以此为借口,要求学生集资。此事在群众中引起极大反响。后经调查,×××同志通过为其父办寿宴,共收礼金5万余元。①

此段文字中,情况介绍可谓真实、清楚、生动、详细,但却缺少概括,不够简洁,冲淡了主题。如果将此文改为:

　　2004年国庆节期间,镇文教办主任×××同志借用镇中学食堂大张旗鼓地为其父举办了八十寿辰庆典。经查,该庆典共邀来宾近200人,收受礼金5万余元,其中包括一些未参加宴席的代课教师的礼金以及一些小学校长要求学生集资的礼金。庆典过程还出现划拳行令、聚众赌博的不文明行为。

这样一改,删去了过程和场面的描绘,不仅大大节约了文字,缩短了篇幅,而且突出了事件的重点,为后面的分析议论留下了空间,有助于深化主题。

　　二是分析议论要针对实际,切中要害,解决问题,切忌空谈阔论,不着边际。

　　C. 庄重性。

　　由于公文具有强大的执行力,所以,公文的语言可以说是一字千金。因此,为了维护公文的严肃性和权威性,确保完成工作任务,顺利达到发文目的,公文的语气必须严肃、严谨、坚决、果断、郑重,坚决避免夸夸其谈、华而不实、轻率妄言、信"笔"开河。具体来说,公文语言的庄重性主要表现在以下几个方面。

　　a. 尽量不用描绘性词语。描绘性词语给人以生动形象、色彩斑斓的美感体验,较适合于文艺文体。公文以处理公务为目的,以实用为要,传达的是一种理性认识,因此,公文一般采用抽象性的词语。如上面所举的一份通报中的"席间一些人划拳行令,喊声震耳欲聋"就属于描绘饮酒现场的语言,给人以身临其境的感觉,如果作为文学作品尚佳,用在公文中就不当了。

　　b. 尽量不用口语。口语具有语境性、即时性、多变性和简散性,适用于口头交流、广告以及文学作品中的人物对话。公文用语是严肃和庄重的,应尽量避免使用口语。

　　c. 恰当地选用文言词语。制作公文恰当地选用文言词,不仅能节省文字,增强简要性,而且还能增强庄重性。这一点前面已作举例说明,在此不赘。

　　d. 多用整句。整句是指结构相同或相近的一组句子。整句在修辞上具有"形式整齐、声音和谐、气势贯通、意义鲜明"②的特点,这种句式常用于公文写作,它能增强公文的严密性和庄重性。例如,"中国要富,农民必须富。富裕农民,必须充分挖掘农业内部增收潜力,开发农村二、三产业增收空间,拓宽农村外部增收渠道,加大政策助农增收力度,努力在经济发展新常态下保持城乡居民收入差距持续缩小的势头。"③这段话一连用了五个结构相同的分句作状语,全面说明了"加快农业现代化建设"的方针,体现了作者思路的严密性和语言的庄重性。

　　D. 平实性。

　　公文所使用的语言一般不带强烈的感情色彩,多为抽象、理性的语言。反映在公文的用词上

---

①　长弓. 评改一份批评性通报[J]. 应用写作,2005(1):50.
②　黄伯荣,廖序东. 现代汉语:下册[M]. 兰州:甘肃人民出版社,1983:496.
③　中共中央 国务院. 关于加大改革创新力度 加快农业现代化建设的若干意见[N]. 人民日报,2015-02-02(01).

应朴实无华、诚恳实在,使用平易、浅显、通俗的词语,不追求华丽的辞藻,不需要铺陈和渲染,避免过分的修饰,防止形式主义的修辞手段。

平实性与庄重性是对立统一的关系,庄重是为了公文的严肃、严谨、郑重、稳妥、典雅,但庄重必须以平实为基础,脱离了平实的庄重,必然走向生僻、艰深、晦涩、古奥,妨碍理解和接受,这是以实用为出发点的公文写作的大忌。同时,平实又必须以庄重为最高境界,脱离了庄重的平实是片面的平实,必然流于粗俗、浅陋,登不了大雅之堂。所以,公文写作要将庄重与平实很好地结合起来才能达到"雅俗共赏"的表达效果。

E. 模式性。

公文在长期的使用过程中,为了适应表达的需要,在形式上清晰醒目,逐渐形成了相对固定的框架语言体式,这种相对固定的框架语言体式就是模式性。了解和使用这些模式性语言,对于增强公文语言运用的准确性、简洁性、庄重性具有积极的意义。常用的模式用语有以下几种。

第一,称谓用语:本、我(第一人称)、贵、你(第二人称)、该(第三人称)等。

第二,开头用语:为了、为、根据、依据、据、按照、遵照、查、经查、经、兹因、鉴于、前接、顷接、近接、近悉、欣悉、惊悉、已悉、均悉、欣闻等,主要用于说明发文的缘由、根据、目的或引出来文的信息内容。

第三,经办用语:经、业经、前经、兹经、即经、拟、现将、责成等,主要用于说明对公务的办理情况和要求。

第四,承转用语:现将……如下、特……如下、为此、据此、综上所述、总而言之、有鉴于此、由此可见等,用于承上启下,前后过渡。

第五,祈使用语:请予、拟请、恳请、谨请、务请、烦请、希、敬希、务希、希予、盼、切盼、渴盼、望、同意、可行、宜、不宜、应、理应、本应、确应、切应、当、迅即办理、着、着即、责成、务必、令、责令、着令、严格执行、参照执行、为要等,用于向受文者表明态度,提出希望和要求。

第六,征询用语:妥否、当否、可否、是否可行、是否同意、是否妥当等,用于征询对方的态度和意见。

第七,受事用语:蒙、承、承蒙、惠、荷、是荷、为荷、为谢等,用于向对方表示感谢、感激。

第八,结尾用语:此复、此令、此布、特此函复(函达)、特此通知(通报、报告、公告、通告)为盼、为荷、自……起施行等,用于表示行文目的、要求、感激、期盼、训诫、强调等。

三、常用公文写作

(一) 决定

1. 决定概述

(1) 含义

决定是适用于对重要事项作出决策和部署、奖惩有关单位和人员、变更或者撤销下级机关不适当的决定事项的下行文。

(2) 特点

① 内容的重要性。

决定的内容都是当前需要解决的十分重要或重大的事项,一般事项不用决定。

② 执行的强制性。

决定是领导集体经过讨论研究后所作出的决策性的下行文,用于规范下级机关的行为,具有法定的强制力,要求受文机关必须坚决贯彻执行。决定在权威上仅次于命令,在不能发布命令的社会组织里面决定就是最有权威性的公文。

③ 使用的广泛性。

决定虽然具有很强的权威性、制约性和严肃性,但对使用的机关单位却不作限制,无论是党政机关还是企事业单位,无论是高层机关还是一般机关(基层机关或组织除外)都可以使用决定。

(3) 种类

① 安排性决定。

安排性决定适用于对重要事项或者重大行动作出决策和部署,如重大会议的召开、机构设置、人事安排,重大的方针、政策的制定,重要的活动举办等。

② 奖惩性决定。

奖惩性决定用于表彰或惩处有关单位及人员。前者通过对先进模范人物的表彰,以树立典型,推广经验;后者通过对错误的批评和处罚,以进行教育,吸取教训。

③ 变更性决定。

变更性决定适用于变更或者撤销下级机关不适当的决定事项,废止或者修改本机关不合时宜的规章制度或文件。

2. 决定的写作

(1) 发现

① 发现重要情况,关注重要事件。

安排性决定所要解决的问题都是十分重要的,具有明显的政策性和方向性,对今后的工作将产生重大甚至深远的影响。因此,在作出决定之前,决策机构务必要深入实际,积极进行调查研究,充分了解情况,敏锐地发现工作中带有倾向性和全局性的重要情况或重大事件,弄清它们产生的根源、过程、发展趋势及其影响,审时度势,缜密思考,及时作出科学的决策。例如,中国共产党十八届三中全会通过的《中共中央关于全面深化改革若干重大问题的决定》,就是针对"国内外环境发生了极为广泛而深刻的变化,我国发展面临一系列突出矛盾和挑战,前进道路上还有不少困难和问题"[①],然后作出全面深化改革的重大决定。调查全面,研究深入,决定及时,意义重大且深远。

② 抓住典型,积极引导。

各级机关单位、各阶层人民群众由于其思想意识、行事的方式方法以及工作和生活的环境、条件等诸多不同,在工作或生活中的表现呈现出较大的差异性,有的表现积极、业绩卓著、贡献巨大,有的则是问题突出,甚至犯有严重的错误,给工作造成严重的损失,这就要求上级机关明察秋毫,充分了解情况,对于那些表现突出的先进单位和个人的事迹要予以及时的表扬和肯定,以便树立典型,推广经验,促进思想进步,推动各项工作的发展。对于那些犯有严重错误的单位和个人也要及时地进行批评或惩罚,以便自身和他人能从中接受教训,避免类似问题的再次发生。

③ 检查审视已定事项,不断完善各项规章制度。

随着社会的发展和变化,各项方针政策、各种规章制度也必须不断作出调整,以便与之相适应。否则,墨守成规,因循守旧,将错就错,就会阻碍社会的发展和各项事业的进步,给工作带来不良的影响。因此,上级机关要不断检查、审视本机关和下级机关所作出的各项决定和法规制度,及时发现和变更其中不适当的决定事项,这样才能做到与时俱进。例如,国务院于2011年3月19日发布的《出版管理条例》对2002年2月1日实施的《出版管理条例》作了38处修改,其中第一处将"出版事业"修改为"出版产业和出版事业"。修改后的条例增加了"出版产业"的概念,反映了出版不仅仅是一种事业,其本身已变成了一种经济实体,体现出版业体制性质的变化。

---

① 习近平. 关于《中共中央关于全面深化改革若干重大问题的决定》的说明[N]. 人民日报,2013-11-16(01).

(2) 构思

① 区分文种，准确使用。

与决定类似的文种主要有命令、通知和通报。

A. 决定与命令。

决定与命令的相同点主要有三个方面：一是权威性都很强，在行事性的公文中，决定的权威性仅次于命令；二是在性质上，它们都有决断性、指挥性和处置性；三是在适用范围上，它们都可以用来进行奖惩。

它们的区别主要体现在以下两个方面。

一是使用权限不同。决定的使用机关没有严格的限制，一般的机关和企事业单位都可以使用，但基层管理机构排除在外；命令的使用权限有严格的限定，根据《中华人民共和国宪法》《中华人民共和国地方各级人民代表大会和地方各级人民政府组织法》的规定，全国人大常委会、委员长、中华人民共和国主席、国务院、国务院总理、国务院各部委及其部长、各委员会主任，地方各级人民代表大会、地方各级人民政府等可以发布命令，其他机关、组织无权制发。

二是格式不同。决定是通用的公文格式，命令的格式则是特定的。

B. 决定与通知。

安排性决定与指示性通知都具有对下级进行指挥、指导的行文意图，都具有权威性、强制性和告知性。

它们的区别主要在于：决定的事项是属于大政方针方面的，宏观性很强；而指示性通知的内容则属于日常工作方面，相对较为具体。

C. 决定与通报。

决定与通报的区别主要在以下两个方面。

一是表述对象的分量、层级不同。用决定进行奖惩的先进事迹或错误事实较为重大，奖惩的分量较重，层次较高；通报的先进事迹或错误事实相对较小，奖惩的分量和层次相对较轻。

二是制文的立足点不同。决定与通报都可用来表彰先进、批评错误，但决定立足于处置，而通报立足于晓谕。

因此，在行文之前，要仔细斟酌，搞清楚与决定类似文种的联系和区别，然后根据事情性质、行文目的等各种因素慎重选用文种。

② 仔细思考，精心作出决断。

决定是用来处理重大事项的下行文，为了保证决定的科学性和权威性，充分体现领导机关的决策水平，写作人员要对写作发现进行认真研究，抓住问题的实质和关键，然后对症下药，制订科学的处理方案，努力做到意图明确、措施得力、思路清晰、态度坚决、表达严谨，让决定成为正确施政的可靠保证。

(3) 表达

① 了解格式，掌握文体规范。

决定一般由标题、主送机关、正文和生效标识四部分组成。

A. 标题。

决定的标题一般由发文机关、事由、文种等三部分构成，也可以省略发文机关，但事由和文种不能省略。

B. 主送机关。

决定一般写明主送机关，如果是由会议作出的决定一般不写主送机关。

C. 正文。

决定的正文一般包括开头、主体、结尾三部分内容,不同种类的决定在具体写作上又有所区别。

对于安排性决定来说,其开头部分主要写明决定的缘由,包括背景、条件、根据、目的、意义等;其主体部分要根据安排的对象性质进行撰写,不可一概而论;其结尾部分一般提出执行的要求,有的也可省略。

对于表彰性决定来说,开头部分主要是对先进事迹进行概括和评价,要求概括准确,重点突出,评价中肯,与事迹本身相符。这一部分是重点和难点,要下大力气把它写好。主体部分主要写明决定的具体事项,也就是表彰的具体方式,同时还应在决定的事项前面加上决定的目的和依据,以体现决定的合理性。结尾部分主要是提出希望和号召,以进行鼓舞。

对于惩处性决定来说,开头部分主要是对错误事实的概括和定性分析,这一部分也是重点和难点;主体部分是决定的事项,包括给予惩处的具体等级、作出决定的目的和依据等内容;结尾部分提出希望和要求,如果是一般性的错误,这一部分也可省略。

对于变更性决定来说,开头部分一般写明决定的原因和依据;主体部分包括决定的方式(如变更、撤销或者是废止)和被变更、撤销或废止的具体的名称;变更性决定一般不写结尾。

D. 生效标识。

参见前文"发文机关署名、成文日期和印章"的表述。另外,需要指出的是,决定的日期可以放置文尾,也可用圆括号置于标题之下。如果是正式会议通过的决定,在标题下面的圆括号内,以题注的形式注明在什么时间、是什么会议通过或者批准的。成文时间要以会议通过的日期或者领导人签发的日期为准。

② 语言要庄重严肃。

决定是权威性仅次于命令的下行文,为了维护其权威性,有效保证目标任务、方案和措施的贯彻落实,在语言的运用上除了要求准确、简洁以外,还要求在语气上严肃、庄重、坚决、果断,没有任何弹性,不留任何回旋的余地。

③ 阐述要清楚完整。

决定的表达以阐述为主,这是一种将叙述、说明、议论融为一体的表达方式。叙述以概述为主,主要用于奖惩性决定中对于先进事迹或错误事实的介绍,这是全文的基础,是其他表达方式无法替代的。说明主要用于对安排性决定和变更性决定中的决定缘由和事项的表达,如果决定的事项较多,就分条列项进行说明。议论主要用于对奖惩性决定中的先进事迹或错误事实进行分析和评价,指出其精神实质或错误的性质和教训,这是全文的点睛之笔,一般用"体现了……""代表了……""是……"等判断句来表达。对于决定的执行要求也需要通过议论来提出,一般用"要……""要求……""号召……""应当……"等祈使句来表达。

3. 例文

国务院关于表彰全国民族团结进步模范集体和模范个人的决定[①]

各省、自治区、直辖市人民政府,国务院各部委、各直属机构:

2014年全国民族团结进步表彰大会以来,全国各族人民在以习近平同志为核心的党中央坚强领导下,统筹推进"五位一体"总体布局,协调推进"四个全面"战略布局,党和国家事业全面开创新局面,各地区、各行业涌现出一大批认真贯彻党的民族理论政策、为我国民族团结进步事业作出重大贡献的模范集体和模范个人。为表彰先进、树立典型,激励全党全社会共同做好民族工作、巩固和发展"中华民族一家亲,同心共筑中国梦"的良好局面,国务院决定授予665个集体全

---

① 国务院. 关于表彰全国民族团结进步模范集体和模范个人的决定[J]. 中华人民共和国国务院公报,2019(29):15.

国民族团结进步模范集体称号,授予812人全国民族团结进步模范个人称号。

希望受到表彰的集体和个人,珍惜荣誉,再接再厉,高举中华民族大团结的旗帜,用优秀品格和模范行动,引导和鼓舞各族人民像石榴籽一样紧紧抱在一起,共同团结奋斗、共同繁荣发展。全国各族人民要以受表彰的模范集体和模范个人为榜样,更加紧密地团结在以习近平同志为核心的党中央周围,认真学习贯彻习近平新时代中国特色社会主义思想,增强"四个意识",坚定"四个自信",做到"两个维护",始终把维护民族团结和国家统一作为各民族最高利益,团结拼搏、万众一心、锐意进取、改革创新,不断铸牢中华民族共同体意识,为决胜全面建成小康社会、实现中华民族伟大复兴的中国梦而努力奋斗。

国务院
2019年9月24日

4. 写作训练示范

根据下列材料,替B汽车齿轮制造有限公司写一份决定。

根据A省经贸委〔××××〕361号文《关于国有企业改制退让要求的指导意见》和各级环保部门的要求,B汽车齿轮制造有限公司于12月23日召开了总经理办公会议,决定撤销有三十多年历史的铸造车间建制,铸件产品由公司从市场上采购。铸造车间撤销后,原车间设备、量具、材料、在制品等资产由公司按有关规定统一处置。铸造车间撤销后,公司将依照《中华人民共和国劳动法》有关规定和××××字〔××××〕72号文《关于员工下岗的管理规定》有关条款给全体员工办理相关手续。

【提示】

撤销建制适用于安排性决定。从结构来看,可以按三个部分来写:第一部分交代缘由,可以先介绍该车间的概况,肯定该车间所作的贡献,然后说明撤销该车间的根据和原因;第二部分是撤销的具体事项,主要包括撤销后的产品采购、原车间的资产处理以及原车间员工的安排等三个方面的问题,应分项来写;第三部分应再次强调该决定的意义,以进一步取得员工的理解与支持,最后提出希望和要求。

【示范】

关于撤销铸造车间的决定

司属各单位:

铸造车间是一个具有三十多年历史的老车间,长期以来,一直担负着公司铸件产品的生产加工任务,几代铸造人克服了设备陈旧老化,生产环境恶劣,工作条件艰苦等许多困难,圆满地完成了生产任务,为企业的生存与发展作出了重要贡献。为了适应市场经济的发展,淘汰落后的生产工艺,加快企业改制步伐,做到有所为、有所不为,根据A省经贸委〔××××〕361号文《关于国有企业改制退让要求的指导意见》和各级环保部门的要求,经12月23日总经理办公会议研究,决定:

一、撤销铸造车间建制,铸件产品由公司从市场上采购。

二、铸造车间撤销后,原车间设备、量具、材料、在制品等资产由公司按有关规定统一处置。任何单位和个人无权处理,违者将从重处罚。

三、铸造车间撤销后,公司将依照《中华人民共和国劳动法》有关规定和×××字〔××××〕72号文《关于员工下岗的管理规定》有关条款给全体员工办理相关手续。

企业改制是事关企业生存与发展的大事,希望铸造车间的全体员工能顾全大局,系统思考,积极支持企业改革,服从组织决定,为企业的健康发展作出新的贡献。

特此决定。

B汽车齿轮制造有限公司(加盖印章)
××××年××月××日

(二) 通告

1. 通告概述

(1) 含义

通告是适用于在一定范围内公布应当遵守或者周知的事项的下行文。

(2) 特点

① 法规性。

通告经常用来颁布部门或地方性的法规,这些法规一经颁布,下级机关和单位以及一定范围内的人民群众就必须严格遵守,否则就要受到相应的惩处。因此,从这方面来说,它又具有一定的强制性和约束力。

② 周知性。

还有一部分通告用来告知一定范围内的单位或人民群众应当了解或办理的事项,如道路管理、停水、停电等。

③ 务实性。

在具有告知性的文种中,有许多都是涉及思想、政策方面的问题,或者具有新闻意义的有关信息,并不涉及具体事务,与受文单位或个人往往没有直接的关系。而通告的事项一般都是与受文单位或个人有关的具体事务,具有明显的务实性。

(3) 种类

通告根据其内容性质的不同,可分为以下几种。

① 法规性通告。

法规性通告主要用于公布社会各有关方面应当遵守的事项,这类通告具有较强的约束性。

② 周知性通告。

周知性通告主要用于公布社会各有关方面应当周知的事项,这类通告所告知的事项与受文单位或个人的生活、工作有一定的关系,但不具有制约作用。

2. 通告的写作

(1) 发现

① 深入了解情况,及时发现问题。

通告具有法规性,担负着维护社会秩序的重任。因此,通告的作发者必须深入实际,了解情况,发现问题,对那些破坏公共秩序、违反行为规则、危害公众利益、触犯国家政策法规的现象要及时掌握,充分认识问题的性质和影响,对其进行规范,确保社会的和谐发展和各项事业的顺利进行。

② 熟悉大政方针,掌握法规法令。

党和国家的方针、政策以及国家的各项法律、法令是制定法规性通告的依据,任何违背国家法律法规的通告都是无效的。如有一个社区曾发布一则《关于严禁居民乱倒垃圾的通告》,其中有一条:对于被多次发现乱倒垃圾、屡教不改者,予以加重罚款,直至扭送司法机关依法追究其破坏环境罪。这就违背了我国的法律规定,乱倒垃圾是构不成"破坏环境罪"的。所以,通告的制作者必须熟悉国家的法律法规,掌握各项方针政策,以保证通告制发的合法性。同时,也只有了解和熟悉国家的政策、法令,才能敏锐发现各种违法乱纪的行为和不良倾向,及早制定和颁布法规通告,将问题解决于萌芽或早期状态之中。

(2) 构思

① 区分文种,准确使用。

通告的制作者在有了写作发现之后,接下来就要考虑是否选用通告行文的问题。这就需要充分认识通告文种的性质和特点,搞清楚通告与其他类似文种的联系和区别。与通告类似的文种主要有公告和通知(通告与通知的联系与区别在通知的文体中进行分析)。

通告与公告都用来向社会各有关方面公布应当遵守或周知的事项,都属于周知性、法规性的下行文,但它们是两种性质不同的文种,区别主要在以下几个方面。

第一,公布的内容不同。通告公布的事项是应当遵守或周知的事项,多与业务工作有关,较为务实;公告公布的是重要事项和法定事项,多与政治方面有关,较为务虚。

第二,发布的范围不同。通告一般只针对社会的某个方面,在一定范围内发布;公告的发布范围最为广泛,是向国内外发布。

第三,使用的范围不同。通告的使用机关则较为宽泛,不受什么限制;公告的制发单位是具有一定权力的高级机关或经过授权的特定机关,一般的下级机关或企事业单位无权使用。

第四,发布的媒介和方式不同。通告的发布渠道较多,既可以通过公文传递,也可以通过新闻媒介或张贴等各种方式来发布;公告较为严肃庄重,一般通过级别较高的新闻媒体来发布,不得随意张贴。

第五,用语不同。通告有时是面向群众,为了照顾不同层次的人民群众的接受能力,其用语要通俗易懂;公告发布范围广泛,内容重大,用语要庄重严肃。

② 认真研究材料,理清写作思路。

通告的制作者面对写作发现要认真研究、精心梳理,弄清问题的性质、影响、产生的原因以及解决的办法,确定适用的范围,明确写作的意图,拿出处理的方案。如果是需要有关单位或人民群众遵守的事项,要联系背景,说清楚为什么需要遵守、遵守什么、怎样遵守;如果是需要周知的事项,要搞清楚这个事项与有关单位或人员的关系;如果是需要办理的事项,要搞清楚办理的内容、程序、条件、方法以及需要注意的事项。总之,通告的内容事关重大,涉及范围较广,制发者在下笔之前一定要考虑充分,精心构思,切不可草率行文。

(3) 表达

① 了解格式,掌握文体规范。

通告一般由标题、主送机关、正文和生效标识组成。

A. 标题。

通告的标题,有三种写法。

第一种是三要素俱全式,即由"发文机关+事由+文种"构成,如《××市公安局关于××大学城限制部分车辆行驶的通告》。这是最为规范严谨的标题,通常用于告之重大事项或以文件形式发布的通告。

第二种是二要素式,即由"发文机关+文种"组成,如《××市××区人民政府通告》;也可由"事由+文种"组成,如《关于中国××学会迁址等事项的通告》。

第三种是只写文种,张贴的通告通常采用这种标题。

B. 主送机关。

通告的主送机关一般可以省略。

C. 正文。

通告的正文一般包括缘由、事项和结束语等三大部分。

通告的缘由是通告的开头部分,主要写明发布通告的背景、根据、目的、意义等。

通告的事项是通告的主体部分,内容单一的通告,可采用贯通式写法;内容较为复杂的通告,一般采用分条列项的写法,以做到条理清楚。

通告的结语,是结尾部分,写法比较简单,多采用"本通告自发布之日起实施"或"特此通告"的模式化结语。

D. 生效标识。

参见前文"发文机关署名、成文日期和印章"的表述。

② 语言要通俗易懂,语气要因类而异。

通告的专业性较强,写作时难免要涉及一些专业术语和行话,同时通告的行文对象又较广泛,要涉及一定范围内的人民群众,而人民群众对该领域的业务又不甚熟悉,再加上文化程度的高低不同,对领域的专业术语和行话很难都能理解。因此,通告的写作一定要考虑人民群众的接受能力,在语言的运用上要做到通俗易懂,尽量避免使用专业术语和行话,以便让不同层次的人民群众都能理解和接受,从而达到"周知"和"遵守"的目的。

通告的语言运用除了总体上要求通俗易懂以外,还要根据其类型的不同有所区分。对于法规性通告来说,由于所公布的是要求有关单位或人民群众应当遵守的事项,具有强制性,语气要严肃庄重、果断坚决,如"依法惩处""从重处罚""严格执行""应当""必须""不得"等。对于周知性通告来说,其发文目的在于告知情况,甚至需要有关单位或人民群众予以理解、支持和配合,因此,其语气就要体现轻松、和缓、客气,常用"请""敬请""敬希""望"等礼貌性词语。

3. 例文

上海市人民政府关于本市进行防空警报试鸣的通告①

(2018年9月5日)

为进一步增强广大市民的国防观念和民防意识,检验本市防空警报设施的完好率和鸣放防空警报的能力,根据《中华人民共和国人民防空法》和《上海市防空警报管理办法》等有关规定,定于今年9月15日(全民国防教育日)在本市进行防空警报试鸣。现将有关事项通告如下:

一、防空警报试鸣的时间

9月15日(星期日)上午11时35分至11时58分。

二、防空警报试鸣的范围

在全市范围(除浦东、虹桥国际机场地区外)。

三、防空警报试鸣的形式

11时35分至38分,试鸣预先警报,鸣36秒、停24秒,反复3遍为1个周期,时间3分钟。

(以下略)

四、防空警报试鸣的组织

防空警报试鸣工作由市民防办负责组织实施。

(以下略)

防空警报试鸣期间,请各部门、各单位和广大市民、过往人员积极配合,保持正常的工作和生活秩序。

4. 写作训练示范

根据下列材料,以C学院的名义写一份禁止学生酗酒的通告。

本学期开学以来,C学院连续发生两起学生酗酒的事件:第一件是3月10日晚上,机电系王××同学在校外饮酒过度,醉倒在路边后沉睡不起,直至半夜时分才被巡警发现并带回警务室,

---

① 上海市人民政府. 上海市人民政府关于本市进行防空警报试鸣的通告[J]. 上海市人民政府公报,2018(19):3.

查明身份后通知到学校,由其辅导员领回;第二件是4月2日,体育系学生刘××醉酒后趁着酒兴向路过他身边的化生系蒋××同学进行挑衅,蒋××同学也没有避让,双方便打斗起来,结果蒋××眼角被打开裂,缝了三针。

【提示】

酗酒不仅有害于身体健康,而且饮酒者容易情绪失控,导致突发事件,其后果十分危险。这两起酗酒事件情节都较为严重,影响较坏,给学校的安全管理工作敲响了警钟。学校应及时发出通告,以教育广大学生,制止酗酒行为。该通告从性质上来看,应属于法规性通告,即通过具体规定来约束学生的酗酒行为。在具体写作上,开头可结合两起酗酒事件所造成的影响,指出酗酒的危害性,阐明禁止酗酒的必要性,这是发通告的缘由。两起酗酒事件的具体情况不应详细介绍,以免写成情况通报。主体部分要写明禁止酗酒的具体规定和措施,要注意有效性和合法性。结语可采用"特此通告"的模式化写法,也可以本通告的具体实施时间来结语。

【示范】

<h3 style="text-align:center">关于严禁学生酗酒的通告</h3>

本学期开学以来,我校已连续发生两起学生在外酗酒事件,这不仅损害了学生本人的健康和形象,而且也给学校的声誉带来了较大的影响。为保护学生的身心健康,树立大学生的良好形象,维护正常的教学秩序,根据国家教委办公厅《关于禁止高等学校学生酗酒的通知》及其相关规定,结合我校实际,现将有关事项通告如下。

一、学生不论在何种情形下就餐都不得饮用烈性酒,对于如啤酒等之类的低度酒也应限量饮用,否则便视为酗酒。

二、任何人发现学生酗酒都有权并应积极向学生所在班、系的辅导员、系领导或学生管理部门举报。对于举报人应给予适当奖励,对于知情不报的同寝室或同班同学(尤其是同班的学生党员或干部)要给予批评教育。

三、凡酗酒学生不得参加本年度的任何评优活动,贫困学生不得享受本年度的任何资助,在本年度已受到奖励或资助的,应予以取消。

四、学生因酗酒而影响校园秩序、损害大学生形象者,给予警告以上处分。酗酒滋事者,加重处分。

五、对于接受批评、认错态度好、确有悔改表现者,可酌情予以从轻处理;对于拒不接受批评、态度恶劣、屡教不改者应从重处理,直至开除学籍。

六、本通告自公布之日起生效。

C学院(加盖印章)
202×年11月15日

(三) 通知

1. 通知概述

(1) 含义

通知是用于发布、传达要求下级机关执行和有关单位周知或者执行的事项,批转、转发公文的下行文。

(2) 特点

① 广泛的适用性。

通知从适用范围上看,无论是党政机关还是企事业单位,无论是高层机关还是基层组织,都可以使用通知行文;从通知的内容来看,无论是重大的政治问题,还是一般的日常事务,都能使用通知;从行文关系上来看,通知不仅可以下行,而且还可以平行。因此,通知是机关公文中适用范围最广、使用频率最高的一个文种。

② 明确的告知性。

有些通知是用于传达要求下级机关办理和需要有关单位或人民群众周知的事项,与通告一样,都具有告知性。

③ 一定的强制性。

有些通知要求下级机关或有关单位办理或执行的事项,在机关公文取消"指示"这一文种以后,就用通知来行文,这种通知具有较强的指挥意识,下级机关或有关方面必须按通知要求去办理和执行。

(3) 种类

根据通知的适用范围来分,可以把通知分为以下几种。

① 颁转性通知。

颁转性通知是用通知来颁发另一份公文,两者共为一体,构成复合型公文。这种通知根据所颁发的原件的来源不同,又分为批转性通知、转发性通知、发布性通知三类。上级机关对下级机关的来文作出批示并转发给下级有关部门用"批转",如《××市人民政府办公室关于批转××市高层次创新创业人才股权和分红激励试点实施意见的通知》;将上级机关、平行机关或不相隶属机关的文件加按语转发给下级机关用"转发",如《国务院办公厅关于转发发展改革委等部门节能发电调度办法(试行)的通知》;本机关发布本机关的有关规章制度或领导人讲话稿、计划、总结、调查报告、工作意见等用"发布""颁发"或"印发",如《安徽省人民政府办公厅关于印发安徽省政府网站管理办法的通知》。

② 指示性通知。

指示性通知用于向下级机关交代工作、布置任务,或者就某一问题提出原则、表明立场。这种通知具有很强的政策性、严肃性和强制性,下级机关必须坚决贯彻执行,如《国务院办公厅关于进一步清理取消和调整行政审批项目的通知》。

③ 知照性通知。

这种通知用于向下级机关或平级机关告知具体事项或信息,如举办活动、迁移办公地点、调整机构、启用新印章、更改电话、节假日时间安排、人事任免、召开会议等。

2. 通知的写作

(1) 发现

① 认真阅读来自不同行文关系的公文,发现颁转价值。

通知可以用来批转下级机关的公文,转发上级机关或不相隶属机关的公文,因此,本机关在接到这些来自不同机关的公文之后要认真研阅,准确领会来文的意图,吃透来文的精神,发现颁转价值。然后才能确定是否需要让下级机关了解、贯彻和落实文件的精神,如果需要,就要将来文颁转给下级机关,并且要随被颁转的公文再发一份通知,表明本机关对被颁转公文的意见和态度。由此可见,对来文的阅读和理解是颁转公文的第一个环节,也是最重要的一个环节,是公文颁转的前提和基础。

② 了解政策,熟悉工作。

通知是上级机关用来指导和指挥下级机关工作的,为了有效地指导和指挥下级机关的工作,首先要了解和掌握当前的各项方针、政策,只有具有较高的政策水平,才能找到指挥的制高点和着力点,才能高屋建瓴,轻松驾驭工作大局,淡定自如地进行指挥,从而体现出领导机关的水平,让下级机关心悦诚服。同时,还需要熟悉工作、精通业务,成为行家里手,这样才能善于发现问题,有效地解决问题,不至于出现瞎指挥的现象。

③ 发扬伯乐精神,发现优秀人才。

通知还用来任免人员,或者是任免干部,或者是任免专业技术人员,无论是哪类人员,都要本着对国家、对人民、对单位高度负责的精神,发扬伯乐精神,慧眼识人才,把那些具有真才实学、德才兼备的人才提拔到领导或专业技术的岗位上来。因此,在下任免通知之前,任免机关要对拟任免的人员进行全面深入的考察,不仅要对拟任免的人员听其言、观其行,还要广泛听取群众意见,形成良好的人才提拔渠道和用人机制。所以,发现人才是写任免通知的先决条件和"文外功夫"。

(2) 构思

① 区分文种,准确使用。

通知与通告、批复、函等多种文体都有相似之处,同时,颁转性通知中的各种颁转类型也有相似之处,使用时要严格区分,准确使用文种。

A. 通知与通告。

通知与通告相比,两者都具有知照性、指挥性和强制性,它们的区别有以下四个方面。

第一,受文对象不同。通知一般发送给具有隶属关系的下级机关或工作关系密切的有关单位,受文对象十分明确;而通告的受文对象既可以是自己的下级机关,也可以是一定范围内的其他机关和人民群众,受文对象不像通知那样明确。

第二,发文方式不同。通知的行文对象是确定的,一般通过"红头文件"的形式下发;而通告则是向社会有关方面公布应当遵守或周知的事项,行文对象难以确定,通常采用张贴或通过新闻媒体进行发布。

第三,适用范围不同。通告的适用范围相对较小,只是用来公布应当遵守或周知的事项;通知除了具有通告这个功能之外,还能用来颁转文件,任免人员。

B. 通知与批复。

通知与批复都属于具有指挥性和强制性的下行文,二者的区别有以下两个方面。

第一,受文对象不同。通知的受文对象范围较广,具有普发性,可以多头主送;批复的受文对象是写请示的下级机关,具有特定性,一般不能多头主送。

第二,行文的主被动情况不同。通知一般是发文机关主动向受文机关单位主动告知有关事项,属主动行文;批复则是对请示的答复,属于被动行文。

C. 通知与函。

通知与函都具有告知性,它们的区别有以下两个方面。

第一,行文关系不同。通知属于下行文,是向具有隶属关系的下级机关行文;函属于平行文,是向无隶属关系的有关机关单位行文。

第二,语气不同。通知的语气较庄重严肃,函的语气则平和、客气、礼貌。

② 明确写作意图,理清写作思路。

下笔之前,通知的制发人员要明确为什么要发通知,发通知要解决什么问题,怎样解决这些问题,做到意图明确、理由充分、事项清楚、实事求是、切实可行。

(3) 表达

① 了解格式,掌握文体规范。

通知一般由标题、主送机关、正文、生效标识组成。

A. 标题。

通知的标题一般由"发文机关+事由+文种"组成,如《教育部关于加强农村中小学食堂管理工作的通知》。也可以省略发文机关,由"事由+文种"组成。

颁转性通知的标题一般由"颁转机关+颁转性质+被颁转文件的标题+文种"组成。颁转性通知的标题往往较冗长,特别是多层转发的标题更显得叠床架屋,如"中共××市教育纪律检查委员会关于转发《中共××市纪委、监察委关于转发〈××市纪委、监察局关于严明纪律确保非典型肺炎防治工作顺利进行的紧急通知〉的通知》的通知"。为使标题一目了然,可对此进行简化处理,如果是一层转发,则可删除一个"关于";如果原件不是法规性文件,也不是通知,则可删除原件书名号,但要保留原件文种;如果原件也是通知,则可删除一个"通知",只保留一个"通知";如果是多层转发,则可省略中间的转发机关,直接转发原件的标题内容。如上例标题可简化为《中共××市纪委、监察委关于转发严明纪律确保非典型肺炎防治工作顺利进行的紧急通知》即可,而被省、市等转发过的内容,应在转发意见中予以交代。

B. 主送机关。

通知的主送机关较多,一般采用泛称,同一性质的机关应排列在一起,各机关之间用顿号,不同性质机关之间用逗号隔开。

C. 正文。

通知的类型不同,正文的写法也有所区别。

颁转性通知的正文一般包括颁转的对象和执行要求两个部分。批转性通知一般在批转对象前面表明批转机关的态度。转发性通知要注意根据情况掌握执行的要求程度,如"认真贯彻执行""遵照执行""参照执行""请研究试行"等均有所不同,应适当选用。

指示性通知的正文一般由通知的缘由、事项和执行的要求三个部分组成。缘由是通知的理由和依据,包括发文的背景、目的、原因和意义,这部分的写作要求具有概括性和针对性,不可面面俱到、长篇大论。事项是通知的中心内容,包括要完成的具体工作任务,要采取的具体措施和步骤,应该注意的问题等。这部分的写作要注意具体明确、重点突出,具有政策性和可行性,结构上可采用分条列项的形式加以表述,如果事项较简单,也可单段成文。

知照性通知因为类型丰富、内容复杂,正文写作没有统一的模式,如任免通知的正文通常只有任职依据和任职内容两部分。会议通知的正文一般包括召开会议的目的和意义,会议的名称、时间、地点(大型的会议还应写明报到的时间和地点),会议的主要内容和议程,参加会议的人员,会议的要求(如携带的材料、样品等),应注意的事项(如会议住宿、膳食、交通路线和方式、会费、会外活动、联系方式等)。

D. 生效标识。

参见前文"发文机关署名、成文日期和印章"的表述。

② 说明、议论、叙述兼用,语言明确、简洁,语气庄重、果断。

通知的表达以说明为主,缘由中的依据、目的,主体中的目标、措施、程序等都要通过说明来表达。发通知的意义、意见、执行要求等要用议论表达。缘由中如需介绍环境与背景,则需要叙述。通知的语言要明确、干脆,不要含糊其词,拖泥带水,否则,会对下级机关的理解和执行造成困难。同时,还要注意语言的简洁,如对发文原因只需简要地说明即可,无须细说。事项部分也只需讲清楚怎么做就行,不需要交代这么做的原因。为了体现通知的权威性,语气要庄重严肃,但不要像命令、决定、法规性通告等文种那样严厉。

3. 例文

国家旅游局关于严格执行旅游法第三十五条有关规定的通知[①]

各省、自治区、直辖市旅游局(委):

旅游法实施以来,旅游部门和企业对执行旅游法第三十五条有关规定,不同程度地存在着理解和执行不一致等问题。为了保证旅游法的正确、有效实施,坚定不移地取缔"零负团费"等违法

---

① 国家旅游局. 关于严格执行旅游法第三十五条有关规定的通知[ED/OL]. (2013-12-17)[2020-09-24]. http://www.gov.cn/zwgk/2013-12/17/content_2549423.htm.

经营行为,现就严格执行旅游法第三十五条有关规定通知如下：

一、关于指定具体购物场所和安排另行付费旅游项目

旅行社在旅游活动中指定具体购物场所和安排另行付费旅游项目的,应当按照诚实信用、自愿平等、协商一致的原则,与旅游者订立书面合同,且不得以不合理的低价组织旅游活动,不得诱骗旅游者,不得通过指定具体购物场所和安排另行付费旅游项目获取回扣等不正当利益,也不得影响其他不参加相关活动的旅游者的行程安排。

旅游者不同意参加旅行社指定的具体购物场所或者另行付费旅游项目活动的,旅行社及其从业人员不得因此拒绝订立旅游合同,也不得提高旅游团费或者另行收取费用。

二、关于"以不合理的低价组织旅游活动"

旅行社以低于接待和服务费用的价格或者行业公认的合理价格提供旅游服务,且无正当理由和充分证据证明的,应认定为"以不合理的低价组织旅游活动"。

三、关于"诱骗旅游者"

旅行社或者其从业人员通过虚假宣传,隐瞒旅游行程、具体购物场所及商品或者另行付费旅游项目等真实情况的手段,诱使旅游者参加旅游活动或者购买相关产品和服务的,应认定为"诱骗旅游者"。

四、关于"回扣等不正当利益"

旅行社或者其从业人员违反反不正当竞争的有关规定,或者通过诱骗、强迫、变相强迫旅游者消费,收受的旅游经营者以回扣、佣金、人头费或者奖励费等各种名义给予的财物或者其他利益,应认定为"回扣等不正当利益"。

五、关于"影响其他旅游者行程安排"

旅行社安排旅游者在指定具体购物场所或者另行付费旅游项目活动时,没有对其他不参加相关活动的旅游者作出合理的行程安排,导致其合法权益受到损害的,应认定为"影响其他旅游者行程安排"。

请各级旅游主管部门严格按照旅游法有关规定和本通知,加大执法力度,保障旅游者合法权益,确保旅游企业公平、有序、合法竞争,规范旅游市场秩序。

国家旅游局
2013 年 12 月 16 日

4. 写作训练示范

根据下列材料写一份通知。

C学院一贯重视考风、考纪建设,先后出台了一系列关于考风、考纪方面的规定,但仍有少数学生无视纪律,实施作弊,在2021—2022学年第一学期期末考试中全院共有5名学生作弊被抓获,在广大学生中产生了较坏影响,对考风建设产生了较大冲击,为此,学院决定下发一份关于端正考风、严肃考纪的通知,对各系、各有关部门提出相关要求,请你代C学院拟写这份通知。

【提示】

拟写这份文件,应注意两个方面的问题。其一是分清文种。通告和通知都有晓谕和规范行为的功能,但通告面向相关的单位和人民群众,而通知一般直接发给下级机关,有明确的受文对象。考风、考纪问题属于教学管理过程中的具体问题,教学行政单位和教学管理部门以及学生管理部门应共同负责抓这项工作,因此,这份文件应该使用通知下发给相关单位和部门。其二是不要简单地写成了考场纪律与规则,要从教育、管理、纪律等多方面提出措施和要求。

【示范】

关于端正考风、严肃考纪的通知

各系、各有关部门：

我校自升本以来,一贯重视考风建设,先后制定并严格执行了一系列关于考风、考纪方面的规定,有效保证了考试的公正性和严肃性。但也应看到,仍然有部分学生不接受教育,作弊现象屡禁不止。同时也有少数监考教师对学生作弊问题认识不足,工作责任心不强,导致监考不严,考场纪律松弛,致使部分学生作弊有机可乘。这些现象在学生中造成了恶劣的影响,败坏了学风、校风。为进一步端正考风,严肃考纪,维护正常的考试秩序,营造良好的学习氛围和公平、公正的育人环境,现就有关事项通知如下。

一、积极引导,帮助学生端正学习态度

学习是一项艰苦的持续性的活动,它需要日积月累,循序渐进。各系领导、各班级辅导员要加强对学生进行革命理想教育,帮助学生树立远大目标,激发学生为祖国的振兴而刻苦学习的热情,培养学生的学习兴趣,增强学生学习的自觉性和主动性,让学生重视学习过程,加强平时学习,扎实苦干,掌握过硬本领,坚决摈弃投机取巧的侥幸心理和混文凭思想。

二、加强诚信教育,促使学生自觉遵守考试纪律

各系、各班级要在考前深入开展对学生的诚信教育,让学生建立"以诚信考试为荣,以考试作弊为耻"的正确的荣辱观,使学生在考试中不仅考出成绩,更要考出人品。同时还要向学生晓以利害,让学生清楚地了解作弊的严重后果,从思想上、源头上杜绝作弊行为的发生。

三、加强考务管理,严格考试制度

教务部门和各系要加强对考务的管理,严格执行巡考和监考制度。各专业的公共课程由教务处和督导组共同巡视,专业课由各系自行安排巡视,对巡视中发现的问题进行现场处理。各系在考前要组织监考教师学习监考须知,要让监考教师充分认识并严格履行监考职责。对于玩忽职守以至出现监考事故的监考人员,将按学校有关规定予以严肃处理。

四、严明考纪,严惩作弊行为

对于考试中出现的各类违纪作弊行为必须予以坚决、迅速、严肃地查处,特别是对那些态度恶劣的学生,如对监考教师履行职责的行为进行干扰、谩骂、威胁、胡搅蛮缠的学生要从严从重处理。

端正考风,严肃考纪,是一件关系学风、校风建设,关系人才培养质量,关系学校生存和发展,关系公平公正的育人原则的大事,全校教职员工都要提高认识,积极支持和配合这项工作。各系各有关部门要采取有力措施,确保考试工作的顺利进行。

C学院(加盖印章)
202×年1月12日

（四）通报

1. 通报概述

（1）含义

通报是适用于表彰先进、批评错误、传达重要精神和告知重要情况的下行文。

通报是通过典型事例教育广大干群的重要手段,是交流信息、明确情况、掌握动态的重要渠道,是推动工作、提高认识水平的重要工具。

（2）特点

① 教育性。

通报通过表彰先进、树立榜样，以振奋精神、鼓舞斗志、明确努力方向；通过揭露问题、批评错误，以教育本人、警示他人，提高思想觉悟和认识水平。因此，教育性是发通报的主要目的。

② 知照性。

通报就是上级机关将其掌握到的情况告知下级机关，使下级机关能及时了解有关情况，实现信息共享。因此，通报具有知照性。

③ 典型性。

通报的教育性也体现出它的严肃性，通报一经发布，无论是对被通报者还是对社会都会产生较大的影响。因此，通报的事件一定要具有典型意义，在某一方面具有代表性，一般的事件不能通报，否则便会削弱通报的功能。

(3) 种类

根据适用范围，通报可以分为以下几种。

① 表彰性通报。

表彰性通报用于表彰先进集体或模范人物。

② 批评性通报。

批评性通报用于对犯有错误或出现事故的单位或个人进行批评教育，因此，批评性通报包括批评错误的通报和事故性通报两种。

③ 情况通报。

情况通报用于传达重要精神或者情况。

2. 通报的写作

(1) 发现

① 了解下情，发现典型。

参见"决定的写作"—"发现"—"抓住典型，积极引导"。

② 思想敏锐，善于捕捉。

通报除了用来表彰先进、批评错误以外，还用来传达重要精神或情况。这就要求通报的制发者要多学习、多观察、多留心，拓宽信息渠道，尽可能多地了解和掌握本单位以及社会上的一些重要情况或重要精神，如领导人的出访考察情况，重大的事故或灾情，重要的社情民意，工作检查评比情况，重要的讲话或文件精神等。只有充分了解和掌握各方面的情况，才能根据需要，随时将这些重要情况或重要精神通报给下级机关，以便让下级机关分享信息资源，了解动向，把握全局，促进工作，推动发展。

(2) 构思

① 分清文种，准确使用。

与通报具有相似功能的文种主要有命令、决定、报告等。写作之前，要搞清楚通报与它们之间的关系，以正确选用文种。

通报与命令、决定都可以用来奖惩有关单位或人员，只不过它们的立足点和奖惩的层次有所不同（见决定的文种区分）。通报与报告一样，都可用来将本机关了解到的情况告知对方，以实现信息共享。但它们的行文方向不同，通报是上级告知下级，是上情下达；报告是下级告知上级，是下情上达。另外，通报与报告在内容结构上也有所区别。

② 选材要真实典型，评析要中肯恰当。

通报的内容必须具有普遍意义，所选择的人和事必须是真实和典型的，这样才能经得起现实和历史的检验，产生积极的意义，达到教育人民群众、推动工作的目的。

要写好通报,不仅要情况真实典型,而且还需作出画龙点睛的评析,这样才能让人们更深刻地认识通报的意义,更好地达到宣传和教育的目的。但评析要中肯,不能随意拔高或贬低,不能文过饰非、夸大其词,这样才能具有说服力,真正起到通报的作用。

(3) 表达

① 了解格式,掌握文体规范。

通报一般由标题、主送机关、正文和生效标识四个部分组成。

A. 标题。

通报的标题与一般公文的标题基本相同,主要有"三要素式"和"二要素式"两种形式。

B. 主送机关。

其写法与通知基本相同。

C. 正文。

不同种类的通报其正文的写法也各不相同。

表彰性通报的正文一般由事迹介绍、分析评价、表彰决定、希望与要求四个部分组成。事迹介绍是通报的缘由和根据,叙述要完整、清楚,详略得当,重点突出。分析评价是指出其性质,总结其经验,探究其原因,概括其意义,肯定其精神,使先进事迹得以升华,写作时要画龙点睛、中肯适度。表彰决定是对事迹的处理结果,要写清楚表彰的具体方式以及作出表彰决定的根据和目的。最后提出希望和要求,激励先进继续努力,号召大家学习先进,以期共同进步。

批评性通报与表彰性通报的正文结构基本相似,通常也包括叙述事实、分析评议、通报决定、希望与要求四个部分。叙述事实是通报的缘由,要将错误事实或事故的经过包括时间、地点、人物、事件、原因和结果等交代清楚,也要注意突出重点、合理取舍。分析评议重在分析错误或事故发生的根源,指出其危害性,以引起人们的重视。通报决定是对其错误或事故的处理意见,应注意写清作出处理决定的具体方式及其目的和依据。最后提出希望和要求,提醒人们从中吸取教训,引以为戒,提高思想认识,采取有效措施,改进工作方法,防止此类错误或事故再次发生。

情况通报的正文一般包括基本情况、情况评析、对策与要求三个部分。情况部分要写清情况的表现、特点、进展与过程等,如果属于检查类的,一般还要写出工作的目的、依据、背景、条件、步骤、内容、范围等,要实事求是、一分为二、重点突出。情况评析部分是对有关情况进行分析和评论,指明其性质、意义、发展趋势等。最后一部分是针对前面的情况提出对策和要求,这部分的写作要求具有针对性、政策性和科学性。

D. 生效标识。

参见前文"发文机关署名、成文日期和印章"的表述。

② 通报的表达方式与语言要求。

通报以叙述为主,兼有议论和说明。叙述是基础,是分析评价的依据。通报的叙述采用的是概述,不要涉及细节,切忌烦琐冗长。对事实的评析和结尾的要求与希望要用议论来表达,这是叙述的升华,是全文的点睛之笔,但要注意议论的中肯性与深刻性。通报中的决定事项需要运用说明,要说清楚通报决定的目的、依据和具体的决定内容。

通报的语言要求准确简明、平易庄重。准确是指掌握分寸,符合文体规范。简明是指简明扼要,切忌啰唆拉杂、拖泥带水、含糊其词。通报重在告知情况,没有强制性,所以,语言要平易近人,但又不失庄重,体现上级机关的权威性。

3. 例文

国务院办公厅关于对国务院第七次大督查发现的典型经验做法给予表扬的通报①

国办发〔2020〕46号

各省、自治区、直辖市人民政府，国务院各部委、各直属机构：

为进一步推动中央经济工作会议部署和《政府工作报告》提出的目标任务落到实处，国务院部署开展了第七次大督查。从督查情况看，各有关地区在以习近平同志为核心的党中央坚强领导下，以习近平新时代中国特色社会主义思想为指导，认真贯彻党中央、国务院重大决策部署，迎难而上、担当作为，统筹推进新冠肺炎疫情防控和经济社会发展，做好"六稳"工作、落实"六保"任务，全力稳住经济基本盘，着力保障和改善民生，各项工作取得积极成效。在对14个省（自治区、直辖市）和新疆生产建设兵团开展实地督查时发现，有关地区围绕稳就业保民生、保市场主体、深化"放管服"改革优化营商环境、扩大内需和稳外贸稳外资、秋冬季新冠肺炎疫情防控等方面，结合本地实际，勇于担当、真抓实干，形成了一批具有代表性、典型性的经验做法。

为表扬先进，宣传典型，进一步激励各地区各部门主动作为、狠抓落实，推动形成开拓创新、比学赶超的生动局面，经国务院同意，对北京市做实做细做好深化"放管服"改革工作打造国际一流营商环境等43项典型经验做法予以通报表扬。希望受到表扬的地方珍惜荣誉，再接再厉，充分发挥示范引领和带动作用，取得新的更大成绩。

各地区各部门要全面贯彻党的十九大和十九届二中、三中、四中、五中全会精神，统筹推进"五位一体"总体布局，协调推进"四个全面"战略布局，坚持稳中求进工作总基调，坚持新发展理念，按照推动高质量发展、构建新发展格局的要求，抓好新冠肺炎疫情常态化防控，持续做好"六稳"工作、落实"六保"任务，积极应对各种风险挑战。要学习借鉴典型经验做法，发扬实干精神，勇于攻坚克难，增强抓落实的主动性和自觉性，力戒形式主义、官僚主义，确保完成全年经济社会发展主要目标任务，为决胜全面建成小康社会、顺利开启全面建设社会主义现代化国家新征程作出应有贡献。

附件：国务院第七次大督查发现的典型经验做法（共43项）（略）

国务院办公厅
2020年11月19日

4. **写作训练示范**

根据下列材料写一份通报。

202×年9月12日晚上，经济学院202×级3班的男生赵××住在11号楼602号房间，熄灯后违反规定在床上点蜡烛看书，并于不久后睡着。半夜时分，床上被子等物品被蜡烛烧着，引起火灾，虽然扑救及时，没有伤人，但还是造成了数千元的财物损失，公家的床也被烧坏了。

【提示】

拟写该通报要注意以下三个问题。一是不能照搬原材料，原材料里的"睡着""公家"均属于口语，不能用于公文，"数千元"也欠具体。二是要注意中肯地分析在床上点烛看书的错误性质，要让学生充分认识到这种做法的有害性和危险性，以便从中接受教训，也让被通报的学生对所受到的处分心服口服。三是针对此次事故，要向广大学生及各系、各有关部门提出切实的希望和要求，以增强学生的安全意识，加强学生安全管理工作的力度。

---

① 国务院办公厅. 关于对国务院第七次大督查发现的典型经验做法给予表扬的通报[J]. 中华人民共和国国务院公报，2020(34)：25.

【示范】
关于赵××同学违纪点烛看书引起宿舍失火的批评通报

各系、处、室、各班级:

  赵××,男,经济学院202×级3班学生,住11号楼602号房间。202×年9月12日晚上,该生在宿舍统一熄灯后,在床上违规点烛看书,不久困睡,半夜时分,没有熄灭的烛火将床上被子等物品引燃,虽然扑救及时,没有伤人,但却造成了×千余元的财产损失。

  赵××同学勤奋学习的精神虽然值得肯定,但其做法十分欠妥。在床上点烛看书,不仅使本人容易产生疲劳,影响学习效率,而且也妨碍他人休息,更给学生和学校带来极大的安全隐患。为此,学校在《学生手册》里明文规定并要求各系领导和班级辅导员反复向学生强调禁止在宿舍使用明火,熄灯后不得在宿舍做任何妨碍他人休息的活动。但赵××同学无视校规,有禁不止,终于酿成此次火灾事故,虽然损失不大,但其教训却十分深刻。为了严肃校纪,教育本人,警示广大同学,根据我校《学生手册》的相关规定,经校长办公会议研究,决定给予赵××同学以警告处分,并责令赔偿学校财产损失×千元。

  希望广大同学从这起事故中认真吸取教训,引以为戒,严格遵守校纪校规,正确处理好学习与休息的关系,既要勤奋学习,又要注意劳逸结合,把健康和安全放在第一位,坚决制止一切有害个人及他人健康和安全的行为,坚决杜绝此类事故的再次发生。

  这起失火事故也暴露出我校在安全工作方面还存在着薄弱环节,各系、各有关部门也应从中吸取教训,进一步加强对学生的安全教育和宣传,进一步加强对学生宿舍的安全管理。各系领导要经常深入学生宿舍,了解情况,发现问题及时解决;各班辅导员要经常到学生宿舍检查学生就寝秩序,排除安全隐患;后勤、保卫等部门要与各系加强协作,互通信息,形成学生安全管理网络,齐抓共管,确保全校师生生命财产的安全。

××大学(加盖公章)

202×年9月××日

(五) 报告

1. 报告概述

(1) 含义

报告是用于向上级机关汇报工作、反映情况,回复上级机关的询问的陈述性上行文。它将本单位的工作或其他情况向上级机关进行汇报和反映,以便上级机关及时了解下情,进行科学的决策和指挥。

(2) 特点

① 陈述性。

报告的目的在于下情上达,将下级机关所掌握的情况向上级如实报告,将情况陈述清楚便完成任务,不作其他要求。

② 系统性。

无论是综合性报告还是专题性报告,都要把所掌握的情况进行全面梳理、系统汇报,以便使上级机关能全面透彻地了解情况,进行科学的指导和指挥。

(3) 种类

根据不同的角度,可以把报告分成不同的类别。根据内容涉及的范围不同,报告可以分为综合性报告和专题性报告;根据性质的不同,报告可以分为工作报告、情况报告、答复报告和报送报告;根据时限的不同,报告可以分为定期报告和不定期报告。这里主要介绍根据性质来划分的四种报告。

① 工作报告。

工作报告即向上级机关汇报工作情况的报告,包括综合性工作报告和专题性工作报告两种。综合性报告一般属于例行报告,其特点是定期地、全面地汇报本机关一段时期内各方面的工作情况;专题工作报告是就某一项工作的开展情况所进行的报告。

② 情况报告。

情况报告即下级机关在日常工作中遇到了新情况、新问题、新动向(如突发事件、特殊情况、事故灾情等)及时向上级机关进行反映的报告。

③ 答复报告。

答复报告即用于答复上级机关的询问,汇报上级机关交办事项办理情况的报告。

④ 报送报告。

报送报告即报送有关材料和物件所附的报告。

2. 报告的写作

(1) 发现

① 立足本职工作,广泛关注社会问题。

无论是工作报告还是答复报告,都要求做到情况全面真实,不能无中生有。这就要求报告的撰写人要深入实际,亲自参与或过问各项工作,了解工作的各个环节,掌握工作的第一手材料,这样写的报告才能贴近工作实际,避免胡编瞎吹、闭门造车。同时,报告还用来反映情况,将自身工作以外的其他情况,如社情、民情、灾情、敌情、案情、会情等及时向上级机关反映,以便上级机关及时了解更多有价值的信息,及早布阵,积极应对,获得解决的先机和主动。这就要求报告的撰写人员除搞好本职工作以外,还要放开视野、心系全局、胸怀社会,做生活的有心人,敏锐地发现更多有价值的情况,成为上级了解下情的重要渠道。

② 勤于思考,善于总结。

机关单位一般各项工作千头万绪、纷繁复杂,单位的文秘人员不仅要了解工作情况,而且还要勤于思考、精于梳理、善于总结,这样才能在纷繁复杂的工作中发现有价值的写作材料。同时,文秘人员对于社会问题也要多加思考,这样才能认清问题的性质,掌握社会的动态和潮流,捕捉到有意义的事件。否则,思想处于混沌的状态,即使遇到有意义的事件或重要情况,也会让它们成为过眼烟云,进入不了写作层面。

(2) 构思

① 分清文种,准确使用。

报告作为情况交流,在内容上与下行文的情况通报、上行文的请示、事务文书的总结与述职报告以及会议报告等均有相似之处,关于报告与通报的关系已在通报的文体介绍中做了简要分析,报告与请示的关系在请示的文体介绍中也做过比较,这里主要谈谈报告与总结、述职报告的联系和区别。

第一,类别不同。报告属于法定的行政公文,规范严谨。总结与述职报告属于事务文书。

第二,汇报和交流的方式不同。报告属于上行文,要主送给垂直的上级机关,内容一般不公开;总结一般报送给本机关的领导,也可在报上公开发表,与兄弟单位进行交流;述职报告是在单位系统内部向领导和群众进行宣读,公开程度较高,宣读后还要进行评议,是双向互动的。

第三,行文目的不同。报告的行文目的是供上级机关了解下情使用的,是下情上达;总结是为单位或个人自身服务的,目的是指导自身今后的工作;述职报告的目的主要是为了让上级领导和本单位的群众了解工作内容,以便进行考评,确定其是否称职。

第四,结构内容不尽相同。报告的抬头要写明主送的上级机关名称,结尾用"特此报告"或

"特此报告，请审阅"等模式化的结尾。总结可以不写抬头，也不用"特此总结"等字样的模式化结束语。述职报告的抬头一般用"各位领导，各位同事"进行称谓，结束语一般用"谢谢大家"字样的客气和礼貌性的惯用语。此外，述职报告的内容还有其特殊性，不是像其他三个文体那样，按成绩、经验、问题、教训等内容模块来写的，而是按德、能、责、绩、廉等几个方面的履职情况来写的。

② 全面梳理，抓住重点。

一段时间的工作内容很多，但要分清主要的和次要的、重点的和一般的。写作之前，一定要全面回顾、系统梳理，防止有价值的材料被遗漏掉，造成以偏概全。同时，还要进行过滤筛选，抓住重点，做到主旨集中、重点突出、详略得当，千万不能胡子眉毛一把抓，甚至捡了芝麻丢了西瓜。否则，主旨就会被淹没，流于烦冗琐细，不便于上级透彻地了解情况。所以，写作之前一定要严格把关，坚决不能让那些细枝末节的材料进入报告之中。

③ 精于分析，善于归纳。

写报告不能像会计记账那样简单地记载和罗列几个事实，而是要对事实进行必要的分析和归纳。谈工作，不仅要讲成绩、讲问题，而且还要概括经验，指出教训，揭示工作的规律性。汇报情况，不仅要谈情况的表现，更要分析情况产生的原因、发展的趋势以及应对的策略。

（3）表达

① 了解格式，掌握文体规范。

报告一般由标题、主送机关、正文、生效标识四个部分构成。

A. 标题。

一般有三种写法：第一种是由"发文机关＋时限＋事由＋文种"组成的四要素式，这种标题主要用于工作报告；第二种是由"发文机关＋事由＋文种"组成的三要素式；第三种是由"事由＋文种"组成的二要素式。

B. 主送机关。

报告的主送机关一般只有一个，是直接领导本机关的上级机关。

C. 正文。

不同种类的报告，其正文的写法也不尽相同。

工作报告的正文一般包括前言、主体和结尾三个部分。前言部分陈述工作的背景、指导思想、目的、主要成绩或主要工作内容。主体部分表述的有工作的过程、成绩、经验，还有问题、教训、今后的措施和打算等。在具体写作的时候，这些内容要根据写作的目的不同作适当的选择，如果是一般性的工作报告，应突出成绩和经验，问题部分要略写，教训不写；如果是工作中出现了明显的或重大的失误，要着重谈问题和教训，成绩部分要略写，经验部分不写；最后用"特此报告"或"特此报告，请审阅"等套语结束全文，当然结语也可省略。

情况报告的正文一般包括基本情况、情况分析和处理办法三个部分。基本情况部分要将事情发生的来龙去脉及其结果叙述清楚，这是情况报告的基础；情况分析部分是揭示事情发生的性质、原因、影响及其教训；第三部分是在前面叙述和分析的基础上进一步指出问题的处理办法。

答复报告的正文一般包括答复缘由、答复事项和结束语三部分。答复缘由是答复的根据，写法上或者"引述原文的发文日期＋主要内容"，或者"引述原文标题＋发文字号"，或者概括原文的主要内容。答复事项是针对上级机关所询问的问题或所交办的事项进行答复。这一部分的写作要具有针对性，上级问到的问题一定要如实回答，不能回避或含糊其词，没有问到的问题也不要主动答复，以免节外生枝。

报送报告的正文比较简单,只要写明所报送的材料或物件的名称及件数即可,然后用"请审阅"或"请查收"作结。

D. 生效标识。

参见前文"发文机关署名、成文日期和印章"的表述。

② 以叙述、说明为主,用语谦和、得体。

报告在表达上以陈述为主,将叙述、说明融为一体,写作者用这种表达将本机关掌握到的情况如实报告给上级,使上级能客观地了解下面的情况,以便制定科学的决策,进行有效的指导和指挥。所以,下级机关单位在报告中尽量不发议论,不讲大道理,一是为了避免有逞能之嫌,二是为了避免干扰上级机关的正确判断。由于是上行文,为了显示对上级领导机关的尊重,语气要谦逊、坦诚、明确,切忌夸夸其谈、华而不实,或者吞吞吐吐、闪烁其词。

3. 例文

威海市农业农村局关于全市农业受灾情况的报告①

市政府:

受第9号台风"利奇马"影响,8月10日至12日,全市平均降水102.6毫米,有效解除了我市前期旱情,但同时导致部分地区农作物受灾,造成一定经济损失,现将有关情况报告如下:

一、农业受灾情况

截止到8月12日,全市农业受灾面积65.8万亩,预计全市农业经济损失约2.15亿元。分作物看,玉米受灾44.4万亩,成灾22.4万亩,绝收2.3万亩;花生受灾13.2万亩,成灾4万亩,绝收0.2万亩;果树受灾3.5万亩,成灾0.7万亩;蔬菜设施严重受损22个,垮塌1个;农田受淹18.5万亩,已排水除涝16.9万亩。分区市看,文登区农作物受灾28.4万亩,成灾6.7万亩;荣成市农作物受灾14.2万亩,成灾5万亩;乳山市农作物成灾18.2万亩,成灾13.8万亩,绝收2.6万亩;临港区农作物受灾1.5万亩;南海新区农作物受灾3万亩,成灾2.1万亩。

二、防灾抗灾情况

我局高度重视台风防御工作,接到省、市下达的防御台风紧急通知后,8月8日我局立即下发了防范台风工作的紧急通知,要求各级农业农村部门全面开展风险排查,对于发现的隐患及时排除;及时开展技术指导服务,密切关注极端天气影响,及时向当地党委、政府报告灾情。8月10日中午,我局召开科级以上干部会议,传达了全市防汛工作紧急会议精神和张海波市长批示要求,全面部署安排台风防御工作。在落实24小时值班和领导带班制度的同时,立即成立3个工作组,由局领导带队分赴各区市进行台风防御工作督导检查,对蔬菜大棚、养殖企业、农药生产企业等重点部位,一个一个排查,不留隐患、不留死角,努力把台风可能造成的损失降到最低限度。指导各区市成立"领导+专家"模式的农业抗灾救灾工作领导小组,分片包干督促指导抗灾救灾,做到工作细化分工,责任落实到人。强化灾情调度,要求各区市每天下午4:00前将农业受灾情况报市局值班室,重大灾情随时上报,为指导全市农业抗灾救灾提供实时决策参考。

三、当前主要工作

根据全市农业受灾情况,我局就灾后工作进行了认真研究和统筹安排,一方面组织专家和基层农技人员深入受灾地区一线,为农民提供灾后恢复生产技术指导服务;另一方面指导各区市加强与农业保险承保机构的协调,尽快做好灾情勘察定损理赔,保障农民的切身利益。目前各项工

---

① 威海市农业农村局. 威海市农业农村局关于全市农业受灾情况的报告[ED/OL]. (2019-08-14)[2021-09-24]. http://nyj.weihai.gov.cn/art/2019/8/14/art_24100_2030473.html.

作正在有序开展。

特此报告。

威海市农业农村局
2019年8月13日

4. 写作训练示范

根据下列材料写一份报告。

H镇房管所投资20万元，对玄帝庙进行了修复重建。现该庙总占地面积为1300多平方米，建筑面积为200多平方米，所有建筑面积均为仿古，已修复的真武殿、灵宫殿雄伟壮观，庙内绿荫蔽日，景色优雅。借助此庙，H镇已成功地举办了三次"农历二月十九"传统文庙会。玄帝庙位于H镇的最北端，地处X县、Y县、Z县交界处。据现存庙碑记载，该庙始建于唐贞观年间，迄今已有1300多年历史。玄帝庙在历史上曾多次重修重建，最后一次重修是在清朝嘉庆十五年（1810）。鼎盛时期，庙内有20多名道人，13万多平方米庙地，经济基础雄厚，平时香烟缭绕，钟声不绝，是淮河流域乃至华东地区的著名古刹，民间影响极大。自上次修复后，经近170年的风雨侵蚀以及其他各种破坏，玄帝庙已是破损不堪。

【提示】

拟写这份公文，一要注意正确选用文种。从内容来看，修建工作已经完成，行文的目的是向上级机关汇报修复的情况，显然应该用报告的文种，而不能用请示。二要注意安排材料顺序。这是汇报古庙修复情况的报告，带有记叙的性质，显然应该按照时间的先后顺序来安排结构。三是要说明修复的缘由，这是博得上级机关理解和支持的关键。所以，要花一定的笔墨来阐述修复的目的以及修复后所产生的良好的经济和社会效应。

【示范】

关于修复玄帝庙的报告

县人民政府：

据现存庙碑记载，位于我镇最北端的玄帝庙，始建于唐贞观年间，迄今已有1300多年历史。玄帝庙历经沧桑，在历史上曾多次重修重建，最后一次重修是在清嘉庆十五年（1810）。鼎盛时期，庙内有20多名道人，13万多平方米庙地，经济基础雄厚，平时香烟缭绕，钟声不绝，是淮河流域乃至华东地区的著名古刹，民间影响极大。

但自上次修复后，经近170年的风雨侵蚀以及其他各种破坏，玄帝庙已是破损不堪。为充分利用古镇优势，保护和挖掘古镇丰富的历史文化遗产，大力发展旅游业，以旅游业拉动相关产业，寻求新的经济增长点，推动我镇经济发展，经镇政府批准，自××××年××月开始，由H镇房管所投资20万元，对玄帝庙进行了修复。现该庙总占地面积为1300多平方米，建筑面积为200多平方米，所有建筑均为仿古，已修复的真武殿、灵宫殿雄伟壮观，庙内绿荫蔽日，景色优雅，是开展文化娱乐活动的好去处。借助此庙，我镇已成功地举办了三次"农历二月十九"传统文化庙会。

玄帝庙的修复及庙会的成功举办为周边X县、Y县和Z县的广大农民的物资交流提供了重要的场所，对促进我镇旅游资源的开发，挖掘人文景观，增加流动人口，带动商贸发展，提高居民的文化生活品位，推动一方经济文化的发展起到了积极的作用。

特此报告。

H镇人民政府（加盖印章）
××××年×月××日

(六)请示

1. **请示概述**

(1) 含义

请示适用于向上级机关请求指示、批准。请示是一种呈请性的上行文,下级机关在工作中遇到自身无权或无法自行处理的事项,需要向上级机关请示,在得到上级的指示或批准之后方可办理。因此,请示是上级机关积极行使职能、下级机关顺利开展工作的重要手段。

(2) 特点

请示与其他公文相比,特别是与报告相比,有如下几个特点较为明显。

① 呈请性。

请示是将自己解决不了的问题交给上级,通过上级的指示或批准使问题得到解决,因此,请示的写作重点就要放在为什么要请示,请示的理由是否成立,要解决什么问题上面。

② 期复性。

请示不像报告,把情况向上级机关陈述清楚就完成任务了。请示的写作不仅要讲清楚情况,更重要的是希望上级机关能给予回文答应请求的事项,如果得不到上级机关的指示或审批,那就没有达到写作的目的。

③ 单一性。

请示的内容十分单一,只能一文一事,一事一请示。

④ 事前性。

请示是在事情办理之前就要向上级反映,在行文时机上属于事前行文。

(3) 种类

① 请求指示的请示。

这种请示适用于下级机关在工作中遇到了新情况、新问题,无法按现行的政策去处理的事项,要求上级机关给予明确的指示或解释。人们常把这种请示称为"要政策""要办法"的请示。

② 请求批准的请示。

这种请示是指本机关无力或无权自行解决,必须经过上级机关批准方可办理的事项,如机构调整、财政拨款等。

2. **请示的写作**

(1) 发现

① 请求指示的写作发现。

需要请求指示的情况主要有以下几种。

在工作中遇到新情况、新问题,没有现成的政策法规可以遵循,需要上级机关做指示方可办理。

现行的有关方针、政策、法规不够明确,难以准确理解,或者不同的职能部门对某一问题有不同的规定,莫衷一是,需要上级机关做明确的指示方可办理。

本机关或下级机关对某一重大问题的处理有严重的意见分歧,需要上级机关予以定夺。

因情况特殊,难以执行原规定,需要做适当的变通方可处理的事项。

虽然有明确的政策法规可以遵循,但因事情重大,为了稳妥起见,需要上级机关确认方能办理的事项。

② 请求批准的写作发现。

需要请求批准的情况有两种:一是遇到按规定必须经过上级机关批准,本机关无权决定的事项,如机构设置、审定编制、奖惩人员、重大决策、重要活动的安排、财政拨款等;二是在工作中遇到了自身无法克服、无力解决的困难或问题,需要上级机关帮助与支持。

(2) 构思

① 分清文种,准确使用。

与请示相似的文种主要有报告和函。

报告与请示都属于上行文,都是下情上达,它们的区别有以下几点。

第一,适用范围不同。报告适用于向上级机关汇报工作、反映情况,答复上级机关的询问;请示适用于向上级机关请求指示、批准。

第二,性质不同。报告具有陈述性,重在陈述情况;请示具有呈请性,重在说明理由和要求。

第三,行文目的不同。报告的行文目的在于向上级机关汇报情况,为上级机关的决策提供依据,不需要上级机关回复;请示的目的在于向上级机关诉说本机关在工作中遇到的困难与问题,请求上级机关予以指示或批准,从而使问题获得解决,所以,请示需要上级机关给予回复。

第四,行文时机不同。报告是在工作已经开展或者已经结束、情况已经发生时才给上级行文,是事中或事后行文;请示必须在事前行文,在上级机关做指示或予以审批之后才能办理有关事项,千万不能先斩后奏。

第五,内容结构不同。报告的内容一般都很丰富,可以一文一事,也可一文数事,写法也较灵活,层次安排较为自由,结束语可有可无;请示的内容十分单一,只能一文一事,结构内容规律性很强,起因、事项、请求三者缺一不可。

② 研究策略,抓住关键。

决定一份请示的成败在于它是否如愿以偿地得到上级机关的批复,而获得上级机关批复的关键又在于请示的理由是否充分。因此,写作之前,一定要认真研究策略,在理由的寻找上多下功夫,可以从政策、现实、人际、心理、时机等多方面进行诉求。同时,对于请求事项的提出也要注意其适当性,既不降低要求,又不做过高要求,要在上级机关的权限和能力范围内提出。对于请指性请示,有时还要提出意见和建议供上级机关批示时参考。总之,要写好请示,一定要在下笔之前进行充分研究,把问题提到点子上,把办法摆到桌面上,这样才能"笔"开得胜,"文"到事成。

(3) 表达

① 了解格式,掌握文体规范。

请示一般由标题、主送机关、正文和生效标识四个部分组成。

A. 标题。

请示的标题有两种写法:一是由"发文机关+事由+文种"组成的三要素式,二是"事由+文种"的二要素式。要注意在请示的标题上不能再加上"请求""申请"等字样,因为"请示"已包含了这两个词的意思,更不能将"请示"与"报告"连在一起使用。

B. 主送机关。

请示的主送机关只能写一个,而且必须是自己的直接上级机关。

C. 正文。

请示的正文由缘由、事项和结语三个部分组成。

请示的缘由是请示的原因和理由,用简明扼要的语言将工作、生活中遇到的矛盾、困难和困惑及其解决的必要性陈述清楚。这部分是请示写作的关键,上级能否审批,就取决于这部分的写作。

请示的事项是请示需要解决的具体问题。指示性请示要写清针对缘由部分所提到的困惑和问题要求上级机关做具体明确的指示;请求批准的请示要写清在哪些方面需要上级机关给予什么样的具体支持。

请示的结语即请示结束时向上级机关提出给予批复的请求,常用"请指示""请裁示""特此请示,请批复""妥否,请批复""以上请示当否,请批复""以上请示,请予审核批准""以上请示如无不妥,请批准""特此报请核批"等惯用语。要注意根据请示的种类选择合适的结语,请求指示的请示用"请指示""请批示",请求批准的请示用"请批准""请审批",两者也可通用"请批复"。

D. 生效标识。

参见前文"发文机关署名、成文日期和印章"的表述。

② 综合运用议论、说明、叙述的表达方式。

请示的文体总体上来看属于议论文体,其正文的层次安排是按照提出问题、分析问题、解决问题的顺序进行的,但这里的分析议论离不开说明和叙述,如问题的由来要靠叙述来表达,理由与事项要通过说明来表达,这里的议论不需要像议论文那样进行严谨的逻辑推理,叙述、说明也需要高度概括,对请示事项的说明要具体、明确。

③ 语言要简明、平实,语气要恳切、谦和、得体。

请示的语言要简洁、明确,不要绕弯子、兜圈子,不应让上级机关去琢磨体会。语气要恳切、谦和,但也要注意分寸,不能谦虚过度,以至于低声下气、虚假客套,也不能急躁,讲过头话。

3. 例文

关于颁发20××年度H市科学技术奖的请示

市政府:

为奖励在推动我市科学技术进步,促进科技成果转化,发展高新技术产业中做出突出贡献的单位和个人,充分调动科学技术工作者的积极性和创造性,加快我市科学技术事业发展,根据《H市科学技术奖励办法》的规定,H市科学技术奖励委员会于20××年9月27日至9月29日组织召开了20××年度××市科学技术奖评审会,评出H市科技功臣提名奖候选人4人,H市科技进步奖(技术发明奖)奖励项目81项,并于10月1日在《××日报》向社会公示。公示期结束后,对实质性与非实质性异议均已处理,并经20××年2月17日市政府常务会议批准通过,现请予授奖。

妥否,请批示。

附件:1. 20××年度H市科技功臣提名奖人选名单(略)
   2. 20××年度H市科技进步奖和技术发明奖获奖项目(略)

H市科学技术局
20××年2月22日

(联系人:略 联系电话:略)

4. 写作训练示范

C学院汉语言文学专业202×级部分同学拟在全院范围内发起成立跆拳道协会,请你代这些同学拟写一份请示。

【提示】

要写好该请示,首先要了解跆拳道运动项目的基本情况,如特点、优势、影响等,然后再说明在本校成立该协会的基础、条件及其必要性。之后,要进一步说明成立该协会的具体事宜,包括宗旨、机构、开展活动、经费来源及其使用等,这些内容较多,为了使请示简明扼要,可以把它们写进章程,随附件列出。最后是结束语,提出获得批准的请求。

【示范】

关于成立跆拳道协会的请示

院团委：

　　跆拳道是一项以脚踢为主、手脚并用的体育运动，练习跆拳道不仅可以强身健体，而且还有助于锻炼观察能力、判断能力、防范能力，有助于培养坚定的信心，顽强的毅力，勇于吃苦和奋力拼搏的精神，特别是跆拳道"以礼始，以礼终"的练习要求，更有助于青年学生对礼仪文明、道德修养的学习。正因如此，这项起源于朝鲜半岛的体育运动自2000年被列入奥运会正式比赛项目以后，很快在世界各国得到了推广，我们国家对这个运动项目也十分重视，全国绝大多数省、自治区、直辖市和高校都成立了跆拳道协会，有的高校还开设了跆拳道专业，跆拳道运动项目在我国的发展已成蓬勃之势。

　　近几年来，随着我院体育事业的发展，跆拳道运动在我校也得到了较快的发展，体育系开设了跆拳道选修课程，体育专业的学生踊跃选修。对于我们非体育专业的学生来说，也有不少同学成了跆拳道运动的业余爱好者，仅仅是我们汉语言文学专业202×级4个班就有15位同学在练习这个项目。但由于缺乏统一的管理和必要的技术指导，不仅练习效果欠佳，进步缓慢，而且由于盲目练习，往往会导致一些身体伤害。

　　为有效进行跆拳道训练，推动我校体育事业的发展，进一步提高广大同学的身体素质，增强学生的防范能力、适应能力和承受能力，培养青年学生敢于吃苦、勇于拼搏的精神，磨炼坚忍不拔的意志，全面贯彻落实德、智、体、美、劳全面发展的教育方针，丰富学生的课余文化生活，活跃校园气氛，我们汉语言文学专业202×级4个班部分同学经过充分准备，拟在全校范围内发起成立跆拳道协会，挂靠中文系团总支。如能审批，我们将严格遵守国家的法律法规和学校的各项规章制度，按照本会章程积极开展活动，努力把本社团办成我校具有积极影响的重要社团，为我校体育事业的发展作出应有的贡献。

　　特此请示，恳请审批。

附件：《C学院跆拳道协会章程》（略）

C学院跆拳道协会筹备组
××××年××月××日

（七）批复

1. 批复概述

(1) 含义

　　批复是适用于答复下级机关的请示事项的下行文。只要下级机关有请示，上级机关就必须进行回答。

(2) 特点

① 针对性。

　　批复是针对请示而发的，其内容一定要扣住请示的事项，请示提到什么问题，批复就回答什么问题，决不能答非所问。

② 指示性。

　　批复要针对下级所请示的问题表明立场和看法，拿出方案和策略，以切实指导和帮助下级机关解决在工作中遇到的实际问题。

③ 单一性。

请示是一事一请示,批复也是一事一答复,两者的内容都具有单一性。

(3) 种类

① 指示性批复。

这是对请求指示的请示所作的答复,是就下级机关在请示中所问到的有关政策和规定做清楚明确的解释和说明。

② 批准性批复。

这是对请求批准的请示所做的答复,是就下级机关在请示中要求予以审批的事项作出肯定或否定的表态。

2. 批复的写作

(1) 发现

① 认真阅读来文,弄清请示要解决的问题。

阅读和理解来文内容是写好批复的基础,只有搞清楚来文的要求及其理由,才能对症下药,作出具有针对性的答复,否则,就可能出现答非所问、让下级机关啼笑皆非的尴尬局面,这不仅影响下级机关工作的开展,而且可能还会造成较为严重的后果。

② 认真学习和查阅政策、法规,为写作批复提供政策依据。

下级机关的请示事项有许多要涉及党和国家的路线、方针、政策等问题,上级机关首先要领会和掌握相关政策、法规,这样才能为批复的写作提供较充分的政策依据。

③ 认真调查研究,了解下级实际情况。

写批复不能就请示而写批复,不能只根据请示的一面之词就进行答复,这样有可能造成片面性。所以,要写好批复还要对下级机关进行多方面的了解,搞清楚下级机关的真正困难和实际需求,这样写起批复来才能切合下级机关的实际,真正发挥其指导作用,不至于"放空炮"。

(2) 构思

① 分清文种,准确使用。

与批复具有相似性的文种主要是函(复函),它们都可以用来答复审批事项和询问,结构内容也基本相同,都包括答复缘由、答复事项和结束语三个部分。但它们是不同性质的文种,其主要区别如下。

第一,适用范围不同。函的适用范围较为广泛,除了用来答复询问和审批事项以外,还可用来询问、商洽、告知、催办等多种事项,而批复只能用来答复询问和请批事项。

第二,行文关系不同。复函用于答复平级或不相隶属机关的询问或请批事项,属于平行文;批复是用来答复下级机关的请示事项,属于下行文。

第三,使用的机关级别不同。使用批复的机关级别较高,基层机关一般不用;函的使用机关不受限制,无论是高层机关还是基层机关都可以使用函。

第四,语气不同。函由于属于平行文,语气谦和、客气、礼貌;批复属于下行文,语气庄重、周严。

② 认真审核请示事项,审慎作出批复决定。

批复体现着领导机关对下级机关来文的意见和态度,对问题的解决具有决定的意义。因此,在批复之前,一定要认真审核请示事项,弄清楚请示事项的性质、意义、真实性和紧迫性的程度,然后对症下药,提出具有针对性的既符合政策法规又切合实际的批复意见,这样才能使问题得到最好的解决,体现领导机关的水平,维护领导机关的权威。

(3) 表达

① 了解格式,掌握文体规范。

批复一般由标题、主送机关、正文和生效标识四个部分组成。

A. 标题。

批复的标题主要有三种写法。一是"事由＋文种"的二要素式,如《关于北京旧城25片历史文化保护区保护规划的批复》。二是"发文机关＋事由＋文种"的三要素式,如《国务院关于东北地区振兴规划的批复》。三要素式还可写成"发文机关＋原请示标题＋文种",如《国务院关于决定核准〈上海合作组织成员国政府间教育合作协定〉的批复》。三是"发文机关＋批复事项＋行文对象＋文种"的四要素式,如《国务院关于处理第三方核责任问题给核工业部、国家核安全局、国务院核电领导小组的批复》。

B. 主送机关。

批复的主送机关一般情况就是呈送请示的下级机关,如果涉及面较广,需要有更多的单位和部门了解和执行,也可多头主送。

C. 正文。

批复的正文一般由批复依据、批复事项和结语三个部分组成。

批复依据是说明针对什么来文所做的批复,一般引用来文标题加发文字号,也可引用来文日期加标题,还可引用日期加主要请示事项,有的还引用来文的发文日期加发文字号。

批复事项是批复的中心内容,对请示事项表明意见。如果是指示性批复,一般是先举出有关政策和法规的具体条款和内容,然后对照实际,进行分析说明,表明批复机关的立场和观点。如果是请求批准的批复,若是同意,则可直接表明态度,然后提出一些要求;若是不同意或是部分同意,则应先举出相关的政策和规定,并结合实际情况,以说明不同意或不能完全同意的原因,然后再表明态度,让下级心服口服,避免产生情绪。

批复的结语比较简单,一般只写"此复"或"特此批复"。

D. 生效标识。

参见前文"发文机关署名、成文日期和印章"的表述。

② 综合运用叙述、说明、议论的表达方式。

批复的缘由用叙述来表达,交代出收到来文的时间、内容、标题、发文字号等。对来文的请示事项进行表态用说明来表达,一般用"同意……"的句式。对于批复的理由、意见和执行要求用议论来表达。

③ 用语简明、庄重、周严。

写批复用语要简洁明确,不要出现套语、废话,不要进行空泛的议论。同时语言要明确,不能含糊其词、模棱两可,让下级无所适从。此外,还要求语言庄重、周严,以充分体现批复的权威性。

3. 例文

国务院关于同意设立中国(海南)自由贸易试验区的批复[①]

国函〔2018〕119号

海南省人民政府、商务部:

你们关于设立中国(海南)自由贸易试验区的请示收悉。现批复如下:

一、同意设立中国(海南)自由贸易试验区。

[①] 国务院. 关于同意设立中国(海南)自由贸易试验区的批复[J]. 中华人民共和国国务院公报,2018(30):77.

二、中国(海南)自由贸易试验区实施范围为海南岛全岛。相关土地、海域开发利用要严格遵守国家法律法规和海南省"多规合一"总体规划,并符合节约集约用地用海的有关要求。涉及无居民海岛的,要严格按照《中华人民共和国海岛保护法》等有关规定办理。

三、中国(海南)自由贸易试验区内的海关特殊监管区域的实施范围和税收政策适用范围维持不变。

四、海南省人民政府、商务部要会同有关部门做好《中国(海南)自由贸易试验区总体方案》的组织实施工作。

国务院
2018 年 9 月 24 日

4. 写作训练示范

以"请示"的文种训练示范《关于成立跆拳道协会的请示》一文为依据,代 C 学院团委会写一份批复。

【提示】

这是一份请求批准的批复,写作时首先是引用来文以作为发文的依据。因为不是经常性的请示,不至于跟其他来文发生混淆,所以,只要写出原请示的标题即可。然后要说明对原请示审核的结果,这是审批的根据。之后,要明确表态,如果同意,还要提出一些希望和要求;如果不同意,则要说明原因,并给予必要的鼓励。

【示范】

关于同意成立 C 学院跆拳道协会的批复

C 学院跆拳道运动协会筹备组:

你们报来的《关于成立跆拳道协会的请示》等材料收悉,经审查,申报材料齐全,条件成熟,符合《C 学院学生团体管理办法》的规定,同意筹备成立 C 学院跆拳道协会,核准协会负责人及其成员,挂靠中文系团总支,自批准之日起,六个月内召开成立大会,通过协会章程,产生管理机构。

希望协会成立后,严格遵守国家和学院的各项规章制度,按照《C 学院跆拳道协会章程》积极开展活动,认真履行承诺,为推动我校体育事业的发展,繁荣校园文化作出积极的贡献。

此复。

C 学院团委(加盖印章)
××××年××月××日

(八)函

1. 函的概述

(1) 含义

函是适用于不相隶属机关之间商洽工作、询问和答复问题、请求批准和答复审批事项的平行文。

15 个公文文种绝大多数都是在上下级之间使用的,唯有函是在不相隶属机关之间使用的。但在少数情况下,函也可以在具有隶属关系的上下级机关之间行文。例如,上级机关向下级机关商借现金、物品、场地,借调有关人员,要求协办或者催办有关事项,询问有关情况等,不太适合用别的文种,可以用函行文,但下级的答复最好用报告。

(2) 特点

① 平等性。

函主要用于不相隶属机关之间互相商洽工作、询问和答复问题,双方之间不论级别高低,都是平等的关系,语气上要体现出谦逊、客气、礼貌和尊重。

② 广泛性。

在内容上,函有很宽的适用范围,既可告知、商洽有关事项,又可询问、请求批准和答复有关事项,兼具通知、请示、批复的部分功能;在行文关系上,除了平行以外,有时还可以下行。所以,函的适用范围十分广泛。

③ 单一性。

函与请示、批复一样,内容十分单一,只能一函一事,一事一函。

(3) 种类

根据不同的角度,可以把函分为不同的类别。

① 根据性质划分。

A. 公函。

公函用于处理重要的公务事项,它是正式公文,在写作上与一般公文一样,具有严格的公文格式。

B. 便函。

便函是用于处理一般公务的事项,不属于正式公文,写作上比较随意,可以按照一般书信格式去写。

② 根据往来关系划分。

A. 发函。

发函也称去函,是主动发出的函。

B. 复函。

复函也称回函,是对来函的回复。

③ 根据内容划分。

A. 商洽函。

商洽函是机关单位之间商洽工作和有关事项的函。

B. 询问函。

询问函是向有关部门或单位询问有关政策、法规在理解和执行过程中所遇到的一些问题,或者本单位所关心的其他一些问题的函。

C. 答复函。

答复函是就商洽函和询问函所提到的事项进行答复的函。

D. 请批函。

请批函是向具有审批权限的主管部门申请办理有关事项的函。

E. 审批函。

审批函是对请批函进行审核并予以回复的函。

此外,还有知照函、催办函、征集函、报送函、邀请函等,这类函较多,难以穷举。

2. 函的写作

(1) 发现

① 认真调查研究,发现问题的疑难点。

函与请求指示的请示一样,都是就本机关在工作中遇到的问题和困惑向有关部门询问解决的办法。为了增强询问的可疑性和必要性,发文机关要仔细审查所询问的事项,搞清楚问题的来龙去脉,找到问题的难点和焦点,选择合适的询问角度,切不可遇事就疑,动辄就问,随意发文,这样势必会增加有关部门的工作负担,产生文牍主义。

② 积极学习政策法规,掌握政策依据。

为了提高机关部门答疑解惑的水平,增强解答的准确性,机关和职能部门要认真学习政策法规,熟悉各项方针、政策,努力提高自身的理论水平和政策高度,这样才能保证党和国家各项方针、政策得到正确的贯彻和落实,千万不能以其昏昏,使人昭昭。

③ 了解实际情形,寻找现实根据。

函还可以用来答复审批事项,为了保证答复的准确性和合理性,有关部门不仅要掌握政策与法规,而且还要了解实际,熟悉业务,这样才能发现和掌握请批函的理由是否正当和充足,给予恰当的审批,使本部门的权力得到正确的发挥,职责得到正确的履行。

（2）构思

① 分清文种,准确使用。

与函相似的文种有通知、请示和批复,它们既有联系又有区别。

联系:函的功能及其写法分别与通知、请示、批复具有交叉关系。告知函与通知都具有告知性,其功能与写法都基本相同。请批函与请示都具有请指性与请批性,其功能与写法都基本相同。答复函和审批函与批复都具有答复性和审批性,其功能与写法也都基本相同。

区别:函与通知、请示、批复的区别除了适用范围和语气不同以外,还在于行文方向的不同。函用于向不相隶属的机关单位行文,属于平行文;而通知与批复则是向具有隶属关系的下级行文,属于下行文;请示用于下级机关向具有隶属关系的上级机关行文,属于上行文。所以,只要是向不相隶属机关行文,不论对方级别有多高,不论是否有求于对方,都应该使用函。

② 认真思考,注意策略。

函是不相隶属机关之间相互往来使用的文种,属于平行文,具有平等性和协调性,协调能否成功,取决于公关的效果。因此,函的写作特别讲究技术和技巧,写作之前要认真思考,想好策略,所提的问题要能吸引人,解决的方案要打动人,理由要服人,语言要尊重人,要学会换位思考,站在对方的角度想问题,否则,势必影响关系,达不到目的。

（3）表达

① 了解格式,掌握文体规范。

函一般由标题、主送机关、正文和生效标识四个部分组成。

A. 标题。

公函的标题与一般公文的标题基本相同,也有三要素式与二要素式两种形式。如果是复函,其标题的写法又与批复类似。

B. 主送机关。

函的主送机关一般是单一的、明确的,但如果涉及面较广,也可多头主送,如果主送对象不明确,还可采用泛称。

C. 正文。

函的正文一般包括缘由、事项和结语等三个部分。由于函的类型不同,各部分的写法又各有区别。

如果是商洽函,首先要说明商洽的根据、时机与条件,这是商洽的缘由;然后在主体部分写清商洽的事项,写作时要注意具体、明确,并能引起对方的兴趣;最后表现出希望得到对方响应的要求和愿望;结语用"特此函商,盼予函复"等套语。

如果是询问函,则在开头直接提出有疑惑的或者是关切的问题及其来源;然后提出希望得到对方解释和说明的要求,也可提出自己对这个问题的看法,供对方研究和参考;结语用"特此函询,望予函告"等套语。

如果是请批函,首先要提出请批的理由,这是决定是否得到审批的关键,要精心撰写,一定要把理由讲清楚、说充分;然后是希望得到审批的具体事项,这一部分要具体可行;最后用"请函复""祈复""请批准""请予审批"等套语收束全文。

如果是答复函或审批函,应先写答复依据,再写答复事项,具体写法与批复类同;结语用"特此函复"等套语。

  D. 生效标识。

  参见前文"发文机关署名、成文日期和印章"的表述。

 ② 表达简明得体。

  函的表达以说明、叙述为主，坦率真诚，直截了当。有时也可讲一点道理，但不要长篇大论。用语要谦和、礼貌、客气，不要居高临下，盛气凌人，也不用逢迎恭维，低声下气，要不卑不亢，既坦率直爽，又舒缓从容。

 3. 例文

国务院办公厅关于同意山西省承办 2019 年第二届全国青年运动会的函[①]

国办函〔2015〕57 号

体育总局、财政部：

  你们《关于批准山西省作为第二届全国青年运动会承办单位的请示》（体竞字〔2015〕66 号）收悉。经国务院领导同志批准，现函复如下：

  一、同意山西省承办 2019 年第二届全国青年运动会。

  二、筹备和举办第二届全国青年运动会的经费主要由山西省人民政府自筹，中央财政给予一次性定额补助；场馆设施建设所需资金由山西省人民政府自行负担。

  三、请体育总局和山西省人民政府严格按照党中央、国务院有关规定，充分结合当地经济社会发展实际，坚持量力而行、量入为出、节俭高效原则，共同组织好第二届全国青年运动会。

国务院办公厅（加盖印章）

2015 年 7 月 7 日

 4. 写作训练示范

  202×年 9 月 10 日，C 学院发函给与该院处于同一市区的省级示范高中 D 中学进行商洽，拟在该中学建立教育实习基地。请你以该学院的名义，拟写这份商洽函。

 【提示】

  拟写这份商洽函，重点在于写好缘由，以获取对方的理解和支持，可从实习基地建设的重要性和该校的有利条件两个方面来谈，同时还应简单地介绍一下学院建设的背景情况。事项部分是基地建设的具体事宜，包括经费问题、管理问题等，并提出得到对方支持的愿望和要求。最后用模式化的套语作结。内容要简明扼要，要注意语气的谦和和态度的恳切。

 【示范】

关于商洽建立师范专业教育实习基地的函

D 中学：

  教育实习是检验学生的理论素养，培养学生实践能力的重要手段，是整个师范教育中不可或缺的重要环节。为切实落实学生实习工作，保证实习质量，方便实习管理，我院已在市内几所中学建立了教育实习基地，从而为我院学生实习工作的顺利进行提供了有力的保障。然而，随着我院招生规模的持续扩大，在校学生数量的不断增加，原有的实习基地已经满足不了实习工作的需要，扩充新的实习基地已成当务之急。

  贵校是一所拥有 2000 多名学生的省级示范高中，管理规范，师资力量雄厚，虽处郊区，但交通方便，是学生实习的理想场所。为此，特致函贵校，商洽在贵校建立实习基地事宜，望贵校予以

[①] 国务院办公厅. 关于同意山西省承办 2019 年第二届全国青年运动会的函[J]. 中华人民共和国国务院公报，2015(21)：11.

鼎力支持。如蒙惠允,我们将按照我院的统一规定按期支付实习费用。实习期间,我们还将派出骨干教师带队,协助贵校对我院实习生进行督促和管理。

特此函商,盼予函复。

C学院(加盖印章)
202×年9月10日

第二节 总　　结

一、总结概述

毛泽东向来十分重视总结工作,他说:"我是靠总结经验吃饭的。以前我们人民解放军打仗,在每个战役后,总来一次总结经验,发扬优点,克服缺点,然后轻装上阵,乘胜前进,从胜利走向胜利,终于建立了中华人民共和国。"[1]而且毛泽东把总结历史经验的重要性提升到马克思主义认识论的高度。他说:"人类的历史,就是一个不断地从必然王国向自由王国发展的历史……因此人类总得不断地总结经验,有所发现,有所发明,有所创造,有所前进。"[2]

由此来看,总结十分重要,因而总结的写作,更是我们必须要学会的。

（一）含义

总结是对已经做过的工作进行回顾、分析、研究,从中找出工作的经验、教训、本质与规律,并把它序列化,以备考查和指导今后工作而写作的应用文。

这里的回顾、分析和研究,是指运用辩证的方法,对从前的工作给予实事求是的科学归纳和理性判断。

这里的序列化,是指按照一定逻辑顺序排列组合,以揭示工作的本质与规律。

这里的本质与规律,是指存在于事物内部并通过外部现象表现出来的根本性质以及事物本身固有的内在联系和运动法则。

认真搞好总结,从中找出成绩及不足,以增强工作信心和防止自满情绪;归纳出经验及教训,以帮助我们认识事物的本质与规律,指导我们今后工作;并积累资料,以备检查。

（二）分类

总结分类的标准不同,类别也不相同。

1. 按内容划分

（1）工作总结

工作总结是对党政机关、企事业单位、社会团体和个人工作所写作的总结。比如《20××年税务工作总结》《××工作个人总结》等。

（2）生产总结

生产总结是对企业生产和经营情况等所写作的总结。比如《××化工关于环氧环乙烷生产总结》等。

（3）学习总结

学习总结是对机关工作人员以及其他工作人员关于有关理论和操作技能学习等方面的总结。比如《习近平新时代中国特色社会主义思想学习总结》《电力机车操作规程学习总结》等。

---

[1] 张珊珍.学习毛泽东如何总结经验[J].支部建设:上旬刊,2021(19):42.
[2] 毛泽东.学习马克思主义的认识论和辩证法[M]//毛泽东文集:第8卷.北京:人民出版社,1999:325.

2. 按性质划分

(1) 综合性总结

综合性总结是指对本地区、本部门、本单位一段时间内各个方面工作所写作的较为全面的总结。比如《××市财政局20××年工作总结》。

(2) 专题性总结

专题性总结又称经验总结。它是对某个专项或某个方面的工作写作的总结。这类总结在于经验性，其内容集中、突出、针对性强，讲究思想的深度和规律的揭示等。比如《在全面深化改革中推动乡村振兴》。

另外，按时限分，总结可分为年度总结、季度总结和月度总结以及某阶段总结等。按范围分，总结又可划分为地区性总结，部门、单位、小组、个人总结等。

(三) 特点

总结是机关以及个人有关的事务性应用文体，其不仅与文学文体有着很大区别，就是与其他事务性应用文体相比，也有着质的区别。

1. 回瞻性

计划是事前行文，总结是事后写作。它是对已经做过的工作等予以回顾、进行调研，并按照一定理论，归纳和抽象出普遍的意义。因此，总结都具有回瞻性特点。

2. 理论性

它有三层含义：一是在总结写作回瞻中，需要理论的指导；二是写作时，要按照一定的理论对写作材料进行分析、研究和表述；三是写作后要有理论的归纳与概括。这才是总结写作的正确态度，因此总结写作自始至终都贯穿着理论的意义，具有突出的理论性。

3. 概括性

这是从表达角度来说的。总结的主要表达模式是叙述，但它不像文学作品那样需要描述，它的叙述是具体的，同时又是简括的，它根据事物的内在联系和本质属性，把事物的共同特点归结在一起加以概括的叙述。

4. 规律性

这是总结的目的所在和根本要求。总结的写作不能揭示本质与规律，实则是隔靴搔痒、不着要点，这怎么能指导实践和汇报工作？因此，好的总结都具有规律性。

总结的写作只有达到这些特点要求，才是上乘之作。

二、总结的写作

总结的写作要经过三个阶段：发现、构思和表达。但在写总结之前，必须回顾以往做过的工作，在回顾中有所发现，把发现变成总结的写作发现，围绕这个写作发现进行构思和表达。

(一) 发现

总结写作的发现绝不同于文学作品创作美的发现。文学创作美的发现是直觉、灵感的产物，有着很大的虚拟性和随意性，但总结不能这样，它的写作更是在理性原则指导下必须完成的任务，是客观实在的。因此，总结的写作发现更是指典型材料、新的观点和本质与规律的发现等。

1. 总结写作发现的理念

总结写作发现的理念就是写作总结时写作者的指导思想和所持的理论观点。具体来说，有以下三点。

(1) 实事求是，真实准确，恰如其分

总结必须客观真实，无论总结写作所使用的材料，还是在大量材料基础上所反映的工作、学习或生产的成绩以及所揭示的本质与规律,都必须实事求是。时间、地点、人物、事件要准确无误。成绩和缺点的概括应恰如其分,既不扩大,也不缩小,要真实可靠。

(2) 避免一般,突出重点,写出特色

宋代杰出诗人陈与义说:"宁饮三斗醋,有耳不听无味句。"诗歌如此,总结也不能雷同化、一般化,其写作要特色鲜明,重点突出。做到他人无,我有;他人有,我优;他人优,我强,以揭示本质和规律。例如,《与时代同行 与人民同心》一文,采用了大量数字材料,内容真实充分,重点突出。文章从五个方面的"同行"来总结"与时代同行,与人民同行"的文艺工作,不仅使总结观点新颖独到,而且升华和深化了总结的写作,特色十分鲜明。

(3) 深入分析,总结规律,避免罗列

事物的发展必有其因果的内在联系,工作成绩和不足也是这样。总结的写作一定要深入分析,找出因果,得出规律,也只有这样才能避免材料的罗列。这里的分析是指要透过现象看本质,从中形成观点和揭示规律。假如我们的总结只是从材料到材料,从现象到现象,没有理论的分析和规律的揭示,这是总结写作之大忌。《求是》发表的不少总结,如中共国务院扶贫办党组撰写的《创造人类反贫困历史的中国奇迹——改革开放40年我国扶贫工作的重大成就与经验》等就没有这样的问题。

2. 总结写作发现的方法

总结写作发现的方法很多,我们主要从以下三个方面阐述。

(1) 在对过去实践活动的辩证分析中,提炼出符合客观实际的新观点

总结写作就是要在大量材料的基础上,提炼出符合客观实际的新观点。这里的辩证分析是指采用联系的、发展的、一分为二的方法分析问题。对收集的大量材料,通过去粗取精,去伪存真,由表及里的分析,找出它们的因果联系和发展轨迹,并从正、反等方面的研判中,提炼出新观点。朱德写的《八路军抗战两年来的经验教训》,就是用联系的、发展的、一分为二的方法,从正、反两个方面进行总结的:第一,凡是在党政军民团结一致的地方,我们就能胜利;凡是在发生摩擦的地方,我们就要遭受不必要的挫折。第二,凡是在民众运动有成绩的地方,游击战争就能展开,抗战就能胜利地坚持;凡是在民运落后或受挫折的地方,抗战一定要遭受不必要的困难。第三,凡是采用灵活的战略战术的战役和战斗,我们大致就能胜利;凡是单纯防御或盲目进攻,就会遭受失败。这些对抗战工作的分析新颖独特、客观真实,逻辑力很强。

(2) 在对过去的工作回顾中,着眼未来发掘具有普遍意义的典型经验

这里的普遍意义是指其价值外延的广泛性;典型经验则是具有个别性和代表性的由实践而得来的知识或技能,也就是总结的规律。毛泽东写的《三个月总结》高瞻远瞩,从19个方面对解放战争等工作进行了准确的总结,对今后工作给予了规律性的指导。它的形成就是通过对过去的工作回顾,着眼未来而发掘出来的具有普遍意义的典型经验。总结写作的发现应该这样思考和认识问题。

(3) 在对过去的工作总结中,运用矛盾特殊性原理概括出具有鲜明特性的新经验

众所周知,任何事物都处在错综复杂的矛盾中,而矛盾又具有普遍性和特殊性,我们写作总结,只有经验还不行,在此基础上还应是新经验。而新经验则是在对过去的工作总结中,运用矛盾特殊性原理去概括和抽象,也就是说我们的工作是在克服一个个困难中发展的,并于此去发现具有鲜明特性的新经验。好的总结都是如此发现和写作出来的。中国文联党组撰写的《谱写社会主义文艺事业繁荣发展的辉煌篇章》是对新时期我国文艺工作的回顾与总结,可谓时限跨度之长,但经验和教训很明了,原因就是在矛盾的特殊性中提炼和概括出来的。

(二) 构思

总结的构思，主要从三个角度考虑问题。

1. 寻觅理论依据

工作作出来了，对其总结必须进行归纳概括。这种归纳概括离不开一定的理论指导，因此总结写作要寻觅其理论依据。因为只有理论"才解决本质问题"①，并且"凡是在理论上正确的，在实践上也必定有效"②。具体来说有两个方面：一是政策层面，二是专业层面。《谱写社会主义文艺事业繁荣发展的辉煌篇章》的写作，一个方面考虑了我们党有关文艺的方针政策，尤其是当前习近平新时代中国特色社会主义思想和国家有关"主张坚定文化自信，引导人民树立正确的历史观、民族观、国家观、文化观"的方针政策；另一个方面考虑了文学艺术专业理论的特殊性。这篇文章很好地处理了理论依据的问题，所以写得中肯、准确、深刻。总结只有具有理论性了，才能具有深刻性。

2. 挑选精当材料

总结写作的关键是在选材上。总结的观点形成于材料，反过来观点对材料的选择又具有统领作用，必须根据所确立的观点选择那些事实的、数字的和理论的材料，同时还要注意一般材料与典型材料以及正、反方面材料的选择。尤其是典型材料的选择，因为典型材料最能说明问题，例如，中共安徽省委撰写的《深入践行"三严三实" 着力建设五大发展的美好安徽》，选材就十分精当。该文围绕总结的第二条经验——"坚持以'三严三实'的状态，着力下好创新先手棋"列举出三个材料：举全省之力支持了量子信息科学国家实验室的创建、世界首颗量子科学实验卫星"墨子号"的成功发射和世界首条量子保密通信网络"京沪干线"合肥—上海段率先开通。这三个材料非常典型，选用它们，使观点十分鲜明、准确。因此，只有精心选择典型而精当的材料，才能使总结的写作鲜明、深刻、有力。

3. 选用合适结构

结构是内容的存在形式，总结的结构模式主要有四种。

(1) 条文式结构

毛泽东的《三个月总结》是最典型的条文式结构。一开头就分成若干条目，层层叙述各项工作情况及经验、问题、努力方向等。一般性简单的工作总结经常使用这种结构模式。

(2) 小标题式结构

小标题式结构是把一个事物按照它的性质，分成几个侧面来分别表述。比如有篇某大学关于科研工作的总结，所归纳的四条经验：领导带头、政策对头、专家领头、焕发劲头，实际上就是取得"科研累累硕果"成绩的四个原因、四个经验。每一个侧面为一小标题，即小标题式结构。一般讲这样的结构模式最适合于经验总结的写作。报纸、杂志发表的总结几乎都是这个类型。

(3) 三段式结构

三段式结构的简要形式是：第一段把要总结的时间、地点、人物及主要事件点出，第二段把事情的经过详细地写出来，第三段得出结论和理由。一般来讲，单项工作或某一方面工作最好使用这种结构。

(4) 四大块结构

"情况、成绩—经验—存在问题—今后努力方向"，这是最常用的总结结构方式。（详述请见表达模式部分）

总结的写作知道每部分写什么，又懂得如何安排结构，这样的构思就比较成功了。假如再列

---

① 毛泽东. 实践论[M]//毛泽东选集：第1卷. 北京. 人民出版社.1991:263.
② 康德. 论谚语：在理论上可能是对的东西，但对实践未必有用处[M]//中国社会科学院哲学研究所西方哲学史研究室. 国外黑格尔哲学新论. 北京：中国社会科学出版社,1982:2.

出提纲,会使你的构思更加成熟和臻美。

（三）表达

在构思过程中,列出较好的提纲,接着就是总结的写作表达。

1. 总结写作的表达要求

（1）表达方法上叙议结合

总结的写作表达主要是夹叙夹议,以叙为主,兼以议论。总结只是概括的叙述,通过典型反映一般;议论则是对叙述的理论升华和理性认知,是画龙点睛式的。例如,中共交通运输部党组的总结《努力当好中国现代化的开路先锋》在精要叙事了我国交通的多项成就后作出了精当的议论:"中国交通正在现代化道路上阔步前行,为世界交通现代化提供了中国样本。"[①]这是对我国交通运输成就的高度概括和意义的升华。

（2）表述上务去陈言

总结写作在语言上要避免大话、套话、空话、假话,努力做到务去陈言。要做到这一点主要从三个方面努力:一要运用简洁、明快的语言表述新颖的观点;二要选择鲜活、典型的材料用到总结中去;三要使用新鲜、活泼的语言,灵活叙事,中肯论说。例如,一位大学生写的《2020—2021学年度学习总结》,在对比上一学年度学习中,从"学好专业课""上好选修课""突出特色课""强化实践课"四个方面来总结自己的学习,进而揭示出学习成绩优异的规律。这四个方面的表达,观点新颖,言简意赅,句式整齐,对偶味浓,没有一点儿陈言套语,且新鲜活泼,朴实真挚,这也是有文采的表现。"真理是最朴实的",我们的语言应该追求这样的表达效果。

（3）篇幅上尽量短小

文章只要有内容,以精短为好。一般来说,除了特殊情况的总结,需要较长篇幅,其他总结篇幅均不宜过长,即使是特殊情况的总结也应在能够充分反映全面工作的基础上,尽量写短。要做到这些,首先要做到精心构思,避免旁逸斜出;其次注意以点带面、以典型带一般的叙述;最后就是"务去陈言",可说可不说的坚决不说,可删可不删的材料坚决删除。

2. 总结写作的表达模式

总结的表达模式主要由标题、正文、署名和写作时间构成。

（1）标题制作

总结标题的制作有两个类型,即公文式标题和新闻式标题。

① 公文式标题。

公文式标题就是类似公文那样的标题,它有完整式标题和省略式标题两个类型。

第一,完整式标题,即"单位名称＋时限＋事项＋文种",如《××区2021年税务工作总结》等。

第二,省略式标题,它也有两个类型:一是省略时限,其形式是"单位名称＋事项＋文种",如《××区税务工作总结》;二是省略单位,其形式是"时限＋事项＋文种",如《2021年税务工作总结》。

② 新闻式标题。

新闻式标题就是类似消息那样的标题。它也有两个类型。

一是单标题式,就是运用一个标题,直接揭示总结的核心内容,如《为世界奉献一届精彩的冬残奥会》。

二是双标题式,也即主副标题式,主标题直接点出总结要写作的核心内容,副标题标明单位、

---

① 中共交通运输部党组.努力当好中国现代化的开路先锋[ED/OL].(2022-02-16)[2022-02-25].http://www.qstheory.cn/dukan/qs/2022-02/16/c_1128368225.htm.

时间、内容等,如《长期坚持、不断完善人民代表大会制度——改革开放40年坚持和完善人民代表大会制度的成就和经验》。

(2) 正文写作

正文写作由三个部分构成:引言、主体和结尾。

① 引言。

引言即总结的开头,它要紧扣中心,用极简短的文字破题,引起下文。它有概括式、疑问式、对比式、主旨式、背景式等。此处只介绍最常见的一种方式:概括式。这一模式首先以极其简括的文字,概述过去的工作、学习或生产情况。比如《迈向社会主义文化强国》的开头部分:

改革开放的40年,是社会主义文化繁荣发展的40年。进入改革开放历史新时期,我国文化艺术事业迎来了改革发展的春天,文化建设在中国特色社会主义事业中的地位日益凸显,文化领域各项事业不断取得积极进展,全民族文化创新创造活力持续迸发,人民群众精神文化生活不断得到更好满足,文化自信得到彰显,社会主义文化强国建设迈入新阶段。①

这个引言高度概括了改革开放40年来我国社会主义文化的巨大变化,文字简练,概括准确,属于概括式引言。但要注意,不少一般性汇报工作总结引言的最后一句都有"现将有关情况总结如下"这样的专业性术语用来承上启下,这是很好的;而用于发表的总结,一般没有这句话。

② 主体。

主体部分是总结的核心,紧承引言,一般要写四个方面内容。

一是基本情况。这一部分要具体而详细地叙述工作、学习或生产等情况。叙述做了哪些工作、怎样做的,突出成绩有哪些,等等。基本情况可以总说下来,也可分条陈述。

二是主要经验。这是揭示规律和本质的部分,它是运用有关理论,对基本情况进行分析研究后的理性认知,以指导工作。一般这部分内容要分条陈述,特别是经验总结更要如此。

三是存在问题。用一分为二的观点分析,有成绩,也会有不足。在这一部分中,要实事求是地简要叙述存在的问题,同时也为下文"今后努力"做好铺垫。

四是努力方向。它针对存在的问题,概括而简略地陈说发扬成绩,克服缺点和今后努力的方向等。

中共交通运输部党组的总结《全面深化改革开放 奋力从交通大国迈向交通强国》就是"基本情况+主要经验+存在问题+努力方向"这四个方面写作的优秀代表。文章主体部分设置了三个小标题:"一、改革开放40年来交通运输发展取得重大成就",是说基本情况;"二、40年交通运输改革发展经验弥足珍贵",是说取得的经验;"三、以新一轮改革开放助力交通强国建设",是说今后努力的方向。于此,它似乎未说存在的不足,其实从某个角度讲,努力的方向已包含在第三点努力的方向中,许多正式发表的总结常用这种方式表达不足之处。因此,这篇总结基本具备主体部分写作的四个要素,而且切中肯綮,主体部分写得很好。

③ 结尾。

很多总结因为主体部分说得非常具体,已把话说完,不再需要结尾了,我们称它为"0"结尾。如果总结有结尾,通常有这样几种方式:总括全文式、点出主旨式、发出号召式、谦虚式,或以上几种的综合式。比如,"我们虽然取得了一些成绩,但工作中还有不少问题,和兄弟单位比还有一定差距,这是我们今后努力的方向"这是谦虚式结尾。

(3) 署名和写作时间

署名和写作时间一般在正文右下方,如果标题中有机关名称和写作时间,此处可以省略。如

---

① 文化和旅游部党组.迈向社会主义文化强国[J].求是,2018(21):38—40.

果是在报纸、杂志上发表的总结,署名要在标题之下居中位置。

需要特别指出的是,根据领导指示和掌握的材料撰写好单位总结,应打印文稿请领导审阅,提出修改意见,必要时征求群众意见,分析反馈意见,作出相应修改,提交领导审定后成文。

第三节　求职信

一、求职信概说

（一）含义

在我国,东方朔还是布衣时,为求得官职,撰写自荐信后进入官场。李白希望投靠韩朝宗以施展抱负,下了一番功夫书写《与韩荆州书》。在外国,31岁的达·芬奇离开故乡佛罗伦萨来到米兰,给当时米兰的最高统治者、米兰大公卢多维科·斯福尔扎写了一封求职信,希望得到一份工作,其后得以录用。当代人为找工作也借求职信表达心愿。例如,曾先后被聘为微软中国公司总经理、TCL集团常务董事副总裁、TCL信息产业(集团)有限公司总经理的吴士宏,在她还是北京宣武区椿树医院的一名护士时,就曾向北京市外国企业服务总公司人事部写信,介绍自己,表达到IBM上班的愿望[①]。可见求职信是为谋求工作由自己或他人写给用人单位的推荐性的专用书信。

（二）功能

简历是根据要求被动制作的,是求职过程中必备的材料。而求职信则是用人单位没有要求,求职者为争取面谈、面试等机会主动写作的。前者属于"要我写",后者属于"我要写"。求职者通过"我要写"和受文者进行文字沟通,给用人单位一个好印象,进而达到争取面谈或面试等得到一份工作的目的。求职信具有推销求职者的广告作用。

1. 使招聘单位感受到求职者的"鲜活"形象

请看一封求职信:

尊敬的校长:

您好!

向贵校应聘语文教师岗位,写诗一首,以表寸心。

语言文学灯　光明我心中
心有育人志　足下刻苦行
熟读诸子书　下笔亦从容
春咏风絮漫　夏读飞红浓
秋对雁字回　冬吟千雪重
书法练硬笔　演讲曾得名
简历附于后　望您审核定
佳信盼传来　旭日映窗红

祝贵校越办越好。

联系电话:1390558××××

××学院××××级中文系×班　李静静
××××年××月××日

[①] 吴士宏.TCL我回来了[J].华人世界,2008(1):100—101.

这是为应聘一所中学语文教师岗位抒写的求职信,用人单位负责招聘的人员阅读它,立刻就能断定该学生有一定的诗歌写作特长。

简历是附在求职信后面的。简历大多按照表格填写,内容有姓名、性别、出生年月、学习经历和工作经历等。在这样的表格里,求职者的一些特长和技能往往无法充分地展现出来。而求职信可以向用人单位展示自己的长处,使该单位对自己有更多的了解。通过求职信,用人单位能判断出求职者的知识水平和写作能力。常言道,文如其人。一封求职信是写作者综合能力的反映,用人单位从中能衡量出求职者的素质、修养和能力。文质俱佳的求职信在求职者未同招聘人员见面之前就展现了其某种长处,因此,招聘人员会提前就对求职者产生一个好印象。这样的求职信能起到敲开应聘大门的作用。例如,达·芬奇在《致米兰大公书》中除了多方表述自己的军械方面的才能外,还说:

我还善于用大理石、黄铜或陶土雕塑;而且,在绘画方面,我也绝不逊色于当今任何一位画家。

我还愿意应承雕塑铜马的任务,它将为您已故的父亲和声名显赫的施福萨家族增添不朽的光彩和永恒的荣誉。[①]

正是米兰大公从信中知道了达·芬奇的特长,于是聘用了他。

2. 使招聘单位进一步感受到求职者的诚意

写求职信是为了找到工作,在表达时语言一般都是从内心里生发出来的,字里行间充满了对工作的渴望,对单位的喜爱,这种富有情感的心声能使用人单位感受到求职者的真诚和对单位的好感。例如,李白在《与韩荆州书》中有这样的话语:"此畴曩心迹,安敢不尽于君侯哉?""白每观其衔恩抚躬,忠义奋发,以此感激,知君侯推赤心于诸贤腹中,所以不归他人,而愿委身国士。倘急难有用,敢效微躯。""幸惟下流,大开奖饰,惟君侯图之。"[②]从这些表白中不难看出李白为了走出家门求得发展的急切心情和对韩朝宗的真意诚心。

3. 增加获得面试的机会

近年来,每年求职的应届大学毕业生都超过 1000 万人,用人单位相对少而要求工作的人员多,这是不争的事实。一个岗位有几十人甚至几百人应聘是正常现象。要在几十人乃至几百人之中被用人单位看中,这当然有客观条件和主观因素。在客观环境基本同处一个水平的情况下,就要发挥主观能动性,制作能使用人单位青眼有加的求聘书参加竞争。一个岗位许多人参加竞聘,在投递简历之上,加上一份应征函,就等于参加了非正式考核,为谋求面试机会增添了一份希望。

(三)类型

求职信属于书信体,这种体裁在现实的写作中由于写作者的创造呈现出丰富多彩的形式,以下分别进行介绍。

1. 从推荐者的角度划分[③]

(1)他荐信

要想顺利地找到工作应该利用能够利用和可以利用的关系,包括亲戚朋友和同自己关系很好的领导、老师和同学等。请看王国维的《致刘聚卿》[④]:

聚卿先生:

上月晦寄一函,想达左右……

曹君直今年辞铁路事,闲居于家。闻先生欲觅一校书者,因特荐之。校勘虽只是研究学问的

---

① 许斯特. 世界名人书信集[M]. 黄继忠,译. 西安:华岳文艺出版社,1987:59—61.
② 李白. 李太白全集:下[M]. 王琦,注. 北京:中华书局,1977:1240—1242.
③ "他荐信"和"自荐信"的撰写参考了王证之. 求职信的分类与定义浅议[J]. 今日南国(理论创新版),2009(9):192—194. ——编者注
④ 王国维. 致刘世珩[M]//谢维扬,房鑫亮. 王国维全集:第15卷. 杭州:浙江教育出版社,2010:588.

一种手段,但其自身却是极精密而富有科学性的工作,涉猎不广,校阅不精,便不能辨误显真。渠颇研究敦煌事,于校勘当胜任有余。先生意下如何?望即函告。专此。

敬请道安。

国维再拜
十二月十八日

曹元忠学贯古今,精于鉴别古籍,辞去工作闲居家中,求助王国维帮忙寻找适合的工作,王国维写了这封信,推荐他到刘世珩那里工作。这种通过他人为自己求职的书信称为他荐信。

(2) 自荐信

求职信除了他荐信,都是求职者自己挥毫的,凡求职者向用人单位介绍自己,为谋求工作或职务而撰写的专用书信就是自荐信。

2. 从是否根据用人单位的招聘条件而撰写的角度划分

(1) 广求性求职信

这是一种"投石问路"的求职信。求职者不知道单位是否需要人,而主动发函,这带有询问和撞大运的性质。这种求职行为,有的采取纸质的信函形式把求职信邮寄给许多单位,以求回函;有的通过网站发布自己的求职信,等待着用人单位"搜索";有的采用电子文本的求职信往许多单位的电子信箱里发送,期待回音。

在这里提醒求职者要注意两点。第一,写广求性的求职信因为没有明确目标,还是以较全面地介绍自己为好,多介绍一些自己的业务能力和其他优点,说不定用人单位看中你表述的某一点业务能力或某一个优点后通知你面试。第二,要把这一类求职信写得富有特色,让用人单位注意到你的求职信的不同寻常,不要为了省事,复印大量千篇一律像垃圾广告的求职信寄给用人单位,对方可能连看都没看就扔到垃圾筒里了。

(2) 针对性求职信

同海投似的没有目标的求职信不同,有一种求职信是写作者已获得用人单位的信息,依据期盼谋得的岗位而写的,这种根据用人单位提供的招聘岗位的信息而撰写的针对性很强的求职信,被称为应聘书或应征函。

现在互联网上许多网站都有各种类型的各个专业求职信的所谓模板,这些模板大都写得一般化,没有针对性。真正要谋求工作,求职者不能从网上下载求职信,一定要根据用人单位发布的信息结合自己的特点自己写作,围绕应聘岗位选择材料组织材料,表述该岗位非你莫属的原因,进行有针对性的表达。

3. 从求职信是否具有创新性的角度划分

(1) 常规性求职信

采用书信的形式以叙述和说明文字向用人单位循规蹈矩地介绍自己情况的求职信就是常规性求职信。这是一种被绝大多数求职者采用的信函。其写作中规中矩,表述的内容与简历基本相同。

(2) 创新性求职信

现在找工作竞争激烈,怎样在众多求职者中脱颖而出,引起用人单位对自己的关注,进而得以聘用呢?在求职信的写作中想方设法把书信写得非同一般,以引起用人单位的注意,很有必要。

有位女士想应聘广告员,在该行业无一点经验,向所有中意的公司分别投寄了一个包裹,而且是直接寄给公司总经理的。在寄出的包裹里只有一张薄薄的纸尿片,上面仅有一句话:"在这个行业里,我只是个婴儿。"背面写的是联系方式。几乎所有收到纸尿片的广告公司都在第一时间给她打了邀请面试的电话。面试时,公司负责面试的人员问她的第一个问题几乎都是:"为什么你要选择一张纸尿片?"她的回答同样富有创意:"我知道我不符合要求,因为我没有任何经验。但我就像这纸尿片一样,愿意学习,吸收性能特别强。并且,没有经验并不等于我是白纸一张,我希望你们能通过这个小小的细节看到我在创意上的能力。"之后,她成了一个广告公司的创意总监。④ 这位女士成功的原因是她写了一封别具一格的求职信。信纸是纸尿片,这在历史上从未有过,信中的内容更富有新意,这位女士把信纸的形式同求职信的内容很完美地统一起来,写了一封创新的求职信。

写作是一种创新。求职信是文章,写作这种专用书信,不要老面孔,要出新。请看:

学生顿首,再拜校领导足下:学生冒昧,敢致音问。听闻贵校欲招聘语文教师一名,不胜欣喜,贵校之所欲,实某之所长也。某不才,特作此书,予以自荐,叨扰之处,还望海涵!

学生乃××学院2017级学子,所修专业为汉语言文学。韶华之年,某所欲者,唯美好也;择业之际,某所求者,入贵校之门也。

某酷好读书,诸子百家,李杜欧苏,皆有涉猎,虽不敢称专,实亦博也。某尤喜为文,诗词歌赋,诸种文体,略有所成,《××诗坛》文章显,"我记诗词"风采展。

某亦常躬身实践,获益良多耳。竞争时代,实力为先,勤奋方能成功,某虽非最高学历者,然某所持者,勤奋也。某将以赤心回报贵校之青睐,为贵校之辉煌多作贡献!希冀贵校助某美愿得以实现。

多劳审视,再表谢忱。伫候明教。谨祝诸事顺意!

林丽莉　再拜

这是一封求职信的正文。通常写求职信都用白话文,用文言文书写求职信这在言语表达上是少见的。有的求职信在内容上出新,如一位学生应聘教师岗位,在简历前的求职信中写的是"我是一支蜡烛,期待着您的点燃",既富有诗意又十分恰切,颇有新鲜感。现在毕业生寻求工作,求职信创意迭出,五花八门,这些在内容或形式上新颖独特的求职信就是创新性求职信。

在这里特别强调,制作创新性求职信虽然要创新,但是创新要有道理,不要使人感觉求职信中独树一帜的是"另类"。写作时求职者要将整体性、联系性和最佳性三者统一地考虑,把内容、形式和应聘岗位三者有机地联系在一起,使求职成为一个完美的体系,只有这样写出来的求职信才能吸引用人单位的注意力。

(四)特点

1. **针对性**

求职者根据自己的专业和爱好寻找适合的单位,结合应聘的岗位需求来撰写,这是写作求职信最基本的要求,否则,所写的求职信就会泥牛入海。

2. **展示性**

求职信是求职者为自己设计的"广告"。在求职信里,求职者要把自己的业务能力和有关优点向用人单位进行介绍。通过求职信这个"绿衣使者"把长处展示给用人单位。

3. **求实性**

诚实是一种美德,实事求是是撰写求职信最基本的写作准则。表优点不能夸大其词,述才能不能言过其实。内容不真实的求职信用人单位是有办法检验的,靠虚假的内容求职最终是难以过关的。

---

④　走走. 写在纸尿片上的求职信[N]. 市场报,2005-09-16(13).

求实性在求职信里体现为材料的真实,撰写求职信一定要注意有一说一、有二说二。在这方面只表述强项"屏蔽"弱点是好的策略,而且对强项的介绍不能把话说过头。

二、求职信的写作

(一) 发现

求职信的写作发现有以下两点。

1. 发现符合自己需要的招聘岗位

这要通过网络、人才交流中心、人才市场、人才交流大会、报纸杂志、待业登记管理机构、学校就业指导中心等正式渠道和与亲戚朋友交流等非正式渠道,收集需要的信息;接下来对这些信息进行过滤,排除虚假信息(特别要注意收费性的具有欺骗性的信息),留下真实信息;然后结合自己的专业特长挑选其中的招聘岗位把它作为求职信写作的中心。

2. 发现求职信写作的出新点

这个发现可以是文体出新,也可以是写作角度的出新。如果说求职者发现了适合自己的岗位很重要,那么这第二个发现就更加重要了,它可能就是求职者打开求职大门的钥匙。请看一封求职信的正文:

(1) 基本价值:3800元

作为一个教育部直属重点大学的本科毕业生,我在16年的求学生涯中耗费了父母大量的金钱和感情,需要足够的物质支持来回报家人和提供个人生活基本费用,并用于支付工作技能的进一步的发展。

(2) 技能价值:-500元

明白自己作为一个新闻专业学生缺乏"一技之长",所能干的工作似乎任何专业的人都可以胜任,但我的优势只有在进入某单位经过一段时间的磨炼后才能有所发挥。为了感激贵单位给予这个"进门"的机会,认为应该减去500元的月薪。

(3) 性格价值:200元

开朗活泼幽默的性格,能最大限度地使一个团体士气高昂,在愉快的氛围中保持工作的高效。

(4) 沟通技巧价值:400元

喜欢并且善于与人沟通,待人诚恳,能够得到普遍的认同和信赖。

(5) 专业知识价值:800元

我的专业课成绩在新闻系中名列前茅,已经获得免试读研机会并自愿放弃。在报纸、杂志上发表的新闻和文学作品得到了老师和实习单位的一致肯定。

…………

综上所述,本人认为我的市场价值应在8500元左右,但同时也明白市场供求关系及其他不明因素对此的影响,因此愿意与贵单位沟通协商。

最后,再次感谢您给予我的这次宝贵的机会,并诚挚地期望再次得到您的认可。[①]

这封求职信的正文,许多网站上都上传过,点击率很高,受到许多人的好评。它是一篇创新性的求职信。开始求职不谈待遇,这几乎是找工作的一条不成文的规则。然而这封信的独特之处偏偏通过借助对工资计较的形式介绍自己的专业素质、能力和品德优势。该文写作角度独特,读之令人耳目一新。

[①] 胡萍. 瞧瞧这位本科生的"数字"简历[J]. 广西质量监督导报,2006(4):44.(原文有删改)

(二) 构思

1. 写出特色——构思理念

发现适合自己的岗位,许多人都会写书信竞聘。要使自己的书信像夜空之月那样明亮,求职者就要把写出特色作为构思理念。特色就是不一般,特色就是出众,特色就是生存之本。要像精心策划广告一样,根据用人单位的需求和自己的基本情况,在求职信的内容和形式上,力避平庸,写出自己的"这一个",使自己的信件在众多的求职信函中凸显与众不同的特点,给用人单位留下深刻的印象,从而提高求职成功的概率。反之,拘泥于一般写法,所写的求职信只能是"绿叶",成为"一点红"的背景。相反,有特色的求职信能打开用人单位的大门。请看一封求职信。

亲爱的希尔先生:

我是一名刚刚从一所名牌商学院毕业的学生,希望能进入你的办公室工作。因为我知道,对于一个刚刚开始他的职业生涯的年轻人来说,能够有幸在像你这样的人的指挥下从事工作,真的非常有价值。

随信寄去的10美元足以偿付你给我第一个星期指示所花的时间,我希望你能收下这张钞票。我非常乐意免费给您工作一个月,然后,你可以根据我的表现来决定我的薪水。我非常渴望得到这份工作,其程度超过我一生当中对任何事情的渴望。为了获得这份工作,我情愿付出任何合理的牺牲。①

求职者希望能够进入世界著名成功学大师拿破仑·希尔的办公室工作,与众多求职者不同的是:表白第一个星期不但不要报酬,反而给希尔指导费用,而且工作的第一个月不要薪水。可以试想写作这种与众不同的求职信内容的作者,在构思中一定考虑到了如何与众不同的问题。

2. 突出要点——选材依据

书写求职信也是写文章,写文章都有一个围绕发现选择典型材料的问题。求职信的写作发现就是竞聘的工作岗位,要围绕这个岗位选用最能证明求职者最合适的真实材料。

有些求职者担心用人单位不了解自己,把姓名、年龄、出生年月、毕业学校、成绩、获奖和爱好等都写进求职信里,这大可不必,因为简历附在求职信的后面,是专门"装"这些内容的。而求职信则是用于表述求职者具有适合求职岗位才能的。在求职信里要集中、突出地展示非求职者莫属的最具有"亮色"的材料。请看一封应征函的正文:

今日阅读报纸,获悉贵公司征求内容编辑人员。本人自信符合应聘要求,写此信应征编辑职位。

我毕业于××大学文学系,具有编辑经验,并熟悉校对、改编、出版以及此类相关工作。有关简历如下:

曾在销售量达三万份的《××》担任编辑部主任,历时两年,并曾直接参加报纸排版工作。

20××年曾在《××××》担任编辑工作。主要工作:负责校对、改写以及长篇撰写项目。5年的工作磨砺,使我熟悉媒体的运作,通过与名人进行访问,使我具备了很强的沟通能力。

我熟知一切办公室的例行工作,目前受雇于一广告杂志社,此项工作为临时性的,故希望谋求一份较稳定的工作。

随信附有我的简历。如有机会与您面谈,我将十分感谢。②

这是一封应聘内容编辑的求职信正文,大学4年、工作5年有很多可写的事情,而书信中所选材料仅与编辑业务有关,其他一概舍去,这在选材上十分精当。这封信通过选择这样的材料既表达了求职的愿望,又陈述了与求职岗位有关的工作经历,要点十分突出。

---

① 郑小九,黄传武. 公关与礼仪修养[M]. 天津:天津教育出版社,2008:112.
② 晏培玉. 高职应用语文[M]. 武汉:湖北科学技术出版社,2008:168—169.(有改动)

写作求职信应该把自己符合应聘岗位的闪光点表达出来。求职信不能面面俱到,要抓住重点,要言不烦,在信中陈说自己的才干和专长,引起用人单位的注意和好感。

(三) 表达

1. 语言精美得体

(1) 精美

求职信写作同一般文章相比语言更要精美。这种精美表现为精练和朴素。

① 精练。

精练是一种美,简洁能显示出干练。精练对字数要求少者不限,多者内容表达不能超过1000字,能用一张A4纸打印完。

精练在表达上是从自己的经历中有针对性地精选对符合用人单位招聘岗位的事实的"实"的表白,而不是操行评语般的抽象的"虚"的陈述。请看下面两段文字:

A. 进入大学以后,我抓紧每一天进行专业知识的积累和基本功的培养,不断充实自己的头脑。我在思想上积极要求进步,乐观向上,对大是大非保持清醒认识,不畏难繁,有信心、有责任感。在能力培养上,校内积极参加各项活动,校外广泛尝试,多次在中央广播电视总台和北京电视台的工作实践,既应用了所学,又锻炼了能力。

B. 进入大学以后,我努力学习专业知识,积极参加社会实践,担任学院话剧团团长;参与过中央广播电视总台的《××××》、北京电视台《×××××》等节目的策划、编导和制作;我还积极参加政治活动,担任系团总书记、学生党支部书记和学生会副主席,为同学服务,被评为北京市"三好学生"和学院"优秀党员"。

这两段文字,A段写得比较"虚",除了"多次在中央广播电视总台和北京电视台的工作实践"这句话有具体内容外,其余都是空泛的"虚说",没有实质性内容。B段写得就很实在,表述具体,有扎实的内容。这种"实写"才是求职信语言精练所要求的。

② 朴素。

华美是一种美。如果对具体内容运用华丽语言表达不够理想,还不如就用朴实的语言表达。语言的朴素也是一种美。高尔基指出:"应该写得朴素,愈朴素愈好,而且愈朴素愈能打动人。""一切出色的东西都是朴素的。"① 这说的是文学创作,对撰写求职信也具有同样意义。请看一封求职信正文:

我叫×××,现年22岁,来自××省,是××××职业技术学院水电专业2021届毕业生。今天我是怀着平静而又激动的心情呈上这份自荐书的。之所以平静,我的知识和能力不会让你们失望,将无愧于您的选择。之所以激动,我决定以无悔的青春走到你们中间,实现共同的辉煌。

器必试而先知其利钝,马必骑而后知其良驾。我深信:只要我找到一个支点,就能撬起整个地球,只要给我一片土壤,我会用年轻的生命耕耘,您不仅能看到我的成功,而且能够收获整个秋天。这就是我的自信和能力的承诺。

剑鸣匣中,期之以声。热切期望我这拳拳寸草心、浓浓赤诚情能与您同呼吸、共命运、同发展、求进步。请各位领导给我一个机会,我会用行动来证明自己。

这是一封除了几个漂亮言辞和几句豪言壮语而无实际内容的书信。它"文"胜"质",而就"文"而言,也是"掉书袋",捡拾别人使用过的词语。写求职信堆砌辞藻的最大危害就是给人咬文嚼字的感觉,拉大与受文者的心理距离。在这方面一定要注意不要使乍一看很美,实际上是拾人牙慧的没有实质性信息的假大空的学生腔。要用求职者在某一方面出色的事实表述代替华而不实的

---

① 高尔基.给瓦·吉·李亚浩夫斯基[M]//文学书简:下卷.曹葆华,渠建明,译.北京:人民文学出版社 1965:59—60.

言辞。不要使用类似"给我一个支点,我将撬起地球""给我一个机会,我将还您一个惊喜""让我们风雨同舟"等语句。在求职信的写作中一定不要出现这种"拿来"的对自己的求职起反作用的句子。

(2) 得体①

写求职信是同用人单位进行言语交流,凡交流就存在语言得体问题。求职信写作的语言得体表现为恰当地选用敬辞和谦辞,行文要大方地展示自己的才华,恭敬而不拍马屁,自信而不自大。求职信写作表述得体既涉及自己又涉及用人单位。

① 涉及自己的。

要防止两种倾向。

一是谦虚过度。谦虚是一种美德,过分谦虚会带来意想不到的负面效应。比如,有学生在求职信中说:"我性格比较内向,在校时缺乏社交方面的锻炼,也许不能适应贵单位的岗位。"这样的表述,虽出于真心但谦虚有点过头,让人感觉对方自信心不足且没有才能。

二是有自大之嫌。高傲自大在交往中是不受欢迎的。请看一封求职信的部分内容:

千里马的告白

根据我在校的成绩和实践,我一定会比我前任做得更好。如果给我一个支点,我将撬起地球,如果您是独具慧眼的伯乐,那我就是一匹即将扬蹄驰骋的千里马。

用人单位的招聘人员看到这样口出狂言的表白,在第一轮筛选中就会把有着这样内容的求职信放进废纸篓里。有人研究过历史上干谒求仕书信后得出结论:

凡是动辄以栋梁材、千里马自比,以贤才能士自居的狂放之士,大多凤愿难偿;倒是那些一贯恭谦平和、含而不露的老成持重者,每每能够心愿事成。②

我们写求职信要以此为镜。

② 涉及单位的。

写作求职信是求职而不是求乞,对用人单位可以言美,在表述上要不卑不亢,做到谦恭有度,语言恳切且无阿谀奉承之词,言美而不溢美才是得体的言辞。

2. 结构合乎规范

求职信一般包括标题、称谓、问候语、正文、致敬语、落款、附件七个部分的内容,由于这种文体同一般书信有所不同,在行文时除了符合一般书信体的结构形式外,还要注意以下问题。

(1) 标题

一般书信没有标题,求职书在第一行居中的位置,要根据是否依据用人单位的招聘信息直接书写"求职信"或"应征函"三个字。

(2) 称谓

求职信的称谓很有讲究,要根据收信人的身份和地位选择恰当的称谓。对国有企事业单位收信人的称呼一般为单位领导或单位人事部门领导。对民营、私营或合资独资企业收信人的尊称一般是公司管理者或公司人事部负责人。也可以根据对方提供的收信人的信息,称"×先生"或"×女士"。为礼貌起见,可以使用"尊敬的"作为修饰语,行文时顶格书写加冒号即可。

(3) 问候语

求职信的问候语要简明得体,一般写"您好"即可。问候语一定要另起一行空两格书写。

(4) 正文

这是求职信的核心,要下功夫撰写好。除内容外,行文要文从字顺,不要有错别字。写好要

---

① 本部分编写参考了周兰愉. 论毕业生自荐书的撰写[J]. 华南热带农业大学学报,2003(4):85—87。——编者注
② 孟顺英. 干谒求仕与自荐求职[J]. 郑州牧业工程高等专科学校学报,2002(1):61—62.

多次校对,文面上要做到万无一失。不然一个错别字就有可能失去一次绝好的应聘机会。正文要另起一行空两格书写。

(5) 致敬语

致敬语与一般书信相同,也要另起一行空两格书写。如用"此致,敬礼"作为致敬语,"敬礼"要另起一行,顶格书写。

(6) 落款

落款要写明求职者的姓名和写信的日期,以及求职者的联系地址、联系电话或电子信箱等内容。由于联系方式十分重要,为了文面的美观和醒目,联系方式在致敬语的下方、另起一行空两格书写。姓名和写信日期可以在联系方式的右下方分行写出。

(7) 附件

为了证明自己的能力,根据需要把有关的资料附在求职信的后面,这些材料就构成了附件。附件一般包括:学历证明、奖励证明、各种资格考试的证明等(应是复印件)。附件必须写所附内容的标题或名称,附件若不止一件,则应标序号。序号使用阿拉伯数字(如"附件:1.××××")。附件名称后不加标点符号。附件的位置在致敬语的下面另起一行空两格表述。

思考与练习七

一、思考题

(一) 比较文学语言和公文语言准确性的不同。

溪冷泉声苦,山空木叶干。

国家建立健全同经济发展水平相适应的社会保障制度。

(二) 下面的两篇通报中,第二篇是对第一篇的修改。请就修改之处谈谈作者为何要这样修改?

育才中学教务处关于处罚王×同学考试作弊的通报

育才中学全体学生:

我校高中部二年级3班学生王×在20××年11月22日下午14时《语文》课程考试中作弊,其态度恶劣,情节严重。王×同学的行为不仅严重影响了考试纪律,而且损害了班级的良好声誉,更破坏了育才中学的"公平、公正"的考试风气,因此,教务处决定根据《育才中学考试处罚条例》对王×予以全校通报批评并记大过一次的处分。

望各年级学生引以为戒,端正学习态度,严格遵守考试纪律,为营造我校优良的考试氛围作出贡献。

育才中学教务处(加盖印章)
20××年12月12日

育才中学关于王×同学考试作弊的处分通报

我校高中部二年级3班学生王×在20××年11月22日下午2时的语文课程考试中,无视考试纪律,夹带课本并抄写作答,被监考教师发现并提出警告。该同学不仅拒不认错,还出言顶撞并威胁报复老师。

王×同学的行为严重违反了考试纪律,破坏了我校的良好考风,造成了恶劣的影响。为严格考试纪律,端正考风学风,学校根据《育才中学学生违纪处罚制度》第×条的规定,决定给予王×

同学记大过处分,并通报全校。

希望王×同学能认清错误,积极改过,吸取教训;同时希望其他同学引以为戒,端正学习态度,严格遵守考试纪律,为营造我校优良的考试氛围作出贡献。

育才中学(加盖印章)
20××年12月12日

(三)请指出下面总结存在的问题。

公文写作学习总结
20××级文秘班　李明

"公文写作"这门课学习了54个学时,由王教授讲课,收获出乎预想的大。原来不想学,现在觉得越学越有滋味;原来以为学不到东西,现在不论写作知识还是写作能力都有明显的提高。

一、较系统地掌握了公文写作的基本理论知识

对公文,过去我只知道它是"官场文章",对它的性质、特点、作用不了解,也不想了解。我不想进"官场",了解它干吗。现在知道了公文是专门用于党政机关单位办理公务的、作用巨大的应用文。还知道了如何根据它的性质、作用、特点来确定主旨、选择材料、安排结构、使用语言等知识和方法。

二、熟读了许多范文和病文

在学习写作中,"范文"有"示范作用"。它告诉我们"应该这么写","病文"有"警示作用",它告诉我们"不应该这么写"。课本中有100多篇范文,50多篇病文,大部分我都读了。特别是老师重点分析的,我学得更细致,将两种文章对照着读,具体弄清楚"为什么不该那么写","为什么应该这么写",这样学到的东西,道理明、印象深,很有用。

三、写了十多篇作文

写作课是实践课,学习写作理论知识是为了指导写作实践,是为了写出符合要求的文章来。因此,老师布置的七八篇作文我认真写,我还结合学生会工作写了好几篇。这十多篇作文,使我更实在地知道了有关文种"不应该那么写"和"应该这么写"的道理、知识,写出来的作文也基本符合要求,这对我将来参加工作很有好处。

总之,学习"公文写作"这门课的收获很大.感谢老师的教导。

20××年6月5日

(四)求职信的写作在表达上应注意什么问题?

二、小练习

(一)请指出下面的公文标题的错误之处,然后加以修改。

1.关于××省师范学校向××大学联系临时住房问题的函

2.××纪委办公厅对反腐败工作进行专项检查的通知

3.办公厅人事处关于×××同志的考察报告

4.××市人民政府对×××等综合治理先进单位放松教育和管理,造成严重后果予以撤销的决定

5.关于大庆路封闭施工的公告

6.关于请求修建篮球场所需经费的请示

(二)请指出下面的商务函在语言方面存在的问题,并加以修改。

××贸易公司:

你公司×月×日来信和随信寄来的××订单一份,我们都已收到了。从来信中我们了解到

你公司提出了增订××货物的要求,真对不起,我们很难答应你们的要求,至少在目前不能向你们提供。但请你们放心,以后供应情况如果有可能改善的话,我们一定会告诉你们的。

××进出口公司
20××年4月26日

(三)请指出下面习作的毛病,然后加以修改。

关于体育馆对体育系学生免费开放的请示

尊敬的系领导:

　　面对体育馆收费的问题,不知是否考虑过带来的负面影响。体育馆作为学生课余锻炼的重要场所,面对收费,将打击学生的锻炼的积极性。自从收费条例实施后,馆内的人少了,平时打球洒汗的运动场现在变成了十分安静的场所,这是否有资源浪费的遗憾呢。学校弘扬每天锻炼一小时,健康工作五十年,幸福生活一辈子,也不利于该宗旨的实施,愿系领导再三斟酌。

体育系学生会
××××年××月××日

三、文章评析

请从以下四个方面对下面的这篇总结进行评析。

1. 总结的类别。
2. 主体的内容。
3. 结构模式。
4. 不足之处。

××市人民防空办公室
关于开展政策落实年活动的工作总结

　　根据市政府《关于印发全市开展政策落实年活动实施意见的通知》(×政发〔20××〕26号)精神,我办从3月份开始,认真组织开展了政策落实年活动,较好地完成了各项工作任务。现将开展活动的情况总结如下。

一、主要做法及取得的成效

1. 加强组织领导,健全组织机构

　　按照市政府的统一部署,成立了以主要领导任组长、班子其他成员为副组长的活动领导小组。领导小组下设办公室,具体组织开展各项工作。召开了机关全体人员和企事业单位主要领导参加的动员大会,学习了相关文件精神,进行了安排部署,使本部门、各单位进一步提高了对开展政策落实年活动重要性的认识,明确了目标,靠实了责任。

2. 开展政策评估,认真凝练项目

　　按照《任务分解表》的要求,结合人防工作实际,对于人防工作密切相关的各项政策,及其执行情况进行了再梳理和全面评估,进行了分类汇总,并提出了有针对性的落实措施。共凝练人防建设项目3个,即人防基本指挥所建设项目、人防机动指挥所建设项目、人防地面应急指挥中心和信息化系统建设项目。

3. 深入开展督查,推进项目落实

　　按照市政府的要求,主要组织开展了"五查五看"活动,不存在政策学习宣传不到位、政策执行流程不规范、政策执行标准有偏差、部门协调配合不密切、监督检查不到位等问题。在项目落实上,召开了市级人防基本指挥所改扩建及地面应急指挥中心项目可行性研究报告评审会。基本指挥所改扩建年内开工建设,地面应急指挥中心正在立项报审,机动指挥所正在实施招标采购。××市人防视频指挥系统建设项目、七里河区和西固区人防地面应急指挥中心建设项目已经省人防办同意立项建设。结合市政府"畅交通"和"地下空间开发利用与轨道交通建设相结合"实施意见,确定了地下停车场项目。积极开展人防工程招商引资,配合开发建设单位完成了部分地下人防工程项目的衔接、申报工作。

二、存在的问题及下一步工作

总体来看,我们在开展政策落实年活动中,取得了一定成效。但还存在一些不足,主要是:对国家和省上人防建设的政策学习、研究还不够;抓项目的力度还不大,措施还不多;筹集人防建设资金的渠道还不够畅通,向上级争取经费的力度还不大。下一步,我们将继续按照市政府开展政策落实年活动的部署和要求,进一步梳理政策,凝练项目,研究解决政策落实和项目建设中的突出问题,确保政策落实年活动取得实效。

××市人民防空办公室

20××年11月8日

四、作文(选作)

(一)请根据以下内容代L省人民政府拟写一份表彰决定。

L省人民政府于20××年4月25日决定授予458人"L省劳动模范"荣誉称号,授予221人"L省先进工作者"荣誉称号,授予100个单位"L省先进集体"荣誉称号。

(二)请根据以下内容代L省建设厅拟写一份批评通报。

Y艺术中心是L省的一个标志性建筑,省委、省政府领导对该项目高度重视,主要领导多次就项目建设召开专题会议,研究解决项目建设中存在的有关问题,并多次亲赴建设工地视察、调研,要求在保证质量的前提下,加快工程进度。但是,项目开工以来,业主现场管理不到位、组织不力,工程进度一直比较缓慢。特别是总承包单位H建工集团公司在主体施工过程中,由于对工程质量要求不高,G建科监理公司监理失职,致使中心服务区6米平台的踏步标高出现严重错误,导致后期不能按设计标高施工,严重影响工程进度。为此对Y艺术中心业主单位、总承包单位H建工集团公司、监理单位G建科监理公司提出通报批评。

(三)共青团K市委拟与D大学校团委联合举办一场庆"五四"晚会,请以这两个团委的名义写出商洽函和答复函。

(四)请写一份军训或学习的个人小结。

(五)某民办中学正在招聘一位语文教师,请写一份应征函。

第八章 理论文体

【本章学习提要】

● 理论学习

（一）认识社会评论、杂文、文学评论和学术论文的特点，识别它们的不同类型；（二）结合文例掌握社会评论、杂文、文学评论和学术论文的发现、构思和表达的各自特点。

● 思考与练习

思考题：（一）（四）（六）（八）；小练习：写一篇变体杂文；文章评析：（一）；作文：（一）（二）（三）。

第一节 社会评论

一、社会评论概述

（一）含义

社会评论是指写作者针对现实社会生活中较为重大或广受关注的社会事件、社会现象、社会问题、社会观念和思想倾向等进行分析、议论和评判的说理性文章。社会评论要站在时代精神的高度敏锐地评析当下的社会现实、明确地表达写作者的态度和立场，并运用严密清晰的推理来阐明和论证写作者的看法、观点和思想。社会评论是报纸、杂志、广播、电视、互联网等传媒的主要评论性文体之一，具有非常广泛的社会影响力。

广义的社会评论是一种较为宽泛的总体性概念，是指根据写作范围和表达方式所限定的一类说理性文章，其表现形式有社论、短评、述评、杂文、随笔、前言、编后等；而狭义的社会评论则是一种较为严格的文体概念，与专业性、思辨性、理论性等方面要求更为严格的政治评论、经济评论、思想评论和文化评论相比，它是一种对象丰富多样、立意鲜明高远、内容平实精当、语言通俗平易且社会影响广泛的说理性文章，它与社论、杂文、时评等既存在着特定的差异，又具有一定的交叉与融合。本节介绍的主要是狭义的社会评论。

社会评论作为社会理性精神的一种体现和张扬，既具有明辨是非、激浊扬清的功能，又具有交流对话、激发思考的功能，引导人们正确地分析和评判一些社会事件、社会现象或社会问题，从而促进整个社会形成健康向上的文明风尚和普遍共享的价值观念。尤其在社会发展日新月异的当下，影响深远的社会事件、社会现象和社会问题层出不穷，广大群众亟须得到充分且有效的阐释和解答；同时，社会评论作为宣传文明、和谐、公正、法治等核心价值观的重要舆论工具，在启发社会公众思考、引导人们积极向善、促进社会和谐发展等方面发挥着积极有效的作用。社会评论的写作不仅可以提高当代大学生对社会现实的关注度、敏感度和洞察力，培育当代大学生的责任心、使命感、正确的人生观以及优良的个人品质，而且还能锻炼和培养大学生发现问题、分析问题和解决问题的能力，从而在一定程度上促进大学生思维品质和思维能力的全面提升。

（二）分类①

我国正处于全面深化改革的关键时期，处于实现民族复兴的重要转型时期，这使得社会评论

---

① 本部分编写参阅了宋立民．社会评论文体分析[J]．商丘师范学院学报，2008（4）：109—110．——编者注

的写作需求日趋强烈、功能日趋多样化,而写作的范围也日趋宽泛:举凡政治、经济、法律、时事、科技、教育、外交、体育、文艺、民生等方面,都可以成为社会评论的对象和内容。通常意义上,按照社会评论的立场、功能和作用,社会评论可以分为引导型、讨论型、答疑型、褒奖型和指斥型等五种基本类型。

1. 引导型社会评论

引导型社会评论侧重于告知整个社会自己的立场、观点和态度,它不但可以回应和满足读者的各种现实需求,而且可以借助媒体平台的话语优势对大众进行理性且积极的启迪与引导。这种引导型社会评论通常有两种情况。

第一种是针对社会现实问题正面提出自己的观点和见解,以事实或常识来引导受众的普遍关注、认知与信从。如面对数字化时代的挑战,《数字化时代需要"数字素养"》[1]一文就指出:社会、企业和个体等多元主体都应更加重视数字伦理、提升数字素养,从而让科技成为自我实现和追求美好生活的阶梯。应当说,数字化技术的发展既改变了人们的生活方式,也带来了诸多不容忽视的挑战,而提升全社会数字素养就成为正确应对挑战的必然选择。这篇评论文章有的放矢、立论鲜明、思路清晰、论述充分,有助于全社会都重视数字素养的提升,明确造福人类、可持续发展、公共利益优先、共享科技红利等科技伦理原则,从而让数字娱乐和虚拟生活成为现实生活的补充,让数字技术服务于现实生活质量改善的需要。

第二种是针对社会中存在的带有倾向性的错误认识或观念,在否定和批驳的同时,又能以正确的观念予以分析、评判、提醒和引导,从而推动正确认识的形成和确立。如《向恶搞红色经典说"不"》[2]一文就对红色经典被恶搞、调侃和丑化现象进行了批驳。该文指出:红色经典与几代人坚定的革命理想和豪迈的战斗精神紧密联系,既是一段充满伤痛和鲜血的历史,也是一笔宝贵的精神财富,其精神内核不因时代的流转而泯灭,具有超越时空的意义和价值;恶搞红色经典既是对本国历史的漠视,对民族文化的自我鄙弃,也是对文艺的破坏,对社会精神的伤害。同时,该文最后立场鲜明地指出:既要亮明底线,敢于对陋行、浮夸和炒作说"不",又要尽可能创作出"更多昂扬向上、真正具有感发和引领力量的精神食粮"。该文分析切中时弊、鞭辟入里,对社会中存在的恶搞红色经典现象给予了有力的揭示和批判,有助于消除其负面影响,端正社会思想认识,弘扬风清气正的主流文化。

2. 讨论型社会评论

讨论型社会评论侧重于发表作者对广受关注的社会问题的不同看法,体现着普通公民参与公共事务的热情、真诚与期望。这种讨论可以是关于是非问题的原则性探讨,也可以是对一时一事的不同态度和立场的纠偏或补正。如"地球一小时"活动,既得到世界各地的欢迎和提倡,却也引发了争议和质疑,而《"地球一小时"的意义在一小时之外》[3]一文就针对这一现象进行了理性的辨析。该文一方面肯定相关澄清说明,即"地球一小时"活动节能效果非常有限,也不会造成对电网的伤害,但另一方面也指出:"所谓的争议和质疑,也并非对活动本身的否认,而是对活动究竟有多少效果的一种疑惑,它所对应的恰恰是现代人的一种普遍的环保焦虑。活动的效果,显然不能仅仅指望那一小时来实现,而是要看它能够带来怎样的触动和改变。"因此,"与其将目光放在对熄灯一小时的围观上,不如去认真思考,如何利用活动的高关注度来凝聚环保共识,助力环保行动,充分挖掘'地球一小时'活动之外的意义"。显然,相对于仅仅停留在事件本身价值和意

---

[1] 段伟文.数字化时代需要"数字素养"[N].人民日报,2021-06-07(05).
[2] 宋雪玲.向恶搞红色经典说"不"[N].光明日报,2018-03-01(07).
[3] 朱昌俊."地球一小时"的意义在一小时之外[N].光明日报,2018-03-27(10).

义的争论层面,该文提出的视角、观点和建议更具有现实针对性和积极启示性。

3. 答疑型社会评论

答疑型社会评论侧重于及时解释社会生活中的疑问和困惑,从而有助于社会公众形成较为明确一致的思想共识。由于社会分工越来越细,信息化程度越来越高,社会评论的解惑答疑功能也越来越强;一方面,社会评论可以提供更为开阔的视野和全新的知识,有助于提升大众的知识水平和认知境界;另一方面,社会评论可以阐释公共政策,有助于提升大众的政策理解水平和修养。如针对我国当前的国学教育,《传统文化教育离不开情感共鸣》[①]一文就旗帜鲜明地指出:"《弟子规》里的规训式教条太多,且有不尽合理之处""传统教育应让孩子在深层愉悦中自然获得熏陶,产生情感共鸣"。作者认为:"诗,可以提升人对命运的感悟能力,增强思维的活性与人生的韧性,不仅是蒙学,也值得当作人生、社会的大学问来普及。"文章最后指出:只有让孩子从情感上和传统"通感"起来,他们才能真正身心愉悦地与传统文化产生亲近。显然,该文的观点有助于深化大众对传统文化的理解,对当下的国学教育及传统文化教育具有非常深刻的启示意义。

4. 褒奖型社会评论

褒奖型社会评论侧重于通过正面典型人物或事件的评析来树立榜样、弘扬正气、引导方向。作为时代文化精神的重要载体,社会评论理应善于发现值得肯定和赞美的事物、人物或现象,并通过入情入理的分析予以充分的肯定、赞颂和宣扬,进而引导民风、民意向健康文明的方向发展。如《春节节俭风尚标志消费观念转型升级》[②]一文,其在评析春节节俭新风尚现象时指出:"节俭不是吝啬,而是一种绿色生活理念,是一种追求物尽其用的生活方式,是物质十分丰富、社会足够文明所培育的自我约束。"该文既肯定了春节节俭风尚所蕴含的"一粥一饭,当思来之不易"的传统美德,以及"少则得,多则惑"的深刻哲理,同时也揭示了其中所传递的从"厉行节约"到"主动选择简朴"的观念变迁,从而张扬了一种绿色、文明、健康的生活价值观念,这对于当下中国社会的道德观和价值观建构无疑具有建设性的倡导和助推意义。

5. 指斥型社会评论

指斥型社会评论侧重于针砭时弊、惩恶斥邪,对社会现实中存在的各种假、恶、丑与腐败等不合理现象进行政治、法律、道德等多个层面的批评。其通过大力张扬主导性的正义立场与评判尺度发挥指陈时弊、纠偏去谬等功能,能够产生极为广泛的社会影响乃至社会轰动。如面对家庭暴力,当下社会存在一定的宽容现象,而《对家庭暴力零容忍》[③]一文在揭示这一社会现象的同时,也尖锐地指出:"在我国,《反家庭暴力法》的出台,为解决家庭暴力问题开了一个好头,但较之西方发达国家,我国反家庭暴力救济制度还有很大的完善空间。"并基于此,提出了尽快出台相应配套制度、加大公权力的干预力度、建构反家暴法律体系等建议。该文对于家庭暴力现象的批评是非常确当而有力度的,其对消除家庭暴力现象并达成"对家庭暴力零容忍"的社会共识具有极为积极的意义。

此外,按照取材性质的不同,社会评论可分为事件性评论和非事件性评论;按照传媒方式的不同,社会评论可分为报刊评论、广播评论、电视评论和网络评论(包括移动网络评论)等。这里需要特别注意的是网络评论(简称"网评")。作为一种新兴的评论形态,它是评论者在网络上完成的个人意见的表达,具有在线性、即时性、自由性、互动性、超文本性等特征。如人民网的"人民时评"、新华网的"新华时评"、南方网的"南方时评",以及搜狐、凤凰网等各大知名网站的评论版块等。而随

---

① 董宇宇.传统文化教育离不开情感共鸣[N].光明日报,2016-06-06(02).
② 钟超.春节节俭风尚标志消费观念转型升级[N].光明日报,2018-02-26(10).
③ 朱苏晓.对家庭暴力零容忍[N].光明日报,2016-06-07(03).

着互联网技术的飞速发展与普及,网络社会评论已经成为一种广受欢迎的社会评论形态。

(三)特点

1. 政论性与实用性的统一

鲜明的政论性是社会评论的基本特征。社会评论的对象通常是具有一定政治、经济和社会等层面意义的事件或现象,评论者往往需要运用辩证唯物主义和历史唯物主义,以及特定的思想理论工具进行分析、讨论和评判,并体现出较强的理性精神和特定的政治思想倾向。在当前的社会发展时期,社会评论理应围绕中国特色社会主义建设和改革开放的时代主题,对社会生活中出现的重大的社会问题、社会现象、社会事件、思想倾向等进行冷静的思考和分析,从而阐明科学、理性、积极的立场、观点和主张,引导社会形成正确的思想观念与舆论倾向。同时,社会评论不能是无的放矢的、空洞的理论教化或教条说教,而是应具有非常直接且有效的实用性。社会评论往往针对的是重大的或被普遍关注的社会问题,是基于发现、认识和解决问题的社会现实需要有为而作的产物;评论者要基于基本的事实、缜密的推理和细致的分析来提出自己的观点、表明自己的立场,从而发挥出社会评论应有的感染力和说服力,进而起到引导受众理解、认同乃至信从的现实效用。

2. 时效性与警示性的统一

社会评论的时效性主要表现在其通常需要迅速地捕捉、分析和评判当下社会生活中新近出现或发现的社会问题、社会现象、社会事件、思想倾向,并指明症结,提出解决问题的方法和措施,从而引导人们提高思想认识、增强辨识能力、理性处理事务。即事即评、当机立断的社会评论可以充分吸引受众的注意,发挥社会评论更为迅速、有效的影响力,而事过境迁的社会评论则很难发挥其最佳的社会影响。另一方面,无论何种类型的社会评论,都具有一定的警示意义,也就是说,社会评论在及时发现、分析和评判问题的同时,也能引起民众的注意和反思,引导民众有效的应对和合理的解决,从而避免错误或不良现象的蔓延,维护和张扬良好的社会风气,进而推动整个社会良性有序的健康发展。

3. 公众性与政策性的统一

社会评论的取材非常广泛,涉及政治、经济、文化、教育、法律、医疗、卫生等社会生活的各个领域,反映着民众的需求,体现着民众的意愿。社会评论的受众是最为广泛的人民群众,评论对象则是人民群众普遍关心的现实问题,评论视角通常是从人民群众的切身利益和基本立场出发,平易通俗的论述方式和语言风格也力求符合民众的口味。因而,社会评论是一种贴近生活、贴近民众、引导舆情的公众参与度非常高的理论文体。同时,社会评论在信息传播和媒体宣传中发挥着引导、启示和监督等主导性作用,所以,社会评论理应以党和国家的现行方针政策为依据,结合民众实际需要和社会实际来揭示问题、阐发原因,并提出合情、合理、合法的可行性措施,从而在宏观上、思想上和舆论上真正发挥"导向标"和"巡逻兵"的作用。

二、社会评论的写作

(一)敏锐地发现评论对象

评论对象的发现与选定是社会评论写作者首先需要认真思考和解决的问题。对纷繁复杂的社会现实进行较为深入的观察、反思、追问、分析与评判,这就需要评论者对社会现实保持高度密切的关注,并敏锐地发现和捕捉具有普遍社会价值和意义的评论对象。这里需要注意的是:一方面,社会评论写作者理应具备广博的人文情怀、高度的社会责任感、敏锐的社会洞察力、坚实的政策理论素养与较强的理性思辨能力,这是其能够在瞬息万变的社会现实中发现和选取评论对象的主体基本素养与必要条件;另一方面,作为评论对象的社会事件、现象、问题或思想倾向本身理应具有一定的评论价值,也即只有那些具有重大社会影响、广受社会关注,并具有长远社会效应的社会事件、现象、问题或思想倾向才有可能成为评论对象。那么,应当如何发现和选取评论对象呢? 一般我们应从以下三个方面入手。

1. 捕捉新闻时事的热点与焦点

新闻是新近发生或发现且被及时、客观地记述和反映的事实,受到社会大众的普遍关注,尤其是一些具有重大社会影响的时事热点和焦点,如党和国家的重要会议,新近出台或发布的重要政策,医疗、卫生、教育、环境等领域关系国计民生的各类社会事件,都易成为社会评论的对象。社会评论写作者只有始终保持对现实生活的敏锐感和责任感,充分发挥和调动自身的观察力、感受力,才能在面对时事热点和焦点时迅速地激发和唤起自己的写作愿望和动机,发现和选取具有评论价值的社会新闻,并迅速确立自己认知和评论的独特视角。如针对视频文化的流行,《警惕视频直播爆发力的负面效应》[1]一文就紧扣"视频直播爆发"这一社会热点问题,在辩证分析其正、反两个方面的示范性效应基础上,提出了政府、平台、家长、主播、未成年人各负其责的多中心社会治理模式,并强调网络平台的自律是最为关键的因素,只有这样才能净化网络环境,保护好未成年人,有利于视频和直播平台产业健康有序地发展。显然,该文的选题和角度具有很强的现实针对性和时效性,能较为及时地回应社会大众感同身受并普遍关注的问题。

2. 透视有价值的社会现象

千姿百态、五彩缤纷的社会现象是社会生活复杂多样、日趋繁复的体现,也是每一个个体时刻需要面对、了解和认识的对象,但并不是每个人都有足够的时间和精力去深刻地理解和把握各种各样的信息。而对于社会评论写作者而言,透过现象来把握本质则是一项最为基本的要求,也是社会评论得以顺利完成的基本前提。只有通过对各种社会现象的深刻透视、领悟与把握,社会评论写作者才能对评论对象作出较为恰当、得体且透辟的分析和评判,从而引导广大民众明辨是非善恶、提高思想认识,并增强理性思辨能力。如针对上海宜家家居徐汇商场餐厅长期被中老年相亲群体"霸座"等不文明消费现象,《文明消费应成国民素养》[2]一文就从"公共文明与国民素养"的角度分析了这类"占便宜"心态形成的社会文化原因,并指出养成文明消费习惯的重要性和必要性,同时也提醒相关部门在公共服务方面关注老年人的现实需要。显然,该文的观点对提高国民的文明消费素养具有一定的启示与引导意义,同时也为理性分析和把握社会现象提供了良好的示范。

3. 发掘深层的社会思想动向

社会现象和社会事件通常蕴含着丰厚多元的社会思想观念,体现着特定的社会思想动向。在某种意义上,社会评论的影响力就取决于其对社会思想动向把握的精准性、深刻性和独特性,这就需要社会评论写作者运用自身敏锐的洞察力、精细的领悟力和较为深厚的理论积淀,来深入发掘纷纭多变的社会事件和现象中所蕴藏的微妙、丰富的内涵,从而形成自己独到、深刻的观点和见解,并确保社会评论应有的思想深度和理性力量。如针对见义勇为者往往面临被追责的风险这一现象,《为救助者解除后顾之忧》[3]一文就从道德弘扬和制度性保障两个方面给出了化解当事主体困境的解决方法,作者指出:我们既要赞美道德,更要信奉法治。制度性保障并不排斥道德弘扬,相反,它可以促成道德生长。无疑,该文由具体个案所引发的理性思考和分析,既有助

---

[1] 田丰.警惕视频直播爆发力的"负面效应"[N].光明日报,2018-04-13(10).
[2] 朱昌俊.文明消费应成国民素养[N].光明日报,2016-10-13(02).
[3] 敬一山.为救助者解除后顾之忧[N].人民日报,2019-03-27(09).

于保护类似事件中医护人员的救死扶伤精神,又有助于见义勇为社会正气的树立和张扬。

(二)精心地构思评论内容

评论内容的构思是社会评论写作者需要全力解决的核心问题。发现和选定评论对象解决的是"写什么"的问题,而构思评论内容解决的是"如何写"的问题,即基于独到且明确的评论观点,运用合理的结构和恰当的论证予以准确的传达和呈现的问题,这就需要社会评论写作者在论点、结构模式、论证方式等方面进行精心的构思与设计。具体而言,评论内容的精心构思主要包括以下三个方面。

1. 确立鲜明的评论观点

社会评论注重依据基本的社会事实阐发和表明写作者自身的立场、看法和观点,具有鲜明的主体个性色彩,体现着特定评论者或评论媒体及机构的态度和立场。因而,社会评论的写作者首先要形成和确立自己独特、鲜明的评论观点。一般而言,写作者需要做好以下三个方面的工作。其一,选取新颖的角度。同一事件或现象往往具有多个可以审视和分析的切入角度,如何选择新颖而独特的视角,在很大程度上体现着写作者思维的敏锐性、独特性和创造性;面对同一个焦点事件或现象,写作者必须选择独一无二的视角,要能生发出"人无我有,人有我新"的鲜明观点。其二,提炼正确的观点。由于写作者自身理论素养和立场的差异,同一视角也可能生发出不同的观点,但不论何种观点,都应立足于科学的世界观和方法论,也即辩证唯物主义和历史唯物主义的世界观和方法论,并以习近平新时代中国特色社会主义思想、党和国家的方针政策为依据,力求正确、合理、合法,符合党和国家以及广大人民群众的最根本的利益,唯有如此,这种观点才能产生良好的舆论引导作用。其三,拟定醒目的标题。社会评论的标题往往是评论内容最为集中且精练的概括和表达,好的标题不但能够充分体现写作者的立场、看法和观点,而且可以吸引读者的注意,成为发人深思的号召性话语。因此,社会评论写作者还需深思熟虑、反复斟酌,力求拟定一个富有创意和深意的醒目标题。如《用好教育惩戒这把"戒尺"》①一文,针对是否和如何实施教育惩戒这一教育热点问题,作者依据最新发布的《中小学教育惩戒规则(试行)》进行了较为准确和全面的解读。首先,说明《中小学教育惩戒规则(试行)》的基本内容,即肯定了教育惩戒的必要性和正当性,并明确了教育惩戒的内容、实施规范及程序。其次,阐明学好、用好《中小学教育惩戒规则(试行)》的重要性和原则,明确指出:教育惩戒理应既有尊重学生基本权利和人格尊严的关爱,也有教育学生遵守规则、增强自律、改过向上的严厉。最后,强调"会用、善用、用好教育惩戒,还需要多方努力",并深刻地指出:教育惩戒是教育领域的一个小切口,却关系人才培养的大战略。显然,该文观点具有鲜明的时代色彩和现实意义,既符合现代教育理念及现行教育方针政策,又能够增进广大公众对于教育惩戒科学实施的理解,进而推动健康教育生态的理性建构。

2. 采用合理的结构模式

在长期的写作实践中,社会评论形成了较为固定而典范的结构模式,这种结构模式可以概括为三个部分。第一部分(提出问题):列举现象,明确观点;第二部分(分析问题):剖析原因,阐明观点;第三部分(解决问题):提出对策,强化观点。这是一种来自写作实践并行之有效的合理化结构模式,有助于写作者迅速地反思现实、评判现实,并阐明自己的观点。可以说,在我们所看到的社会评论中,绝大部分都或隐或显地遵循着这一模式,这说明该模式是符合社会评论的文体思维规律和特征的。如《带货主播不能只获益不担责》②一文就具有一定的代表性。第一部分,基

---

① 讷言.用好教育惩戒这把"戒尺"[N].人民日报,2021-01-14(05).
② 敬一山.带货主播不能只获益不担责[N].光明日报,2020-04-07(02).

于"直播电商购物流程中消费者满意程度最低的是宣传"这一现象,作者认为问题存在的根源"在于主播法律身份和法律责任的模糊",进而表明自己的观点:带货主播不能只要人气,只获收益,不担责任。第二部分,基于"消费者无法准确界定带货主播的身份"这一深层原因,作者通过分析认为,从法律角度而言,带货主播可能涉及两种法律身份:一种相当于广告代言人,另一种是经营者,二者都应当承担不同程度的责任。第三部分,基于上述分析,作者指出尽快厘清主播法律责任的重要意义:一是督促主播在带货过程中更谨言慎行,二是更有利于消费者维权,三是对于行业健康发展也有好处。文章最后,作者进一步强调指出:以主播为核心,进一步厘清整个流程各主体的法律责任尤为迫切。可见,由于合理的结构模式的运用,该文呈现出观点鲜明、思路清晰、层次分明、论证严密、表述到位等特征,并具有一种较强的说理性力量,从而能够最大程度地发挥其积极的社会效应。当然,这一结构模式只是提供了一种基本的结构范式,写作者应根据材料特点、个性习惯以及观点表达的实际需要等灵活地、创造性地运用这一模式。

3. 运用恰当的论证方式

社会评论属于议论性文章,是基于真实材料发现问题、提出观点、表明立场、提出对策,并对自己的观点予以充分阐释的说理文章,它必须符合理论论证的基本规则与要求。一般意义而言,社会评论应当做到以下三点。其一,以事实为基础。社会评论通常是以现实生活中的真实事件或现象作为分析和评判的对象,如果社会评论中所使用的事实材料存在着虚假乃至谬误等情形,那么作者的观点和立场就难以取信于众,整篇社会评论的价值也会受到质疑。因而,社会评论的写作首先要关注和尊重基本的事实,在甄别真假、探明真相的基础上予以准确无误的表述,保证时间、地点、过程、人物等基本信息要素的真实。其二,确保材料与观点的统一。作者的观点是从材料中生发和提炼出来的,在文章中更需要相关材料的支撑和佐证,因而,评论的观点和所使用的材料必须保证有机的统一,避免出现生硬机械或牵强附会等问题。其三,整合运用论证方法。社会评论常用的论证方法包括归纳法、演绎法、类比法、因果法等,写作者应根据观点论证的实际需要灵活地加以整合性运用,以求达到最佳的论证效果。如《让非遗绽放更绚丽光彩》[①]一文就采用归纳法、演绎法等多种论证方法,充分阐明了作者的这样一种基本观点:不断提高非遗保护水平,把非物质文化遗产精心守护好,才能从整体上提升非遗的可见度,把历史文脉更好地传承下去;承载着中华文化基因的宝贵遗产既能提升中华儿女的文化自信,并让子孙后代受益,又能同各国人民创造的多彩文化一道,为人类社会提供正确精神指引。显然,该文在事实选用、观点与材料关系处理,以及论证方式的运用等方面皆具有积极的示范性作用。

(三) 艺术地表达评论观点

为更好地发挥社会评论的功能和效用,社会评论的写作还需要解决"怎么写好"的问题,即如何表达才能取得最为理想的社会传播效果。这里,写作者需要做好以下三个方面的工作。

1. 说理真诚平等

社会评论是写作者基于自己对社会现象、社会事件、社会问题或社会思想倾向等的深入分析与独立思考所进行的理性表达,是作者与读者真诚且平等的交流与对话,任何形式的说教或煽情都有违社会评论的文体写作规范。因而,社会评论的写作者理应做到如下两点。第一,保持真诚的写作态度。评论写作体现的是写作者的社会责任感和参与感,写作者应秉持一种真诚的态度进行思考与表达,唯有如此才能真正打动读者、感染读者,形成作者与读者之间积极有效的交流与互动。第二,保持平等的表达视点。虽然写作者在表达时具有主导性的话语权,但其基本立场

---

① 张凡.让非遗绽放更绚丽光彩[N].人民日报,2021-01-12(05).

和出发点应该是自己作为社会大众的一员,而绝非高高在上的宣教者或鼓动者,刻意教化、宣传或煽动的社会评论文章往往面目可憎、适得其反。总之,写作者只有做到真诚、平等,所写的评论文章才能在最大程度上被认可、被接纳,从而产生诸如引起普遍关注、激发深入思考、形成良性互动、达成广泛共识等积极的社会效应。

2. 论述理性平和

社会评论是以鲜明的观点、扎实的材料和充分的论证来取信和说服读者的,因此,社会评论的写作理应具备理性思辨的鲜明色彩,力求以理服人,而非以势压人、以言欺人或以诡诈人。基于此,写作者应做到两个方面。一方面,论述情理兼备。写作者既要有对社会现实的高度热情和积极关注,又要运用批判性思维对各种社会现象、社会事件或社会问题予以理性的审视和剖析;既要态度鲜明、立场坚定,又要论证严密、思路清晰;既要叙论结合、以情动人,又要深入浅出、以理服人,这样才能达到感染人、说服人的理想表达效果。另一方面,论述分寸得当。无论是观点的表达、问题的剖析,还是观点的论证、对策的提出,写作者的措辞和行文都应注意分寸,力求客观、公允、精准,避免出现极端化或偏执化等错误倾向。有鉴于此,社会评论的写作应避免如下问题:其一,以点代面,以偏概全,认识片面,观点偏激;其二,就事论事,罗列现象,问题不明,缺少分析;其三,主观臆断,感情泛滥,层次不清,逻辑混乱。

3. 表述简明精当

社会评论通常是对社会现实的及时剖析和评判,并借助各种现代传媒进行传播,进而对民众产生深刻的影响,因此,社会评论的语言表述理应追求一种简明精当的风格,反对假话、套话、空话,反对生搬硬套的"八股腔"。

具体而言,社会评论的表述风格主要表现在两个方面:一方面,写作者要善于运用简洁明快、通俗生动的语言,将自己的观点和深刻的道理充分阐释出来,并能予以较为全面、充分的论证,切忌语言艰深晦涩、矫揉造作;另一方面,写作者要善于运用精当准确、概念明晰的语言,力求论述一针见血、精准到位,切忌拖泥带水、语意不明。总之,写作者要不断强化自身的语言素养,准确地把握评论语体的特点,通过仔细斟酌、反复锤炼、不断修改来提升自身的语言表现能力,自觉追求并努力呈现具有个性特征的评论语言之美。

这里需要补充说明的是,随着数字化电子媒介时代的到来,网络社会评论的写作迅速崛起,其既延续了纸媒时代社会评论的特点,又具有即时性、互动性、跨媒介性等鲜明的全新特征,这就对社会评论写作者提出了更高的标准和要求。社会评论写作者唯有认真审视和把握社会评论写作的当下语境,自觉提升自身的媒介表达素养和能力,才能胜任网络社会评论的写作,进而能够继续发挥社会评论的功能和效应。

第二节 杂 文

一、杂文概述

(一)含义和文体源流

杂文是一种以议论和批评为主、兼有评论与文学特色的边缘性文体。它以广泛的社会批评和文明批评为主要内容,多以对假恶丑的揭露和批判来肯定和赞美真善美。杂文体式多变,笔法灵活,篇幅简短,语言活泼,论理上讲究抒情性和形象性,具备鲜明的讽刺幽默喜剧色彩。

从文体角度考察,杂文可谓既古老又年轻。

早在先秦时期,就多有具备鲜明杂文特点的优秀作品,如《战国策》中的《邹忌讽齐王纳谏》

《触龙说赵太后》、荀子的《劝学》、庄子的《秋水》、孟子的《齐人有一妻一妾》等。这些文章,或讽喻劝谏、婉而多讽,或连类取譬、论理形象,或直面现实、针砭时弊,用冯雪峰先生的话说"都是最好的、最出色和最本质的杂文"①。

自秦以后,大一统的封建帝国形成,严酷的专制统治,使思想领域"百花齐放,百家争鸣"的局面不复存在。但在时代的夹缝中,杂文仍顶着重重压力在顽强生存,历朝历代,都不乏杂文佳作。如南北朝时期,阮籍的《大人先生传》、鲁褒的《钱神论》、嵇康的《与山巨源绝交书》,唐代的"说"体文《马说》《捕蛇者说》,明代刘基的《卖柑者言》,清代龚自珍的《病梅馆记》、梁启超的《少年中国说》等,都堪称杂文精品。

但古代的杂文作品,并未有明确的文体归属。据考证,"杂文"一词最早见于范晔的《后汉书》。但范晔之所谓"杂文",是指杜笃等人写的那些不能归入"赋、诔、吊、书、赞"文体中的杂体文。之后,南朝梁代的刘勰,也曾论及"杂文",言"详夫汉来杂文,名号多品,或典诰誓问,或览略篇章,或曲操弄引,或吟讽谣咏。总括其名,并归杂文之区;甄别其义,各入讨论之域"②。显然,范晔、刘勰所称的"杂文",泛指非主流的杂七杂八文章,并非明确的文体概念。这种认识大致代表了古人对"杂文"的理解。

杂文文体地位的确立是在现代。五四运动之后,伴随着新文学运动的发展,文章分类出现了新的变化,古代"散文"概念的外延大大缩小,散文中的那类以论理为主的小品文一时蔚为大观。以鲁迅为代表的一大批现代作家,从强烈的历史使命感和社会责任感出发,把小品文锻造为"文明批评""社会批评"的武器。他们在理论与实践两方面的不断尝试与探索,终于使直面现实、犀利泼辣的那类"硬性"小品文,以旧瓶装新酒的"杂文"名义挣脱出散文母体,毫无愧色地登上了20世纪30年代中期的文坛。

(二)文体特征

杂文的特征可概括为四个方面。

1. 感应敏锐,时代性强

杂文常被称为"千字文""豆腐块",它是各种文章样式中反映生活最敏锐、最及时、最富时代性的一种文体。鲁迅曾说过:"现在是多么迫切的时候,作者的任务,是在对于有害的事物,立即给以反响抗争,是感应的神经,攻守的手足。"③他的杂文颂扬真善美,鞭挞假恶丑,反映着时代的风雨阴晴。

正因为杂文能敏锐地反映生活,富有时代精神,优秀的杂文作品往往能激起强烈的社会反响。1979年8月4日,《人民日报》发表了乐秀良的《日记何罪》,作者针对"文化大革命"中许多人因写日记而受到残酷迫害,而"文化大革命"结束后,因思想领域中"左"的东西很多,这些冤案仍未平反这一社会现实,鲜明地提出了自己的看法:"人们在日记里记录着自己的思想观点,既无推翻无产阶级专政政权和社会主义制度的目的,更无危害中华人民共和国的行为,既没有扩散,也没有对社会造成后果,何罪之有?"文章发表后,反响强烈。作者又接连写了《再谈日记何罪》《三谈日记何罪》等文,大声疾呼:日记无罪!后来,作者把这几篇文章以及文章发表后引起的社会影响等内容,集为一本书,题为《日记悲欢》。一篇千字文,引出一本书,可见杂文对社会的影响之大。

2. 敢于批评,富有思想

批评意识是杂文与生俱来的特质,也是杂文的本质属性。杂文的批评,是广泛的社会批评和

---

① 冯雪峰. 冯雪峰论文集:中[M]. 北京:人民文学出版社,1981:231.
② 刘勰. 文心雕龙·杂文[M]//祖保泉. 文心雕龙解说. 合肥:安徽教育出版社,1993:262.
③ 鲁迅. 且介亭杂文·序言[M]//鲁迅全集:第六卷. 北京:人民文学出版社,2005:3.

文明批评。鲁迅的杂文，或剖析国民弱点、批评病态的社会文化心理，或揭露社会政治的黑暗、反动文人的无耻，或抨击专制统治者的凶残、帝国主义的罪行等，"论时事不留面子，贬锢弊常取类型"①，堪称杂文典范。但杂文的批评，并非只是破坏，不重建设。"破"与"立"，是辩证统一的，"破"中有"立"，"立"中有"破"。杂文通过批评达到建设的目的，寓肯定于否定之中。"杂文的根本点在于社会建设性。批判是形式的、外在的，而追求人类共同价值的实现，是本质的、内在的。"②

杂文的批评通过深刻、具体的思想价值来实现。思想是杂文的生命，是杂文的内核和灵魂，也是杂文实现其社会价值的基础。杂文通过其独到的思想认识作用，影响读者，造就公平、合理、正义的社会舆论环境，是激发改革社会、推动文明的动力。杂文思想的表达不同于一般社会科学论文的思想表达，它不是抽象的、概括的，而是具体的、生动的，是思想性和艺术性的水乳交融。鲁迅先生关于"吃人"封建本质的认识，巴金先生关于"说真话"的感悟，既达到了前无古人、旁无众随的思想高度，又体现出杂文思想的具体和生动。

3. 曲笔论理，生动形象

"曲笔"是一种写作技巧，也称"绕笔"，即由于某种特殊原因，作者不便直接道出本意，于是用委婉的表述，使读者通过思索，来了解作者本来的意旨。曲笔论理，体现的是杂文的文学特征。"只有'曲笔'的确立才使杂文作为一种文体走向自立，在形式范畴的根本性意义上赋予议论文体以艺术特质。"③杂文以思想的表达为主要目的，杂文的思想又是一种具体、生动的思想，因此，概念、判断、推理的逻辑形式，实现不了这个目的。直白浅露或一览无余，永远是杂文论理的大敌。杂文的曲笔论理，主要体现为作者创作思路的营构，是杂文艺术构思的主体。曲笔，是就思想与事实、情景的沟通方式而言的，这种沟通，不是直接、单一的线式沟通，而是委婉、多维的立体沟通。杂文曲笔论理通过多样化的方法实现，常用的有象征、类比、对比等。

当然，杂文的曲笔绝非越曲越好。时代不同，读者对象不同，杂文当然也可以写得明白晓畅些，但这只是曲笔如何运用的问题，而不是要不要曲笔的问题。没有了形象生动，杂文只能等同于时评、政论。

4. 幽默辛辣，亦谐亦庄

幽默辛辣是杂文突出的语体风格。杂文要关注社会、贬责痼疾，没有辛辣，便如同隔靴搔痒，实现不了其激浊扬清、革故鼎新的社会功能。杂文的讽刺常寓于幽默之中，因为幽默有助于写作者发现和描绘生活中乖讹、悖谬的东西。杂文就如同雄鹰，有了辛辣与幽默两只健全的翅膀，它才能遨游天空；翅膀稍有残缺与损伤，便难以飞得高远。

好的杂文作品，总是涉笔成趣，使读者发出意味深长的微笑。但在笑过之后，却能领略到作者犀利尖锐的抨击和揭露，顿生痛快淋漓之感。不过，杂文的讽刺要看对象，它可以是"匕首""投枪"，也可以是"银针""手术刀"，还可以是"啄木鸟""乌鸦"。杂文的幽默也非油腔滑调，不能为幽默而幽默，为笑笑而笑笑。

二、杂文写作

（一）发现

杂文写作发现体现的是写作者的选题与主旨，亦即解决"写什么"的问题。杂文作家朱铁志有言：人要写文章，总是源于他对这个社会有话说。"对我而言，写作杂文是对社会发言的一种形

---

① 鲁迅. 伪自由书：前记[M]//鲁迅全集：第5卷. 北京：人民文学出版社，2005：4.
② 朱健国. "第六站杂文家"的思想轨迹：盘点刘洪波[J]. 唯实，2002(8)：167.
③ 姜振昌. 鲁迅与中国二十世纪杂文[J]. 鲁迅研究月刊，1999(8)：21.

式,我要把自己心中的爱憎好恶都形之于笔端,诉之于读者。"①但作家的"社会发言",有的侧重再现,直面现实,关注当下;有的侧重表现,抒情写意,观照内心。考察现当代杂文源流及其发展演变,我们会发现,杂文作者更多的是倾向前者。

现代杂文脱胎于五四运动之后的散文小品,其文体形成,一直伴随着与那些"以自我为中心,以闲适为格调"小品文的对立与论争。在鲁迅看来,在激烈变动的时代潮流中,吟风弄月、无病呻吟式的表达自我,非但不合时宜,更可能误导广大民众,躲到象牙塔里,自我麻痹与陶醉。而"生存的小品文,必须是匕首,是投枪,能和读者一同杀出一条生存的血路来的东西"②。

杂文写作者的发现,主要表现在以下几方面。

1. 感于时事新闻有所发现

时事新闻,是变动着的社会记录。一个事件发生了,当肯定,还是当否定? 一个问题产生了,什么原因,如何解决? 这些,对有着敏锐感知的杂文作家而言,往往是现成的写作选题。于是,或就事论事、明辨是非,或由点及面、连类取譬,他们思索、寻求着恰当的言说方式。很多新闻从业人士撰写的杂文,常以"据报载"开头,这类杂文与时评一样,体现着鲜明的新闻时效性。

鲁迅先生创作杂文,往往感于报章的时事新闻。上海的鲁迅博物馆里,保存着一本鲁迅剪报集,剪贴得很整齐,每页上还有他亲笔所写的报纸名称和日期,这些资料是他1928年到1933年期间从上海出版的《申报》《新闻报》《时事新报》等报纸上剪下来的,其实都是他日后杂文的选题和资料。他的《〈且介亭杂文二集〉后记》《〈伪自由书〉后记》《〈准风月谈〉后记》,都是洋洋洒洒的万言长文,不仅所涉事实,剪报为证,有案可稽,而且所评所论,有的放矢,弹无虚发,显现出娴熟的斗争艺术和高超的写作技巧。当今时代,资讯传播形式多样,内容海量,非鲁迅时代所能及。杂文写作者如能敏于阅读,勤于思索,更会有源源不断的写作发现。

2. 感于生活体验有所发现

生活中点点滴滴的观察体验,往往也能触动杂文写作者的灵感。鲁迅的杂文《由孩子的照相说起》,感于孩子照相这样的日常琐事,对比分析中日两国照相师"觑机摄取他以为最好的一刹那的相貌"之不同,批判教人"驯良",使人"低眉顺眼,唯唯诺诺"的文化"国粹"。邓拓的杂文《伟大的空话》,感于邻居孩子写的一篇《野草颂》:"老天是我们的父亲,大地是我们的母亲,太阳是我们的保姆,东风是我们的恩人,西风是我们的敌人……"作者把这类"悬河之口,滔滔不绝"的语言,戏谑地称为"伟大的空话"。文章曾于"文化大革命"起始批判"三家村"时,被扣上"最恶毒攻击"的帽子,正反证了其思想深度。

一次经历,一则笑话,一个场景,这些生活中的"一地鸡毛",在很多作家的眼里可能只是写作素材的"下脚料",构不成完整的情节或冲突,但在慧眼识珠的杂文作家眼里,却可触类旁通,引发对社会现象、社会问题的思考,揭示出社会、人生的某些普遍本质。这正是通常所谓的"大处着眼,小处着手"。同时,由于触发写作者的都是自身的所见所闻,融会着真切的生活体验,真实、具体而又鲜活,也使构思而成的杂文具有绚烂多姿的艺术魅力。

3. 感于世态人情有所发现

感于世态人情的发现,首先是透过现象看本质。"世事洞明皆学问,人情练达即文章。"世态人情,体现的是社会的阴晴变幻,它以潮流、风气、时尚等形式,潜移默化地影响着每一个人。但时尚潮流,明暗交错,亦真亦幻,有的反映了人民愿望,符合文明发展的趋向,有的却背时逆世,阻碍了社会的健康发展。杂文写作者感于世态人情,静观默察,独立思索,形成属于自己的观点与

---

① 朱铁志. 自序:我思故我在[M]//你以为你是谁. 北京:文化艺术出版社,2002:4.
② 鲁迅. 小品文的危机[M]//鲁迅全集:第4卷. 北京:人民文学出版社,2005:592.

看法。比如杂文《"仇富"是个浅薄的结论》,文章着眼的是社会中所谓的"仇富"现象,作者却能透过眼花缭乱的表象,一语中的指出"其实质是仇'不公'"。可见,真正的杂文作家,总是如此不随波逐流,人云亦云。

感于世态人情的发现,也要辩证地提示矛盾、分析矛盾。世事万象,纷繁复杂,其中充斥着乖谬与对立,这些看似矛盾的现象,却往往正是把握本质的突破口。仍以"仇富"现象而言,"越穷越光荣"的时代早已过去,现在人人都在向往着富裕,为什么却又"仇富"?同样是"仇富",为什么"人们却不'仇'袁隆平,乃至陈光标"?从这些矛盾的疑问切入,再结合社会现实进行分析,作者既充分肯定为社会不公而"仇"是是非感、正义感的体现,又立场鲜明指出"富并未错,不分青红皂白地仇富不但不对,而且是一种卑劣的妒忌品质,应该摒弃与鞭笞"①。这样的论理方式体现了辩证思维的精髓。

4. 感于质疑辩驳有所发现

真理越辩越明,思想交锋、观点碰撞,容易擦出思想的火花,这是人所皆知的常理。同样的问题、现象,由于立场、角度、方法的不同,人们看法不一、见仁见智是正常的。有不满,有质疑,争执起来,各抒己见,既可释疑解惑,又能启迪思维。2013年第3期(上)《杂文月刊》《三人行》栏目,曾发表了署名郭树荣的杂文《向杂文界进言》,文章对当下的杂文创作,"自缚手脚,自我钳口","苍白无力,引不起读者的共鸣",深感失望,由此"吁请杂文界,回归鲁迅,回归鲁迅杂文,回归鲁迅精神"。第5期的栏目中,马上有郭平德的杂文《杂文姓辣不姓杂——也向杂文界进一言》呼应。随后,多篇争鸣文章先后在同栏目出现,有的认为《杂文性辣却姓"杂"》,有的却说《杂文如何"辣"得起来》,更有重申《杂文本姓"杂"》。一时间,众说纷纭,莫衷一是。但这样的争论,对人们认识杂文的本质、功能及风格,无疑起着重要的推动作用。

为寻求写作发现,杂文写作者针对社会热议的话题,要满怀热情,积极参与,做"好事之徒"。不过,质疑辩驳并不意味着必须针锋相对,更不是成心抬杠。比如,谈人才问题,你阐述"伯乐相马",我论证"马相伯乐";你认为"相马不如赛马",我强调"要完善赛马规章"。这种思维的相互激发、认识的推陈出新,才是质疑辩驳的终极目的。

(二)构思

写作构思,是复杂的思维活动过程。兼有"论文"与"艺术"特征的杂文,其构思过程中固然少不了推理、论证,更离不开联想、想象,但却不是二者的简单相加。朱光潜曾从心理学角度,把思维的运用分为两种:

一是推证的,分析的,循逻辑的方式,由事实归纳成原理,或是由原理演绎成个别结论,如剥茧抽丝,如堆砖架屋,层次线索,井井有条;一是直悟的,对于人生世相涵泳已深,不劳推理而一旦豁然有所彻悟,如灵光一现,如伏泉暴涌,虽不必有逻辑的层次线索,而厘然有当于人心,使人不能否认为真理。②

朱光潜所谓的前者,多表现在科学探索和理论思考中,人们称为科学的思维;而后者多用于艺术表现,可称为艺术的思维。体现着多种思维方式交融渗透的杂文构思,更多依赖感悟与体验,无疑属于艺术的思维。

1. 构思特征

(1)真实自我的直接现身

一般文学作品,作者力求将自己隐匿得越深越好,他只把作品中的人物、形象推到读者面前,

---

① 龚德明."仇富"是个浅薄的结论[N].杂文报,2011-07-15(1).
② 朱光潜.随感录:上 小品文略谈之二[M]//朱光潜全集:第9卷.合肥:安徽教育出版社,1993:396.

与读者对话、交流;杂文作者则不然,杂文作者的文格就是他的人格,反之亦然。所以,杂文是人格化的文,而杂文家则是文格化的人。

鲁迅的杂文便是他"辗转而生活于风沙中的瘢痕"的真实记录。他的杂文"就如悲喜时节的歌哭一般""无非借此来释愤抒情"①。他的杂文,几乎每一篇都有"我"出现文中,作家直接面对生活发言,面对读者说话。"我"不是小说中虚构的形象,而是真实的作家本人,是杂文中所描述对象的发现者、观察者、见证者和解剖者。无论是社会批评,还是文化批判,无论是对现实的断面剖析,还是对历史的纵向溯源,无论是对假恶丑的揭露,还是对真善美的礼赞,读者都能看到一个多愁善感、爱憎分明的立体形象。

(2) 隐喻性的论理形式

隐,即"藏身",所谓含而不露;喻,即比喻、比兴、比拟等,所谓借此言彼。杂文的论理,从来不靠严密的逻辑推理得出结论,更忌讳直白地点出观点,亮出看法。此种隐喻性的论理形式,人们通常谓之杂文的"曲笔艺术"。

杂文论理的"隐",可隐于事例、隐于形象,也可隐于情感的表达。叶永烈曾有篇千字杂文,从影片《人到中年》中的一句台词"金属也会疲劳"谈起,先以铁丝经反复弯曲会断裂的现象来说明,再用"彗星号"喷气式客机因疲劳产生裂纹终致坠毁的具体事例来印证,最后又简要分析内燃机的曲轴、机车车辆的机器传动轴等,也常常因疲劳而突然断裂等情况,用来阐述"要注意爱护、保护人才,尤其是那些处于'超负荷'状态中的中年知识分子"②的观点,此之谓隐于事例。鲁迅的杂文,用媚态的猫、势利的狗、嗡嗡的苍蝇、哼哼的蚊子、挂着小铃铎的山羊等形象,来揭露帮闲御用文人的嘴脸,当代杂文作家用横行的螃蟹比喻"四人帮",用鬣狗活现"四人帮"走卒的行径,此之谓隐于形象。鲁迅杂文中,有很多充满诗情画意的句子,如"做了人类想成仙;生在地上要上天""真的猛士,敢于直面惨淡的人生,敢于正视淋漓的鲜血",此之谓隐于情感的表现中。

(3) 随感性的表达体式

杂文是"感应的神经",作品是作者的有感而发,但杂文的有感而发有些不同。一般议论文章往往把"感"作为"发"的由头,"感"过后就丢在一边,专注于逻辑推理的"发","感"与"发"是分开的。杂文的"感"与"发"往往融为一体,"感"中寓"发","发"在"感"中。杂文的"感",随心所欲,纵笔而谈,不拘一时一地、一事一物,可大可小,可远可近。

作为感悟、体验性思维重要的特征,随感性的表达体式仅从杂文标题上就鲜明地体现出来。诸如"随感录""杂感""杂语""偶成""闲谈""漫议""琐记""从……说起""因……而想起"等,都是我们常见杂文标题样式。鲁迅杂文,往往由环境、时令、人物、事件、故事、笑话等个人的一点感想等作为由头生发开去。如《人话》,从记起荷兰作家望蔼覃所作童话《小约翰》中的小约翰与两种菌类的对话开头,写到青少年科普读物中往往也写些"人话",进而批评某些科普文章中掺入了封建伦理道德观念的倾向,又指出不同的人有不同的"人话",提醒人们注意某些人利用青少年的纯厚进行诓骗。他的以"论……"为题的杂文中,几乎都是从一点引申开来。即使没有"由头",也要写明"这是看了些杂志,偶然想到的——"③。

2. 构思方法

杂文有几种最为常用的构思方法。

(1) 形象寄寓法

寻求一个典型的形象寓体,把要表述的见解、观点寄寓其中,或借以引申,或妙笔点化,或指

---

① 鲁迅. 华盖集续编:小引[M]//鲁迅全集:第3卷. 北京:人民文学出版社,2005:195.
② 朱亚夫. 叶永烈与科学杂文[J]. 杂文界,1990(1):22.
③ 鲁迅. 论俗人应避雅人[M]//鲁迅全集:第6卷. 北京:人民文学出版社,2005:211.

引暗示,让读者领会其中的思想意旨。形象寄寓法的思维基础,一是客观万物的普遍性联系,二是人类思维的联想与想象功能。抽象的哲理寄托于形象的寓体中,哲理具有了生动性,形象具有了超越性,虚实映照,相得益彰。构思中的形象化"寓体",可以是虚拟的寓言,可以是真实的事件,也可以是具体可感的事物。

以形象寄寓法构思而成的杂文,可谓杂文的原初样式,中国古代就有,如孟子的《齐人》、韩愈的《马说》、刘基的《卖柑者言》、龚自珍的《病梅馆记》等。现当代文学史上,此类名篇佳作更是数不胜数。鲁迅的杂文《现代史》,写街头上"变戏法的",如何变换花样,"各有巧妙不同",借以讽刺的却是军阀混战、搜刮百姓的"现代史",其嘲讽意旨是通过标题指引,让读者自我领会。邓拓的杂文《一个鸡蛋的家当》,引用了明人小说中的一个故事,某人捡了个鸡蛋,幻想着鸡生蛋、蛋生鸡发家致富,被老婆一巴掌打在地上摔碎,其发家梦随之破灭,由此引申阐发出主旨:要摒除一切想入非非的发财思想,踏踏实实用自己的辛勤劳动积累财富。沙叶新的杂文《门前的那条路》,讲的是自家门前路被"三次开刀"的过程,其末尾的点题之笔却是一句话:"其实,世上本来有路,折腾的人多了,也就没有路了。"

(2) 取神画像法

抓住某类人的本质特征,用漫画式手法勾勒轮廓,创造出生动的杂文形象,借此喻彼,形成完整的文章构思。构思中的取神画像,可以借用现成的形象。如尚弓的杂文《螃蟹及其它》,表达对"四人帮"之流在"文化大革命"中横行霸道的憎恶之情,借用的是"螃蟹"形象:浑身铁甲,两眼朝天,双钳拼命舞着,几条腿扑扑棱棱爬着,真有股子睥睨一世、横行无忌、闯荡天下的神气,而最后的下场,还是"横行到铁锅里去了"。也可以创造出虚拟的新形象。如王蒙的杂文《雄辩症》,写一个患"雄辩症"的病人,在与医生的对话中,口若悬河而又蛮不讲理。医生让他坐,他就说:"难道要剥夺我的不坐权吗?"医生让他喝水,他又说:"这样谈问题是错误的,因而也是荒谬的,并不是所有的水都能喝……"医生说:"今天天气不错。"他却反驳:"你这里天气不错,并不等于全世界在今天都是好天气,比如北极……"医生忍不住反驳说这里不是北极,他又上纲上线"但你不应该否定北极的存在。你否认北极的存在,就是歪曲事实真相,就是别有用心"。显然,这种病人在生活中不可能存在,作者用想象中的这个夸张了的人物,讽刺社会中装疯卖傻、胡搅蛮缠的一类人。

杂文中的形象,常常是"个"与"类""特殊"与"一般"的统一体,其形象内涵有两重规定性,这与小说等文学中的形象有所不同。小说写"叭儿狗"就是写"叭儿狗",杂文写狗既是写狗,也是写人。杂文的形象不求完整,但求传神,如鲁迅所言的常常只写人物的"一鼻,一嘴,一毛"①。

(3) 旁征博引法

确立一个思维基点,通过思维的类比、对比,广泛征引相关的材料,阐发一个中心意旨。此类杂感式杂文,内容丰富博杂,结构疏落有致,表达夹叙夹议,有较强的知识性。从文体渊源看,它继承的是其现代散文母体的基因,所谓"杂而不乱""杂而有味""杂而有文"等,正是对此类杂文的准确描述。现当代文坛上有数量众多的此类作品。鲁迅有篇标题长达几十字的杂文,题为《由中国女人的脚,推定中国人之非中庸,又由此推定孔夫子有胃病——"学匪"派考古学之一》,宋振庭的杂文《马尾巴·蜘蛛·眼泪及其它》,均体现了这种旁征博引的写作构思。

刘友德的杂文《人为贵》,其构思感于两则新闻报道:一个是某银行女员工在歹徒持械抢劫时,没有反抗,被歹徒劫走1.3万余元现金,却由此招致了"狗熊""叛徒"的骂名。一个是某银行被持枪匪徒抢劫,两名在场储户不幸遇难,银行方面却只关心被劫的50万元能否追回,而对遇害储户不理不睬。作者写作杂文时,没有就事论事,而是先从秦始皇、诸葛亮等古人说起,说他们

---

① 鲁迅.准风月谈·后记[M]//鲁迅全集:第5卷.北京:人民文学出版社,2005:402.

"用计太多,杀人太狠""根本不把人民当人而当作奴役工具"。引出现实中两个案例后,又联想到马路边的绿化树砸伤了人,窨井盖没了以致行人失足受伤都要由市政当局予以赔偿;饭馆酒楼地面太滑致使顾客摔伤也要赔偿,而不能以顾客不小心而卸责,等等。再谈到一些发达国家有"汽车召回制度",不容许有缺陷的汽车上路运行而危害人民的安全,而我们却说"汽车召回制度不适合中国国情"。最后又谈到《墨子·经说》中所论的"爱人跟爱马不同……"作者的思维看似随心所欲,无拘无束,却始终围绕着"人为贵"这个基本的主张。

(4)体式变换法

通过仿拟、借用或创新,使杂文的体式新奇而独特,获取出人意料的论理效果和睿智幽默的形象意味。此类变体杂文,"借他人酒杯,浇自己块垒",看似张冠李戴,不伦不类,却由于突破了读者惯常的阅读期待,更充分体现了生动灵活的杂文特色。杂文是最讲究变化、最注重创新的文体。杂文家严秀曾有言:鲁迅的杂文就什么形式都有,唯一不用的形式就是摆开架势板着面孔的枯燥杂文。

变体杂文,可以是对已有文章体式的巧妙借用,也可以是独出心裁的体式创造。近些年来,众多杂文作家在杂文的表现体式上做了有益的尝试,因而出现了诸如公文体、对话体、书信体、评点体、打油诗体、故事新编体等体式新颖的杂文,大大丰富了杂文的艺术表现力。

刘征的杂文《庄周买水》,用"故事新编"的形式,讲了个庄子买水的令人啼笑皆非的故事:庄老先生"小仃濠梁"后,萌发了养鱼致富的念头,但养鱼要有水,到哪里买水呢?他先找"东海的尊神若大人",又找"河伯",再找"濠梁管理处的吴主任",转了一大圈,水的价格由每吨10元提到了50元,最终还是要带着"提货单"到东海去取水。杂文创作于1988年,明眼人都能悟出文章影射的是体制转轨时期,以权谋私、哄抬物价的社会现象,其现实讽喻意义尽在其中。此文曾获《人民日报》杂文征文一等奖,表明变体杂文已得到了读者的普遍认可。

(三)表达

就写作而言,表达是构思的外化。从根本上讲,有什么样的构思就有什么样的表达。但在思维语言向书面语言的转化过程中,也要讲究语言层面的方法、技巧。其表达要旨在两点:一是形象论理,二是讽刺幽默。

简要列举几种表达技巧,以资借鉴。

1. **多用具象材料**

尽可能择取具象的材料,或把抽象的概念、笼统的描述,用生动可感的具象材料来呈现,这是增加杂文论理形象性的常用方法,这种方法也被称为"绎象法"①。

叶永烈的杂文《扫地·敲钟及其他》,主旨是如果你要在科学上有所贡献,就要养成严谨细致的科学态度,却用了童第周扫地、核物理学家何泽慧敲钟、苏格兰化学家卜拉克悬空酸液、英国化学家卡文迪许发现小气泡、英国物理学家雷拉和拉姆赛发现"氩气"、铁道工程师詹天佑建造京张铁路等事例。文章征引的材料不是原理、结论,而是具体的人物、事例,正所谓"事实胜于雄辩"。鲁迅的《拿来主义》,在谈到对文化遗产的态度时,举了一个穷青年继承祖上大宅子的事例,没有提"国粹主义",而是说"欣欣然的蹩进卧室,大吸剩下的鸦片";没有提"虚无主义",而是说"勃然大怒,放一把火烧光";当然更没有用"批判地继承"这类术语,却说要"运用脑髓,放出眼光,自己来拿"。这是典型的化抽象为具象。

2. **巧妙引经据典**

现代杂文,尽管也吸收了西方随笔的一些特点,但更多的还是继承了古代小品的文化血脉,引经据典,恰恰是中国古代诗文所极力看重的写作技法。什么是典故?《现代汉语词典》(第7

---

① 谭健.杂文特征论:五[J].军事记者,2006(9):29.

版)的解释是"诗文等所引用的古书中的故事或词句"。杂文所引所据之"典",不妨作更广义的理解,包括载于历代典籍中的言辞成语、史实人物,也包括民间相传的故事、笑话、习俗等。

杂文用典,可以正用、反用,可以明用、暗用,可以直用、间用,其"运用之妙,存乎一心也"。杂文《尊贵与尊严》,讽刺那些为了追求尊贵而抛弃尊严,不觉廉耻或以耻为荣的人。文章开头用了个典故:

《汉书·楚元王传》里有段史料很有意思。刘邦没有发迹的时候,常常带着些狐朋狗友到他大哥家蹭饭。大嫂很讨厌他们,故意用勺子刮锅底,表示羹已吃完了。但刘邦后来却发现锅里还有"货",因此怀恨在心。等到刘邦当了皇帝,偏偏不封大哥的儿子。后来还是老爹帮着说话,这才封侄儿刘信为"羹颉侯"。①

这里的用典,没有考虑原文,使用的是"间用"方式,作者用自己的语言复述故事,便于巧妙融入"蹭饭""有货""老爹"等生动的当代语汇,古今交错,移花接木,使单纯的叙述具有了幽默、戏谑意味。

3. **不惧使用闲笔**

"闲笔",源自古代文论,多用于小说等叙事类作品,泛指作品中的非情节性因素。杂文的"闲笔",是指那些没有直接参与文章阐发、论证,看似与主旨没有表面关联的闲散内容。通常为文,忌讳内容游离主旨,但杂文的"闲笔"运用得当,非但不"闲",还有着深化思想主旨、增强表达趣味的独特作用。一篇杂文,不能只有那些紧紧围绕论题的正笔。如果说正笔是树干,闲笔恰是鲜活的枝叶。

王小波的杂文《有关"伟大一族"》中,当谈到"每个人都有自己的梦想,这些梦想不见得是伟大事业的起点"时,先举了个鲁迅杂文的例子:"鲁迅先生的杂文中提到有这样的人,他梦想的最高境界是在雪天,呕上半口血,由丫鬟扶着,懒懒地到院子里去看梅花。这真是一个典型而又幽默的例子。"内容至此,作者顺带来了一段精彩的议论和描述:

我看了以后着实生气:人怎么能想这样的事! 同时我还想:假如这位先生不那么考究,不要下雪、梅花、丫鬟搀着,等等,光要呕血的话,这件事我倒能帮上忙。那时我是个小伙子,胳臂很有劲儿,拳头也够硬。现在当然不想帮这种忙,过了那个年龄。现在偶尔照照镜子,里面那个人满脸皱纹,我不大认识。走在街上,迎面过来一个庞然大物,仔细从眉眼上辨认,居然是自己当年的梦中情人,于是不免倒吸一口凉气。②

这段文字明显是游离论证的闲笔,作者紧接着也说"凉气吸多了就会忘事,所以要赶紧把要说的事说清楚",话题又引回。这段"闲笔"确与主旨没有多少内在联系,也非蕴含着什么微言大义,可仔细体味,其幽默、诙谐中透露出的关于岁月流逝、青春不再的感叹,正体现了作者智性的灵光,也使文章摇曳多姿,平添了幽默意味。

4. **活用修辞手法**

(1) 比喻

通过打比方,把抽象的道理形象化。比喻是杂文表达常见的修辞手法。鲁迅杂文中的比喻俯拾皆是。例如,在《未有天才之前》中,他调侃那些倡导"整理国故"的人,形象地把旧文化喻为"旧马褂",新思想、新知识喻为"新马褂",说"我总不信,在旧马褂未曾洗净叠好之前,便不能做一件新马褂"。

(2) 借代

杂文中的借代也是增强文章形象因素的表达技法。常用的借代有部分与整体互代,原因与结果互代。比如下面这段文字:

本来,考核一个人的成绩,不是听他唱得好听不好听,而是看他"下蛋不下蛋"。但那善于炫

---

① 茅家梁. 尊贵与尊严[N]. 讽刺与幽默,2006-05-05(05).
② 王小波. 我的精神家园[M]. 北京:中国人民大学出版社,2010:162.

耀和卖弄的人,生一个蛋就唱得像生了十个似的,只作出三分成绩就吹成十分,碰上个凡事只用耳朵听而不用眼睛看的糊涂官,自然就博得了偏爱,于是,一帆风顺,扶摇直上了。而那些埋头"下蛋"的人,由于他们一声不响,默默无闻,就很少为人所知,更不受重视。因此,他们既没有"蟑螂"可吃,甚至连个"下蛋的窝"也没有。①

(3) 反语

反话正说,正话反说,正反交替,婉曲迂回,能使杂文含蓄幽默、情趣横生。例如,郭松民的杂文《如何大修恭王府才能重现盛世王气》,本意是就一则新闻报道,批评劳民伤财的面子工程,作者却故意说看了报道,心里"真高兴啊",认为这是"盛世该办的事""最能给咱中国人挣面子,所以不仅要修,而且要修得体体面面"。作者接着"驳斥"了社会上的种种"质疑",说是"实在可笑",并煞有介事地提出了修好工程的"几点建议"。如此构思与表达,令人忍俊不禁,在笑声中悟出其讽刺意旨。

(4) 仿拟

仿拟就是将某个固定词语或惯用的熟语,巧妙改动其中个别成分,仿造出另一个相反或相似的词语。由于仿造的词语突破惯常的思维,出乎读者意料,却又机智灵活,也能产生幽默的讽刺效果。如鲁迅根据"公理"而造出"婆理",根据小姐的"深闺"造出穷女的"浅闺",根据"寿终正寝"造出"枪终路寝"等。

(5) 双关

双关是指利用谐音让一个词语同时兼有两种意思,表面上说的是这种意思,实际上指的是另一种意思。这种手法俏皮、含蓄。20世纪80年代初,针对当时市面上可口可乐的火热宣传推销攻势,缪群写了篇《未必"可口",更不"可乐"》,表达了自己对民族产业受到冲击的忧虑。文章的标题巧用双关,耐人寻味。

(6) 夸张

夸张是指有意识地夸大某种现象或某个问题,将之推到一个极端的境地,突出其本质的荒谬。作家夏衍在20世纪50年代写过一篇杂文,对当时"废名排号"的社会风气表示异议。文章末尾写道:

我设想若干年后,人们的履历表将如下式:

姓名:王十七。

籍贯:第五省第三十八县第二二六乡。

学历:第十一省第九十八中学毕业。

职业:第十五省第九市第三副食品商店第七门市部经理。②

请看,即使没有前面的分析论述,仅这一段文字,"废名排号"行为的荒谬性不也体现出来了吗?

第三节 文学评论

一、文学评论概述

(一) 含义

文学评论是指在一定的世界观和文学观的指导下,以文学鉴赏为基础,对作家、作品、文学创

---

① 谢逸. 下蛋. 唱鸡及其他[N]. 人民日报,1980-08-11(3).
② 蓝翎. 中国杂文大观:三[M]. 天津:百花文艺出版社,1994:24.

作或文学思潮进行分析研究、阐释评价而撰写的文章。其写作历史悠久，《尚书》中就有如何写诗的评论，诸子散文中也有不少三言两语式的论述。文学评论多为议论文，也有采用诗歌、散文、杂文等文体进行写作的。

文学评论包括两个方面：文学批评和文学理论。前者是指作家作品评论以及一定历史时期文学运动、文学思潮和对各种文学流派的分析与评价；后者是指探讨和归纳文学现象的规律问题，以建立、健全有关创作实践的普遍原理。

习近平指出："文艺批评是文艺创作的一面镜子、一剂良药，是引导创作、多出精品、提高审美、引领风尚的重要力量。"①进步的、积极的文学评论，总结和归纳了文学创作的经验，分析并研究了作品的成败得失，阐发了文学创作的本质与规律，能够指导作家的创作，促进文学创作的发展。从接受美学的角度来看，由于文学评论通过对文学作品的客观分析、评价，也影响和引导受众对文学作品的鉴赏和认知，帮助受众正确地鉴赏文学作品，提高和培养他们健康的文学情趣，从而更好地发挥文学作品的社会作用。另外，写作者撰写文学评论也是自我提升的过程和希望受众同自己有同样的见解而宣传自己的艺术哲学思想的过程。

（二）特点

文学评论多为议论文，但它与其他议论文相比具有自己的特征。

1. 审美性

文学评论的写作对象主要是文学作品，而文学作品本身就具有强烈的情感性、艺术性和审美性。同时，文学评论又是以鉴赏为基础，其中既有理性的判断，又有对作品的审美感受，因而文学评论实质上对文学作品的审美性具有延伸、补充和再创造的作用，这就使文学评论也具有了审美性特点。

2. 主体性

文学评论是精神劳动的产品，它受写作者意识的支配，是在写作者一定世界观和文学观主导下的写作，而写作者的世界观和文学观又是千差万别和发展变化的，因而对同一文学评论对象，不同的写作者或同一写作者的不同阶段，其评论也会不尽相同，这是文学评论主体性的必然表现。

3. 科学性

文学评论因其具有正确指导创作实践和提升阅读水平等积极作用，需要具有客观性和准确性，这也就使文学评论具有了科学性特点。它有两层含义：一是指文学评论一定要抽象概括评论对象的客观规律和艺术本质；二是在文学评论写作中要做到概念准确、判断恰当、证明充分和推理合乎逻辑性。这些是文学评论写作必要达到的要求。

（三）类型

文学评论的种类很多，写作也不尽相同。

1. 按文学评论的表现形式划分

（1）论文式文学评论

论文式文学评论是最主要，也是应用最多的文学评论样式，而且篇幅也相对长一些。它是针对文学现象以及作家作品等，按照议论文的形式，通过概念、判断、推理表明文学主张而写作的文学评论。

（2）文艺随笔、文艺杂谈、文艺漫谈（漫笔）

文艺随笔、文艺杂谈、文艺漫谈是一种相近的文学评论模式。它们都比较"随心所欲"，徐徐写来，自由灵活。

文艺随笔轻松灵便，笔调富有情趣，注重知识性，选用富有趣味性的材料作铺垫，从中引出对

---

① 习近平．在文艺工作座谈会上的讲话[N]．人民日报，2015-10-15(02)．

某种观点和哲理的议论,再与文学领域的有关话题联系起来加以评论。文艺随笔写作讲究文采,亲切随意,深入浅出。如《劳伦斯文艺随笔》就是经典的文艺随笔之作。

文艺杂谈是一种快捷的针对文学现象并紧密联系现实发表自己见解的文学评论。尤其是批评类的文艺杂谈,对社会某些丑恶文学现象、不良创作作风,给予一针见血的批评,这是文艺杂谈最犀利、最直接的作用。如《人民日报》副刊的《金台随感》和《文学点评》就是这样的栏目。

文艺漫谈是针对文学现象及创作等,不拘形式地谈体会或发表意见。如鲁迅《〈且介亭杂文〉附记》以及他说的:"这真是不过一篇漫谈,毫无深意,怎么会惹出这样大问题来的呢,自己总是参不透。"①就是文艺漫谈的写作。

(3) 文学短论

文学短论是十分短小的文学评论,类似于文艺随笔等,但它更郑重一些,议论的成分更浓一些。20世纪60年代,秦牧的《艺海拾贝》一书中不少篇章就是文学短论。作者以缜密睿智的哲思、优美活泼的文笔、栩栩如生的形象和生动有趣的故事,谈论文学艺术,该书发行量至今已逾百余万册,影响了几代人。

(4) 序、跋

序也作"叙"或"引",是说明文学创作的出版意旨、编次体例和作者情况的文章,也是对作家作品予以评论和对有关问题的研究阐发。"序"一般列在书或文章前面,如戚蓼生的《石头记·序》,尤其是霍国玲等校勘的《脂砚斋全评石头记·序》洋洋洒洒5万字,几乎就是《红楼梦》版本学、点评学之大观。

跋是列于书后的"序",所以又称"后序",用来说明编写目的,简介编写体例、内容,或对作者作品进行评论,阐发文学理念等。比如《季羡林选集·跋》是他自己写的后序,写了自己散文创作经历和理念,言简旨深,真挚动人。

(5) 读后感、札记

阅读文学作品,把由此产生的想法和体会以"有感而发"的形式表达出来的文学短论就是文学评论的读后感。其写作常采用"读—感—联—结"的模式。札记是指阅读文学作品和文学理论所摘记的要点和心得等,如《钱锺书手稿集·容安馆札记》。

(6) 评点

评点是中国古代文学评论的一种形式。"评"是指评论,"点"是指圈点,就是在阅读文本的基础上,对文章的内容及作者的思想、观点、情感及写作方法进行评论与分析,从而深入理解文章内容。在评点名著方面,毛宗岗、金圣叹、脂砚斋的评点影响深远。

(7) 书信体评论

顾名思义,书信体评论就是用书信的格式写文学评论。例如,《人民日报》《光明日报》《文艺报》等报纸,不断有书信体文学评论发表,特别是作为朋友的作家、评论家之间的书信来往,不少都是书信体文学评论。

2. 按评论方式划分

文学评论按评论方式来划分,主要有简要评介式、全面分析式、局部分析式和借题发挥式等,因篇幅有限,在此不展开介绍。

二、文学评论的写作

文学评论的写作分三个层面:发现、构思和表达。

---

① 鲁迅. 且介亭杂文[M]. 北京:人民文学出版社,1973:181.

（一）发现

1. 发现的内容

文学评论写作最重要的是内容的发现。

（1）选准写作对象

文学评论写作的关键是发现并选准评论的对象，使之具有可写的价值。一般来说，被评论的对象要具备四个方面的条件才行。

① 典型性。

文学评论写作一定要选择在某一方面很突出和具有一定代表性的对象。例如，《红楼梦》问世以来，成为许多学科研究的对象，研究它的学问被称为"红学"。文学评论只有选准了对象才有写作价值。

② 新颖性。

文学评论写作，或是新观点，或是新材料，或是新动向，或既是新观点又是新材料以及新的评论方法等，才有写作价值。20世纪80年代，西方的文艺新方法传入我国，出现了新方法热，用新方法评论文学现象就是一例，如弗洛伊德、皮亚杰的理论，"老三论""新三论"等。

③ 方向性。

事物发展是有方向的。在文学评论的写作发现中，要注意抓住那些代表了文学发展方向或是阻碍文学发展的现象予以评论，这正是文学评论予以扶持、推动，或是给以贬夷、批判的任务所在。在20世纪后期的20多年中，我国相继出现了伤痕、寻根、新写实等小说思潮，文学评论不仅给以巨大的推力，而且还给予正确方向的指引，才使得小说创作健康发展，不断进步。

④ 问题性。

在文学评论写作中还要注意问题的发现。或是错误的创作倾向，或是艺术魅力的弱化，等等，都需要文学评论予以拨乱反正和正确引导。从2002年开始，中式大片拉开了编导的大幕，影片相继放映后观众评价却不高。王一川发现了问题，撰写了《眼热心冷：中式大片的美学困境》。文章一针见血地指出："中式大片的美学困境集中表现为超极限奇观背后生存感兴及其深长余兴的贫乏，在美学效果上表现为眼热心冷，出现感觉热迎而心灵冷拒的悖逆状况，仅达到初始的'感目'层次而未进展到'会心'层次。中式大片脱困之道在于，从生活感兴出发跨越'感目'层次而升入'会心'与'入神'层次。"[①]根据文学现象存在的问题写作的文学评论是很有现实意义的。

对文学评论的写作内容，必须努力发现它的典型性、新颖性、方向性和问题性，才具有写作的意义。

（2）发现写作内容

文学评论选准写作的对象，还应考虑其具体的写作内容。具体来说，它有以下四个方面。

① 评论对象的内容。

评论对象的内容包括题材、形象和深蕴的审美理想、审美情趣、社会意义、历史价值以及作家的审美感知图式和心理组织模式等。

② 评论对象的形式。

评论对象的形式包括表现内容的结构模式、语言特色和艺术表现等。

③ 文学思潮及流派的评论。

文学思潮是指在一定历史时期和一定地域内形成的、与社会的经济变革和人们的精神需求相适应的、具有广泛影响的文学思想和文学创作潮流。新时期出现的伤痕文学、寻根文学等和

---

① 王一川.眼热心冷：中式大片的美学困境[J].文艺研究，2007(8)：89—93.

21世纪以来的底层写作、打工文学等都是文学思潮。

文学流派通常表现为在思想和艺术的共性之下的有联系的作家集团。出现文学流派并不一定能形成文学思潮。如中华人民共和国成立后,文学流派就有以孙犁为旗帜的"荷花淀派"和以赵树理为旗帜的"山药蛋派"。不过近些年来并没有新的创作流派产生,但文学评论也要时刻予以关注。

④ 文学理论的归纳。

文学理论是指研究有关文学的本质、特征、规律和社会作用原理的一门学科,文学评论写作也应予以关注。

2. 发现的途径

文学评论写作发现的途径很多,比如接受任务、广泛阅读和多方观察等。

(1) 接受任务

不少文学评论是受命而写的,某个时段为了提倡某种创作理念,或是涌现出了突出的作家、作品,或是准备召开研讨会等,往往预先策划和分配任务而写作文学评论。一些文艺报刊经常有这样的任务分配。另外,还有报刊的一些约稿等,也是文学评论写作发现的途径。

(2) 广泛阅读

广泛阅读也是文学评论写作发现的途径。这里的阅读包括三个方面:一是阅读作家的作品,二是阅读有关哲学和文学理论,三是阅读文学创作的传承与发展。在这三个方面阅读的综合指导下,才能发现问题和把握方向,从而写出有价值的文学评论。

(3) 多方观察

荀子说:"不闻不若闻之,闻之不若见之,见之不若知之,知之不若行之,学至于行之而止矣。"[①]这是荀子对知行合一的深刻揭示,其中"闻""见""知""行"就包含着深刻的观察意义。社会、人生需要什么样的文学,老百姓欣赏怎样的诗歌、散文、小说和戏剧,我们需要怎样的文学创作等,都需要文学评论工作者细心观察、深入了解、增强责任、准确把握,并写成文学评论予以呐喊和助力。

3. **发现的方法**

有了文学评论写作发现的途径,确立了评论的对象,还应该在此基础上深入发现和辩证思考。这也有个方法问题。

(1) 选择新角度

新角度,也称新视角。它是指观察事物、看待问题的出发点。文学评论写作不仅要有出发点和总看法,而且这个出发点和总看法要有新角度。2021年12月30日,由鲁迅文学院主办的"新时代文学与青年作家的使命担当——2021鲁院论坛暨第二届培根工程入选作家研讨会"在京举行,十多位专家学者参与了研讨活动,探讨新时代文学与青年作家的使命担当。他们从不同的角度发表了看法,认为青年作家要有大历史观、大时代观,要用全新的眼光从高处和总体性上观照这个时代的主题,要歌颂时代精神。与会专家学者从不同角度发表的看法对帮助青年作家的成长是非常有益的。

(2) 采用新方法

文学评论深入发现的方法有很多,比如纵横开阖、逆向反思,多维观照、立体透视,宏观把握、微观深入等。如果主要从科学范畴和哲学视野及获得科学新成果的途径方面来谈,这些方法有:马克思主义的批评法、社会批评法、比较文学批评法、心理学批评法、形式主义批评法、结

[①] 北京大学《荀子》注释组. 荀子新注[M]. 北京:中华书局,1979:107.

构主义批评法、象征主义批评法、神话-原型批评法以及文学评论各类方法的互补与选择等。不同的评论方法,不仅为我们确立了文学评论写作的内容,而且帮助我们更好地确立评论的新视角。

(3) 运用新理论

"理论是实践的眼睛"①,文学评论写作需要理论的提挈和支持。所以,人们才说:你要评论但丁,就要把自己提高到但丁的水平。运用新理论、新观点观照评论对象就会有创新。20世纪80年代前后,西方现代哲学、新方法论和文学理论被介绍到我国,不仅使我国文学创作焕然生彩,而且使我国文学评论熠熠生辉。像林兴宅的《论阿Q性格系统》、孙绍振的《文学创作论》等都是在新理论背景下写出来的文学评论,产生了一定的影响。

(二) 构思

文学评论写作的构思包括的内容很多,这里主要从以下几个方面来阐释。

1. 围绕写作发现构思

文学评论写作自然要以它的发现为基础来进行构思,但在构思中一定要客观公正,抓住要害,有自己确定的构思理念和可遵循的原则。

(1) 知人论世和顾及全篇

"颂其诗,读其书,不知其人可乎?是以论其世也……"②孟子读诗论文、知人论世的理念令人敬佩,非此不能正确理解作品的实质。

鲁迅指出:"倘要论文,最好顾及全篇,并且顾及作者的全人,以及他所处的社会状态,这才较为确凿。"③在这里,鲁迅强调评论的准确其中之一要"顾及全篇"。这对于我们来说,就是无论从哪个角度、哪个点上评论文学,都要以全篇为出发点,才可能准确、全面地把握评论对象的本质与规律。

(2) 确定体制和确立标准

根据表达的内容,采用何种文体更为恰当,这里有一个选用评论文体即确定体制的问题。文学评论的种类不少,写法也各不相同。文体选择恰当,展开评论就会有如虎添翼的可能。

确立标准,是指文学评论写作应该有一个衡量作品和文学思潮等优劣的标准。关于文艺评论的标准,习近平指出:"运用历史的、人民的、艺术的、美学的观点评判和鉴赏作品。"④这是新时代文艺批评的标准。这个标准的内涵是:"历史的观点是唯物史观在文艺批评中的反映,人民的观点体现了文艺批评的人民立场,艺术的观点考察的是文艺作品的技巧和手段,美学的观点则偏重于文艺的审美价值和审美风范。前二者揭示了文艺的外部规律,后二者揭示了文艺的内部规律。在评价作品时,它们不是分别地在起作用,而是综合地共同地运用于文艺批评实践之中。"⑤

习近平提出的新时代文艺批评标准是文学评论的"方向盘"。

文学评论的对象总有它的思想内容,运用新时代文艺批评标准揭示的外部规律,看待文学评论对象的思想内容,一方面要看作品和各种文学思潮、流派等的思想倾向是否符合社会、历史、时代的发展要求,另一方面也要看作品和文学思潮等是否真实、深刻地反映了生活的某些本质。

大学生的文学评论写作对象主要是文学作品。运用新时代文艺批评标准看待文学评论对象,文学评论除了可以分析作品的思想内容,还可以分析它的艺术形式。把握新时代文艺批评标

---

① 徐行,章镇. 韬奋散文[M]. 北京:中国广播电视出版社,1997:151.
② 郭绍虞. 中国历代文论选:第一册[M]. 上海:上海古籍出版社,1979:31.
③ 鲁迅. 且介亭杂文二集[M]. 北京:人民文学出版社,1973:180.
④ 习近平. 在文艺工作座谈会上的讲话[N]. 人民日报,2015-10-15(02).
⑤ 中央党史和文献研究院机构改革工作小组科研管理组. 2016年度文献研究个人课题成果集:上[M]. 北京:中央文献出版社,2018:600.

准的内部规律,要看作品的艺术形象是否生动、鲜明和具有典型性;是否新颖独特,具有独创性;是否符合民族的审美需求,具有民族性等。

文学作品在内容和形式上是一个统一体,这个统一体的统一性是有差异的。其差异不外乎是质胜文、文胜质或文质兼美。开展文学评论,要运用新时代文艺批评标准揭示的外部规律和内部规律二者统一的观点观照文学作品,具体构思时可以侧重某一方面。

(3)一分为二和辩证分析

文学评论在写作构思时要有客观、公正,既不溢美,又不贬抑的意识。评论对象是什么就是什么,因为评论的目的在于揭示本质和规律,这就要求写作者要做到一分为二和辩证分析,要努力做到五个"统一":主观与客观的统一、形象思维与抽象思维的统一、先"入"后"出"和先鉴赏后评论的统一、情与理的统一、文学性与科学性的统一。① 林兴宅的《速度的审美》在这方面做得很好。评论既紧扣李白的《朝发白帝城》"速度"之美的艺术特色予以重点评析,又兼顾到了诗歌思想内容的表达,其思想标准和艺术标准融通辩证,深刻揭示了诗作的审美特征和艺术规律。

2. 选择恰当的评论方式

文学评论写作的构思,除了要考虑评论的表现形式——评论样式,还要考虑评论的方式。评论的方式主要有以下四种。

(1)简要评介式

顾名思义,简要评介式就是对一部作品或一个文学流派、思潮等做推荐式的介绍,一般不做详细分析。其中,最典型的莫过于《中国大百科全书》中国文学Ⅰ、Ⅱ卷对诸多作家作品、流派和思潮的简要评介了。

(2)全面分析式

全面分析式是相对而言的,再全面也不可能面面俱到。因此,全面分析式是就评论对象的思想内容和艺术形式以及二者之间的辩证关系予以较全面的分析而写成的文学评论。这类评论一般篇幅较长,可以是数万字,也可以是几十万字。

(3)局部分析式

局部分析式是针对全面分析式来说的。它立足于整体,抓住评论对象某一局部特征,深入剖析,客观地评论它的思想内容或艺术表现,进而说明它对整体的意义或在整体中的地位等。比如,王朝闻的《〈水浒传〉里的一个两面性的典型——何九叔》就是这种评论模式。这是一篇漫谈式文学评论,看似随手拈来,抓住《水浒传》中何九叔这个形象,不拘形式地谈天说地、发表意见,却深刻揭示了《水浒传》这个不重要人物何九叔形象的典型性,尤其揭示出何九叔熟悉的陌生人和美丑泯绝的审美特征,漫谈出了何九叔的社会价值和美学意义。其剥茧抽丝、层层递进的结构安排,使得层次既清晰了然,又极具严密的逻辑性,且材料翔实、论证充分,切中肯綮地揭示出《水浒传》塑造人物的深厚功底和艺术规律。

(4)借题发挥式

这一类文学评论一方面对作品中的某一点进行分析,另一方面又不局限于分析作品,而是从作品中引出一个问题进行评论。这个问题可能是创作上的问题,也可能是一个社会问题。王蒙在香港中文大学文学奖颁奖典礼上的讲话,看似在谈阿Q、徐志摩不同的"恋爱"方式,实质上是借题发挥,目的在说"文学的作用",使评论既幽默诙谐,又一言中的,显得很有说服力。

以上四种评论方式在构思时要结合采用的评论样式恰当使用。

---

① 刘午子. 双重本质的统一[J]. 荆州师专学报,1991(1):38—42.

3. 选用最具说服力的材料

许多初学文学评论写作的人,往往有了深入看法却难以充分阐述,恰如刘勰所说:"方其搦翰,气倍辞前;暨乎篇成,半折心始。"①造成如此状况,大多是材料不充分的原因。因此,充分选用有说服力的材料是文学评论写作构思的重要步骤。

(1) 作品中的材料

选择评论对象的材料,要紧紧扣住中心观点,选择那些典型的、新颖的、生动的材料。假如我们要评论《红楼梦》的对话描写,那个上了王熙凤眼的小红的"奶奶论"(第二十七回),贾芸和他舅舅赊欠麝香的对话(第二十四回),尤其是第三十回"宝钗借扇机带双敲"等,都是典型、新颖、生动、充分,可以遴选的材料。

(2) 其他的事实材料

材料选择,如果只是本评论对象的,必然会使文学评论单调乏力。在文学评论写作中,不仅要选择本评论对象的材料,还要注意选择与之同类或与之截然相反的其他扣题、典型、新颖的事实材料,以形成对比或类比论证等,而使文学评论阐述充分。

(3) 理论材料

一篇文学评论写作理论材料是必不可少的,因为"只有理论才能激发和发扬发明创造精神"②。运用理论材料可以充分论证和说明观点,使论述得以深化,理论得以升华。上文提到的林兴宅的《速度的审美》,正是引用了苏联心理学家彼得罗夫斯基《普通心理学》中谢切诺夫"时间测量器"和"时间记忆"的理论,才使得作者对李白《早发白帝城》的评析深刻而又充分。

文学评论写作,材料的选择绝不能马虎从事。

(三) 表达

到了文学评论写作表达这一步,要讲的内容更多,于此只能撮其要而简述之。

1. 写好评论的各个部分

(1) 标题的醒目

标题是一篇文章的眼睛,应朴实、简洁、明了。标题最好是本文的中心观点,把它凝结成一句话或一个词来作为标题。比如洪子诚的《文学焦虑症》、杨义的《〈韩非子〉还原》等评论的标题,不仅简洁、明了、朴实、一言中的,而且令人遐思、引人入胜,真正起到了统领全篇的作用。

(2) 引论的鲜明

引论,也叫引言或导言等,即文学评论的开头。引论的主要功能有三个:一是扣题、破题;二是点出论题;三是"引"出本论,为本论深入阐述打下坚实基础。它和标题一样,也应做到简洁、明了、朴实,并且要引人入胜。最常见的引论模式是点出论题式,比如高楠的《批评的生成》的引论:

> 文艺学是实践属性突出的理论学科,它向实践敞开,以实践为理论建构的根据。这种情况决定了它的批评功能的极为重要。而眼下的问题是批评并没有被文艺学界普遍确认为理论的构建形态与有机成分,一些研究者偏激地热衷于非现实批评语境的西论导入,或者倾情于非批评针对性的概念游戏。这种倾向不加以改变,文艺学则有可能成为一门没有理论锋芒的不伦不类的学科。③

这个引论言简意赅、朴实真挚。第一句话为全文的核心观点,很好地达到了"立片言以居要,乃一篇之警策"的要求。接着就明确点出问题所在:"批评并没有被文艺学界普遍确认为理论的构建

---

① 刘勰. 文心雕龙·神思[M]//祖保泉. 文心雕龙解说. 合肥:安徽教育出版社,1993:520.
② 贝弗里奇. 科学研究的艺术[M]. 2版. 陈捷,译. 北京:科学出版社,1979:154.
③ 高楠. 批评的生成[J]. 文学评论,2010(6):5.

形态与有机成分""一些研究者偏激地热衷于非现实批评语境的西论导入"等,对核心观点的提出给以初步印证。最后一句谈问题的严重危害,文艺学"可能成为一门没有理论锋芒的不伦不类的学科",进一步强化核心观点提出的意义。这使人不得不反思问题的严重性并引起警醒,不仅自然地导入本论,而且也会引导受众继续阅读下去和激起非弄清问题不可的欲望。整个引论一气呵成,逻辑性强,达到了引论鲜明的写作要求。

还有的引论说明文学评论选题的背景、理由、目的、意义,或引出中心,阐释论点的内涵与外延,对论点进行必要限制等。

(3) 本论的充分

本论是论文的核心部分。在这部分,写作者要对论点进行展开和论证,运用论据通过论证,证明论点正确。作为论据的理论应该是科学的真理,作为论据的事实应该真实、典型、新颖。写作者在论证时可采用归纳、演绎、类比、反证等方法。本论部分一定要写得既有理论高度又有文采情感。李遇春的《陈忠实小说创作流变论》运用大量真实且典型的材料和多重论证方法及推理形式,充分且深刻地揭示了陈忠实小说创作"经历过三次叙述形态的嬗变":一是新时期伊始"采用的'政治-人格'叙述和'政治-人性'叙述";二是1982年以后,"他转向了'社会-个性'和'文化-国民性'两种启蒙叙述形态";三是1985年以后,"陈忠实终于越过经典的启蒙叙述,寻找到了属于自己的'文化-心理结构'视角的新叙述形态"。这个本论的论证清晰、鲜明、充分,说服力很强。

本论部分写作,还要注意结构顺序的安排,一般来说并列的逻辑顺序居多,《陈忠实小说创作流变论》本论部分顺序安排就是如此。另外,本论部分的逻辑顺序安排还有因果顺序、递进顺序以及以时间为序安排结构等,在此不赘述。

(4) 结论的有力

文学评论的结论就是它的结尾,要做到简洁明快、干净利落。有经验的文学评论写作者往往不急于"结论",而是回头重新阅读和审视标题、引论和本论,经过认真思考,再去写作结尾。此时结论会自然天成,力度强烈。

结论有两种写法:一是扣住标题,呼应开头,总括本论,进一步点出和强化中心;二是本论部分已经结论,此处常常是本论的附加部分,对本论有关问题进行必要的说明或补充等。

假如本论都已做了说明,此处不要结论,戛然而止也是不错的形式。

2. 注意表达的"三个结合"

文学评论的表达主要是议论、说明和叙述,有时也需要描写和抒情。这之中要突出解决以下三个"结合"问题。

(1) 准确概括和具体分析相结合

先说概括。概括是文学评论写作必备的要件,它把事物的共同点归结在一起加以简明、扼要的表述。洋洋洒洒近百万言的《红楼梦》,我们可以用一句话简明、扼要地陈述:它主要写了贾宝玉、林黛玉的爱情悲剧故事。也可以用几句话、几十句话来简明、扼要地叙述《红楼梦》的故事,这些都是概括。概括和抽象密切相关,没有抽象就不能进行概括,在概括中,要注意舍弃次要的、非本质的属性,把主要的、本质的属性抽取出来,推而广之,遍及同类事物的全体。

再说分析。它是把事物、概念分成较简单的组成部分加以考察,找出这些部分的本质属性和内在联系。分析的意义在于细致地寻找能够解决问题的主线,并以此解决问题。分析的方法很多,如对比法、类比法、演绎法和归纳法等。同时有分析就有综合,这是必须注意的。

最后说分析和概括的紧密结合。概括可分为初级概括与高级概括两个类型。初级概括是在感觉和表象水平上的概括,它常常用在分析之前,树立评论的对象,引起分析议论。高级概括则是根据事物的内在联系和本质属性进行的概括,它常常用在分析之后,对分析给以理论的归纳和研究的升华。因而概括和分析是一个不可分割的命运共同体。董之林的《以写作反抗"幻灭"与虚无——有感于〈王蒙自传〉》有如下一段：

引述鲁迅的话，不全是站在读者的立场，由于无从考察传主的人生细节，便一定要"幻灭"；其实也可以收获其"真"。我感到鲁迅的话还有一层含义，即真实与幻灭的关系。《活动变人形》和《王蒙自传》的真实性在于，王蒙以这样的写作，顽强地反抗来自社会变革、人生转变时期，时时活跃、散布在我们周围的幻灭与虚无的幽灵，正如他和自己患抑郁症的孩子一起，寻找一个真实的自我，为那只茫茫大海上孤独无助的小船，寻找由过去通向今天和明天的"罗盘"和"海图"。

在此意义，写作首先是作家反抗幻灭与虚无的一种自救方式。①

这段议论，前面是分析，并运用演绎法、归纳法，特别是类比法，比如"患抑郁症的孩子""小船""罗盘""海图"等，来分析研究《王蒙自传》中所说的创作境遇是多么"艰难""幻灭""虚无"和"反抗"，在此分析的基础上，最后一句予以概括并得出结论："写作首先是作家反抗幻灭与虚无的一种自救方式。"进而完成了段落性的议论。这是文学评论写作的重要规律。

（2）复述和议论相结合

文学评论的写作可以用复述，但这种复述不是简单的重复原文，而是评论者的再创造，不仅包含着评论者独到的发现，是评论者理论水平和感受的深刻反映，而且在复述中熔铸着对评论对象的分析和证明，也就是议论。好的复述，必然与议论水乳交融。复述是评论的基础，不可或缺。

议论则是在复述的基础上进行的，它是对人或事物的好坏、是非等表示意见和看法，也即评论是非。它是一种评析、论理的表述法。一篇或一段完整的议论，通常由论点、论据和论证三要素构成。

复述与议论密不可分，复述是为了议论评说，议论评说是在复述中渗透和展现，也是复述的目的所在。孙桂荣的《个人性·时代性·文学性——重版之际再话〈废都〉》是一篇复述很浓的文学评论，并且在复述中进行议论和评说：

……尤其是贾平凹 2005 年出版的书写乡土中国衰败与裂变的《秦腔》，一经推出好评如潮并最终获得茅盾文学奖，有人曾将《秦腔》视为贾平凹"对《废都》的唤醒与逃离"，《秦腔》中引生偷了白雪的胸衣被人暴打后自我阉割这个"去除欲望之根的动作"是"对庄之蝶欲望历史的割裂"，"不再书写欲望的器官历史"的贾平凹转向"可以放开来表达"的无根的欲望。无论如何，《废都》被禁毕竟不是因为纯粹的政治原因，贾平凹的后期努力与他在文学及学术场中的巨大感召力为《废都》的再版发行打下了坚实的基础。②

这段评论中《秦腔》的故事及其评论等属于复述。只有"无论如何，《废都》……"这最后一句话是孙桂荣对《废都》表示的肯定看法，是议论。并且在复述中，也渗透着孙桂荣的议论，一是其复述中具有肯定《废都》的倾向性；二是字里行间也渗透着孙桂荣肯定《废都》的态度，显得评论者具有广阔的阅读面和深厚的理论视野。

（3）锤炼语言和讲究文采相结合

文学评论主要是议论文，属于议论文的文学评论写作要求言之成理、持之有据。这种写作重在讲道理，可也要讲究一点文学性。文学评论写作要把"文质兼美"作为一种追求。理论阐述讲究文采，要锤炼语言，使评论文字生动形象。有关文学评论的"文质俱佳"的例子，请看李华岚的《弟弟和评论家》：

弟弟是很喜欢发议论的：

---

① 董之林. 以写作反抗"幻灭"与虚无:有感于《王蒙自传》[J]. 中国海洋大学学报（社会科学版），2009（2）：72.
② 孙桂荣. 个人性·时代性·文学性:重版之际再话《废都》[J]. 南方文坛，2009（6）：36.

"我们老师的声音顶高!"

"哥哥的鼻子最大!"

"顶"和"最"是他经常使用的词儿了。倘若遇见声音比老师更高和鼻子比哥哥更大的人,他只得无可奈何地说:

"他的声音顶顶高!"

"你的鼻子最最大!"

弟弟年幼,出现这样的说法是可以原谅的。遗憾的是,我们的某些写评论文章的人,也往往犯与弟弟相似的毛病:

"全诗的语言达到了炉火纯青的……"

"在人物的塑造上达到了登峰造极的……"

"给描写这类题材的作品开辟了道路,是我们新文学史上的一座里程碑式的……"

我常常为这种评论家担心,仿佛他们发誓只写一篇文章,以后就洗手不干了,不然,等更成熟更完美的创作问世后,他们只得借鉴弟弟的"顶顶"和"最最"法了。①

这篇文学评论运用类比法说理,寓庄于谐,言简意深,朴质自然,形象性很强,语言锤炼非常精致。这篇短文凭借着生动的形象,深刻揭露和批评了时下文学评论界"顶顶""最最",没有辩证分析的浮华文风。文学评论就要像这篇短文一样锤炼语言和讲究文采。

第四节 学术论文

一、学术论文概述

（一）含义

学术论文,又名科学论文、研究论文。它是指对某一学科领域中的问题作比较系统、专门的研究和探讨后,对科研成果、科学观点进行表述的理论性文章。

学术论文是进行学术交流、推动科学进步的重要工具,同时还能检验科研工作者的研究能力和学术水平。写作学术论文是记录、表述科研过程、科研成果的重要手段。面临科技和经济的竞争,面临知识革命与知识经济的挑战,学习和掌握学术论文写作的方法与技巧,提高学术论文的写作水平,对促进学术交流与发展,推动科学技术的进步,具有十分重要的意义。

（二）种类

学术论文按不同的标准可以分为不同的类别。具体划分如下。

1. 按研究领域、对象划分

按研究领域、对象划分,学术论文可以分为自然科学论文、社会科学论文。

自然科学论文是研究自然界物质形态、结构、性质和运动规律的科学论文,用于反映自然科学领域的研究成果。它注重科学性、实验性和实用性。

社会科学论文是以社会、文化现象为研究对象的学术论文,研究并阐述各种社会、文化现象及其发展规律。它注重理论性和社会性。社会科学论文又可再分为文学、历史、哲学、政治、经济、教育等方面的论文。

2. 按研究方式划分

按研究方式划分,学术论文可分为实验型论文、理论型论文、描述型论文和设计型论文。

---

① 李华岚. 弟弟和评论家[N]. 文汇报,1962-05-05(4).

3. 按写作目的和功能划分

按写作目的和功能划分,学术论文可分为交流性论文和考核性论文。

交流性论文的写作目的在于学术交流,包括在各种学术刊物上发表、在学术会议上宣读。

考核性论文的写作目的在于检验作者的学术业务水平,像高校为检验学生的学习业务水平,要求学生撰写的学年论文、毕业论文、学位论文等都属于考核性论文。

(三)特点

1. 科学性

科学性是指作者用科学的世界观和方法论作指导,以严肃认真的态度,运用相关的专业知识、理论,对研究对象进行深入研究,得出符合客观规律、反映事物本质的结论。科学性是学术论文的灵魂和价值标尺,具体表现在两个方面:一是内容科学,即内容真实、准确,能够反映客观事物的本质规律,揭示科学真理;二是表述科学,即立论科学客观,论据充分可靠,论证周密严谨,结构合理严密,措辞准确恰当,行文质朴流畅。

2. 创造性

创造性是指学术论文所揭示的事物的属性、特点和得出的结论是新颖独到的。创造性是衡量学术论文价值的重要依据,一篇学术论文无论是解答现存的某个问题,还是综合他人的研究成果,都要力求有所发现、有所发明、有所创造,才能超越前人、超越历史。

学术论文的创造性具体表现在以下两个方面:一是在实践上,采用的材料、工艺、方法是先进的,效果是良好的;二是在理论上,提出了新观点,取得了新成果,达到了一定的深度和广度。因此,勇于开拓新领域,探索新课题,提出新见解,是研究者富于创造性的表现。

3. 学术性

学术性是指写作者运用专门的知识和理论,对某一问题进行研讨,找出其客观规律,并表述其研究成果。学术论文是对某一学科领域的问题进行的研究,是从感性认识上升到理性认识的过程,因此,结论不仅具有抽象性,而且更具有专业性和系统性,表述时也较多地运用专业术语和专业名词。

二、学术论文的写作

(一)发现

1. 论题的发现

发现学术论文的论题,也就是确立研究的方向和目标,这是学术论文写作的第一步。吕叔湘先生曾指出,提出问题是解决问题的头一步①。连问题都发现不了,如何谈去解决问题呢?所以,要善于发现问题、提出问题。学术论文论题的发现有三种情况。

(1)发现新的论题

每个学术领域都有一些论题,由于社会、科技发展而出现新矛盾、新问题等原因,没有得到解决,解决这些问题的研究,就是新论题。要发现这类问题,首先必须充分了解学术界在这方面已经下过的功夫和所取得的成就,特别要注意当前争论最多的问题。只有知己知彼,才能根据自己独立的见解寻找到自己前进的位置和获得开拓的机会。同时,也必须对研究对象仔细钻研,详加剖析,反复实验,从中发现别人未曾涉及或涉及不深的领域,以此作为自己的开拓空间。这类问题的发现和研究,一般没有太多的资料可以利用,也没有现成的方法可作借鉴,难度较大,困难较多,要求研究者具有较高的研究水平和较好的意志品质,才能提出进而研究这类论题。

---

① 吕叔湘. 汉语语法论文集(增订本)[G]. 北京:商务印书馆,1984:271.

（2）发现新的材料

或由于条件所限，或没引起注意，一些问题没有凸现，后来时代发展、科技进步，有了新发现的材料，可以形成新的论题，并进行研究，形成新的成果。

（3）发现新的观点

这类论题是指在已有的研究基础上，进行更加广泛、深入的研究，使已有的科研成果得到丰富和发展，或是使已有的理论观点得到深化和补充，或是对旧论题进行批驳、修正，或是赋予已有理论新的社会意义。通过对这类问题进行辨析、纠正，形成自己的论题。

当然，初学论文写作者，不一定都能做到"发前人所未发"，但也要提出自己的见解，决不能人云亦云，仅仅重复前人提出过的意见，这样的论题毫无意义。在论题发现时，也不能为了追求新奇挖空心思，随意编造见解。我们需要的是科学的、实事求是的、严肃的态度。

高等学校学生的学术论文的论题，主要是在教师的指导下，运用已有的知识，独立进行科学研究活动，学习分析和解决某一专门学术问题的方法，在研究活动中得到锻炼，增长研究才干，因此不必去写大而全的论题，论题可以小些，但要有科学价值。

2. 论题的选定

论题的选择要遵循两个原则：一是选择客观上有意义的论题去研究，这决定了写作论文的客观必要性；二是选择主观上有能力完成的论题去研究，这决定了完成论文的现实可能性。同时符合这两条原则的论题，才是可选的论题。

论题选定还要做两方面的工作：一是调查研究论题，二是考虑主观条件。

（1）调查研究论题

要确定一个有意义的论题，首先要做好论题的调查工作，这就是通常说的"查新"。调查的内容主要包括三个方面。

① 调查研究论题研究的历史。

通过调查，着重了解前人是否对此问题做过研究，做过哪些研究，研究的程度如何，已取得了哪些成果，还存在哪些问题。只有完全了解这些问题，才能确定自己是否可以对这个问题进行研究。

② 调查论题研究的现状。

通过调查，着重了解目前是否有人对自己所要研究的问题进行研究，研究的角度、研究的方法及研究的程度如何，以便找到研究的突破口。如果说调查研究的历史是一种对论题纵向的了解的话，那么调查研究的现状则是一种对论题的横向了解。

③ 调查相关研究的状况。

某个论题的研究，不仅需要利用某一方面的知识、某一领域的成果，还需要综合运用各种知识，合理利用不同领域的研究成果，才能更好地创造性地解决问题。为了提高论文质量，可以有意识地了解一下相关领域的研究状况，看看哪些科研成果可以借鉴和利用，哪些研究方法值得学习和使用。

（2）考虑主观条件

① 考虑对论题的兴趣。

兴趣是促使人们对论题积极追求、潜心探索的动力。有了兴趣，会促使研究者自觉地去进一步了解研究对象，处处留神收集相关的材料。同时，兴趣会像磁铁一样时时吸引研究者的注意力，研究的论题时时刻刻在研究者的脑海中萦绕，随时都可能产生灵感的火花。兴趣是可以培养的。上级或导师给的题目，我们不见得很有兴趣，但只要认真对待，随着对问题的深入思考，对问题的不断关注，也会逐渐产生兴趣，这种情况也是常有的。

② 考虑自己的业务专长。

在科学研究领域中,每个研究者都会有自己的专攻范围,从而形成自己的业务专长。因此,学术研究,总会带有强烈的专门化色彩。选择论题就要选己之所长、避己之所短,从自己的研究能力出发,考虑知识结构是否优化,各种知识的构成是否合理,选取能发挥出自己业务专长的题目。

③ 考虑论题的难易程度。

选题既要尽可能发挥自己的优势,又要充分估计自身的能力,量力而行,尽量将选题定在自己力所能及的范围内,切忌好高骛远、贪大求全。与其"大题小做",还不如"小题大做",大而空不如小而实。抓住一个重要的小题,学术中的关键问题,能深入其本质,抓住其要害,把它说深、说透,论文也会有分量。

④ 考虑自己占有资料和进行实验的条件。

图书资料和实验是进行科学研究的基础。在选择论题时,就要充分考虑自己身边图书资料的数量和质量。图书资料包括纸质的和电子的,如果身边有藏书丰富的图书馆,或者查询数字资源十分方便,那么很多论题是可以选择的。有些研究论题还需要借助仪器设备等进行实验,就要考虑实验设备的条件。实验设备条件成熟的论题,做起来才会有把握。

(二) 构思

确定了自己有体会、有基础,又符合主客观条件的论题之后,就要对论文进行构思。做好构思工作,需要从以下几个环节去进行。

1. 收集相关材料

俗话说,巧妇难为无米之炊。收集材料是进行学术研究的基础,没有材料就无从着手研究。只有通过对材料进行深入研究,提出自己的观点,并有充分、可靠的材料证明它是正确的,才能提笔写论文。

学术论文的写作构思前,需要收集下面几个方面的材料。一是专业知识、理论。科学研究工作需要在一定的专业知识、相关的理论基础上进行,因此,写作者需要吸收、储备相关的专业知识、理论。二是论题研究的历史和现状。通过收集这方面的资料,写作者可以学习和吸收已有的研究成果和先进的研究方法,还可以知道论题研究的深度与广度,借鉴别人的经验与吸取别人的教训,酝酿自己的观点。三是论题的背景和相关因素。这主要是指影响研究对象的生成、发展、变化的社会背景、历史条件等。四是可供对照的资料。通过了解与论题相近似、相关联的事物,把握论题的特点、意义和作用。五是自己通过观察和实验记录得来的第一手资料。

材料是多种多样的,获取材料的途径也很广泛,概括起来主要有三条:一是运用图书馆和互联网搜集资料,二是调查访问获取材料,三是由观察和实验获得材料。

2. 分析研究资料

搜集和研究资料是两个相互关联的阶段。要求学术论文写作者在收集资料时及时分析,尽力发现问题,初步确定自己的观点。在全部资料收集工作结束后,再进行全面分析、归纳和综合,最后形成自己独到的看法,确定自己论文的论点和写作角度。

分析资料常常用定性分析和定量分析两种方法。定性分析既要考虑资料产生的背景、可信程度和社会反响,又要考察其描述的内容及其作者主观因素的影响,对材料作出科学的判断。定量分析是指采用一定的数学方法,对资料进行系统、客观的量化统计处理,从量的规定性中获得对资料的验证和评价。

分析研究资料要注意以下三点。一是要辨别真伪。收集的材料有真有假,需要认真鉴别、分清真假,剔除粗糙的、虚假的材料,保留精细和典型的材料,为提炼观点创造条件。二是要把握整体。分析研究不能以偏概全,不能从个别孤立的资料中提炼观点,必须从全部材料出发,概括出一个正确、深刻的观点;通过归纳分析,抓住特征,找出规律,成立新说。三是要注意相互联系。在分析研究过程中,要用联系的、发展的观点去观察、分析研究对象,进而把握研究对象的本质和规律,得出合乎客观实际的、正确的观点。

3. 提炼相应观点

观点的提炼就是学术论文写作中的发现过程。通过对大量的现实材料、文献资料等进行分析、比较、归纳、综合,得出结论,形成自己的观点,每一小部分形成一个观点,然后逐步明朗化、系统化,几个小观点说明一个大一点的观点,几个大观点统一起来阐述一个科学的论断,即文章的中心论点。在拟定这些大小论点时,需要按照资料的逻辑联系,以一定的序列组合为系统,归纳出规律性的东西。

根据资料提炼出的观点,有三个要求。一要正确全面,即要符合客观实际,符合事物发展的客观规律,经得起实践的检验,避免脱离实际、先入为主、顾此失彼、妄下结论。二要新颖深刻,即要抓住问题的要害和本质,发表前所未有的真知灼见;避免肤浅浮躁、标新立异。三要集中鲜明,即要在明确研究目的的基础上,得出确实肯定的结论,避免松散矛盾、含糊不清。

学术论文的观点一旦形成,就对材料的取舍、论证方法的选择、结构的安排、语言的运用起着制约作用。

4. 拟写论文提纲

我们对材料进行分析整理,并提出相应论点之后,不要忙于写初稿,还有一项重要的工作要做,那就是拟定论文提纲。一般来说,学术论文的篇幅都较长,内容较庞杂,需要考虑周密,所以要拟定提纲。重视论文提纲的拟写,不仅可以防止出现重复、遗漏,还可让写作者树立全局观念。大到全文布局,小到每个具体论据,都会心中有数,不会出现畸轻畸重的现象。对于初学写作者来说,通过编写提纲,可以训练自己的逻辑思维,使思路更加清晰,文章更有条理。学生请导师审阅提纲,不仅可以获得具体指导,提高论文质量,还可为论文的写作和修改提供依据和参照。

论文提纲有简略和详细之分。简略提纲,一般只需要概括地提示论文的中心论点和分论点即可。详细提纲,则既要列出总纲,写出各层次大小论点,还要把主要材料安排、论证方法的使用、主体段落和详略调配等细目列出。

具体采用哪种提纲,要综合论文的范围、复杂程度、篇幅长短和写作者的水平、习惯等来考虑。建议初学写作者写详细提纲为宜。

(三) 表达

1. 起草初稿

根据提纲用文字写成篇章形式的初稿,就是起草。这是把理论研究成果变成文章的重要一步,是学术研究和论文写作中的一项主体工程,需要全力以赴。起草的过程就是运用论据组织论证、归纳结论的过程。起草过程要做到以下几点。

(1) 按照提纲写,也要发挥创造性

既要按照拟定的提纲顺序展开,又要在起草的过程中对原来的思路进一步检验、修订、发挥、升华,有新的创造和突破。

(2) 选择适合自己的执笔顺序

一般常用的执笔顺序有两种:一是自然顺序,按照提纲排列的顺序从绪论写起,接着写本论、结论;二是从本论入手,先写好本论、结论,再写绪论。

起草时,较短的文章可以在充分准备的基础上一气呵成。对于长篇文章,可以先分成几部分,一部分一部分地写,写完一个部分修改这一部分,然后合成一篇;也可以写完全篇初稿后,再修改定稿。

2. 修改初稿

论文初稿写成以后,应该认真修改,仔细推敲,精益求精,最后誊正定稿。修改初稿有时需要查书核对,要字斟句酌、润色文字,检查标点符号,力求论文的完善,这是论文写作的进一步提高和完善的阶段,是一项不能省去的工作步骤。它包括以下两个方面。

(1) 内容方面的修改

这是修改的主要方面。修改时,先要通读全文,着力审视论文的内容和自我感受的状况。要说服自己,必须检验下面几个方面:论点是否明确,观点表达是否清楚确切,论据是否可靠,论证是否符合逻辑,结论是否准确精辟。所有这些都要逐个检查,认真修改,直至完善。

(2) 形式方面的修改

要认真推敲文章布局是否合理,结构是否严谨,段落构成是否单一完整,段句衔接是否和谐紧凑,语言表达是否准确、简洁、生动,文面书写是否符合规范。总之,表达形式方面的修改,要尽可能在篇章结构、句、词、字、标点符号等方面下功夫。

3. 规范格式

国际上和我国对论文书写格式都有要求。为了规范学术论文的撰写和编辑格式,便于信息系统的收集、整理加工、储存检索、交流传播,国家标准化管理委员会于1987年5月5日发布了《科学技术报告、学位论文和学术论文的编写格式》(GB/T 7713-1987),要求论文写作应该由下面几个方面的内容构成。

(1) 标题

标题又称题目。它是论文的眼睛,是论文内容的高度概括。论文标题形式多样,可以点名题意,可以说明研究范围,也可以提出问题。标题用词要确切、简约、醒目,避免使用不常见的缩略词、首字母缩写字、字符、代号和公式等,一般不宜超过20字。

(2) 作者和工作单位

论文作者应署名,如作者是一个人,署在标题之下正中间。作者的工作单位直接排印在作者姓名之下,如注于地脚或文末,应以"作者单位"或[作者单位]作为标识。如果多位作者,署名之间应以逗号隔开,不同工作单位的作者,可以在姓名右上角加注不同的阿拉伯数字序号,并在其工作单位名称之前加上与作者姓名序号相同的数字,再标出相应的工作单位。

(3) 摘要和关键词

摘要是论文的内容不加注释和评论的简短陈述。其作用是使读者不阅读论文的全文,就能获得必要的信息,也可为文摘、索引、出版转摘时提供方便。摘要的内容应包含与论文同等量的主要信息,供读者确定有无必要阅读全文。摘要应说明研究工作的目的、实验方法、结果和最终结论等,而重点是结果和结论。3000字以上的论文应有摘要,中文摘要一般为200~300字。写摘要时,采用短文形式,对论文内容进行准确、完整且简洁的概括,不分段落;用第三人称表述,不用"本文""作者"作为主语。

关键词是为了文献标引工作从论文中选取出来,用来表示全文主题内容信息款目的单词或术语。每篇论文应选取3~8个词作为关键词。关键词之间应以分号分隔。

(4) 正文

① 绪论。

绪论是论文开头和导引部分。它的写法很多,可以交代从事研究的背景,从而衬托出所论述问题的重要性;可以简述写作的缘起,说明为什么要写这篇论文,试图解决什么问题;可以指出研究这一论题的价值和意义;可以精要地写出本论部分的中心内容,为下文的全面展开创造条件,等等。

② 本论。

本论是学术论文的主干和核心，占相当大的篇幅。这部分要有条有理、逻辑严密地阐述论题研究的过程、方法和结果，并进行充分的论述。一篇论文质量的优劣，主要取决于这一部分。这部分篇幅较长，为了使面目清楚、层次分明，可分项撰写，前面冠以序号。

③ 结论。

结论是学术论文的收束部分，是在本论部分立论的基础上必然发展的结果。结论所表述的主要内容，是写作者对研究对象提出的总结性看法，是对本论中主要问题所作的科学概括，写作中要避免同本论的简单重复，要使认识有进一步的提高。

（5）附录

① 注释。

注释的作用是说明论文中的引文出处，或对论文需要加以解释的地方予以解释。加注的方式有尾注、脚注和夹注。

② 参考文献。

参考文献要标识出对此论文有参考价值的专著或论文，表明论文写作的主要思想资源和资料来源，这也从另一方面表现写作者研究的广度和深度。列参考文献要注意代表性，不可随便凑数。参考文献的格式要求可参见《信息与文献　参考文献著录规》(GB/T 7714-2015)。

思考与练习八

一、思考题

（一）如何发现社会评论的写作对象？

（二）请阅读李忠志、张博写的《唯有走在变化之前——从乐凯胶卷停产、泊头火柴破产说开去》，思考它属于哪一类社会评论，作者是如何说理的。

时隔不到两天，就在我们身边，两家曾经赫赫有名的企业传出的消息撩动了人们的神经：

……………

（三）请阅读韩振、刘晶瑶撰写的《有一种懒政叫"看起来很忙"》，思考这篇社会评论的说理技巧。

"一杯清茶一支烟，半张报纸看半天"，在人们的印象中，似乎只有这种无所事事的状态才是"懒政"。其实，还有一种懒政，叫"看起来很忙"：……

……………

（四）河北杂文时评作家储瑞耕于1992年提出一个有名的"死活论"，即"杂文时评化则杂文死，时评杂文化则时评活"。请结合目前的时评与杂文写作实际，谈谈你的具体看法。

（五）请阅读计正山的《项羽竟死于何地》，结合这篇学术短论，谈谈学术论文的特点。

《太史公书》问世至今，已有两千年了。随着这部巨著的流传，项羽自杀于乌江似是无疑的了。其实，这是历史上的讹误。项羽真正的殉难地不在乌江而是东城，即今安徽定远东南（距乌江约三百里）。

……………

（六）学术论文的论题有哪两种类型？下面选题各属于哪种类型？

① 论20世纪中国文学的近代性　② 辩证与宽容——王蒙小说的哲学意味

③ 国际语境中的中国当代电影　④ 巴金小说中的忏悔意识

⑤ 最近《文心雕龙》研究评述　　⑥ 俄罗斯文学对巴金创作的影响
⑦ 也谈唐诗自然意向的具体性——与华生等人的商榷

(七)下列各组论题中,哪些适合大学本科学生研究、撰写毕业论文?

1. 第一组
① 当代娱乐新闻报道的弊端及对策　② 文化娱乐新闻标题的制作技巧

2. 第二组
① 中国传统文化元素在现代设计中的应用　② 中国书法艺术在平面设计中的应用

3. 第三组
① 当代散文写作特色研究　② 当代女性散文写作特色研究
③ 当代某位女性作家的散文创作研究

4. 第四组
① 对外汉语教学法初探　② 对外汉语教学中的中国文化教学
③ 对外汉语词汇教学中"ABB"式词语的教学

(八)下面的文字是一位作者在论述"《老人与海》中的象征艺术及其现实意义"的观点之后撰写的"内容提要",请指出它存在的问题。

厄内斯特·海明威是20世纪最著名也是最多产的美国作家之一。《老人与海》是海明威创作和发表的最后一部重要的作品。它向人们展现了一位年迈但经验丰富的古巴渔民在墨西哥湾与巨大的马林鱼之间的英雄史诗般的斗争。海明威凭借《老人与海》获得了诺贝尔文学奖等多项文学殊荣,这部中篇小说虽然语言简单,篇幅不长,但是用词精练且饱含了丰富的象征意义。本文旨在通过该小说中几个重要的意象——大海、马林鱼、鲨鱼、狮子——的分析,探究《老人与海》中的象征艺术,并指出正因为如此丰富深刻的象征描写,《老人与海》这部作品无论是对当时的美国社会还是对今天的人们来说都具有十分深广的现实意义。

二、小练习

巧妙借用体式,常常会使杂文的艺术构思出人意料。请阅读下面这篇作品,模仿其构思特点,练习写作一篇变体杂文。

时尚造句①
汉言

并列关系
有些"豆腐渣"不是用来给人或猪吃的,而是用来杀人的。例如重庆綦江彩虹桥。
有些酒不是用来给人喝的,而是用来给人送命的。例如山西朔州假酒。

假设关系
假如张局长的家没被小偷光临,那么张局长现在还在礼堂作反腐倡廉的报告,而不是关在牢房里。
假如胡万林不是因治病而致人死命,那么他还是名声赫赫的神医。
假如某明星不是不断地给自己制造绯闻,那么她就不会有现在这么大的名气,也不会赚到数不清的钱。

递进关系
假数字不仅使账面上多出了许多钱,而且还使社会上多了许多官。

---

① 汉言. 时尚造句[J]. 杂文选刊,2001(6):7.

出书热不仅繁荣了出版界的热闹,而且制造了许多半文盲的作家或名人。

股票不仅在理论上唤起了大众的发财热情,而且在实际上使极少一部分人真的发了财。

转折关系

权力虽然不是印钞机,但对某些人来说,它比印钞机来钱来得快捷。

李副局长虽然是喝酒致死的,但他是在陪领导时喝的酒,他奋不顾身的精神永远值得我们学习。(节录)

三、文章评析

(一) 请阅读乌裕尔写的社会评论《共同富裕谨防"福利主义"陷阱》,回答下列问题。

1. 文章是围绕什么现象来行文的?
2. 透过现象看到的是什么?如何看待这一新现象?
3. 文章的写作思路是怎样的?

做点轻松的工作,甚至不工作,就可以享受到各种保障,冬天可以去滑雪,夏天可以去海边晒太阳,而且这样的日子是普遍的,人人可以享有的,是不是很惬意?这当然令人向往。……
…………

(二) 请阅读刘征的《牛刀割鸡与鸡刀割牛》,分析作者是如何把"理"寓于形象之中的。

夫子的弟子子游做了武城宰,夫子去看他,听到衙门里兴礼作乐的声音,笑着说:"杀只小鸡哪能用得着牛刀呢?"圣人的这句玩笑话竟流传开来,后来"牛刀割鸡"比喻大材小用,至今仍活在人们的语言里。
…………

(三) 请阅读王朝闻的《〈水浒传〉里的一个两面性的典型——何九叔》,分析它在表达上是如何做到"三个结合"的。

《水浒传》的重要特色之一,是人物性格异常鲜明、异常丰富。不仅很好地刻画了许多英雄,也性格鲜明地刻画了许多不是英雄的人物。在第二十四、五回里,出现一个并非主要人物的何九,就具备了性格鲜明的特色。
…………

(四) 请阅读汪少华、邓声国合写的《也谈朱门酒肉臭的"臭"》,回答下列问题。

1. 该论文的中心论题是什么?各部分是怎样围绕这一论题开展写作的?
2. 体会绪论和结论在文中的作用。
3. 本论的安排采用了什么顺序?

杜甫"朱门酒肉臭,路有冻死骨"是千古流传的名句,明白晓畅无歧义,然近读莫道才先生的《"朱门酒肉臭"之"臭"作何解》(《古典文学知识》1997年第2期),其文谓"臭"指气味,与"酒肉"连用,则指酒肉的香味,由是肉在寒冬不易发臭,酒更不会发臭,……

四、作文(选作)

(一) 请以身边发生的热点事件写一篇社会评论。

(二) 据2005年1月30日《京华时报》报道:中国消费者协会联系北京嘉仁体检管理中心到单位接种乙肝疫苗,但在接种过程中意外发现疫苗竟是过期产品。这颇富喜剧色彩的一幕被机智的网友形象地命名为"老鼠舔了猫鼻子"。请以"老鼠为什么敢舔猫鼻子?"为题,写一篇杂文,篇幅不少于600字。

(三) 阅读下面的诗歌,请写一篇不少于600字的文学评论。

上班①

晓林

用第一缕晨曦/打开教室的锁头//一群欢乐的小鸟/飞进林子里/开始晨读/你又站在四条腿的旧讲桌前/让两条腿的黑板上路/为孩子们背去急需的食粮//衣袖白了/那是霜/衣角白了/那是雪/鬓发白了/那是大山里一晃的岁月

（四）结合所学专业，选一个感兴趣的论题进行研究，写一篇学术短论。

---

① 晓林．上班[J]．诗刊，2001(4)：38．

附篇 广告文案

【本章学习提要】

● 理论学习

（一）理解广告文案的含义、特点，把握广告文案的写作原则；（二）结合文例掌握广告文案写作的发现、构思和表达的方法。

● 思考与练习

思考题：（二）（四）（五）（七）；小练习：（一）；作文：（一）。

第一节 广告文案概述

一、广告文案的含义

在信息沟通交流频繁的商业社会，广告无处不在。语言作为人类相互沟通、相互交往的工具，在广告中扮演着越来越重要的角色。语言符号在市场的运作中产生了一种新的应用性文本——广告文案。

广告文案服务于商业社会，是一种显而易见的劝服形式，劝说那些听到或看到文案的人采取某种行为或接受某种观点[1]。能够被采纳的文案其实是一种特殊种类的语言创作，要求创作者有艺术家的灵感和营销人员的策略——在有限时间内拿出完美的创作，为客户向消费者传达声音。

在不同著作中，广告文案定义涵盖范围有小有大。有人认为，广告文案是在印刷、广播和电视等媒体上的信息战略的文字与非文字元素[2]。此外，另有一种更为广阔的界定是："凡是在广告活动中，为广告而撰写的文字资料都可以称为广告文案，其中包括广告计划书、广告媒体计划书、广告策划书、广告预算书、广告总结报告和广告调查报告等。"[3]高志宏、徐智明在《广告文案写作——成功广告文案的诞生》一书中认为，广告文案是"已经完成的广告作品的全部的语言文字部分"[4]。

上述几种观点中，高志宏、徐智明的说法较为完善，但细加分析，并非完美无缺。按照这一定义，电视广告脚本因为是未完成的广告作品，所以理所当然地被排除在广告文案之外。但是，从广告公司的实际操作来看，电视广告脚本的写作的确是广告文案写作的一部分，也是文案撰写者的一项重要工作。

因此，广告文案不仅包括已完成的广告作品的语言文字部分，而且包括以语言文字为广告作品的最终完成提供蓝本的那一部分（如电视广告脚本、广播广告文稿等）。

---

[1] 博顿. 广告文案写作[M]. 程坪, 丁俊杰, 等译. 北京：世界知识出版社, 2006：141.

[2] 威廉·阿伦斯, 迈克尔·维戈尔德, 克里斯蒂安·阿伦斯. 当代广告学：第11版[M]. 丁俊杰, 程坪, 陈志娟, 等译. 北京：人民邮电出版社, 2013：192.

[3] 顾执. 广告文案技法[M]. 上海：中国大百科全书出版社, 1995：1.

[4] 高志宏, 徐智明. 广告文案写作：成功广告文案的诞生[M]. 北京：中国物价出版社, 1997：4.

二、广告文案的分类

关于广告文案的分类,我们可以依据不同的标准,从不同的角度来划分。

按照媒体分类,广告文案可分为:报纸广告文案、杂志广告文案、广播广告文案、电视广告文案、户外广告文案、新媒体广告文案、其他媒体广告文案。

按照文体分类,广告文案可分为:描述体广告文案、论说体广告文案、说明体广告文案。

按内容分类,广告文案可分为:消费物品类广告文案、生产资料类广告文案、服务娱乐类广告文案、信息产业类广告文案、企业形象类广告文案、社会公益类广告文案。

按诉求分,广告文案可分为:理性诉求型广告文案、情感诉求型广告文案、情理交融型广告文案。

三、广告文案的特点

广告文案与小说、新闻报道等文体具有根本性的区别。它具有如下特点。

(一)广告文案的立足点是为沟通物性和人性寻找巧妙的语言表述[①]

要创作出好的广告文案必须确立文案创作的立足点,即文案创作不是单纯表现产品的物性,也不是单纯表现人性,而是努力去沟通人性与物性,并为此寻找巧妙的语言表达。在实际操作中大体上可采用如下三种方法。

(1)从产品中寻找独特的功效和利益来吸引消费者,以物性诱发人性。如以"卖点"来吸引人就属于这种思路。

(2)发掘产品个性与消费者内在需求的共鸣点,或者说探求物性与人性之间的共鸣点,即发掘商品"与生俱来的戏剧性"。请看奥妙的广告语:

没什么大不了,我有我奥妙。

(3)如果同质化产品较多,就要想办法在物性上附加人性的内涵,即寻求商品的附加值。例如,森马形象广告语:

穿什么就是什么。

(二)要创作出好的广告文案还必须遵循广告文案的基本原则

1. 真实性原则

真实性原则是指广告文案的信息内容要真实,不得造假、夸大、含糊,这是广告活动的根本原则和基本规范。创作中,必须实事求是地反映商品的特性、功能、价值和相关服务;必须要求措辞准确贴切、清楚明确,不能含糊不清,在选词方面,不能使用《中华人民共和国广告法》不允许出现的绝对化、过度夸张的词汇。

2. 实效性原则

实效性原则是指广告文案要为一定的广告目的服务,做到实用、有效,不能华而不实,片面追求文案的华丽。创作中,需要找准卖点,寻找说服消费者的充足理由;拉近与消费者的距离,注重文案的亲和力。

3. 原创性原则

原创性原则要求广告文案的写作要新颖,富有创造性,既不能重复或模仿别人,又不能重复或模仿自己。

---

① 胡晓云. 广告文案撰写实质问题的再确定[J]. 中国广告,1996(3):35.

4. 关联性原则

关联性原则指的是在广告文案的写作过程中要注意与商品、消费者、竞争对手的联系,涉及目标消费群、品牌个性、广告利益点、媒介选择等很多方面,因此,需要对市场、消费者有深刻的洞察,对品牌的概念有深入的了解。

5. 震撼性原则

震撼性原则要求在进行广告文案写作时,要能深入人心,有很强的感染力,使受众产生强烈的共鸣。

6. 和谐性原则

广告文案不是孤立的文字表达,它必须置身于一定的社会文化背景之下,是广告策略的一种表现,是广告作品的一个有机组成部分。因此,广告文案写作必须做到与整个广告环境的和谐,必须做到与广告作品其他要素相协调,必须做到与广告媒体特性的统一。

第二节　广告文案写作

写作广告文案时,需要根据不同的时间、空间要求,为不同的产品或服务量身定做。广告文案必须兼顾告知和销售的功能,通过广告劝服有意向购买的消费者采取行动。

广告文案作为客户与消费者沟通的工具,需要文案创作者将企业的产品信息和品牌信息转化为能被消费者理解和接受的语言。如汽车参数中的"OHC 发动机"就是产品信息,当文案创作者将其转化为"马力更强劲"时,消费者才能解读其含义。这一转化过程不是一蹴而就的,需要通过写作发现、构思、表达三阶段,才能达成与消费者沟通的目标。为了达成这一目标,广告文案写作需要完成大量的工作。

一、广告文案的写作要求

（一）简明扼要

海外广告人曾经概括出一个文案创作模式——"KISS 模式"（Keep It Sweet and Simple）,意为:令其甜美并简洁。"简明扼要"要求在"简洁明了"的基础上还要"抓住重点"。许多广告人主张,要抓住重点,应"只说一件事"。请看德芙巧克力的广告语:"纵享丝滑。"也许德芙巧克力还有其他优点,比如说美味可口、牛奶香浓等,但广告语仅仅抓住这一个特点进行表述。

（二）打动人心

"KISS 模式"的核心是甜美,而甜美的要领则是煽情,即打动人心。当然,打动人心也有许多方法和途径,有切中消费需求和欲望的,可称之为利益打动。例如,孔夫子旧书网的广告语:

花少钱,买好书。

还可以煽起消费者强烈的情感体验,可称之为感情打动。请看红星二锅头的广告:

没有酒说不好故事

待在北京的不开心,也许只是一阵子,

离开北京的不甘心,却是一辈子。

2000 多万人继续漂着,因为梦想还没实现,

每年 15 万人离开,也因为梦想还没实现。

去留没有对错,只有甘不甘心。

（三）通俗易懂

"通俗易懂"应是针对目标消费者而言的。对于一般的消费者，一定要采用大众化的词汇、口语化的句子，而对于文化层次较高的目标消费者，可适当文雅一些，但不能"曲高和寡"，让人难懂。

二、广告文案的写作过程

文案写作是广告创作的一个重要环节，是广告主题的文字表现，是广告创意的显化和具体化。它为平面设计提供文字的内容，为电视片制作和广播录音提供蓝本（文字脚本）。文案创作者要时刻提醒自己文案是写给产品和服务的目标消费群体看的，广告文案写作是以信息接收者为主导的信息传输活动。

布鲁斯·本丁格尔在《广告文案训练手册》中介绍广告文案写作的整个程序：确定目标、发展战略、构思成形、好好落笔①。其提出的程序内隐着写作的逻辑线索：发现、构思、表达。这三个阶段相互融合渗透，交错发展。

（一）发现

广告文案的写作发现阶段，文案创作者要从产品、消费者和市场三个角度入手：认识产品的特性和功能；把握目标消费者，分析目标消费者的内在需求、购买动机和生活形态；分析市场，明确产品的市场定位。写作发现阶段累积的资料和素材，能让文案创作者明确广告的目标，形成广告的发展战略。

1. 认识产品的特性与功能

文案创作者必须首先对广告的客体——产品有比较透彻的了解和认识，才能写出对路的文案。对产品的理解与把握的第一条途径，是研究企业提供的产品说明书和企业简介等资料，从这些资料中找出产品的优势和卖点；第二条途径是研读市场调查资料，以增加对产品的感性认识。文案创作者要善于从市场调查的资料中找出文案诉求的重点和产品推广的难点。

在认识产品的过程中，文案创作者要获取大量信息，把自己变成通晓该产品及产品所属品类的专家。恒美广告公司（Doyle Dane Bernbach, DDB）为大众甲壳虫汽车进入美国市场所做的传奇式的广告战役就是立足于丰富的产品知识。恒美广告公司派驻创作团队前往德国沃尔夫斯贝格的制造厂，如恒美广告公司的创始人伯恩巴克所说："我们日复一日找工程师、生产人员、业务主管及装配线上的工人谈话，我们全程跟踪从金属融化到铸造成发动机的全过程，直到每一个零件都安装到位……"在这些前期工作的基础上，他们找到了销售诉求：甲壳虫是一辆诚实的车——简单、实用、做工好到令人难以置信②，才有了后期一系列精彩的广告表达"想想小的好处""柠檬"等。

2. 把握目标消费者，分析目标消费者的内在需求、购物动机和生活形态

对消费者心理的把握，需要了解消费者的内在需求和购物动机。当消费者购买一种产品时，他可能有一两个最主要的需要，当然也附带考虑其他需要，要想把握消费者的主要需求，还必须经过周密的市场调查。例如，当消费者购买纯净水时，他的首要目的是解渴（生理需要），但是由于近几年某些地区环境污染（包括水质污染）比较严重，他可能最关心水质问题，害怕受污染的水给身体带来危害（安全需要）。农夫山泉的广告成功之处在于用市场调查的方法发现了消费者的

---

① 本丁格尔. 广告文案训练手册[M]. 谢千帆，译. 北京：中国传媒大学出版社，2008：125.
② 费尔顿. 广告创意与文案[M]. 陈安全，译. 北京：中国人民大学出版社，2005：9.

关心点,提出农夫山泉是在优质水源地取水,并以"我们不生产水,我们只是大自然的搬运工"作为诉求中心,可谓直指人心、一矢中的。

消费者的生活形态,包括生活方式、生活态度(价值观)以及所属社会阶层、经济收入等在很大程度上影响其需求。以麦当劳在中国的广告为例。麦当劳在进入中国初期,广告口号是"常常欢笑,尝尝麦当劳",以温馨、欢乐的品牌理念,吸引儿童的注意力,促使父母带领自己的孩子在麦当劳就餐。但由于儿童购买力有限,在家庭消费决策中不构成绝对影响,加上麦当劳"温馨家庭"的定位由来已久,导致麦当劳品牌形象日益老化。2003年,麦当劳针对拥有消费能力、追求时尚的青年消费者,推行了新的广告口号"我就喜欢",以此吸引具有快餐消费需求和消费力旺盛的青年消费者。

3. 分析市场,明确产品的市场定位

分析该类产品的市场状况。文案创作者不但要熟知自己所服务的产品和消费者的情况,而且要了解、摸清客户的竞争对手的情况。只有了解这些情况,才能发现竞争对手在广告宣传上的薄弱环节和致命弱点,从而写出有针对性和竞争力的文案,使竞争对手陷于被动局面。

比较客户的产品与竞争对手的状况后,明确产品的市场定位。"定位论"的提出者艾·里斯和杰·特劳特认为:"定位是你对未来的潜在顾客心智所下的功夫。也就是把产品定位在你未来潜在顾客的心中……其目的是在潜在顾客心中得到有利的地位。"[1]定位的方法主要有如下七种。①功能定位,即根据产品在功能方面的特点和个性化因素进行定位,如百度公司的定位是互联网搜索引擎,广告语为"百度一下,你就知道"。②品质定位,即根据产品的自身质量和档次进行的定位,如百达翡丽的定位为"代代相传的高档手表",其广告语为"没有人能拥有百达翡丽表,只不过为下一代保管而已"。③经济定位,即根据产品价格上的优势进行的定位,如全联超市的定位是"价格便宜",广告口号为"便宜一样有好货"。④外观定位,当同类产品的功能、品质相差无几时,可考虑从产品的形状和包装找到个性,进行定位,如"来一桶"方便面的定位是"有两块面饼的碗仔面"。⑤逆向定位,即当同类产品都在强调某些特点的时候,自己却反其道而行之,如七喜汽水公司在可乐市场占据主体时,提出"非可乐"的定位。⑥年龄定位,即根据消费者的年龄层次进行的定位,如小红书的定位为"爱分享的年轻人",广告口号是"一切小美好都值得被标记"。⑦性别定位,即根据消费者的性别差异进行的定位,如舒肤佳香皂的定位是"关心家人健康的母亲",广告口号是"爱心妈妈,呵护全家"。

4. 立足产品、消费者、市场的资料和素材,明确广告目标,形成广告策略

将产品、消费者和市场的信息进行汇总,精心整理,作出严谨且有创造力的分析,明确广告目标。广告目标具体、简洁,是消费者相信、理解、感受甚至能采取行动的信息点。

广告策略就是根据广告目标所采取的与消费者沟通的手段与方法。它包括广告诉求策略、广告创意策略和广告媒体策略等。广告诉求策略是广告文案写作的前提和基础,要解决"对谁说""说什么""怎么说"的问题。广告创意策略又称广告的创意表现策略,是指广告创作的核心概念、表现点子和风格调性的设想,广告创意策略与广告文案写作有着最直接的联系,为广告文案的构思提供了基础。广告媒体策略旨在解决广告的发布渠道问题,它虽然是媒体策划的内容,但对广告文案写作形成了空间和时间的制约和影响。

(二) 构思

广告文案的构思是广告文案写作的第二个阶段,即在有了写作发现后,执笔表达行为发生之前,对市场、客户、消费者的资料以及广告目标、广告战略材料进行选择、加工。在这个阶段,广告

---

[1] 艾·里斯,等. 广告攻心战略:品牌定位[M]. 刘毅志,译. 北京:中国友谊出版公司,1991:2.

文案创作者必须明确广告的主旨,确定广告文案的主旨重点、诉求方式和表现方法,并选择文案的表现风格。

1. **广告主旨的提炼**

广告主旨就是广告所要表达的核心思想,它是广告作品的统帅和灵魂。文案创作者将写作发现阶段整理出来的广告信息进行梳理。首先,解决哪些信息需要表现和哪些信息无须表现的问题;其次,区分哪些信息是主要信息,哪些信息是次要信息。一般来说,与产品的市场定位、目标对象相关的信息,应是主要信息,其他的属于次要信息。如果主要信息只有一条,那么就用它作为文案的诉求重点;如有几条主要信息的话,则需考虑用系列广告的形式加以表现,这样每一条主要信息就可分别作为系列广告中每一则广告的诉求重点。在平面设计中,文案信息的层次最好不超过三层。

广告主旨有一个较为流行的公式,即"广告主旨=广告目标+信息个性+消费心理"。当然,这里的"+"号并非表示简单相加,而是三者的相互融合。可见,广告主旨在信息梳理的"物性"因素基础上,还应融合"人性"的因素,即消费心理,还应有明确的目标。换句话来说,广告主旨应该是人性化、目标化的产品个性信息或企业个性信息。

2. **诉求方式的选择**

广告文案的诉求方式有三种类型:理性诉求方式、情感诉求方式、情理结合诉求方式。文案创作可依据产品和企业的具体情况,采用不同的诉求策略。诉求方式的选择通常称为"走什么路线"的问题。

(1) 理性诉求方式

理性诉求方式就是通过说服、讲道理的方法,为消费者提供一些购买商品的理由,从而促使消费者购买该商品(或忠诚于该品牌)的一种广告方式。理性诉求的文案重事实、重依据、重说理论证。理性诉求需要根据产品事实说话,不能夸大或虚假宣传。

天猫宜家家具官方旗舰店,其销售的"兰德克纳(LANDSKRONA)沙发"的广告文案提及"沙发套可承受50000次耐摩擦测试,具备优良的抗摩擦性能……"该文案未准确引用沙发套材质的耐摩擦测试结果,将仅限于商品非接触面(聚氨酯合成革材质)通过5万次耐摩擦测试的结果擅自扩大适用于含接触面的全部沙发整体,未对所售产品的引证内容作出准确表述,违反了《中华人民共和国广告法》。最终,当地市场监管局责令宜家立即改正违法行为,并罚款人民币8万元。①

(2) 情感诉求方式

情感诉求方式就是通过感情的渲染、情绪的撩动,让消费者的心灵产生深深的震撼或产生积极向上的情绪反应,从而促使消费者购买产品的广告方式,即通常所说的"以情动人"的手段。例如,味全食品公司在某年母亲节当日发布的广告文案:

多容易的一声"妈妈",我却漫漫等待奇迹!

我的孩子也是个有血有肉的人,只是阳光一直不曾照在他身上,人们在背后窃窃地唤他……

同是十月怀胎之苦,我的孩子也曾一寸一寸地长大,却在经历一场命数的劫难后,微笑再也不曾从他嘴角漾出,灵慧的双眸从此空洞茫然。我拥抱他,试图走进他神秘的世界!我呼喊,试图唤醒他沉睡的心灵。这一切仿佛永远静止,却波涛汹涌地冲毁我脆弱的心房。孩子,我凄凄切切

---

① 宜家因广告问题,再次被罚![ED/OL]. (2021-09-02) [2021-11-20]. https://new.qq.com/omn/20210902/20210902A0C2QO00.html.

切用一生的爱,为你换来一丝的阳光,等待你突然醒来唤我一声"妈妈"……[1]

这篇文案感人至深,催人泪下!借用母亲节做广告是许多商家惯用的方式,但真正能打动消费者的广告不多,此文案没有停留在浅层次的感恩戴德上,而从一个智障儿童母亲的视角表达了母亲内心深处的煎熬与挣扎、坚守与期盼,让母亲的大爱跃然纸上,令人动容。

(3) 情理结合诉求方式

由于单纯的理性诉求存在着平淡、乏味、生硬等缺点,而单纯的情感诉求又存在着信息较弱、理据不足等缺点,所以,越来越多的广告开始注重将两者结合起来使用。

3. 文案风格的确定

构思阶段还有一个重要内容,就是依据广告的整体策略和广告创意确定广告文案的风格。

(1) 豪放型

豪放型广告文案的特点是充满激情,气势磅礴,有一种统领天下的豪情壮志。如 2008 年获得第十五届中国国际广告节长城奖全场大奖的阿迪达斯形象广告:"胡佳+13 亿人""郑智+13 亿人""隋菲菲+13 亿人",IMPOSSIBLE IS NOTHING(没有什么是不可能的)。寥寥数字,阿迪达斯的品牌精神与我国全民支持奥运的豪情壮志相得益彰,民族自豪感和澎湃的激情跃然纸上。

(2) 稳健型

稳健型广告文案的特点是稳健踏实,富有理智,毫无矫揉造作之情。如 IBM 的广告文案:

随需应变的商务始于随需应变的思维

只有真正具有洞察力并拥有资源的人,才具备随需应变的思考能力,作为您的合作伙伴、倾听者、问题解决者和方案的执行者,IBM 全球服务部凭借与国内客户丰富的合作经验,以及对市场的深入洞察,根据您的现状和需求,全力推进思维模式、业务模式和企业文化的转型。它虽然不会在一夜之间完成,但一定会为您的企业带来真正的转变。随需应变的商务,需要随需应变的人帮您实现。

欢迎拨打 800-810-1818 转 5356,或 010-84981188 转 5356,或访问 WWW.IBM.COM/CN/SERVICES

更详细地了解 IBM 提供的行业解决方案和成功案例,看一看 IBM 咨询顾问如何帮助您成为随需应变的企业。

这篇文案语言诚恳、稳健,体现出一种理性的力度感和成熟感。

(3) 婉约型

婉约型广告文案的特点是感情细腻真切,委婉动人。它使人了解的不只是生硬的商品,还有人与人之间的相互体贴和关怀。例如,搜狗公司的一篇广告文案:

知最难

你感叹,相识满天下,知心能几人?这个城市那么近又那么远,你我之间可以无言,不见。我习惯从你转发的朋友圈,看你最近的关注和情绪,我可以从你点赞的密度判断你的亲疏和忙闲。不是我聪明,一念三千,以心为重。心中有你便心中有数。四时皆为觅音时,此刻知音来适时。我对你默默地懂得!

这篇文案语调柔和舒缓,感情真挚细腻,汩汩流淌着脉脉的温情。

(4) 朴实型

朴实型广告文案的特点是质朴无华,不夸大其词,语言上通俗易懂、平易近人,摒弃华丽的辞

---

[1] 杨梨鹤. 广告文案传真[M]. 汕头:汕头大学出版社,2003:26.

藻。如支付宝的广告文案：

千里之外

每月帮爸妈按下水电费的"支付"键

仿佛我从未走远

为牵挂付出，每一笔都是在乎

(5) 幽默型

幽默型广告文案的特点是运用机智、诙谐、幽默的语言，让消费者在欢笑中接受广告所传递的信息，听从广告所提出的行动指令。如美国西海岸一条公路的急转弯处竖着一块醒目的广告牌，上面写着"如果你的汽车会游泳的话，请照直开，不必刹车"。司机看了这样的广告，定会会心一笑，愉快地刹车减速。

(三) 表达

广告文案的表达是在写作发现和构思运作时，不断使用语言对前期发现和构思进行表述；同时，在与写作发现和构思不断互动中，逐渐将文案创作者罗列的零散的语言、片段式想法转化为系统地、完整地向目标消费者传达的广告文案。

完整的广告文案由标语、标题、正文、随文构成。广告文案的每个部分承担着各自的功能，在广告文案写作表达上也有各自的技巧。

1. 广告标语的写作

广告文案的标题和标语是两个容易混淆的概念。标题是放在广告文案最前面的、起引导作用的简短语句；而标语是指表达企业理念或产品特征的、长期使用的宣传短句。标题和标语有不同的作用和写法。

广告标语的撰写要能突出产品个性或企业精神，富有亲和力或感召力，构思新颖独特，语言简洁流畅，能契合公众心态，发掘文化内涵。广告标语的表达技巧是多种多样的。对于文案创作者来说，要根据产品或企业的具体情况，找出最易与目标消费者沟通的表述方式。

(1) 返璞归真法

摒弃华丽的辞藻，用朴实无华的语言来与消费者沟通的写法就是返璞归真法。例如：

各有态度。 (网易新闻广告)

(2) 幽默引人法

用诙谐幽默的语言，让消费者在欢笑中接受广告所传递的信息的写法就是幽默引人法。例如：

晚报，不晚报。 《北京晚报》广告

(3) 唤起共鸣法

用情感诉求的方式，唤起目标消费者的内心体验，从而产生共鸣的写法就是唤起共鸣法。例如：

跑下去，天自己会亮。 (New Balance 广告)

(4) 烘云托月法

烘云托月法不是直接说明产品(服务)或企业的优点，而是采取侧面衬托的写法。例如：

我们不生产水，我们只是大自然的搬运工。 (农夫山泉广告)

这是用"大自然的搬运工"来衬托农夫山泉水源的可靠。

(5) 正话反说法

正话反说法是利用消费者的逆反心理来创作广告语的写法。例如：

彬彬西服，不要太潇洒了。 (彬彬西服广告)

"女人爱漂亮，男人爱潇洒"可谓人之常情，但广告语却故意反其道而行之。

(6) 赞赏顾客法

赞赏顾客法就是通过赞扬消费者让其获得一种心理满足的写法。例如：

你本来就很美。 （自然堂广告）

2. 广告标题的写作

广告标题的拟定要能吸引读者去阅读正文、提示产品或企业的主要信息。在众多的表达技巧与方法中，我们认为如下几种方法是比较重要的。

(1) 新闻报道法

新闻报道法就是将有关产品或企业的最新信息，或者将原先已有的但同类产品或同行未宣传过的信息在标题中表现出来的写法。例如：

同步视听，开启娱乐厨房 （西门子E视听多媒体冰箱）

这类标题类似报纸的新闻标题，信息性较强，但要注意广告内容的时效性和重要性。

新闻报道法需要注意词汇的使用，关于排名和行业地位的词汇（如第一、首发、独家、最新等）不能使用。例如，"治疗关节炎的突破性产品首次问世——阿斯巴膏"，这样的广告标题就违反了《中华人民共和国广告法》的相关规定。

(2) 利益承诺法

利益承诺法即在标题中明确地向消费者作出承诺，表明产品或企业能给消费者带来什么样的利益和好处的标题写法。例如：

充电5分钟，通话2小时！ （OPPO手机）

看了这样的标题，消费者马上就会明白产品与自己的利益有何关系，从而迅速作出决定。

(3) 悬念吸引法

悬念吸引法是以超出常规的表达引起受众的好奇，使他们产生追根求源、刨根问底的兴趣的标题写法。例如，麦当劳的广告，其标题为：

我就喜欢看人脸色

标题看起来与读者日常理念相悖，读者自然会追问：谁会喜欢看人脸色呢？于是便有了阅读正文的兴趣。又如：

我在吃肉 （画面为一个人在吃土豆）
PORK＋人＝PORKY （副题）
在人造肉面前，最能看出来谁是真的猪 （正文） （网易味央广告）

在2019年淘宝造物节上，"人造肉"成为热点。专注肉类生产的网易味央，借势宣传自己产品。主标题与广告画面吃土豆的人造成了悬念，副标题用PORK（猪肉）＋人＝PORKY（欺骗），广告正文部分进一步解释，表明企业所售卖的产品是真正的猪肉。

(4) 问题引发法

问题引发法即设计一个与产品、企业或消费者有关的问题，来吸引消费者的关注的标题写法。例如：

人类失去联想，世界将会怎样？ （联想广告）

借助公司的品牌名称，引申到人类思维的联想，通过广告标题提升了品牌的重要性。

(5) 品牌断定法

给品牌作一个结论性的断定，使品牌的个性得以强调的标题写法就是品牌断定法。例如：

装得下，世界就是你的 （爱华仕箱包）

品牌断定法的好处是在标题中就把品牌信息传递给受众，增加受众对品牌个性的记忆效率。

(6) 效果感叹法

用感叹句表达对产品使用的效果的赞美的标题写法就是效果感叹法,运用此种方法拟制标题能产生很强的感染力。例如:

哇!劲量电池,电力增强多达60%! (劲量电池)

这个标题是对使用效果的感叹,其喜悦、惊叹之情溢于言表。

(7) 集思广益法

让产品、品牌的用户参与广告标题的写作,即使用用户原创内容(User Generated Content, UGC)作为广告标题。网易云音乐、知乎等企业筛选出高点赞的用户原创评论,作为广告标题运用在地铁户外平面广告中。例如:

生活从未变轻松,但我们会逐渐强大。 (网易云音乐)

3. 广告正文的写作

标题拟定以后,接下来的问题便是如何撰写正文。正文是广告文案的主干部分,它陈述广告的信息内容,是对标题的进一步解释和延伸。

广告正文的结构一般由三部分组成:开头、主体、收尾(起、承、合形式或起、转、合形式)。在着手撰写正文之前,要对文案的结构有一个总体的安排,考虑好开头、主体和收尾写些什么内容以及如何去写。正文的段落之间要有内在的逻辑联系,可采用倒金字塔结构,即将最重要的内容放在第一段,次重要的内容放在第二段,不重要的内容放在最后一段;也可采用平行结构,每段前面加小标题。

(1) 开头

开头又称引子或开端,它是指标题之后的第一段文字,作用是为整篇文案起个"好调子"。要写好开头,可考虑从以下几个方面入手。

① 注意与标题的衔接(或与画面的呼应)。例如,长城葡萄酒的广告文案《三毫米的旅程,一颗好葡萄要走十年》:

(画面为一颗葡萄)
三毫米的旅程,一颗好葡萄要走十年
三毫米,
瓶壁外面到里面的距离,
一颗葡萄到一瓶好酒之间的距离。

这篇文案的开头,既与标题相衔接,又与画面相呼应,并由画面上的一颗葡萄转到一瓶好酒,过渡自然。

② 从目标消费者遇到的难题或目标消费者的关注点来切入。例如,大众银行广告文案《不平凡的平凡大众》的开头:

马校长,不会乐器,不懂乐理,但他有个合唱团。

这一开头便是从马校长不会乐器,也不懂乐理,却有合唱团切入的,这样迅速抓住目标消费者的视线,让他们再阅读下文的内容。

③ 以提问的方式引发受众的关注与思考。例如,优衣库的广告文案《我们为什么而穿衣?》的开头:

我们穿衣是因为心情?或者天气?

这种以提问方式开头的文案,也能很快激起目标消费者的阅读兴趣。

④ 通过具体情景的描绘,给整篇文案创造一种氛围,定下一个基调。例如,马爹利酒电视广告文案解说词的开头:

在法国近郊马爹利干邑世家一望无际的酒库上空,散发着一股醉人芳香,流传着一个动人故事。

这是一种充满抒情味和怀旧味的语气基调,给电视广告创造了一种诗情画意的气氛。有了这样的开头,以下的部分便易于展开了。

⑤ 以概括性的语言说明产品或企业的整体水平,先给受众以总体的印象。例如,联邦家私广告文案的开头:

联邦集团14年来,一直致力于改良自己的产品和服务,期望除了提供富于品位的设计、优良的品质和完善的服务外,还能给您更多的实惠。

(今天,我们终于可以自豪地推出"两万元家具套餐计划"……)

这一开头阐明了联邦集团的企业理念,为下文具体推出"两万元家具套餐计划"提供一种行动依据,给人以高屋建瓴的感觉。

(2) 主体

主体部分的展开方式也是千差万别的,但主要有如下几种方式。

① 承接开头的内容做进一步延伸。例如,前面所举的长城葡萄酒的广告文案,其主体部分为:

不是每颗葡萄,

都有资格踏上这三毫米的旅程。

它必是葡园中的贵族;

占据区区几平方公里的沙砾土地;

坡地的方位像为它精心计量过,

刚好能迎上远道而来的季风。

它小时候,没遇到一场霜冻和冷雨;

旺盛的青春期,碰上十几年最好的太阳;

临近成熟,没有雨水冲淡它酝酿已久的糖分;

甚至山雀也从未打它的主意。

摘了三十五年葡萄的老工人,

耐心地等到糖粉和酸度完全平衡的一刻

才把它摘下;

(以下略)

这是对开头部分"一颗葡萄到一瓶好酒之间的距离"的承接与延伸,是对开头部分的具体化与深化。

② 由回答开头所提出的问题而展开。例如,前文中所举的优衣库的广告文案《我们为什么而穿衣?》的主体部分为:

天气往往影响心情。

我们穿衣是为了自己?还是为了别人?7秒钟决定别人对你的第一印象。

我们穿衣是为了隐藏自己?还是展现自己?

我们为什么穿衣?答案不止一个。为创造让生活更美好的服装,优衣库将不断探寻创新。

服适人生,创新的哲学。

简约优质创美好。

这便是对标题统领的问题进行解答。

③ 笔锋一转,与开头的内容形成转折关系,给人以柳暗花明之感。例如,大众银行的广告文

案《不平凡的平凡大众》的主体部分为：

15年来,他坚持每天放学后教孩子们唱歌。

他像父亲一样,用歌声教他们长大。

他对孩子们说:"你能唱出那么美的声音,就表示上帝对你与众不同。你也要爱你的与众不同。"

在合唱比赛的重要日子,孩子们吓坏了,校长告诉他们,"闭上眼睛,张开嘴巴,只管唱出你自己"。

最后,当纯朴优美的山歌在赛场上响起,清清亮的童音和孩子们乌黑真诚的双眼,赢得了赛场所有人的喝彩。

这一刻,观众们的心也跟着热血沸腾。

合唱比赛大获成功,这一天,他终于让天使相信,自己就是天使。①

这篇文案的开头描绘了马校长不会乐器,不懂乐理,却有合唱团。主体部分进行解释,简明扼要地道出马校长的付出,合唱比赛中孩子们的表现,使开头部分所描绘的难题迎刃而解,诠释了"不平凡的平凡大众"主题。

④ 加小标题以平行叙述来展开。例如,景泰名苑的一篇报纸广告文案就是分别以"北美建筑风格""星级住宅会所""成熟居住环境""弧形阳台观景飘窗"为小标题展开的。

(3) 收尾

收尾是正文的结束部分,可独立成段,也可与主体部分合在一起。就收尾的要求来说,有两点尤为重要:

① 语句上要简短有力,用一两句话即可说明问题,可多用祈使句和反问句。

② 内容要促成消费者行动。例如,马蜂窝在微博推广的文案最后一句为"吃喝住行很全面,你不参考一下?"这是用提问的方式促成消费者点击马蜂窝提供的链接。

4. 广告随文的写作

随文是广告文案中的附加性文字,是对正文的补充。随文是广告文案中必不可少的一部分,它用来传递产品与企业的附加信息,以方便消费者与企业的沟通与联系。

随文的具体内容包括:品牌全称,企业的全称、地址、邮编、电话、传真、网址和联系人,经销商及其地址、电话,负责安装、维修的服务部门的电话、联系人,服务承诺等。随文写作的关键是:确保每条信息的准确无误。随文的写作方法有如下几种。

(1) 排列法

排列法是按照一定顺序,把信息排列在文案的最下端,不添加任何多余的文字的写法。例如,饿了么联合肯德基(KFC)与法国笑脸(Smiley World)在微博投放的平面广告随文为:

4月24日至4月25日

上饿了么搜:吃肉肉

抽 KFC×Smiley World 联名周边一份

渔夫帽或盲盒布袋

活动详情请见饿了么 APP 活动页

该随文按顺序将活动时间、活动参与方式、活动奖品、活动详情的地址排列出来,没有其余说明、描写性文字,这就是排列法。其特点是语言朴简、客观,但缺乏热情。

---

① 本广告文案内容有修改。——编者注

(2) 附言法

就是用委婉、礼貌的语言教说消费者注意那些附加性的信息的写法。例如,高德地图的一篇广告文案的随文为:

十一去旅行

9月16日—9月30日,用高德地图打车,单单返现金,加码您的旅行金!

随文可以用礼貌语言(如"附送""垂询""请"等),可使受众产生一种交流感,读者会感到文案是与自己对话。

(3) 表格法

表格法是将文案中附加性信息用表格的形式来表现的写法。这种写法在表达效果上更加清晰明了。另外,有的广告文案为进一步了解受众的情况,在末尾列了一个表格,供读者填写,这类似一张小的市场调查表。有的广告文案是传达促销活动或公关活动的信息内容,在结尾也列了一个小表格,供受众填写并寄回。这些都是表格法的随文,其作用是方便受众与公司的联系。例如,大峡谷蒸馏水报纸广告文案的随文:

类别	金额/元	套票数/张	赠送饮水机类型
A	499	18	送台式冷、热饮水机壹台
B	1500	40	送台式冷、热饮水机壹台
C	2240	80	送台式冷、热饮水机壹台
D	2500	50	送豪华冷、热饮水机壹台
E	2800	100	送豪华立式冷、热饮水机壹台(电子制冷型)
F	4200	150	送豪华立式冷、热饮水机壹台

大峡谷购水专线:×××-87579×××　×××-87579×××

不难看出,上述表格的内容,如果用语言来说明是非常烦琐的,而用表格处理后,就显得条理清晰,一目了然。

思考与练习九

一、思考题

(一) 广告界关于广告文案的定义有几种看法?你认为哪一种看法更为合理?

(二) 广告文案创作的立足点是什么?为什么?

(三) 如何理解和把握产品的特性?

(四) 简述广告文案的构思中如何梳理广告信息。

(五) 如何提炼广告主旨?试举例说明。

(六) 标题和标语有何区别?

(七) 随文写作的关键是什么?有几种格式?

二、小练习

(一) 请在10分钟内写出表现超薄手机的平面广告创意。要求:①只写点子,不展开;②先不评价优劣,点子越多越好。

(二)请用一句话形容高速上网的感受,试试看在10分钟内能写出几句精彩的句子。

三、作文

(一)请阅读2021年第十三届全国大学生广告艺术大赛公益命题资料,写一份报纸广告文案,然后运动本章的理论进行自我检测。

创作主题:

我们有信仰——奋进新青年,建功新时代

背景资料:

2013年5月4日,习近平总书记在同各界优秀青年代表座谈时指出:"历史和现实都告诉我们,青年一代有理想、有担当,国家就有前途,民族就有希望,实现我们的发展目标就有源源不断的强大力量。"

2016年4月26日,习近平总书记在知识分子、劳动模范、青年代表座谈会上强调:"实现中华民族伟大复兴的中国梦,需要一代又一代有志青年接续奋斗。青年人朝气蓬勃,是全社会最富有活力、最具有创造性的群体。"

党的十八大以来,习近平总书记始终高度重视青年工作,围绕青年工作发表了一系列重要论述,对广大青年充分信任、寄予厚望:"时代的责任赋予青年,时代的光荣属于青年"!今年恰逢中国共青团成立100周年。中国共青团是广大青年在实践中学习中国特色社会主义和共产主义的学校,是党的助手和后备军。中国共青团始终坚定不移跟党走,在国家、民族发展的不同历史阶段,带领一代又一代怀揣理想抱负的有志青年,接续奋斗,书写出万卷千篇可歌可泣的时代华章。

征程万里风正劲,重任千钧再出发。

立足新时代,大学作为青年人成长、聚集的高地,正不断发挥引擎作用,为国家高质量发展提供人才支撑,引领、凝聚青春力量助力中国梦,承担起薪火相传、继往开来的时代责任。

新一代青年大学生群体,沐浴着党的光辉,不断焕发出崭新的创造活力,成为推动经济建设、文化艺术和社会民生等领域发展的强而有力的新生力量;在中国昂首阔步迈向社会主义现代化强国的道路上,以信仰之基,着青春之色,以奋斗之姿,建时代新功!

命题内容:

根据上述内容和创作主题,回顾并歌颂青年英雄楷模的光辉事迹,呼唤新时代青年奋发有为,接续奋斗,践行"强国有我"的铮铮誓言,并在以下几个方面进行创作:

我们有信仰:讴歌、铭记无数舍身为国的青年英雄楷模的光辉事迹;

奋进新青年:发掘当下青年励志故事,传播正能量勾勒时代风貌;

接力写青春:牢记初心使命,用行动践行责任,强国由我答卷。①

(二)请根据以下资料为in APP写一篇平面广告文案:构思一句符合主旨的广告语,相信一行字也能卖翻天;创作你和in之间的小故事,无论你想肉麻还是想高冷,无论你用语体文还是文言文,各种形式体裁都随你;写一个和in有关的小段子。

要求:

1. 按完整的文案格式来写(即有标题、标语、正文和随文);
2. 能鼓动消费者使用in APP。

杭州九言科技股份有限公司成立于2010年,在推出了图图购购、微博图购等几款产品后,进

---

① 我们有信仰——奋进新青年,建功新时代[EB/OL].(2022-03-01)[2022-04-29].http://www.sun-ada.net/zt_xqs1674.html

一步推出了升级版产品——爱图购,主攻方向为品牌导购。2014年6月,团队上线了APP——in,定位是"我的生活in记",支持以"图片+标签"的形式进行分享。in是一款与生活相关的图片社交软件,并不涉及工作,它的记录能够更纯粹,让生活变得简单快乐。

通过in,用户不仅可以给照片打上各种标签,如品牌、地点、心情等,还可以给图片加上各种贴纸进行创意,然后将这些打上标签的图片与好友分享互动。不同于Instagram所主张的让图片更beautiful,in希望赋予图片更多的意义,使之更加meaningful,让照片的情感表达更加强烈,承载更多的信息,易于引发社交互动。

目标消费人群是年轻白领和大学生,希望广告能让更多人知道in,来in记录生活,发生联系,建立人与人之间美好的联结。[①]

---

① 本资料根据第十三届中国大学生广告艺术节学院奖秋季赛九言科技命题改编。——编者注

后　　记

　　经过我们作者团队的努力,《新编大学写作教程》(第五版)终于和大家见面了。

　　本次修订是在《新编大学写作教程》(第四版)的基础上,以习近平新时代中国特色社会主义思想为指导,融入课程思政元素,并对书中内容进行了一些修改。具体修改如下:

　　1. 每章开篇增添了"本章学习提要",方便读者自主学习。

　　2. 更换了一些范文,新范文更加贴合时代发展的精神。

　　3. 删除了"申论"一章。据编者了解,有的高校在人才培养方案中开设的选修课有"申论",有的高校在"大学语文"或"应用写作"的教学计划中安排有申论的内容,为了避免授课内容的重复,本书删除了申论的相关内容。

　　4. 精简了个别内容的表述,润色了一些语句的表达。

　　5. 采用"互联网+"技术,方便读者进行课后训练。提高写作技能重在实训。作者团队精心编写的"思考与练习",能使读者在学习完每章的写作知识后,将其迅速运用到实践中。为方便读者做练习,我们采用"互联网+"技术,以"一书一码"的形式,将习题中涉及的文章统一放入文前的二维码中,读者也可将这些文章作为范文反复研读。此外,读者在写作时应了解的一些相关文件我们也一并放入了二维码中,如写作公文时需要了解的《党政机关公文处理工作条例》,写作广告文案时必须遵守的《中华人民共和国广告法》等。

　　以上工作由王锡渭(阜阳师范大学)、郝学华(聊城大学)、刘荣林(湖南理工学院)、杨先顺(暨南大学)、周文娟(广东工业大学)、李定乾(安徽师范大学)、薛璟(中央广播电视总台)承担。

　　为适应"教"与"学"的需要,我们根据书中的内容制作了教学课件。参加这一工作的有下列人员(根据编写内容的先后排序):王锡渭、廖万军(淮北师范大学)、房文玲(淮北师范大学)、薛璟、刘荣林、胡睿臻(湖南理工学院)、涂明求(合肥师范学院)、张莹(安徽省艺术研究院)、付为贵(皖西学院)、郝学华、黄悠纯(湘南学院)、杨先顺、周文娟、李定乾。

　　王畅(阜阳师范大学)为本书的修订做了资料搜集方面的工作,并参与了全书课件的制作。

　　限于编者水平,书中存在问题在所难免。为了使本书更符合写作实际,更有利于高校的写作教学和自学者的学习,我们热切地期待读者的修改意见或建议。

编　者
2022 年 7 月 6 日